证券行业专业人员一般业务水平评价测试统编教材

证券市场基本法律法规

中国证券业协会　编

中国财经出版传媒集团
中国财政经济出版社
· 北京 ·

图书在版编目（CIP）数据
证券市场基本法律法规 / 中国证券业协会编. 北京 : 中国财政经济出版社, 2024. 10. -- (证券行业专业人员一般业务水平评价测试统编教材). -- ISBN 978-7-5223-3403-5
Ⅰ. D922.287.4
中国国家版本馆CIP数据核字第2024Z3X902号

责任编辑：郁东敏　刘孺泾　　责任校对：胡永立
封面设计：中通世奥　　责任印制：党　辉

证券市场基本法律法规
ZHENGQUAN SHICHANG JIBEN FALYU FAGUI

中国财政经济出版社 出版
URL：http：//www.cfeph.cn
E－mail：cfeph@cfeph.cn

社址：北京市海淀区阜成路甲28号　邮政编码：100142
营销中心电话：010－88191522
天猫网店：中国财政经济出版社旗舰店
网址：https：//zgczjjcbs.tmall.com
北京鑫海金澳胶印有限公司印刷　各地新华书店经销
成品尺寸：185mm×260mm　16开　35.75印张　681 000字
2024年10月第1版　2024年10月北京第1次印刷
定价：77.00元
ISBN 978－7－5223－3403－5
（图书出现印装问题，本社负责调换，电话：010－88190548）
本社质量投诉电话：010－88190744
打击盗版举报热线：010－88191661　QQ：2242791300

前　言

中央金融工作会议提出当前和今后一个时期加快建设金融强国的总目标。金融强国应当具备一系列关键核心金融要素，其中强大的金融人才队伍是重要组成部分。资本市场在金融运行中牵一发而动全身，在促进资源优化配置、推动经济快速发展等方面发挥了重要作用。证券行业作为资本市场的主要中介，是典型的人才密集型行业，广大从业人员的职业道德、专业素养等，对资本市场高质量发展进而对服务金融强国建设具有重要影响。《证券法》《证券基金经营机构董事、监事、高级管理人员及从业人员监督管理办法》《证券公司董事、监事、高级管理人员及从业人员管理规则》等法律法规、监管规定、自律规则均对证券行业从业人员的道德品行、专业能力要求作出规定。

为促进证券行业专业人员提升执业品行和专业能力，适应相关规定对从业人员的要求，做好水平评价测试工作，中国证券业协会修订出版了《证券行业专业人员一般业务水平评价测试统编教材 2024》（以下简称“教材”），即《金融市场基础知识》和《证券市场基本法律法规》两本。本次出版发行的教材力求突出五方面内容：一是深入贯彻党中央、国务院重大决策部署。中央金融工作会议明确了中国特色金融发展之路的基本要义和中国特色现代金融体系的主要内涵，党的二十届三中全会指明了深化金融体制改革的目标和重大任务，新“国九条”勾画出资本市场发展蓝图并提出一揽子政策措施。教材系统梳理党中央、国务院关于加快建设金融强国、深化金融体制改革和推动资本市场高质量发展的重大决策部署，引导从业人员增强对资本市场政治性、人民性的认识，树立金融报国、金融为民理念。二是围绕资本市场改革发展主线全面展现法治建设新进展。以强监管、防风险、促高质量发展为主线，证监会出台一系列配套规则，涵盖严把发行上市准入关、加强上市公司监管、严格退市制度、加快推进一流投行建设、服务科技创新等重点领域，与新“国九条”共同形成“1+N”政策体系。教材增加资本市场“1+N”政策体系相关内容，并及时体现最新法治建设成果，根据新修订的《公司法》以及公司债券发行交易、证券市场程序化交易、公募基金交易费用管理、证券公司风险管理、证券公司子公司管理等法规制度，更新相关内容。更新时间截至2024年9月。三是突出严监严管的导向。近年来证监会按照全面加强金融监管的要求，“零容忍”打击各类违法违规行为，以“长牙带刺”、有棱有角的监管执法维护资本市场平稳运行，保护投资者合法权益。教材梳理资本市场最新司法判决、行政处罚、自律措施等典型案例，增加法律责任、监管案例等内容比重，向从业人员传导严的氛围，引导其增强合规意识，筑牢底线思维。四是进一步丰富行业文化建设内容。积极培育中国特色金融文化是推动我国从金融大国走向金融强国的必然要求。教材以“五要五不”中国特色金融文化为核心，进一步完善行业文化建设中党建引领、职业道德等内容，增加坚持受贿行贿一起查、严禁从业人员违规买卖股票等廉洁文化内容比重，引导从业人员大力弘扬和践行健康行业文化，提升行业软实力。五是优化知识结构体系，增强教材的可读性。教材聚焦从业人员专业能力培养，结合相关业务发展情况及在实践中的重要程度，优化层次结构和相应章节篇幅，并进一步规范全书文字表述，便于广大读者理解掌握。

在历时数月的修订过程中，各位专家以高度的专业精神和责任心，对两本教材共13章、66节的内容，逐字逐句地研读、斟酌、修改，力求做到内容准确、协调统一。但由于工作浩繁、时间紧迫，书中难免有所疏漏、不足甚至错误之处，敬请读者提出宝贵意见。

中国证券业协会

2024年10月

目　　录

第一章
证券市场基本法律法规

第一节　证券市场的法律法规体系

本节重点介绍了法的概念与特征，法律关系的概念、特征、种类与基本构成，证券市场法律法规体系的主要层级，以及各层级的主要法规。

一、法的概念与特征

（一）法的概念

所谓法，是指人们对“法”这一事物或现象的本质所作的归纳和总结，是对“法”的本质所进行的描述和阐释。

结合国内外法学研究的成果，目前对“法”较为普遍的理解是：法是由国家制定或认可并由国家强制力保证实施的，反映特定物质生活条件所决定的统治阶级意志，以权利和义务为内容，以确认、保护和发展对统治阶级有利的社会关系和社会秩序为目的的规范系统。

（二）法的特征

1. 法是调整人们的行为或社会关系的规范，具有规范性

规范是调整人们行为的具体规则或标准，对人们的具体行为起着约束及指导作用。从法的表现形态上看，法是一种社会规范，对人们的行为或社会关系确定了规则

及标准，并具有普遍的约束力。

法的规范性是法的基本特征。正是基于法的规范性，使法对人们的行为或社会关系具有指引、评价、预测、教育及强制的作用。这既是法区别于其他社会规范的重要标志，也是法作为人类文明进步成果的重要体现。

2. 法是由国家制定或认可的社会规范，具有国家意志性

法区别于其他社会规范的一个重要特征是：法是由国家制定或认可的，体现了国家的意志与权威；而其他社会规范，如道德规范、宗教规范、社会团体规范等虽然对人们的行为及相互之间关系也有一定的指引与规范作用，但都不是由国家制定或认可的，因而不具有国家意志性。

3. 法是以权利和义务为内容的社会规范

法是通过以权利义务来设定人们的行为模式、影响人们的动机、指引人们的行为，从而调节社会关系的。从本质上说，任何法律规范都是关于权利和义务的规范。

法律意义上的权利，是指国家通过法律规定给予权利主体可以为或不为一定行为或者得要求他人为或不为一定行为的许可及保障手段。法律意义上的义务，是指国家通过法律规定，要求义务主体应当为一定行为或不得为一定行为的约束手段。法所规定的权利和义务，不仅指个人的权利和义务，还包括国家机关及其公职人员在执行公务过程中的职权及相应职责。

4. 法是依靠国家强制力来保障实施的规范，具有国家强制性

所有社会规范均依靠一定的力量来保障实施，具有某种强制性。与其他社会规范不同的是，法具有特殊的强制性。这种特殊性体现在法是依靠国家强制力来保障实施，由国家强制力作为后盾来强迫人们遵守。通过国家强制力的保障，国家的法律体系得以贯穿社会生活的方方面面，从而调整人们的行为及人与人之间的关系。任何违法行为，都将受到国家强制力的制裁。这也是法区别于其他社会规范的重要标志。

二、法律关系的概念、特征、种类与基本构成

（一）法律关系的概念和特征

1. 法律关系的概念

法律关系是以法律规范为基础形成的、以权利和义务为内容的社会关系。社会生活是不断变化的，是动态的。而法律规范则是静态的，一经制定，除非立法机关根据一定程序对法律进行修改，否则在其生效范围内法律规范是不变的。法对人们的行为及人们之间关系的调整过程正是法律规范作用于社会生活的过程。在法律规范的作用

下，社会生活形成规范的法律秩序，人们之间形成以权利与义务为内容的社会关系。

2. 法律关系的特征

（1）法律关系是一种以法律规范为基础形成的社会关系

第一，法律规范是法律关系产生的前提和基础，任何一种法律关系均以特定的法律规范为依据。没有相应的法律规范，就不会产生相应的法律关系。但并不是所有的社会关系均受到法律规范的调整，有些社会关系，如恋爱关系、朋友关系或社会团体内部成员之间的关系，一般不存在相应的法律规定，不受法律规范调整，因此不产生法律关系，也不存在合法或非法的评价。

第二，一种社会关系只有经过法律规范的确认或认可才会上升为法律关系。人们在社会生活中的各个领域，如政治领域、经济领域、精神领域等，与其他人发生联系，建立了各种各样的社会关系。为了建立符合统治阶级利益的社会生活秩序，统治阶级将其认为需要由法律规范调整的社会关系通过国家立法程序加以确认，使这一社会关系上升为法律关系，受到法律规范调整。

（2）法律关系是以权利和义务为内容的社会关系

法律关系是以法律上的权利、义务为内容的社会关系。法通过规定人们的权利和义务，影响人们的行为动机，指引人们的行为，调节社会关系。而法律关系则是法律规范在社会关系中的映射与体现。在各种社会关系中，只有法律关系是以权利和义务为内容，其他社会关系并不是以法律上的权利和义务为内容。正是因为这一特点，法律关系有别于依据习惯、道德、宗教等行为规范而形成的社会关系。

（3）法律关系是法律主体之间的社会关系

法律关系是法律主体之间的社会关系，而不是一般意义上人与人之间的关系。法律规范中对于法律关系的主体作出了具体规定，只有在符合法律规范中有关主体规定的自然人、法人或其他组织之间，才能够建立法律关系。例如，婚姻关系是发生在两个自然人之间的法律关系，其主体必须是两个自然人。在不允许同性结婚的法律制度下，形成婚姻法律关系的只能是两个性别分别为男性、女性的自然人。两个同性之间或一个自然人与一个法人之间是不能建立婚姻法律关系的，因为其并不是婚姻法律关系中适格的法律主体。

（二）法律关系的种类

根据法律关系所调整的社会关系种类，可以按不同标准将法律关系进行分类。目前，法律关系常见的分类有以下五种：

1. 按不同部门划分的法律关系

按照法律关系所依据的法律部门，法律关系可分为宪法法律关系、民商事法律关系、行政法律关系、劳动法律关系、诉讼法律关系等不同部门的法律关系。每一种法律关系都是建立在某一个部门法的基础上，在法律规范的性质和内容上与其他部门法律关系存在显著差异。这种分类与立法体系中的法律部门以及法学教育中的法学部门相对应，有利于把握不同部门法律关系的共性与个性。

2. 确认性法律关系与创设性法律关系

按照法律关系发生的方式，法律关系可分为确认性法律关系与创设性法律关系。确认性法律关系是法律规范对先前已存在的社会关系进行调整所形成的法律关系。在此类法律关系中，被调整的行为或社会关系在法律规范制定之前已经存在，法律规范是对已存在行为或社会关系的确认，如夫妻之间的婚姻关系。创设性法律关系是根据法律规范而建立的全新社会关系。在法律规范对该种社会关系作出规定之前，该种社会关系并不存在。法律规范的存在是创设性法律关系存在的前提，如在证券等金融市场诞生后所形成的各类金融法律关系。

3. 纵向法律关系与横向法律关系

按照法律主体在法律关系中的地位不同，法律关系可分为纵向法律关系与横向法律关系。纵向法律关系，是指在不平等的法律主体之间所建立的权力服从关系，也称“隶属法律关系”。行政法律关系是典型的纵向法律关系。行政法律关系中的上级、下级行政机关之间，行政机关与受行政机关管辖的自然人、法人或其他组织之间，在法律地位上具有管理与被管理、命令与服从的特征。横向法律关系，是指平等法律主体之间的权利义务关系，又称“平权法律关系”。民事法律关系是典型的横向法律关系，民事法律关系的主体依法具有平等的法律地位，互相之间不具有隶属或服从关系。

4. 双边法律关系与多边法律关系

按照法律关系的主体数量，法律关系可分为双边法律关系与多边法律关系。双边法律关系是指在特定的双方法律主体之间存在的权利义务关系，如民事借贷中的债权、债务法律关系，民事诉讼中原告、被告之间的诉讼法律关系。多边法律关系，是指在三个或三个以上法律主体之间存在的权利义务关系，如股份有限公司各股东之间的法律关系，劳务派遣中用人单位、用工单位和劳动者之间的劳务派遣法律关系。

5. 第一性法律关系与第二性法律关系

按照不同法律关系之间的因果关系，法律关系可分为第一性法律关系与第二性法律关系。第一性法律关系是人们依法建立的不依赖于其他法律关系而独立存在的法律关系，也称“主法律关系”。第二性法律关系是由第一性法律关系派生出的、具有从属地位的法律关系，也称“从法律关系”。例如，实体法律关系与程序法律关系之间，实体法律关系是第一性法律关系，程序法律关系是第二性法律关系；在债权、债务及担保的法律关系中，主合同所对应的债权、债务法律关系是第一性法律关系，担保合同所对应的担保法律关系是第二性法律关系。

（三）法律关系的基本构成

法律关系由主体、客体与内容三个要素构成。

1. 法律关系主体

法律关系主体，是指在法律关系中享有权利和承担义务的人，简称“法律主体”。

（1）法律关系主体的种类

法律主体是法律关系的参加者，主要包括自然人、组织和国家三类。

自然人，是指基于自然规律出生而存在的生命个体，是所有法律关系中最基本的法律主体。在我国法律管辖的范围内，可以成为法律主体的自然人包括我国公民以及在我国境内的外国人和无国籍人。

组织，是指一定数量的自然人为实现特定目的而依法组成的机构。作为法律主体的组织根据其性质和特征，可以分为三类：一是国家机关，如国家的立法机关、行政机关、司法机关等；二是营利性法人或非法人组织，如公司、合伙企业等；三是非营利性法人或社会组织，如政党、行业协会、基金会等。

国家，是指由领土、居民和政府组成的、拥有主权的政治实体。国家在一定情况下，可以作为法律关系的主体。例如，在国际上，国家是与国际法有关的法律关系的主体；在国内，国家可以作为国家所有权法律关系、刑事法律关系的主体。

（2）法律关系主体的资格

法律关系主体作为法律关系的参加者，必须具有一定的权利能力和行为能力，才能依法享有权利和承担义务。因此，权利能力和行为能力是成为法律关系主体的必备资格。

权利能力，是指法律关系主体依法享有一定权利和承担一定义务的法律资格，是法律关系主体实际取得权利、承担义务的前提条件。行为能力是指法律关系主体能够通过自己的行为实际取得权利和履行义务的能力。对于自然人来说，有权利能力并不等于一定有行为能力。判断自然人是否具有行为能力，需要结合其是否能够认识自己行为的性质、意义和后果，以及是否能够控制自己的行为并为自己行为负责这两个标准来认定。以民事法律关系为例，根据《中华人民共和国民法典》的规定，具有完全行为能力的自然人是指十八周岁以上的自然人或者十六周岁以上、以自己的劳动收入为主要生活来源的未成年人。不满八周岁的未成年人为无民事行为能力人，由其法定代理人代理实施民事法律行为。八周岁以上的未成年人为限制民事行为能力人，实施民事法律行为由其法定代理人代理或者经其法定代理人同意、追认，但是可以独立实施纯获利益的民事法律行为或者与其年龄、智力相适应的民事法律行为。成年人为完全民事行为能力人，可以独立实施民事法律行为。

除自然人以外的其他组织的行为能力，与权利能力是同时产生、同时存在的。例如，一家公司在获得工商行政管理机关颁发的营业执照之日起开始具有权利能力与行为能力，其权利能力与行为能力的范围依照营业执照上记载的营业范围来确定。

2. 法律关系客体

法律关系客体是法律关系主体的权利和义务所指向的对象，是法律关系产生和存在的前提，表现为一定利益的法律形式。实践中，法律关系客体包括下列几类：

（1）物

作为法律关系客体的物，是指受法律关系主体支配的、以物理形态表现的物。它可以是天然物，如土地、河流、树木等；也可以是生产物，如电脑、汽车、轮船等。

（2）人身、人格

人身与人格分别对应以物质形态表现的人体及各个生理器官，以及以抽象形态表现的人的精神利益。人身是生命权、身体权、健康权等权利所指向的客体；人格是姓名权、名誉权、荣誉权等权利所指向的客体。将人身和人格作为一定权利的客体，体现了法律对人们人身与人格合法权益的保护。

（3）精神成果

精神成果又称为“智力成果”，是指人们通过智力劳动所创造出来的精神产品，如文艺作品、科学发明等。精神成果是著作权、商标权、专利权等知识产权的重要客体。

（4）行为

行为，是指法律主体中承担义务的一方按照法定或约定的义务所实施的行为，包括作为和不作为两种情形。行为是法律关系中十分重要的客体，在很多法律关系中，法律关系主体的权利和义务是围绕特定行为建立的。法律关系中享有权利的一方有权要求承担义务的一方从事某种行为或不得从事某种行为。如在债权债务法律关系中，债权人有权要求债务人在债务到期后履行还款的义务，债务人有义务根据债权人的要求作出还款的行为。

3. 法律关系的内容

法律关系的内容是指法律关系中的权利和义务。法律意义上的权利，是指国家通过法律规定给予权利主体可以为或不为一定行为，或者得要求他人为或不为一定行为的许可及保障手段。而法律意义上的义务，是指国家通过法律规定，要求义务主体应当为一定行为或不得为一定行为的约束手段。法律关系中的权利和义务是法律规范中的权利与义务在现实社会中的体现。

三、证券市场法律法规体系的构成

我国证券市场法律法规体系，是以《中华人民共和国证券法》为核心，以规范证券市场的运行为目的，由相关法律、行政法规、部门规章、规范性文件及行业自律规则等构成的法律法规体系，为我国证券市场的健康运行提供了法制保障。

我国证券市场法律法规体系的主要层级包括五级。

（一）法律

法律，是指由全国人民代表大会及全国人民代表大会常务委员会制定的规范性法律文件。全国人民代表大会制定和修改刑事、民事、国家机构的和其他的基本法律。全国人民代表大会常务委员会制定和修改除应当由全国人民代表大会制定的法律以外的其他法律。全国人民代表大会常务委员会所作的法律解释与法律具有同等效力。

证券市场的法律主要包括《中华人民共和国证券法》《中华人民共和国证券投资基金法》《中华人民共和国期货和衍生品法》（依次简称为《证券法》《证券投资基金法》《期货和衍生品法》）等。《中华人民共和国民法典》《中华人民共和国刑法》《中华人民共和国公司法》《中华人民共和国反洗钱法》（依次简称为《民法典》《刑法》《公司法》《反洗钱法》）等也与证券资本市场有着密切联系。

（二）行政法规

行政法规，是指国务院根据宪法规定的权限，为执行法律的规定或行使职权的需要，按照法定程序所制定的各类规范性文件。

证券市场的行政法规主要包括《证券公司监督管理条例》《证券公司风险处置条例》《私募投资基金监督管理条例》《证券、期货投资咨询管理暂行办法》等。

（三）部门规章

部门规章，是指由国务院各组成部门、直属特设机构、直属机构，中国证券监督管理委员会等国务院直属事业单位等具有行政管理职能的机构，根据法律和国务院的行政法规、决定、命令，在本部门的权限范围内制定的各类规范性文件。证券市场相关的部门规章主要是由证监会制定发布的，如《证券公司和证券投资基金管理公司合规管理办法》《证券期货投资者适当性管理办法》《公开募集证券投资基金管理人监督管理办法》《私募投资基金监督管理暂行办法》《证券公司风险控制指标管理办法》《证券基金经营机构董事、监事、高级管理人员及从业人员监督管理办法》等。

（四）规范性文件

规范性文件，是指除部门规章以外的，由有关部门或具有行政管理职能的机构依照法定职权和规定程序制定并公布的，在管辖范围内具有普遍约束力并在一定期限内反复适用的文件。证券市场的规范性文件很多，如《证券公司内部控制指引》《证券公司治理准则》等。

（五）行业自律规则

行业自律规则，是指由行业自律组织根据国家相关法律、行政法规、部门规章、规范性文件及本组织的章程或相关文件制定的规则。

证券市场的行业自律规则等包括以下几类：

1. 证券交易场所制定的自律规则

如《上海证券交易所交易规则》《深圳证券交易所交易规则》《北京证券交易所交易规则（试行）》《上海证券交易所会员管理规则》《深圳证券交易所会员管理规则》《北京证券交易所会员管理规则（试行）》《上海证券交易所股票上市规则》《深圳证券交易所股票上市规则》《北京证券交易所股票上市规则（试行）》等。

2. 中国证券业协会制定的自律规则

如《中国证券业协会会员管理办法》《证券公司合规管理实施指引》《证券公司柜台交易业务规范》《证券公司另类投资子公司管理规范》《证券公司私募投资基金子公司管理规范》《发布证券研究报告执业规范》等。

3. 中国证券登记结算有限责任公司（以下简称“中国结算”）制定的自律规则

如《中国证券登记结算有限责任公司开户代理机构管理业务指南》《中国证券登记结算有限责任公司特殊机构及产品证券账户业务指南》等。

第二节　公司法

本节重点介绍《公司法》的立法沿革与立法宗旨及法律体系的组成；公司的分类；公司的法律地位；公司的经营原则；子公司和分公司的法律地位；公司名称、住所、经营范围及法定代表人；公司的设立；公司章程；公司对外投资和担保的规定；有限责任公司的设立和组织机构；有限责任公司注册资本制度；有限责任公司股东知情权；有限责任公司股东会、董事会、监事会的职权；有限责任公司股权转让的相关规定；股份有限公司的设立方式与程序；股份有限公司的组织机构；股份有限公司的股份发行与转让；股份有限公司上市公司组织机构的特别规定；国家出资公司组织机构的特别规定；董事、监事和高级管理人员的义务和责任；公司财务会计制度的基本要求和内容；公司合并、分立的种类及程序；高级管理人员、控股股东、实际控制人、关联关系的概念；关于虚报注册资本、欺诈取得公司登记、虚假出资、抽逃出资、另立账簿、财务会计报告虚假记载等的法律责任。在有关内容的阐述中，参考了《公司法》《最高人民法院关于适用〈中华人民共和国公司法〉若干问题的规定（一）—（五）》《企业信息公示暂行条例》等法律、行政法规、部门规章及其他规范性文件。

一、法规概述

（一）《公司法》的立法沿革

我国《公司法》于1993年12月29日由第八届全国人大常委会第五次会议通过，自1994年7月1日起正式实施。《公司法》历经1999年、2004年、2005年、2013年、2018年和2023年多次修正和修订。此外，依据《公司法》的实践情况，最高人民法院结合审判实践经验，相继颁布、修正了《最高人民法院关于适用〈中华人民共和国公司法〉若干问题的规定（一）—（五）》，作为公司法律制度的必要补充。

（二）《公司法》的立法宗旨

《公司法》是为规范公司的组织和行为，保护公司、股东、职工和债权人的合法权益，完善中国特色现代企业制度，弘扬企业家精神，维护社会经济秩序，促进社会主义市场经济的发展，根据宪法制定的。

（三）公司法法律体系的组成

我国的公司法法律体系以《公司法》为核心，由相关法律、行政法规、部门规章等共同组成。其中，《公司法》是形式意义上的、狭义的公司法。此外，最高人民法院历次司法解释属于《公司法》的一部分，即形式意义上的公司法；而实质或广义的公司法则是包含了形式公司法和其他一切调整公司的法律。因此，《中华人民共和国宪法》《中华人民共和国刑法》《中华人民共和国民法典》《中华人民共和国证券法》《中华人民共和国反垄断法》（依次简称《宪法》《刑法》《民法典》《证券法》《反垄断法》）等法律法规中涉及公司的规定都包含在实质意义上的公司法中。

二、总论

（一）公司的种类

公司可依照不同的分类标准作不同的分类。依股东人数和股份流动性等，可分为有限责任公司和股份有限公司；依相互之间的组织关系，可分为母公司与子公司、总公司与分公司、企业集团与成员企业等；依公司注册地，可分为中国公司和外国公司；依股份公司之股份是否在证券交易所挂牌交易，可分为上市公司和非上市公司；依公司是否有国有资本及其所占比重，可分为国有独资公司、国有控股公司、国有参股公司、非国有公司等。

由于公司概念本身的不确定性、其分类标准不同，以及立法理念与法律传统的差异，因而不同法系、不同国家、地区的公司类型并不相同。

我国《公司法》所称公司，是指依据《公司法》在中华人民共和国境内设立的有限责任公司和股份有限公司。有限责任公司的股东以其认缴的出资额为限对公司承担责任；股份有限公司的股东以其认购的股份为限对公司承担责任。

（二）公司的法律地位

公司是企业法人，有独立的法人财产，享有法人财产权。公司以其全部财产对公司的债务承担责任。公司的合法权益受法律保护，不受侵犯。公司股东应当遵守法律、行政法规和公司章程，依法行使股东权利，不得滥用股东权利损害公司或者其他股东的利益；公司股东滥用股东权利给公司或者其他股东造成损失的，应当承担赔偿责任。

（三）公司经营原则及社会责任

公司从事经营活动，应当遵守法律法规，遵守社会公德、商业道德，诚实守信，接受政府和社会公众的监督；应当充分考虑公司职工、消费者等利益相关者的利益以及生态环境保护等社会公共利益，承担社会责任。

（四）子公司和分公司的法律地位

1. 子公司及其法律地位

公司可以设立子公司。子公司具有法人资格，依法独立承担民事责任。

2. 分公司及其法律地位

公司可以设立分公司。分公司不具有法人资格，其民事责任由公司承担。

（五）公司名称、住所、经营范围及法定代表人

1. 公司名称

公司应当有自己的名称。公司名称应当符合国家有关规定。公司的名称权受法律保护。

依法设立的有限责任公司，应当在公司名称中标明有限责任公司或者有限公司字

样。依法设立的股份有限公司，应当在公司名称中标明股份有限公司或者股份公司字样。

2. 公司住所

公司以其主要办事机构所在地为住所。

3. 公司经营范围

公司的经营范围由公司章程规定。公司可以修改公司章程，变更经营范围。

公司的经营范围中属于法律、行政法规规定须经批准的项目，应当依法经过批准。

4. 法定代表人

公司的法定代表人按照公司章程的规定，由代表公司执行公司事务的董事或者经理担任。担任法定代表人的董事或者经理辞任的，视为同时辞去法定代表人。法定代表人辞任的，公司应当在法定代表人辞任之日起 30 日内确定新的法定代表人。

法定代表人以公司名义从事的民事活动，其法律后果由公司承受。公司章程或者股东会对法定代表人职权的限制，不得对抗善意相对人。法定代表人因执行职务造成他人损害的，由公司承担民事责任。公司承担民事责任后，依照法律或者公司章程的规定，可以向有过错的法定代表人追偿。

（六）公司的设立

公司设立，是指为组织公司并取得法人资格而完成的一系列筹建行为的总称。

公司的设立方式有两种，即发起设立和募集设立。

发起设立，是指由发起人认购设立公司时应发行的全部股份而设立公司。发起设立适用于有限责任公司和股份有限公司。

募集设立，是指由发起人认购设立公司时应发行股份的一部分，其余股份向特定对象募集或者向社会公开募集而设立公司。募集设立只适用于股份有限公司。其中，发起人认购的股份不得少于公司章程规定的公司设立时应发行股份总数的 35%，但是法律、行政法规另有规定的，从其规定。这样的限定具有两方面的作用：一方面，可以防止发起人逃避出资或者只认购名义股份；另一方面，能保证一定比例的股份由社会公众认购，保障募集设立股份有限公司维持其社会公众性特征。

（七）公司章程

1. 公司章程的概念

制定章程是设立公司的条件之一。公司章程（也称“公司的宪法”），是指由公司权力机构依据规定程序制定的，规范股东出资及相关关系、公司组织机构设置、公司经营准则等公司营运基本规则，内部成员权利义务相关事项的法定文件，具有特定的法律地位。

2. 公司章程的记载事项

设立公司应当依法制定公司章程。公司章程对公司、股东、董事、监事、高级管理人员具有约束力。

《公司法》分别对有限责任公司和股份有限公司的章程应当记载的事项进行了列举式规定。其中，有限责任公司章程应当载明下列事项：公司名称和住所；公司经营范围；公司注册资本；股东的姓名或者名称；股东的出资方式、出资额和出资日期；公司的机构及其产生办法、职权、议事规则；公司法定代表人产生、变更办法；股东会会议认为需要规定的其他事项。股东应当在公司章程上签名或者盖章。

股份有限公司章程应当载明下列事项：公司名称和住所；公司经营范围；公司设立方式；公司注册资本、已发行的股份数和设立时发行的股份数，面额股的每股金额；每一类别股的股份数及其权利和义务（发行类别股的）；发起人的姓名或者名称、认购的股份数、出资方式；董事会的组成、职权和议事规则；公司法定代表人的产生、变更办法；监事会的组成、职权和议事规则；公司利润分配办法；公司的解散事由与清算办法；公司的通知和公告办法；股东会认为需要规定的其他事项。

（八）公司对外投资和担保

公司可以对外投资和提供担保。公司提供担保的方式包括保证、抵押和质押等。公司对外投资和为他人提供担保，需承担相应的责任，因而会对公司和股东的利益产生影响。

公司向其他企业投资或者为他人提供担保，按照公司章程的规定，由董事会或者股东会、股东大会决议；公司章程对投资或者担保的总额及单项投资或者担保的数额有限额规定的，不得超过规定的限额。公司为公司股东或者实际控制人提供担保的，应当经股东会决议。对于被担保人股东或者受被担保实际控制人支配的股东，不得参加该担保事项的表决。该项表决由出席会议的其他股东所持表决权的过半数通过。

上市公司在 1 年内向他人提供担保的金额超过公司资产总额 30% 的，应当由股东会作出决议，并经出席会议的股东所持表决权的 2/3 以上通过。

（九）公司股东会、董事会决议的无效、撤销或者不成立情形

公司股东会、董事会的决议内容违反法律、行政法规的无效。

公司股东会、董事会的会议召集程序、表决方式违反法律、行政法规或者公司章程，或者决议内容违反公司章程的，股东自决议作出之日起 60 日内，可以请求人民法院撤销。但是，股东会、董事会的会议召集程序或者表决方式仅有轻微瑕疵，对决议

未产生实质影响的除外。

未被通知参加股东会会议的股东自知道或者应当知道股东会决议作出之日起60日内，可以请求人民法院撤销；自决议作出之日起1年内没有行使撤销权的，撤销权消灭。

有下列情形之一的，公司股东会、董事会的决议不成立：

（1）未召开股东会、董事会会议作出决议；

（2）股东会、董事会会议未对决议事项进行表决；

（3）出席会议的人数或者所持表决权数未达到本法或者公司章程规定的人数或者所持表决权数；

（4）同意决议事项的人数或者所持表决权数未达到本法或者公司章程规定的人数或者所持表决权数。

公司股东会、董事会决议被人民法院宣告无效、撤销或者确认不成立的，公司应当向公司登记机关申请撤销根据该决议已办理的登记。

股东会、董事会决议被人民法院宣告无效、撤销或者确认不成立的，公司根据该决议与善意相对人形成的民事法律关系不受影响。

三、有限责任公司

（一）有限责任公司注册资本制度

有限责任公司的注册资本为在公司登记机关登记的全体股东认缴的出资额。全体股东认缴的出资额由股东按照公司章程的规定自公司成立之日起五年内缴足。法律、行政法规以及国务院决定对有限责任公司注册资本实缴、注册资本最低限额、股东出资期限另有规定的，从其规定。

股东可以用货币出资，也可以用实物、知识产权、土地使用权、股权、债权等可以用货币估价并可以依法转让的非货币财产作价出资；但是法律、行政法规规定不得作为出资的财产除外。对作为出资的非货币财产应当评估作价，核实财产，不得高估或者低估作价。法律、行政法规对评估作价有规定的，从其规定。

股东应当按期足额缴纳公司章程规定的各自所认缴的出资额。股东以货币出资的，应当将货币出资足额存入有限责任公司在银行开设的账户；以非货币财产出资的，应当依法办理其财产权的转移手续。股东未按期足额缴纳出资的，除应当向公司足额缴纳外，还应当对给公司造成的损失承担赔偿责任。

有限责任公司设立时，股东未按照公司章程规定实际缴纳出资，或者实际出资的非货币财产的实际价额显著低于所认缴的出资额的，设立时的其他股东与该股东在出资不足的范围内承担连带责任。

有限责任公司成立后，董事会应当对股东的出资情况进行核查，发现股东未按期足额缴纳公司章程规定的出资的，应当由公司向该股东发出书面催缴书，催缴出资。未及时履行前款规定的义务，给公司造成损失的，负有责任的董事应当承担赔偿责任。

股东未按照公司章程规定的出资日期缴纳出资，公司发出书面催缴书催缴出资的，可以载明缴纳出资的宽限期；宽限期自公司发出催缴书之日起，不得少于60日。宽限期届满，股东仍未履行出资义务的，公司经董事会决议可以向该股东发出失权通知，通知应当以书面形式发出。自通知发出之日起，该股东丧失其未缴纳出资的股权。丧失的股权应当依法转让，或者相应减少注册资本并注销该股权；6个月内未转让或者注销的，由公司其他股东按照其出资比例足额缴纳相应出资。股东对失权有异议的，应当自接到失权通知之日起30日内，向人民法院提起诉讼。

公司成立后，股东不得抽逃出资。股东抽逃出资的，股东应当返还抽逃的出资；给公司造成损失的，负有责任的董事、监事、高级管理人员应当与该股东承担连带赔偿责任。

公司不能清偿到期债务的，公司或者已到期债权的债权人有权要求已认缴出资但未届出资期限的股东提前缴纳出资。

另外，《市场主体登记管理条例》已不要求公司登记“实收资本”，公司营业执照亦无须记载“实收资本”数额。但公司应通过企业信用信息公示系统及时公示其股东认缴和实缴出资、出资时间、出资方式等情况。

（二）有限责任公司股东知情权

股东有权查阅、复制公司章程、股东名册、股东会会议记录、董事会会议决议、监事会会议决议和财务会计报告。

股东可以要求查阅公司会计账簿、会计凭证。股东要求查阅公司会计账簿、会计凭证的，应当向公司提出书面请求，说明目的。公司有合理根据认为股东查阅会计账簿、会计凭证有不正当目的，可能损害公司合法利益的，可以拒绝提供查阅，并应当自股东提出书面请求之日起15日内书面答复股东并说明理由。公司拒绝提供查阅的，股东可以向人民法院提起诉讼。

股东查阅上述材料，可以委托会计师事务所、律师事务所等中介机构进行。

股东及其委托的会计师事务所、律师事务所等中介机构查阅、复制有关材料，应当遵守有关保护国家秘密、商业秘密、个人隐私、个人信息等法律、行政法规的规定。

股东要求查阅、复制公司全资子公司相关材料的，适用前述规定。

（三）有限责任公司的设立和组织机构

1. 公司的设立

有限责任公司由1个以上50个以下股东出资设立。

有限责任公司设立时的股东可以签订设立协议，明确各自在公司设立过程中的权利和义务。

有限责任公司设立时的股东为设立公司从事的民事活动，其法律后果由公司承受。公司未成立的，其法律后果由公司设立时的股东承受；设立时的股东为二人以上的，享有连带债权，承担连带债务。设立时的股东为设立公司以自己的名义从事民事活动产生的民事责任，第三人有权选择请求公司或者公司设立时的股东承担。设立时的股东因履行公司设立职责造成他人损害的，公司或者无过错的股东承担赔偿责任后，可以向有过错的股东追偿。

设立有限责任公司，应当由股东共同制定公司章程。

2. 有限责任公司的组织机构

我国《公司法》原则上要求有限责任公司需建立股东会、董事会和监事会。对于股东人数较少或者规模较小的有限责任公司，可适用《公司法》中的例外规定。

（1）股东会

有限责任公司股东会由全体股东组成。股东会是公司的权力机构，依法行使职权。

（2）董事会/董事

有限责任公司设董事会，其成员为3人以上。规模较小或者股东人数较少的有限责任公司，可以不设董事会，设1名董事，行使《公司法》规定的董事会的职权。该董事可以兼任公司经理。

职工人数三百人以上的有限责任公司，除依法设监事会并有公司职工代表的外，其董事会成员中应当有公司职工代表。董事会中的职工代表由公司职工通过职工代表大会、职工大会或者其他形式民主选举产生。

董事会设董事长1人，可以设副董事长。董事长、副董事长的产生办法由公司章程规定。董事任期由公司章程规定，但每届任期不得超过3年。董事任期届满，连选可以连任。董事任期届满未及时改选，或者董事在任期内辞职导致董事会成员低于法定人数的，在改选出的董事就任前，原董事仍应当依照法律、行政法规和公司章程的规定，履行董事职务。董事辞任的，应当以书面形式通知公司，公司收到通知之日辞任生效，但存在辞任导致董事会成员低于法定人数的，董事应当继续履行职务。

（3）经理

有限责任公司可以设经理，由董事会决定聘任或者解聘。经理对董事会负责，根据公司章程的规定或者董事会的授权行使职权。经理列席董事会会议。

（4）监事会/监事

有限责任公司设监事会，其成员为3人以上。有限责任公司可以按照公司章程的规定在董事会中设置由董事组成的审计委员会，行使《公司法》规定的监事会的职权，不设监事会或者监事。规模较小或者股东人数较少的有限责任公司，可以不设监事会，设1名监事，行使本法规定的监事会的职权；经全体股东一致同意，也可以不设监事。

监事会成员应当包括股东代表和适当比例的公司职工代表，其中职工代表的比例不得低于1/3，具体比例由公司章程规定。监事会中的职工代表由公司职工通过职工代表大会、职工大会或者其他形式民主选举产生。

监事会设主席1人，由全体监事过半数选举产生。监事会主席召集和主持监事会会议；监事会主席不能履行职务或者不履行职务的，由过半数的监事共同推举1名监事召集和主持监事会会议。

董事、高级管理人员不得兼任监事。

监事的任期每届为3年。监事任期届满，连选可以连任。监事任期届满未及时改选或者监事在任期内辞职导致监事会成员低于法定人数的，在改选出的监事就任前，原监事仍应当依照法律、行政法规和公司章程的规定，履行监事职务。

（四）有限责任公司股东会、董事会、经理、监事会的职权

1. 股东会

有限责任公司股东会由全体股东组成。股东会是公司的权力机构，依法行使职权。股东会行使下列法定职权：

（1）选举和更换董事、监事，决定有关董事、监事的报酬事项；

（2）审议批准董事会的报告；

（3）审议批准监事会的报告；

（4）审议批准公司的利润分配方案和弥补亏损方案；

（5）对公司增加或者减少注册资本作出决议；

（6）对发行公司债券作出决议；

（7）对公司合并、分立、解散、清算或者变更公司形式作出决议；

（8）修改公司章程；

（9）公司章程规定的其他职权。

股东会可以授权董事会对发行公司债券做出决议。

对上述所列事项股东以书面形式一致表示同意的，可以不召开股东会会议，直接

作出决定，并由全体股东在决定文件上签名或者盖章。

2. 董事会

董事会对股东会负责，行使下列职权：

（1）召集股东会会议，并向股东会报告工作；

（2）执行股东会的决议；

（3）决定公司的经营计划和投资方案；

（4）制定公司的利润分配方案和弥补亏损方案；

（5）制定公司增加或者减少注册资本以及发行公司债券的方案；

（6）制定公司合并、分立、解散或者变更公司形式的方案；

（7）决定公司内部管理机构的设置；

（8）决定聘任或者解聘公司经理及其报酬事项，并根据经理的提名决定聘任或者解聘公司副经理、财务负责人及其报酬事项；

（9）制定公司的基本管理制度；

（10）公司章程规定或者股东会授予的其他职权。

公司章程对董事会职权的限制不得对抗善意相对人。

3. 经理

经理对董事会负责，根据公司章程的规定或者董事会的授权行使职权。经理列席董事会会议。

4. 监事会

监事会行使下列职权：

（1）检查公司财务；

（2）对董事、高级管理人员执行职务的行为进行监督，对违反法律、行政法规、公司章程或者股东会决议的董事、高级管理人员提出解任的建议；

（3）当董事、高级管理人员的行为损害公司利益时，要求董事、高级管理人员予以纠正；

（4）提议召开临时股东会会议，在董事会不履行《公司法》规定的召集和主持股东会会议职责时召集和主持股东会会议；

（5）向股东会会议提出提案；

（6）依照《公司法》第一百八十九条的规定，对董事、高级管理人员提起诉讼；

（7）公司章程规定的其他职权。

监事可以列席董事会会议，并对董事会决议事项提出质询或者建议。监事会发现公司经营情况异常，可以进行调查；必要时，可以聘请会计师事务所等协助其工作，费用由公司承担。

监事会行使职权所必需的费用，由公司承担。

(五) 有限责任公司股权转让的相关规定

1. 股权的自愿让与

有限责任公司的股东之间可以相互转让其全部或者部分股权。股东向股东以外的人转让股权，应当将股权转让的数量、价格、支付方式和期限等事项书面通知其他股东，其他股东在同等条件下有优先购买权。股东自接到书面通知之日起满30日未答复的，视为放弃优先购买权。2个以上股东行使优先购买权的，协商确定各自的购买比例；协商不成的，按照转让时各自的出资比例行使优先购买权。公司章程对股权转让另有规定的，从其规定。

2. 强制执行中的股权转移

人民法院依照法律规定的强制执行程序转让股东的股权时，应当通知公司及全体股东，其他股东在同等条件下有优先购买权。其他股东自人民法院通知之日起满20日不行使优先购买权的，视为放弃优先购买权。

3. 股权转让后的变更

股东转让股权的，应当书面通知公司，请求变更股东名册；需要办理变更登记的，并请求公司向公司登记机关办理变更登记。公司拒绝或者在合理期限内不予答复的，转让人、受让人可以依法向人民法院提起诉讼。股权转让的，受让人自记载于股东名册时起可以向公司主张行使股东权利。

因股权的自愿让与或强制执行产生的股权转让，公司应当及时注销原股东的出资证明书，向新股东签发出资证明书，并相应修改公司章程和股东名册中有关股东及其出资额的记载。对公司章程的该项修改不需再由股东会表决。

4. 瑕疵股权转让的效力

股东转让已认缴出资但未届出资期限的股权的，由受让人承担缴纳该出资的义务；受让人未按期足额缴纳出资的，转让人对受让人未按期缴纳的出资承担补充责任。

未按照公司章程规定的出资日期缴纳出资或者作为出资的非货币财产的实际价额显著低于所认缴的出资额的股东转让股权的，转让人与受让人在出资不足的范围内承担连带责任；受让人不知道且不应当知道存在上述情形的，由转让人承担责任。

5. 异议股东股权回购请求权

有下列情形之一的，对股东会回购股权决议投反对票的股东可以请求公司按照合理的价格收购其股权：

(1) 公司连续5年不向股东分配利润，而公司该5年连续盈利，并且符合《公司法》规定的分配利润条件；

（2）公司合并、分立、转让主要财产；

（3）公司章程规定的营业期限届满或者章程规定的其他解散事由出现，股东会通过决议修改章程使公司存续。

自股东会决议之日起 60 日内，股东与公司不能达成股权收购协议的，股东可以自股东会决议作出之日起 90 日内向人民法院提起诉讼。

公司的控股股东滥用股东权利，严重损害公司或者其他股东利益的，其他股东有权请求公司按照合理的价格收购其股权。

公司因《公司法》第八十九条第一款、第三款规定的情形收购的本公司股权，应当在 6 个月内依法转让或者注销。

6. 股权继承

自然人股东死亡后，其合法继承人可以继承股东资格；但是公司章程另有规定的除外。

四、股份有限公司

（一）股份有限公司的设立方式与程序

1. 股份有限公司的设立条件

设立股份有限公司，应当具备下列条件：

（1）发起人符合法定人数。设立股份有限公司，应当有 1 人以上 200 人以下为发起人，其中应当有半数以上的发起人在中华人民共和国境内有住所。

（2）股份有限公司的注册资本为在公司登记机关登记的已发行股份的股本总额；在发起人认购的股份缴足前，不得向他人募集股份；法律、行政法规以及国务院决定对股份有限公司注册资本最低限额另有规定的，从其规定。发起人应当在公司成立前按照其认购的股份全额缴纳股款。发起人的出资，适用《公司法》关于有限责任公司股东出资的规定。

（3）股份发行、筹办事项符合法律规定。

（4）设立股份有限公司，应当由发起人共同制定公司章程。

（5）有公司名称，建立符合股份有限公司要求的组织机构。

（6）有公司住所。

2. 股份有限公司的设立方式

股份有限公司的设立，可以采取发起设立或者募集设立的方式。发起设立，是指由发起人认购设立公司时应发行的全部股份而设立公司。募集设立，是指由发起人认购设立公司时应发行股份的一部分，其余股份向社会公开募集或者向特定对象募集而设立公司。

3. 股份有限公司的设立程序

（1）订立发起人协议

股份有限公司发起人承担公司筹办事务。发起人应当签订发起人协议，明确各自在公司设立过程中的权利和义务。

（2）订立公司章程

设立股份有限公司，应当由发起人共同制定公司章程。

（3）认缴资本

以发起设立方式设立股份有限公司的，发起人应当认足公司章程规定的公司设立时应发行的股份。以募集设立方式设立股份有限公司的，发起人认购的股份不得少于公司章程规定的公司设立时应发行股份总数的35%；但是，法律、行政法规另有规定的，从其规定。发起人向社会公开募集股份，应当公告招股说明书，并制作认股书。同时，公司应当与依法设立的证券经营机构签订承销协议，与银行签订代收股款协议。向社会公开募集股份的股款募足后，应当经法定的验资机构验资并出具证明。

（4）召开成立大会，申请设立登记

募集设立股份有限公司的发起人应当自公司设立时应发行股份的股款缴足之日起30日内召开公司成立大会。发起人应当在成立大会召开15日前将会议日期通知各认股人或者予以公告。成立大会应当有持有表决权过半数的认股人出席，方可举行。以发起设立方式设立股份有限公司成立大会的召开和表决程序由公司章程或者发起人协议规定。

（二）股份有限公司的组织机构

1. 股东会

股份有限公司股东会由全体股东组成。股东会是公司的权力机构，依法行使职权。《公司法》第五十九条第一款、第二款关于有限责任公司股东会职权的规定，适用于股份有限公司股东会。《公司法》第六十条关于只有一个股东的有限责任公司不设股东会的规定，适用于只有一个股东的股份有限公司。

（1）股份公司的股东会定期会议、临时会议

股东会应当每年召开一次年会。有下列情形之一的，应当在两个月内召开临时股东会会议：

①董事人数不足本法规定人数或者公司章程所定人数的2/3时；

②公司未弥补的亏损达股本总额1/3时；

③单独或者合计持有公司10%以上股份的股东请求时；

④董事会认为必要时；

⑤监事会提议召开时；

⑥公司章程规定的其他情形。

（2）股份公司股东会会议的召集与主持

股东会会议由董事会召集，董事长主持；董事长不能履行职务或者不履行职务的，由副董事长主持；副董事长不能履行职务或者不履行职务的，由过半数的董事共同推举一名董事主持。

董事会不能履行或者不履行召集股东会会议职责的，监事会应当及时召集和主持；监事会不召集和主持的，连续90日以上单独或者合计持有公司10%以上股份的股东可以自行召集和主持。

单独或者合计持有公司10%以上股份的股东请求召开临时股东会会议的，董事会、监事会应当在收到请求之日起10日内作出是否召开临时股东会会议的决定，并书面答复股东。

（3）股份公司股东会的召开程序

召开股东会会议，应当将会议召开的时间、地点和审议的事项于会议召开20日前通知各股东；临时股东会会议应当于会议召开15日前通知各股东。

单独或者合计持有公司1%以上股份的股东，可以在股东会会议召开10日前提出临时提案并书面提交董事会。临时提案应当有明确议题和具体决议事项。董事会应当在收到提案后2日内通知其他股东，并将该临时提案提交股东会审议；但临时提案违反法律、行政法规或者公司章程的规定，或者不属于股东会职权范围的除外。公司不得提高提出临时提案股东的持股比例。

公开发行股份的公司，应当以公告方式作出上述规定的通知。

股东会不得对通知中未列明的事项作出决议。

（4）股份公司的累积投票制

股东会选举董事、监事，可以按照公司章程的规定或者股东会的决议，实行累积投票制。

《公司法》所称累积投票制，是指股东会选举董事或者监事时，每一股份拥有与应选董事或者监事人数相同的表决权，股东拥有的表决权可以集中使用。

2. 董事会

股份有限公司设董事会（规模较小或者股东人数较少的股份有限公司，可以不设董事会，设1名董事，行使《公司法》规定的董事会的职权），其成员为3人以上，成员中可以有公司职工代表。职工人数300人以上的股份有限公司，除依法设监事会并有公司职工代表的外，其董事会成员中应当有公司职工代表。董事会中的职工代表由公司职工通过职工代表大会、职工大会或者其他形式民主选举产生。董事任期由公司章程规定，但每届任期不得超过 3 年。董事任期届满，连选可以连任。董事任期届满未及时改选或者董事在任期内辞职导致董事会成员低于法定人数的，在改选出的董事就任前，原董事仍应当依照法律、行政法规和公司章程的规定，履行董事职务。关于有限责任公司董事会职权的规定，适用于股份有限公司董事会。

董事会设董事长 1 人，可以设副董事长。董事长和副董事长由董事会以全体董事的过半数选举产生。董事长召集和主持董事会会议，检查董事会决议的实施情况。副董事长协助董事长工作，董事长不能履行职务或者不履行职务的，由副董事长履行职务；副董事长不能履行职务或者不履行职务的，由过半数的董事共同推举 1 名董事履行职务。

3. 经理

股份有限公司设经理，由董事会决定聘任或者解聘。经理对董事会负责，根据公司章程的规定或者董事会的授权行使职权。经理列席董事会会议。公司董事会可以决定由董事会成员兼任经理。

4. 监事会

股份有限公司设监事会，《公司法》第一百二十一条第一款、第一百三十三条另有规定的除外。监事会成员为 3 人以上。监事会成员应当包括股东代表和适当比例的公司职工代表，其中职工代表的比例不得低于 1/3，具体比例由公司章程规定。监事会中的职工代表由公司职工通过职工代表大会、职工大会或者其他形式民主选举产生。

监事会设主席 1 人，可以设副主席。监事会主席和副主席由全体监事过半数选举产生。监事会主席召集和主持监事会会议；监事会主席不能履行职务或者不履行职务的，由监事会副主席召集和主持监事会会议；监事会副主席不能履行职务或者不履行职务的，由过半数的监事共同推举 1 名监事召集和主持监事会会议。董事、高级管理人员不得兼任监事。

监事的任期每届为 3 年。监事任期届满，连选可以连任。监事任期届满未及时改选或者监事在任期内辞职导致监事会成员低于法定人数的，在改选出的监事就任前，原监事仍应当依照法律、行政法规和公司章程的规定，履行监事职务。

关于有限责任公司监事会职权的规定，适用于股份有限公司监事会。监事可以列席董事会会议，并对董事会决议事项提出质询或者建议。监事会发现公司经营情况异常，可以进行调查；必要时，可以聘请会计师事务所等协助其工作，费用由公司承担。监事会行使职权所必需的费用，由公司承担。

5. 审计委员会

股份有限公司可以按照公司章程的规定在董事会中设置由董事组成的审计委员会，行使《公司法》规定的监事会的职权，不设监事会或者监事。

审计委员会成员为3名以上，过半数成员不得在公司担任除董事以外的其他职务，且不得与公司存在任何可能影响其独立客观判断的关系。公司董事会成员中的职工代表可以成为审计委员会成员。

审计委员会作出决议，应当经审计委员会成员的过半数通过。审计委员会决议的表决，应当一人一票。审计委员会的议事方式和表决程序，除《公司法》有规定的外，由公司章程规定。公司可以按照公司章程的规定在董事会中设置其他委员会。

（三）股份有限公司的股份发行与转让

1. 股票面额制度

公司的资本划分为股份。公司的全部股份，根据公司章程的规定择一采用面额股或者无面额股。采用面额股的，每一股的金额相等。

公司可以根据公司章程的规定将已发行的面额股全部转换为无面额股或者将无面额股全部转换为面额股。

采用无面额股的，应当将发行股份所得股款的1/2以上计入注册资本。

2. 股份发行的原则与规则

股份的发行，实行公平、公正的原则，同种类的每一股份应当具有同等权利。同次发行的同类别股份，每股的发行条件和价格应当相同；认购人所认购的股份，每股应当支付相同价额。

3. 类别股

公司可以按照公司章程的规定发行下列与普通股权利不同的类别股：

（1）优先或者劣后分配利润或者剩余财产的股份；

（2）每一股的表决权数多于或者少于普通股的股份；

（3）转让须经公司同意等转让受限的股份；

（4）国务院规定的其他类别股。

公开发行股份的公司不得发行前款第（2）项、第（3）项规定的类别股；公开发行前已发行的除外。

公司发行第（2）项规定的类别股的，对于监事或者审计委员会成员的选举和更换，类别股与普通股每一股的表决权数相同。

4. 股票

公司的股份采取股票的形式。股票是公司签发的证明股东所持股份的凭证。

公司发行的股票，应当为记名股票。

面额股股票发行价格可以按票面金额，也可以超过票面金额，但不得低于票面金额。

5. 授权资本制

公司章程或者股东会可以授权董事会在3年内决定发行不超过已发行股份50%的股份。但以非货币财产作价出资的应当经股东会决议。

董事会依照前款规定决定发行股份导致公司注册资本、已发行股份数发生变化的，对公司章程该项记载事项的修改不需再由股东会表决。

公司章程或者股东会授权董事会决定发行新股的，董事会决议应当经全体董事2/3以上通过。

6. 股份转让

股份有限公司的股东持有的股份可以向其他股东转让，也可以向股东以外的人转让；公司章程对股份转让有限制的，其转让按照公司章程的规定进行。

公司公开发行股份前已发行的股份，自公司股票在证券交易所上市交易之日起一年内不得转让。法律、行政法规或者国务院证券监督管理机构对上市公司的股东、实际控制人转让其所持有的本公司股份另有规定的，从其规定。

公司董事、监事、高级管理人员应当向公司申报所持有的本公司的股份及其变动情况，在就任时确定的任职期间每年转让的股份不得超过其所持有本公司股份总数的25%；所持本公司股份自公司股票上市交易之日起1年内不得转让。上述人员离职后半年内，不得转让其所持有的本公司股份。公司章程可以对公司董事、监事、高级管理人员转让其所持有的本公司股份作出其他限制性规定。

股份在法律、行政法规规定的限制转让期限内出质的，质权人不得在限制转让期限内行使质权。

7. 异议股东回购请求权

有下列情形之一的，对股东会该项决议投反对票的股东可以请求公司按照合理的价格收购其股份，公开发行股份的公司除外：

（1）公司连续5年不向股东分配利润，而公司该5年连续盈利，并且符合本法规定的分配利润条件；

（2）公司转让主要财产；

（3）公司章程规定的营业期限届满或者章程规定的其他解散事由出现，股东会通过决议修改章程使公司存续。

自股东会决议作出之日起60日内，股东与公司不能达成股份收购协议的，股东可以自股东会决议作出之日起90日内向人民法院提起诉讼。

公司因上述规定的情形收购的本公司股份，应当在6个月内依法转让或者注销。

8. 股份公司股份回购

公司不得收购本公司股份。但是，有下列情形之一的除外：

（1）减少公司注册资本；

（2）与持有本公司股份的其他公司合并；

（3）将股份用于员工持股计划或者股权激励；

（4）股东因对股东会作出的公司合并、分立决议持异议，要求公司收购其股份；

（5）将股份用于转换公司发行的可转换为股票的公司债券；

（6）上市公司为维护公司价值及股东权益所必需。

公司依照《公司法》前述规定收购本公司股份后，属于第（1）项情形的，应当自收购之日起 10 日内注销；属于第（2）项、第（4）项情形的，应当在 6 个月内转让或者注销；属于第（3）项、第（5）项、第（6）项情形的，公司合计持有的本公司股份数不得超过本公司已发行股份总数的 10%，并应当在 3 年内转让或者注销。

（四）上市公司组织机构的特别规定

1. 上市公司的定义

《公司法》中所称的上市公司，是指其股票在证券交易所上市交易的股份有限公司。

2. 上市公司的独立董事、董事会秘书

上市公司设立独立董事，具体管理办法由国务院证券监督管理机构规定。上市公司设董事会秘书，负责公司股东会和董事会会议的筹备、文件保管以及公司股东资料的管理，办理信息披露事务等事宜。

3. 上市公司审计委员会的特别职权

上市公司在董事会中设置审计委员会的，董事会对下列事项作出决议前应当经审计委员会全体成员过半数通过：

（1）聘用、解聘承办公司审计业务的会计师事务所；

（2）聘任、解聘财务负责人；

（3）披露财务会计报告；

（4）国务院证券监督管理机构规定的其他事项。

4. 上市公司的其他特别规定

上市公司在 1 年内购买、出售重大资产或者向他人提供担保的金额超过公司资产总额 30% 的，应当由股东会作出决议，并经出席会议的股东所持表决权的 2/3 以上通过。

上市公司董事与董事会会议决议事项所涉及的企业或者个人有关联关系的，该董事应当及时向董事会书面报告。有关联关系的董事不得对该项决议行使表决权，也不得代理其他董事行使表决权。该董事会会议由过半数的无关联关系董事出席即可举行，董事会会议所作决议须经无关联关系董事过半数通过。出席董事会会议的无关联关系董事人数不足3人的，应将该事项提交上市公司股东会审议。

上市公司应当依法披露股东、实际控制人的信息，相关信息应当真实、准确、完整。

禁止违反法律、行政法规的规定代持上市公司股票。

上市公司控股子公司不得取得该上市公司的股份。上市公司控股子公司因公司合并、质权行使等原因持有上市公司股份的，不得行使所持股份对应的表决权，并应当及时处分相关上市公司股份。

五、国家出资公司组织机构的特别规定

（一）国家出资公司的概念

国家出资公司，是指国家出资的国有独资公司、国有资本控股公司，包括国家出资的有限责任公司、股份有限公司。

（二）国家出资公司履行出资人职责的机构

国家出资公司，由国务院或者地方人民政府分别代表国家依法履行出资人职责，享有出资人权益。国务院或者地方人民政府可以授权国有资产监督管理机构或者其他部门、机构代表本级人民政府对国家出资公司履行出资人职责。

代表本级人民政府履行出资人职责的机构、部门，以下统称为履行出资人职责的机构。

（三）国家出资公司中党的领导地位

国家出资公司中的党组织，按照《中国共产党章程》的规定发挥领导作用，研究讨论公司重大经营管理事项，支持公司的组织机构依法行使职权。

（四）国有独资公司的章程制定

国有独资公司章程由履行出资人职责的机构制定。

（五）国有独资公司的公司治理

国有独资公司不设股东会，由履行出资人职责的机构行使股东会职权。履行出资

人职责的机构可以授权公司董事会行使股东会的部分职权，但公司章程的制定和修改，公司的合并、分立、解散、申请破产，增加或者减少注册资本，分配利润，应当由履行出资人职责的机构决定。

国有独资公司的董事会依照《公司法》规定行使职权。国有独资公司的董事会成员中，应当过半数为外部董事，并应当有公司职工代表。董事会成员由履行出资人职责的机构委派，但是董事会成员中的职工代表由公司职工代表大会选举产生。董事会设董事长一人，可以设副董事长。董事长、副董事长由履行出资人职责的机构从董事会成员中指定。

国有独资公司的经理由董事会聘任或者解聘。经履行出资人职责的机构同意，董事会成员可以兼任经理。

国有独资公司的董事、高级管理人员，未经履行出资人职责的机构同意，不得在其他有限责任公司、股份有限公司或者其他经济组织兼职。

国有独资公司在董事会中设置由董事组成的审计委员会行使本法规定的监事会职权的，不设监事会或者监事。

国家出资公司应当依法建立健全内部监督管理和风险控制制度，加强内部合规管理。

六、董事、监事和高级管理人员的义务和责任

董事、监事、高级管理人员应当遵守法律、行政法规和公司章程。

董事、监事、高级管理人员对公司负有忠实义务，应当采取措施避免自身利益与公司利益冲突，不得利用职权牟取不正当利益。

董事、监事、高级管理人员对公司负有勤勉义务，执行职务应当为公司的最大利益尽到管理者通常应有的合理注意。

公司的控股股东、实际控制人不担任公司董事但实际执行公司事务的，适用前述规定。

董事、监事、高级管理人员，直接或者间接地与本公司订立合同或者进行交易，应当就与订立合同或者进行交易有关的事项向董事会或者股东会报告，并按照公司章程的规定经董事会或者股东会决议通过。董事、监事、高级管理人员的近亲属，董事、监事、高级管理人员或者其近亲属直接或者间接控制的企业以及与董事、监事、高级管理人员有其他关联关系的关联人，与公司订立合同或者进行交易，应当就与订立合同或者进行交易有关的事项向董事会或者股东会报告，并按照公司章程的规定经董事会或者股东会决议通过。

董事、监事、高级管理人员执行职务时违反法律、行政法规或者公司章程的规定、给公司造成损失的，应当承担赔偿责任。

董事、高级管理人员执行职务，给他人造成损害的，公司应当承担赔偿责任；董事、高级管理人员存在故意或者重大过失的，也应当承担赔偿责任。公司的控股股东、实际控制人指示董事、高级管理人员从事损害公司或者股东利益的行为的，与该董事、高级管理人员承担连带责任。

七、公司财务会计制度的基本要求和内容

（一）公司财务会计制度的基本要求

公司应当依照法律、行政法规和国务院财政部门的规定建立本公司的财务、会计制度。

公司应当在每一会计年度终了时编制财务会计报告，并依法经会计师事务所审计。财务会计报告应当依照法律、行政法规和国务院财政部门的规定制作。

有限责任公司应当按照公司章程规定的期限将财务会计报告送交各股东。股份有限公司的财务会计报告应当在召开股东会年会的20日前置备于本公司，供股东查阅；公开发行股份的股份有限公司应当公告其财务会计报告。

公司除法定的会计账簿外，不得另立会计账簿。对公司资金，不得以任何个人名义开立账户存储。

公司应当向聘用的会计师事务所提供真实、完整的会计凭证、会计账簿、财务会计报告及其他会计资料，不得拒绝、隐匿、谎报。

（二）公司财务会计制度的内容

1. 提取法定公积金

公司分配当年税后利润时，应当提取利润的10%列入公司法定公积金。公司法定公积金累计额为公司注册资本的50%以上的，可以不再提取。

公司的法定公积金不足以弥补以前年度亏损的，在提取法定公积金之前，应当先用当年利润弥补亏损。

法定公积金转为增加注册资本时，所留存的该项公积金不得少于转增前公司注册资本的25%。

2. 提取任意公积金

公司从税后利润中提取法定公积金后，经股东会决议，还可以从税后利润中提取

任意公积金。

3. 列入资本公积金的情形

公司以超过股票票面金额的发行价格发行股份所得的溢价款、发行无面额股所得股款未计入注册资本的金额以及国务院财政部门规定列入资本公积金的其他项目，应当列为公司资本公积金。

4. 公积金的用途

公司的公积金用于弥补公司的亏损、扩大公司生产经营或者转为增加公司注册资本。公积金弥补公司亏损，应当先使用任意公积金和法定公积金；仍不能弥补的，可以按照规定使用资本公积金。

5. 利润分配

公司弥补亏损和提取公积金后所余税后利润，有限责任公司股东按照实缴的出资比例分配利润，全体股东约定不按照出资比例分配利润的除外；股份有限公司按照股东所持有的股份比例分配利润，但公司章程另有规定的除外。公司持有的本公司股份不得分配利润。

股东会、股东大会或者董事会违反规定，在公司弥补亏损和提取法定公积金之前向股东分配利润的，股东必须将违反规定分配的利润退还公司。

八、公司合并、分立

（一）公司合并

1. 公司合并方式

公司合并可以采取吸收合并或者新设合并。一家公司吸收其他公司为吸收合并，被吸收的公司解散。两家以上公司合并设立一家新的公司为新设合并，合并各方解散。

公司与其持股 90% 以上的公司合并，被合并的公司不需经股东会决议，但应当通知其他股东，其他股东有权请求公司按照合理的价格收购其股权或者股份。

2. 公司合并的程序与债权人异议权规则

公司合并，应当由合并各方签订合并协议，并编制资产负债表及财产清单。公司应当自作出合并决议之日起 10 日内通知债权人，并于 30 日内在报纸上或者国家企业信用信息公示系统公告。债权人自接到通知之日起 30 日内，未接到通知的自公告之日起 45 日内，可以要求公司清偿债务或者提供相应的担保。

3. 公司合并后债权债务的承继

公司合并时，合并各方的债权、债务，应当由合并后存续的公司或者新设的公司承继。

（二）公司分立

1. 公司分立的程序

公司分立，其财产作相应的分割。

公司分立，应当编制资产负债表及财产清单。公司应当自作出分立决议之日起 10 日内通知债权人，并于 30 日内在报纸上或者国家企业信用信息公示系统公告。

2. 公司分立后的债务继承

公司分立前的债务由分立后的公司承担连带责任。但是，公司在分立前与债权人就债务清偿达成的书面协议另有约定的除外。

九、高级管理人员、控股股东、实际控制人、关联关系的概念

高级管理人员，是指公司的经理、副经理、财务负责人，上市公司董事会秘书和公司章程规定的其他人员。

控股股东，是指其出资额占有限责任公司资本总额超过 50% 或者其持有的股份占股份有限公司股本总额超过 50% 的股东；出资额或者持有股份的比例虽然低于 50%，但依照其出资额或者持有的股份所享有的表决权已足以对股东会的决议产生重大影响的股东。

实际控制人，是指通过投资关系、协议或者其他安排，能够实际支配公司行为的人。

关联关系，是指公司控股股东、实际控制人、董事、监事、高级管理人员与其直接或者间接控制的企业之间的关系，以及可能导致公司利益转移的其他关系。但是，国家控股的企业之间不因为同受国家控股而具有关联关系。

十、法律责任

（一）主要法律责任

1. 虚报注册资本、欺诈取得公司登记的法律责任

违反《公司法》规定，虚报注册资本、提交虚假材料或者采取其他欺诈手段隐瞒重要事实取得公司登记的，公司登记机关应当依照法律、行政法规的规定予以撤销，并由公司登记机关责令改正，对虚报注册资本的公司，处以虚报注册资本金额 5% 以上 15% 以下的罚款；对提交虚假材料或者采取其他欺诈手段隐瞒重要事实的公司，处

以 5 万元以上 200 万元以下的罚款；情节严重的，吊销营业执照；对直接负责的主管人员和其他直接责任人员处以 3 万元以上 30 万元以下的罚款。

2. 未按规定公示或不实公示有关信息的法律责任

公司未依照《公司法》第四十条规定公示有关信息或者不如实公示有关信息的，由公司登记机关责令改正，可以处以 1 万元以上 5 万元以下的罚款。情节严重的，处以 5 万元以上 20 万元以下的罚款；对直接负责的主管人员和其他直接责任人员处以 1 万元以上 10 万元以下的罚款。

3. 虚假出资的法律责任

公司的发起人、股东虚假出资，未交付或者未按期交付作为出资的货币或者非货币财产的，由公司登记机关责令改正，可以处以 5 万元以上 20 万元以下的罚款；情节严重的，处以虚假出资或未出资金额 5% 以上 15% 以下的罚款；对直接负责的主管人员和其他直接责任人员处以 1 万元以上 10 万元以下的罚款。

4. 抽逃出资的法律责任

公司的发起人、股东在公司成立后，抽逃其出资的，由公司登记机关责令改正，处以所抽逃出资金额 5% 以上 15% 以下的罚款；对直接负责的主管人员和其他直接责任人员处以 3 万元以上 30 万元以下的罚款。

5. 另立会计账簿、财务会计报告虚假记载的法律责任

有下列行为之一的，由县级以上人民政府财政部门依照《中华人民共和国会计法》等法律、行政法规的规定处罚：

（1）在法定的会计账簿以外另立会计账簿；

（2）提供存在虚假记载或者隐瞒重要事实的财务会计报告。

6. 其他

公司在合并、分立、减少注册资本或者进行清算时，不依照《公司法》规定通知或者公告债权人的，由公司登记机关责令改正，对公司处以 1 万元以上 10 万元以下的罚款。

公司在进行清算时隐匿财产、对资产负债表或者财产清单作虚假记载或者在未清偿债务前分配公司财产的，由公司登记机关责令改正，对公司处以隐匿财产或者未清偿债务前分配公司财产金额 5% 以上 10% 以下的罚款，对直接负责的主管人员和其他直接责任人员处以 1 万元以上 10 万元以下的罚款。

（二）典型案例

1. 操作实例

（1）公司担保

甲为非上市公司，张某持有甲公司 35% 股权，被认定为公司控股股东、实际控制

人。张某与某银行签订借贷协议，银行提出由甲公司为该笔借贷提供担保。甲公司拟为张某的该笔授信提供连带责任保证担保。甲公司首先召开董事会审议上述担保事项，审议通过后，董事会提交该事项至股东会审议。张某回避表决，并经出席会议的其他股东所持表决权的过半数通过。

甲公司为公司控股股东、实际控制人的银行借贷提供担保的审议过程符合《公司法》第十五条规定。

（2）股权代持情况下的股权转让

自然人甲、乙作为登记名义股东，未经实际出资人丙同意，转让丙名下13%股份给丁，并收取了转让款。在此案中，该股权转让行为不因丙与甲乙之间存在股权代持协议而无效。丁根据协议取得13%股份的所有权。而甲、乙侵犯了丙的权利，应赔偿因侵权行为给丙造成的损失。

在股权代持情况下，实际出资人与名义股东之间系合同关系，实际出资人未经显名确认并记载于股东名册的，尚不具有公司股东资格。因此，名义出资人对外转让股权属于有权处分而非无权处分。根据《最高人民法院关于适用〈中华人民共和国公司法〉若干问题的规定（三）》第二十五条的规定，名义股东将登记于其名下的股权转让、质押或者以其他方式处分，实际出资人以其对于股权享有实际权利为由，请求认定处分股权行为无效的，人民法院可以参照《民法典》第三百一十一条④的规定处理。名义股东处分股权造成实际出资人损失，实际出资人请求名义股东承担赔偿责任的，人民法院应予支持。

2. 违法违规案例

甲公司是深圳证券交易所上市公司。陈某于2011年1月至2016年5月10日任甲公司副董事长、董事，2016年5月11日正式离职。截至2016年6月，陈某个人直接持有甲公司股票3 444 000股。陈某实际控制的乙公司持有丙公司23.26%的股份，丙公司持有甲公司股票2 091 000股。

2016年5月31日，甲公司披露《关于首次公开发行前已发行股份解除限售上市流通的提示性公告》。陈某在其中承诺：离职后6个月内，不转让所持有的发行人股份；按持股比例计算，陈某通过丙公司等间接持有甲公司股票276 791股。丙公司在出售股份时将严格履行陈某所作出的有关承诺。

2016年6月2日至7月6日，丙公司将持有的甲公司股票全部卖出。其中，因工作人员的失误操作，丙公司将为陈某预留的300 000股也卖出，导致陈某违法减持276 791股甲公司股票。

陈某作为时任甲公司副董事长、董事，在离职后半年内转让所持有的本公司股份，违反了《公司法》《证券法》关于上市公司股东股份转让的规定。

第三节　合伙企业法

本节重点介绍《中华人民共和国合伙企业法》（简称《合伙企业法》）的立法沿革与立法宗旨；合伙企业的概念、种类；合伙企业的设立条件；合伙事务的执行；入伙与退伙；有限合伙企业的相关规定；合伙企业的解散、清算规则以及违反《合伙企业法》及合伙协议应当承担的主要法律责任。

一、《合伙企业法》的立法宗旨与沿革

《合伙企业法》是为规范合伙企业的行为，保护合伙企业及其合伙人、债权人的合法权益，维护社会经济秩序，促进社会主义市场经济的发展而制定的法律。《合伙企业法》于1997年2月23日由第八届全国人民代表大会常务委员会第二十四次会议通过，自1997年8月1日起正式施行。2006年8月27日，第十届全国人民代表大会常务委员会第二十三次会议对《合伙企业法》作出修订，自2007年6月1日起施行。

二、合伙企业的概念、种类

合伙企业，是指由自然人、法人和其他组织依照《合伙企业法》订立合伙协议，共同出资，共担风险，共享收益，对合伙企业债务承担责任的经营性组织。

根据合伙人对合伙企业债务承担责任的不同，合伙企业可分为普通合伙企业和有限合伙企业。普通合伙企业由普通合伙人组成，除法律对普通合伙人承担责任的形式有特别规定的外，合伙人对合伙企业债务承担无限连带责任。有限合伙企业由普通合伙人和有限合伙人组成，普通合伙人对合伙企业债务承担无限连带责任，有限合伙人以其认缴的出资额为限对合伙企业债务承担责任。

三、普通合伙企业

（一）合伙企业的设立条件

根据《合伙企业法》第十四条的规定，设立合伙企业，应当有2个以上合伙

人；有书面合伙协议；有合伙人认缴或者实际缴付的出资；有合伙企业的名称和生产经营场所。除上述条件外，设立合伙企业还应当具备法律、行政法规规定的其他条件。

（二）合伙事务的执行

合伙人对执行合伙事务享有同等的权利。按照合伙协议的约定或者经全体合伙人决定，可以委托一个或者数个合伙人对外代表合伙企业，执行合伙事务。

除《合伙企业法》对合伙企业的表决办法另有规定以外，合伙人对合伙企业有关事项作出决议，按照合伙协议约定的表决办法办理。合伙协议未约定或者约定不明确的，实行合伙人一人一票并经全体合伙人过半数通过的表决办法。

（三）入伙和退伙

新合伙人入伙，除合伙协议另有约定外，应当经全体合伙人一致同意，并依法订立书面入伙协议。入伙的新合伙人与原合伙人享有同等权利，承担同等责任。入伙协议另有约定的，从其约定。新合伙人对入伙前合伙企业的债务承担无限连带责任。

根据《合伙企业法》的规定，在特定情形下，合伙人可以退出合伙企业。合伙人退伙，其他合伙人应当与该退伙人按照退伙时的合伙企业财产状况进行结算，退还退伙人的财产份额。退伙人对给合伙企业造成的损失负有赔偿责任的，相应扣减其应当赔偿的数额。

（四）特殊的普通合伙企业

以专业知识和专门技能为客户提供有偿服务的专业服务机构，可以设立为特殊的普通合伙企业。特殊的普通合伙企业名称中应当标明“特殊普通合伙”字样。

四、有限合伙企业

除法律另有规定外，有限合伙企业由2个以上50个以下合伙人设立，其中至少应当有1个普通合伙人。有限合伙企业名称中应当标明“有限合伙”字样。

有限合伙企业由普通合伙人执行合伙事务。有限合伙人不执行合伙事务，不得对外代表有限合伙企业。

有限合伙企业仅剩有限合伙人的，应当解散；有限合伙企业仅剩普通合伙人的，转为普通合伙企业。

除合伙协议另有约定外，普通合伙人转变为有限合伙人，或者有限合伙人转变为普通合伙人，应当经全体合伙人一致同意。

有限合伙人转变为普通合伙人的，对其作为有限合伙人期间有限合伙企业发生的债务承担无限连带责任。

普通合伙人转变为有限合伙人的，对其作为普通合伙人期间合伙企业发生的债务承担无限连带责任。

五、合伙企业解散、清算

（一）合伙企业的解散

合伙企业有下列情形之一的，应当解散：

1. 合伙期限届满，合伙人决定不再经营；
2. 合伙协议约定的解散事由出现；
3. 全体合伙人决定解散；
4. 合伙人已不具备法定人数满 30 天；
5. 合伙协议约定的合伙目的已经实现或者无法实现；
6. 依法被吊销营业执照、责令关闭或者被撤销；
7. 法律、行政法规规定的其他原因。

（二）合伙企业的清算

合伙企业解散，应当由清算人进行清算。清算人由全体合伙人担任；经全体合伙人过半数同意，可以自合伙企业解散事由出现后 15 日内指定 1 个或者数个合伙人，或者委托第三人，担任清算人。

合伙企业财产在支付清算费用和职工工资、社会保险费用、法定补偿金以及缴纳所欠税款、清偿债务后的剩余财产，依照普通合伙企业利润分配、亏损分担规则进行分配。

清算结束，清算人应当编制清算报告，经全体合伙人签名、盖章后，在 15 日内向企业登记机关报送清算报告，申请办理合伙企业注销登记。

合伙企业注销后，原普通合伙人对合伙企业存续期间的债务仍应承担无限连带责任。合伙企业不能清偿到期债务的，债权人可以依法向人民法院提出破产清算申请，也可以要求普通合伙人清偿。合伙企业依法被宣告破产的，普通合伙人对合伙企业债务仍应承担无限连带责任。

六、法律责任

（一）主要法律责任

1. 职务侵占、非法侵占的法律责任

合伙人执行合伙事务，或者合伙企业从业人员利用职务上的便利，将应当归合伙企业的利益据为己有的，或者采取其他手段侵占合伙企业财产的，应当将该利益和财产退还合伙企业；给合伙企业或者其他合伙人造成损失的，依法承担赔偿责任。

2. 擅自处理须经全体合伙人一致同意方可执行事务的法律责任

合伙人对《合伙企业法》规定或者合伙协议约定必须经全体合伙人一致同意始得执行的事务擅自处理，给合伙企业或者其他合伙人造成损失的，依法承担赔偿责任。

3. 非执行事务合伙人擅自执行合伙事务的法律责任

不具有事务执行权的合伙人擅自执行合伙事务，给合伙企业或者其他合伙人造成损失的，依法承担赔偿责任。

4. 清算人违法违规的法律责任

清算人未依照《合伙企业法》规定向企业登记机关报送清算报告，或者报送清算报告隐瞒重要事实，或者有重大遗漏的，由企业登记机关责令改正。由此产生的费用和损失，由清算人承担和赔偿。

清算人执行清算事务，牟取非法收入或者侵占合伙企业财产的，应当将该收入和侵占的财产退还合伙企业；给合伙企业或者其他合伙人造成损失的，依法承担赔偿责任。

清算人违反《合伙企业法》规定，隐匿、转移合伙企业财产，对资产负债表或者财产清单作虚假记载，或者在未清偿债务前分配财产，损害债权人利益的，依法承担赔偿责任。

（二）典型案例

1. 操作实例

张某作为普通合伙人，王某作为有限合伙人共同设立有限合伙企业甲，其中张某出资 100 万元，王某出资 900 万元。合伙协议约定，合伙期限为 1 年，合伙企业甲成立的目的为收购乙资管产品。合伙企业甲成立两年后，收购任务亦完成，但合伙企业甲未成立清算组。普通合伙人张某向法院申请强制清算合伙企业甲，并提交合伙协议及相关收购完成的资料作为证据，法院最后裁定合伙企业甲应予以解散。合伙企业甲的清算人为全体合伙人张某和王某，清算人将合伙企业解散事项通知债权人，并在报纸上公告，后债权人向清算人申报了债权。清算后合伙企业甲财产优先支付了清算费用和职工工资、社会保险费用、法定补偿金以及缴纳所欠税款后，尚有50万元债务无力偿还，张某因其作为普通合伙人，需对合伙企业债务承担无限连带责任，以个人财产对该50万元债务进行偿还。

上述情形符合《合伙企业法》第二条、第八十五条、第八十六条及第八十八条的规定。

2. 违法违规案例

甲有限合伙企业成立于2004年3月，顾某为普通合伙人，丁某为有限合伙人。2005年3月，潘某与甲企业签订《借款协议》，约定甲企业从潘某处借款600万元。2006年5月，甲企业的合伙人变更为乙公司（普通合伙人）和丙公司（有限合伙人），同时，顾某和丁某退伙。后因甲企业迟迟不归还该600万元借款及利息，潘某提起诉讼。

根据《合伙企业法》第二条的规定，普通合伙人对合伙企业债务承担无限连带责任，有限合伙人以其认缴的出资额为限对合伙企业债务承担责任。同时，根据《合伙企业法》第四十四条的规定，顾某作为甲企业的原普通合伙人，乙公司作为甲企业的新普通合伙人，应当对退伙及入伙前合伙企业的债务承担无限连带责任。根据《合伙企业法》第八十八条，丁某作为甲企业的原有限合伙人，应以其退伙时从甲企业取回的财产承担责任。根据《合伙企业法》第七十七条的规定，丙公司为甲企业的新有限合伙人，对入伙前甲企业的债务以其认缴的出资额为限承担责任。

第四节 证券法

本节重点介绍《证券法》的立法宗旨与立法沿革、新《证券法》的修订要点、证券法法律体系的组成；《证券法》的适用范围、证券发行和交易的“三公”原则、发行交易当事人的行为准则、证券发行和交易活动禁止行为的规定；公开发行证券的有关规定、证券承销业务的种类、承销协议的主要内容、承销团及主承销人、证券的销售期限、代销制度；证券交易的条件及方式、证券上市的条件和终止上市交易的情形、内幕交易行为、操纵证券市场行为、虚假陈述或信息误导行为、损害客户利益的行为；上市公司收购的方式、上市公司收购的程序和规则；信息披露制度、定期报告、临时报告和法律责任；投资者保护制度、投资者的分类、投资者保护机构、债券持有人会议、法律责任和诉讼规则；证券交易场所的组织架构、交易规则、责任和义务、风险基金；证券登记结算结构的设立条件、职能、业务规则和证券结算风险基金；以及违反证券发行规定、违反证券交易规定、违反上市公司收购规定、违反信息披露规定、违反投资者保护规定、违反证券机构管理、人员管理相关规定的法律责任及证券机构的法律责任。

一、法规概述

（一）《证券法》的立法宗旨

为了规范证券发行和交易行为、保护投资者合法权益、维护社会经济秩序和社会公共利益、促进社会主义市场经济发展，《证券法》于1998年12月29日经第九届全国人民代表大会常务委员会第六次会议通过，并于1999年7月1日起正式实施。

（二）《证券法》的立法沿革

自实施以来，《证券法》共经历了3次修正和两次修订，分别为：2004年8月28日第十届全国人民代表大会常务委员会第十一次会议《关于修改〈中华人民共和国证券法〉的决定》第一次修正、2005年10月27日第十届全国人民代表大会常务委员会第十八次会议第一次修订、2013年6月29日第十二届全国人民代表大会常务委员会第三次会议《关于修改〈中华人民共和国文物保护法〉等十二部法律的决定》第二次修正、2014年8月31日第十二届全国人民代表大会常务委员会第十次会议《关于修改〈中华人民共和国保险法〉等五部法律的决定》第三次修正，以及2019年12月28日第十三届全国人民代表大会常务委员会第十五次会议第二次修订。现行适用的《证券法》为根据2019年12月28日第十三届全国人民代表大会常务委员会第十五次会议修订后的《证券法》，于2020年3月1日起施行。

现行《证券法》全文共14章226条，涉及证券发行、证券交易、上市公司的收购、信息披露、投资者保护、证券交易场所、证券公司、证券登记结算机构、证券服务机构、证券业协会、证券监督管理机构和法律责任等内容。

（三）《证券法》的修订要点

2019年12月28日，第十三届全国人民代表大会常务委员会第十五次会议审议通过了修订后的《证券法》，并于2020年3月1日起施行。本次《证券法》修订，按照顶层制度设计要求，进一步完善了证券市场基础制度，体现了市场化、法治化、国际化方向，为证券市场全面深化改革落实落地，有效防控市场风险，提高上市公司质量，切实维护投资者合法权益，促进证券市场服务实体经济功能发挥，打造一个规范、透明、开放、有活力、有韧性的资本市场，提供了坚强的法治保障。

本次《证券法》修订，系统总结了多年来我国证券市场改革发展、监管执法、风险防控的实践经验，在深入分析证券市场运行规律和发展阶段性特点的基础上作出了一系列新的制度改革完善。

一是全面推行证券发行注册制度。在总结上海证券交易所设立科创板并试点注册制的经验基础上，本次《证券法》的修订贯彻落实了党的十八届三中全会关于注册制改革的有关要求和党的十九届四中全会完善资本市场基础制度要求，按照全面推行注册制的基本定位，对证券发行制度做了系统的修改完善，充分体现了注册制改革的决心与方向。同时，考虑到注册制改革是一个渐进的过程，本次修订的《证券法》也授权国务院对证券发行注册制的具体范围、实施步骤进行规定，为有关板块和证券品种分步实施注册制留出了必要的法律空间。

二是显著提高证券违法违规成本。本次修订的《证券法》大幅提高了对证券违法行为的处罚力度。如对于欺诈发行行为，从原来最高可处非法募集资金 5% 的罚款，提高至非法募集资金的 1 倍；对于上市公司信息披露违法行为，从原来最高可处以 60 万元罚款，提高至 1 000 万元；对于发行人的控股股东、实际控制人组织、指使从事虚假陈述行为或者隐瞒相关事项导致虚假陈述的，规定最高可处以 1 000 万元罚款等。同时，本次修订的《证券法》对证券违法民事赔偿责任也做了完善，如规定了发行人等不履行公开承诺的民事赔偿责任，明确了发行人的控股股东、实际控制人在欺诈发行、信息披露违法中的过错推定、连带赔偿责任等。

三是完善投资者保护制度。本次修订的《证券法》设专章规定投资者保护制度，作出了许多颇有亮点的安排。包括区分普通投资者和专业投资者，有针对性地做出投资者权益保护安排；建立上市公司股东权利代为行使征集制度；规定债券持有人会议和债券受托管理人制度；建立普通投资者与证券公司纠纷的强制调解制度；完善上市公司现金分红制度。为了适应证券发行注册制改革的需要，本次修订的《证券法》规定投资者保护机构可以作为诉讼代表人，按照“明示退出”“默示加入”的诉讼原则，依法为受害投资者提起民事损害赔偿诉讼。

四是进一步强化信息披露要求。本次修订的《证券法》设专章规定信息披露制度，系统完善了信息披露制度，包括：扩大信息披露义务人的范围；完善信息披露的内容；强调应当充分披露投资者作出价值判断和投资决策所必需的信息；规范信息披露义务人的自愿披露行为；明确上市公司收购人应当披露增持股份的资金来源；确立发行人及其控股股东、实际控制人、董事、监事、高级管理人员公开承诺的信息披露制度等。

五是完善证券交易制度，包括：优化有关上市条件和退市情形的规定；完善有关内幕交易、操纵市场、利用未公开信息的法律禁止性规定；强化证券交易实名制要求，任何单位和个人不得违反规定，出借证券账户或者借用他人证券账户从事证券交易；完善上市公司股东减持制度；规定证券交易停复牌制度和程序化交易制度；完善证券交易所防控市场风险、维护交易秩序的手段措施等。

六是落实“放管服”要求取消相关行政许可，包括：取消证券公司董事、监事、高级管理人员任职资格核准；调整会计师事务所等证券服务机构从事证券业务的监管方式，将资格审批改为备案；将协议收购下的要约收购义务豁免由经证监会免除，调整为按照证监会的规定免除发出要约等。

七是压实中介机构市场“看门人”法律职责。规定证券公司不得允许他人以其名义直接参与证券的集中交易；明确保荐人、承销的证券公司及其直接责任人员未履行职责时对受害投资者所应承担的过错推定、连带赔偿责任；提高证券服务机构未履行勤勉尽责义务的违法处罚幅度，由原来最高可处以业务收入 5 倍的罚款，提高到 10 倍，情节严重的，并处暂停或者禁止从事证券服务业务等。

八是建立健全多层次资本市场体系，包括：将证券交易场所划分为证券交易所、国务院批准的其他全国性证券交易场所、按照国务院规定设立的区域性股权市场等 3 个层次；规定证券交易所、国务院批准的其他全国性证券交易场所可以依法设立不同的市场层次；明确非公开发行的证券，可以在上述证券交易场所转让；授权国务院制定有关全国性证券交易场所、区域性股权市场的管理办法等。

九是强化监管执法和风险防控，包括：明确了证监会依法监测并防范、处置证券市场风险的职责；延长了证监会在执法中对违法资金、证券的冻结、查封期限；规定了证监会为防范市场风险、维护市场秩序采取监管措施的制度；增加了行政和解制度，证券市场诚信档案制度；完善了证券市场禁入制度，规定被市场禁入的主体，在一定期限内不得从事证券交易等。

十是扩大《证券法》的适用范围，包括：将存托凭证明确规定为法定证券；将资产支持证券和资产管理产品写入《证券法》，授权国务院按照《证券法》的原则规定资产支持证券、资产管理产品发行、交易的管理办法。同时，考虑到证券领域跨境监管的现实需要，明确在我国境外的证券发行和交易活动，扰乱我国境内市场秩序，损害境内投资者合法权益的，依照《证券法》追究法律责任等。

此外，此次《证券法》修订还对上市公司收购制度、证券公司业务管理制度、证券登记结算制度、跨境监管协作制度等作了完善。

（四）证券法法律体系的组成

我国证券法法律体系以《证券法》为核心，由相关法律、行政法规、部门规章及规范性文件和自律性规则共同组成，为证券发行和交易行为的正常运行提供了法律法规保障，也为监管部门履行监管职责提供了制度依据。我国证券法法律体系主要由下列法律法规及规则组成。

1. 法律

包括《证券法》和《公司法》等。

2. 行政法规

包括《证券交易所风险基金管理暂行办法》《证券公司风险处置条例》《证券公司监督管理条例》和《证券、期货投资咨询管理暂行办法》等。

3. 部门规章及规范性文件

包括《证券发行与承销管理办法》《首次公开发行股票注册管理办法》《中国证券监督管理委员会行政许可实施程序规定》《证券发行上市保荐业务管理办法》《证券登记结算管理办法》《证券交易所管理办法》《证券公司和证券投资基金管理公司合规管理办法》《上市公司重大资产重组管理办法》《证券公司风险控制指标管理办法》《证券投资者保护基金管理办法》《上市公司收购管理办法》《上市公司信息披露管理办法》《证券基金经营机构董事、监事、高级管理人员及从业人员监督管理办法》和《证券公司为期货公司提供中间介绍业务试行办法》等。

4. 证券交易场所、中国证券业协会等制定的自律性规则

包括《上海证券交易所交易规则》《深圳证券交易所交易规则》《北京证券交易所交易规则（试行）》《上海证券交易所会员管理规则》《深圳证券交易所会员管理规则》《上海证券交易所股票上市规则》《深圳证券交易所股票上市规则》《北京证券交易所股票上市规则（试行）》《首次公开发行证券承销业务规则》《上海证券交易所股票发行上市审核规则》《深圳证券交易所股票发行上市审核规则》《全国中小企业股份转让系统业务规则（试行）》和《全国中小企业股份转让系统股票交易规则》等。

二、总则

（一）适用范围

《证券法》的适用范围包括以下四类：

一是在中华人民共和国境内，股票、公司债券、存托凭证和国务院依法认定的其他证券的发行和交易；

二是政府债券、证券投资基金份额的上市交易；

三是资产支持证券、资产管理产品发行、交易的管理办法，由国务院依照《证券

法》的原则规定；

四是在中华人民共和国境外的证券发行和交易活动，扰乱中华人民共和国境内市场秩序，损害境内投资者合法权益的，依照《证券法》有关规定处理并追究法律责任。

（二）证券发行和交易的“三公”原则

证券的发行、交易活动，必须遵循公开、公平、公正“三公”原则。

（三）发行交易当事人的行为准则

证券发行、交易活动的当事人具有平等的法律地位，应当遵守自愿、有偿、诚实信用的原则。

（四）证券发行、交易活动的禁止行为

证券的发行、交易活动，必须遵守法律、行政法规；禁止欺诈、内幕交易和操纵证券市场的行为。

三、证券发行

（一）发行证券

证券发行包括公开发行和非公开发行。

公开发行证券，必须符合法律、行政法规规定的条件，并依法报经国务院证券监督管理机构或者国务院授权的部门注册。未经依法注册，任何单位和个人不得公开发行证券。证券发行注册制的具体范围、实施步骤，由国务院规定。

非公开发行证券的，不得采用广告、公开劝诱和变相公开方式。

1. 公开发行的定义

有下列情形之一的，为公开发行：

（1）向不特定对象发行证券的；

（2）向特定对象发行证券累计超过 200 人的，但依法实施员工持股计划的员工人数不计算在内；

（3）法律、行政法规规定的其他发行行为。

2. 公开发行新股的条件和规则

公司首次公开发行新股，应当符合下列条件：

（1）具备健全且运行良好的组织机构；

（2）具有持续经营能力；

（3）最近 3 年财务会计报告被出具无保留意见审计报告；

（4）发行人及其控股股东、实际控制人最近 3 年不存在贪污、贿赂、侵占财产、挪用财产或者破坏社会主义市场经济秩序的刑事犯罪；

（5）经国务院批准的国务院证券监督管理机构规定的其他条件。

上市公司发行新股，应当符合经国务院批准的国务院证券监督管理机构规定的条件，具体管理办法由国务院证券监督管理机构规定。

公开发行存托凭证的，应当符合首次公开发行新股的条件以及国务院证券监督管理机构规定的其他条件。

公司对公开发行股票所募集资金，必须按照招股说明书或者其他公开发行募集文件所列资金用途使用；改变资金用途，必须经股东大会作出决议。擅自改变用途、未作纠正的，或者未经股东大会认可的，不得公开发行新股。

设立股份有限公司公开发行股票，应当符合《公司法》规定的条件和经国务院批准的国务院证券监督管理机构规定的其他条件，向国务院证券监督管理机构报送募股申请和下列文件：

（1）公司章程；

（2）发起人协议；

（3）发起人姓名或者名称，发起人认购的股份数、出资种类及验资证明；

（4）招股说明书；

（5）代收股款银行的名称及地址；

（6）承销机构名称及有关的协议。

依照规定应当聘请保荐人的，还应当报送保荐人出具的发行保荐书。法律、行政法规规定设立公司必须报经批准的，还应当提交相应的批准文件。

公司公开发行新股，应当报送募股申请和下列文件：

（1）公司营业执照；

（2）公司章程；

（3）股东大会决议；

（4）招股说明书或其他公开发行募集文件；

（5）财务会计报告；

（6）代收股款银行的名称及地址。

依照规定应当聘请保荐人的，还应当报送保荐人出具的发行保荐书。依照《证券法》规定实行承销的，还应当报送承销机构名称及有关的协议。

发行人申请首次公开发行股票的，在提交申请文件后，应当按照国务院证券监督管理机构的规定预先披露有关申请文件。

3. 公开发行债券的条件和规则

公开发行公司债券，应当符合下列条件：

（1）具备健全且运行良好的组织机构；

（2）最近3年平均可分配利润足以支付公司债券1年的利息；

（3）国务院规定的其他条件。

公开发行公司债券筹集的资金，必须按照公司债券募集办法所列资金用途使用；改变资金用途，必须经债券持有人会议作出决议。公开发行公司债券筹集的资金，不得用于弥补亏损和非生产性支出。

上市公司发行可转换为股票的公司债券，除应当符合上述规定的条件外，还应当遵守《证券法》第十二条第二款的规定，即“上市公司发行新股，应当符合经国务院批准的国务院证券监督管理机构规定的条件，具体管理办法由国务院证券监督管理机构规定”。但是，按照公司债券募集办法，上市公司通过收购本公司股份的方式进行公司债券转换的除外。

有下列情形之一的，不得再次公开发行公司债券：

（1）对已公开发行的公司债券或者其他债务有违约或者延迟支付本息的事实，仍处于继续状态；

（2）违反《证券法》规定，改变公开发行公司债券所募资金的用途。

申请公开发行公司债券，应当向国务院授权的部门或者国务院证券监督管理机构报送下列文件：

（1）公司营业执照；

（2）公司章程；

（3）公司债券募集办法；

（4）国务院授权的部门或者国务院证券监督管理机构规定的其他文件。

依照《证券法》规定应当聘请保荐人的，还应当报送保荐人出具的发行保荐书。

4. 公开发行证券的程序

发行人报送的证券发行申请文件，应当充分披露投资者作出价值判断和投资决策所必需的信息，内容应当真实、准确、完整。为证券发行出具有关文件的证券服务机构和人员，必须严格履行法定职责，保证所出具文件的真实性、准确性和完整性。

发行人依法申请公开发行证券所报送的申请文件的格式、报送方式，由依法负责注册的机构或者部门规定。

国务院证券监督管理机构或者国务院授权的部门依照法定条件负责证券发行申请

的注册。证券公开发行注册的具体办法由国务院规定。按照国务院的规定，证券交易所等可以审核公开发行证券申请，判断发行人是否符合发行条件、信息披露要求，督促发行人完善信息披露内容。前述参与证券发行申请注册的人员，不得与发行申请人有利害关系，不得直接或者间接接受发行申请人的馈赠，不得持有所注册的发行申请的证券，不得私下与发行申请人进行接触。

国务院证券监督管理机构或者国务院授权的部门应当自受理证券发行申请文件之日起3个月内，依照法定条件和法定程序作出予以注册或者不予注册的决定，发行人根据要求补充、修改发行申请文件的时间不计算在内；不予注册的，应当说明理由。

证券发行申请经注册后，发行人应当依照法律、行政法规的规定，在证券公开发行前公告公开发行募集文件，并将该文件置备于指定场所供公众查阅。

发行证券的信息依法公开前，任何知情人不得公开或者泄露该信息。发行人不得在公告公开发行募集文件前发行证券。

国务院证券监督管理机构或者国务院授权的部门对已作出的证券发行注册的决定，发现不符合法定条件或者法定程序，尚未发行证券的，应当予以撤销，停止发行。对已经发行尚未上市的，撤销发行注册决定，发行人应当按照发行价并加算银行同期存款利息返还证券持有人；发行人的控股股东、实际控制人以及保荐人，应当与发行人承担连带责任，但是能够证明自己没有过错的除外。股票的发行人在招股说明书等证券发行文件中隐瞒重要事实或者编造重大虚假内容，已经发行并上市的，国务院证券监督管理机构可以责令发行人回购证券，或者责令负有责任的控股股东、实际控制人买回证券。

（二）证券承销业务的种类、承销协议的主要内容

1. 证券承销业务的种类

证券承销业务采取代销或者包销方式。

证券代销，是指证券公司代发行人发售证券，在承销期结束时，将未售出的证券全部退还给发行人的承销方式。

证券包销，是指证券公司将发行人的证券按照协议全部购入，或者在承销期结束时将售后剩余证券全部自行购入的承销方式。

2. 承销协议的主要内容

发行人向不特定对象发行的证券，法律、行政法规规定应当由证券公司承销的，发行人应当同证券公司签订承销协议。证券公司承销证券，应当同发行人签订代销或者包销协议，并载明下列事项：

（1）当事人的名称、住所及法定代表人姓名；

（2）代销、包销证券的种类、数量、金额及发行价格；

（3）代销、包销的期限及起止日期；

（4）代销、包销的付款方式及日期；

（5）代销、包销的费用和结算办法；

（6）违约责任；

（7）国务院证券监督管理机构规定的其他事项。

3. 证券公司承销证券的禁止性行为

证券公司承销证券，应当对公开发行募集文件的真实性、准确性、完整性进行核查。发现有虚假记载、误导性陈述或者重大遗漏的，不得进行销售活动。已经销售的，必须立即停止销售活动并采取纠正措施。

证券公司承销证券，不得有下列行为：

（1）进行虚假的或者误导投资者的广告宣传或者其他宣传推介活动；

（2）以不正当竞争手段招揽承销业务；

（3）其他违反证券承销业务规定的行为。

证券公司有上述所列行为，给其他证券承销机构或者投资者造成损失的，应当依法承担赔偿责任。

（三）承销团

向不特定对象发行证券聘请承销团承销的，承销团应当由主承销和参与承销的证券公司组成。

（四）证券的销售期限

证券的代销、包销期限最长不得超过 90 日。

证券公司在代销、包销期内，对所代销、包销的证券应当保证先行出售给认购人，证券公司不得为本公司预留所代销的证券和预先购入并留存所包销的证券。

公开发行股票，代销、包销期限届满，发行人应当在规定的期限内将股票发行情况报国务院证券监督管理机构备案。

（五）代销制度

股票发行采用代销方式，代销期限届满，向投资者出售的股票数量未达到拟公开发行股票数量 70% 的，为发行失败。发行人应当按照发行价并加算银行同期存款利息返还股票认购人。

四、证券交易

（一）证券交易的条件及方式

1. 证券交易的条件

证券交易当事人依法买卖的证券，必须是依法发行并交付的证券。非依法发行的证券，不得买卖。

依法发行的证券，《公司法》和其他法律对其转让期限有限制性规定的，在限定的期限内不得转让。上市公司持有5%以上股份的股东、实际控制人、董事、监事、高级管理人员，以及其他持有发行人首次公开发行前发行的股份或者上市公司向特定对象发行的股份的股东，转让其持有的本公司股份的，不得违反法律、行政法规和国务院证券监督管理机构关于持有期限、卖出时间、卖出数量、卖出方式、信息披露等规定，并应当遵守证券交易所的业务规则。

2. 证券交易的方式

公开发行的证券，应当在依法设立的证券交易所上市交易或者在国务院批准的其他全国性证券交易场所交易。

非公开发行的证券，可以在证券交易所、国务院批准的其他全国性证券交易场所、按照国务院规定设立的区域性股权市场转让。

证券在证券交易所上市交易，应当采用公开的集中交易方式或者国务院证券监督管理机构批准的其他方式。

（二）证券上市的条件和终止上市交易的情形

1. 证券上市的条件

申请证券上市交易，应当向证券交易所提出申请，由证券交易所依法审核同意，并由双方签订上市协议。证券交易所根据国务院授权的部门的决定安排政府债券上市交易。

申请证券上市交易，应当符合证券交易所上市规则规定的上市条件。证券交易所上市规则规定的上市条件，应当对发行人的经营年限、财务状况、最低公开发行比例和公司治理、诚信记录等提出要求。

2. 证券终止上市交易的情形

上市交易的证券，有证券交易所规定的终止上市情形的，由证券交易所按照业务规则终止其上市交易。证券交易所决定终止证券上市交易的，应当及时公告，并报国务院证券监督管理机构备案。

对证券交易所作出的不予上市交易、终止上市交易决定不服的，可以向证券交易所设立的复核机构申请复核。

（三）禁止的交易行为

1. 禁止内幕交易

禁止证券交易内幕信息的知情人和非法获取内幕信息的人利用内幕信息从事证券交易活动。

证券交易内幕信息的知情人包括：

（1）发行人及其董事、监事、高级管理人员；

（2）持有公司5%以上股份的股东及其董事、监事、高级管理人员，公司的实际控制人及其董事、监事、高级管理人员；

（3）发行人控股或者实际控制的公司及其董事、监事、高级管理人员；

（4）由于所任公司职务或者因与公司业务往来可以获取公司有关内幕信息的人员；

（5）上市公司收购人或者重大资产交易方及其控股股东、实际控制人、董事、监事和高级管理人员；

（6）因职务、工作可以获取内幕信息的证券交易场所、证券公司、证券登记结算机构、证券服务机构的有关人员；

（7）因职责、工作可以获取内幕信息的证券监督管理机构工作人员；

（8）因法定职责对证券的发行、交易或者对上市公司及其收购、重大资产交易进行管理可以获取内幕信息的有关主管部门、监管机构的工作人员；

（9）国务院证券监督管理机构规定的可以获取内幕信息的其他人员。

2. 内幕信息

证券交易活动中，涉及发行人的经营、财务或者对该发行人证券的市场价格有重大影响的尚未公开的信息，为内幕信息。《证券法》第八十条第二款、第八十一条第二款所列重大事件属于内幕信息，具体如下。

《证券法》第八十条第二款所称重大事件，包括：

（1）公司的经营方针和经营范围的重大变化；

（2）公司的重大投资行为，公司在一年内购买、出售重大资产超过公司资产总额30%，或者公司营业用主要资产的抵押、质押、出售或者报废一次超过该资产的30%；

（3）公司订立重要合同、提供重大担保或者从事关联交易，可能对公司的资产、负债、权益和经营成果产生重要影响；

（4）公司发生重大债务和未能清偿到期重大债务的违约情况；

（5）公司发生重大亏损或者重大损失；

（6）公司生产经营的外部条件发生的重大变化；

（7）公司的董事、1/3 以上监事或者经理发生变动，董事长或者经理无法履行职责；

（8）持有公司 5% 以上股份的股东或者实际控制人持有股份或者控制公司的情况发生较大变化，公司的实际控制人及其控制的其他企业从事与公司相同或者相似业务的情况发生较大变化；

（9）公司分配股利、增资的计划，公司股权结构的重要变化，公司减资、合并、分立、解散及申请破产的决定，或者依法进入破产程序、被责令关闭；

（10）涉及公司的重大诉讼、仲裁，股东大会、董事会决议被依法撤销或者宣告无效；

（11）公司涉嫌犯罪被依法立案调查，公司的控股股东、实际控制人、董事、监事、高级管理人员涉嫌犯罪被依法采取强制措施；

（12）国务院证券监督管理机构规定的其他事项。

《证券法》第八十一条第二款所称重大事件，包括：

（1）公司股权结构或者生产经营状况发生重大变化；

（2）公司债券信用评级发生变化；

（3）公司重大资产抵押、质押、出售、转让、报废；

（4）公司发生未能清偿到期债务的情况；

（5）公司新增借款或者对外提供担保超过上年末净资产的 20%；

（6）公司放弃债权或者财产超过上年末净资产的 10%；

（7）公司发生超过上年末净资产 10% 的重大损失；

（8）公司分配股利，作出减资、合并、分立、解散及申请破产的决定，或者依法进入破产程序、被责令关闭；

（9）涉及公司的重大诉讼、仲裁；

（10）公司涉嫌犯罪被依法立案调查，公司的控股股东、实际控制人、董事、监事、高级管理人员涉嫌犯罪被依法采取强制措施；

（11）国务院证券监督管理机构规定的其他事项。

证券交易内幕信息的知情人和非法获取内幕信息的人，在内幕信息公开前，不得买卖该公司的证券，或者泄露该信息，或者建议他人买卖该证券。内幕交易行为给投资者造成损失的，行为人应当依法承担赔偿责任。

禁止证券交易场所、证券公司、证券登记结算机构、证券服务机构和其他金融机构的从业人员、有关监管部门或者行业协会的工作人员，利用因职务便利获取内幕信息以外的其他未公开的信息，违反规定，从事与该信息相关的证券交易活动，或者明示、暗示他人从事相关交易活动。利用未公开信息进行交易给投资者造成损失的，应当依法承担赔偿责任。

3. 禁止操纵证券市场行为

禁止任何人以下列手段操纵证券市场，影响或者意图影响证券交易价格或者证券交易量：

（1）单独或者通过合谋，集中资金优势、持股优势或者利用信息优势联合或者连续买卖；

（2）与他人串通，以事先约定的时间、价格和方式相互进行证券交易；

（3）在自己实际控制的账户之间进行证券交易；

（4）不以成交为目的，频繁或者大量申报并撤销申报；

（5）利用虚假或者不确定的重大信息，诱导投资者进行证券交易；

（6）对证券、发行人公开作出评价、预测或者投资建议，并进行反向证券交易；

（7）利用在其他相关市场的活动操纵证券市场；

（8）操纵证券市场的其他手段。

操纵证券市场行为给投资者造成损失的，行为人应当依法承担赔偿责任。

4. 禁止虚假陈述或信息误导行为

禁止任何单位和个人编造、传播虚假信息或者误导性信息，扰乱证券市场。

禁止证券交易场所、证券公司、证券登记结算机构、证券服务机构及其从业人员，证券业协会、证券监督管理机构及其工作人员，在证券交易活动中作出虚假陈述或者信息误导。各种传播媒介传播证券市场信息必须真实、客观，禁止误导。传播媒介及其从事证券市场信息报道的工作人员不得从事与其工作职责发生利益冲突的证券买卖。编造、传播虚假信息或者误导性信息，扰乱证券市场，给投资者造成损失的，应当依法承担赔偿责任。

5. 禁止损害客户利益的行为

禁止证券公司及其从业人员从事下列损害客户利益的行为：

（1）违背客户的委托为其买卖证券；

（2）不在规定时间内向客户提供交易的确认文件；

（3）未经客户的委托，擅自为客户买卖证券，或者假借客户的名义买卖证券；

（4）为牟取佣金收入，诱使客户进行不必要的证券买卖；

（5）其他违背客户真实意思表示，损害客户利益的行为。

违反上述规定给客户造成损失的，应当依法承担赔偿责任。

6. 其他禁止的交易行为

任何单位和个人不得违反规定，出借自己的证券账户或者借用他人的证券账户从事证券交易。

依法拓宽资金入市渠道，禁止资金违规流入股市。禁止投资者违规利用财政资金、银行信贷资金买卖证券。

国有独资企业、国有独资公司、国有资本控股公司买卖上市交易的股票，必须遵守国家有关规定。

证券交易场所、证券公司、证券登记结算机构、证券服务机构及其从业人员对证券交易中发现的禁止的交易行为，应当及时向证券监督管理机构报告。

五、上市公司的收购

（一）上市公司收购的方式

投资者可以采取要约收购、协议收购及其他合法方式收购上市公司。

1. 要约收购

收购要约约定的收购期限不得少于 30 日，并不得超过 60 日。在收购要约确定的承诺期限内，收购人不得撤销其收购要约。收购人需要变更收购要约的，应当及时公告，载明具体变更事项，且不得存在下列情形：

（1）降低收购价格；

（2）减少预定收购股份数额；

（3）缩短收购期限；

（4）国务院证券监督管理机构规定的其他情形。

收购要约提出的各项收购条件，适用于被收购公司的所有股东。上市公司发行不同种类股份的，收购人可以针对不同种类股份提出不同的收购条件。

收购上市公司部分股份的收购要约应当约定，被收购公司股东承诺出售的股份数额超过预定收购的股份数额的，收购人按比例进行收购。

采取要约收购方式的，收购人在收购期限内，不得卖出被收购公司的股票，也不得采取要约规定以外的形式和超出要约的条件买入被收购公司的股票。

2. 协议收购

采取协议收购方式的，收购人可以依照法律、行政法规的规定同被收购公司的股东以协议方式进行股份转让。

以协议方式收购上市公司时，达成协议后，收购人必须在 3 日内将该收购协议向国务院证券监督管理机构及证券交易所作出书面报告，并予公告。在公告前不得履行收购协议。

采取协议收购方式的，协议双方可以临时委托证券登记结算机构保管协议转让的股票，并将资金存放于指定的银行。

采取协议收购方式的，收购人收购或者通过协议、其他安排与他人共同收购一家上市公司已发行的有表决权股份达到30%时，继续进行收购的，应当依法向该上市公司所有股东发出收购上市公司全部或者部分股份的要约。但是，按照国务院证券监督管理机构的规定免除发出要约的除外。

（二）上市公司收购的程序和规则

1. 持股比例达到5%时的程序和规则

通过证券交易所的证券交易，投资者持有或者通过协议、其他安排与他人共同持有一家上市公司已发行的有表决权股份达到5%时，应当在该事实发生之日起3日内，向国务院证券监督管理机构、证券交易所作出书面报告，通知该上市公司，并予公告。在上述期限内不得再行买卖该上市公司的股票，但国务院证券监督管理机构规定的情形除外。

2. 持股比例每增减5%时的程序和规则

投资者持有或者通过协议、其他安排与他人共同持有一家上市公司已发行的有表决权股份达到5%后，其所持该上市公司已发行的有表决权股份比例每增加或者减少5%，应当依照前款规定进行报告和公告。在该事实发生之日起至公告后3日内，不得再行买卖该上市公司的股票，但国务院证券监督管理机构规定的情形除外。违反上述规定买入上市公司有表决权的股份的，在买入后的36个月内，对该超过规定比例部分的股份不得行使表决权。

3. 持股比例每增减1%时的程序和规则

投资者持有或者通过协议、其他安排与他人共同持有一家上市公司已发行的有表决权股份达到5%后，其所持该上市公司已发行的有表决权股份比例每增加或者减少1%，应当在该事实发生的次日通知该上市公司，并予公告。

4. 持股比例达到30%时的程序和规则

通过证券交易所的证券交易，投资者持有或者通过协议、其他安排与他人共同持有一家上市公司已发行的有表决权股份达到30%时，继续进行收购的，应当依法向该上市公司所有股东发出收购上市公司全部或者部分股份的要约。

采取协议收购方式的，收购人收购或者通过协议、其他安排与他人共同收购一家上市公司已发行的有表决权股份达到30%时，继续进行收购的，应当依法向该上市公司所有股东发出收购上市公司全部或者部分股份的要约。但是，按照国务院证券监督管理机构的规定免除发出要约的除外。

（三）收购行为完成后的事项

收购期限届满，被收购公司股权分布不符合证券交易所规定的上市交易要求的，该上市公司的股票应当由证券交易所依法终止上市交易；其余仍持有被收购公司股票的股东，有权向收购人以收购要约的同等条件出售其股票，收购人应当收购。收购行为完成后，被收购公司不再具备股份有限公司条件的，应当依法变更企业形式。

在上市公司收购中，收购人持有的被收购的上市公司的股票，在收购行为完成后的 18 个月内不得转让。

收购行为完成后，收购人与被收购公司合并，并将该公司解散的，被解散公司的原有股票由收购人依法更换。

收购行为完成后，收购人应当在 15 日内将收购情况报告国务院证券监督管理机构和证券交易所，并予公告。

上市公司分立或者被其他公司合并，应当向国务院证券监督管理机构报告，并予公告。

六、信息披露

（一）信息披露制度

发行人及法律、行政法规和国务院证券监督管理机构规定的其他信息披露义务人，应当及时依法履行信息披露义务。信息披露义务人披露的信息，应当真实、准确、完整，简明清晰，通俗易懂，不得有虚假记载、误导性陈述或者重大遗漏。证券同时在境内境外公开发行、交易的，其信息披露义务人在境外披露的信息，应当在境内同时披露。

信息披露义务人披露的信息应当同时向所有投资者披露，不得提前向任何单位和个人泄露。但是，法律、行政法规另有规定的除外。任何单位和个人不得非法要求信息披露义务人提供依法需要披露但尚未披露的信息。任何单位和个人提前获知的前述信息，在依法披露前应当保密。

除依法需要披露的信息之外，信息披露义务人可以自愿披露与投资者作出价值判断和投资决策有关的信息，但不得与依法披露的信息相冲突，不得误导投资者。发行人及其控股股东、实际控制人、董事、监事、高级管理人员等作出公开承诺的，应当披露。不履行承诺给投资者造成损失的，应当依法承担赔偿责任。

（二）定期报告

上市公司、公司债券上市交易的公司、股票在国务院批准的其他全国性证券交易场所交易的公司，应当按照国务院证券监督管理机构和证券交易场所规定的内容和格式编制定期报告，并按照以下规定报送和公告：

（1）在每一会计年度结束之日起 4 个月内，报送并公告年度报告，其中的年度财务会计报告应当经符合《证券法》规定的会计师事务所审计；

（2）在每一会计年度的上半年结束之日起 2 个月内，报送并公告中期报告。

发行人的董事、高级管理人员应当对证券发行文件和定期报告签署书面确认意见。发行人的监事会应当对董事会编制的证券发行文件和定期报告进行审核并提出书面审核意见。监事应当签署书面确认意见。

发行人的董事、监事和高级管理人员应当保证发行人及时、公平地披露信息，所披露的信息真实、准确、完整。董事、监事和高级管理人员无法保证证券发行文件和定期报告内容的真实性、准确性、完整性或者有异议的，应当在书面确认意见中发表意见并陈述理由，发行人应当披露。发行人不予披露的，董事、监事和高级管理人员可以直接申请披露。

（三）临时报告

发生可能对上市公司、股票在国务院批准的其他全国性证券交易场所交易的公司的股票交易价格产生较大影响的重大事件，投资者尚未得知时，公司应当立即将有关该重大事件的情况向国务院证券监督管理机构和证券交易场所报送临时报告，并予公告，说明事件的起因、目前的状态和可能产生的法律后果。

上述所称重大事件，包括：

（1）公司的经营方针和经营范围的重大变化；

（2）公司的重大投资行为，公司在一年内购买、出售重大资产超过公司资产总额 30%，或者公司营业用主要资产的抵押、质押、出售或者报废一次超过该资产的 30%；

（3）公司订立重要合同、提供重大担保或者从事关联交易，可能对公司的资产、负债、权益和经营成果产生重要影响；

（4）公司发生重大债务和未能清偿到期重大债务的违约情况；

（5）公司发生重大亏损或者重大损失；

（6）公司生产经营的外部条件发生的重大变化；

（7）公司的董事、1/3 以上监事或者经理发生变动，董事长或者经理无法履行职责；

（8）持有公司5%以上股份的股东或者实际控制人持有股份或者控制公司的情况发生较大变化，公司的实际控制人及其控制的其他企业从事与公司相同或者相似业务的情况发生较大变化；

（9）公司分配股利、增资的计划，公司股权结构的重要变化，公司减资、合并、分立、解散及申请破产的决定，或者依法进入破产程序、被责令关闭；

（10）涉及公司的重大诉讼、仲裁，股东大会、董事会决议被依法撤销或者宣告无效；

（11）公司涉嫌犯罪被依法立案调查，公司的控股股东、实际控制人、董事、监事、高级管理人员涉嫌犯罪被依法采取强制措施；

（12）国务院证券监督管理机构规定的其他事项。

公司的控股股东或者实际控制人对重大事件的发生、进展产生较大影响的，应当及时将其知悉的有关情况书面告知公司，并配合公司履行信息披露义务。

发生可能对上市交易公司债券的交易价格产生较大影响的重大事件，投资者尚未得知时，公司应当立即将有关该重大事件的情况向国务院证券监督管理机构和证券交易场所报送临时报告，并予公告，说明事件的起因、目前的状态和可能产生的法律后果。

上述所称重大事件，包括：

（1）公司股权结构或者生产经营状况发生重大变化；

（2）公司债券信用评级发生变化；

（3）公司重大资产抵押、质押、出售、转让、报废；

（4）公司发生未能清偿到期债务的情况；

（5）公司新增借款或者对外提供担保超过上年末净资产的20%；

（6）公司放弃债权或者财产超过上年末净资产的10%；

（7）公司发生超过上年末净资产10%的重大损失；

（8）公司分配股利，作出减资、合并、分立、解散及申请破产的决定，或者依法进入破产程序、被责令关闭；

（9）涉及公司的重大诉讼、仲裁；

（10）公司涉嫌犯罪被依法立案调查，公司的控股股东、实际控制人、董事、监事、高级管理人员涉嫌犯罪被依法采取强制措施；

（11）国务院证券监督管理机构规定的其他事项。

（四）法律责任

信息披露义务人未按照规定披露信息，或者公告的证券发行文件、定期报告、临时报告及其他信息披露资料存在虚假记载、误导性陈述或者重大遗漏，致使投资者在证券交易中遭受损失的，信息披露义务人应当承担赔偿责任；发行人的控股股东、实际控制人、董事、监事、高级管理人员和其他直接责任人员以及保荐人、承销的证券公司及其直接责任人员，应当与发行人承担连带赔偿责任，但是能够证明自己没有过错的除外。

依法披露的信息，应当在证券交易场所的网站和符合国务院证券监督管理机构规定条件的媒体发布，同时将其置备于公司住所、证券交易场所，供社会公众查阅。

国务院证券监督管理机构对信息披露义务人的信息披露行为进行监督管理。证券交易场所应当对其组织交易的证券的信息披露义务人的信息披露行为进行监督，督促其依法及时、准确披露信息。

七、投资者保护

证券公司向投资者销售证券、提供服务时，应当按照规定充分了解投资者的基本情况、财产状况、金融资产状况、投资知识和经验、专业能力等相关信息；如实说明证券、服务的重要内容，充分揭示投资风险；销售、提供与投资者上述状况相匹配的证券、服务。证券公司违反上述规定导致投资者损失的，应当承担相应的赔偿责任。投资者在购买证券或者接受服务时，应当按照证券公司明示的要求提供前述所列真实信息。拒绝提供或者未按照要求提供信息的，证券公司应当告知其后果，并按照规定拒绝向其销售证券、提供服务。

（一）投资者的分类

根据财产状况、金融资产状况、投资知识和经验、专业能力等因素，投资者可以分为普通投资者和专业投资者。专业投资者的标准由国务院证券监督管理机构规定。

普通投资者与证券公司发生纠纷的，证券公司应当证明其行为符合法律、行政法规以及国务院证券监督管理机构的规定，不存在误导、欺诈等情形。证券公司不能证明的，应当承担相应的赔偿责任。

（二）投资者保护的具体方式

1. 投资者保护机构

上市公司董事会、独立董事、持有1%以上有表决权股份的股东或者依照法律、行政法规或者国务院证券监督管理机构的规定设立的投资者保护机构，可以作为征集人自行或者委托证券公司、证券服务机构，公开请求上市公司股东委托其代为出席股东大会，并代为行使提案权、表决权等股东权利。依照上述规定征集股东权利的，征集人应当披露征集文件，上市公司应当予以配合。

禁止以有偿或者变相有偿的方式公开征集股东权利。公开征集股东权利违反法律、行政法规或者国务院证券监督管理机构有关规定，导致上市公司或者其股东遭受损失的，应当依法承担赔偿责任。

上市公司应当在章程中明确分配现金股利的具体安排和决策程序，依法保障股东的资产收益权。上市公司当年税后利润，在弥补亏损及提取法定公积金后有盈余的，应当按照公司章程的规定分配现金股利。

2. 债券持有人会议

公开发行公司债券的，应当设立债券持有人会议，并应当在募集说明书中说明债券持有人会议的召集程序、会议规则和其他重要事项。

公开发行公司债券的，发行人应当为债券持有人聘请债券受托管理人，并订立债券受托管理协议。受托管理人应当由本次发行的承销机构或者其他经国务院证券监督管理机构认可的机构担任，债券持有人会议可以决议变更债券受托管理人。债券受托管理人应当勤勉尽责，公正履行受托管理职责，不得损害债券持有人利益。

债券发行人未能按期兑付债券本息的，债券受托管理人可以接受全部或者部分债券持有人的委托，以自己名义代表债券持有人提起、参加民事诉讼或者清算程序。

（三）法律责任

发行人因欺诈发行、虚假陈述或者其他重大违法行为给投资者造成损失的，发行人的控股股东、实际控制人、相关的证券公司可以委托投资者保护机构，就赔偿事宜与受到损失的投资者达成协议，予以先行赔付，先行赔付后可以依法向发行人以及其他连带责任人追偿。

（四）诉讼规则

投资者与发行人、证券公司等发生纠纷的，双方可以向投资者保护机构申请调解。普通投资者与证券公司发生证券业务纠纷，普通投资者提出调解请求的，证券公司不得拒绝。投资者保护机构对损害投资者利益的行为，可以依法支持投资者向人民法院提起诉讼。

发行人的董事、监事、高级管理人员执行公司职务时违反法律、行政法规或者公司章程的规定给公司造成损失，发行人的控股股东、实际控制人等侵犯公司合法权益给公司造成损失，投资者保护机构持有该公司股份的，可以为公司的利益以自己的名义向人民法院提起诉讼，持股比例和持股期限不受《公司法》规定的限制。

投资者提起虚假陈述等证券民事赔偿诉讼时，诉讼标的是同一种类且当事人一方人数众多的，可以依法推选代表人进行诉讼。可能存在有相同诉讼请求的其他众多投资者的，人民法院可以发出公告，说明该诉讼请求的案件情况，通知投资者在一定期间向人民法院登记。人民法院作出的判决、裁定，对参加登记的投资者发生效力。

投资者保护机构受50名以上投资者委托，可以作为代表人参加诉讼，并为经证券登记结算机构确认的权利人向人民法院登记，但投资者明确表示不愿意参加该诉讼的除外。

八、证券交易场所

证券交易所、国务院批准的其他全国性证券交易场所为证券集中交易提供场所和设施，组织和监督证券交易，实行自律管理，依法登记，取得法人资格。证券交易所、国务院批准的其他全国性证券交易场所的设立、变更和解散，由国务院决定。国务院批准的其他全国性证券交易场所的组织机构、管理办法等，由国务院规定。

证券交易所、国务院批准的其他全国性证券交易场所可以根据证券品种、行业特点、公司规模等因素设立不同的市场层次。

按照国务院规定设立的区域性股权市场为非公开发行证券的发行、转让提供场所和设施，具体管理办法由国务院规定。

（一）一般规定

证券交易所履行自律管理职能，应当遵守社会公共利益优先原则，维护市场的公平、有序、透明。

设立证券交易所必须制定章程。证券交易所章程的制定和修改，必须经国务院证券监督管理机构批准。

证券交易所必须在其名称中标明“证券交易所”字样。其他任何单位或者个人不得使用“证券交易所”或者近似的名称。

证券交易所可以自行支配的各项费用收入，应当首先用于保证其证券交易场所和设施的正常运行并逐步改善。实行会员制的证券交易所的财产积累归会员所有，其权益由会员共同享有，在其存续期间不得将其财产积累分配给会员。

（二）证券交易所的组织架构

实行会员制的证券交易所设理事会、监事会。证券交易所设总经理1人，由国务院证券监督管理机构任免。

有《公司法》第一百七十八条规定的情形或者下列情形之一的，不得担任证券交易所的负责人：

一是因违法行为或者违纪行为被解除职务的证券交易场所、证券登记结算机构的负责人或者证券公司的董事、监事、高级管理人员，自被解除职务之日起未逾5年；

二是因违法行为或者违纪行为被吊销执业证书或者被取消资格的律师、注册会计师或者其他证券服务机构的专业人员，自被吊销执业证书或者被取消资格之日起未逾5年。

因违法行为或者违纪行为被开除的证券交易场所、证券公司、证券登记结算机构、证券服务机构的从业人员和被开除的国家机关工作人员，不得招聘为证券交易所的从业人员。

（三）证券交易所的交易规则

进入实行会员制的证券交易所参与集中交易的，必须是证券交易所的会员。证券交易所不得允许非会员直接参与股票的集中交易。

投资者应当与证券公司签订证券交易委托协议，并在证券公司实名开立账户，以书面、电话、自助终端、网络等方式，委托该证券公司代其买卖证券。

证券公司为投资者开立账户，应当按照规定对投资者提供的身份信息进行核对。证券公司不得将投资者的账户提供给他人使用。投资者应当使用实名开立的账户进行交易。

证券公司根据投资者的委托，按照证券交易规则提出交易申报，参与证券交易所场内的集中交易，并根据成交结果承担相应的清算交收责任；证券登记结算机构根据成交结果，按照清算交收规则，与证券公司进行证券和资金的清算交收，并为证券公司客户办理证券的登记过户手续。

证券交易所应当为组织公平的集中交易提供保障，实时公布证券交易即时行情，并按交易日制作证券市场行情表，予以公布。证券交易即时行情的权益由证券交易所依法享有。未经证券交易所许可，任何单位和个人不得发布证券交易即时行情。

上市公司可以向证券交易所申请其上市交易股票的停牌或者复牌，但不得滥用停牌或者复牌损害投资者的合法权益。证券交易所可以按照业务规则的规定，决定上市交易股票的停牌或者复牌。

（四）证券交易所的责任和义务

因不可抗力、意外事件、重大技术故障、重大人为差错等突发性事件而影响证券交易正常进行时，为维护证券交易正常秩序和市场公平，证券交易所可以按照业务规则采取技术性停牌、临时停市等处置措施，并应当及时向国务院证券监督管理机构报告。因上述突发性事件导致证券交易结果出现重大异常，按交易结果进行交收将对证券交易正常秩序和市场公平造成重大影响的，证券交易所按照业务规则可以采取取消交易、通知证券登记结算机构暂缓交收等措施，并应当及时向国务院证券监督管理机构报告并公告。证券交易所对其依照上述规定采取措施造成的损失，不承担民事赔偿责任，但存在重大过错的除外。

证券交易所对证券交易实行实时监控，并按照国务院证券监督管理机构的要求，对异常的交易情况提出报告。证券交易所根据需要可以按照业务规则对出现重大异常交易情况的证券账户的投资者限制交易，并及时报告国务院证券监督管理机构。

证券交易所应当加强对证券交易的风险监测，出现重大异常波动的，证券交易所可以按照业务规则采取限制交易、强制停牌等处置措施，并向国务院证券监督管理机构报告；严重影响证券市场稳定的，证券交易所可以按照业务规则采取临时停市等处置措施并公告。证券交易所对其依照上述规定采取措施造成的损失，不承担民事赔偿责任，但存在重大过错的除外。

证券交易所依照法律、行政法规和国务院证券监督管理机构的规定，制定上市规则、交易规则、会员管理规则和其他有关业务规则，并报国务院证券监督管理机构批准。在证券交易所从事证券交易，应当遵守证券交易所依法制定的业务规则。违反业务规则的，由证券交易所给予纪律处分或者采取其他自律管理措施。

（五）风险基金

证券交易所应当从其收取的交易费用和会员费、席位费中提取一定比例的金额设立风险基金。风险基金由证券交易所理事会管理。风险基金提取的具体比例和使用办法，由国务院证券监督管理机构会同国务院财政部门规定。

证券交易所应当将收存的风险基金存入开户银行专门账户，不得擅自使用。

九、证券登记结算机构

证券登记结算机构为证券交易提供集中登记、存管与结算服务，不以营利为目的，依法登记，取得法人资格。设立证券登记结算机构必须经国务院证券监督管理机构批准。

（一）设立证券登记结算机构的条件

设立证券登记结算机构，应当具备下列条件：

（1）自有资金不少于人民币2亿元；
（2）具有证券登记、存管和结算服务所必需的场所和设施；
（3）国务院证券监督管理机构规定的其他条件。
证券登记结算机构的名称中应当标明“证券登记结算”字样。

（二）证券登记结算机构的职能

证券登记结算机构应履行下列职能：
（1）证券账户、结算账户的设立；
（2）证券的存管和过户；
（3）证券持有人名册登记；
（4）证券交易的清算和交收；
（5）受发行人的委托派发证券权益；
（6）办理与上述业务有关的查询、信息服务；
（7）国务院证券监督管理机构批准的其他业务。

（三）证券登记结算机构的业务规则

在证券交易所和国务院批准的其他全国性证券交易场所交易的证券的登记结算，应当采取全国集中统一的运营方式。上述规定以外的证券，其登记、结算可以委托证券登记结算机构或者其他依法从事证券登记、结算业务的机构办理。

证券登记结算机构应当依法制定章程和业务规则，并经国务院证券监督管理机构批准。证券登记结算业务参与人应当遵守证券登记结算机构制定的业务规则。

在证券交易所或者国务院批准的其他全国性证券交易场所交易的证券，应当全部存管在证券登记结算机构。证券登记结算机构不得挪用客户的证券。

证券登记结算机构应当向证券发行人提供证券持有人名册及有关资料。证券登记结算机构应当根据证券登记结算的结果，确认证券持有人持有证券的事实，提供证券持有人登记资料。证券登记结算机构应当保证证券持有人名册和登记过户记录真实、准确、完整，不得隐匿、伪造、篡改或者毁损。证券登记结算机构应当妥善保存登记、存管和结算的原始凭证及有关文件和资料。其保存期限不得少于20年。

投资者委托证券公司进行证券交易，应当通过证券公司申请在证券登记结算机构开立证券账户。证券登记结算机构应当按照规定为投资者开立证券账户。投资者申请开立账户，应当持有证明中华人民共和国公民、法人、合伙企业身份的合法证件，国家另有规定的除外。

证券登记结算机构作为中央对手方提供证券结算服务的，是结算参与人共同的清算交收对手，进行净额结算，为证券交易提供集中履约保障。证券登记结算机构为证券交易提供净额结算服务时，应当要求结算参与人按照货银对付的原则，足额交付证券和资金，并提供交收担保。在交收完成之前，任何人不得动用用于交收的证券、资金和担保物。结算参与人未按时履行交收义务的，证券登记结算机构有权按照业务规则处理前款所述财产。

证券登记结算机构按照业务规则收取的各类结算资金和证券，必须存放于专门的清算交收账户，只能按业务规则用于已成交的证券交易的清算交收，不得被强制执行。

（四）证券结算风险基金

证券登记结算机构应当设立证券结算风险基金，用于垫付或者弥补因违约交收、技术故障、操作失误、不可抗力造成的证券登记结算机构的损失。

证券结算风险基金从证券登记结算机构的业务收入和收益中提取，并可以由结算参与人按照证券交易业务量的一定比例缴纳。

证券结算风险基金应当存入指定银行的专门账户，实行专项管理。证券登记结算机构以证券结算风险基金赔偿后，应当向有关责任人追偿。

十、法律责任

（一）违反证券发行规定的法律责任

1. 发行人违反规定的法律责任

根据《证券法》第一百八十条的规定，违反《证券法》第九条的规定，擅自公开或者变相公开发行证券的，责令停止发行，退还所募资金并加算银行同期存款利息，处以非法所募资金金额 5% 以上 50% 以下的罚款；对擅自公开或者变相公开发行证券设立的公司，由依法履行监督管理职责的机构或者部门会同县级以上地方人民政府予以取缔。对直接负责的主管人员和其他直接责任人员给予警告，并处以 50 万元以上 500 万元以下的罚款。

根据《证券法》第一百八十一条的规定，发行人在其公告的证券发行文件中隐瞒重要事实或者编造重大虚假内容，尚未发行证券的，处以 200 万元以上 2 000 万元以下的罚款；已经发行证券的，处以非法所募资金金额 10% 以上 1 倍以下的罚款。对直接负责的主管人员和其他直接责任人员，处以 100 万元以上 1 000 万元以下的罚款。

发行人的控股股东、实际控制人组织、指使从事前款违法行为的，没收违法所得，并处以违法所得 10% 以上 1 倍以下的罚款；没有违法所得或者违法所得不足 2 000 万元的，处以 200 万元以上 2 000 万元以下的罚款。对直接负责的主管人员和其他直接责任人员，处以 100 万元以上 1 000 万元以下的罚款。

根据《证券法》第一百八十五条的规定，发行人违反《证券法》第十四条、第十五条的规定擅自改变公开发行证券所募集资金的用途的，责令改正，并处以 50 万元以上 500 万元以下的罚款；对直接负责的主管人员和其他直接责任人员给予警告，并处以 10 万元以上 100 万元以下的罚款。发行人的控股股东、实际控制人从事或者组织、指使从事上述违法行为的，给予警告，并处以 50 万元以上 500 万元以下的罚款；对直接负责的主管人员和其他直接责任人员，处以 10 万元以上 100 万元以下的罚款。

2. 证券公司违反规定的法律责任

根据《证券法》第一百八十三条的规定，证券公司承销或者销售擅自公开发行或者变相公开发行的证券的，责令停止承销或者销售，没收违法所得，并处以违法所得 1 倍以上 10 倍以下的罚款；没有违法所得或者违法所得不足 100 万元的，处以 100 万元以上 1 000 万元以下的罚款；情节严重的，并处暂停或者撤销相关业务许可。给投资者造成损失的，应当与发行人承担连带赔偿责任。对直接负责的主管人员和其他直接责任人员给予警告，并处以 50 万元以上 500 万元以下的罚款。

根据《证券法》第一百八十四条的规定，证券公司承销证券违反《证券法》第二十九条规定的，责令改正，给予警告，没收违法所得，可以并处 50 万元以上 500 万元以下的罚款；情节严重的，暂停或者撤销相关业务许可。对直接负责的主管人员和其他直接责任人员给予警告，可以并处 20 万元以上 200 万元以下的罚款；情节严重的，并处以 50 万元以上 500 万元以下的罚款。

3. 保荐人违反规定的法律责任

根据《证券法》第一百八十二条的规定，保荐人出具有虚假记载、误导性陈述或者重大遗漏的保荐书，或者不履行其他法定职责的，责令改正，给予警告，没收业务收入，并处以业务收入 1 倍以上 10 倍以下的罚款；没有业务收入或者业务收入不足 100 万元的，处以 100 万元以上 1 000 万元以下的罚款；情节严重的，并处暂停或者撤销保荐业务许可。对直接负责的主管人员和其他直接责任人员给予警告，并处以 50 万元以上 500 万元以下的罚款。

（二）违反证券交易规定的法律责任

1. 违反证券转让和程序化交易规定的法律责任

根据《证券法》第一百八十六条的规定，违反《证券法》第三十六条的规定，在限制转让期内转让证券，或者转让股票不符合法律、行政法规和国务院证券监督管理机构规定的，责令改正，给予警告，没收违法所得，并处以买卖证券等值以下的罚款。

根据《证券法》第四十四条的规定，上市公司、股票在国务院批准的其他全国性证券交易场所交易的公司持有5%以上股份的股东、董事、监事、高级管理人员，将其持有的该公司的股票或者其他具有股权性质的证券在买入后6个月内卖出，或者在卖出后6个月内又买入，由此所得收益归该公司所有，公司董事会应当收回其所得收益。但是，证券公司因购入包销售后剩余股票而持有5%以上股份，以及有国务院证券监督管理机构规定的其他情形的除外。上述所称董事、监事、高级管理人员、自然人股东持有的股票或者其他具有股权性质的证券，包括其配偶、父母、子女持有的及利用他人账户持有的股票或者其他具有股权性质的证券。公司董事会不按照规定执行的，股东有权要求董事会在30日内执行。公司董事会未在上述期限内执行的，股东有权为了公司的利益以自己的名义直接向人民法院提起诉讼。公司董事会不按照规定执行的，负有责任的董事依法承担连带责任。

根据《证券法》第一百八十九条的规定，上市公司、股票在国务院批准的其他全国性证券交易场所交易的公司的董事、监事、高级管理人员、持有该公司5%以上股份的股东，违反《证券法》第四十四条的规定，买卖该公司股票或者其他具有股权性质的证券的，给予警告，并处以10万元以上100万元以下的罚款。

根据《证券法》第四十五条的规定，通过计算机程序自动生成或者下达交易指令进行程序化交易的，应当符合国务院证券监督管理机构的规定，并向证券交易所报告，不得影响证券交易所系统安全或者正常交易秩序。

根据《证券法》第一百九十条的规定，违反《证券法》第四十五条的规定，采取程序化交易影响证券交易所系统安全或者正常交易秩序的，责令改正，并处以50万元以上500万元以下的罚款。对直接负责的主管人员和其他直接责任人员给予警告，并处以10万元以上100万元以下的罚款。

2. 内幕交易的法律责任

根据《证券法》第一百九十一条的规定，证券交易内幕信息的知情人或者非法获取内幕信息的人违反《证券法》第五十三条的规定从事内幕交易的，责令依法处理非法持有的证券，没收违法所得，并处以违法所得1倍以上10倍以下的罚款；没有违法所得或者违法所得不足50万元的，处以50万元以上500万元以下的罚款。单位从事内幕交易的，还应当对直接负责的主管人员和其他直接责任人员给予警告，并处以20万元以上200万元以下的罚款。国务院证券监督管理机构工作人员从事内幕交易的，从重处罚。违反《证券法》第五十四条的规定，利用未公开信息进行交易的，依照前款的规定处罚。

3. 操纵市场的法律责任

根据《证券法》第一百九十二条的规定，违反《证券法》第五十五条的规定，操纵证券市场的，责令依法处理其非法持有的证券，没收违法所得，并处以违法所得 1 倍以上 10 倍以下的罚款；没有违法所得或者违法所得不足 100 万元的，处以 100 万元以上 1 000 万元以下的罚款。单位操纵证券市场的，还应当对直接负责的主管人员和其他直接责任人员给予警告，并处以 50 万元以上 500 万元以下的罚款。

4. 虚假陈述、信息误导的法律责任

根据《证券法》第一百九十三条的规定，违反《证券法》第五十六条第一款、第三款的规定，编造、传播虚假信息或者误导性信息，扰乱证券市场的，没收违法所得，并处以违法所得 1 倍以上 10 倍以下的罚款；没有违法所得或者违法所得不足 20 万元的，处以 20 万元以上 200 万元以下的罚款。

违反《证券法》第五十六条第二款的规定，在证券交易活动中作出虚假陈述或者信息误导的，责令改正，处以 20 万元以上 200 万元以下的罚款；属于国家工作人员的，还应当依法给予处分。

传播媒介及其从事证券市场信息报道的工作人员违反《证券法》第五十六条第三款的规定，从事与其工作职责发生利益冲突的证券买卖的，没收违法所得，并处以买卖证券等值以下的罚款。

5. 证券从业人员、服务机构的法律责任

根据《证券法》第四十条的规定，证券交易场所、证券公司和证券登记结算机构的从业人员、证券监督管理机构的工作人员以及法律、行政法规规定禁止参与股票交易的其他人员，在任期或者法定限期内，既不得直接或者以化名、借他人名义持有、买卖股票或者其他具有股权性质的证券，也不得收受他人赠送的股票或者其他具有股权性质的证券。

任何人在成为前述人员时，其原已持有的股票或者其他具有股权性质的证券，必须依法转让。实施股权激励计划或者员工持股计划的证券公司的从业人员，可以按照国务院证券监督管理机构的规定持有、卖出本公司股票或者其他具有股权性质的证券。

根据《证券法》第四十二条的规定，为证券发行出具审计报告或者法律意见书等文件的证券服务机构和人员，在该证券承销期内和期满后 6 个月内，不得买卖该证券。为发行人及其控股股东、实际控制人，或者收购人、重大资产交易方出具审计报告或者法律意见书等文件的证券服务机构和人员，自接受委托之日起至上述文件公开后 5 日内，不得买卖该证券。实际开展上述有关工作之日早于接受委托之日的，自实际开展上述有关工作之日起至上述文件公开后 5 日内止，不得买卖该证券。

根据《证券法》第一百八十七条的规定，法律、行政法规规定禁止参与股票交易的人员，违反《证券法》第四十条的规定，直接或者以化名、借他人名义持有、买卖股票的或者其他具有股权性质的证券的，责令依法处理非法持有的股票、其他具有股权性质的证券，没收违法所得，并处以买卖证券等值以下的罚款；属于国家工作人员的，还应当依法给予处分。

根据《证券法》第一百八十八条的规定，证券服务机构及其从业人员，违反《证券法》第四十二条的规定买卖证券的，责令依法处理非法持有的证券，没收违法所得，并处以买卖证券等值以下的罚款。

根据《证券法》第一百九十四条的规定，证券公司及其从业人员违反《证券法》第五十七条的规定，有损害客户利益的行为的，给予警告，没收违法所得，并处以违法所得1倍以上10倍以下的罚款；没有违法所得或者违法所得不足10万元的，处以10万元以上100万元以下的罚款；情节严重的，暂停或者撤销相关业务许可。

（三）违反上市公司收购的法律责任

根据《证券法》第一百九十六条的规定，收购人未按照《证券法》的规定履行上市公司收购的公告、发出收购要约义务的，责令改正，给予警告，并处以50万元以上500万元以下的罚款。对直接负责的主管人员和其他直接责任人员给予警告，并处以20万元以上200万元以下的罚款。收购人及其控股股东、实际控制人利用上市公司收购，给被收购公司及其股东造成损失的，应当依法承担赔偿责任。

（四）违反信息披露规则的法律责任

根据《证券法》第一百九十七条的规定，信息披露义务人未按照《证券法》的规定报送有关报告或者履行信息披露义务的，责令改正，给予警告，并处以50万元以上500万元以下的罚款；对直接负责的主管人员和其他直接责任人员给予警告，并处以20万元以上200万元以下的罚款。发行人的控股股东、实际控制人组织、指使从事上述违法行为，或者隐瞒相关事项导致发生上述情形的，处以50万元以上500万元以下的罚款；对直接负责的主管人员和其他直接责任人员，处以20万元以上200万元以下的罚款。

信息披露义务人报送的报告或者披露的信息有虚假记载、误导性陈述或者重大遗漏的，责令改正，给予警告，并处以100万元以上1 000万元以下的罚款；对直接负责的主管人员和其他直接责任人员给予警告，并处以50万元以上500万元以下的罚款。发行人的控股股东、实际控制人组织、指使从事上述违法行为，或者隐瞒相关事项导致发生上述情形的，处以100万元以上1 000万元以下的罚款；对直接负责的主管人员和其他直接责任人员，处以50万元以上500万元以下的罚款。

（五）违反投资者保护规则的法律责任

根据《证券法》第一百九十八条的规定，证券公司违反《证券法》第八十八条的规定未履行或者未按照规定履行投资者适当性管理义务的，责令改正，给予警告，并处以10万元以上100万元以下的罚款。对直接负责的主管人员和其他直接责任人员给予警告，并处以20万元以下的罚款。

根据《证券法》第一百九十九条的规定，违反《证券法》第九十条的规定征集股东权利的，责令改正，给予警告，可以处50万元以下的罚款。

（六）证券机构的法律责任

1. 证券公司的法律责任

根据《证券法》第二百零一条的规定，证券公司违反《证券法》第一百零七条第一款的规定，未对投资者开立账户提供的身份信息进行核对的，责令改正，给予警告，并处以5万元以上50万元以下的罚款。对直接负责的主管人员和其他直接责任人员给予警告，并处以10万元以下的罚款。证券公司违反《证券法》第一百零七条第二款的规定，将投资者的账户提供给他人使用的，责令改正，给予警告，并处以10万元以上100万元以下的罚款。对直接负责的主管人员和其他直接责任人员给予警告，并处以20万元以下的罚款。

根据《证券法》第二百零二条的规定，违反《证券法》第一百一十八条、第一百二十条第一款和第四款的规定，擅自设立证券公司、非法经营证券业务或者未经批准以证券公司名义开展证券业务活动的，责令改正，没收违法所得，并处以违法所得1倍以上10倍以下的罚款；没有违法所得或者违法所得不足100万元的，处以100万元以上1 000万元以下的罚款。对直接负责的主管人员和其他直接责任人员给予警告，并处以20万元以上200万元以下的罚款。对擅自设立的证券公司，由国务院证券监督管理机构予以取缔。证券公司违反《证券法》第一百二十条第五款规定提供证券融资融券服务的，没收违法所得，并处以融资融券等值以下的罚款；情节严重的，禁止其在一定期限内从事证券融资融券业务。对直接负责的主管人员和其他直接责任人员给予警告，并处以20万元以上200万元以下的罚款。

根据《证券法》第二百零三条的规定，提交虚假证明文件或者采取其他欺诈手段骗取证券公司设立许可、业务许可或者重大事项变更核准的，撤销相关许可，并处以100万元以上1 000万元以下的罚款。对直接负责的主管人员和其他直接责任人员给予警告，并处以20万元以上200万元以下的罚款。

根据《证券法》第二百零四条的规定，证券公司违反《证券法》第一百二十二条的规定，未经核准变更证券业务范围，变更主要股东或者公司的实际控制人，合并、分立、停业、解散、破产的，责令改正，给予警告，没收违法所得，并处以违法所得1倍以上10倍以下的罚款；没有违法所得或者违法所得不足50万元的，处以50万元以上 500 万元以下的罚款；情节严重的，并处撤销相关业务许可。对直接负责的主管人员和其他直接责任人员给予警告，并处以 20 万元以上 200 万元以下的罚款。

根据《证券法》第二百零五条的规定，证券公司违反《证券法》第一百二十三条第二款的规定，为其股东或者股东的关联人提供融资或者担保的，责令改正，给予警告，并处以 50 万元以上 500 万元以下的罚款。对直接负责的主管人员和其他直接责任人员给予警告，并处以 10 万元以上 100 万元以下的罚款。股东有过错的，在按照要求改正前，国务院证券监督管理机构可以限制其股东权利；拒不改正的，可以责令其转让所持证券公司股权。

根据《证券法》第二百零六条的规定，证券公司违反《证券法》第一百二十八条的规定，未采取有效隔离措施防范利益冲突，或者未分开办理相关业务、混合操作的，责令改正，给予警告，没收违法所得，并处以违法所得 1 倍以上 10 倍以下的罚款；没有违法所得或者违法所得不足 50 万元的，处以 50 万元以上 500 万元以下的罚款；情节严重的，并处撤销相关业务许可。对直接负责的主管人员和其他直接责任人员给予警告，并处以 20 万元以上 200 万元以下的罚款。

根据《证券法》第二百零七条的规定，证券公司违反《证券法》第一百二十九条的规定从事证券自营业务的，责令改正，给予警告，没收违法所得，并处以违法所得 1 倍以上 10 倍以下的罚款；没有违法所得或者违法所得不足 50 万元的，处以 50 万元以上 500 万元以下的罚款；情节严重的，并处撤销相关业务许可或者责令关闭。对直接负责的主管人员和其他直接责任人员给予警告，并处以 20 万元以上 200 万元以下的罚款。

根据《证券法》第二百零八条的规定，违反《证券法》第一百三十一条的规定，将客户的资金和证券归入自有财产，或者挪用客户的资金和证券的，责令改正，给予警告，没收违法所得，并处以违法所得 1 倍以上 10 倍以下的罚款；没有违法所得或者违法所得不足 100 万元的，处以 100 万元以上 1 000 万元以下的罚款；情节严重的，并处撤销相关业务许可或者责令关闭。对直接负责的主管人员和其他直接责任人员给予警告，并处以 50 万元以上 500 万元以下的罚款。

根据《证券法》第二百零九条的规定，证券公司违反《证券法》第一百三十四条第一款的规定接受客户的全权委托买卖证券的，或者违反《证券法》第一百三十五条的规定对客户的收益或者赔偿客户的损失作出承诺的，责令改正，给予警告，没收违法所得，并处以违法所得 1 倍以上 10 倍以下的罚款；没有违法所得或者违法所得不足 50 万元的，处以 50 万元以上 500 万元以下的罚款；情节严重的，并处撤销相关业务许可。对直接负责的主管人员和其他直接责任人员给予警告，并处以 20 万元以上 200 万元以下的罚款。证券公司违反《证券法》第一百三十四条第二款的规定，允许他人以证券公司的名义直接参与证券的集中交易的，责令改正，可以并处50万元以下的罚款。

根据《证券法》第二百一十条的规定，证券公司的从业人员违反《证券法》第一百三十六条的规定，私下接受客户委托买卖证券的，责令改正，给予警告，没收违法所得，并处以违法所得1倍以上10倍以下的罚款；没有违法所得的，处以50万元以下的罚款。

根据《证券法》第二百一十一条的规定，证券公司及其主要股东、实际控制人违反《证券法》第一百三十八条的规定，未报送、提供信息和资料的，或者报送、提供的信息和资料有虚假记载、误导性陈述或者重大遗漏的，责令改正，给予警告，并处以100万元以下的罚款；情节严重的，并处撤销相关业务许可。对直接负责的主管人员和其他直接责任人员，给予警告，并处以50万元以下的罚款。

2. 证券登记结算机构的法律责任

根据《证券法》第二百一十二条的规定，违反《证券法》第一百四十五条的规定，擅自设立证券登记结算机构的，由国务院证券监督管理机构予以取缔，没收违法所得，并处以违法所得1倍以上10倍以下的罚款；没有违法所得或者违法所得不足50万元的，处以50万元以上500万元以下的罚款。对直接负责的主管人员和其他直接责任人员给予警告，并处以20万元以上200万元以下的罚款。

3. 证券服务机构的法律责任

根据《证券法》第二百一十三条的规定，证券投资咨询机构违反《证券法》第一百六十条第二款的规定擅自从事证券服务业务，或者从事证券服务业务有《证券法》第一百六十一条规定行为的，责令改正，没收违法所得，并处以违法所得1倍以上10倍以下的罚款；没有违法所得或者违法所得不足50万元的，处以50万元以上500万元以下的罚款。对直接负责的主管人员和其他直接责任人员，给予警告，并处以20万元以上200万元以下的罚款。

会计师事务所、律师事务所以及从事资产评估、资信评级、财务顾问、信息技术系统服务的机构违反《证券法》第一百六十条第二款的规定，从事证券服务业务未报备案的，责令改正，可以处20万元以下的罚款。

证券服务机构违反《证券法》第一百六十三条的规定，未勤勉尽责，所制作、出具的文件有虚假记载、误导性陈述或者重大遗漏的，责令改正，没收业务收入，并处以业务收入1倍以上10倍以下的罚款，没有业务收入或者业务收入不足50万元的，处以50万元以上500万元以下的罚款；情节严重的，并处暂停或者禁止从事证券服务业务。对直接负责的主管人员和其他直接责任人员给予警告，并处以20万元以上200万元以下的罚款。

根据《证券法》第二百一十四条的规定，发行人、证券登记结算机构、证券公司、证券服务机构未按照规定保存有关文件和资料的，责令改正，给予警告，并处以10万元以上100万元以下的罚款；泄露、隐匿、伪造、篡改或者毁损有关文件和资料的，给予警告，并处以20万元以上200万元以下的罚款；情节严重的，处以50万元以上500万元以下的罚款，并处暂停、撤销相关业务许可或者禁止从事相关业务。对直接负责的主管人员和其他直接责任人员给予警告，并处以10万元以上100万元以下的罚款。

4. 国务院证券监督管理机构或者国务院授权的部门的法律责任

根据《证券法》第二百一十五条的规定，国务院证券监督管理机构依法将有关市场主体遵守本法的情况纳入证券市场诚信档案。

根据《证券法》第二百一十六条的规定，国务院证券监督管理机构或者国务院授权的部门有下列情形之一的，对直接负责的主管人员和其他直接责任人员，依法给予处分：

（1）对不符合《证券法》规定的发行证券、设立证券公司等申请予以核准、注册、批准的；

（2）违反《证券法》的规定采取现场检查、调查取证、查询、冻结或者查封等措施的；

（3）违反《证券法》的规定对有关机构和人员采取监督管理措施的；

（4）违反《证券法》的规定对有关机构和人员实施行政处罚的；

（5）其他不依法履行职责的行为。

根据《证券法》第二百一十七条的规定，国务院证券监督管理机构或者国务院授权的部门的工作人员，不履行本法规定的职责，滥用职权、玩忽职守，利用职务便利牟取不正当利益，或者泄露所知悉的有关单位和个人的商业秘密的，依法追究法律责任。

根据《证券法》第二百一十八条的规定，拒绝、阻碍证券监督管理机构及其工作人员依法行使监督检查、调查职权，由证券监督管理机构责令改正，处以10万元以上100万元以下的罚款，并由公安机关依法给予治安管理处罚。

根据《证券法》第二百一十九条和第二百二十条的规定，违反《证券法》的规定，构成犯罪的，依法追究刑事责任；应当承担民事赔偿责任和缴纳罚款、罚金、违法所得，违法行为人的财产不足以支付的，优先用于承担民事赔偿责任。

根据《证券法》第二百二十一条的规定，违反法律、行政法规或者国务院证券监督管理机构的有关规定，情节严重的，国务院证券监督管理机构可以对有关责任人员采取证券市场禁入的措施。上述所称“证券市场禁入”，是指在一定期限内直至终身不得从事证券业务、证券服务业务，不得担任证券发行人的董事、监事、高级管理人员，或者一定期限内不得在证券交易所、国务院批准的其他全国性证券交易场所交易证券的制度。

（七）典型案例

1. 操作实例

要约收购人甲公司拟要约收购上市公司乙股份，根据上市公司乙披露的“要约收购报告书”，甲公司发出要约收购前持有乙公司15万股股份，约占乙公司总股本的28%。本次为甲公司向除甲公司以外的乙公司全体股东发出的部分要约收购，要约价格为21元/股，要约收购股份数量为12 000股，要约收购期限为30个自然日。本次要约收购类型为主动要约，并非履行法定要约收购义务。要约收购完成后，收购人甲公司最多合计持有乙公司总股本53%股份，本次要约收购不以终止上市公司上市地位为目的，为甲公司拟进一步巩固对乙公司的控制权，增强乙公司股权结构稳定性的需要。

在要约收购期限届满日，因接受要约收购股份数量达到指定要求，甲公司如约按照同等比例收购预受要约的股份。甲公司的上述要约收购程序要件符合《证券法》第六十二条、第六十七条、第六十九条等规定。

2. 违法违规案例

甲上市公司2016至2019年，通过子公司虚构销售及采购业务、虚增销售及管理费用、伪造银行回单等方式，累计虚增收入200多亿元、利润20多亿元；并在未经过审议程序的情况下，直接或间接通过多家公司累计向控股股东及其关联方提供非经营性资金20多亿元，年报中并未对上述非经营性占用资金的关联交易进行披露，也未如实披露公司募集资金存放及实际使用情况、违规担保并涉诉等重大事项。上述行为违反《证券法》第十四条、第七十八条第一款和第二款以及第八十条第二款的规定，构成《证券法》第一百八十五条所述的擅自改变公开发行证券所募集资金用途的行为及第一百九十七条第二款所述的信息披露违法行为。中国证监会最终给予甲上市公司警告处分并处以罚款，对相关责任人给予警告、处以罚款和市场禁入措施。

第五节 证券投资基金法

本节重点介绍《证券投资基金法》的立法沿革、立法宗旨以及证券投资基金法律体系的组成，具体涉及基金合同当事人的概念、权利和义务；基金财产的独立性要求以及基金财产债权债务独立性的意义；公募基金的运作方式；设立基金管理公司的条件；基金管理人的禁止行为；基金公开募集与非公开募集的区别；非公开募集基金的合格投资者的要求；非公开募集基金的投资范围；非公开募集基金管理人的登记及非公开募集基金的备案要求及相关法律责任等内容。在有关内容的阐述中，本书参考了《私募投资基金监督管理条例》《公开募集证券投资基金管理人监督管理办法》《私募投资基金监督管理暂行办法》《私募投资基金登记备案办法》等行政法规、部门规章、规范性文件、自律规则。

一、法规概述

（一）《证券投资基金法》的立法沿革

《证券投资基金法》于2003年10月28日由第十届全国人民代表大会常务委员会第五次会议审议通过，自2004年6月1日起施行。2012年12月28日，第十一届全国人民代表大会常务委员会第三十次会议对《证券投资基金法》作出修订，自2013年6月1日起施行。修订后的《证券投资基金法》为公开募集基金及非公开募集基金的运作与监管提供了更为全面的法律规范。2015年4月24日，第十二届全国人民代表大会常务委员会第十四次会议《全国人民代表大会常务委员会关于修改〈中华人民共和国港口法〉等七部法律的决定》第六条对《证券投资基金法》再次作出修改，删除了其中的第十七条。

（二）《证券投资基金法》的立法宗旨

《证券投资基金法》是规范证券投资基金活动、维护证券投资基金及资本市场正常秩序的基本法律，在证券投资基金领域具有重要的基础性地位，相当于证券投资基金领域的“小宪法”。

《证券投资基金法》的立法宗旨，体现在以下三个方面。

1. 规范证券投资基金活动

证券投资基金是市场经济发展到一定阶段，随着资本市场的不断创新与繁荣而诞生的产物。作为一种证券投资活动，证券投资基金的运作需要符合市场规律，符合国家对资本市场发展的规划与预期。因此，《证券投资基金法》一个重要的立法目的就是通过规范证券投资基金活动使其在法律框架下最大限度地发挥作用，提高资产利用效率，更好地为实体经济及国家发展战略服务。

2. 保护投资人及相关当事人的合法权益

投资人，也称“基金份额持有人”，是基金出资人、基金财产的所有者和基金投资的受益人。相关当事人是指除基金份额所有人以外的其他参与证券投资基金活动的当事人，包括基金管理人、基金托管人等。证券投资基金的投资人及相关当事人是证券投资基金活动的主体，对上述主体合法权益进行保护是证券投资基金活动的出发点及归宿。

3. 促进证券投资基金和资本市场的健康发展

证券投资基金既是资本市场中一项重要的资产管理业务，也是投资基金领域的一个重要类别。证券投资基金活动的依法依规运行，不仅关系资本市场的发展，也关系众多投资人的利益以及国家经济发展战略的实施。《证券投资基金法》将证券投资基金活动中涉及的各项重要内容以法律的形式加以确认，为投资人及相关当事人的活动提供了法律依据和指南，有助于各参与主体预测、调整自己的行为，从而构建证券投资基金活动的良好秩序，促进证券投资基金和资本市场的健康发展。

（三）证券投资基金法律体系的组成

我国证券投资基金法律体系以《证券投资基金法》为核心，由相关法律、行政法规、部门规章及自律规则共同组成，为证券投资基金活动的正常运行提供了法律法规保障，也为监管部门履行监管职责提供了制度依据。我国证券投资基金法律体系主要由以下列法律、法规、规章、规范性文件及自律规则组成。

1. 法律

包括《证券投资基金法》《证券法》《合伙企业法》《信托法》等。

2. 行政法规

包括《私募投资基金监督管理条例》等。

3. 部门规章

包括《公开募集证券投资基金管理人监督管理办法》《公开募集证券投资基金运作管理办法》《公开募集证券投资基金销售机构监督管理办法》《公开募集证券投资基金信息披露管理办法》《私募投资基金监督管理暂行办法》《证券基金经营机构董事、监事、高级管理人员及从业人员监督管理办法》《证券公司和证券投资基金管理公司合规管理办法》《证券期货投资者适当性管理办法》等。

4. 行业自律规则

包括《公开募集证券投资基金销售公平竞争行为规范》《基金管理公司风险管理指引（试行）》《基金从业人员执业行为自律准则》《基金从业人员证券投资管理指引（试行）》《私募投资基金登记备案办法》《私募投资基金管理人内部控制指引》《私募

投资基金信息披露管理办法》等。

二、基金合同当事人的概念、权利与职责

（一）基金合同当事人的概念

基金合同当事人包括基金份额持有人、基金管理人和基金托管人。

基金份额持有人，是指根据基金合同和基金招募说明书持有基金份额的基金出资人，是基金财产的所有者和基金投资的受益人。

基金管理人，是指按照法律、法规的规定和基金合同的约定，为基金份额持有人的利益，对基金财产进行管理及运作的机构。基金管理人由依法设立的公司或者合伙企业担任。公开募集基金的基金管理人，由基金管理公司或者经国务院证券监督管理机构按照规定核准的其他机构担任。

基金托管人，是指按照法律、法规的规定和基金合同的约定，在证券投资基金活动中承担基金资产保管、基金资金清算、交易监督、会计核算等职责的商业银行或其他金融机构。

设立证券投资基金，应当由具有相应民事权利能力和民事行为能力的当事人依法订立基金合同，在合同中约定各方当事人的权利和义务。基金合同一经依法订立，即对基金合同当事人各方产生约束力。基金份额持有人、基金管理人和基金托管人既是基金合同的主体，也是基金法律关系的主体。

（二）基金份额持有人的权利

1. 基金份额持有人的权利

根据《证券投资基金法》第四十六条的规定，基金份额持有人依法享有下列权利。

（1）分享基金财产收益。

（2）参与分配清算后的剩余基金财产。

（3）依法转让或者申请赎回其持有的基金份额。

（4）按照规定要求召开基金份额持有人大会或者召集基金份额持有人大会。

（5）对基金份额持有人大会审议事项行使表决权。

（6）对基金管理人、基金托管人、基金服务机构损害其合法权益的行为依法提起诉讼。

（7）公开募集基金的基金份额持有人有权查阅或者复制公开披露的基金信息资

料；非公开募集基金的基金份额持有人对涉及自身利益的情况，有权查阅基金的财务会计账簿等财务资料。

除上述权利以外，基金份额持有人还享有基金合同约定的其他权利。

2. 基金份额持有人大会的职权

根据《证券投资基金法》第四十七条的规定，基金份额持有人大会由全体基金份额持有人组成，行使下列职权：

（1）决定基金扩募或者延长基金合同期限；

（2）决定修改基金合同的重要内容或者提前终止基金合同；

（3）决定更换基金管理人、基金托管人；

（4）决定调整基金管理人、基金托管人的报酬标准；

（5）基金合同约定的其他职权。

3. 基金份额持有人大会日常机构的职权

根据《证券投资基金法》第四十八条的规定，基金份额持有人大会可以按照基金合同的约定设立日常机构。该日常机构的人员由基金份额持有人大会选举产生，根据基金合同约定的议事规则行使下列职权：

（1）召集基金份额持有人大会；

（2）提请更换基金管理人、基金托管人；

（3）监督基金管理人的投资运作、基金托管人的托管活动；

（4）提请调整基金管理人、基金托管人的报酬标准。

除上述职权以外，基金份额持有人大会日常机构还根据基金合同的约定行使其他职权。

（三）基金管理人的职责

根据《证券投资基金法》第十九条的规定，公开募集基金的基金管理人应当履行下列职责：

（1）依法募集资金，办理基金份额的发售和登记事宜；

（2）办理基金备案手续；

（3）对所管理的不同基金财产分别管理、分别记账，进行证券投资；

（4）按照基金合同的约定确定基金收益分配方案，及时向基金份额持有人分配收益；

（5）进行基金会计核算并编制基金财务会计报告；

（6）编制中期和年度基金报告；

（7）计算并公告基金资产净值，确定基金份额申购、赎回价格；

(8) 办理与基金财产管理业务活动有关的信息披露事项;

(9) 按照规定召集基金份额持有人大会;

(10) 保存基金财产管理业务活动的记录、账册、报表和其他相关资料;

(11) 以基金管理人名义,代表基金份额持有人利益行使诉讼权利或者实施其他法律行为。

除上述职责以外,公开募集基金的基金管理人还应当履行国务院证券监督管理机构规定的其他职责。

(四) 基金托管人的职责

根据《证券投资基金法》第三十六条的规定,基金托管人依法应当履行下列职责:

(1) 安全保管基金财产;

(2) 按照规定开设基金财产的资金账户和证券账户;

(3) 对所托管的不同基金财产分别设置账户,确保基金财产的完整与独立;

(4) 保存基金托管业务活动的记录、账册、报表和其他相关资料;

(5) 按照基金合同的约定,根据基金管理人的投资指令,及时办理清算、交割事宜;

(6) 办理与基金托管业务活动有关的信息披露事项;

(7) 对基金财务会计报告、中期和年度基金报告出具意见;

(8) 复核、审查基金管理人计算的基金资产净值和基金份额申购、赎回价格;

(9) 按照规定召集基金份额持有人大会;

(10) 按照规定监督基金管理人的投资运作。

除上述职责以外,基金托管人还应当履行国务院证券监督管理机构规定的其他职责。

三、基金管理公司的设立条件与基金管理人的禁止行为

(一) 基金管理公司的设立条件

根据《证券投资基金法》第十三条的规定,设立管理公开募集基金的基金管理公司,应当具备的条件有:

(1) 有符合《证券投资基金法》和《公司法》规定的章程;

(2) 注册资本不低于人民币 1 亿元,且必须为实缴货币资本;

（3）主要股东应当具有经营金融业务或者管理金融机构的良好业绩、良好的财务状况和社会信誉，资产规模达到国务院规定的标准，最近3年没有违法记录；

（4）取得基金从业资格的人员达到法定人数；

（5）董事、监事、高级管理人员具备相应的任职条件；

（6）有符合要求的营业场所、安全防范设施和与基金管理业务有关的其他设施；

（7）有良好的内部治理结构、完善的内部稽核监控制度、风险控制制度。

除上述条件外，设立管理公开募集基金的基金管理公司还应当具备法律、行政法规规定的和经国务院批准的国务院证券监督管理机构规定的其他条件。

（二）基金管理人的禁止行为

为了保障基金财产的安全、保护基金份额持有人的合法权益，《证券投资基金法》和《私募投资基金监督管理暂行办法》等法律和规章对公开募集基金的基金管理人及其董事、监事、高级管理人员和其他从业人员、公开募集基金的基金管理人的股东、实际控制人以及非公开募集基金（私募基金）的基金管理人及其从业人员的禁止行为作出明确规定。

1. 公开募集基金的基金管理人及其董事、监事、高级管理人员和其他从业人员不得有下列行为：

（1）将其固有财产或者他人财产混同于基金财产从事证券投资；

（2）不公平地对待其管理的不同基金财产；

（3）利用基金财产或者职务之便为基金份额持有人以外的人牟取利益；

（4）向基金份额持有人违规承诺收益或者承担损失；

（5）侵占、挪用基金财产；

（6）泄露因职务便利获取的未公开信息、利用该信息从事或者明示、暗示他人从事相关的交易活动；

（7）玩忽职守，不按照规定履行职责。

除上述禁止行为以外，公开募集基金的基金管理人及其董事、监事、高级管理人员和其他从业人员也不得从事法律、行政法规和国务院证券监督管理机构规定禁止的其他行为。

2. 公开募集基金的基金管理人的股东、实际控制人不得有下列行为：

（1）虚假出资或者抽逃出资；

（2）未依法经股东会或者董事会决议擅自干预基金管理人的基金经营活动；

（3）要求基金管理人利用基金财产为自己或者他人牟取利益，损害基金份额持有人利益。

除上述禁止行为以外，公开募集基金的基金管理人的股东、实际控制人也不得从事国务院证券监督管理机构规定禁止的其他行为。

3. 私募基金管理人及其从业人员从事私募基金业务，不得有以下行为：

（1）将其固有财产或者他人财产混同于基金财产从事投资活动；

（2）不公平地对待其管理的不同基金财产；

（3）利用基金财产或者职务之便，为本人或者投资者以外的人牟取利益，进行利益输送；

（4）侵占、挪用基金财产；

（5）泄露因职务便利获取的未公开信息，利用该信息从事或者明示、暗示他人从事相关的交易活动；

（6）从事损害基金财产和投资者利益的投资活动；

（7）玩忽职守，不按照规定履行职责；

（8）从事内幕交易、操纵交易价格及其他不正当交易活动。

除上述禁止行为以外，私募基金管理人及其从业人员也不得从事法律、行政法规和中国证监会规定禁止的其他行为。

四、基金财产的独立性

（一）基金财产的独立性要求

基金财产包括通过基金募集行为从基金投资人处获得的所有资金总和以及基金管理人、基金托管人因基金财产的管理、运用或者其他情形而取得的财产和收益。作为从事证券投资基金活动的基础和前提，基金财产独立于基金管理人、基金托管人的固有财产，在法律上具有独立性。

基金财产的独立性包括基金财产本身的独立性以及基金财产债权债务的独立性，对证券投资基金活动的要求体现在以下几个方面：

（1）基金财产独立于基金管理人、基金托管人的固有财产。基金管理人、基金托管人不得将基金财产归入其固有财产。基金销售结算资金、基金份额独立于基金销售机构、基金销售支付机构或者基金份额登记机构的自有财产。

（2）基金管理人、基金托管人因基金财产的管理、运用或者其他情形而取得的财产和收益，归入基金财产。

（3）基金管理人、基金托管人因依法解散、被依法撤销或者被依法宣告破产等原因进行清算的，基金财产不属于其清算财产。基金销售机构、基金销售支付机构或者基金份额登记机构破产或者清算时，基金销售结算资金、基金份额不属于其破产财产或者清算财产。

（4）基金财产的债权，不得与基金管理人、基金托管人固有财产的债务相抵销；不同基金财产的债权债务，不得相互抵销。

（5）基金财产的债务由基金财产本身承担，基金份额持有人以其出资为限对基金财产的债务承担责任。但基金合同依照《证券投资基金法》另有约定的，从其约定。非因基金财产本身承担的债务，不得对基金财产强制执行。非因投资人本身的债务或者法律规定的其他情形，不得查封、冻结、扣划或者强制执行基金销售结算资金、基金份额。

上述第（4）项和第（5）项体现了基金财产债权债务的独立性，关于基金财产债权债务独立性的意义将在下文单独论述。

（6）基金管理人、基金托管人、基金服务机构依照法律规定，应当承担的民事赔偿责任和缴纳的罚款、罚金，由基金管理人、基金托管人、基金服务机构以其固有财产承担。

（二）基金财产债权债务独立性的意义

基金财产债权债务的独立性，是基金财产独立性的必然要求，也是基金财产独立性内涵的应有之义。其对证券投资基金活动具有重要的意义，主要体现在以下几个方面。

1. 有利于维护基金财产的独立性

基金财产的债权或债务是基金财产在具体的证券投资活动中因具体投资行为所发生的结果，体现了基金财产在基金存续期间的动态变化。基金财产的债权在涉及抵销时受到法律的严格限制，基金财产的债务由基金财产本身承担，并且非因基金财产本身承担的债务，不得对基金财产强制执行。这是确保基金财产在基金存续期间始终保持独立性的必要条件。只有这样，才能维护基金财产的独立性、避免因为基金财产的债权债务与其他债权债务发生抵销或被强制执行而损害基金份额持有人的合法权益。

2. 有利于保障基金财产的安全

基金财产债权债务的独立性是基金财产本身独立性的必然要求。在基金财产独立的前提下，基金财产的债权或债务与基金管理人、基金托管人的固有财产须严格区分。基金财产的债权不得与基金管理人、基金托管人固有财产的债务相抵销；不同基金财产的债权债务，不得相互抵销；非因基金财产本身承担的债务，不得对基金财产强制执行，从而保障了基金财产的安全。

3. 有利于保护基金份额持有人的合法权益

基金份额持有人是基金的出资人，也是基金投资回报的受益人。基金财产是由集合若干投资人的资金所形成的财产。基金财产债权债务的独立性充分保障了基金份额持有人对基金享有的权益，避免基金管理人、基金托管人本身因经营不善致使负债或破产清算时对基金财产造成损害，并最终影响基金份额持有人的合法权益。

4. 有利于基金财产的稳定运作，提高基金的运作效率

基金财产债权债务的独立性，使基金财产除了用于正常的投资以外避免因债务抵销、强制执行等情形造成干扰，保证了基金财产的稳定运作。从长远来看，有利于提高基金的运作效率，为最大限度地提高基金的投资收益创造了条件。

五、基金的公开募集与非公开募集

（一）基金公开募集与非公开募集的区别

公开募集基金，是指以公开方式发售基金份额募集资金设立的证券投资基金，也称“公募基金”。前述“公开方式发售基金份额”包括向不特定对象募集资金、向特定对象募集资金累计超过 200 人，以及法律、行政法规规定的其他情形。

非公开募集基金，是指以非公开方式向合格投资者募集资金设立的证券投资基金，也称“私募基金”。

基金公开募集与非公开募集存在下列区别。

1. 募集方式和对象不同

基金公开募集与非公开募集，在募集方式上存在公开与不公开的区别。公开募集基金包括向不特定对象募集资金、向特定对象募集资金累计超过 200 人，以及法律、行政法规规定的其他情形。而非公开募集基金应当向合格投资者募集，合格投资者累计不得超过 200 人，不得向合格投资者之外的单位和个人募集资金；并且不得通过报刊、电台、电视台、互联网等公众传播媒体或者讲座、报告会、分析会等方式向不特定对象宣传推介。

2. 基金管理人的类型及产生方式不同

公开募集基金的基金管理人，由基金管理公司或者经国务院证券监督管理机构按照规定核准的其他机构担任。而非公开募集基金的基金管理人由依法设立的公司或者合伙企业担任。

设立管理公开募集基金的基金管理公司及其他机构须具备一定条件，并经国务院证券监督管理机构批准。而担任非公开募集基金的管理人，应当按照《私募投资基金监督管理暂行办法》的有关规定向中国证券投资基金业协会（简称“中国基金业协会”）履行登记手续，报送基本情况。

3. 投资范围不同

公开募集基金财产应当用于投资上市交易的股票、债券或国务院证券监督管理机构规定的其他证券及其衍生品种。而非公开募集基金财产的投资包括买卖股票、股权、债券、期货、期权、基金份额及投资合同约定的其他投资标的。

4. 信息披露要求不同

公开募集基金的基金管理人、基金托管人和其他基金信息披露义务人依法负有公开披露信息的义务，应当确保应予披露的基金信息在国务院证券监督管理机构规定时间内披露，并保证所披露信息的真实性、准确性和完整性以及投资人能够按照基金合同约定的时间和方式查阅或者复制公开披露的信息资料。而非公开募集基金并没有依法公开披露信息的义务，仅负有按照基金合同的约定，向基金份额持有人提供基金信息的义务。

（二）公募基金运作的方式

1. 公募基金运作的方式

根据《证券投资基金法》第四十五条的规定，公募基金的运作方式可以采用封闭式、开放式或者其他方式。

采用封闭式运作方式的基金（简称“封闭式基金”），是指基金份额总额在基金合同期限内固定不变，基金份额持有人不得申购或赎回的基金。采用开放式运作方式的基金（简称“开放式基金”），是指基金份额总额不固定，基金份额可以在基金合同约定的时间和场所申购或者赎回的基金。采用其他运作方式的基金的份额发售、交易、申购、赎回的办法，由国务院证券监督管理机构另行规定。

2. 封闭式基金与开放式基金的区别

（1）存续期限不同

封闭式基金的基金合同期限是固定的，基金的存续期限也是固定的。封闭式基金合同期限届满后，在满足一定条件下可以延长合同期限或转换运作方式。而开放式基金的基金合同期限不是固定的。

（2）申购和赎回份额的限制不同

封闭式基金在基金合同期限内，基金份额持有人不得申购或赎回基金份额。而开放式基金的基金份额持有人，在基金合同期限内可以依照基金合同约定的时间和场所申购或者赎回基金份额。

（3）基金规模不同

封闭式基金的基金份额是固定的，在基金存续期间内不得赎回，因此，基金份额在基金存续期间是固定的。即使发生依法扩募的情形，扩募后的基金份额在基金存续期间内仍然是固定的。而开放式基金的基金份额可以在基金合同约定的时间和场所进行申购或者赎回，导致开放式基金的规模一直处于增加或减少的变动之中。

（4）基金份额交易方式不同

封闭式基金在完成募集后，可以由基金管理人向证券交易所提出上市申请，经证券交易所依法审核同意后，基金份额在证券交易所进行上市交易。投资者对封闭式基金份额的买卖，只能根据基金份额上市交易规则，委托证券公司在证券交易所完成交易。而开放式基金的基金份额的申购、赎回、登记，由基金管理人或者其委托的基金服务机构办理。投资者可以在基金管理人指定的时间和地点向基金管理人或者其委托的基金服务机构提出基金份额的申购、赎回的申请，完成交易，交易双方是投资者与基金管理人。

（5）基金投资策略不同

封闭式基金在基金存续期间的基金份额总额保持固定不变，没有赎回压力，因此，基金管理人可以根据基金存续期限制定整个期限内的投资策略，将基金财产用于长期投资。基金份额持有人的收益与长期投资的最终收益相关。而开放式基金的基金份额在基金存续期间随时面临申购和赎回。因此，为保持基金资产的流动性，基金财产必须保留一定的现金财产，而不能将全部基金财产均用于长期投资。

（三）非公开募集基金的合格投资者的要求

非公开募集基金合格投资者，是指达到规定资产规模或者收入水平，并且具备相应的风险识别能力和风险承担能力、其基金份额认购金额不低于规定限额的单位和个人。

2018 年 4 月 27 日，中国人民银行、中国银行保险监督管理委员会、中国证券监督管理委员会、国家外汇管理局印发了《关于规范金融机构资产管理业务的指导意见》。根据该意见第五条的规定，资产管理产品的投资者分为不特定社会公众和合格投资者两大类。

合格投资者是指具备相应风险识别能力和风险承担能力，投资于单只资产管理产品不低于一定金额且符合下列条件的自然人和法人或者其他组织。

（1）具有 2 年以上投资经历，且满足以下条件之一：家庭金融净资产不低于 300 万元，家庭金融资产不低于 500 万元，或者近 3 年本人年均收入不低于 40 万元；

（2）最近 1 年末净资产不低于 1 000 万元的法人单位；

（3）金融管理部门视为合格投资者的其他情形。

（四）非公开募集基金管理人的登记

根据《证券投资基金法》《私募投资基金监督管理暂行办法》《私募投资基金募集

行为管理办法》等法律、部门规章及行业自律规则的规定，担任非公开募集基金的基金管理人，应当按照中国基金业协会的规定向中国基金业协会申请登记手续，报送基本情况。

私募基金管理人报送的登记申请材料不完备或不符合规定的，应当根据中国基金业协会的要求及时补正。私募基金管理人提供的登记申请材料完备的，中国基金业协会应当自收齐登记材料之日起20个工作日内，以通过网站公示私募基金管理人基本情况的方式，为私募基金管理人办结登记手续。对登记后的私募基金管理人依法解散、被依法撤销或者被依法宣告破产的，中国基金业协会应当及时注销基金管理人登记。

根据《证券投资基金法》第九十条的规定，未经登记，任何单位或者个人不得使用“基金”或者“基金管理”字样或者近似名称进行证券投资活动；但是，法律、行政法规另有规定的除外。

（五）非公开募集基金的备案

根据《证券投资基金法》《私募投资基金监督管理暂行办法》《私募投资基金募集行为管理办法》等法律、部门规章和行业自律规则的规定，非公开募集基金募集完毕后规定时间内，基金管理人应当向中国基金业协会备案，报送以下基本信息：主要投资方向及根据主要投资方向注明的基金类别；基金合同、公司章程或者合伙协议以及中国基金业协会规定的其他信息。此外，资金募集过程中向投资者提供基金招募说明书的，应当报送基金招募说明书。以公司、合伙企业等形式设立的私募基金，还应当报送工商登记和营业执照正副本复印件；采取委托管理方式的，应当报送委托管理协议。委托托管机构托管基金财产的，还应当报送托管协议。

私募基金备案材料不完备或者不符合规定的，私募基金管理人应当根据中国基金业协会的要求及时补正。私募基金备案材料完备且符合要求的，中国基金业协会应当在私募基金备案材料齐备后20个工作日内，通过网站公告私募基金名单及其基本情况的方式，为私募基金办结备案手续。经备案的私募基金可以申请开立证券相关账户。

六、法律责任

（一）非法从事证券投资基金活动的法律责任

证券投资基金活动的参与主体以及其他市场主体存在违反《证券投资基金法》有关规定的行为时，应依法承担相应的责任。其主要内容有以下几个方面。

1. 未经批准擅自设立基金管理公司或者未经核准从事公开募集基金管理业务的法律责任

根据《证券投资基金法》第十二条、第一百一十九条的规定，从事公开募集基金管理业务的基金管理人应由经国务院证券监督管理机构批准设立的基金管理公司或核准的其他机构担任。未经批准擅自设立基金管理公司或者未经核准从事公开募集基金管理业务的，由国务院证券监督管理机构予以取缔或者责令改正，没收违法所得，并处违法所得1倍以上5倍以下罚款；没有违法所得或者违法所得不足100万元的，并处10万元以上100万元以下罚款。对直接负责的主管人员和其他直接责任人员给予警告，并处3万元以上30万元以下罚款。

2. 未经核准，擅自从事基金托管业务的法律责任

根据《证券投资基金法》第三十二条、第一百二十五条的规定，从事基金托管业务的基金托管人由国务院证券监督管理机构会同国务院银行业监督管理机构核准的商业银行或由国务院证券监督管理机构核准的其他金融机构担任。未经核准，擅自从事基金托管业务的，责令停止，没收违法所得，并处违法所得1倍以上5倍以下罚款；没有违法所得或者违法所得不足100万元的，并处10万元以上100万元以下罚款；对直接负责的主管人员和其他直接责任人员给予警告，并处3万元以上30万元以下罚款。

3. 未经注册，擅自公开或者变相公开募集基金的法律责任

根据《证券投资基金法》第五十条及第一百二十七条的规定，公开募集基金应当经国务院证券监督管理机构注册。未经注册，擅自公开或者变相公开募集基金的，责令停止，返还所募资金和加计的银行同期存款利息，没收违法所得，并处所募资金金额1%以上5%以下罚款。对直接负责的主管人员和其他直接责任人员给予警告，并处5万元以上50万元以下罚款。

4. 未经登记，使用“基金”或者“基金管理”字样或者近似名称进行证券投资活动的法律责任

根据《证券投资基金法》第九十条、第一百三十三条的规定，除法律、行政法规另有规定以外，未经登记，任何单位或者个人不得使用“基金”或者“基金管理”字样或者近似名称进行证券投资活动。违反前述规定，未经登记，使用“基金”或者“基金管理”字样或者近似名称进行证券投资活动的，没收违法所得，并处违法所得1倍以上5倍以下罚款；没有违法所得或者违法所得不足100万元的，并处10万元以上100万元以下罚款。对直接负责的主管人员和其他直接责任人员给予警告，并处3万元以上30万元以下罚款。

5. 擅自从事公开募集基金的基金服务业务的法律责任

根据《证券投资基金法》第九十七条及第一百三十六条的规定，从事公开募集基

金的销售、销售支付、份额登记、估值、投资顾问、评价、信息技术系统服务等基金服务业务的机构，应当按照国务院证券监督管理机构的规定进行注册或者备案。违反上述规定，擅自从事公开募集基金的基金服务业务的，责令改正，没收违法所得，并处违法所得1倍以上5倍以下罚款；没有违法所得或者违法所得不足30万元的，并处10万元以上30万元以下罚款。对直接负责的主管人员和其他直接责任人员给予警告，并处3万元以上10万元以下罚款。

（二）基金管理人、基金托管人的法律责任

1. 基金管理公司未经批准擅自变更重大事项的法律责任

根据《证券投资基金法》第十四条、第一百一十九条的规定，基金管理公司变更持有5%以上股权的股东，变更公司的实际控制人，或者变更其他重大事项，应当报经国务院证券监督管理机构批准。未经批准擅自变更的，责令改正，没收违法所得，并处违法所得1倍以上5倍以下罚款；没有违法所得或者违法所得不足50万元的，并处5万元以上50万元以下罚款。对直接负责的主管人员给予警告，并处3万元以上10万元以下罚款。

2. 违反证券投资限制规定的法律责任

根据《证券投资基金法》第十七条、第三十四条、第一百二十条的规定，公开募集基金的基金管理人的董事、监事、高级管理人员和其他从业人员以及基金托管人的专门基金托管部门的高级管理人员和其他从业人员，其本人、配偶、利害关系人进行证券投资，应当事先向基金管理人申报，并不得与基金份额持有人发生利益冲突。未按照上述规定申报的，责令改正，处3万元以上10万元以下罚款。

根据《证券投资基金法》第十七条、第一百二十条的规定，公开募集基金的基金管理人、基金托管人应当建立上述人员证券投资的申报、登记、审查、处置等管理制度，并报国务院证券监督管理机构备案。基金管理人、基金托管人违反上述规定的，责令改正，处10万元以上100万元以下罚款；对直接负责的主管人员和其他直接责任人员给予警告，暂停或者撤销基金从业资格，并处3万元以上30万元以下罚款。

3. 违反竞业禁止或防范利益冲突规定的法律责任

根据《证券投资基金法》第十八条、第一百二十一条的规定，公开募集基金的基金管理人的董事、监事、高级管理人员和其他从业人员，不得担任基金托管人或者其他基金管理人的任何职务，不得从事损害基金财产和基金份额持有人利益的证券交易及其他活动。违反前述规定的，责令改正，没收违法所得，并处违法所得1倍以上5倍以下罚款；没有违法所得或者违法所得不足100万元的，并处10万元以上100万元以下罚款；情节严重的，撤销基金从业资格。

4. 未按规定对基金财产实行分别管理或者分账保管的法律责任

根据《证券投资基金法》第五条、第二十条、第三十七条、第一百二十二条的规定，基金财产独立于基金管理人、基金托管人的固有财产。公开募集基金的基金管理人应当对所管理的不同基金财产分别管理、分别记账，进行证券投资。基金托管人应当对所托管的不同基金财产分别设置账户，确保基金财产的完整与独立。基金管理人、基金托管人违反上述规定，未对基金财产实行分别管理或者分账保管，责令改正，处5万元以上50万元以下罚款；对直接负责的主管人员和其他直接责任人员给予警告，暂停或者撤销基金从业资格，并处3万元以上30万元以下罚款。

5. 将其固有财产或者他人财产混同于基金财产从事证券投资的法律责任

根据《证券投资基金法》第二十条、第一百二十三条的规定，基金管理人、基金托管人及其董事、监事、高级管理人员和其他从业人员将其固有财产或者他人财产混同于基金财产从事证券投资的，责令改正，没收违法所得，并处违法所得1倍以上5倍以下罚款；没有违法所得或者违法所得不足100万元的，并处10万元以上100万元以下罚款；基金管理人、基金托管人有上述行为的，还应当对其直接负责的主管人员和其他直接责任人员给予警告，暂停或者撤销基金从业资格，并处3万元以上30万元以下罚款。

6. 不公平地对待其管理的不同基金财产的法律责任

根据《证券投资基金法》第二十条、第一百二十三条的规定，基金管理人、基金托管人及其董事、监事、高级管理人员和其他从业人员不公平地对待其管理的不同基金财产的，责令改正，没收违法所得，并处违法所得1倍以上5倍以下罚款；没有违法所得或者违法所得不足100万元的，并处10万元以上100万元以下罚款；基金管理人、基金托管人有上述行为的，还应当对其直接负责的主管人员和其他直接责任人员给予警告，暂停或者撤销基金从业资格，并处3万元以上30万元以下罚款。

7. 利用基金财产或者职务之便为基金份额持有人以外的人牟取利益的法律责任

根据《证券投资基金法》第二十条、第一百二十三条的规定，基金管理人、基金托管人及其董事、监事、高级管理人员和其他从业人员利用基金财产或者职务之便为基金份额持有人以外的人牟取利益的，责令改正，没收违法所得，并处违法所得1倍以上5倍以下罚款；没有违法所得或者违法所得不足100万元的，并处10万元以上100万元以下罚款；基金管理人、基金托管人有上述行为的，还应当对其直接负责的主管人员和其他直接责任人员给予警告，暂停或者撤销基金从业资格，并处3万元以上30万元以下罚款。

8. 向基金份额持有人违规承诺收益或者承担损失的法律责任

根据《证券投资基金法》第二十条、第一百二十三条的规定，基金管理人、基金托管人及其董事、监事、高级管理人员和其他从业人员向基金份额持有人违规承诺收益或者承担损失的，责令改正，没收违法所得，并处违法所得1倍以上5倍以下罚款；没有违法所得或者违法所得不足100万元的，并处10万元以上100万元以下罚款；基金管理人、基金托管人有上述行为的，还应当对其直接负责的和其他直接责任人员给予警告，暂停或者撤销基金从业资格，并处3万元以上30万元以下罚款。

9. 侵占、挪用基金财产的法律责任

根据《证券投资基金法》第二十条、第一百二十三条的规定，基金管理人、基金托管人及其董事、监事、高级管理人员和其他从业人员侵占、挪用基金财产的，责令改正，没收违法所得，并处违法所得1倍以上5倍以下罚款；没有违法所得或者违法所得不足100万元的，并处10万元以上100万元以下罚款；基金管理人、基金托管人有上述行为的，还应当对其直接负责的主管人员和其他直接责任人员给予警告，暂停或者撤销基金从业资格，并处3万元以上30万元以下罚款。基金管理人、基金托管人及其董事、监事、高级管理人员和其他从业人员侵占、挪用基金财产而取得的财产和收益，归入基金财产。但是，法律、行政法规另有规定的，依照其规定。

10. 泄露因职务便利获取的未公开信息、利用该信息从事或者明示、暗示他人从事相关的交易活动的法律责任

根据《证券投资基金法》第二十条、第一百二十三条的规定，基金管理人、基金托管人及其董事、监事、高级管理人员和其他从业人员泄露因职务便利获取的未公开信息、利用该信息从事或者明示、暗示他人从事相关的交易活动的，责令改正，没收违法所得，并处违法所得1倍以上5倍以下罚款；没有违法所得或者违法所得不足100万元的，并处10万元以上100万元以下罚款；基金管理人、基金托管人有上述行为的，还应当对其直接负责的主管人员和其他直接责任人员给予警告，暂停或者撤销基金从业资格，并处3万元以上30万元以下罚款。

11. 玩忽职守，不按照规定履行职责的法律责任

根据《证券投资基金法》第二十条、第一百二十三条的规定，基金管理人、基金托管人及其董事、监事、高级管理人员和其他从业人员玩忽职守，不按照规定履行职责的，责令改正，没收违法所得，并处违法所得1倍以上5倍以下罚款；没有违法所得或者违法所得不足100万元的，并处10万元以上100万元以下罚款；基金管理人、基金托管人有上述行为的，还应当对其直接负责的主管人员和其他直接责任人员给予警告，暂停或者撤销基金从业资格，并处3万元以上30万元以下罚款。

12. 从事法律、行政法规和国务院证券监督管理机构规定禁止的其他行为的法律责任

根据《证券投资基金法》第二十条、第一百二十三条的规定，基金管理人、基金

托管人及其董事、监事、高级管理人员和其他从业人员从事法律、行政法规和国务院证券监督管理机构规定禁止的其他行为的，责令改正，没收违法所得，并处违法所得1倍以上5倍以下罚款；没有违法所得或者违法所得不足100万元的，并处10万元以上100万元以下罚款；基金管理人、基金托管人有上述行为的，还应当对其直接负责的主管人员和其他直接责任人员给予警告，暂停或者撤销基金从业资格，并处3万元以上30万元以下罚款。

13. 未按照国务院证券监督管理机构的规定及时履行重大事项报告义务的法律责任

根据《证券投资基金法》第二十三条、第一百二十四条的规定，基金管理人的股东、实际控制人未按照国务院证券监督管理机构的规定及时履行重大事项报告义务的，责令改正，没收违法所得，并处违法所得1倍以上5倍以下罚款；没有违法所得或者违法所得不足100万元的，并处10万元以上100万元以下罚款；对直接负责的主管人员和其他直接责任人员给予警告，暂停或者撤销基金或证券从业资格，并处3万元以上30万元以下罚款。

14. 虚假出资或者抽逃出资的法律责任

根据《证券投资基金法》第二十三条、第一百二十四条的规定，基金管理人的股东、实际控制人虚假出资或者抽逃出资的，责令改正，没收违法所得，并处违法所得1倍以上5倍以下罚款；没有违法所得或者违法所得不足100万元的，并处10万元以上100万元以下罚款；对直接负责的主管人员和其他直接责任人员给予警告，暂停或者撤销基金或证券从业资格，并处3万元以上30万元以下罚款。

15. 未依法经股东会或者董事会决议擅自干预基金管理人的基金经营活动的法律责任

根据《证券投资基金法》第二十三条、第一百二十四条的规定，基金管理人的股东、实际控制人未依法经股东会或者董事会决议擅自干预基金管理人的基金经营活动的，责令改正，没收违法所得，并处违法所得1倍以上5倍以下罚款；没有违法所得或者违法所得不足100万元的，并处10万元以上100万元以下罚款；对直接负责的主管人员和其他直接责任人员给予警告，暂停或者撤销基金或证券从业资格，并处3万元以上30万元以下罚款。

16. 要求基金管理人利用基金财产为自己或者他人牟取利益，损害基金份额持有人利益的法律责任

根据《证券投资基金法》第二十三条、第一百二十四条的规定，基金管理人的股东、实际控制人要求基金管理人利用基金财产为自己或者他人牟取利益，损害基金份额持有人利益的，责令改正，没收违法所得，并处违法所得1倍以上5倍以下罚款；

没有违法所得或者违法所得不足100万元的，并处10万元以上100万元以下罚款；对直接负责的主管人员和其他直接责任人员给予警告，暂停或者撤销基金或证券从业资格，并处3万元以上30万元以下罚款。

17. 从事国务院证券监督管理机构规定禁止的其他行为的法律责任

根据《证券投资基金法》第二十三条、第一百二十四条的规定，基金管理人的股东、实际控制人从事法定禁止行为的，责令改正，没收违法所得，并处违法所得1倍以上5倍以下罚款；没有违法所得或者违法所得不足100万元的，并处10万元以上100万元以下罚款；对直接负责的主管人员和其他直接责任人员给予警告，暂停或者撤销基金或证券从业资格，并处3万元以上30万元以下罚款。

18. 基金管理人、基金托管人违反规定，相互出资或者持有股份的法律责任

根据《证券投资基金法》第三十五条、第一百二十六条的规定，基金托管人与基金管理人不得为同一机构，不得相互出资或者持有股份。基金管理人、基金托管人违反上述规定的要求，相互出资或者持有股份的，责令改正，可以处10万元以下罚款。

19. 违反规定动用募集资金的法律责任

根据《证券投资基金法》第六十条、第一百二十八条的规定，基金募集期间募集的资金应当存入专门账户，在基金募集行为结束前，任何人不得动用。违反上述规定的要求，动用募集的资金的，责令返还，没收违法所得，并处违法所得1倍以上5倍以下罚款；没有违法所得或者违法所得不足50万元的，并处5万元以上50万元以下罚款；对直接负责的主管人员和其他直接责任人员给予警告，并处3万元以上30万元以下罚款。

20. 使用基金财产从事违反规定的投资或活动的法律责任

根据《证券投资基金法》第七十三条、第一百二十九条的规定，基金管理人、基金托管人将基金财产用于承销证券；违反规定向他人贷款或者提供担保；从事承担无限责任的投资；买卖其他基金份额，但是国务院证券监督管理机构另有规定的除外；向基金管理人、基金托管人出资以及法律、行政法规和国务院证券监督管理机构规定禁止的其他活动等行为之一的，或者违反《证券投资基金法》有关运用基金财产买卖基金管理人、基金托管人及其控股股东、实际控制人或者与其有其他重大利害关系的公司发行的证券或承销期内承销的证券，或者从事其他重大关联交易的，责令改正，处10万元以上100万元以下罚款；对直接负责的主管人员和其他直接责任人员给予警告，暂停或者撤销基金从业资格，并处3万元以上30万元以下罚款。

基金管理人、基金托管人存在前述违法行为，运用基金财产而取得的财产和收益，归入基金财产。但是，法律、行政法规另有规定的，依照其规定。

21. 从事内幕交易、操纵证券交易价格及其他不正当的证券交易活动的法律责任

根据《证券投资基金法》第七十三条、第一百三十条的规定，基金管理人、基金

托管人从事内幕交易、操纵证券交易价格及其他不正当的证券交易活动的，除依照《证券法》的有关规定处罚外，对直接负责的主管人员和其他直接责任人员暂停或者撤销基金从业资格。

根据《证券法》第一百九十一条、第一百九十二条的规定，证券交易内幕信息的知情人或者非法获取内幕信息的人违反《证券法》的规定从事内幕交易的，责令依法处理非法持有的证券，没收违法所得，并处以违法所得 1 倍以上 10 倍以下的罚款；没有违法所得或者违法所得不足 50 万元的，处以 50 万元以上 500 万元以下的罚款。单位从事内幕交易的，还应当对直接负责的主管人员和其他直接责任人员给予警告，并处以 20 万元以上 200 万元以下的罚款。国务院证券监督管理机构工作人员从事内幕交易的，从重处罚。违反《证券法》的规定，利用未公开信息进行交易的，依照上述的规定处罚。违反《证券法》的规定，操纵证券市场的，责令依法处理其非法持有的证券，没收违法所得，并处以违法所得 1 倍以上 10 倍以下的罚款；没有违法所得或者违法所得不足 100 万元的，处以 100 万元以上 1 000 万元以下的罚款。单位操纵证券市场的，还应当对直接负责的主管人员和其他直接责任人员给予警告，并处以 50 万元以上 500 万元以下的罚款。

22. 基金信息披露义务人不依法披露基金信息或者披露的信息有虚假记载、误导性陈述或者重大遗漏的法律责任

根据《证券投资基金法》第七十四条、第一百三十一条的规定，基金管理人、基金托管人和其他基金信息披露义务人应当依法披露基金信息，并保证所披露信息的真实性、准确性和完整性。基金信息披露义务人不依法披露基金信息或者披露的信息有虚假记载、误导性陈述或者重大遗漏的，责令改正，没收违法所得，并处 10 万元以上 100 万元以下罚款；对直接负责的主管人员和其他直接责任人员给予警告，暂停或者撤销基金从业资格，并处 3 万元以上 30 万元以下罚款。

23. 基金管理人或者基金托管人不按照规定召集基金份额持有人大会的法律责任

根据《证券投资基金法》第八十三条、第一百三十二条的规定，基金份额持有人大会由基金管理人召集。基金份额持有人大会设立日常机构的，由该日常机构召集；该日常机构未召集的，由基金管理人召集。基金管理人未按规定召集或者不能召开的，由基金托管人召集。基金管理人或者基金托管人不按照上述规定召集基金份额持有人大会的，责令改正，可以处 5 万元以下罚款；对直接负责的主管人员和其他直接责任人员给予警告，暂停或者撤销基金从业资格。

24. 基金管理人未按规定办理基金备案的法律责任

根据《证券投资基金法》第九十四条、第一百三十四条的规定，非公开募集基金募集完毕，基金管理人应当向中国基金业协会备案，基金管理人未备案的，处 10 万元

以上30万元以下罚款。对直接负责的主管人员和其他直接责任人员给予警告，并处3万元以上10万元以下罚款。

25. 向合格投资者之外的单位或者个人非公开募集资金或者转让基金份额的法律责任

根据《证券投资基金法》第九十一条、第一百三十五条的规定，非公开募集基金，不得向合格投资者之外的单位和个人募集资金或者转让基金份额。违反上述规定，向合格投资者之外的单位或者个人非公开募集资金或者转让基金份额的，没收违法所得，并处违法所得1倍以上5倍以下罚款；没有违法所得或者违法所得不足100万元的，并处10万元以上100万元以下罚款。对直接负责的主管人员和其他直接责任人员给予警告，并处3万元以上30万元以下罚款。

（三）基金服务机构的法律责任

1. 基金销售机构未向投资人充分揭示投资风险并误导其购买与其风险承担能力不相当的基金产品的法律责任

根据《证券投资基金法》第九十八条、第一百三十七条的规定，基金销售机构应当向投资人充分揭示投资风险，并根据投资人的风险承担能力销售不同风险等级的基金产品。基金销售机构未向投资人充分揭示投资风险并误导其购买与其风险承担能力不相当的基金产品的，处10万元以上30万元以下罚款；情节严重的，责令其停止基金服务业务。对直接负责的主管人员和其他直接责任人员给予警告，撤销基金从业资格，并处3万元以上10万元以下罚款。

2. 基金销售支付机构未按照规定划付基金销售结算资金的法律责任

根据《证券投资基金法》第九十九条、第一百三十八条的规定，基金销售支付机构应当按照规定办理基金销售结算资金的划付，确保基金销售结算资金安全、及时划付。基金销售支付机构未按照规定划付基金销售结算资金的，处10万元以上30万元以下罚款；情节严重的，责令其停止基金服务业务。对直接负责的主管人员和其他直接责任人员给予警告，撤销基金从业资格，并处3万元以上10万元以下罚款。

3. 挪用基金销售结算资金或者基金份额的法律责任

根据《证券投资基金法》第一百条、第一百三十九条的规定，基金销售机构、基金销售支付机构、基金份额登记机构应当确保基金销售结算资金、基金份额的安全、独立，禁止任何单位或者个人以任何形式挪用基金销售结算资金、基金份额。挪用基金销售结算资金或者基金份额的，责令改正，没收违法所得，并处违法所得1倍以上5倍以下罚款；没有违法所得或者违法所得不足100万元的，并处10万元以上100万元以下罚款。对直接负责的主管人员和其他直接责任人员给予警告，并处3万元以上

30万元以下罚款。

4. 基金份额登记机构未妥善保存或者备份基金份额登记数据的法律责任

根据《证券投资基金法》第一百零二条、第一百四十条的规定，基金份额登记机构应当妥善保存登记数据，并将基金份额持有人名称、身份信息及基金份额明细等数据备份至国务院证券监督管理机构认定的机构。其保存期限自基金账户销户之日起不得少于20年。基金份额登记机构未妥善保存或者备份基金份额登记数据的，责令改正，给予警告，并处10万元以上30万元以下罚款；情节严重的，责令其停止基金服务业务。对直接负责的主管人员和其他直接责任人员给予警告，撤销基金从业资格，并处3万元以上10万元以下罚款。

5. 基金份额登记机构隐匿、伪造、篡改、毁损基金份额登记数据的法律责任

根据《证券投资基金法》第一百零二条、第一百四十条的规定，基金份额登记机构应当保证登记数据的真实、准确、完整，不得隐匿、伪造、篡改或者毁损。基金份额登记机构隐匿、伪造、篡改、毁损基金份额登记数据的，责令改正，处10万元以上100万元以下罚款，并责令其停止基金服务业务。对直接负责的主管人员和其他直接责任人员给予警告，撤销基金从业资格，并处3万元以上30万元以下罚款。

6. 基金投资顾问机构、基金评价机构及其从业人员违反规定开展投资顾问、基金评价服务的法律责任

根据《证券投资基金法》第一百零三条、第一百零四条、第一百四十一条的规定，基金投资顾问机构及其从业人员提供基金投资顾问服务，应当具有合理的依据，对其服务能力和经营业绩进行如实陈述，不得以任何方式承诺或者保证投资收益，不得损害服务对象的合法权益。基金评价机构及其从业人员应当客观公正，按照依法制定的业务规则开展基金评价业务，禁止误导投资人，防范可能发生的利益冲突。基金投资顾问机构、基金评价机构及其从业人员违反上述规定开展投资顾问、基金评价服务的，处10万元以上30万元以下罚款；情节严重的，责令其停止基金服务业务。对直接负责的主管人员和其他直接责任人员给予警告，撤销基金从业资格，并处3万元以上10万元以下罚款。

7. 信息技术系统服务机构未按照规定向国务院证券监督管理机构提供相关信息技术系统资料，或者提供的信息技术系统资料虚假、有重大遗漏的法律责任

根据《证券投资基金法》第一百零五条、第一百四十二条的规定，国务院证券监督管理机构可以要求基金管理人、基金托管人、基金服务机构的信息技术系统服务机构提供该信息技术系统的相关资料。信息技术系统服务机构未按照规定向国务院证券监督管理机构提供相关信息技术系统资料或者提供的信息技术系统资料虚假、有重大遗漏的责令改正处3万元以上10万元以下罚款。对直接负责的主管人员和其他直接责

任人员给予警告并处1万元以上3万元以下罚款。

8. 会计师事务所、律师事务所未勤勉尽责所出具的文件有虚假记载、误导性陈述或者重大遗漏的法律责任

根据《证券投资基金法》第一百零六条、第一百四十三条的规定，律师事务所、会计师事务所接受基金管理人、基金托管人的委托为有关基金业务活动出具法律意见书、审计报告、内部控制评价报告等文件，应当勤勉尽责，对所依据的文件资料内容的真实性、准确性、完整性进行核查和验证。会计师事务所、律师事务所未勤勉尽责所出具的文件有虚假记载、误导性陈述或者重大遗漏的，责令改正，没收业务收入，暂停或者撤销相关业务许可，并处业务收入1倍以上5倍以下罚款。对直接负责的主管人员和其他直接责任人员给予警告，并处3万元以上10万元以下罚款。

9. 基金服务机构未建立应急等风险管理制度和灾难备份系统，或者泄露与基金份额持有人、基金投资运作相关的非公开信息的法律责任

根据《证券投资基金法》第一百零七条、第一百四十四条的规定，基金服务机构应当勤勉尽责、恪尽职守，建立应急等风险管理制度和灾难备份系统，不得泄露与基金份额持有人、基金投资运作相关的非公开信息。基金服务机构未建立应急等风险管理制度和灾难备份系统，或者泄露与基金份额持有人、基金投资运作相关的非公开信息的处10万元以上30万元以下罚款；情节严重的，责令其停止基金服务业务。对直接负责的主管人员和其他直接责任人员给予警告，撤销基金从业资格，并处3万元以上10万元以下罚款。

（四）其他行政责任

1. 基金监管机构的行政责任

根据《证券投资基金法》第一百一十五条、第一百四十六条的规定，国务院证券监督管理机构工作人员应当忠于职守、依法办事、公正廉洁、接受监督不得利用职务牟取私利。证券监督管理机构工作人员玩忽职守、滥用职权、徇私舞弊或者利用职务上的便利索取或者收受他人财物的，依法给予行政处分。

2. 被调查、检查的单位和个人的行政责任

根据《证券投资基金法》第一百一十六条、第一百四十七条的规定，国务院证券监督管理机构依法履行职责时，被调查、检查的单位和个人应当配合，如实提供有关文件和资料，不得拒绝、阻碍和隐瞒。拒绝、阻碍证券监督管理机构及其工作人员依法行使监督检查、调查职权未使用暴力、威胁方法的，依法给予治安管理处罚。

3. 证券市场禁入措施的适用

根据《证券投资基金法》第一百四十八条的规定，违反法律、行政法规或者国务

院证券监督管理机构的有关规定，情节严重的，国务院证券监督管理机构可以对有关责任人员采取证券市场禁入的措施。

（五）其他法律责任

1. 民事责任

根据《证券投资基金法》第一百四十五条的规定，违反《证券投资基金法》的规定，给基金财产、基金份额持有人或者投资人造成损害的，依法承担赔偿责任。基金管理人、基金托管人在履行各自职责的过程中，违反《证券投资基金法》规定或者基金合同约定，给基金财产或者基金份额持有人造成损害的，应当分别对各自的行为依法承担赔偿责任；因共同行为给基金财产或者基金份额持有人造成损害的，应当承担连带赔偿责任。

2. 刑事责任

根据《证券投资基金法》第一百四十九条的规定，违反《证券投资基金法》的规定，构成犯罪的，依法追究刑事责任。

（六）典型案例

1. 操作实例

甲公募基金为混合型证券投资基金，采用契约型开放式的运作方式，该基金的最低募集份额总额为 2 亿份，最低募集金额总额为人民币 2 亿元，基金募集期为 10 天，发售对象为符合法律法规规定的可投资于证券投资基金的个人投资者、机构投资者、合格境外机构投资者和人民币合格境外机构投资者以及法律法规或中国证监会允许购买证券投资基金的其他投资人。在募集期内任何一天（含第一天）当日募集截止时间后认购申请金额超过 2 亿元，该基金停止募集，基金管理人将采取末日比例（在基金募集期内，募集期末日前的有效认购申请全额确认成功，对最后一日的有效认购申请，根据剩余额度，予以比例配售）确认的方式对认购金额进行确认。该基金因募集期第九天募集金额超过 2 亿元，基金管理人决定提前终止募集，并计划在 10 日内聘请法定验资机构验资，自收到验资报告之日起 10 日内，向中国证监会办理基金备案手续。基金募集达到基金备案条件的，自基金管理人办理完毕基金备案手续并取得中国证监会书面确认之日起，基金合同生效。

甲公募基金的上述募集备案流程符合《民法典》《证券投资基金法》《公开募集证券投资基金运作管理办法》的相关规定。

2. 违法违规案例

南京某基金管理公司于 2010 年 9 月在当地的工商行政管理局进行公司设立登记，

但未按照《证券投资基金法》及中国证券投资基金业协会（简称“协会”）的规定在协会进行登记备案。2014 年 3 月起，该公司担任投资顾问共计发行 7 只杠杆类产品，并在上述产品发行后，从事倒仓操作、闲余资金操作等行为。

当地证监局认定，南京某基金管理公司从事的倒仓操作、闲余资金操作等行为，明显超过了投资咨询范围，属于进行证券投资活动，违反了《证券投资基金法》第九十条的规定，构成《证券投资基金法》第一百三十三条所述“未经登记，使用‘基金’或者‘基金管理’字样或者近似名称进行证券投资活动”的行为。张某作为公司时任总经理，是公司上述违法行为直接负责的主管人员。根据当事人违法行为的事实、性质、情节与社会危害程度，依据《证券投资基金法》第一百三十三条的规定，证监局最后作出如下处罚决定：对南京某基金管理公司处以 50 万元的罚款；对张某给予警告，并处以 15 万元的罚款。

第六节 期货和衍生品法

本节重点介绍《中华人民共和国期货和衍生品法》（简称《期货和衍生品法》）的立法沿革、立法宗旨以及期货市场法律体系的组成；《期货和衍生品法》的适用范围、调整对象及定义；期货交易和衍生品交易的一般规定、期货合约的上市注册、期货交易的基本制度、衍生品交易的审批机制、衍生品交易的基本制度；期货交易的当日无负债结算制度、期货保证金的存管要求、期货合约的结算与交割；期货交易者适当性管理制度、对交易者的保护措施；期货经营机构的业务许可制度及许可范围；期货交易所的职责及内部管理制度；跨境监督管理与协作；违反交易规定的法律责任、非法设立、经营期货公司的法律责任、跨境交易过程中的法律责任等内容。

一、法规概述

（一）《期货和衍生品法》的立法沿革

我国《期货和衍生品法》于 2022 年 4 月 20 日由第十三届全国人民代表大会常务委员会第三十四次会议通过，自 2022 年 8 月 1 日起施行。

《期货和衍生品法》全文共 13 章、155 条，涉及期货交易和衍生品交易、期货结算与交割、期货交易者、期货经营机构、期货交易场所、期货结算机构、期货服务机构、期货业协会、监督管理、跨境交易与监管协作、法律责任等内容。

（二）《期货和衍生品法》的立法宗旨

《期货和衍生品法》重点规范期货市场，兼顾衍生品市场，统一确立了衍生品市场发展和监管亟须、国际通行的基础制度，在承继原行政法规《期货交易管理条例》核心内容的前提下，有效填补了我国资本市场法治建设的空白。

（三）期货市场法律体系的组成

我国的期货市场法律体系以《期货和衍生品法》为核心，由法律、行政法规、部门规章、规范性文件及自律规则共同组成，为期货交易活动的正常运行保驾护航。我国期货市场法律体系主要由下列文件组成：

1. 法律

包括《期货和衍生品法》等。

2. 行政法规

包括《期货交易管理条例》等。

3. 部门规章及其他规范性文件

包括《期货交易所管理办法》《期货公司监督管理办法》《期货从业人员管理办法》《期货公司董事、监事和高级管理人员任职管理办法》《期货公司风险监管指标管理办法》《证券期货投资者适当性管理办法》《期货公司期货交易咨询业务办法》《证券公司为期货公司提供中间介绍业务试行办法》等。

4. 自律规则

包括《期货公司居间人管理办法（试行）》《期货经营机构资产管理业务备案管理规则》《期货经营机构投资者适当性管理实施指引（试行）》等。

二、总则

（一）适用范围

《期货和衍生品法》的适用范围包括境内和境外。

在中华人民共和国境内，期货交易和衍生品交易及相关活动，适用《期货和衍生品法》。

在中华人民共和国境外的期货交易和衍生品交易及相关活动，扰乱中华人民共和国境内市场秩序，损害境内交易者合法权益的，依照《期货和衍生品法》有关规定处理并追究法律责任。

（二）调整对象及相关定义

期货交易，是指以期货合约或者标准化期权合约为交易标的的交易活动。

衍生品交易，是指期货交易以外的，以互换合约、远期合约和非标准化期权合约及其组合为交易标的的交易活动。

期货合约，是指期货交易场所统一制定的、约定在将来某一特定的时间和地点交割一定数量标的物的标准化合约。

期权合约，是指约定买方有权在将来某一时间以特定价格买入或者卖出约定标的物（包括期货合约）的标准化或非标准化合约。

互换合约，是指约定在将来某一特定时间内相互交换特定标的物的金融合约。

远期合约，是指期货合约以外的，约定在将来某一特定的时间和地点交割一定数量标的物的金融合约。

套期保值，是指交易者为管理因其资产、负债等价值变化产生的风险而达成与上述资产、负债等基本吻合的期货交易和衍生品交易的活动。

三、期货交易和衍生品交易

（一）交易的方式

1. 期货交易

期货交易应当在依法设立的期货交易所或者国务院期货监督管理机构依法批准组织开展期货交易的其他期货交易场所（统称“期货交易场所”），采用公开的集中交易方式或者国务院期货监督管理机构批准的其他方式进行。

禁止在期货交易场所之外进行期货交易。

2. 衍生品交易

衍生品交易，可以采用协议交易或者国务院规定的其他交易方式进行。

（二）期货交易

1. 合约品种的上市注册

期货合约品种和标准化期权合约品种的上市应当符合国务院期货监督管理机构的规定，由期货交易场所依法报经国务院期货监督管理机构注册。

期货合约品种和标准化期权合约品种的中止上市、恢复上市、终止上市应当符合国务院期货监督管理机构的规定，由期货交易场所决定并向国务院期货监督管理机构备案。

期货合约品种和标准化期权合约品种应当具有经济价值，合约不易被操纵，符合社会公共利益。

2. 期货交易的基本制度

（1）账户实名制

期货交易实行账户实名制。交易者进行期货交易的，应当持有证明身份的合法证件，以本人名义申请开立账户。

任何单位和个人不得违反规定，出借自己的期货账户或者借用他人的期货账户从事期货交易。

（2）保证金制度

期货交易实行保证金制度，期货结算机构向结算参与人收取保证金，结算参与人向交易者收取保证金。保证金用于结算和履约保障。

保证金的形式包括现金，国债、股票、基金份额、标准仓单等流动性强的有价证券，以及国务院期货监督管理机构规定的其他财产。以有价证券等作为保证金的，可以依法通过质押等具有履约保障功能的方式进行。

交易者进行标准化期权合约交易的，卖方应当缴纳保证金，买方应当支付权利金。权利金，是指买方支付的用于购买标准化期权合约的资金。

（3）持仓限额制度

期货交易实行持仓限额制度，防范合约持仓过度集中的风险。

从事套期保值等风险管理活动的，可以申请持仓限额豁免。

持仓限额、套期保值的管理办法由国务院期货监督管理机构制定。

（4）实际控制关系报备制度

期货交易实行交易者实际控制关系报备管理制度。交易者应当按照国务院期货监督管理机构的规定向期货经营机构或者期货交易场所报备实际控制关系。

（5）程序化交易报备制度

通过计算机程序自动生成或者下达交易指令进行程序化交易的，应当符合国务院期货监督管理机构的规定，并向期货交易场所报告，不得影响期货交易场所系统安全或者正常交易秩序。

（三）衍生品交易

1. 衍生品交易的审批机制

（1）交易场所及其规则的审批

依法设立的场所，经国务院授权的部门或者国务院期货监督管理机构审批，可以组织开展衍生品交易。

组织开展衍生品交易的场所制定的交易规则，应当公平保护交易参与各方合法权益和防范市场风险，并报国务院授权的部门或者国务院期货监督管理机构批准。

（2）业务资格的审批

金融机构开展衍生品交易业务，应当依法经过批准或者核准，履行交易者适当性管理义务，并应当遵守国家有关监督管理规定。

2. 衍生品交易的基本制度

（1）单一协议制度

衍生品交易采用主协议方式的，主协议、主协议项下的全部补充协议以及交易双方就各项具体交易作出的约定等，共同构成交易双方之间一个完整的单一协议，具有法律约束力。

主协议等合同范本，应当按照国务院授权的部门或者国务院期货监督管理机构的规定报送备案。

（2）履约保障机制

进行衍生品交易，可以依法通过质押等方式提供履约保障。

（3）终止净额结算制度

依法采用主协议方式从事衍生品交易的，发生约定的情形时，可以依照协议约定终止交易，并按净额对协议项下的全部交易盈亏进行结算。

依照上述规定进行的净额结算，不因交易任何一方依法进入破产程序而中止、无效或者撤销。

（4）交易报告库制度

国务院授权的部门、国务院期货监督管理机构应当建立衍生品交易报告库，对衍生品交易标的、规模、对手方等信息进行集中收集、保存、分析和管理，并按照规定及时向市场披露有关信息。具体办法由国务院授权的部门、国务院期货监督管理机构规定。

3. 衍生品的结算制度

衍生品交易，由国务院授权的部门或者国务院期货监督管理机构批准的结算机构作为中央对手方进行集中结算的，可以依法进行终止净额结算；结算财产应当优先用于结算和交割，不得被查封、冻结、扣押或者强制执行；在结算和交割完成前，任何人不得动用。

依法进行的集中结算，不因参与结算的任何一方依法进入破产程序而中止、无效或者撤销。

四、期货结算与交割

（一）当日无负债结算制度

期货交易实行当日无负债结算制度。在期货交易场所规定的时间，期货结算机构应当在当日按照结算价对结算参与人进行结算；结算参与人应当根据期货结算机构的结算结果对交易者进行结算。结算结果应当在当日及时通知结算参与人和交易者。

（二）期货保证金的存管要求

根据《期货和衍生品法》第四十条的规定，期货结算机构、结算参与人收取的保证金、权利金等，应当与其自有资金分开，按照国务院期货监督管理机构的规定，在期货保证金存管机构专户存放，分别管理，禁止违规挪用。

（三）期货合约的结算与交割

1. 未到期期货合约

（1）追加保证金或平仓

结算参与人的保证金不符合期货结算机构业务规则规定标准的，期货结算机构应当按照业务规则的规定通知结算参与人在规定时间内追加保证金或者自行平仓；结算参与人未在规定时间内追加保证金或者自行平仓的，通知期货交易场所强行平仓。

交易者的保证金不符合结算参与人与交易者约定标准的，结算参与人应当按照约定通知交易者在约定时间内追加保证金或者自行平仓；交易者未在约定时间内追加保证金或者自行平仓的，按照约定强行平仓。

以有价证券等作为保证金，期货结算机构、结算参与人按照上述两款规定强行平仓的，可以对有价证券等进行处置。

（2）结算违约

结算参与人在结算过程中违约的，期货结算机构按照业务规则动用结算参与人的保证金、结算担保金以及结算机构的风险准备金、自有资金等完成结算；期货结算机构以其风险准备金、自有资金等完成结算的，可以依法对该结算参与人进行追偿。

交易者在结算过程中违约的，其委托的结算参与人按照合同约定动用该交易者的保证金以及结算参与人的风险准备金和自有资金完成结算；结算参与人以其风险准备金和自有资金完成结算的可以依法对该交易者进行追偿。

结算担保金，是指结算参与人以自有资金向期货结算机构交纳的，用于担保履约的资金。

2. 到期期货合约

（1）实物交割或者现金交割

期货合约到期时，交易者应当通过实物交割或者现金交割，了结到期未平仓合约。

在标准化期权合约规定的时间，合约的买方有权以约定的价格买入或者卖出标的物，或者按照约定进行现金差价结算，合约的卖方应当按照约定履行相应的义务。标准化期权合约的行权，由期货结算机构组织进行。

期货合约采取实物交割的，由期货结算机构负责组织货款与标准仓单等合约标的物权利凭证的交付。

期货合约采取现金交割的，由期货结算机构以交割结算价为基础，划付持仓双方的盈亏款项。

标准仓单，是指交割库开具并经期货交易场所登记的标准化提货凭证。

（2）交割违约

结算参与人在交割过程中违约的，期货结算机构有权对结算参与人的标准仓单等合约标的物权利凭证进行处置。

交易者在交割过程中违约的，结算参与人有权对交易者的标准仓单等合约标的物权利凭证进行处置。

五、期货交易者

期货交易者是指依照《期货和衍生品法》从事期货交易，承担交易结果的自然人、法人和非法人组织。期货交易者从事期货交易，除国务院期货监督管理机构另有规定以外，应当委托期货经营机构进行。

（一）交易者适当性管理制度

1. 交易者分类与举证责任

根据财产状况、金融资产状况、交易知识和经验、专业能力等因素，交易者可以分为普通交易者和专业交易者。专业交易者的标准由国务院期货监督管理机构规定。

普通交易者与期货经营机构发生纠纷的，期货经营机构应当证明其行为符合法律、行政法规以及国务院期货监督管理机构的规定，不存在误导、欺诈等情形。期货经营机构不能证明的，应当承担相应的赔偿责任。

2. 经营机构的了解及告知义务

期货经营机构向交易者提供服务时，应当按照规定充分了解交易者的基本情况、财产状况、金融资产状况、交易知识和经验、专业能力等相关信息；如实说明服务的重要内容，充分揭示交易风险；提供与交易者上述状况相匹配的服务。期货经营机构违反前述规定导致交易者损失的，应当承担相应的赔偿责任。

交易者在参与期货交易和接受服务时，应当按照期货经营机构明示的要求提供上述所列真实信息。拒绝提供或者未按照要求提供信息的，期货经营机构应当告知其后果，并按照规定拒绝提供服务。

（二）对交易者的保护措施

1. 重要信息的查询权

交易者有权查询其委托记录、交易记录、保证金余额、与其接受服务有关的其他重要信息。

2. 对信息的保密义务

期货经营机构、期货交易场所、期货结算机构、期货服务机构及其工作人员应当依法为交易者的信息保密，不得非法买卖、提供或者公开交易者的信息。

期货经营机构、期货交易场所、期货结算机构、期货服务机构及其工作人员不得泄露所知悉的商业秘密。

六、期货经营机构

（一）期货公司的行政许可事项

根据《期货和衍生品法》第六十二条的规定，期货公司办理下列事项，应当经国务院期货监督管理机构核准：

（1）合并、分立、停业、解散或者申请破产；

（2）变更主要股东或者公司的实际控制人；

（3）变更注册资本且调整股权结构；

（4）变更业务范围；

（5）国务院期货监督管理机构规定的其他重大事项。

上述第（3）项、第（5）项所列事项，国务院期货监督管理机构应当自受理申请之日起20日内作出核准或者不予核准的决定；上述所列其他事项，国务院期货监督管理机构应当自受理申请之日起60日内作出核准或者不予核准的决定。

（二）期货公司的业务范围

根据《期货和衍生品法》第六十三条的规定，期货公司经国务院期货监督管理机构核准可以从事下列期货业务：

（1）期货经纪；

（2）期货交易咨询；

（3）期货做市交易；

（4）其他期货业务。

期货公司从事资产管理业务的，应当符合《证券投资基金法》等法律、行政法规的规定。

未经国务院期货监督管理机构核准，任何单位和个人不得设立或者变相设立期货公司，经营或者变相经营期货经纪业务、期货交易咨询业务，也不得以经营为目的使用“期货”“期权”或者其他可能产生混淆或者误导的名称。

七、期货交易所

（一）期货交易所的职责

期货交易所应当依照《期货和衍生品法》和国务院期货监督管理机构的规定，加强对交易活动的风险控制和对会员以及交易场所工作人员的监督管理，依法履行下列职责：

1. 提供交易的场所、设施和服务；

2. 设计期货合约、标准化期权合约品种，安排期货合约、标准化期权合约品种上市；

3. 对期货交易进行实时监控和风险监测；

4. 依照章程和业务规则对会员、交易者、期货服务机构等进行自律管理；

5. 开展交易者教育和市场培育工作；

6. 国务院期货监督管理机构规定的其他职责。

期货交易场所不得直接或者间接参与期货交易。未经国务院批准，期货交易场所不得从事信托投资、股票投资、非自用不动产投资等与其职责无关的业务。

（二）期货交易所的内部管理制度

1. 交易规则的制定和修改

期货交易所依照法律、行政法规和国务院期货监督管理机构的规定，制定有关业务规则。其中，交易规则的制定和修改应当报国务院期货监督管理机构批准。

2. 市场异常情况的处理及免责

根据《期货和衍生品法》第八十七条的规定，当期货市场出现异常情况时，期货交易所可以按照其章程规定的权限和程序，决定采取下列紧急措施，并应当立即报告国务院期货监督管理机构：

（1）调整保证金；

（2）调整涨跌停板幅度；

（3）调整会员、交易者的交易限额或持仓限额标准；

（4）限制开仓；

（5）强行平仓；

（6）暂时停止交易；

（7）其他紧急措施。

异常情况消失后，期货交易场所应当及时取消紧急措施。

根据《期货和衍生品法》第八十九条的规定，因突发性事件影响期货交易正常进行时，为维护期货交易正常秩序和市场公平，期货交易场所可以按照本法和业务规则规定采取必要的处置措施，并应当及时向国务院期货监督管理机构报告。

因突发性事件导致期货交易结果出现重大异常，按交易结果进行结算、交割将对期货交易正常秩序和市场公平造成重大影响的，期货交易场所可以按照业务规则采取取消交易等措施，并应当及时向国务院期货监督管理机构报告并公告。

根据《期货和衍生品法》第九十条的规定，期货交易场所对其依照本法第八十七条、第八十九条规定采取措施造成的损失，期货交易所不承担民事赔偿责任，但存在重大过错的除外。

八、跨境交易与监管协作

（一）跨境监督管理

1. 境外期货交易场所提供直接接入境外交易服务

根据《期货和衍生品法》第一百一十八条的规定，境外期货交易场所向境内单位或者个人提供直接接入该交易场所交易系统进行交易服务的，应当向国务院期货监督管理机构申请注册，接受国务院期货监督管理机构的监督管理，国务院期货监督管理机构另有规定的除外。

2. 境外合约挂钩境内合约

根据《期货和衍生品法》第一百一十九条的规定，境外期货交易场所上市的期货合约、期权合约和衍生品合约，以境内期货交易场所上市的合约价格进行挂钩结算的，应当符合国务院期货监督管理机构的规定。

3. 境内单位、个人跨境交易委托和境内期货经营机构转委托

根据《期货和衍生品法》第一百二十条的规定，境内单位或者个人从事境外期货交易，应当委托具有境外期货经纪业务资格的境内期货经营机构进行，国务院另有规定的除外。

境内期货经营机构转委托境外期货经营机构从事境外期货交易的，该境外期货经营机构应当向国务院期货监督管理机构申请注册，接受国务院期货监督管理机构的监督管理，国务院期货监督管理机构另有规定的除外。

4. 境外期货交易场所在境内代表机构及人员

根据《期货和衍生品法》第一百二十一条的规定，境外期货交易场所在境内设立代表机构的，应当向国务院期货监督管理机构备案。

境外期货交易场所代表机构及其工作人员，不得从事或者变相从事任何经营活动。

5. 境外机构在境内营销活动

根据《期货和衍生品法》第一百二十二条的规定，境外机构在境内从事期货市场营销、推介及招揽活动，应当经国务院期货监督管理机构批准，适用本法的相关规定。

境内机构为境外机构在境内从事期货市场营销、推介及招揽活动，应当经国务院期货监督管理机构批准。

任何单位或者个人不得从事违反上述两款规定的期货市场营销、推介及招揽活动。

（二）跨境监管协作

国务院期货监督管理机构可以按照与境外期货监督管理机构达成的监管合作安排，接受境外期货监督管理机构的请求，依照本法规定的职责和程序为其进行调查取证。境外期货监督管理机构应当提供有关案件材料，并说明其正在就被调查当事人涉嫌违反请求方当地期货法律法规的行为进行调查。境外期货监督管理机构不得在中华人民共和国境内直接进行调查取证等活动。

未经国务院期货监督管理机构和国务院有关主管部门同意，任何单位和个人不得擅自向境外监督管理机构提供与期货业务活动有关的文件和资料。

国务院期货监督管理机构可以依照与境外期货监督管理机构达成的监管合作安排，请求境外期货监督管理机构进行调查取证。

九、法律责任

（一）违反交易规定的法律责任

1. 操纵市场的法律责任

根据《期货和衍生品法》第一百二十五条的规定，违反本法第十二条的规定，操

纵期货市场或者衍生品市场的，责令改正，没收违法所得，并处以违法所得1倍以上10倍以下的罚款；没有违法所得或者违法所得不足100万元的，处以100万元以上1 000万元以下的罚款。单位操纵市场的，还应当对直接负责的主管人员和其他直接责任人员给予警告，并处以50万元以上500万元以下的罚款。

操纵市场行为给交易者造成损失的，应当依法承担赔偿责任。

2. 内幕交易的法律责任

根据《期货和衍生品法》第一百二十六条的规定，违反本法第十三条的规定从事内幕交易的，责令改正，没收违法所得，并处以违法所得1倍以上10倍以下的罚款；没有违法所得或者违法所得不足50万元的，处以50万元以上500万元以下的罚款。单位从事内幕交易的，还应当对直接负责的主管人员和其他直接责任人员给予警告，并处以20万元以上200万元以下的罚款。

国务院期货监督管理机构、国务院授权的部门、期货交易场所、期货结算机构的工作人员从事内幕交易的，从重处罚。

内幕交易行为给交易者造成损失的，应当依法承担赔偿责任。

3. 编造、传播虚假信息的法律责任

根据《期货和衍生品法》第一百二十七条的规定，违反本法第十六条第一款、第三款的规定，编造、传播虚假信息或者误导性信息，扰乱期货市场、衍生品市场的，没收违法所得，并处以违法所得1倍以上10倍以下的罚款；没有违法所得或者违法所得不足20万元的，处以20万元以上200万元以下的罚款。对直接负责的主管人员和其他直接责任人员给予警告，并处以10万元以上100万元以下的罚款。

违反本法第十六条第二款的规定，在期货交易、衍生品交易活动中作出虚假陈述或者信息误导的，责令改正，处以20万元以上200万元以下的罚款；属于国家工作人员的，还应当依法给予处分。

传播媒介及其从事期货市场、衍生品市场信息报道的工作人员违反本法第十六条第三款的规定，从事与其工作职责发生利益冲突的期货交易、衍生品交易的，没收违法所得，并处以违法所得1倍以下的罚款，没有违法所得或者违法所得不足10万元的，处以10万元以下的罚款。

编造、传播有关期货交易、衍生品交易的虚假信息，或者在期货交易、衍生品交易中作出信息误导，给交易者造成损失的，应当依法承担赔偿责任。

4. 出借账户的法律责任

根据《期货和衍生品法》第一百二十八条的规定，违反本法第十八条第二款的规定，出借自己的期货账户或者借用他人的期货账户从事期货交易的，责令改正，给予警告，可以处50万元以下的罚款。

5. 直接或者以化名、借他人名义参与期货交易的法律责任

根据《期货和衍生品法》第一百三十一条的规定，法律、行政法规和国务院期货监督管理机构规定禁止参与期货交易的人员，违反本法第五十三条的规定，直接或者以化名、借他人名义参与期货交易的，责令改正，给予警告，没收违法所得，并处以5万元以上50万元以下的罚款；属于国家工作人员的，还应当依法给予处分。

6. 采取程序化交易扰乱市场秩序的法律责任

根据《期货和衍生品法》第一百二十九条的规定，违反本法第二十一条的规定，采取程序化交易影响期货交易场所系统安全或者正常交易秩序的，责令改正，并处以50万元以上500万元以下的罚款。对直接负责的主管人员和其他直接责任人员给予警告，并处以10万元以上100万元以下的罚款。

（二）非法设立、经营期货公司的法律责任

1. 非法设立期货公司的法律责任

根据《期货和衍生品法》第一百三十二条的规定，非法设立期货公司，或者未经核准从事相关期货业务的，予以取缔，没收违法所得，并处以违法所得1倍以上10倍以下的罚款；没有违法所得或者违法所得不足100万元的，处以100万元以上1 000万元以下的罚款。对直接负责的主管人员和其他直接责任人员给予警告，并处以20万元以上200万元以下的罚款。

2. 骗取设立许可、变更核准或者期货业务许可的法律责任

根据《期货和衍生品法》第一百三十三条的规定，提交虚假申请文件或者采取其他欺诈手段骗取期货公司设立许可、重大事项变更核准或者期货经营机构期货业务许可的，撤销相关许可，没收违法所得，并处以违法所得1倍以上10倍以下的罚款；没有违法所得或者违法所得不足20万元的，处以20万元以上200万元以下的罚款。对直接负责的主管人员和其他直接责任人员给予警告，并处以20万元以上200万元以下的罚款。

（三）跨境交易过程中的法律责任

1. 境外机构未就提供直接接入境外交易场所服务以及接受境内机构交易转委托申请注册的法律责任

根据《期货和衍生品法》第一百四十五条的规定，境外期货交易场所和期货经营机构违反本法第一百一十八条和第一百二十条的规定，未向国务院期货监督管理机构申请注册的，责令改正，没收违法所得，并处以违法所得1倍以上10倍以下的罚款；没有违法所得或者违法所得不足50万元的，处以50万元以上500万元以下的罚款。

对直接负责的主管人员和其他直接责任人员给予警告，并处以 10 万元以上 100 万元以下的罚款。

2. 境内单位、个人违规从事境外期货交易的法律责任

根据《期货和衍生品法》第一百四十六条的规定，境内单位或者个人违反本法第一百二十条第一款规定的，责令改正，给予警告，没收违法所得，并处以 10 万元以上 100 万元以下的罚款；情节严重的，暂停其境外期货交易。对直接负责的主管人员和其他直接责任人员给予警告，并处以 5 万元以上 50 万元以下的罚款。

3. 境外期货交易场所的境内代表机构及人员违规从事经营活动的法律责任

根据《期货和衍生品法》第一百四十七条的规定，境外期货交易场所在境内设立的代表机构及其工作人员违反本法第一百二十一条的规定，从事或者变相从事任何经营活动的，责令改正，给予警告，没收违法所得，并处以违法所得 1 倍以上 10 倍以下的罚款；没有违法所得或者违法所得不足 50 万元的，处以 50 万元以上 500 万元以下的罚款。对直接负责的主管人员和其他直接责任人员给予警告，并处以 10 万元以上 100 万元以下的罚款。

4. 境外机构违规在境内从事营销活动的法律责任

根据《期货和衍生品法》第一百四十八条的规定，违反本法第一百二十二条的规定在境内从事市场营销、推介及招揽活动的，责令改正，给予警告，没收违法所得，并处以违法所得 1 倍以上 10 倍以下的罚款；没有违法所得或者违法所得不足 50 万元的，处以 50 万元以上 500 万元以下的罚款。对直接负责的主管人员和其他直接责任人员给予警告，并处以 10 万元以上 100 万元以下的罚款。

（四）典型案例

1. 操作实例

2023 年 12 月 4 日，因行情波动，交易者张某账号持仓的某商品期货合约出现涨停，行情走势与张某的该期货合约持仓方向相反。当日结算显示，张某的账户风险率已经高于交易所规定的风险率，张某账户的保证金已经低于交易所规定的保证金标准，符合结算参与人条件的期货公司通过中国期货保证金监控中心网站向张某发送了该交易日结算单和追加保证金通知书，要求张某在下一个交易日开盘前追加保证金至期货公司账户，否则期货公司有权按规定实施强行平仓；2023 年 12 月 5 日 8 时 53 分、8 时 57 分，期货公司分别以发送手机短信、拨打电话的方式向张某告知上述风险提示；12 月 5 日 9 时 01 分，商品交易所开市后，期货公司对张某持有的 × 手的该期货合约进行强行平仓。据此，在张某账户保证金不足且风险率高于交易所规定的风险率的情况下，期货公司按照合同约定向张某发出追加保证金通知，而张某未在合同约定的

下一个交易日（即 2023 年 12 月 5 日）开市前追加保证金，由此带来的损失由张某自行承担。

上述情形符合《期货和衍生品法》第四十一条的规定。

2. 违法违规案例

2023 年 1 月 13 日，王某锋在网站注册账户。当日王某锋使用账户发帖，内容为“中新网 1 月 13 日电据国家发改委 13 日消息，针对近期纯碱价格过快上涨等情况，国家发展改革委价格司组织召开会议，分析研判纯碱市场和价格形势，听取业内专家和部分市场机构意见，研究加强纯碱价格监管工作。”“专家认为，近一段时间，在市场供需基本面总体稳定的情况下，纯碱价格快速大幅上涨，存在明显炒作成分。专家建议，加强纯碱价格监管，特别是严厉打击夸大市场信息、渲染涨价氛围、期现货联动炒作等违法违规行为。”“国家发展改革委高度关注纯碱市场价格变化，将会同有关部门紧盯市场动态，持续加强监管，对散布虚假信息、哄抬价格、恶意炒作等违法违规行为，坚决打击、绝不姑息，切实保障纯碱市场价格平稳运行”。

上述信息是王某锋将中国新闻网 2023 年 1 月 6 日发布的《铁矿石价格过快上涨国家发改委研究加强铁矿石价格监管》一文中的“铁矿石”替换为“纯碱”，编造的虚假信息。网站删除上述信息前，该信息被浏览 2 080 次，评论 24 次，转发 3 次，点赞 9 次。王某锋编造的上述虚假信息具有明显误导性，扰乱了期货市场。2023 年 1 月 12 日至 2023 年 1 月 13 日，王某锋参与纯碱期货 2 302 合约交易，交易亏损。

王某锋的上述行为，违反了《期货和衍生品法》第十六条第一款“禁止任何单位和个人编造、传播虚假信息或者误导性信息，扰乱期货市场和衍生品市场”的规定，构成《期货和衍生品法》第一百二十七条第一款所述的违法行为，对王某锋处以 20 万元罚款。

第七节　证券公司监督管理条例

本节重点介绍《证券公司监督管理条例》中有关证券公司的义务及禁止行为、证券公司的设立与变更、证券公司的组织机构、证券公司的业务规则与风险控制、证券公司客户资产的保护、证券公司的监督管理措施与证券公司的法律责任等内容。在有关内容的阐述中，参考了《证券法》《公司法》《证券公司内部控制指引》《证券公司治理准则》等法律、规章及其他规范性文件。

一、法规概述

（一）《证券公司监督管理条例》的制定背景

《证券公司监督管理条例》是我国证券市场领域有关证券公司监督管理方面的重要行政法规，于2008年4月23日由国务院第六次常务会议通过并公布，自2008年6月1日起施行。2014年7月9日，国务院第五十四次常务会议通过并公布的《国务院关于修改部分行政法规的决定》对《证券公司监督管理条例》的部分内容作出了修改，并自公布之日起施行。

（二）《证券公司监督管理条例》的立法宗旨

《证券公司监督管理条例》是为了执行《证券法》《公司法》等法律的规定而制定的行政法规。《证券公司监督管理条例》的立法宗旨包括以下几个方面。

1. 加强对证券公司的监督管理

证券公司是证券市场重要的中介机构，在我国证券市场的培育和发展过程中发挥了十分重要的作用。由于我国证券市场诞生历史较短、市场结构及功能有待进一步优化，证券市场诚信体系建设以及证券纠纷解决机制的建设均有待进一步完善；因此，为维护整个金融市场的稳定有序，有必要加强对证券公司的监督和管理。

2. 规范证券公司的行为

证券公司经营行为的规范性直接关系到证券市场的健康发展与广大投资者的切身利益。证券公司的规范运作是国家有关金融政策得以贯彻落实、证券市场各参与主体合法权益得以实现的保障。只有在证券公司各项经营行为充分规范运作的前提下，才能最大限度发挥证券市场的积极作用，维护证券交易以及整个金融市场的稳定与安全。

3. 防范证券公司的风险

任何一家企业在经营过程中均会遇到各种各样的风险，证券公司也不例外。作为资本市场的重要参与主体，证券公司在经营中也会遇到各类型风险的挑战。因此，《证券公司监督管理条例》将防范证券公司在经营中遇到的信用风险、市场风险、流动性风险、操作风险、技术风险、政策法规风险和道德风险等作为立法宗旨之一，通过有关制度的安排促进证券公司加强内部控制与风险管理，避免因遭遇风险而影响自身的存续和发展，进而对整个证券市场的发展造成损害。

4. 保护投资者的合法权益和社会公共利益

在证券市场的各类交易中，受专业知识、投资经验等因素的影响，投资者处于相对弱势的地位。只有切实保护广大投资者的合法权益，才能充分保障证券市场各类交易行为的公开、公平、公正，推动证券市场不断健康发展。此外，作为经济领域社会活动的一部分，证券市场的各项交易活动应受到法律法规的约束，不能损害社会公共利益。《证券公司监督管理条例》通过各项制度安排对证券公司的经营行为进行规范，以实现保护客户的合法权益与社会公共利益的目的。

5. 促进证券业健康发展

《证券公司监督管理条例》通过加强对证券公司的监督管理，规范证券公司的行为，实现防范证券公司风险以及保护客户合法权益的目的，并最终促进证券业的健康发展，为我国的资本市场与国民经济健康发展创造强有力的支持。

二、对证券公司的一般性规定

（一）依法审慎经营、履行诚信义务的规定

根据《证券公司监督管理条例》第二条的规定，证券公司应当遵守法律、行政法规和国务院证券监督管理机构的规定，审慎经营，履行对客户的诚信义务。

1. 依法审慎经营

依法审慎经营是对证券公司的正常经营提出的重要要求。这一要求包括两方面内容：一是“依法经营”；二是“审慎经营”。

依法经营，是指证券公司在经营过程中，应当遵守法律、行政法规和国务院证券监督管理机构的规定，确保经营行为的“合规性”。为了保障证券市场健康、有序发展，证券公司不仅要遵守各类法律、法规，还应当遵守由国务院证券监督管理机构制定的各类规章及规范性文件以及其他有立法权限的机构制定的与证券业监督管理有关的法律规范。

审慎经营，是指证券公司应结合自身的财务状况、内控水平、合规程度、高级管理人员素质、专业人员数量等方面的实际情况，开展经营活动，确保各项经营活动可能给证券公司带来的风险处于可控范围内。

2. 履行诚信义务

诚信原则是民商事活动应遵循的重要原则。根据《证券公司治理准则》第二条的规定，证券公司对客户负有诚信义务，不得侵犯客户的财产权、选择权、公平交易权、知情权及其他合法权益。证券公司的股东和实际控制人不得占用客户资产，损害客户合法权益。

证券公司的客户，是证券市场的投资者，与证券公司均是证券市场的重要参与主

体。由于交易地位的限制，客户所掌握的信息有限，在证券市场中，其财产权、选择权、公平交易权、知情权及相关合法权益容易被证券公司等其他专业性机构所忽略或侵犯。根据2015年11月4日发布的《国务院办公厅关于加强金融消费者权益保护工作的指导意见》，银行业机构、证券业机构、保险业机构以及其他从事金融或与金融相关业务的机构应当遵循平等自愿、诚实守信等原则，充分尊重并自觉保障金融消费者的财产安全权、知情权、自主选择权、公平交易权、依法求偿权、受教育权、受尊重权、信息安全权等基本权利，依法、合规开展经营活动。因此，证券公司履行诚信义务是培育公平竞争和诚信的市场环境、切实保护金融消费者合法权益、防范和化解金融风险、促进金融业持续健康发展的必要条件。

（二）证券公司股东和实际控制人的禁止行为

根据《证券公司监督管理条例》第三条的规定，证券公司的股东和实际控制人不得滥用权力，占用证券公司或者客户的资产，损害证券公司或者客户的合法权益。

证券公司的股东，特别是控股股东以及证券公司的实际控制人，对公司的经营具有绝对的控制优势，可以通过股东会、股东大会或股资关系、协议及其他安排对证券公司的经营施加影响。在实践中，部分证券公司的股东和实际控制人滥用股东权利或实际控制的优势，通过关联交易、内幕交易、操纵市场或直接挪用的方式，非法占用证券公司或者客户的资产，严重损害了证券公司和客户的合法权益。为避免证券公司的控股股东与实际控制人滥用其控股或实际控制公司的地位，占用证券公司或客户的资金，损害证券公司及客户的合法权益，《证券公司监督管理条例》将上述情形列为禁止性规定，并设专章就客户资产的保护进行规范。

三、证券公司的设立与变更

（一）证券公司的设立条件

设立证券公司，应符合《公司法》《证券法》《证券公司监督管理条例》的要求。

根据《证券法》第一百一十八条的规定，设立证券公司，应当具备下列条件，并经国务院证券监督管理机构批准：

（1）有符合法律、行政法规规定的公司章程；

（2）主要股东及公司的实际控制人具有良好的财务状况和诚信记录，最近三年无重大违法违规记录；

（3）有符合本法规定的公司注册资本；

（4）董事、监事、高级管理人员、从业人员符合本法规定的条件；

（5）有完善的风险管理与内部控制制度；

（6）有合格的经营场所、业务设施和信息技术系统；

（7）法律、行政法规和经国务院批准的国务院证券监督管理机构规定的其他条件。

在上述规定的基础上，《证券公司监督管理条例》对有关内容进一步细化，作了更为具体的规定。

（二）证券公司股东出资的规定

根据《证券公司监督管理条例》第九条第一款、第三款的规定，证券公司的股东应当用货币或者证券公司经营必需的非货币财产出资。证券公司股东的非货币财产出资总额不得超过证券公司注册资本的30%。但是，在证券公司经营过程中，证券公司的债权人将其债权转为证券公司股权的，不受前述规定的限制。

（三）成为持有证券公司5%以上股权的股东、实际控制人资格的禁止性规定

由于证券公司的经营状况关系到广大投资者资金的安全，涉及整个证券市场交易秩序的稳定及社会公众的利益，因此，为了证券公司正常经营，避免信誉低下、承担风险能力较差的单位或个人控制或影响证券公司的决策而损害广大投资者与社会公众的利益，根据《证券公司监督管理条例》第十条的规定，有下列情形之一的单位或者个人，不得成为持有证券公司5%以上股权的股东、实际控制人：

（1）因故意犯罪被判处刑罚，刑罚执行完毕未逾3年；

（2）净资产低于实收资本的50%，或者或有负债达到净资产的50%；

（3）不能清偿到期债务。

除上述条件以外，具有国务院证券监督管理机构认定的其他情形的单位与个人也不得成为持有证券公司5%以上股权的股东或实际控制人。其他具体情形将由国务院证券监督管理机构根据实际情况进行认定。

根据《证券法》第一百二十二条的规定，证券公司变更主要股东或者公司的实际控制人，应当经国务院证券监督管理机构核准。

（四）证券公司的业务范围

根据《证券公司监督管理条例》第十二条的规定，证券公司在设立时的业务范围应当与其财务状况、内部控制制度、合规制度和人力资源状况相适应，具体表现在以下几方面。

1. 财务状况

根据《证券法》第一百二十一条的规定，证券公司经营相关业务应当符合法律对注册资本最低限额的要求，国务院证券监督管理机构根据审慎监管原则和各项业务的风险程度，可以调整注册资本最低限额，但不得少于法律规定的限额，并且证券公司的注册资本应当是实缴资本。

2. 内部控制制度

根据中国证监会于2003年发布的《证券公司内部控制指引》第二条的规定，证券公司内部控制是指证券公司为实现经营目标，根据经营环境变化，对证券公司经营与管理过程中的风险进行识别、评价和管理的制度安排、组织体系和控制措施。根据该指引，证券公司内部控制的主要内容包括经纪业务内部控制、自营业务内部控制、投资银行业务内部控制、受托投资管理业务内部控制、研究咨询业务内部控制、业务创新的内部控制、分支机构内部控制、财务管理内部控制、会计系统内部控制、信息系统内部控制、人力资源管理内部控制等方面。

3. 合规制度

合规制度是证券公司根据合规管理的需要所制定各项制度的统称。根据《证券公司和证券投资基金管理公司合规管理办法》第二条的规定，证券公司的合规，是指证券公司及其工作人员的经营管理和执业行为符合法律、法规、规章及规范性文件、行业规范和自律规则、公司内部规章制度以及行业普遍遵守的职业道德和行为准则。证券公司的合规管理，是指证券公司制定和执行合规管理制度，建立合规管理机制，防范合规风险的行为。

4. 人力资源状况

人力资源状况主要涉及证券公司的高级管理人员、从业人员的素质与状况。证券公司应根据自身人力资源的实际情况开展各项业务。根据《证券基金经营机构董事、监事、高级管理人员及从业人员监督管理办法》第二条的规定，证券公司高级管理人员（简称“高管人员”），是指证券公司的总经理、副总经理、财务负责人、合规负责人、风控负责人、信息技术负责人、行使经营管理职责并向董事会负责的管理委员会或执行委员会成员和实际履行上述职务的人员，以及法律法规、中国证监会和公司章程规定的其他人员。高管人员应当符合规定的任职条件。

根据《证券公司监督管理条例》第十二条的规定，证券公司在经营过程中，经其申请，国务院证券监督管理机构可以根据其财务状况、内部控制水平、合规程度、高级管理人员业务管理能力、专业人员数量，对其业务范围进行调整。根据《证券法》第一百二十二条的规定，证券公司变更证券业务范围，应当经国务院证券监督管理机构核准。

（五）证券公司的合并、分立、停业、解散或者破产

证券公司的合并、分立、停业、解散或者破产，是证券公司在存续期间，由于内部（如股东会的决策）或外部（如工商行政管理机关的命令）原因而发生的经营形态的改变。证券公司合并、分立、停业、解散、破产，应当经国务院证券监督管理机构核准。

证券公司合并、分立的，国务院证券监督管理机构应当对合并、分立的申请进行审查，并在自受理之日起3个月内作出核准或者不予核准的书面决定。合并、分立中涉及客户权益的重大资产转让应当经具有证券相关业务资格的资产评估机构评估。证券公司停业、解散或者破产的，国务院证券监督管理机构应当对停业、解散、破产的申请进行审查，并在自受理之日起30个工作日作出核准或者不予核准的书面决定。证券公司应按照有关规定安置客户、处理未了结的业务。证券公司停止全部证券业务、解散、破产的，还应当在国务院证券监督管理机构指定的报刊上公告，并按照规定将经营证券业务许可证交国务院证券监督管理机构注销。

此外，根据《证券法》第一百四十三条的规定，证券公司违法经营或者出现重大风险，严重危害证券市场秩序、损害投资者利益的，国务院证券监督管理机构可以对该证券公司采取责令停业整顿、指定其他机构托管、接管或者撤销等监管措施。根据《企业破产法》第一百三十四条的规定，证券公司不能清偿到期债务，并且资产不足以清偿全部债务或者明显缺乏清偿能力的，国务院金融监督管理机构可以向人民法院提出对该证券公司进行重整或者破产清算的申请。

四、证券公司的组织机构

（一）独立董事

证券公司可以设独立董事。证券公司的独立董事，不得在本证券公司担任董事会外的职务，不得与本证券公司存在可能妨碍其作出独立、客观判断的关系。

（二）薪酬与提名委员会、审计委员会和风险控制委员会

证券公司经营证券经纪业务、证券资产管理业务、融资融券业务和证券承销与保荐业务中两种及以上业务的，其董事会应当设薪酬与提名委员会、审计委员会和风险控制委员会，行使公司章程规定的职权。

证券公司董事会设薪酬与提名委员会、审计委员会的，委员会负责人由独立董事担任。

（三）董事会秘书

证券公司设董事会秘书，负责股东会和董事会会议的筹备、文件的保管以及股东资料的管理，按照规定或者根据国务院证券监督管理机构、股东等有关单位或者个人的要求，依法提供有关资料，办理信息报送或者信息披露事项。董事会秘书为证券公司高级管理人员。

（四）行使证券公司经营管理职权的机构

证券公司设立行使证券公司经营管理职权的机构，应当在公司章程中明确其名称、组成、职责和议事规则。该机构的成员为证券公司高级管理人员。

（五）合规负责人

证券公司设合规负责人，对证券公司经营管理行为的合法合规性进行审查、监督或者检查。合规负责人为证券公司高级管理人员，由董事会决定聘任，并应当经国务院证券监督管理机构认可。合规负责人不得在证券公司兼任负责经营管理的职务。

合规负责人发现违法违规行为，应当向公司章程规定的机构报告，同时按照规定向国务院证券监督管理机构或者有关自律组织报告。

证券公司解聘合规负责人，应当有正当理由，并按照规定将解聘的事实和理由书面报告国务院证券监督管理机构。

五、证券公司业务规则与风险控制的一般规定

（一）证券公司及其分支机构的业务经营

根据《证券法》《证券公司监督管理条例》等法律法规的规定，在外部约束机制方面，证券公司在业务经营上应当符合国家法律、法规的规定，经营相关业务须获得监管部门的核准；在内部约束机制方面，证券公司应当健全内部制度建设，防控风险，加强对分支机构实行集中统一管理。

1. 外部约束

（1）业务的审批

根据《证券公司监督管理条例》第十七条的规定，未取得经营证券业务许可证，证券公司及其境内分支机构不得经营证券业务。根据《证券公司监督管理条例》第二十六条的规定，证券公司及其境内分支机构从事《证券法》规定的证券业务，应当遵

守《证券法》和《证券公司监督管理条例》的规定。

根据《证券法》第一百二十条的规定，经国务院证券监督管理机构核准，取得经营证券业务许可证，证券公司可以经营下列部分或者全部证券业务：证券经纪；证券投资咨询；与证券交易、证券投资活动有关的财务顾问；证券承销与保荐；证券融资融券；证券做市交易；证券自营；其他证券业务。根据《证券公司业务范围审批暂行规定》第七条的规定，证券公司设立时，中国证监会依照法定条件核准其业务范围。对新设公司核准的业务不超过 4 种，但中国证监会另有规定的除外。

（2）注册资本要求

根据《证券法》第一百二十一条的规定，证券公司经营证券经纪，证券投资咨询，与证券交易、证券投资活动有关的财务顾问业务的，注册资本最低限额为人民币 5 000 万元；经营证券承销与保荐、证券融资融券、证券做市交易、证券自营、其他证券业务之一的，注册资本最低限额为人民币 1 亿元；经营证券承销与保荐、证券融资融券、证券做市交易、证券自营、其他证券业务中两项以上的，注册资本最低限额为人民币 5 亿元。

（3）禁止同业竞争

根据《证券公司监督管理条例》第二十六条的规定，2 个以上的证券公司受同一单位、个人控制或者相互之间存在控制关系的，不得经营相同的证券业务，但国务院证券监督管理机构另有规定的除外。该规定主要是为了避免因母公司与子公司之间存在同业竞争而损害公司小股东的利益。除非国务院证券监督管理机构另有规定，否则受同一单位、个人控制或者相互之间存在控制关系的 2 个以上证券公司不得经营相同的证券业务。

2. 内部约束

（1）防范和控制风险

根据《证券公司监督管理条例》第二十七条的规定，证券公司应当按照审慎经营的原则，建立健全风险管理与内部控制制度，防范和控制风险。

根据《证券法》第一百二十七条、第一百二十八条的规定，证券公司从每年的业务收入中提取交易风险准备金，用于弥补证券经营的损失，其提取的具体比例由国务院证券监督管理机构会同国务院财政部门规定。证券公司应当建立健全内部控制制度，采取有效隔离措施，防范公司与客户之间、不同客户之间的利益冲突。证券公司必须将其证券经纪业务、证券承销业务、证券自营业务、证券做市业务和证券资产管理业务分开办理，不得混合操作。

（2）加强对分支机构的管理

证券公司应当对分支机构实行集中统一管理，不得与他人合资、合作经营管理分支机构，也不得将分支机构承包、租赁或者委托给他人经营管理。

（二）证券账户的开立与管理

根据《证券法》第一百四十七条的规定，证券账户的设立是证券登记结算机构的职能，我国证券登记结算机构是中国证券登记结算有限责任公司（简称“中国结算”）。根据《中国证券登记结算有限责任公司证券账户管理规则》的规定，中国结算对证券账户实施统一管理，具体账户业务可以委托取得中国结算开户代理资格，与中国结算签订开户代理协议，代理中国结算办理证券账户业务的证券公司等机构办理。

根据《证券公司监督管理条例》第二十八条的规定，证券公司为客户开立证券账户应符合下列规定。

1. 严格审查

证券公司受证券登记结算机构委托，为客户开立证券账户，应当按照证券账户管理规则，对客户申报的姓名或者名称、身份的真实性进行审查。同一客户开立的资金账户和证券账户的姓名或者名称应当一致。

2. 禁止提供给他人

关于证券账户的开立与管理具体规则，在“第三章　证券公司业务规范”“第一节　证券经纪”中的“七、对投资者账户开立与使用、资金划转与证券交易进行管理和监控”进行详细介绍，本节不具体展开。

六、证券公司客户资产的保护

证券公司的客户资产，包括客户的交易结算资金和证券、客户的委托资产等。证券公司的客户资产独立于证券公司的自有财产，不得随意挪用和侵占。为加强证券公司客户资产的保护，《证券公司监督管理条例》第五章作了相应的规定，主要内容有以下几个方面。

（一）证券公司客户资产的管理

1. 客户交易结算资金的管理

根据《证券公司监督管理条例》第五十七条的规定，证券公司从事证券经纪业务，其客户的交易结算资金应当存放在指定商业银行，以每个客户的名义单独立户管理。指定商业银行应当与证券公司及其客户签订客户的交易结算资金存管合同，约定客户的交易结算资金存取、划转、查询等事项，并按照证券交易净额结算、货银对付的要求，为证券公司开立客户的交易结算资金汇总账户。客户交易结算资金的存取，应当通过指定商业银行办理。指定商业银行应当保证客户能够随时查询客户交易结算资金的余额及变动情况。指定商业银行的名单，由国务院证券监督管理机构会同国务院银行业监督管理机构确定并公告。

2. 客户委托资产的管理

根据《证券公司监督管理条例》第五十八条的规定，证券公司从事证券资产管理业务，应当将客户的委托资产交由《证券公司监督管理条例》第五十七条第四款规定的指定商业银行或者国务院证券监督管理机构认可的其他资产托管机构托管。资产托管机构应当按照国务院证券监督管理机构的规定和证券资产管理合同的约定，履行安全保管客户的委托资产、办理资金收付事项、监督证券公司投资行为等职责。

（二）证券公司客户资产的独立性

根据《证券公司监督管理条例》第五十九条的规定，客户的交易结算资金、证券资产管理客户的委托资产属于客户，应当与证券公司、指定商业银行、资产托管机构的自有资产相互独立、分别管理。非因客户本身的债务或者法律规定的其他情形，任何单位或者个人不得对客户的交易结算资金、委托资产申请查封、冻结、扣划或者强制执行。

（三）证券公司客户资产不得用于提供融资或者担保

根据《证券公司监督管理条例》第六十一条的规定，证券公司不得以证券经纪客户或者证券资产管理客户的资产向他人提供融资或者担保。任何单位或者个人不得强令、指使、协助、接受证券公司以其证券经纪客户或者证券资产管理客户的资产提供融资或者担保。

（四）商业银行、资产托管机构和证券登记结算机构的监督职责

根据《证券公司监督管理条例》第六十二条的规定，指定商业银行、资产托管机构和证券登记结算机构应当对存放在本机构的客户的交易结算资金、委托资金和客户担保账户内的资金、证券的动用情况进行监督。

指定商业银行、资产托管机构和证券登记结算机构对超出《证券公司监督管理条例》规定的范围，动用客户的交易结算资金、委托资金和客户担保账户内的资金、证券的申请、指令，应当拒绝；发现客户的交易结算资金、委托资金和客户担保账户内的资金、证券被违法动用或者有其他异常情况的，应当立即向国务院证券监督管理机构报告，并抄报有关监督管理机构。

（五）证券公司客户资产不得动用的例外情形

证券公司客户资产并非在任何条件下均不可动用。根据《证券公司监督管理条

例》第五十三条、第五十四条、第六十条的规定，证券公司可以在符合一定条件的情况下，对客户交易结算资金或者委托资金、客户担保账户内的证券或者资金等客户资产进行单方面处理。

1. 动用客户的交易结算资金或者委托资金的情形

（1）客户进行证券的申购、证券交易的结算或者客户提款；

（2）客户支付与证券交易有关的佣金、费用或者税款；

（3）法律规定的其他情形。

2. 动用客户担保账户内的证券或者资金的情形

（1）法定情形

客户担保账户内的证券或者资金与其债务的比例低于规定的最低维持担保比例、证券公司通知客户在一定的期限内补交差额但客户未能按期交足差额，或者到期未偿还融资融券债务的，证券公司可以按照约定处分其担保物。

（2）约定情形

出现法定情形以外的其他约定情形，如客户担保账户内的证券或者资金被司法冻结等。

七、证券公司的监督管理

证券公司在业务经营过程中，必须遵守法律、法规、部门规章及其他规范性法律文件的规定，接受国务院证券监督管理机构的监督管理。根据《证券法》《证券公司监督管理条例》的规定，国务院证券监督管理机构依法对证券公司采取的监督管理措施有以下几方面。

（一）信息材料的报送

证券公司的信息报送分为两类：一类为定期报送，即证券公司依照法律、法规规定的时间及要求主动向国务院证券监督管理机构报送有关信息、资料。另一类为不定期报送，是指证券公司及其主要股东、实际控制人根据国务院证券监督管理机构的要求报送有关信息、资料。

1. 定期报送

根据《证券法》第一百三十八条，《证券公司监督管理条例》第六十三条、第六十四条、第六十五条的规定，证券公司应当按照规定向国务院证券监督管理机构报送业务、财务等经营管理信息和资料。报送的内容包括年度、月度报告以及临时报告。

（1）年度、月度报告的内容

证券公司应当自每一会计年度结束之日起 4 个月内，向国务院证券监督管理机构报送年度报告；自每月结束之日起 7 个工作日内，报送月度报告。

年度报告中包括财务会计报告、风险控制指标报告以及国务院证券监督管理机构规定的其他专项报告，应当经会计师事务所审计，并应当附有该会计师事务所出具的内部控制评审报告。

（2）临时报告的内容

发生影响或者可能影响证券公司经营管理、财务状况、风险控制指标或者客户资产安全的重大事件的，证券公司应当立即向国务院证券监督管理机构报送临时报告。在临时报告中，应当说明事件的起因、目前的状态、可能产生的后果和拟采取的相应措施。

（3）报告的处理

对证券公司报送的年度报告、月度报告，国务院证券监督管理机构应当指定专人进行审核，并制作审核报告。审核人员应当在审核报告上签字。审核中发现问题的，国务院证券监督管理机构应当及时采取相应措施。

2. 不定期报送

根据《证券法》第一百三十八条、《证券公司监督管理条例》第六十七条的规定，国务院证券监督管理机构有权要求证券公司及其主要股东、实际控制人在指定的期限内提供有关信息、资料。证券公司及其主要股东、实际控制人向国务院证券监督管理机构报送或者提供的信息、资料，必须真实、准确、完整。

此外，国务院证券监督管理机构可以要求下列单位或者个人，在指定的期限内提供与证券公司经营管理和财务状况有关的资料、信息：

（1）证券公司的董事、监事、工作人员；

（2）证券公司的股东、实际控制人；

（3）证券公司控股或者实际控制的企业；

（4）证券公司的开户银行、指定商业银行、资产托管机构、证券交易所、证券登记结算机构；

（5）为证券公司提供服务的证券服务机构。

3. 报送要求

根据《证券公司监督管理条例》第六十九条的规定，证券公司以及有关单位和个人披露、报送或者提供的资料、信息应当真实、准确、完整，不得有虚假记载、误导性陈述或者重大遗漏。

（二）信息披露

根据《证券公司监督管理条例》第六十六条的规定，证券公司应当依法向社会公开披露其基本情况、参股及控股情况、负债及或有负债情况、经营管理状况、财务收支状况、高级管理人员薪酬和其他有关信息。具体办法由国务院证券监督管理机构制定。

（三）检查

根据《证券公司监督管理条例》第六十八条的规定，国务院证券监督管理机构有权采取下列措施，对证券公司的业务活动、财务状况、经营管理情况进行检查：

（1）询问证券公司的董事、监事、工作人员，要求其对有关检查事项作出说明；

（2）进入证券公司的办公场所或者营业场所进行检查；

（3）查阅、复制与检查事项有关的文件、资料，对可能被转移、隐匿或者毁损的文件、资料、电子设备予以封存；

（4）检查证券公司的计算机信息管理系统，复制有关数据资料。

国务院证券监督管理机构为查清证券公司的业务情况、财务状况，经国务院证券监督管理机构负责人批准，可以查询证券公司及与证券公司有控股或者实际控制关系企业的银行账户。

（四）行政监管措施

1. 对经营混乱情形的监督管理措施

根据《证券公司监督管理条例》第七十条的规定，国务院证券监督管理机构对治理结构不健全、内部控制不完善、经营管理混乱、设立账外账或者进行账外经营、拒不执行监督管理决定、违法违规的证券公司，应当责令其限期改正，并可以采取下列措施：

（1）责令增加内部合规检查的次数并提交合规检查报告；

（2）对证券公司及其有关董事、监事、高级管理人员、境内分支机构负责人给予谴责；

（3）责令处分有关责任人员，并报告结果；

（4）责令更换董事、监事、高级管理人员或者限制其权利；

（5）对证券公司进行临时接管，并进行全面核查；

（6）责令暂停证券公司或者其境内分支机构的部分或者全部业务、限期撤销境内分支机构。证券公司被暂停业务、限期撤销境内分支机构的，应当按照有关规定安置客户、处理未了结的业务。

此外，根据《证券法》第一百四十二条、第一百四十三条、第一百四十四条的规定，证券公司的董事、监事、高级管理人员未能勤勉尽责，致使证券公司存在重大违法违规行为或者重大风险的，国务院证券监督管理机构可以责令证券公司予以更换。

证券公司违法经营或者出现重大风险，严重危害证券市场秩序、损害投资者利益的，国务院证券监督管理机构可以对该证券公司采取责令停业整顿、指定其他机构托管、接管或者撤销等监管措施。

在证券公司被责令停业整顿、被依法指定托管、接管或者清算期间；或者出现重大风险时，经国务院证券监督管理机构批准，可以对该证券公司直接负责的董事、监事、高级管理人员和其他直接责任人员采取以下措施：

（1）通知出境入境管理机关依法阻止其出境；

（2）申请司法机关禁止其转移、转让或者以其他方式处分财产，或者在财产上设定其他权利。

2. 对违法控制证券公司5%以上股权情形的监督管理措施

根据《证券公司监督管理条例》第七十一条的规定，任何单位或者个人未经核准，持有或者实际控制证券公司5%以上股权的，国务院证券监督管理机构应当责令其限期改正；改正前，相应股权不具有表决权。

八、法律责任

（一）违反规定持有或者管理证券公司股权的法律责任

根据《证券公司监督管理条例》第八十六条的规定，未经批准，委托他人或者接受他人委托持有或者管理证券公司的股权，或者认购、受让或者实际控制证券公司的股权的，责令改正，给予警告，没收违法所得，并处以违法所得1倍以上5倍以下的罚款；没有违法所得或者违法所得不足10万元的，处以10万元以上60万元以下的罚款；情节严重的，撤销相关业务许可。对直接负责的主管人员和其他直接责任人员给予警告，并处以3万元以上30万元以下的罚款。

（二）违反证券公司组织机构规定的法律责任

1. 合规负责人未履行报告义务的法律责任

根据《证券公司监督管理条例》第八十九条的规定，合规负责人未按照规定向国务院证券监督管理机构或者有关自律组织报告违法违规行为的，责令改正，给予警告，没收违法所得，并处以违法所得等值罚款；没有违法所得或者违法所得不足3万元的，处以3万元以下的罚款。

2. 未按照规定进行审计并报送审计报告的法律责任

根据《证券公司监督管理条例》第八十四条的规定，证券公司违反规定，未按照规定对离任的法定代表人或者高级管理人员进行审计，并报送审计报告的，责令改正，给予警告，没收违法所得，并处以违法所得1倍以上5倍以下的罚款；没有违法所得或者违法所得不足3万元的，处以3万元以上30万元以下的罚款。对直接负责的主管人员和其他直接责任人员单处或者并处警告、3万元以上10万元以下的罚款。

（三）违反业务规则与风险控制一般规定的法律责任

1. 违反有关分支机构管理规定的法律责任

根据《证券公司监督管理条例》第八十四条的规定，证券公司违反规定，与他人合资、合作经营管理分支机构，或者将分支机构承包、租赁或者委托给他人经营管理的，责令改正，给予警告，没收违法所得，并处以违法所得1倍以上5倍以下的罚款；没有违法所得或者违法所得不足3万元的，处以3万元以上30万元以下的罚款。对直接负责的主管人员和其他直接责任人员单处或者并处警告、3万元以上10万元以下的罚款。

2. 违反账户实名制规定的法律责任

根据《证券公司监督管理条例》第七十九条的规定，证券公司将客户的资金账户、证券账户提供给他人使用的，责令改正，给予警告，并处以10万元以上100万元以下的罚款。对直接负责的主管人员和其他直接责任人员给予警告，并处以20万元以下的罚款。根据《证券公司监督管理条例》第八十五条的规定，证券公司未按照规定为客户开立账户的，责令改正；情节严重的，处以20万元以上50万元以下的罚款，并对直接负责的董事、高级管理人员和其他直接责任人员，处以1万元以上5万元以下的罚款。根据《证券法》第一百九十五条的规定，证券公司出借自己的证券账户或者借用他人的证券账户从事证券交易的，责令改正，给予警告，可以处50万元以下的罚款。

3. 违反了解客户原则或适当性原则的法律责任

根据《证券公司监督管理条例》第八十四条和《证券法》第一百九十八条的规定，证券公司未按照规定程序了解客户的身份、财产与收入状况、证券投资经验和风险偏好，或推荐的产品或者服务与所了解的客户情况不相适应，未履行或者未按照规定履行投资者适当性管理义务的，责令改正，给予警告，并处以10万元以上100万元以下的罚款。对直接负责的主管人员和其他直接责任人员给予警告，并处以20万元以下的罚款。

4. 违反有关合同签订规定的法律责任

根据《证券公司监督管理条例》第八十四条和《证券法》第一百九十八条的规定，证券公司未指定专人向客户讲解有关业务规则和合同内容，并以书面方式向其揭示投资风险或未按照规定与客户签订业务合同，或者未在与客户签订的业务合同中载入规定的必备条款的，责令改正，给予警告，并处以10万元以上100万元以下的罚款。对直接负责的主管人员和其他直接责任人员给予警告，并处以20万元以下的罚款。

5. 未按照规定编制并向客户送交对账单的法律责任

根据《证券公司监督管理条例》第八十四条的规定，证券公司未按照规定编制并向客户送交对账单的，责令改正，给予警告，没收违法所得，并处以违法所得1倍以上5倍以下的罚款；没有违法所得或者违法所得不足3万元的，处以3万元以上30万元以下的罚款。对直接负责的主管人员和其他直接责任人员单处或者并处警告、3万元以上10万元以下的罚款。

6. 违反信息查询规定的法律责任

根据《证券公司监督管理条例》第八十四条的规定，证券公司未按照规定建立并有效执行信息查询制度或未按照规定指定专门部门处理客户投诉的，责令改正，给予警告，没收违法所得，并处以违法所得1倍以上5倍以下的罚款；没有违法所得或者违法所得不足3万元的，处以3万元以上30万元以下的罚款。对直接负责的主管人员和其他直接责任人员单处或者并处警告、3万元以上10万元以下的罚款。

7. 违反有关委托他人进行业务活动规定的法律责任

根据《证券公司监督管理条例》第八十三条的规定，证券公司委托其他单位或者个人进行客户招揽、客户服务或者产品销售活动的，责令改正，给予警告，没收违法所得，并处以违法所得1倍以上5倍以下的罚款；没有违法所得或者违法所得不足10万元的，处以10万元以上30万元以下的罚款；情节严重的，暂停或者撤销其相关证券业务许可。对直接负责的主管人员和其他直接责任人员，给予警告，并处以3万元以上10万元以下的罚款。

8. 违反向客户提供投资建议有关规定的法律责任

根据《证券公司监督管理条例》第八十三条的规定，证券公司向客户提供投资建议，对证券价格的涨跌或者市场走势作出确定性的判断的，责令改正，给予警告，没收违法所得，并处以违法所得1倍以上5倍以下的罚款；没有违法所得或者违法所得不足10万元的，处以10万元以上30万元以下的罚款；情节严重的，暂停或者撤销其相关证券业务许可。对直接负责的主管人员和其他直接责任人员，给予警告，并处以3万元以上10万元以下的罚款。

9. 未按照规定提取一般风险准备金的法律责任

根据《证券公司监督管理条例》第八十四条的规定，证券公司未按照规定提取一般风险准备金的，责令改正，给予警告，没收违法所得，并处以违法所得1倍以上5

倍以下的罚款；没有违法所得或者违法所得不足3万元的，处以3万元以上30万元以下的罚款。对直接负责的主管人员和其他直接责任人员单处或者并处警告、3万元以上10万元以下的罚款。

（四）违反证券经纪业务规定的法律责任

1. 违反规定从事证券经纪业务的法律责任

根据《证券公司监督管理条例》第七十八条的规定，证券公司从事证券经纪业务，客户资金不足而接受其买入委托或者客户证券不足而接受其卖出委托的，对直接负责的主管人员和其他直接责任人员给予警告，并处以20万元以上200万元以下的罚款。

2. 证券经纪人违反规定开展业务的法律责任

根据《证券公司监督管理条例》第八十九条的规定，证券经纪人从事业务未向客户出示证券经纪人证书、同时接受多家证券公司的委托，进行客户招揽、客户服务等活动或接受客户的委托，为客户办理证券认购、交易等事项的，责令改正，给予警告，没收违法所得，并处以违法所得等值罚款；没有违法所得或者违法所得不足3万元的，处以3万元以下的罚款。

3. 诱使客户进行不必要的证券交易的法律责任

根据《证券公司监督管理条例》第八十条的规定，证券公司诱使客户进行不必要的证券交易的，给予警告，没收违法所得，并处以违法所得1倍以上10倍以下的罚款；没有违法所得或者违法所得不足10万元的，处以10万元以上100万元以下的罚款；情节严重的，暂停或者撤销相关业务许可。

4. 违反规定收取费用的法律责任

根据《证券公司监督管理条例》第九十条的规定，证券公司违反规定收取费用的，由有关主管部门依法给予处罚。

（五）违反证券自营业务规定的法律责任

1. 违反规定委托他人代为买卖证券的法律责任

根据《证券公司监督管理条例》第八十三条和《证券法》第二百零七条的规定，证券公司委托他人代为买卖证券的，责令改正，给予警告，没收违法所得，并处以违法所得1倍以上10倍以下的罚款；没有违法所得或者违法所得不足50万元的，处以50万元以上500万元以下的罚款；情节严重的，并处撤销相关业务许可或者责令关闭。对直接负责的主管人员和其他直接责任人员给予警告，并处以20万元以上200万元以下的罚款。

2. 违反证券自营业务风险控制指标的法律责任

根据《证券公司监督管理条例》第八十三条的规定，证券公司从事证券自营业务，投资范围或者投资比例违反规定的，责令改正，给予警告，没收违法所得，并处以违法所得1倍以上5倍以下的罚款；没有违法所得或者违法所得不足10万元的，处以10万元以上30万元以下的罚款；情节严重的，暂停或者撤销其相关证券业务许可。对直接负责的主管人员和其他直接责任人员，给予警告，并处以3万元以上10万元以下的罚款。

（六）违反证券资产管理业务规定的法律责任

1. 使用客户资产进行不必要的证券交易的法律责任

根据《证券公司监督管理条例》第八十条的规定，证券公司从事证券资产管理业务时，使用客户资产进行不必要的证券交易的，给予警告，没收违法所得，并处以违法所得1倍以上10倍以下的罚款；没有违法所得或者违法所得不足10万元的，处以10万元以上100万元以下的罚款；情节严重的，暂停或者撤销相关业务许可。

2. 违反证券资产管理业务风险控制指标的法律责任

根据《证券公司监督管理条例》第八十三条的规定，证券公司从事证券资产管理业务，投资范围或者投资比例违反规定的，责令改正，给予警告，没收违法所得，并处以违法所得1倍以上5倍以下的罚款；没有违法所得或者违法所得不足10万元的，处以10万元以上30万元以下的罚款；情节严重的，暂停或者撤销其相关证券业务许可。对直接负责的主管人员和其他直接责任人员，给予警告，并处以3万元以上10万元以下的罚款。

3. 接受一个客户的单笔委托资产价值低于规定的最低限额的法律责任

根据《证券公司监督管理条例》第八十三条的规定，证券公司从事证券资产管理业务，接受一个客户的单笔委托资产价值低于规定的最低限额的，责令改正，给予警告，没收违法所得，并处以违法所得1倍以上5倍以下的罚款；没有违法所得或者违法所得不足10万元的，处以10万元以上30万元以下的罚款；情节严重的，暂停或者撤销其相关证券业务许可。对直接负责的主管人员和其他直接责任人员，给予警告，并处以3万元以上10万元以下的罚款。

4. 违反隔离义务的法律责任

根据《证券公司监督管理条例》第八十二条的规定，证券公司在证券自营账户与证券资产管理账户之间或者不同的证券资产管理账户之间进行交易，且无充分证据证明已依法实现有效隔离的，责令改正，给予警告，没收违法所得，并处以违法所得1倍以上10倍以下的罚款；没有违法所得或者违法所得不足50万元的，处以50万元以上 500 万元以下的罚款；情节严重的，并处撤销相关业务许可。对直接负责的主管人员和其他直接责任人员给予警告，并处以 20 万元以上 200 万元以下的罚款。

（七）违反客户资产的保护规定的法律责任

1. 未按照规定存放、管理客户的交易结算资金、委托资金和客户担保账户内的资金、证券的法律责任

根据《证券公司监督管理条例》第八十四条的规定，证券公司未按照规定存放、管理客户的交易结算资金、委托资金和客户担保账户内的资金、证券的，责令改正，给予警告，没收违法所得，并处以违法所得 1 倍以上 5 倍以下的罚款；没有违法所得或者违法所得不足 3 万元的，处以 3 万元以上 30 万元以下的罚款。对直接负责的主管人员和其他直接责任人员单处或者并处警告、3 万元以上 10 万元以下的罚款。

2. 证券公司股东、实际控制人强令、指使、协助、接受证券公司以证券经纪客户或者证券资产管理客户的资产提供融资或者担保的法律责任

根据《证券公司监督管理条例》第八十六条的规定，证券公司股东、实际控制人违反规定，强令、指使、协助、接受证券公司以证券经纪客户或者证券资产管理客户的资产提供融资或者担保的，责令改正，给予警告，没收违法所得，并处以违法所得 1 倍以上 5 倍以下的罚款；没有违法所得或者违法所得不足 10 万元的，处以 10 万元以上 60 万元以下的罚款；情节严重的，撤销相关业务许可。对直接负责的主管人员和其他直接责任人员给予警告，并处以 3 万元以上 30 万元以下的罚款。

3. 证券公司、资产托管机构、证券登记结算机构违反规定动用客户的交易结算资金、委托资金和客户担保账户内的资金、证券的法律责任

根据《证券公司监督管理条例》第八十六条和《证券法》第二百零八条的规定，证券公司、资产托管机构、证券登记结算机构违反规定动用客户的交易结算资金、委托资金和客户担保账户内的资金、证券的，责令改正，给予警告，没收违法所得，并处以违法所得 1 倍以上 10 倍以下的罚款；没有违法所得或者违法所得不足 100 万元的，处以 100 万元以上 1 000 万元以下的罚款；情节严重的，并处撤销相关业务许可或者责令关闭。对直接负责的主管人员和其他直接责任人员给予警告，并处以 50 万元以上 500 万元以下的罚款。

4. 资产托管机构、证券登记结算机构对违反规定动用委托资金和客户担保账户内的资金、证券的申请、指令予以同意、执行，或发现委托资金和客户担保账户内的资金、证券被违法动用而未向国务院证券监督管理机构报告的法律责任

根据《证券公司监督管理条例》第八十六条和《证券法》第二百零八条的规定，资产托管机构、证券登记结算机构对违反规定动用委托资金和客户担保账户内的资

金、证券的申请、指令予以同意、执行，或发现委托资金和客户担保账户内的资金、证券被违法动用而未向国务院证券监督管理机构报告的，责令改正，给予警告，没收违法所得，并处以违法所得1倍以上10倍以下的罚款；没有违法所得或者违法所得不足100万元的，处以100万元以上1 000万元以下的罚款；情节严重的，并处撤销相关业务许可或者责令关闭。对直接负责的主管人员和其他直接责任人员给予警告，并处以50万元以上500万元以下的罚款。

（八）其他法律责任

1. 证券公司未按照规定公开披露信息，或者公开披露的信息中有虚假记载、误导性陈述或者重大遗漏的法律责任

根据《证券公司监督管理条例》第八十八条第（一）项和《证券法》第二百一十一条的规定，证券公司未按照规定公开披露信息，或者公开披露的信息中有虚假记载、误导性陈述或者重大遗漏的，责令改正，给予警告，并处以100万元以下的罚款；情节严重的，并处撤销相关业务许可。对直接负责的主管人员和其他直接责任人员，给予警告，并处以50万元以下的罚款。

2. 证券公司控股或者实际控制的企业、资产托管机构、证券服务机构未按照规定向国务院证券监督管理机构报送、提供有关信息、资料，或者报送、提供的信息、资料中有虚假记载、误导性陈述或者重大遗漏的法律责任

根据《证券公司监督管理条例》第八十八条第（二）项的规定，证券公司控股或者实际控制的企业、资产托管机构、证券服务机构未按照规定向国务院证券监督管理机构报送、提供有关信息、资料，或者报送、提供的信息、资料中有虚假记载、误导性陈述或者重大遗漏的，责令改正，给予警告，并处以3万元以上20万元以下的罚款；对直接负责的主管人员和其他直接责任人员，给予警告，可以处以3万元以下的罚款。

（九）典型案例

1. 操作实例

2021年，甲证券公司在北京产权交易所公布其前八大股东拟将90%股权挂牌转让公告，要求受让方满足合法设立并有效存续的境内外法人机构、符合法律法规的证券公司股东资格条件、承诺按照监管部门要求配合化解部分业务存量风险、维护公司稳定运营的相关安排。后多家证券公司表达认购意向。最终，股权转让方与某中央企业国有资本运营公司乙签署了《产权交易合同》，由乙公司收购甲证券公司90%股权。中国证监会核准了乙公司成为甲证券公司主要股东，对乙公司受让90%股权无异议。甲证券公司在收到证监会上述批复后的30个工作日内，办理了股权变更工商登记手续。

甲证券公司上述变更股东的行为符合《证券法》第一百二十二条，《证券公司监督管理条例》第十四条，《证券公司股权管理规定》第六条、第八条等相关规定。

2. 违法违规案例

2021 年 3 月至 9 月，被告人吴某、张某、陈某三人以甲公司名义从事股票场外配资业务，其中吴某全面负责，张某、陈某负责联系资金供应方和客户，朱某、林某参与具体业务。该公司采取系统分仓模式，由吴某平引入某软件进行风控，即客户（资金需求方）向公司缴纳保证金，资金供应方按照 1∶4 至 1∶8 不等的杠杆比例，将相应配资资金转入自己实际控制的证券账户内，朱某、林某则给客户分配分仓系统账户（虚拟子账户）及密码，并设置预警线、平仓线。客户通过专用客户端使用该系统进行股票买卖，交易委托发至分仓系统后，分仓系统再通过一个或多个真实的证券账户委托证券公司下单入场交易。

当客户股票交易亏损至其保证金的 60% 时系统将自动预警，客户需追加保证金。若未及时追加而导致继续亏损至其保证金的 50% 时，系统强制平仓。客户正常交易待配资行为结束后，甲公司将保证金、盈利等资金返还客户，从中赚取利息差。至案发，吴某等人撮合 11 位资金供应方向 20 位客户场外配资达到 4 000 余万元，获利 20 万元。

吴某等人的行为不是民间高利借贷，是兼具证券经纪业务特征的证券融资融券业务。甲公司无经营资质而从事非法经营证券业务，且是对接真实盘的配资行为，违反了《证券法》第一百二十条、《刑法》第二百二十五条的规定，法院判处上述主体非法经营罪。

第八节　证券公司风险处置条例

本节重点介绍《证券公司风险处置条例》的立法沿革和总体原则；对证券公司的风险处置措施；证券公司风险处置的监督协调机制、法律责任等内容。对有关内容的阐述中，参考了《证券法》《企业破产法》《证券公司风险处置条例》等法律法规及其他规范性文件。

一、法规概述

（一）《证券公司风险处置条例》的立法沿革

《证券公司风险处置条例》于 2008 年 4 月 23 日由国务院第六次常务会议通过，自公布之日起施行。根据2016年2月6日国务院令第666号《国务院关于修改部分行政法规的决定》，该条例进行了第一次修订，根据2023年7月20日国务院令第764号《国务院关于修改和废止部分行政法规的决定》，该条例进行了第二次修订。

现行《证券公司风险处置条例》全文共7章、63条，涉及证券公司风险处置方式、破产清算和重整、监督协调、法律责任等内容。

（二）《证券公司风险处置条例》的总体原则

《证券公司风险处置条例》是为控制和化解证券公司经营风险，保护投资者合法权益和社会公共利益，保障证券业健康发展，依法制定的行政法规。

在证券公司风险处置过程中，国务院证券监督管理机构依法对处置证券公司风险工作进行组织、协调和监督，并会同中国人民银行、国务院财政部门、国务院公安部门、国务院其他金融监督管理机构以及省级人民政府建立处置证券公司风险的协调配合与快速反应机制，以维护社会稳定，保障证券业务正常进行。

二、证券公司风险处置措施

国务院证券监督管理机构发现证券公司存在重大风险隐患，可以派出风险监控现场工作组对证券公司进行专项检查，对证券公司划拨资金、处置资产、调配人员、使用印章、订立以及履行合同等经营、管理活动进行监控，并及时向有关地方人民政府通报情况。

证券公司风险处置措施包括停业整顿、托管、接管、行政重组、撤销、行政清理及破产清算和重整。

（一）停业整顿

证券公司风险控制指标不符合有关规定，在规定期限内未能完成整改的，国务院证券监督管理机构可以责令证券公司停止部分或者全部业务进行整顿。停业整顿的期限不超过3个月。

证券经纪业务被责令停业整顿的，证券公司在规定的期限内可以将其证券经纪业务委托给国务院证券监督管理机构认可的证券公司管理，或者将客户转移到其他证券公司。证券公司逾期未按照要求委托证券经纪业务或者未转移客户的，国务院证券监督管理机构应当将客户转移到其他证券公司。

（二）托管

证券公司有下列情形之一的，国务院证券监督管理机构可以将其证券经纪等涉及客户的业务进行托管；情节严重的，可以对该证券公司进行接管：

（1）治理混乱、管理失控；

（2）挪用客户资产并且不能自行弥补；

（3）在证券交易结算中多次发生交收违约或者交收违约数额较大；

（4）风险控制指标不符合规定，发生重大财务危机；

（5）其他可能影响证券公司持续经营的情形。

国务院证券监督管理机构决定对证券公司证券经纪等涉及客户的业务进行托管的，应当按照规定程序选择证券公司等专业机构成立托管组，行使被托管证券公司的证券经纪等涉及客户的业务的经营管理权。托管组自托管之日起履行下列职责：

（1）保障证券公司证券经纪业务正常合规运行，必要时依照规定垫付营运资金和客户交易结算资金；

（2）采取有效措施维护托管期间客户资产的安全；

（3）核查证券公司存在的风险，及时向国务院证券监督管理机构报告业务运行中出现的紧急情况，并提出解决方案；

（4）国务院证券监督管理机构要求履行的其他职责。

托管组不承担被托管证券公司的亏损。托管期限一般不超过 12 个月。满 12 个月，确需继续托管的，国务院证券监督管理机构可以决定延长托管期限，但延长托管期限最长不得超过 12 个月。

（三）接管

国务院证券监督管理机构决定对证券公司进行接管的，应当按照规定程序组织专业人员成立接管组，行使被接管证券公司的经营管理权，接管组负责人行使被接管证券公司法定代表人职权，被接管证券公司的股东会或者股东大会、董事会、监事会以及经理、副经理停止履行职责。接管组自接管之日起履行下列职责：

（1）接管证券公司的财产、印章和账簿、文书等资料；

（2）决定证券公司的管理事务；

（3）保障证券公司证券经纪业务正常合规运行，完善内控制度；

（4）清查证券公司财产，依法保全、追收资产；

（5）控制证券公司风险，提出风险化解方案；

（6）核查证券公司有关人员的违法行为；

（7）国务院证券监督管理机构要求履行的其他职责。

接管期限一般不超过 12 个月。满 12 个月，确需继续接管的，国务院证券监督管理机构可以决定延长接管期限，但延长接管期限最长不得超过 12 个月。

（四）行政重组

证券公司出现重大风险，但具备下列条件的，可以由国务院证券监督管理机构对其进行行政重组：

（1）财务信息真实、完整；

（2）省级人民政府或者有关方面予以支持；

（3）整改措施具体，有可行的重组计划。

被停业整顿、托管、接管的证券公司，具备前款规定条件的，也可以由国务院证券监督管理机构对其进行行政重组。

证券公司进行行政重组，可以采取注资、股权重组、债务重组、资产重组、合并或者其他方式。行政重组期限一般不超过 12 个月。满 12 个月，行政重组未完成的，国务院证券监督管理机构可以决定延长行政重组期限，但延长行政重组期限最长不得超过 6 个月。

（五）撤销证券业务许可和撤销证券公司

证券公司经停业整顿、托管、接管或者行政重组在规定期限内仍达不到正常经营条件，但能够清偿到期债务的，国务院证券监督管理机构依法撤销其证券业务许可。被撤销证券业务许可的证券公司应当停止经营证券业务，按照客户自愿的原则将客户安置到其他证券公司，安置过程中相关各方应当采取必要措施保证客户证券交易的正常进行。被撤销证券业务许可的证券公司有未安置客户等情形的，国务院证券监督管理机构可以比照《证券公司风险处置条例》“第三章　撤销”中的相关规定，成立行政清理组，清理账户、安置客户、转让证券类资产。

证券公司同时有下列情形的，国务院证券监督管理机构可以直接撤销该证券公司：

（1）违法经营情节特别严重、存在巨大经营风险；

（2）不能清偿到期债务，并且资产不足以清偿全部债务或者明显缺乏清偿能力；

（3）需要动用证券投资者保护基金。

证券公司经停业整顿、托管、接管或者行政重组在规定期限内仍达不到正常经营条件，并且有上述（2）或（3）情形的，国务院证券监督管理机构应当撤销该证券公司。

（六）行政清理

国务院证券监督管理机构撤销证券公司，应当做出撤销决定，并按照规定程序选择律师事务所、会计师事务所等专业机构成立行政清理组，对该证券公司进行行政清理。

1. 行政清理组职责

行政清理期间，行政清理组负责人行使被撤销证券公司法定代表人职权。行政清理组履行下列职责：

（1）管理证券公司的财产、印章和账簿、文书等资料；

（2）清理账户，核实资产负债有关情况，对符合国家规定的债权进行登记；

（3）协助甄别确认、收购符合国家规定的债权；

（4）协助证券投资者保护基金管理机构弥补客户的交易结算资金；

（5）按照客户自愿的原则安置客户；

（6）转让证券类资产；

（7）国务院证券监督管理机构要求履行的其他职责。

前款所称证券类资产，是指证券公司为维持证券经纪业务正常进行所必需的计算机信息管理系统、交易系统、通信网络系统、交易席位等资产。

被撤销证券公司的股东会或者股东大会、董事会、监事会以及经理、副经理停止履行职责，行政清理期间被撤销证券公司的股东不得自行组织清算，不得参与行政清理工作。

2. 行政清理范围

行政清理期间，被撤销证券公司的证券经纪等涉及客户的业务，由国务院证券监督管理机构按照规定程序选择证券公司等专业机构进行托管。证券公司设立或者实际控制的关联公司，其资产、人员、财务或者业务与被撤销证券公司混合的，经国务院证券监督管理机构审查批准，纳入行政清理范围。

3. 行政清理组的主要工作内容

行政清理组在证券公司风险处置行政清理期间，具体工作范围如下：

（1）管理公司

管理证券公司的财产、印章和账簿、文书等资料。

（2）债权登记

行政清理组应当自成立之日起10日内，将债权人需要登记的相关事项予以公告。符合国家有关规定的债权人应当自公告之日起90日内，持相关证明材料向行政清理组申报债权，行政清理组按照规定登记。无正当理由逾期申报的，不予登记。已登记债权经甄别确认符合国家收购规定的，行政清理组应当及时按照国家有关规定申请收购资金并协助收购；经甄别确认不符合国家收购规定的，行政清理组应当告知申报的债权人。

（3）账户清理

行政清理组清理被撤销证券公司账户的结果，应当经具有证券、期货相关业务资格的会计师事务所审计，并报国务院证券监督管理机构认定。行政清理组根据经国务院证券监督管理机构认定的账户清理结果，向证券投资者保护基金管理机构申请弥补客户的交易结算资金的资金。

（4）转让证券类资产

行政清理组应当在具备证券业务经营资格的机构中，采用招标、公开询价等公开方式转让证券类资产。证券类资产转让方案应当报国务院证券监督管理机构批准。

行政清理组不得转让证券类资产以外的资产，但经国务院证券监督管理机构批准，易贬损并可能遭受损失的资产或者确为保护客户和债权人利益的其他情形除外。

（5）债务清偿

行政清理组不得对债务进行个别清偿，但为保护客户和债权人利益的下列情形除外：①因行政清理组请求对方当事人履行双方均未履行完毕的合同所产生的债务；②为维持业务正常进行而应当支付的职工劳动报酬和社会保险费用等正常支出；③行政清理组履行职责所产生的其他费用。

为了保护债权人利益，经国务院证券监督管理机构批准，行政清理组可以向人民法院申请对处置前被采取查封、扣押、冻结等强制措施的证券类资产以及其他资产进行变现处置，变现后的资金应当予以冻结。

行政清理费用经国务院证券监督管理机构审核后，从被处置证券公司财产中随时清偿。

4. 行政清理期限

行政清理期限一般不超过 12 个月。满 12 个月，行政清理未完成的，国务院证券监督管理机构可以决定延长行政清理期限，但延长行政清理期限最长不得超过 12 个月。

5. 税收

行政清理期间，被处置证券公司免缴行政性收费和增值税、营业税等行政法规规定的税收。

（七）破产清算和重整

1. 破产申请

证券公司被依法撤销、关闭时，有《企业破产法》第二条规定情形的，行政清理工作完成后，国务院证券监督管理机构或者其委托的行政清理组依照《企业破产法》的有关规定，可以向人民法院申请对被撤销、关闭证券公司进行破产清算。

证券公司有《企业破产法》第二条规定情形的，国务院证券监督管理机构可以直接向人民法院申请对该证券公司进行重整。证券公司或者其债权人依照《企业破产法》的有关规定，可以向人民法院提出对证券公司进行破产清算或者重整的申请，但应当依照《证券法》第一百二十二条的规定报经国务院证券监督管理机构批准。

2. 破产受理

对不需要动用证券投资者保护基金的证券公司，国务院证券监督管理机构应当在批准破产清算前撤销其证券业务许可。对需要动用证券投资者保护基金的证券公司，国务院证券监督管理机构对该证券公司或者其债权人的破产清算申请不予批准，并依照《证券公司风险处置条例》第三章的规定撤销该证券公司、进行行政清理。

人民法院裁定受理证券公司重整或者破产清算申请的，国务院证券监督管理机构可以向人民法院推荐管理人人选；人民法院裁定证券公司重整的，证券公司或者管理人应当同时向债权人会议、国务院证券监督管理机构和人民法院提交重整计划草案；证券公司进行破产清算的，行政清理时已登记的不符合国家收购规定的债权，管理人可以直接予以登记。

3. 重整计划申请与批准

证券公司或者管理人应当按照以下规定提出重整计划申请。

（1）自债权人会议各表决组通过重整计划草案之日起 10 日内，证券公司或者管理人应当向人民法院提出批准重整计划的申请。重整计划涉及《证券法》第一百二十二条规定相关事项的，证券公司或者管理人应当同时向国务院证券监督管理机构提出批准相关事项的申请。国务院证券监督管理机构应当自收到申请之日起 15 日内作出批准或者不予批准的决定。

（2）债权人会议部分表决组未通过重整计划草案，但重整计划草案符合《企业破产法》第八十七条第二款规定条件的，证券公司或者管理人可以申请人民法院批准重整计划草案。重整计划草案涉及《证券法》第一百二十二条规定相关事项的，证券公司或者管理人应当同时向国务院证券监督管理机构提出批准相关事项的申请。国务院证券监督管理机构应当自收到申请之日起 15 日内作出批准或者不予批准的决定。

经批准的重整计划由证券公司执行，管理人负责监督。监督期届满，管理人应当向人民法院和国务院证券监督管理机构提交监督报告。

重整计划的相关事项未获国务院证券监督管理机构批准，或者重整计划未获人民法院批准的，人民法院裁定终止重整程序并宣告证券公司破产。

重整程序终止，人民法院宣告证券公司破产的，国务院证券监督管理机构应当对证券公司作出撤销决定，人民法院依照《企业破产法》的规定组织破产清算。涉及税收事项，依照《企业破产法》和《税收征收管理法》的规定执行。人民法院认为应当对证券公司进行行政清理的，国务院证券监督管理机构比照《证券公司风险处置条例》第三章的规定成立行政清理组。

（八）其他需要说明的事项

证券公司经停业整顿、托管、接管或者行政重组在规定期限内达到正常经营条件的，经国务院证券监督管理机构批准，可以恢复正常经营。

三、证券公司风险处置的监督协调机制

（一）国务院证券监督管理机构在处置证券公司风险工作中的职责

国务院证券监督管理机构在处置证券公司风险工作中，履行下列职责：

（1）制订证券公司风险处置方案并组织实施；

（2）派驻风险处置现场工作组，对被处置证券公司、托管组、接管组、行政清理组、管理人以及参与风险处置的其他机构和人员进行监督和指导；

（3）协调证券交易所、证券登记结算机构、证券投资者保护基金管理机构，保障被处置证券公司证券经纪业务正常进行；

（4）对证券公司的违法行为立案稽查并予以处罚；

（5）及时向公安机关等通报涉嫌刑事犯罪的情况，按照有关规定移送涉嫌犯罪的案件；

（6）向有关地方人民政府通报证券公司风险状况以及影响社会稳定的情况；

（7）法律、行政法规要求履行的其他职责。

国务院证券监督管理机构依照《证券公司风险处置条例》第二章、第三章对证券公司进行处置的，可以向人民法院提出申请中止以该证券公司以及其分支机构为被告、第三人或者被执行人的民事诉讼程序或者执行程序。

证券公司设立或者实际控制的关联公司，其资产、人员、财务或者业务与被处置证券公司混合的，国务院证券监督管理机构可以向人民法院提出申请中止以该关联公司为被告、第三人或者被执行人的民事诉讼程序或者执行程序。

采取上述措施期间，除《证券公司风险处置条例》第三十一条规定的情形外，不得对被处置证券公司债务进行个别清偿。

（二）地方人民政府的责任和义务

被处置证券公司以及其分支机构所在地人民政府，应当履行以下监督协调义务：

（1）支持和配合公安部门查处证券公司风险处置中涉嫌犯罪的案件；

（2）按照国家有关规定配合证券公司风险处置工作，制订维护社会稳定的预案，

排查、预防和化解不稳定因素，维护被处置证券公司正常的营业秩序；

(3) 组织相关单位的人员成立个人债权甄别确认小组，按照国家规定对已登记的个人债权进行甄别确认。

(三) 公安机关的责任和义务

处置证券公司风险过程中，发现涉嫌犯罪的案件，属公安机关管辖的，应当由国务院公安部门统一组织依法查处。

风险处置现场工作组、行政清理组和管理人需要从公安机关扣押资料中查询、复制与其工作有关资料的，公安机关应当支持和配合。证券公司进入破产程序的，公安机关应当依法将冻结的涉案资产移送给受理破产案件的人民法院，并留存必需的相关证据材料。

(四) 证券投资者保护基金管理机构的责任和义务

证券投资者保护基金管理机构应当按照国家规定，收购债权、弥补客户的交易结算资金。证券投资者保护基金管理机构可以对证券投资者保护基金的使用情况进行检查。

(五) 被处置证券公司的有关人员的责任和义务

被处置证券公司的股东、实际控制人、债权人以及与被处置证券公司有关的机构和人员，应当配合证券公司风险处置工作。

被处置证券公司的董事、监事、高级管理人员以及其他有关人员应当妥善保管其使用和管理的证券公司财产、印章和账簿、文书等资料以及其他物品，按照要求向托管组、接管组、行政清理组或者管理人移交，并配合风险处置现场工作组、托管组、接管组、行政清理组的调查工作。

(六) 托管组、接管组、行政清理组以及被采取措施的证券公司的责任和义务

托管组、接管组、行政清理组以及被责令停业整顿、托管和行政重组的证券公司，应当按照规定向国务院证券监督管理机构报告工作情况。

托管组、接管组、行政清理组以及其工作人员应当勤勉尽责，忠实履行职责。被处置证券公司的股东以及债权人有证据证明托管组、接管组、行政清理组以及其工作人员未依法履行职责的，可以向国务院证券监督管理机构投诉。经调查核实，由国务院证券监督管理机构责令托管组、接管组、行政清理组以及其工作人员改正或者对其予以更换。

（七）禁止参与处置证券公司风险工作的机构或人员

有下列情形之一的机构或者人员，禁止参与处置证券公司风险工作：

（1）曾受过刑事处罚或者涉嫌犯罪正在被立案侦查、起诉；

（2）涉嫌严重违法正在被行政管理部门立案稽查或者曾因严重违法行为受到行政处罚未逾 3 年；

（3）仍处于证券市场禁入期；

（4）内部控制薄弱、存在重大风险隐患；

（5）与被处置证券公司处置事项有利害关系；

（6）国务院证券监督管理机构认定不宜参与处置证券公司风险工作的其他情形。

四、法律责任

（一）证券公司的董事、监事、高级管理人员的法律责任

证券公司的董事、监事、高级管理人员等对该证券公司被处置负有主要责任，情节严重的，可以按照规定对其采取证券市场禁入的措施。

被处置证券公司的董事、监事、高级管理人员等有关人员有下列情形之一的，处以其年收入 1 倍以上 2 倍以下的罚款；情节严重的，处以其年收入 2 倍以上 5 倍以下的罚款，并可以按照规定对其采取证券市场禁入的措施：

（1）拒绝配合现场工作组、托管组、接管组、行政清理组依法履行职责；

（2）拒绝向托管组、接管组、行政清理组移交财产、印章或者账簿、文书等资料；

（3）隐匿、销毁、伪造有关资料，或者故意提供虚假情况；

（4）隐匿财产，擅自转移、转让财产；

（5）妨碍证券公司正常经营管理秩序和业务运行诱发不稳定因素；

（6）妨碍处置证券公司风险工作正常进行的其他情形。

证券公司控股股东或者实际控制人指使董事、监事、高级管理人员有前款规定的违法行为的，对控股股东、实际控制人依照前款规定从重处罚。

（二）其他规定

证券公司因分立、合并或者出现公司章程规定的解散事由需要解散的，应向国务院证券监督管理机构提出解散申请，并附解散理由和转让证券类资产、了结证券业务、

安置客户等方案，经国务院证券监督管理机构批准后依法解散并清算，清算过程接受国务院证券监督管理机构的监督。

（三）典型案例

1. 违法违规案例 1

2019 年 11 月，中国证监会发布公告，鉴于甲证券公司违法为股东及其关联方提供融资、违规开展资产管理业务、净资本等风险控制指标已不符合持续经营证券业务的规定且逾期未能改正，严重损害客户合法权益，危及公司稳健运行，决定撤销甲证券公司的全部业务许可。并委托乙律师事务所成立行政清理组，对甲证券公司进行行政清理。行政清理期间，中国证监会委托丙证券公司对甲证券公司的证券经纪等涉及客户的业务进行托管。同时，中国证监会派驻风险处置现场工作组，对甲证券公司、行政清理组及托管组进行监督和指导。行政清理期限原则上不超过 12 个月。

中国证监会对甲证券公司的处置行为符合《证券法》《证券公司监督管理条例》《证券公司风险处置条例》有关规定。

2. 违法违规案例 2

自 2019 年 5 月 5 日起，中国证监会派出机构向甲证券公司派出了风险监控现场工作组进行专项检查，监控公司经营、管理活动。同时，中国证监会督促甲证券公司采取多种措施化解风险。

根据中国证监会及其派出机构的相关公告，甲证券公司存在以下违法违规行为：①对买断式回购交易业务未按《企业会计准则第 22 号——金融工具确认和计量（2006）》及《企业会计准则第 23 号——金融资产转移（2006）》的规定进行核算，向中国证监会报送的 2012 年至 2017 年年度报告财务报表中金融资产、金融负债，公允价值变动损益、财务费用、投资收益、利润总额等科目金额虚假。②公司董事会未对公司债券交易业务、财务核算、资产管理等业务的合规管理制度进行实质审查，未定期评估合规管理的有效性；同时，上述业务未建立有效的合规组织架构，未配备充足、适当的合规管理人员，发现违法违规未及时报告，造成重大风险。③因净资本等风险控制指标不符合规定，被派出机构采取责令改正的行政监管措施，公司在规定期限内未改正且已危害公司稳定运行。④公司债券交易业务存在重大合规风险：部门管理混乱，未建立有效监督制衡机制，对债券交易人员管理存在重大漏洞，未核实真实交易对手身份，签订“抽屉协议”规避监管要求，为他人参与债券交易提供便利。⑤投资标的真实性核查不足，尽职调查缺失、信息披露不及时等。

甲证券公司于 2021 年 7 月向法院申请破产重整，破产重整期间，人民法院依法指定破产管理人，破产管理人依据《企业破产法》履行职责。中国证监会派出机构派出的现场工作组常驻现场，对甲证券公司、破产管理人等进行监督和指导。重整投资人2022年4月成为甲证券公司唯一股东，并于2023年1月进行更名。

3. 2020年7月，中国证监会发布公告，因甲公司、乙公司、丙公司隐瞒实际控制人或持股比例，公司治理失衡，根据《证券法》第一百四十三条、《证券公司风险处置条例》第八条和第六十二条、《期货交易管理条例》第五十六条的有关规定，中国证监会决定自公告发布次日起对甲公司、乙公司、丙公司依法实行接管。

接管期限为1年，中国证监会指定其他证券公司成立托管组。接管期间，接管组负责保持公司经营稳定，规范公司股权和治理结构。甲、乙、丙公司的股东大会或股东会、董事会、监事会及经理层停止履责。

2021年7月，中国证监会发布公告，因工作需要，根据《证券公司风险处置条例》第十一条、第六十二条的规定，依法决定对甲公司、乙公司、丙公司接管期限延长1年。

第九节　私募投资基金监督管理条例

本节重点介绍《私募投资基金监督管理条例》的制定背景、立法宗旨；适用范围、基本原则及分类监管；基金管理人的主体性质、准入条件、负面情形、登记备案、法定职责；私募投资基金（简称“私募基金”）的募集、投资、信息披露；基金管理人的内部控制要求、退出机制、困境基金的处理；创业投资基金的差异化管理；监管检查与调查、监管措施；法律责任等内容。

一、法规概述

（一）《私募投资基金监督管理条例》的制定背景

《私募投资基金监督管理条例》于2023年6月16日由国务院第八次常务会议通过，自2023年9月1日起施行。

《证券投资基金法》已将私募证券投资基金纳入法律规范范围，但私募股权投资基金因处于发展初期、存在一定分歧等原因未被明确纳入《证券投资基金法》进行规范。整个私募基金行业也需要更高层级的法律或行政法规，以明确监管框架、统一监管。

《私募投资基金监督管理条例》把私募股权投资基金纳入了行政法规效力层级进

行规范，进一步健全私募基金的法律体系，为私募基金提供重要的上位法依据。

（二）《私募投资基金监督管理条例》的立法宗旨

《私募投资基金监督管理条例》全文共七章、六十二条，涉及总则、私募基金管理人和托管人、资金募集和投资运作、创业投资基金的特别规定、监督管理、法律责任等内容。

《私募投资基金监督管理条例》坚持强化风险源头管控，划定监管底线，全流程促进私募基金规范运作：一是突出对关键主体的监管要求；二是全面规范资金募集和备案要求；三是规范投资业务活动；四是明确市场化退出机制；五是丰富事中、事后监管手段，加大违法违规行为惩处力度，并进一步支持鼓励创业投资基金发展，对创业投资基金实施分类监管，进行差异化安排。

二、总则

（一）适用范围

在中华人民共和国境内，以非公开方式募集资金，设立投资基金或者以进行投资活动为目的依法设立公司、合伙企业，由私募基金管理人或者普通合伙人管理，为投资者的利益进行投资活动，适用《私募投资基金监督管理条例》。

境外机构不得直接向境内投资者募集资金设立私募基金，但国家另有规定的除外。私募基金管理人在境外开展私募基金业务活动，应当符合国家有关规定。

（二）自愿、公平、诚信的基本原则

从事私募基金业务活动，应当遵循自愿、公平、诚信原则，保护投资者合法权益，不得违反法律、行政法规和国家政策，不得违背公序良俗，不得损害国家利益、社会公共利益和他人合法权益。

（三）诚实勤勉义务与财产独立性

私募基金管理人管理、运用私募基金财产，私募基金托管人托管私募基金财产，私募基金服务机构从事私募基金服务业务，应当遵守法律、行政法规规定，恪尽职守，履行诚实守信、谨慎勤勉的义务。

私募基金财产独立于私募基金管理人、私募基金托管人的固有财产。私募基金财产的债务由私募基金财产本身承担，但法律另有规定的除外。

投资者按照基金合同、公司章程、合伙协议（统称“基金合同”）约定分配收益和承担风险。

（四）行业监管机构

私募基金业务活动的监督管理，应当贯彻党和国家路线方针政策、决策部署。国务院证券监督管理机构依照法律和《私募投资基金监督管理条例》规定对私募基金业务活动实施监督管理，其派出机构依照授权履行职责。国家对运用一定比例政府资金发起设立或者参股的私募基金（简称“政府投资基金”）的监督管理另有规定的，则从其规定。

三、私募基金管理人

（一）主体性质

私募基金管理人应由依法设立的公司或者合伙企业担任。以合伙企业形式的私募基金，资产由普通合伙人管理的，普通合伙人视同私募基金管理人进行规范。

（二）准入条件

私募基金管理人应当持续符合下列要求：

（1）财务状况良好，具有与业务类型和管理资产规模相适应的运营资金；

（2）法定代表人、执行事务合伙人或者委派代表、负责投资管理的高级管理人员按照国务院证券监督管理机构规定持有一定比例的私募基金管理人的股权或者财产份额，但国家另有规定的除外；

（3）国务院证券监督管理机构规定的其他要求。

（三）负面情形

1. 不得担任私募基金管理人或其控股股东、实际控制人、普通合伙人的情形（不得具有下列其一）

（1）《私募投资基金监督管理条例》规定不得担任私募基金管理人的董事、监事、高级管理人员、执行事务合伙人或者委派代表的情形（后述第 2 项）；

（2）因非法集资、非法经营等重大违法行为被注销登记，自被注销登记之日起未逾 3 年的私募基金管理人，或者为该私募基金管理人的控股股东、实际控制人、普通合伙人；

（3）从事的业务与私募基金管理存在利益冲突；

（4）有严重不良信用记录尚未修复。

2. 不得担任私募基金管理人的董事、监事、高级管理人员、执行事务合伙人或者委派代表的情形（不得具有下列其一）

（1）因犯有贪污贿赂、渎职、侵犯财产罪或者破坏社会主义市场经济秩序罪，被判处刑罚；

（2）最近3年因重大违法违规行为被金融管理部门处以行政处罚；

（3）对所任职的公司、企业因经营不善破产清算或者因违法被吊销营业执照负有个人责任的董事、监事、厂长、高级管理人员、执行事务合伙人或者委派代表，自该公司、企业破产清算终结或者被吊销营业执照之日起未逾5年；

（4）所负债务数额较大，到期未清偿或者被纳入失信被执行人名单；

（5）因违法行为被开除的基金管理人、基金托管人、证券期货交易场所、证券公司、证券登记结算机构、期货公司以及其他机构的从业人员和国家机关工作人员；

（6）因违法行为被吊销执业证书或者被取消资格的律师、注册会计师和资产评估机构、验证机构的从业人员、投资咨询从业人员，自被吊销执业证书或者被取消资格之日起未逾5年；

（7）因非法集资、非法经营等重大违法行为被注销登记的私募基金管理人的法定代表人、执行事务合伙人或者委派代表，或者负有责任的高级管理人员，自该私募基金管理人被注销登记之日起未逾3年。

3. 私募基金管理人出资方的禁止情形

私募基金管理人的股东、实际控制人、合伙人不得有下列行为：

（1）虚假出资、抽逃出资、委托他人或者接受他人委托出资；

（2）未经股东会或者董事会决议等法定程序擅自干预私募基金管理人的业务活动；

（3）要求私募基金管理人利用私募基金财产为自己或者他人牟取利益，损害投资者利益；

（4）法律、行政法规和国务院证券监督管理机构规定禁止的其他行为。

（四）登记备案

私募基金管理人应当依法向国务院证券监督管理机构委托的机构（简称“登记备案机构”）报送材料并履行登记手续。私募基金管理人的控股股东、实际控制人、普通合伙人、执行事务合伙人或者委派代表等重大事项发生变更的，应当按照规定向登记备案机构履行变更登记手续。

未经登记，任何单位或者个人不得使用“基金”或者“基金管理”字样或者近似名称进行投资活动，但法律、行政法规和国家另有规定的除外。

（五）管理人职责

私募基金管理人应当履行下列职责：

（1）依法募集资金，办理私募基金备案；

（2）对所管理的不同私募基金财产分别管理、分别记账，进行投资；

（3）按照基金合同约定管理私募基金并进行投资，建立有效的风险控制制度；

（4）按照基金合同约定确定私募基金收益分配方案，向投资者分配收益；

（5）按照基金合同约定向投资者提供与私募基金管理业务活动相关的信息；

（6）保存私募基金财产管理业务活动的记录、账册、报表和其他有关资料；

（7）国务院证券监督管理机构规定和基金合同约定的其他职责。

以非公开方式募集资金设立投资基金的，私募基金管理人还应当以自己的名义，为私募基金财产利益行使诉讼权利或者实施其他法律行为。

四、私募基金的募集与运作

（一）私募基金的募集

1. 非公开自行募集

私募基金应非公开募集，不得通过报刊、电台、电视台、互联网等大众传播媒介，电话、短信、即时通信工具、电子邮件、传单，或者讲座、报告会、分析会等方式向不特定对象宣传推介；不得以虚假、片面、夸大等方式宣传推介；不得以私募基金托管人名义宣传推介；不得向投资者承诺投资本金不受损失或者承诺最低收益。私募基金管理人应当自行募集资金，不得委托他人募集资金，但国务院证券监督管理机构另有规定的除外。

2. 合格投资者

私募基金应当向合格投资者募集或者转让，单只私募基金的投资者累计不得超过法律规定的人数。私募基金管理人不得采取为单一融资项目设立多只私募基金等方式，突破法律规定的人数限制；不得采取将私募基金份额或者收益权进行拆分转让等方式，降低合格投资者标准。

合格投资者，是指达到规定的资产规模或者收入水平，并且具备相应的风险识别能力和风险承担能力，其认购金额不低于规定限额的单位和个人。私募基金不得向为他人代持的投资者募集或者转让。

3. 投资者风险匹配

私募基金管理人应当向投资者充分揭示投资风险，根据投资者的风险识别能力和风险承担能力匹配不同风险等级的私募基金产品。

4. 基金财产的托管

除基金合同另有约定外，私募基金财产应当由私募基金托管人托管。私募基金财产不进行托管的，应当明确保障私募基金财产安全的制度措施和纠纷解决机制。私募基金托管人应当依法建立托管业务和其他业务的隔离机制，保证私募基金财产的独立和安全。

5. 基金的备案

私募基金管理人应当自私募基金募集完毕之日起20个工作日内，向登记备案机构报送材料，办理备案。私募基金应当具有保障基本投资能力和抗风险能力的实缴募集资金规模。

（二）私募基金的投资

1. 投资范围

私募基金财产的投资包括买卖股份有限公司股份、有限责任公司股权、债券、基金份额、其他证券及其衍生品种以及符合国务院证券监督管理机构规定的其他投资标的。

2. 禁止借贷与增加政府隐性债务

私募基金财产不得用于经营或者变相经营资金拆借、贷款等业务。私募基金管理人不得以要求地方人民政府承诺回购本金等方式变相增加政府隐性债务。

3. 投资层级

私募基金的投资层级应当遵守国务院金融管理部门的规定。但符合国务院证券监督管理机构规定条件，将主要基金财产投资于其他私募基金的私募基金不计入投资层级。

创业投资基金、政府投资基金的投资层级，由国务院有关部门规定。

五、私募基金的信息披露

私募基金管理人在资金募集、投资运作过程中，应当按照国务院证券监督管理机构的规定和基金合同约定，向投资者提供信息。

私募基金管理人、私募基金托管人及其从业人员提供、报送的信息应当真实、准确、完整，不得有下列行为：

（1）虚假记载、误导性陈述或者重大遗漏；

（2）对投资业绩进行预测；

（3）向投资者承诺投资本金不受损失或者承诺最低收益；

（4）法律、行政法规和国务院证券监督管理机构规定禁止的其他行为。

六、私募基金管理人内部控制要求

（一）专业化人员配备

私募基金管理人应当遵循专业化管理原则，聘用具有相应从业经历的高级管理人员负责投资管理、风险控制、合规等工作。

（二）防范利益输送和利益冲突

1. 从业人员投资行为管理

私募基金管理人应当遵循投资者利益优先原则，建立从业人员投资申报、登记、审查、处置等管理制度，防范利益输送和利益冲突。

2. 不得转委托

私募基金管理人不得将投资管理职责委托他人行使，委托其他机构为私募基金提供证券投资建议服务的，接受委托的机构应当为《证券投资基金法》规定的基金投资顾问机构。

3. 关联交易管理

私募基金管理人应当建立健全关联交易管理制度，不得以私募基金财产与关联方进行不正当交易或者利益输送，不得通过多层嵌套或者其他方式进行隐瞒。

私募基金管理人运用私募基金财产与自己、投资者、所管理的其他私募基金、其实际控制人控制的其他私募基金管理人管理的私募基金，或者与其有重大利害关系的其他主体进行交易的，应当履行基金合同约定的决策程序，并及时向投资者和私募基金托管人提供相关信息。

七、退出机制

（一）注销管理人登记的情形

私募基金管理人有下列情形之一的，登记备案机构应当及时注销私募基金管理人登记并予以公示：

（1）自行申请注销登记；

（2）依法解散、依法撤销或者被依法宣告破产；

（3）因非法集资、非法经营等重大违法行为被追究法律责任；

（4）登记之日起12个月内未备案首只私募基金；

（5）所管理的私募基金全部清算后，自清算完毕之日起12个月内未备案新的私募基金；

（6）国务院证券监督管理机构规定的其他情形。

登记备案机构注销私募基金管理人登记前，应当通知私募基金管理人清算私募基金财产或者依法将私募基金管理职责转移给其他经登记的私募基金管理人。

（二）困境基金的处理

因私募基金管理人无法正常履行职责或者出现重大风险等情形，导致私募基金无法正常运作、终止的，由基金合同约定或者有关规定确定的其他专业机构，行使更换私募基金管理人、修改或者提前终止基金合同、组织私募基金清算等职权。

八、监督管理措施

（一）检查与调查

国务院证券监督管理机构依法履行职责，有权采取下列措施：

（1）对私募基金管理人、私募基金托管人、私募基金服务机构进行现场检查，并要求其报送有关业务资料；

（2）进入涉嫌违法行为发生场所调查取证；

（3）询问当事人和与被调查事件有关的单位和个人，要求其对与被调查事件有关的事项作出说明；

（4）查阅、复制与被调查事件有关的财产权登记、通信记录等资料；

（5）查阅、复制当事人和与被调查事件有关的单位和个人的证券交易记录、登记过户记录、财务会计资料以及其他有关文件和资料；对可能被转移、隐匿或者毁损的文件和资料，可以予以封存；

（6）依法查询当事人和与被调查事件有关的账户信息；

（7）法律、行政法规规定的其他措施。

（二）监管措施

为防范私募基金风险，维护市场秩序，国务院证券监督管理机构可以采取责令改正、监管谈话、出具警示函等措施。

国务院证券监督管理机构发现私募基金管理人违法违规，或者其内部治理结构和风险控制管理不符合规定的，应当责令限期改正；逾期未改正，或者行为严重危及该私募基金管理人的稳健运行、损害投资者合法权益的，国务院证券监督管理机构可以区别情形，对其采取下列措施：

（1）责令暂停部分或者全部业务；

（2）责令更换董事、监事、高级管理人员、执行事务合伙人或者委派代表，或者限制其权利；

（3）责令负有责任的股东转让股权、负有责任的合伙人转让财产份额，限制负有责任的股东或者合伙人行使权利；

（4）责令私募基金管理人聘请或者指定第三方机构对私募基金财产进行审计，相关费用由私募基金管理人承担。

私募基金管理人违法经营或者出现重大风险，严重危害市场秩序、损害投资者利益的，国务院证券监督管理机构除采取前款规定的措施外，还可以对该私募基金管理人采取指定其他机构接管、通知登记备案机构注销登记等措施。

私募基金管理人、私募基金托管人、私募基金服务机构及其从业人员违反本条例或者国务院证券监督管理机构的有关规定，情节严重的，国务院证券监督管理机构可以对有关责任人员采取证券期货市场禁入措施。

九、法律责任

（一）未履行登记备案手续的法律责任

1. 私募基金管理人未完成备案

根据《私募投资基金监督管理条例》第四十四条的规定，未依照本条例第十条的规定履行登记手续，使用“基金”或者“基金管理”字样或者近似名称进行投资活动的，责令改正，没收违法所得，并处违法所得 1 倍以上 5 倍以下的罚款；没有违法所得或者违法所得不足 100 万元的，并处 10 万元以上 100 万元以下的罚款。对直接负责的主管人员和其他直接责任人员给予警告，并处 3 万元以上 30 万元以下的罚款。

2. 私募基金未完成备案

根据《私募投资基金监督管理条例》第五十条的规定，违反本条例第二十二条第一款的规定，私募基金管理人未对募集完毕的私募基金办理备案的，处 10 万元以上 30 万元以下的罚款。对直接负责的主管人员和其他直接责任人员给予警告，并处 3 万元以上10万元以下的罚款。

（二）管理人不符合准入条件的法律责任

根据《私募投资基金监督管理条例》第四十六条的规定，私募基金管理人违反本条例第十三条规定的，责令改正；拒不改正的，给予警告或者通报批评，并处10万元以上100万元以下的罚款，责令其停止私募基金业务活动并予以公告。对直接负责的主管人员和其他直接责任人员给予警告或者通报批评，并处3万元以上30万元以下的罚款。

（三）管理人、出资方及从业人员违反禁止规定的法律责任

1. 出资违法违规的法律责任

根据《私募投资基金监督管理条例》第四十五条的规定，私募基金管理人的股东、实际控制人、合伙人违反本条例第十二条规定的，责令改正，给予警告或者通报批评，没收违法所得，并处违法所得1倍以上5倍以下的罚款；没有违法所得或者违法所得不足100万元的，并处10万元以上100万元以下的罚款。对直接负责的主管人员和其他直接责任人员给予警告或者通报批评，并处3万元以上30万元以下的罚款。

2. 管理人、托管人、从业人员违反禁止行为的法律责任

根据《私募投资基金监督管理条例》第五十五条的规定，私募基金管理人、私募基金托管人及其从业人员有本条例第三十条所列行为之一的，责令改正，给予警告或者通报批评，没收违法所得，并处违法所得1倍以上5倍以下的罚款；没有违法所得或者违法所得不足100万元的，并处10万元以上100万元以下的罚款。对直接负责的主管人员和其他直接责任人员给予警告或者通报批评，并处3万元以上30万元以下的罚款。

（四）私募基金募集、投资违规的法律责任

1. 违规募集的法律责任

根据《私募投资基金监督管理条例》第四十七条的规定，违反本条例第十七条、第十八条、第二十条关于私募基金合格投资者管理和募集方式等规定的，没收违法所得，并处违法所得1倍以上5倍以下的罚款；没有违法所得或者违法所得不足100万元的，并处10万元以上100万元以下的罚款。对直接负责的主管人员和其他直接责任人员给予警告，并处3万元以上30万元以下的罚款。

2. 未充分揭示风险的法律责任

根据《私募投资基金监督管理条例》第四十九条的规定，违反本条例第十九条规

定，未向投资者充分揭示投资风险，并误导其投资与其风险识别能力和风险承担能力不匹配的私募基金产品的，给予警告或者通报批评，并处10万元以上30万元以下的罚款；情节严重的，责令其停止私募基金业务活动并予以公告。对直接负责的主管人员和其他直接责任人员给予警告或者通报批评，并处3万元以上10万元以下的罚款。

3. 从事借贷业务与增加政府隐性债务的法律责任

根据《私募投资基金监督管理条例》第五十一条的规定，违反本条例第二十四条第二款规定，将私募基金财产用于经营或者变相经营资金拆借、贷款等业务，或者要求地方人民政府承诺回购本金的，责令改正，给予警告或者通报批评，没收违法所得，并处10万元以上100万元以下的罚款。对直接负责的主管人员和其他直接责任人员给予警告或者通报批评，并处3万元以上30万元以下的罚款。

4. 投资职责转委托的法律责任

根据《私募投资基金监督管理条例》第五十三条的规定，违反本条例第二十七条规定，私募基金管理人委托他人行使投资管理职责，或者委托不符合《证券投资基金法》规定的机构提供证券投资建议服务的，责令改正，给予警告或者通报批评，没收违法所得，并处10万元以上100万元以下的罚款。对直接负责的主管人员和其他直接责任人员给予警告或者通报批评，并处3万元以上30万元以下的罚款。

5. 违规从事关联交易的法律责任

根据《私募投资基金监督管理条例》第五十四条的规定，违反本条例第二十八条规定，私募基金管理人从事关联交易的，责令改正，给予警告或者通报批评，没收违法所得，并处10万元以上100万元以下的罚款。对直接负责的主管人员和其他直接责任人员给予警告或者通报批评，并处3万元以上30万元以下的罚款。

（五）内部控制违规的法律责任

1. 未建立业务隔离机制的法律责任

根据《私募投资基金监督管理条例》第四十七条的规定，违反本条例第十六条第二款规定，私募基金托管人未建立业务隔离机制的，责令改正，给予警告或者通报批评，并处5万元以上50万元以下的罚款。对直接负责的主管人员和其他直接责任人员给予警告或者通报批评，并处3万元以上30万元以下的罚款。

2. 未聘用符合条件的高管与未建立从业人员投资行为管理制度的法律责任

根据《私募投资基金监督管理条例》第五十二条的规定，违反本条例第二十六条规定，私募基金管理人未聘用具有相应从业经历的高级管理人员负责投资管理、风险控制、合规等工作，或者未建立从业人员投资申报、登记、审查、处置等管理制度的，责令改正，给予警告或者通报批评，并处10万元以上100万元以下的罚款。对直接负责的主管人员和其他直接责任人员给予警告或者通报批评，并处 3 万元以上 30 万元以下的罚款。

（六）未按规定披露、报送信息的法律责任

根据《私募投资基金监督管理条例》第五十六条的规定，私募基金管理人、私募基金托管人及其从业人员未依照本条例规定提供、报送相关信息，或者有本条例第三十二条所列行为之一的，责令改正，给予警告或者通报批评，没收违法所得，并处 10 万元以上 100 万元以下的罚款。对直接负责的主管人员和其他直接责任人员给予警告或者通报批评，并处 3 万元以上 30 万元以下的罚款。

（七）拒绝、阻碍监管机构行使监督检查、调查职权的法律责任

拒绝、阻碍国务院证券监督管理机构及其工作人员依法行使监督检查、调查职权，由国务院证券监督管理机构责令改正，处 10 万元以上 100 万元以下的罚款；构成违反治安管理行为的，由公安机关依法给予治安管理处罚；构成犯罪的，依法追究刑事责任。

（八）民事责任优先

根据《私募投资基金监督管理条例》第六十条的规定，违反本条例的规定和基金合同的约定，依法应当承担民事赔偿责任和缴纳罚款、被没收违法所得，其财产不足以同时支付时，先承担民事赔偿责任。

（九）典型案例

1. 操作实例

2014 年 4 月，A 公司与 B 公司等共计 12 名合伙人签订合伙协议，共同出资成立 C 合伙企业（为私募基金）。其中，B 公司为普通合伙人及私募基金管理人，A 公司及其他合伙人为有限合伙人，A 公司出资 2 000 万元。

2018 年 8 月，因自身经营需要，A 公司提出退伙申请。2019 年 1 月，全体合伙人签订退伙协议书，约定按照退伙时合伙企业的财产状况进行结算，退还退伙人的财产份额。此前，2018 年 11 月，C 合伙企业曾确认全体合伙人同意 A 公司退伙：A 公司实际投资天数为 1 615 天，退伙财产确认为：根据退伙金额确认通知计算，A 公司投资本金 2 000 万元，按 15% 年利率计算投资收益，可获得的退伙财产金额为 3 047 万余元。退伙财产在 A 公司签署该确认书、提供收款账户信息，并配合签署工商变更文件后 30 日内支付，如果逾期未支付完毕，按未付金额的银行同期贷款基准利率加计利

息。2018 年 12 月，C 合伙企业确认收到 A 公司签署的工商变更文件，并于 2019 年 1 月进行工商变更登记。

2019 年 6 月，因 C 合伙企业未按照约定支付 A 公司退伙财产。A 公司向法院提起诉讼，要求 C 合伙企业支付退伙财产及对应投资收益，B 公司及其他担保方承担连带责任。

最高人民法院认为，C 合伙企业备案为私募基金，应同时适用私募基金相关部门规范性文件，向投资者承诺投资本金不受损失或者承诺最低收益为上述文件所禁止。即 B 公司和 C 合伙企业既不得在募集阶段直接或间接地向有限合伙人承诺保本保收益，也不得在私募基金产品不能如期兑付或兑付困难时承诺还款。最终判决驳回 A 公司的全部诉讼请求。

上述情形符合《私募投资基金监督管理条例》第三条、第四条、第二十条、第三十二条的规定。

2. 违法违规案例

2016 年 6 月，周某在某派投资理财师的推荐下购买了私募基金管理人某洲资产作为管理人的私募基金产品（通过直销购买），支付基金认购款为 300 万元，认购费为 3 万元，并签署了《××制造 2018 私募股权投资基金合同》（以下简称“合同”）。

根据合同约定，该私募基金的募集资金主要用于投资广州某有限合伙企业，再由该合伙企业对标的企业进行股权投资，达到间接持股标的企业的效果。该有限合伙企业由第三方公司作为普通合伙人进行管理。

2019 年 10 月 28 日，某洲资产发布《临时信息披露公告》，告知涉案私募基金投资者：在基金募集和存续期间，被投合伙企业的管理人及其实际控制人、法定代表人，通过伪造交易法律文件、投资款划款银行流水、投后管理报告、部分资金已到账的银行网页及视频，恶意挪用基金资产，并已于 2019 年 10 月 20 日失联。

在基金存续过程中，基金投资款最终也从未对标的企业进行股权投资。

周某遂向法院起诉某洲资产、某派投资并将基金托管人作为第三人，要求赔偿损失。

法院审理查明，某洲资产作为基金管理人，在销售过程中未能妥善履行将适当的产品销售给适合的投资者的适当性义务，基金投资过程中未对投资范围内的投资标的进行详细调查，也未明确核查最终款项是否投资于标的企业。因此，某洲资产在基金募集、投资、管理阶段均存在严重违反监管规定及管理人职责的行为。

2020 年 12 月，上海浦东新区人民法院作出一审判决，判决基金管理人某洲资产赔偿周某基金投资款损失 300 万元、认购费损失 3 万元及其资金占用损失，某派投资承担连带赔偿责任。二审、再审均维持原判。

第二章
证券经营机构管理规范

第一节　公司治理、内部控制与合规管理

本节重点介绍证券公司治理、证券公司内部控制、证券公司合规管理、证券公司信息隔离墙制度、证券公司分类监管等方面内容。

证券公司治理主要包括：证券公司与股东之间关系的特别规定；证券公司董事会、监事会、高级管理人员的相关要求；证券公司与客户关系的基本原则等内容。

证券公司内部控制主要包括：证券公司各业务部门内部控制的主要内容；证券公司业务创新的相关规定；证券公司内部控制的监督、检查与评价机制等内容。

证券公司合规管理主要包括：合规的基本概念；证券公司合规经营的基本原则要求；公司各层级及全体工作人员的合规管理职责；合规负责人的职责及合规保障要求；证券公司及有关人员违反合规管理规定的监管措施等。

证券公司信息隔离墙制度主要包括：管理敏感信息的基本原则和保密要求；各主体在证券公司信息隔离墙制度建立和执行方面的职责；证券公司跨墙人员基本行为规范；证券公司观察名单、限制名单管理的基本要求。

证券公司分类监管主要包括：分类监管的概念；证券公司分类监管的评价指标体系及评价方法；基于分类监管要求划分的证券公司基本类别等内容。依据和参考的行政法规、规范性文件及自律规则主要包括：《证券公司监督管理条例》《证券基金经营机构信息技术管理办法》《证券公司治理准则》《证券公司股权管理规定》《证券基金经营机构董事、监事、高级管理人员及从业人员监督管理办法》《证券公司和证券投资基金管理公司合规管理办法》《证券公司内部控制指引》《证券公司投资银行类业务

内部控制指引》《发布证券研究报告暂行规定》《发布证券研究报告执业规范》《证券投资顾问业务暂行规定》《证券公司分类监管规定》《关于加强上市证券公司监管的规定》《证券公司合规管理实施指引》《证券公司信息隔离墙制度指引》《证券公司建立稳健薪酬制度指引》《证券公司董事、监事、高级管理人员及从业人员管理规则》等。

一、证券公司治理

（一）证券公司治理的基本要求

1. 建立健全组织架构、明确职责划分

证券公司应当按照《公司法》等法律、行政法规的规定，建立健全“三会一层”的组织架构，明确股东（大）会、董事会、监事会、经理层之间的职责划分。证券公司及其股东、实际控制人、董事、监事、高级管理人员应当遵守法律、行政法规和中国证监会的规定。证券公司的股东和实际控制人不得滥用权力，占用证券公司的资产，损害证券公司的合法权益。

上市证券公司应当持续健全公司治理，建立股权结构清晰、组织架构精简、职责边界明确、信息披露健全、激励约束合理、内控制衡有效、职业道德良好的公司治理架构，健全组织架构运行机制，保证公司运作独立性、稳健性，落实全面风险管理要求，加强对各类境内外子公司的管理。

2. 不得侵犯客户合法权益

根据《证券法》及《证券公司监督管理条例》的规定，证券公司对客户负有诚信义务，不得侵犯客户的财产权、选择权、公平交易权、知情权及其他合法权益。证券公司不得挪用客户交易结算资金，不得挪用客户委托管理的资产，不得挪用客户托管在公司的证券。证券公司的股东和实际控制人不得占用客户资产，损害客户合法权益。

3. 建立完备的内部控制体系

证券公司应当按照法律、行政法规和中国证监会的规定建立完备的合规管理、风险管理和内部控制体系。《证券公司监督管理条例》以保护投资者利益和防范证券公司风险为出发点，重点规定了证券经纪业务、证券自营业务、证券资产管理业务和融资融券等主要业务的规则和风险控制措施。从账户实名、持股分散、规模控制等方面，对证券公司自营业务进行了规定；从账户备案、风险揭示、信息披露、禁止保本保底、对有关账户的交易行为实行实时监控等方面，对证券资产管理业务作出了规定；从账户开立、融资融券比例、担保品的收取、逐日盯市制度等方面，对融资融券业务作出了规定。

4. 建立稳健的薪酬制度

证券公司应当建立稳定的薪酬制度，健全薪酬激励约束机制，促进证券公司稳健经营和可持续发展，更好承担社会责任。《证券公司建立稳健薪酬制度指引》明确了证券公司建立薪酬制度应遵循的原则、目标、基本规范等。证券公司建立稳健薪酬制度应以贯彻稳健经营理念、确保合规底线要求、促进形成正向激励、提升公司长期价值为原则目标。通过建立健全稳健薪酬制度，夯实证券行业高质量发展的治理基础、风控基础、合规基础、文化基础和人才基础。证券公司在制定薪酬制度、薪酬标准、考核体系时，应综合考虑业务和岗位的风险属性和特征以及相应承担的社会责任及专业责任，完善薪酬激励约束机制。通过建立与公司长期利益相一致、与全面风险和合规管理相衔接的稳健薪酬制度，提升证券公司服务实体经济与国家战略的能力。证券公司应明确薪酬制度的决策、执行和监督机制，建立健全薪酬递延支付、问责等相关机制，加强声誉风险管理和员工价值引导，增强薪酬管理的有效性和约束力，促进证券公司和行业的可持续发展。

上市证券公司应当完善从业人员管理及长效激励约束机制，严格规范短期激励，不得过度激励，持续健全考核问责机制和声誉风险管理体系，依照法律、行政法规、中国证监会及证券交易所的规定披露薪酬有关信息。

（二）证券公司与股东之间关系的特别规定

证券公司对客户负有诚信义务，证券公司股东和实际控制人在行使合法权利的同时不得占用公司或客户资产，损害证券公司或客户合法权益。《证券公司治理准则》对证券公司的股东、控股股东、实际控制人的行为作出了严格要求，以维护证券公司股东、客户及利益相关者的合法权益。《证券公司股权管理规定》对证券公司股东准入和监管要求作出了规定。

证券公司应当加强对股东资质的审查，对股东及其控股股东、实际控制人、关联方、一致行动人、最终权益持有人信息进行核实并掌握其变动情况，就股东对证券公司经营管理的影响进行判断依法及时、准确、完整地报告或披露相关信息，必要时履行报批或者备案程序。

证券公司的股东、控股股东、实际控制人应当特别注意以下几点。

1. 不得滥用权力

证券公司的控股股东、实际控制人不得利用其控制地位或者滥用权力损害证券公司、公司其他股东和公司客户的合法权益。

2. 不得超越职权

证券公司的控股股东不得超越股东（大）会、董事会任免证券公司的董事、监事和高级管理人员。证券公司的股东、实际控制人不得违反法律、行政法规和公司章程的规定干预证券公司的经营管理活动。

3. 依法维护证券公司独立性

证券公司与其股东、实际控制人或者其他关联方应当在业务、机构、资产、财务、办公场所等方面严格分开，各自独立经营、独立核算、独立承担责任和风险。证券公司股东的人员在证券公司兼职的应当遵守法律、行政法规和中国证监会的规定。

4. 不得开展业务竞争

证券公司的控股股东、实际控制人及其关联方应当采取有效措施，防止与其所控制的证券公司发生业务竞争。证券公司控股其他证券公司的不得损害所控股的证券公司的利益。

5. 关联交易不得损害公司利益

证券公司的股东、实际控制人及其关联方与证券公司的关联交易不得损害证券公司及其客户的合法权益。证券公司章程应当对重大关联交易及其披露和表决程序作出规定。

6. 不得虚假出资、抽逃出资

证券公司股东及其控股股东、实际控制人不得对证券公司虚假出资、出资不实、抽逃出资或者变相抽逃出资。

7. 不得违规要求提供融资或担保

证券公司股东及其控股股东、实际控制人不得违规要求证券公司为其或其关联方提供融资或者担保，或者强令、指使、协助、接受证券公司以其证券经纪客户或者证券资产管理客户的资产提供融资或者担保。

8. 未经批准不得委托持股

未经批准，证券公司股东及其控股股东、实际控制人不得委托他人或接受他人委托持有或管理证券公司股权，变相接受或让渡证券公司股权的控制权。

证券公司及其董事、监事、高级管理人员等相关主体不得配合证券公司的股东及其控股股东、实际控制人发生上述情形。

证券公司应当加强关联交易管理，准确识别关联方，严格落实关联交易审批制度和信息披露制度，避免损害证券公司及其客户的合法权益，并及时向中国证监会及其派出机构报告关联交易情况。证券公司应当按照穿透原则将股东及其控股股东、实际控制人、关联方、一致行动人、最终权益持有人作为自身的关联方进行管理。

在处理与股东及股东关联方之间的关系时，证券公司还应注意，不得有以下行为发生：

（1）持有股东的股权，但法律、行政法规或者中国证监会另有规定的除外；

（2）通过购买股东持有的证券等方式向股东输送不当利益；

（3）股东违规占用公司资产；

（4）法律、行政法规或者中国证监会禁止的其他行为。

上市证券公司股东、股东的实际控制人及其他关联方不得要求证券公司及其子公司通过违规关联交易、对外投资、融资、担保、销售金融产品等方式，侵占上市证券公司及其子公司的资金、资产，损害公司及其他股东、客户的合法权益。

证券公司应当将股东的权利义务、股权锁定期、股权管理事务责任人等关于股权管理的监管要求写入公司章程。此外，证券公司章程应当规定对外投资、对外担保的类型、金额和内部审批程序。

（三）对证券公司董事会、监事会、高级管理人员的相关要求

1. 对董事、监事、高级管理人员任职条件、持续监管等方面的要求

强化对董事、监事、高级管理人员的监管是增强证券公司监管有效性的重要方法。《证券公司监督管理条例》是在《证券法》的基础上对证券公司董事、监事、高级管理人员的任职条件、持续监管制度作了细化规定。《证券基金经营机构董事、监事、高级管理人员及从业人员监督管理办法》（简称《管理办法》）整合现行经营机构人员管理的规章和规范性文件，依据上位法律法规，结合机构监管实践，全面规定了证券公司人员的任职要求、执业规范和机构主体管理责任。中国证券业协会也根据《管理办法》制定了配套的《证券公司董事、监事、高级管理人员及从业人员管理规则》。

在任职条件方面，《证券法》规定证券公司的董事、监事、高级管理人员，应当正直诚实、品行良好，熟悉证券法律、行政法规，具有履行职责所需的经营管理能力。证券公司任免董事、监事、高级管理人员，应当报国务院证券监督管理机构备案。证券公司的董事、监事、高级管理人员未能勤勉尽责，致使证券公司存在重大违法违规行为或者重大风险的，国务院证券监督管理机构可以责令证券公司予以更换。证券公司的董事长、从事业务管理工作的其他董事和监事、高级管理人员，除需要满足作为董事、监事或高级管理人员的任职条件外，同时还应当符合一般从业人员的任职条件，并进行证券从业人员登记，符合从业人员管理的相关要求，具体请见本书第五章。

《管理办法》进一步规定了证券公司董事、监事、高级管理人员任职的基本条件，即应当熟悉证券基金法律法规和中国证监会的规定，具备 3 年以上与其拟任职务相关的证券、基金、金融、法律、会计、信息技术等工作经历，具有与拟任职务相适应的管理经历和经营管理能力。拟任证券基金经营机构高级管理人员的，曾担任证券基金经营机构部门负责人以上职务不少于 2 年，或者曾担任金融机构部门负责人以上职务不少于 4 年，或者具有相当职位管理经历。拟任证券公司董事长、高级管理人员以及

其他从事业务管理工作的人员，还应当符合证券从业人员条件。拟任证券公司合规负责人、风控负责人、信息技术负责人的，还应当符合中国证监会规定的其他条件。此外，《管理办法》还规定了不得担任证券公司董事、监事和高级管理人员的情形。

证券公司聘任董事、监事和高级管理人员前，应当审慎考察并确认其符合相应的任职条件，自作出聘任决定之日起5个工作日内向中国证监会相关派出机构报送相关备案材料。证券公司应当在考察意见中对受聘人符合任职条件的情况作出说明。

经营证券经纪业务、证券资产管理业务、融资融券业务和证券承销与保荐业务中两种以上业务的证券公司，应当建立独立董事制度。其中，证券公司有下列情形之一的，独立董事人数不得少于董事人数的1/4：

（1）董事长、经营管理的主要负责人由同一人担任；

（2）内部董事人数占董事人数1/5以上；

（3）中国证监会认定的其他情形。

独立董事与公司其他董事任期相同，连任时间不得超过6年。任何人员最多可以在2家证券公司担任独立董事。独立董事在任期内辞职或者被免职的，独立董事本人和证券公司应当分别向公司住所地中国证监会派出机构和股东（大）会提交书面说明。独立董事应当根据法律、行政法规和中国证监会的规定独立履行董事职责，并在股东（大）会年会上提交工作报告。独立董事未履行应尽职责的，应当承担相应的责任。证券公司应当保障独立董事享有与其他董事同等的知情权。

此外，拟任证券公司独立董事的，不得在拟任职的证券基金经营机构担任董事会外的职务，也不得存在《管理办法》规定的可能妨碍其作出独立、客观判断的情形。证券公司应当要求拟任独立董事就是否存在相关情形提供关于独立性的声明，并作为备案材料向中国证监会相关派出机构报送。

在持续监管方面，《证券公司监督管理条例》规定当证券公司出现治理结构不健全、内部控制不完善、经营管理混乱、设立账外账或者进行账外经营等违法违规情况时，中国证监会可以对证券公司及其有关董事、监事、高级管理人员、境内分支机构负责人给予谴责，责令证券公司更换董事、监事、高级管理人员或者限制其权利。中国证监会相关派出机构发现受聘人不符合任职条件的，应当要求证券公司更换有关人员。证券公司应当立即停止受聘人职务，及时解除对受聘人的聘任决定，并自作出解聘决定之日起5个工作日内向中国证监会相关派出机构报告。中国证监会相关派出机构发现受聘人的聘任程序不符合公司章程规定的，应当要求证券公司改正，在履行规定的聘任程序前，受聘人不得实际履行职责。

证券公司、受聘人的提名人及其他负有考察责任的人员，对未发现受聘人不符合任职条件负有责任的，中国证监会相关派出机构应当依法追究其责任。

同时,《证券公司监督管理条例》和《管理办法》规定,证券公司应当定期对高级管理人员和分支机构负责人的履职情况开展内部稽核或外部审计。证券公司董事长、高级管理人员、分支机构负责人离任的,公司应当对其进行审计,并自其离任之日起2个月内将审计报告报送中国证监会派出机构;证券公司的法定代表人或者经营管理的主要负责人离任的,应当聘请符合《证券法》规定的会计师事务所对其进行审计。未报送审计报告的,离任人员不得在其他证券公司任职。

《管理办法》还对证券公司的管理责任作出了相关规定。证券公司应当切实履行董事、监事、高级管理人员任职考察、履职监督、内部考核问责的主体责任,建立健全人员任职和执业管理的内部控制机制,强化合规与风险管理,有效管控激励约束、投资行为和利益冲突防范等事项,持续提升人员的道德水准、专业能力、合规风险意识和廉洁从业水平,培育合规、诚信、专业、稳健的行业文化。

证券公司应当建立长效合理的薪酬管理制度,充分反映合规管理和风险管理要求,避免短期、过度激励等不当激励行为。对董事长、高级管理人员、主要业务部门负责人、分支机构负责人和核心业务人员建立薪酬递延支付机制。

2. 对董事会的要求

在《公司法》的基础上,《证券公司监督管理条例》《证券公司治理准则》对证券公司董事会的设置、议事规则等作出了具体的规定,要求证券公司章程应当明确董事人数。证券公司设董事会的,内部董事人数不得超过董事人数的1/2。证券公司可以聘请外部专业人士担任董事。公司章程应当明确规定董事会的职责、议事方式和表决程序;并应就董事长不能履职或者缺位时,董事长职责的行使作出明确规定。

证券公司董事会每年至少召开两次会议。证券公司章程应当明确规定董事会会议采取通信表决方式的条件和程序。除由于紧急情况、不可抗力等特殊原因无法举行现场、视频或者电话会议外,董事会会议应当采取现场、视频或者电话会议方式。董事会会议应当制作会议记录,并可以录音。会议记录应当真实、准确、完整记录会议过程、决议内容、董事发言和表决情况,并依法保存。出席会议的董事和记录人应当在会议记录上签字。会议记录应依法保存。董事会应当在股东(大)会年会上报告并在年度报告中披露董事的履职情况,包括报告期内董事参加董事会会议的次数、投票表决等情况。

证券公司董事会、董事长应当在法定权限范围内行使职权,不得越权干预经理层的经营管理活动。董事会表决有关关联交易的议案时,与交易对方有关联关系的董事应当回避。该次董事会会议有过半数的无关联关系董事出席即可举行,董事会会议所作决议须经无关联关系董事过半数通过。出席董事会的无关联关系董事人数不足3人的,应当将该事项提交股东(大)会审议。

证券公司董事会决议内容违反法律、行政法规或者中国证监会的规定的，监事会应当要求董事会纠正，经理层应当拒绝执行。

证券公司应当设董事会秘书，负责股东（大）会和董事会会议的筹备、文件的保管以及股东资料的管理，按照规定或者根据中国证监会及其派出机构、股东等有关单位或者个人的要求，依法提供有关资料，办理信息报送或者信息披露事项。

3. 对董事会专门委员会的要求

证券公司经营证券经纪业务、证券资产管理业务、融资融券业务和证券承销与保荐业务中两种以上业务的，其董事会应当设立薪酬与提名委员会、审计委员会和风险控制委员会，并应当在公司章程中规定各委员会的组成、职责及其行使方式。专门委员会可以聘请外部专业人士提供服务，由此发生的合理费用由证券公司承担。

专门委员会应当向董事会负责，按照公司章程的规定向董事会提交工作报告。董事会在对与专门委员会职责相关的事项作出决议前，应当听取专门委员会的意见。证券公司董事会各专门委员会应当由董事组成。专门委员会成员应当具有与专门委员会职责相适应的专业知识和工作经验。审计委员会中独立董事的人数不得少于1/2，并且至少有1名独立董事从事会计工作5年以上。薪酬与提名委员会、审计委员会的负责人应当由独立董事担任。

4. 对监事会的要求

证券公司设监事会的，监事会应当设主席，可以设副主席，监事会主席是监事会的召集人。证券公司章程应当规定监事会的职责、议事方式和表决程序。证券公司章程应当明确规定监事会会议采取通信表决方式的条件和程序。除由于紧急情况、不可抗力等特殊原因无法举行现场、视频或者电话会议外，监事会会议应当采取现场、视频或者电话会议方式。证券公司监事会会议应当制作会议记录，并可以录音，会议记录应当依法保存。监事会应当在股东（大）会年会上报告并在年度报告中披露监事的履职情况，包括报告期内监事参加监事会会议的次数、投票表决等情况。

证券公司监事有权了解公司经营情况，并承担相应的保密义务，应当依法检查公司财务，对董事、高级管理人员履职的合法合规性进行监督，维护公司、股东和投资者的合法权益。证券公司应当将其内部稽核报告、合规报告、月度或者季度财务会计报告、年度财务会计报告及其他重大事项及时报告监事会。监事会应当就公司的财务情况、合规情况向股东（大）会年会作出专项说明。

证券公司监事会可以要求公司董事、高级管理人员及其他相关人员出席监事会会议，回答问题。监事会可根据需要对公司财务情况、合规情况进行专项检查，必要时可聘请外部专业人士协助。

对董事、高级管理人员违反法律、行政法规或者公司章程，损害公司、股东或者客户利益的行为，证券公司监事会应当要求董事、高级管理人员限期改正；损害严重或者董事、高级管理人员未在限期内改正的，监事会应当提议召开股东（大）会，并向股东（大）会提出专项议案。对董事会、高级管理人员的重大违法违规行为，监事会应当直接向中国证监会或者其派出机构报告。

5. 对高级管理人员的要求

证券公司的高级管理人员，是指证券公司的总经理、副总经理、财务负责人、合规负责人、风控负责人、信息技术负责人、行使经营管理职责并向董事会负责的管理委员会或执行委员会成员，和实际履行上述职务的人员，以及法律法规、中国证券监督管理委员会和公司章程规定的其他人员。

证券公司的高级管理人员对证券公司负有忠实义务和勤勉义务。高级管理人员不得利用职权收受贿赂或者其他非法收入，不得侵占公司的财产。证券公司高级管理人员不得同时在其他证券基金经营机构执业，不得在其他营利性机构兼职，但法律、行政法规或者中国证监会另有规定的除外。

证券公司设总经理的，总经理依据《公司法》、公司章程的规定行使职权，并向董事会负责。证券公司设立管理委员会、执行委员会等机构行使总经理职权的，应当在公司章程中明确其名称、组成、职责和议事规则，其组成人员应当向住所地中国证监会派出机构备案。证券公司经营管理的主要负责人应当根据董事会或者监事会的要求，向董事会或者监事会报告公司重大合同的签订、执行情况，资金运用情况和盈亏情况。经营管理的主要负责人必须保证报告的真实、准确、完整。

证券公司经理层应当建立责任明确、程序清晰的组织结构，组织实施各类风险的识别与评估工作，并建立健全有效的内部控制制度和机制、及时处理或者改正内部控制中存在的缺陷或者问题。证券公司高级管理人员应当对内部控制不力、不及时处理或者改正内部控制中存在的缺陷或者问题承担相应的责任。

证券公司分管合规管理、风险管理、稽核审计部门的高级管理人员，不得兼任或者分管与合规管理、风险管理、稽核审计职责相冲突的职务或者部门。证券公司高级管理人员应当支持合规管理、风险管理、稽核审计部门的工作。

证券公司对客户负有诚信义务，不得侵犯客户的财产权、选择权、公平交易权、知情权及其他合法权益。

不得挪用、侵占客户资金。证券公司不得挪用客户交易结算资金，不得挪用客户委托管理的资产，不得挪用客户托管在公司的证券。

保守客户秘密。证券公司对客户资料负有保密义务。证券公司有权拒绝其他任何单位或者个人对客户资料的查询，但法律、行政法规或者中国证监会另有规定的除外。

履行法定信息披露义务。证券公司在经营活动中应当履行法定的信息披露义务，保障客户在充分知情的基础上作出决定。证券公司向客户提供产品或者服务应当遵守法律、行政法规和中国证监会的规定，并对有关产品或者服务的内容及风险予以充分披露，不得有虚假陈述、误导及其他欺诈客户的行为。

完善客户沟通、投诉处理机制。证券公司应当设专职部门或者岗位，负责与客户进行沟通，处理客户的投诉等事宜。

履行公司财务报告披露义务。证券公司应当按照规定向社会公众披露本公司经审计的年度财务报告及其他信息，并保证披露信息真实、准确、完整。

二、证券公司内部控制

证券公司内部控制是指证券公司为实现经营目标，根据经营环境变化，对证券公司经营与管理过程中的风险进行识别、评价和管理的制度安排、组织体系和控制措施。有效的内部控制应当为证券公司实现后述目标提供合理保证：保证经营的合法合规及证券公司内部规章制度的贯彻执行；防范经营风险和道德风险；保障客户及证券公司资产的安全、完整；保证证券公司业务记录、财务信息和其他信息的可靠、完整、及时；提高证券公司经营效率和效果。

（一）证券公司内部控制的基本要求

1. 内部控制应当贯彻的原则

证券公司应当根据自身经营目标和运营状况并结合自身的环境条件，建立有效的内部控制制度、机制。证券公司内部控制应当遵循以下原则，确保内部控制有效。

（1）健全：内部控制应当做到事前、事中、事后控制相统一；覆盖证券公司的所有业务、部门和人员，渗透到决策、执行、监督、反馈等各个环节，确保不存在内部控制的空白或漏洞。

（2）合理：内部控制应当符合国家有关法律法规和中国证监会的有关规定，与证券公司经营规模、业务范围、风险状况及证券公司所处的环境相适应，以合理的成本实现内部控制目标。

（3）制衡：证券公司部门和岗位的设置应当权责分明、相互牵制；前台业务运作与后台管理支持适当分离。

（4）独立：承担内部控制监督检查职能的部门应当独立于证券公司其他部门。

2. 内部控制制度机制建设的基本要求

《证券公司内部控制指引》对证券公司建立规范、有效的内部控制制度、机制提出了以下方面的基本要求：

（1）树立合法合规经营的理念和风险控制优先的意识，健全证券公司行为准则和员工道德规范，营造合规经营的制度文化环境。

（2）采取切实有效的措施杜绝挪用客户交易结算资金、客户委托管理的资产及客户托管的证券等行为，确保客户资产的安全完整。

（3）根据经营环境的变化，建立动态的净资本监控机制，确保净资本符合有关监管指标的要求。

（4）加强法人统一管理，建立具体、明确、合理的授权、检查和逐级问责制度，明确界定部门、分支机构的目标、职责和权限，确保其在授权范围内行使经营管理职能。证券公司业务授权应当采取书面形式。

（5）主要业务部门之间建立健全隔离墙制度，确保经纪、自营、受托投资管理、投资银行、研究咨询等业务相对独立。电脑部门、财务部门、监督检查部门与业务部门的人员不得相互兼任，资金清算人员不得由电脑部门人员和交易部门人员兼任。

（6）不断完善业务、财务、人力资源等综合信息管理系统，根据自身实际加强业务运作的后台管理，完善集中清算、集中核算、客户资料集中管理等制度。提高实时预警、监控、防范风险的能力。

（7）建立业务风险识别、评估和控制的完整体系，运用包括敏感性分析在内的多种手段，对信用风险、市场风险、流动性风险、操作风险、技术风险、政策法规风险和道德风险等进行持续监控，明确风险管理流程和风险化解方法。

（8）建立健全包括授权管理、岗位职责、监督检查、考核奖惩等在内的各项内部管理制度。对经纪、自营、投资银行、受托投资管理、研究咨询以及创新业务等制定统一的业务流程和操作规范，针对业务的主要风险点和风险性质，制定明确的控制措施。

（9）大力加强自有资金和客户资金的风险控制，建立自有资金运用的决策、审核、批准、监控相分离的管理体系，加强资金额度控制和资金使用的日常监控，对资金异常变动和大额资金存取等行为重点监控。建立畅通、高效的信息交流渠道和重大事项报告制度，以及内部员工和客户的信息反馈机制，确保信息准确传递，确保董事会、监事会、经理人员及监督检查部门及时了解证券公司的经营和风险状况，确保各类投诉、可疑事件和内控缺陷得到妥善处理。

（10）真实、全面、及时记载各项业务，充分发挥会计的核算监督职能，确保信息资料的真实与完整；建立完备的业务台账系统，并通过业务台账系统和会计核算系统交叉印证，防止出现账外经营、账目不清等问题。

（11）按照专人管理、相互牵制、适当审批、严格登记的原则，加强对合同、票据、印章、密押等的管理。重要合同和票据有连号控制、作废控制、空白凭证控制以及领用登记控制等专门措施。证券公司公章、合同专用章、业务专用章、财务专用章、电子印鉴等的保管、审批、使用等应适当分离、相互牵制。

（12）加强对各类档案（包括各种会议记录与决议、经营协议、客户资料、交易记录、凭证账表、投诉与纠纷处理记录以及各类法规、制度等档案）妥善保管和分类管理。

（13）建立危机处理机制和程序，制订切实有效的应急应变措施和预案。

3. 内部控制的组织结构要求

证券公司应当建立健全公司治理结构，包括科学的决策程序与议事规则，高效、严谨的业务运作系统，健全、有效的内部监督和反馈系统，以及有效的激励约束机制。证券公司应当根据不同的工作岗位及其性质，赋予其相应的职责和权限，各个岗位应当有明确的岗位职责说明和清晰的报告关系。证券公司应建立清晰合理的组织结构，依据所处环境和自身经营特点设立严密有效的三道业务监控防线。

（1）建立重要一线岗位双人、双职、双责为基础的“第一道防线”，并加强对单人单岗业务的监控。与资金、有价证券、重要空白凭证、业务合同、印章等直接接触的岗位和涉及信息系统安全的岗位，应当实行双人负责制。

（2）建立相关部门、相关岗位之间相互制衡、监督的“第二道防线”。不同部门应有明确的职责分工不相容职务应适当分离。

（3）建立独立的监督检查部门对各项业务、各部门、各分支机构、各岗位全面实施监控、检查和反馈的“第三道防线”。

（二）证券公司各类业务内部控制的主要内容

1. 经纪业务内部控制

证券公司经纪业务内部控制应重点防范挪用客户交易结算资金及其他客户资产、非法融入融出资金以及结算风险等。具体而言，证券公司经纪业务应当开展以下内控工作：

（1）加强经纪业务整体规划，加强营业网点布局、规模、选址以及软件、硬件技术标准（含升级）等的统一规划和集中管理。

（2）制定统一完善的经纪业务标准化服务规程、操作规范和相关管理制度。

（3）制定标准化的开户文本格式，制定统一的开户程序，要求所属证券营业部按照程序认真审核客户资料的真实性和完整性，关注客户资金来源的合法性。

（4）建立对录入证券交易系统的客户资料等内容的复核和保密机制；妥善保管客户开户、交易及其他资料，杜绝非法修改客户资料；完善客户查询、咨询和投诉处理等制度，确保客户能够及时获知其账户、资金、交易、清算等方面的完整信息。

(5) 要求所属证券营业部与客户签订代理交易协议，协议中除载明双方权利义务和风险提示外，还应列示营业部可从事的合法业务范围及证券公司授权的业务内容，并向客户明示证券公司禁止营业部从事的业务内容。

(6) 针对账户管理、资金存取及划转、委托与撤单、清算交割、指定交易及转托管、查询及咨询等业务环节存在的风险，制定操作程序和具体控制措施。

(7) 对开户、资金存取及划转、接受委托、清算交割等重要岗位应适当分离，客户资金与自有资金严格分开运作、分开管理。

(8) 在证券营业部采用统一的柜面交易系统，并加强对柜面交易系统的风险评估，严防通过修改柜面交易系统的功能及数据从事违法违规活动；证券公司应采取严密的系统安全措施、严格的授权进入及记录制度，并开启系统的审计留痕功能。

(9) 实行法人集中清算制度及客户交易结算资金集中管理制度，保证客户交易结算资金的安全，防范结算风险。

(10) 建立对托管证券等的登记程序与独立监控机制，严防发生挪用客户托管的证券等进行抵押、回购或卖空交易及其他损害客户利益的行为。

(11) 通过身份认证、证件审核、密码管理、指令记录等措施，加强对交易清算系统的管理，确保交易清算系统的安全。

(12) 建立健全经纪业务的实时监控系统。证券公司的监督检查部门或其他独立部门负责对证券营业部资金划转、证券转移、交易活动进行实时监控，并对异常资金流转、异常证券转移、异常交易及违规行为实时预警。

(13) 定期、不定期地对证券营业部交易系统、财务系统和清算系统进行检查，加强交易信息与财务信息、清算信息的核对，确保相关信息与证券交易所、登记结算公司、商业银行等提供的信息相符。

(14) 建立交易数据安全备份制度，对交易数据采取多介质备份与异地备份相结合的数据备份方式，确保交易数据的安全完整。

(15) 网上交易系统应采取有效的身份认证及访问控制措施，应详细记录客户的网上交易和查询过程。加强交易方身份识别，并对访问权限进行控制，确保交易的安全、可靠。

(16) 网上交易系统应采用防火墙、入侵检测等措施保障网络安全，采用高强加密等有效技术手段，防止客户数据被窃取、篡改。

(17) 对网络中断、委托中断、客户数据丢失、银证转账故障、交易服务器故障以及出现供电中断、火灾、抢劫等紧急情况，应制定和定期修订灾难恢复和应急处理预案，建立应急演习机制，确保及时有效地处理各种故障和危机。

(18) 建立投资者教育与信息沟通机制，向投资者充分揭示投资风险，加强与投资者信息沟通。

(19) 建立交易清算差错的处理程序和审批制度，建立重大交易差错的报告制度，明确交易清算差错的纠纷处理，防止出现隐瞒不报、擅自处理差错等情况。差错处理应留审计痕迹。

(20) 建立由相对独立人员对重点客户进行定期回访的制度。

2. 自营业务内部控制

证券公司应加强自营业务投资决策、资金、账户、清算、交易和保密等的管理，重点防范规模失控、决策失误、超越授权、变相自营、账外自营、操纵市场、内幕交易等的风险。具体而言，在自营业务方面，证券公司应当开展以下内控工作内容。

(1) 建立健全自营决策机构和决策程序，加强对自营业务的投资策略、规模、品种、结构、期限等的决策管理。

(2) 通过合理的预警机制、严密的账户管理、严格的资金审批调度、规范的交易操作及完善的交易记录保存制度等，控制自营业务运作风险。

(3) 建立健全自营业务的授权体系，确保自营部门及员工在授权范围内行使相应的职责。

(4) 自营业务的研究策划、投资决策、交易执行、交易记录、资金清算和风险监控等职能应相对分离；重要投资要有详细的研究报告、风险评估及决策记录。

(5) 加强自营账户的集中管理和访问权限控制。自营账户应由独立于自营业务的部门统一管理，建立自营账户审批和稽核制度；采取措施防止变相自营、账外自营、出借账户等风险；防止自营业务与受托投资管理业务混合操作。

(6) 建立完善的交易记录制度，加强电子交易数据的保存和备份管理，确保自营交易清算数据的安全、真实和完整，并确保自营部门和会计核算部门对自营浮动盈亏进行恰当的记录和报告。

(7) 建立独立的实时监控系统。证券公司的监督检查部门或其他独立监控部门负责对证券持仓、盈亏状况、风险状况和交易活动进行有效监控，并定期对自营业务进行压力测试，确保自营业务各项风险指标符合监管指标的要求并控制在证券公司承受范围内。

(8) 加强对参与投资决策和交易活动人员的监察，通过定期述职和签订承诺书等方式提高其自律意识，防止利用内幕消息为自己及他人谋取不当利益。

(9) 确保自营资金来源的合法性。

3. 投资银行类业务内部控制

证券公司投资银行类业务包括承销与保荐、上市公司并购重组财务顾问、公司债券受托管理、非上市公众公司推荐、资产证券化等其他具有投资银行特性的业务。证券公司开展投资银行类业务时，应当按照《证券公司内部控制指引》《证券公司投资银行类业务内部控制指引》的规定，建立健全内部控制体系和机制，保障内部控制有效执行。在对投资银行类业务进行内部控制时，应重点防范因管理不善、权责不明、未勤勉尽责等因素导致的法律风险、财务风险及道德风险，杜绝虚假承销行为。

（1）在组织体系方面，证券公司应当构建清晰、合理的投资银行类业务内部控制组织架构，建立分工合理、权责明确、相互制衡、有效监督的三道内部控制防线：

①项目组、业务部门为内部控制的“第一道防线”，项目组应当诚实守信、勤勉尽责开展执业活动；业务部门应当加强对业务人员的管理，确保其规范执业。

②质量控制为内部控制的“第二道防线”，应当对投资银行类业务风险实施过程管理和控制，及时发现、制止和纠正项目执行过程中的问题。

③内核、合规、风险管理等部门或机构为内部控制的“第三道防线”，应当通过介入主要业务环节、把控关键风险节点，实现公司层面对投资银行类业务风险的整体管控。

（2）在内部控制保障方面，《证券公司投资银行类业务内部控制指引》要求证券公司开展以下工作内容。

应当建立健全投资银行类业务制度体系，对各类业务活动制定全面、统一的业务管理制度和操作流程，并及时更新、评估和完善。

应当对投资银行类业务承做实行集中统一管理，明确界定总部与分支机构的职责范围，确保其在授权范围内开展业务活动。非单一从事投资银行类业务的证券公司分支机构不得开展除项目承揽等辅助性活动以外的投资银行类业务，专门从事资产管理业务的证券公司分支机构开展资产证券化业务除外。

在开展投资银行类业务时，应当在综合评估项目执行成本基础上合理确定报价，不得存在违反公平竞争、破坏市场秩序等行为。

应当在综合考虑前端项目承做和后端项目管理基础上合理测算、分配投资银行类业务执行费用，保证足够的费用投入，避免因费用不足影响业务质量。

应当建立健全合理的高级管理人员分工制度，严格防范利益冲突。分管投资银行类业务的高级管理人员不得同时管理与投资银行类业务存在或可能存在利益冲突的部门或机构。

投资银行业务部门应当为每个投资银行类项目配备具备相关专业知识和履职能力、数量适当的业务人员，保证投资银行类项目的执行质量。

投资银行业务部门应当建立项目管理制度，及时掌握项目的情况和业务人员的执业活动。

投资银行业务部门应当建立其业务人员从业登记、流动等管理制度，加强对业务人员行为管理。

应当根据投资银行类业务特点制定科学、合理的薪酬考核体系，合理设定考核指标、权重及方式，与不同岗位的职责要求相适应。不得以业务包干等承包方式开展投资银行类业务，或者以其他形式实施过度激励。

不得将投资银行类业务人员薪酬收入与其承做的项目收入直接挂钩，应当综合考虑其专业胜任能力、执业质量、合规情况、业务收入等各项因素。

应当针对管理和执行投资银行类项目的主要人员建立收入递延支付机制，合理确定收入递延支付标准，明确递延支付人员范围、递延支付年限和比例等内容。对投资银行类项目负有主要管理或执行责任人员的收入递延支付年限原则上不得少于3年。

应当为投资银行类业务配备具备相应专业知识和履职能力的内部控制人员，独立开展投资银行类业务内部控制工作。投资银行类业务专职内部控制人员数量不得低于投资银行类业务人员总数的1/10。专职内部控制人员，是指证券公司中以履行投资银行类业务质量控制、内核、合规、风险管理等内部控制职能为主要职责的从业人员。

应当建立内部控制人员回避制度，明确回避的情形。内部控制人员不得参与存在利益冲突等可能影响其公正履行职责的项目审核、表决工作。

应当按照《证券公司和证券投资基金管理公司合规管理办法》为投资银行类业务配备专职合规管理人员，赋予其明确的职责和权限。

应当建立科学、合理的投资银行类业务内部控制人员薪酬考核体系，保证内部控制人员独立、有效履行内部控制职责。内部控制人员的薪酬收入不得与单个投资银行类项目收入挂钩。内部控制人员工作称职的，其薪酬收入总额应当不低于公司同级别人员的平均水平。

应当建立健全投资银行类业务风险事项报告制度，明确各类投资银行业务和各业务环节可能存在的报告情形、报告主体、路径和时限等要求，保证投资银行业务负责人、内部控制部门能够及时掌握相关业务风险。

应当建立健全内部问责机制，明确问责范围、问责形式和种类、问责程序等内容，落实责任追究。

应当建立健全应急处理机制，在投资银行类业务开展过程中出现或可能出现风险事件时，成立应急处理小组，制定应急处理方案，牵头组织具体处置工作。证券公司合规、风险管理等内部控制部门应当作为小组成员参与应急处理工作。

应当针对投资银行类业务不同类型和业务环节的特点，细化信息隔离墙制度，防范利益冲突。

应当与投资银行类业务人员及相关知情人员签订保密协议。投资银行类业务人员及相关知情人员应当严格遵守保密制度和保密协议的规定，不得传播或泄露内幕信息，不得进行内幕交易，不得非法为自己或他人谋取利益。

应当建立健全未公开信息知情人管理制度，对接触未公开信息的业务人员及相关人员进行登记备案，防止未公开信息被泄露或滥用。

应当根据投资银行业务类型和业务环节的不同，细化反洗钱要求，加强对客户身份的识别、可疑报告、客户资料及交易记录保存、反洗钱培训与宣传等工作。

应当建立健全投资银行类业务合规检查制度，明确合规检查的范围、频次、内容、程序等要求，并形成书面检查报告存档备查。

应当根据监管要求、业务发展等情况的需要，建立内部控制执行效果定期评估机制。证券公司应当自行或委托外部专业机构对投资银行类业务内部控制的有效性进行全面评估。内部控制执行效果评估每年不得少于1次。对因投资银行类业务涉嫌违法违规而被中国证监会立案调查的证券公司，应当在45日内对内部控制执行效果进行评估。证券公司应当于评估工作完成后30日内向中国证监会相关派出机构报送内部控制执行有效性评估报告，说明评估及整改情况。

委托外部机构对投资银行类业务内部控制有效性进行评估的，应当对外部机构的独立性和专业性进行审慎调查，避免发生利益冲突。证券公司依法应当承担的责任不因委托外部机构而免除。

4. 受托投资管理业务内部控制

证券公司在建立健全受托投资管理业务内部控制体制机制时，应重点防范规模失控、决策失误、越权操作、账外经营、挪用客户资产和其他损害客户利益的行为以及保本保底所导致的风险。具体而言，在受托投资管理业务方面，证券公司应当开展以下工作内容。

（1）由受托投资管理部门统一管理受托投资管理业务。受托投资管理业务应与自营业务严格分离，独立决策、独立运作。

（2）针对业务受理、投资运作、资金清算、财务核算等环节制定规范的业务流程、操作规范和控制措施，有效防范各类风险。

（3）对委托人的资信状况、收益预期、风险承受能力、投资偏好等进行了解，并关注委托人资金来源的合法性。

（4）根据法律、法规和中国证监会的规定，制定规范的受托投资管理合同，公平对待委托人。受托投资管理合同中不得有承诺收益条款。

（5）与委托人签订受托投资管理合同，严格合同审批程序。证券公司应在合同约定的权限内管理受托资产，严格控制风险。

（6）封闭运作、专户管理受托资产，确保客户资金与自有资金的分户管理、独立运作，确保受托资产的安全、完整。证券公司应创造条件积极引入有资质的银行作为托管人托管受托资产。

（7）建立规范的风险预警机制，由独立的监督检查部门或风险控制部门监控受托投资管理业务的运作状况，进行定期或不定期的检查、评价。

（8）加强受托投资管理业务的合同、交易、投诉处理等档案资料的集中管理，确保对浮动盈亏进行恰当记录，并向委托人及时提供受托资产估值和风险状况的信息。

（9）制定明确、详细的受托投资管理业务信息披露制度，保证委托人的知情权。合同到期后，编制的结算报告应由委托人进行确认，必要时由中介机构或托管人审核。

（10）根据自身的管理能力及风险控制水平，合理控制受托投资管理业务规模。

5. 研究咨询业务内部控制

证券公司在对研究咨询业务进行内部控制的过程中应重点防范传播虚假信息、误导投资者、无资格执业、违规执业以及利益冲突等的风险。具体而言，在研究咨询业务方面，证券公司应当开展以下工作内容。

（1）加强研究咨询业务的统一管理，完善研究咨询业务规范和人员管理制度，制定适当的执业回避、信息披露和隔离墙等制度，防止利益冲突。

（2）加强对客户的了解，及时为客户提供有针对性的证券投资咨询服务，与客户保持畅通的沟通渠道，及时妥善处理客户咨询和投诉。

（3）通过部门设置、人员管理、信息管理等方面的隔离措施，建立健全研究咨询部门与投资银行、自营等部门之间的隔离墙制度；对跨隔离墙的人员、业务应有完整记录，并采取静默期等措施；对跨越隔离墙的业务、人员应实行重点监控。

（4）加强对各营业场所“工作室”（包括“网上工作室”）和集会性投资咨询活动的集中管理和风险控制，确保向公众提供证券投资咨询服务人员具备从事证券投资咨询业务所需的专业能力，确保相关活动已履行报备手续，确保证券公司所辖营业场所没有非法投资咨询活动。

（5）加强证券投资咨询执业人员的管理和登记注册的管理，确保不存在人员兼职和挂靠，对执业人员发生变动的应及时办理变更（包括离开咨询岗位）手续。

（6）建立健全研究咨询业务档案和客户服务档案，包括客户服务记录、对公众荐股记录、研究报告及公开发表的研究咨询文章等，履行相关资料的备案义务。

（7）建立健全研究对象覆盖、信息收集、调研、证券研究报告制作、质量控制、合规审查、证券研究报告发布以及相关销售服务等关键环节的管理制度，加强流程管理和内部控制。建立健全证券分析师发表公开言论前的内部报备程序。

（8）建立健全与发布证券研究报告相关的利益冲突防范机制，明确管理流程、披露事项和操作要求，有效防范发布证券研究报告与其他证券业务之间的利益冲突。

（9）建立合理的发布证券研究报告相关人员绩效考核和激励机制，以维护发布证券研究报告行为的独立性。

6. 证券投资顾问业务内部控制

证券投资顾问业务是证券公司、证券投资咨询机构接受客户委托，按照约定，向客户提供涉及证券及证券相关产品的投资建议服务，辅助客户作出投资决策，并直接或者间接获取经济利益的经营活动。证券公司、证券投资咨询机构从事证券投资顾问业务，应当开展以下工作内容。

（1）建立健全证券投资顾问业务管理制度、合规管理和风险控制机制，覆盖业务推广、协议签订、服务提供、客户回访、投诉处理等业务环节。

（2）保证证券投资顾问人员数量、业务能力、合规管理和风险控制与服务方式、业务规模相适应。

（3）按照公司制定的程序和要求了解客户，评估客户的风险承受能力，向客户提供适当的投资建议服务，并履行相应的信息告知和风险揭示义务。

（4）与客户签订证券投资顾问协议，并按照公平、合理、自愿的原则，与客户协商并书面约定费用收取安排。证券投资顾问服务费应当以公司账户收取。

（5）建立客户回访机制，明确客户回访的程序、内容和要求，并指定专人独立实施；建立客户投诉处理机制，及时、妥善处理客户投诉事项。

（6）规范业务推广和客户招揽行为，禁止对服务能力和过往业绩进行虚假、不实、误导性的营销宣传，禁止以任何方式承诺或者保证投资收益。

（7）对业务推广、协议签订、服务提供、客户回访、投诉处理等环节实行留痕管理。业务档案保存期限自协议终止之日起不得少于5年。

（三）证券公司业务创新的相关规定

证券公司对业务创新应重点防范违法违规、规模失控、决策失误等风险，始终坚持合法合规、审慎经营的原则，加强集中管理和风险控制。证券公司在开展业务创新时，应当建立相关机制，包括但不限于以下内容。

（1）建立完整的业务创新工作程序，严格内部审批程序，对可行性研究、产品或业务设计、风险管理、运作与实施方案等作出明确要求，并经董事会批准。

（2）在可行性研究的基础上，及时与中国证监会沟通，履行创新业务的报备（报批）程序。

（3）对创新业务设计科学合理的流程，制定风险控制措施及相应财务核算、资金管理办法。

（4）注重业务创新的过程控制，及时纠正偏离目标行为。

（四）证券公司内部控制的监督、检查与评价机制

证券公司应当建立合理的内部控制监督、检查与评价机制，确保内部控制的有效性。证券公司应明确董事会、监事会、经理人员等各层级的内部控制职责。

（1）董事会负责督促、检查和评价证券公司各项内部控制制度的建立与执行情况，对内部控制的有效性负最终责任；每年至少进行 1 次全面的内部控制检查评价工作，并形成相应的专门报告。董事会应对中国证监会、外部审计机构和证券公司监督检查部门等对证券公司内部控制提出的问题和建议认真研究并督促落实。

（2）监事会应对董事会、经理人员履行职责的情况进行监督，对证券公司财务情况和内部控制建设及执行情况实施必要的检查，督促董事会、经理人员及时纠正内部控制缺陷，并对督促检查不力等情况承担相应责任。

（3）经理人员负责建立健全责任明确、程序清晰的组织结构，组织实施各类风险的识别与评估，建立健全有效的内部控制机制和内部控制制度，及时纠正内部控制存在的缺陷和问题，并对内部控制不力及不及时纠正内部控制缺陷等承担相应责任。

证券公司应有高级管理人员专门负责证券公司内部控制的监督、检查与评价工作。该高级管理人员和监督检查部门负责人可列席证券公司任何会议。负责监督检查部门的高级管理人员不得兼管业务部门。

（4）业务部门和分支机构的负责人负责对其业务范围内的具体作业程序和风险控制措施进行自我检查和评价，并接受证券公司上级管理部门和监督检查部门的业务检查和指导。

（5）直接从事业务经营活动的业务部门和分支机构的相关人员有义务向证券公司报告内部控制的缺陷，并及时加以纠正。相关人员应对违反职责范围内的内部控制导致的风险和损失承担首要责任。

证券公司应设立监督检查部门或岗位，独立履行合规检查、财务稽核、业务稽核、风险控制等监督检查职能，负责提出内部控制缺陷的改进建议并敦促有关责任单位及时改进。监督检查部门对证券公司董事会负责，并应同时向经理人员和监事会报告证券公司内部控制的建设与执行情况。证券公司应当为监督检查部门配备足够的具有法律、财会、计算机以及相关业务技能、经验的专业人员，确保监督检查部门的人员具有专业胜任能力，并为监督检查部门及人员履行职责提供必要的条件。

监督检查部门应加强对内部控制执行情况的现场检查、非现场检查和常规稽核、非常规稽核，并将检查结果报证券公司注册地中国证监会派出机构。证券公司所有部门和人员应当积极配合监督检查部门的工作，对拒绝、阻挠监督检查部门工作和打击、报复、陷害监督检查人员的行为应严肃处理。此外，证券公司应积极配合中国证监会

及外部审计机构对证券公司内部控制情况的检查和评价，不得以任何形式干预、阻挠。

三、证券公司合规管理

中国证监会于2008年在证券行业推行合规管理制度，经过多年实践，证券经营机构合规管理工作取得了积极成效。为促进证券公司进一步加强内部合规管理，增强自我约束能力，中国证监会于2017年颁布实施了统一适用于证券、基金行业经营机构的《证券公司和证券投资基金管理公司合规管理办法》，并于2020年修订更新。中国证券业协会颁布实施了《证券公司合规管理实施指引》，指导行业机构有效落实新规，进一步提升合规管理水平。

（一）证券公司合规、合规管理及合规风险的概念

证券公司的合规，是指证券公司及其工作人员的经营管理和执业行为符合法律、法规、规章及规范性文件、行业规范和自律规则、公司内部规章制度，以及行业普遍遵守的职业道德和行为准则。

证券公司的合规管理，是指证券公司制定和执行合规管理制度，建立合规管理机制，防范合规风险的行为。

证券公司的合规风险，是指因证券公司或其工作人员的经营管理或执业行为违反法律法规和准则而使证券公司被依法追究法律责任、采取监管措施、给予纪律处分、出现财产损失或商业信誉损失的风险。

（二）证券公司合规经营的基本原则与应遵守的基本要求

证券公司开展各项业务，应当遵循合规经营、勤勉尽责，坚持客户利益至上原则，并遵守下列基本要求。

1. 充分了解客户的基本信息、财务状况、投资经验、投资目标、风险偏好、诚信记录等信息并及时更新。

2. 合理划分客户类别和产品、服务风险等级，确保将适当的产品、服务提供给适合的客户，不得欺诈客户。

3. 持续督促客户规范证券发行行为，动态监控客户交易活动，及时报告、依法处置重大异常行为，不得为客户违规从事证券发行、交易活动提供便利。

4. 严格规范工作人员执业行为，督促工作人员勤勉尽责，防范其利用职务便利从事违法违规、超越权限或者其他损害客户合法权益的行为。

5. 有效管理内幕信息和未公开信息，防范公司及其工作人员利用该信息买卖证

券、建议他人买卖证券，或者泄露该信息。

6. 及时识别、妥善处理公司与客户之间、不同客户之间、公司不同业务之间的利益冲突，切实维护客户利益，公平对待客户。

7. 依法履行关联交易审议程序和信息披露义务，保证关联交易的公允性，防止不正当关联交易和利益输送。

8. 审慎评估公司经营管理行为对证券市场的影响，采取有效措施，防止扰乱市场秩序。

证券公司的合规管理应当覆盖所有业务，各部门、各分支机构、各层级子公司（统称“下属单位”）和全体工作人员，贯穿决策、执行、监督、反馈等各个环节。

（三）证券公司合规管理基本制度

证券公司应当制定合规管理的基本制度，经董事会审议通过后实施。合规管理的基本制度应当明确合规管理的目标、基本原则、机构设置及其职责、履职保障、合规考核、违法违规行为及合规风险隐患的报告、处理和责任追究等内容。证券公司应当结合本公司经营实际情况，制定指导经营活动依法合规开展的具体管理制度或操作流程，切实加强对各项经营活动的合规管理。证券公司应当制定工作人员执业行为准则，引导工作人员树立良好的合规执业意识和道德行为规范，确保工作人员执业行为依法合规。

（四）证券公司经营管理各层级及全体工作人员的合规管理职责

证券公司应当树立“全员合规、合规从管理层做起、合规创造价值、合规是公司生存基础”的理念，倡导和推进合规文化建设，培育全体工作人员合规意识，提升合规管理人员职业荣誉感和专业化、职业化水平。

公司董事会、监事会或监事、经营管理主要负责人、其他高级管理人员、下属各单位负责人及其他工作人员均应充分了解和掌握与其经营管理和执业行为有关的法律、法规和准则，并在经营决策、运营管理和执业行为过程中充分识别相关的合规风险，主动防范、应对和报告。

1. 证券公司董事会的合规管理职责

证券公司董事会决定本公司的合规管理目标，对合规管理的有效性承担责任，履行下列合规管理职责：

（1）审议批准合规管理的基本制度；

（2）审议批准年度合规报告；

（3）决定解聘对发生重大合规风险负有主要责任或者领导责任的高级管理人员；

（4）决定聘任、解聘、考核合规负责人，决定其薪酬待遇；

（5）建立与合规负责人的直接沟通机制；

（6）评估合规管理有效性，督促解决合规管理中存在的问题；

（7）公司章程规定的其他合规管理职责。

2. 监事会或监事的合规管理职责

证券公司的监事会或者监事履行下列合规管理职责：

（1）对董事、高级管理人员履行合规管理职责的情况进行监督；

（2）对发生重大合规风险负有主要责任或者领导责任的董事、高级管理人员提出罢免的建议；

（3）公司章程规定的其他合规管理职责。

3. 经营管理主要负责人的合规管理职责

证券公司经营管理主要负责人对公司合规运营承担责任，履行下列合规管理职责：

（1）组织制定公司规章制度，并监督其实施；

（2）主动在日常经营过程中倡导合规经营理念，积极培育公司合规文化，认真履行合规管理职责，主动落实合规管理要求；

（3）充分重视公司合规管理的有效性，发现存在问题时要求下属各单位及其工作人员及时改进；

（4）督导、提醒公司其他高级管理人员在其分管领域中认真履行合规管理职责，落实合规管理要求；

（5）支持合规负责人及合规部门工作，督促下属各单位为合规管理人员履职提供有效保障；

（6）支持合规负责人及合规部门按照监管要求和公司制度的规定，向董事会、监管部门报告合规风险事项；

（7）在公司经营决策过程中，充分听取合规负责人及合规部门的合规意见；

（8）督促公司下属各单位就合规风险事项开展自查或配合公司调查，严格按照公司规定进行合规问责，并落实整改措施。

4. 其他高级管理人员的合规管理职责

证券公司其他高级管理人员对其分管领域的合规运营承担责任，履行下列合规管理职责：

（1）在其分管领域组织贯彻执行公司各项规章制度，组织起草、制定其分管领域的规章制度，并监督其实施；

（2）在其分管领域主动倡导合规经营理念，积极培育公司合规文化；

（3）充分重视其分管领域合规管理的有效性，发现存在问题时要求分管领域下属各单位及其工作人员及时改进；

（4）提醒、督导分管领域下属各单位负责人认真履行合规管理职责，落实合规管理要求；

（5）支持分管领域下属各单位合规管理人员的工作，督促分管领域下属各单位为合规管理人员履职提供有效保障；

（6）支持分管领域下属各单位及其合规管理人员按照公司制度规定，向公司及合规部门报告合规风险事项；

（7）在其职责范围内的经营决策过程中，听取公司合规部门及分管领域下属各单位合规管理人员的合规意见，并给予充分关注；

（8）督促分管领域下属各单位就合规风险事项开展自查或配合公司进行调查，严格按照公司规定进行合规问责，并落实整改措施。

5. 下属各单位负责人的合规管理职责

证券公司各部门、各分支机构和各层级子公司负责人负责落实本单位的合规管理目标，对本单位合规运营承担责任：

（1）在本单位组织贯彻执行公司各项规章制度，组织起草、制定与本单位职责相关的规章制度，并监督其实施；

（2）建立并完善本单位的合规管理制度与机制，将各项经营活动的合规性要求嵌入业务管理制度与操作流程；

（3）在本单位主动倡导合规经营理念，积极培育公司合规文化；

（4）积极配合合规负责人及合规部门的工作，认真听取并落实合规负责人及合规部门提出的合规管理意见；

（5）为本单位配备合格合规管理人员，避免分配与其履行合规职责相冲突的工作；

（6）支持本单位合规管理人员的工作，为本单位合规管理人员提供履职保障，包括但不限于参与本单位重要会议、查阅本单位各类业务与管理文档、充分尊重其独立发表合规专业意见的权利等；

（7）在业务开展前应当充分论证业务的合法合规性，充分听取本单位合规管理人员的合规审查意见，有效评估业务的合规风险，主动避免开展存在合规风险的业务；

（8）发现与本单位业务相关的合规风险事项时，及时按公司制度规定进行报告，提出整改措施并督促整改落实。

6. 全体工作人员的合规管理职责

证券公司全体工作人员应当对自身经营活动范围内所有业务事项和执业行为的合规性负责，履行下列合规管理职责：

（1）主动了解、掌握和遵守相关法律、法规和准则；

（2）积极参加公司安排的合规培训和合规宣导活动；

（3）根据公司要求，签署并信守相关合规承诺；

（4）在执业过程中充分关注执业行为的合法合规性；

（5）在业务开展过程中主动识别和防范业务合规风险；

（6）发现违法违规行为或者合规风险隐患时，应当主动按照公司规定及时报告；

（7）出现合规风险事项时，积极配合公司调查，并接受公司问责，落实整改要求。

（五）证券公司合规负责人的职责

证券公司设合规负责人。合规负责人是高级管理人员，直接向董事会负责，对本公司及其工作人员的经营管理和执业行为的合规性进行审查、监督和检查。

合规负责人组织拟定合规管理的基本制度和其他合规管理制度，督导下属各单位实施。

法律法规和准则发生变动的，合规负责人应当及时建议董事会或高级管理人员并督导有关部门，评估其对合规管理的影响，修改、完善有关制度和业务流程。

1. 合规负责人进行合规审查、合规检查的规定

（1）合规审查

合规负责人应当对证券公司内部规章制度、重大决策、新产品和新业务方案等进行合规审查，并出具书面合规审查意见。中国证监会及其派出机构、自律组织要求对证券公司报送的申请材料或报告进行合规审查的，合规负责人应当审查，并在该申请材料或报告上签署合规审查意见。其他相关高级管理人员等应当对申请材料或报告中基本事实和业务数据的真实性、准确性及完整性负责。证券公司不采纳合规负责人的合规审查意见的，应当将有关事项提交董事会决定。

证券公司应当建立新产品、新业务评估与决策机制，合规负责人和合规部门应当对新产品、新业务发表合规审查意见，证券公司在进行相关决策时，应当充分考虑和采纳合规审查意见。新产品、新业务是指公司首次开展，需就业务合规性进行论证的产品、业务以及展业方式等。上市证券公司开展新业务和经营创新业务，应当经中国证监会批准。上市证券公司在公告董事会、股东会对拟开展新业务或者经营创新业务的决议时，应当同时向投资者进行风险提示。这说明上市证券公司要实际开展相关业务尚需要监管机构核准，且存在达不到法律法规和监管要求而导致监管机构不予核准的情形。

（2）合规检查

证券公司应当按照监管机构及自律组织的要求、公司相关制度规定及管理需要，

对下属各单位及其工作人员的经营管理和执业行为的合规性进行检查。

在发生下列情形时，证券公司应当进行专项检查：公司发生违法违规行为或存在合规风险隐患的；公司董事会、监事会、高级管理人员、合规负责人或合规部门认为必要的；公司下属各单位及其工作人员配合监管和稽查办案不力的；监管部门或自律组织要求的；其他有必要进行专项检查的情形。证券公司相关违法违规行为频发的，应当增加合规检查频次。

合规咨询不能取代合规审查和合规检查。合规咨询意见作为提出咨询的下属各单位及其工作人员进行决策或业务管理活动时的参考意见，不能取代合规审查意见或合规检查结论。

2. 合规负责人对公司违法违规行为或合规风险隐患的处理规定

合规负责人发现证券公司存在违法违规行为或合规风险隐患的，应当按照如下办法处理：依照公司章程规定及时向董事会、经营管理主要负责人报告，提出处理意见，并督促整改；合规负责人应当同时督促公司及时向中国证监会相关派出机构报告；公司未及时报告的，应当直接向中国证监会相关派出机构报告；有关行为违反行业规范和自律规则的，还应当向有关自律组织报告。

（六）证券公司合规部门、合规管理人员的相关规定

1. 合规部门的设立及人员配备

证券公司应当设立合规部门，作为合规负责人领导的办事机构承担合规管理职责。合规部门对合规负责人负责，按照公司规定和合规负责人的安排履行合规管理职责。证券公司应当明确合规部门与法律部门、风险管理部门、内部审计部门等内部控制部门以及其他承担合规管理职责的前中后台部门的职责分工。合规部门不得承担业务、财务、信息技术等与合规管理相冲突的职责。

证券公司应当为合规部门配备足够的、具备与履行合规管理职责相适应的专业知识和技能的合规管理人员。合规部门中具备 3 年以上证券、金融、法律、会计、信息技术等有关领域工作经历的合规管理人员数量不得低于公司总部人数的 1.5%，且不得少于 5 人。

2. 业务部门、分支机构合规管理人员配备

证券公司业务部门、分支机构应当配备具备 3 年以上证券、金融、法律、会计、信息技术等有关领域工作经历，具备与履行合规管理职责相适应的专业知识和技能的合规管理人员。合规管理人员可以兼任与合规管理职责不相冲突的职务。证券公司从事自营、投资银行、债券等合规风险管控难度较大的业务部门、工作人员人数在 15 人以上的分支机构以及证券公司异地总部等，应当配备专职合规管理人员。

（七）证券公司合规负责人和合规管理人员的独立性原则

《证券公司和证券投资基金管理公司合规管理办法》及配套自律规则通过保障合规负责人考核和任免的独立性、知情权、权威性，强化合规负责人对合规管理人员的考核权等多项举措，提升合规负责人及其他合规管理人员的独立性和履职保障。

一是保障合规负责人考核和任免的独立性。明确合规负责人直接向董事会负责，由董事会考核。规定公司在合规负责人任期届满前免除其职务的正当理由只能是合规负责人本人申请，或被中国证监会责令更换，或确有证据证明其无法正常履职、未能勤勉尽责等情形。

二是保障合规负责人的知情权。要求公司在召开董事会、经营决策会等重要会议以及合规负责人要求参加或者列席的会议前通知合规负责人，合规负责人有权根据履职需要参加或列席有关会议，查阅、复制有关文件、资料，证券公司应当明确合规总监有权出席或列席会议的范围。

三是保障合规负责人的权威性。规定公司不采纳合规负责人的合规审查意见的，应当将有关事项提交董事会审议决定。

四是强化合规负责人对合规管理人员的考核权。要求合规部门及其合规管理人员由合规负责人考核，证券公司对合规部门及其合规管理人员进行考核时，不得采取其他部门打分、将考核结果与业务部门的经营业务直接挂钩等方式影响合规部门及其合规管理人员的独立性。

五是明确合规负责人考核公司有关主体的合规管理工作。规定证券经营机构对高级管理人员和下属各单位进行考核时，应当由合规负责人对其合规管理的有效性、经营管理和执业行为的合规性进行专项考核，作为绩效考核的重要内容。

六是保障合规负责人及其他合规管理人员的薪酬待遇。要求董事会对合规负责人进行年度考核时，就其履职情况书面征求中国证监会相关派出机构的意见。中国证监会相关派出机构可以根据日常监管掌握的情况建议公司董事会调整考核结果。合规负责人工作称职的，其年度薪酬收入总额在公司高级管理人员年度薪酬收入总额中的排名应当不低于中位数。其他合规管理人员工作称职的，其年度薪酬收入总额应当不低于公司同级别人员的平均水平。

七是明确中国证监会和自律组织的外部支持。规定中国证监会及其派出机构和自律组织支持合规负责人依法开展工作，组织行业培训和交流，并督促证券经营机构为合规负责人提供充足的履职保障。

（八）证券公司合规报告的规定

证券公司应当在报送年度报告的同时向中国证监会相关派出机构报送年度合规报

告。证券公司的董事、高级管理人员应当对年度合规报告签署确认意见，保证报告的内容真实、准确、完整；对报告内容有异议的，应当注明意见和理由。

（九）证券公司及有关人员违反合规管理规定的监管措施

证券公司违反《证券公司和证券投资基金管理公司合规管理办法》规定的，中国证监会可以采取出具警示函、责令定期报告、责令改正、监管谈话等行政监管措施；对直接负责的董事、监事、高级管理人员和其他责任人员，可以采取出具警示函、责令参加培训、责令改正、监管谈话、认定为不适当人选等行政监管措施。

证券公司违反《证券公司和证券投资基金管理公司合规管理办法》规定导致公司出现治理结构不健全、内部控制不完善等情形的，对证券公司及其直接负责的董事、监事、高级管理人员和其他直接责任人员，依照《证券公司监督管理条例》第七十条的规定采取行政监管措施。

合规负责人违反《证券公司和证券投资基金管理公司合规管理办法》规定的，中国证监会可以采取出具警示函、责令参加培训、责令改正、监管谈话、认定为不适当人选等行政监管措施。

证券公司的董事、监事、高级管理人员未能勤勉尽责，致使公司存在重大违法违规行为或者重大合规风险的，依照《证券法》第一百四十条、第一百四十二条以及《证券投资基金法》第二十五条采取行政监管措施的规定。

证券公司通过有效的合规管理，主动发现违法违规行为或合规风险隐患，积极妥善处理，落实责任追究，完善内部控制制度和业务流程并及时向中国证监会或其派出机构报告的，依法从轻、减轻处理；情节轻微并及时纠正违法违规行为或避免合规风险，没有造成危害后果的，不予追究责任。对于证券公司的违法违规行为，合规负责人已经按照《证券公司和证券投资基金管理公司合规管理办法》的规定尽职履行审查、监督、检查和报告职责的，不予追究责任。

中国证监会根据审慎监管的原则可以提高对行业重要性证券公司的合规管理要求，并可以采取增加现场检查频率、强化合规负责人任职监管、委托外部专业机构协助开展工作等方式加强合规监管。

四、证券公司信息隔离墙制度

依据《证券公司信息隔离墙制度指引》，证券公司信息隔离墙制度，是指证券公司为控制内幕信息及未公开信息（统称“敏感信息”）的不当流动和使用而采取的一系列管理措施。

证券公司应当将信息隔离墙制度纳入公司内部控制机制，采取有效措施，健全业务管理流程，加强对工作人员的培训和教育，对违规泄漏和使用敏感信息的行为进行责任追究。证券公司应当定期评价信息隔离墙制度的有效性，并根据情况的变化及时调整和完善。

证券公司进行业务创新或协同开展业务合作，应当事先评估是否可能存在敏感信息不当流动和使用的风险，建立或完善信息隔离墙管理措施。

（一）信息隔离墙的一般规定

1. 敏感信息的基本概念

敏感信息包括内幕信息及其他未公开信息。内幕信息和未公开信息的定义适用《证券法》及《刑法》规定的相关情形。

《证券法》第五十二条规定，证券交易活动中，涉及发行人的经营、财务或者对该发行人证券的市场价格有重大影响的尚未公开的信息，为内幕信息。

内幕信息定义详见本书第一章“第四节　证券法”。

2. 证券公司管理敏感信息的基本原则

证券公司应当按照需知原则管理敏感信息，确保敏感信息仅限于存在合理业务需求或管理职责需要的工作人员知悉。

需知原则是信息隔离墙制度中敏感信息管理的核心原则，有需要方享有知情权。敏感信息应仅限于“需要知悉”的人知悉，即仅限于存在合理业务需求或管理职责需要的工作人员才可获得相关敏感信息。

3. 证券公司敏感信息保密要求

证券公司工作人员对以任何方式知悉的敏感信息负有严格的保密义务，不得利用敏感信息为自己或他人谋取不当利益。

证券公司工作人员未经授权或批准不应获取未公开信息，对所知悉或掌握的未公开信息负有严格保密义务，不得对外泄露，不得利用未公开信息为本公司、本人或他人谋取不当利益，不得从事或明示、暗示他人从事与未公开信息相关的交易活动。

证券公司聘用外部服务商的，应当与服务商约定其对在服务中获知的敏感信息负有保密义务。

证券公司应当采取保密措施，防止敏感信息的不当流动和使用，包括但不限于：

（1）与公司工作人员签署保密文件，要求工作人员对工作中获取的敏感信息严格保密；

（2）加强对涉及敏感信息的信息系统、通信及办公自动化等信息设施、设备的管理，保障敏感信息安全；

（3）对可能知悉敏感信息的工作人员使用公司的信息系统或配发的设备形成的电子邮件、即时通信信息和其他通信信息进行监测；

（4）建立内幕信息知情人管理制度。

上市公司应当建立并完善内幕信息知情人登记管理制度，对内幕信息的保密管理及在内幕信息依法公开披露前内幕信息知情人的登记管理作出规定。证券公司、会计师事务所、律师事务所及其他中介机构接受上市公司委托开展相关业务，该受托事项对上市公司证券交易价格有重大影响的，应当填写本机构内幕信息知情人档案。上述主体应当保证内幕信息知情人档案的真实、准确和完整。

内幕信息知情人在内幕信息公开前负有保密义务。证券公司发现内幕信息泄露的，应当视具体情况立即采取将有关工作人员纳入跨墙管理、促使内幕信息公开或对相关业务活动进行限制等措施。

4. 物理隔离及系统隔离

证券公司应当确保保密侧业务与公开侧业务之间的办公场所和办公设备封闭和相互独立，信息系统相互独立或实现逻辑隔离。

其中，保密侧业务，是指证券公司基于业务需要可以或应当接触和获取内幕信息的证券承销与保荐及与证券交易、证券投资活动有关的财务顾问等业务。公开侧业务，是指除保密侧业务之外的其他业务。

（二）跨越信息隔离墙管理

1. 基本要求

证券公司公开侧业务的工作人员需参与保密侧业务并接触内幕信息的，或公开侧业务的工作人员被动接触到保密侧业务的内幕信息的，应当履行跨墙审批程序。

2. 跨墙管理

证券公司应当制定跨墙管理制度，明确跨墙的审批程序和跨墙人员的行为规范。《证券公司信息隔离墙制度指引》对于跨墙的申请和审批、跨墙人员在跨墙期间所需遵守的规范要求、对跨墙人员的监督管理以及回墙作出了规定。

（1）跨墙申请和审批

证券公司保密侧业务部门需要公开侧业务部门派员跨墙进行业务协作的，应当事先向跨墙人员所属部门和合规部门提出申请，并经其审批同意。

（2）跨墙人员行为规范及监督管理

跨墙人员在跨墙期间不应泄露或不当使用跨墙后知悉的内幕信息，不应获取与跨墙业务无关的内幕信息。

证券公司有关部门应当分工合作，对跨墙人员的行为进行监督管理。合规部门负责记录跨墙情况，向跨墙人员提示跨墙行为规范，并会同提出跨墙申请的业务部门和跨墙人员所属部门对跨墙人员行为进行监控。

（3）回墙

跨墙人员在跨墙活动结束且获取的内幕信息已公开或者不再具有重大影响后方可回墙。

3. 墙上人员的管理

因履行管理职责需要知悉内幕信息的工作人员处于信息隔离墙的墙上。证券公司应当建立相应的墙上人员管理制度，明确墙上人员的范围及其行为规范，防止墙上人员泄露或不当使用内幕信息。

（三）证券公司观察名单、限制名单管理的基本要求

证券公司应当建立观察名单和限制名单制度，明确设置名单的目的、有关公司或证券进入和退出名单的事由和时点、名单编制和管理的程序及职责分工、掌握名单的工作人员范围、对有关业务活动进行监控或限制的措施以及异常情况的处理办法等内容。

1. 观察名单

（1）基本要求

证券公司已经或者可能掌握内幕信息的，应当将内幕信息所涉公司或者证券列入观察名单。观察名单属于高度保密的名单，仅限于履行相关管理和监控职责的工作人员知悉。观察名单并不影响证券公司正常开展业务，但证券公司应当对列入观察名单的公司或证券有关的相关业务活动实施监控，发现异常情况要及时调查处理。

（2）观察名单的进入时点

①证券公司开展保密侧业务时，应当在与客户发生实质性接触后的适当时点，将相关项目所涉公司或证券列入观察名单。此处所指的适当时点，以与客户签署保密协议、对项目立项、进场开展工作和实际获知项目内幕信息中较早者为准。

②当证券自营或证券资产管理业务对某一上市公司股票持有量占其已发行股份一定比例时，证券公司应当将该证券列入观察名单，必要时列入限制名单。在计算前述比例时，通过自营交易账户进行 ETF、LOF、组合投资、避险投资、量化投资以及依法通过自营交易账户进行的事先约定性质的交易及做市交易，保荐机构相关子公司参与科创板跟投持有的证券以及中国证监会、证券业协会和交易所另有规定的可以不计算在内。

2. 限制名单

（1）基本要求

证券公司采取信息隔离和披露措施难以有效管理利益冲突的，应当将敏感信息所

涉公司或证券列入限制名单。

（2）限制名单的进出时点

证券公司在以下时点，应当将项目公司和与其有重大关联的公司或证券列入限制名单：

①担任首次公开发行股票项目的上市辅导人、保荐机构或主承销商的，为担任前述角色的信息公开之日；

②担任上市公司股权类再融资项目，可转换公司债券、可交换公司债券等具有股票衍生品性质的债权类再融资项目或并购重组项目保荐机构、主承销商或财务顾问，为项目公司首次对外公告该项目之日；

③中国证监会、证券业协会和交易所另有规定的，从其规定。

证券公司可以根据实际需要将列入限制名单的时点前移，但不应造成内幕信息的泄露和不当流动。

证券公司在确认不再拥有与项目有关的内幕信息后，可以将该项目公司和与其有重大关联的公司或证券从限制名单中删除。

（3）限制措施

对因保密侧业务而列入限制名单的公司或证券，证券公司应当禁止与其有关的发布证券研究报告、证券自营买卖、另类投资等业务。

同时，通过自营交易账户进行 ETF、LOF、组合投资、避险投资、量化投资，以及依法通过自营交易账户进行的事先约定性质的交易和做市交易，保荐机构相关子公司参与科创板跟投可以豁免限制，但不得违反有关法律法规，不得进行内幕交易和任何形式的利益输送。

证券公司可以根据公司实际需要，在公开侧业务之间或保密侧业务之间采取信息隔离、跨墙、观察名单、限制名单等措施，防范敏感信息的不当流动和使用。

（四）其他信息隔离墙管理要求

1. 发布证券研究报告业务信息隔离墙管理要求

（1）静默期安排

证券公司、证券投资咨询机构发布证券研究报告，应当遵循《发布证券研究报告执业规范》中关于静默期安排的相关规定：

①担任发行人股票首次公开发行的保荐机构、主承销商，自确定并公告发行价格之日起 40 日内，不得发布与该发行人有关的证券研究报告；

②担任上市公司股票增发、配股、发行可转换公司债券等再融资项目的保荐机构、主承销商或者财务顾问，自确定并公告公开发行价格之日起 10 日内，不得发布与该上

市公司有关的证券研究报告；

③担任上市公司并购重组财务顾问，在经营机构的合规部门将该上市公司列入相关限制名单期间，按照合规管理要求限制发布与该上市公司有关的证券研究报告。

（2）证券研究报告保密措施

证券公司应当对尚未公开发布的证券研究报告采取保密措施。除下列情形外，证券公司不得允许任何人在报告发布前接触报告或对报告内容产生影响：

①公司内部有关工作人员对报告进行质量管理、合规审查和按照正常业务流程参与报告制作发布的；

②研究对象和公司保密侧业务工作人员为核实事实而仅接触报告草稿有关内容的；

③证券公司不应在报告发布前向研究对象和公司保密侧业务部门提供研究摘要、投资评级或目标价格等内容。

（3）绩效考评和激励措施

证券公司对研究部门及其研究人员的绩效考评和激励措施，不应与保密侧业务部门的业绩挂钩。保密侧业务部门及其分管负责人不应参与对研究人员的考评。

2. 制作投资价值研究报告相关信息隔离墙管理要求

证券分析师参与撰写投资价值研究报告相关工作，需事先履行跨墙审批手续，遵循《首次公开发行证券承销业务规则》《证券公司提供投资价值研究报告行为指引》等相关规定。

（1）跨墙人员的稳定性要求承销商实施跨墙管理时，应当保证跨墙人员的相对稳定，维护跨墙工作流程的严肃性，保证信息隔离制度的有效落实。参与跨墙的证券分析师一经确认，不得随意调整。证券公司的证券发行与承销部门应在证券分析师履行跨墙审批手续之后，方可向证券分析师提供发行人招股意向书草稿等资料，并可安排证券分析师对发行人进行调研。证券分析师调研时，投资银行业务部门人员不得同时在场。

（2）跨墙分析师的保密义务

证券分析师在跨墙期间应当严格遵守信息保密的要求，将跨墙参与的工作与其他工作有效隔离。

（3）与发行人有关的信息范围及事实性信息的核实

①投资价值研究报告所依据的与发行人有关的信息不得超出招股意向书及其他已公开信息的范围。

②证券分析师可以就投资价值研究报告涉及发行人的相关事实性信息向发行人及投资银行业务部门人员进行真实性、准确性的核实。证券分析师在进行事实性信息的核实时，不得向发行人及投资银行业务部门人员提供包括估值、盈利预测等投资分析内容的章节，相关需要核实的事实性内容应提交给公司专门负责股票发行与承销的业

务部门或团队人员，抄送合规审查人员，由股票发行与承销部门人员转给投资银行业务部门人员进行核实。

③证券分析师应当保持独立性，除对事实性信息的真实性、准确性核实外，证券公司内部相关利益人员和部门、发行人等不得对投资价值研究报告的内容进行评判。

（4）分析师跨墙项目交流

在证券分析师履行跨墙审批手续之后直至投资价值研究报告向网下投资者提供前的过程中，投资银行业务部门人员与证券分析师可以就证券分析师跨墙参与的项目基本情况进行交流，但不得就投资价值研究报告的盈利预测与估值等投资分析内容以及发行定价范围进行交流。

发起或组织上述交流的部门、人员应将交流需求、交流主题、交流内容、交流方式等交流事项提交合规部门履行事先审批手续，经合规部门批准后方可进行。交流应由合规部门人员陪同或参加。

禁止证券分析师与投资银行业务部门人员、证券发行与承销部门人员、发行人通过单独或者共同组织见面会、讨论会等各种线下及线上会议等方式，讨论投资价值研究报告的盈利预测与估值等投资分析内容以及发行定价范围。因投资价值研究报告提交证券监管部门、证券交易所审核，由证券发行与承销部门人员转达审核意见的除外。

（5）留痕存档

承销商应当对投资价值研究报告事实性信息核实、质量审核、合规审查及投资银行业务部门人员与证券分析师的交流情况进行留痕存档管理。

3. 禁止自营、资管联合调研、相互委托调研

证券公司不应允许证券自营、证券资产管理等可能存在利益冲突的业务部门对上市公司、拟上市公司及其关联公司开展联合调研、互相委托调研。

4. 母子公司间、子公司间参照适用

证券公司与其子公司之间或不同子公司之间进行业务往来的，应当参照《证券公司信息隔离墙制度指引》前述规定执行。

（五）利益冲突管理

根据中国证券业协会《关于证券公司做好利益冲突管理工作的通知》，证券公司应当做好利益冲突管理工作，根据自身业务发展需求进一步完善内部控制制度，在各项业务开展过程中严禁任何形式的利益输送。

1. 利益冲突管理机制

证券公司应当建立利益冲突管理机制。对各项业务活动中可能产生的利益冲突进行识别、评估和管理。

2. 利益冲突管理措施及原则

证券公司已经采取信息隔离墙等措施仍难以避免利益冲突的，应当对实际存在的和潜在的利益冲突进行充分披露。

披露仍难以有效处理利益冲突的，证券公司应当对存在利益冲突的相关业务活动采取限制措施。

证券公司在对相关业务进行限制时，应当遵循客户利益优先和公平对待客户的原则。

3. 人员岗位隔离

证券公司有关业务的决策机构应当实行回避制度，防范可能产生的利益冲突。

证券公司工作人员不应同时履行可能导致利益冲突的职责，业务部门工作人员不应在与其业务存在利益冲突的子公司兼任职务。

同一高级管理人员同时分管两个或两个以上存在利益冲突的业务的，不应直接或间接参与具体证券品种的投资决策、投资咨询等可能导致利益冲突的业务活动。

五、证券公司分类监管

（一）证券公司分类监管的概念

证券公司分类监管制度是证券行业的一项基础性制度，对促进证券公司加强合规管理、提升风险控制能力、培育核心竞争力，发挥了正向激励作用。中国证监会根据证券公司分类结果对不同类别的证券公司实施区别对待的监管政策。

为贯彻落实《国务院关于进一步促进资本市场健康发展的若干意见》，强化依法全面从严监管要求，进一步提升分类监管制度的针对性和有效性，督促行业优化合规风控水平，聚焦主业，更好地服务实体经济，中国证监会于2017年根据行业发展情况进一步优化分类评价指标体系修订了《证券公司分类监管规定》，强化证券公司依法合规、稳健经营、提升全面风险管理能力和国内国际竞争力。2020年，中国证监会再次修订了《证券公司分类监管规定》，以进一步体现合规、审慎导向并支持行业差异化、专业化发展。

（二）证券公司分类监管的评价指标体系及评价方法

1. 评价方法

证券公司分类监管评价首先设定正常经营的证券公司基准分为100分。在基准分的基础上，根据证券公司风险管理能力、持续合规状况、业务发展状况等方面情况，进行相应加分或扣分以确定证券公司的评价计分。分类评价每年进行一次，评价期为上一年度5月1日至本年度4月30日。

其中，风险管理能力主要根据资本充足、公司治理与合规管理、全面风险管理、信息技术管理、客户权益保护、信息披露6类评价指标进行评价，体现证券公司对流动性风险、合规风险、市场风险、信用风险、技术风险及操作风险等管理能力。

具体而言，在资本充足方面，主要反映证券公司净资本以及以净资本和流动性为核心的风险控制指标情况，体现其资本实力及流动性状况；在公司治理与合规管理方面，主要反映证券公司治理和规范运作情况，体现其合规风险管理能力；在全面风险管理方面，主要反映证券公司识别、计量、监测、预警、报告、防范及处理各类风险的情况，体现其流动性风险、市场风险、信用风险、声誉风险管理能力；在信息技术管理方面，主要反映证券公司信息技术治理、信息技术安全、数据治理情况，体现其技术风险管理能力；在客户权益保护方面，主要反映证券公司客户资产安全性、客户服务及客户管理水平，体现其操作风险管理能力；在信息披露方面，主要反映证券公司报送信息的真实性、准确性、完整性和及时性，体现其会计风险及诚信风险管理能力。

证券公司持续合规状况主要根据司法机关采取的刑事处罚措施、中国证监会及其派出机构采取的行政处罚措施、行政监管措施及证券期货行业自律组织纪律处分、自律管理措施等情况进行评价。

证券公司业务发展状况主要根据证券公司经纪业务、投资银行业务、资产管理业务、综合实力、机构客户服务能力、财富管理能力、境外业务、信息技术管理等方面的情况进行评价。

2. 加分项（见表2-1）

表2-1　加分项

事项	加分值
上一年度营业收入位于行业前5名、前10名、前20名的	分别加2分、1分、0.5分
证券公司上一年度代理买卖证券业务收入位于行业前5名、前10名、前20名，或证券公司上一年度营业部平均代理买卖证券业务收入位于行业前5名、前10名、前20名的	分别加2分、1分、0.5分，该两项按孰高分值加分
证券公司上一年度承销与保荐业务收入位于行业前5名、前10名、前20名的	分别加2分、1分、0.5分
证券公司上一年度财务顾问业务收入位于行业前10名、前20名的	分别加1分、0.5分
证券公司上一年度资产管理业务收入位于行业前5名、前10名、前20名的	分别加2分、1分、0.5分
证券公司上一年度代理机构客户买卖证券交易额位于行业中位数以上，且代理机构客户买卖证券交易额占代理全部客户买卖证券交易额的比例位于行业前10名、前20名的，或者基于柜台与机构客户对手方交易业务收入位于行业前5名、前10名的	分别加1分、0.5分，该两项按孰高分值加分

续表

事项	加分值
证券公司上一年度投资咨询业务收入位于行业前 10 名、前 20 名的，或者代销金融产品业务收入位于行业前 10 名、前 20 名的	分别加 1 分、0.5 分，该两项按孰高分值加分
证券公司上一年度境外子公司证券业务收入占营业收入的比例达到 30%、20%、10%，且营业收入位于行业中位数以上的	分别加 2 分、1 分、0.5 分
证券公司上一年度净利润位于行业中位数以上，且净资产收益率位于行业前 10 名、前 20 名的	分别加 1 分、0.5 分
证券公司信息技术投入金额位于行业平均数以上，且投入金额占营业收入的比例位于行业前 5 名、前 10 名、前 20 名的	分别加 2 分、1 分、0.5 分，具体指标及计算口径由证券业协会依据行业发展情况确定
证券公司最近 3 个、4 个评价期内主要风险控制指标持续达标的；新设证券公司经营不满 3 年但主要风险控制指标持续达标的，参照最近 3 个评价期内持续达标予以加分	分别加 2 分、3 分
证券公司评价期内风险覆盖率达到 130%，且净资本为 150 亿元以上、风险覆盖率达到 130% 的	分别加 2 分、1 分
证券公司实现风险控制指标并表管理、风险管理全面覆盖境内外子公司、同一业务和同一客户信用风险归口管理、各项业务数据逐日系统化采集、各类风险控制指标 T+1 日计量与报告的	加 1 分
最近 2 个评价期并表管理持续符合监管要求，风险控制流程与业务流程并行运作，及时应对处理异常情形，实现风险控制指标对业务运行有效预警和制约的	加 2 分
证券公司可以申请中国证监会认可的机构（简称“专业评价机构”）组织专家对其专业管理能力、信息技术系统的稳定与安全、客户服务与管理水平、投资者教育等方面进行专业评价；专业评价机构可针对证券行业内发生的重大事故、技术故障、业务纠纷与客户投诉等情况，对涉及的证券公司进行专业评价。证券公司专业评价的标准和办法另行制定。 中国证监会可以组织中国证券业协会等单位对证券公司的全面风险管理能力、企业文化建设情况、社会责任履行情况、服务资本市场重大改革情况等进行专项评价。 中国证监会及其派出机构可以根据证券公司专业评价及专项评价结果，对证券公司评价计分进行调整，每项评价最高可加 3 分	—
证券公司在评价期内因违法违规行为被采取《证券公司分类监管规定》第九条第一款第（五）项至第（十二）项措施的，或者根据该规定第九条第三款、第十二条第二款被扣分，或者境外子公司发生重大经营风险或违法违规的，不适用对应业务项的加分，但同一事项在以前评价期已被取消加分的除外	—

3. 扣分项（见表2－2）

表2－2　扣分项

措施类别	扣分事项	扣分方法
行政监管措施	公司或者其董事、监事、高级管理人员因对公司违法违规行为负有责任被采取出具警示函，责令公开说明，责令定期报告	每次扣0.5分
	公司被采取责令改正，责令增加内部合规检查次数的	每次扣1分
	公司被采取责令处分有关人员，或者董事、监事、高级管理人员因对公司违法违规行为负有责任被监管谈话	每次扣1.5分
	公司被采取责令更换董事、监事、高级管理人员或限制其权利，限制股东权利或责令转让股权	每次扣2分
	公司被采取公开谴责，限制业务活动6个月以下，暂不受理与行政许可有关文件6个月以下，或者董事、监事、高级管理人员因对公司违法违规行为负有责任被认定为不适当人选1年以下或者公开谴责的	每次扣2.5分
	公司被限制业务活动超过6个月，暂不受理与行政许可有关文件超过6个月，或者董事、监事、高级管理人员因对公司违法违规行为负有责任被认定为不适当人选超过1年的	每次扣3分
行政处罚	公司被实施警告行政处罚措施，或者董事、监事、高级管理人员因对公司违法违规行为负有责任被采取警告行政处罚措施	每次扣4分
	公司被实施罚款行政处罚措施，或者董事、监事、高级管理人员因对公司违法违规行为负有责任被采取罚款行政处罚措施	每次扣5分
	公司被实施没收违法所得行政处罚措施，或者董事、监事、高级管理人员因对公司违法违规行为负有责任被实施没收违法所得行政处罚措施	每次扣6分
市场禁入	董事、监事、高级管理人员因对公司违法违规行为负有责任被采取一定期限内市场禁入	每次扣7分
行政处罚或市场禁入	公司被实施暂停业务许可行政处罚措施，或者董事、监事、高级管理人员因对公司违法违规行为负有责任被采取终身市场禁入的	每次扣8分
行政处罚或刑事处罚	公司被实施撤销部分业务许可行政处罚措施或被刑事处罚	每次扣10分
自律监管措施	公司被证券期货行业自律组织采取书面自律管理措施； 证券公司的董事、监事、高级管理人员因对公司违反自律监管规则的行为负有责任，被证券期货行业自律组织直接采取书面自律管理措施	每次扣0.25分
纪律处分	公司被证券期货行业自律组织纪律处分； 证券公司的董事、监事、高级管理人员因对公司违反自律监管规则的行为负有责任，被证券期货行业自律组织直接采取纪律处分	每次扣0.5分

续表

措施类别	扣分事项	扣分方法
其他被授权单位采取的措施	公司被中国证监会授权履行相关职责的单位（具体范围见注）采取措施	比照自律监管措施或纪律处分执行
风险管理能力评价	公司资本充足、公司治理与合规管理等6类评价指标存在一定问题	按具体评价标准每项扣0.5分。如已被采取监管措施或行政处罚的，按照上述被采取各项措施的扣分方法执行，不重复扣分
其他	公司在评价期内被中国证监会及其派出机构实施行政处罚事先告知或者因涉嫌证券违法违规行为被立案调查且事实情节清晰，在评价期外被中国证监会及其派出机构实施行政处罚或者限制业务活动事先告知，反映出公司在公司治理与合规管理等6类评价指标方面存在问题的	按具体评价标准每项扣0.5分，合计不低于2分
	证券公司被其他监管部门或行政机关实施行政处罚且相关事项涉及证券业务，反映出公司在公司资本充足、公司治理与合规管理等评价指标方面存在问题的	按具体评价标准每项扣0.5分。具体扣分标准由中国证监会视情节确定

注：中国证监会授权履行相关职责的单位包括中国证券登记结算有限责任公司、中国证券投资者保护基金有限责任公司、中国证券金融股份有限公司、全国中小企业股份转让系统有限责任公司等。

4. 证券公司专项评价

2020年，修订后的《证券公司分类监管规定》明确，中国证监会及其派出机构可以根据证券公司在评价期内落实专项监管工作情况，对证券公司的评价计分进行调整；中国证监会可以组织中国证券业协会等单位对证券公司的全面风险管理能力、企业文化建设情况、社会责任履行情况、服务资本市场重大改革情况等进行专项评价。中国证监会于2021年起，启动对证券公司服务脱贫攻坚等社会责任履行情况、行业文化建设、北京证券交易所业务进行专项评价，并纳入证券公司分类评价体系，引导行业机构积极履行社会责任，逐步打造“合规、诚信、专业、稳健”的行业文化，服务资本市场重大改革。

（三）基于分类监管要求划分的证券公司基本类别

中国证监会根据证券公司评价计分的高低，将证券公司分为A（AAA、AA、A）、B（BBB、BB、B）、C（CCC、CC、C）、D、E五大类11个级别。其中，C级是正常经营状态的最低等级。

被依法采取责令停业整顿、指定其他机构托管、接管、行政重组等风险处置措施的证券公司，评价计分为0分，定为E类公司。评价计分低于60分的证券公司，定为D类公司。

中国证监会每年根据行业发展情况，结合以前年度分类结果，事先确定A、B、C三大类别公司的相对比例，并根据评价计分的分布情况，具体确定各类别、各级别公司的数量：

1. A类公司风险管理能力在行业内最高，能较好地控制新业务、新产品方面的风险；

2. B类公司风险管理能力在行业内较高，在市场变化中能较好地控制业务扩张的风险；

3. C类公司风险管理能力与其现有业务相匹配；

4. D类公司风险管理能力弱，潜在风险可能超过公司可承受范围；

5. E类公司潜在风险已经变为现实风险，已被采取风险处置措施。

六、典型案例

（一）操作实例

甲证券公司担任乙公司在科创板首次公开发行股票项目的辅导、保荐机构及主承销商，甲证券公司在上述信息公开之日，将乙公司列入限制名单。为向网下投资者提供投资价值研究报告的需要，甲证券公司资本市场部人员向该公司研究部门和合规部门提出申请，请求研究部门指派分析师跨墙参与撰写该项目的投资价值研究报告。研究部门同意指派相应行业分析师王某作为跨墙人员撰写乙公司投资价值研究报告，项目组人员为王某办理跨墙手续。跨墙申请经公司相关部门审批通过后，合规部门向王某发出跨墙通知，同时提示跨墙行为规范要求。王某跨墙后，资本市场部人员向其提供乙公司招股意向书草稿等资料供其撰写投价报告使用，项目组人员在与王某就该项目基本情况进行交流前，将交流需求提交合规部门审批，合规部门人员参加了该交流，交流过程未涉及投价报告的盈利预测与估值等投资分析内容以及发行定价范围。跨墙期间，王某严格遵守信息保密等跨墙行为规范要求。合规部门记录王某的跨墙情况，并对王某的交流等进行监控。分析师王某独立完成乙公司投资价值研究报告的撰写工作后，将投资价值研究报告提交研究部门质量审核和合规审查。

甲证券公司和分析师王某的行为符合《证券法》第一百二十八条，《证券公司信息隔离墙制度指引》第九条、第十条、第十一条、第十七条，以及《首次公开发行证券承销业务规则》第五十九条，《证券公司提供投资价值研究报告行为指引》第六条、

第七条、第八条、第九条的规定。

（二）违法违规案例

1. 证券公司治理

（1）甲证券公司未将股东的权利义务、股权锁定期、股权管理事务责任人等关于股权管理的监管要求写入公司章程，且未采取有效措施及时掌握股东信息变动情况，违反了《证券公司股权管理规定》第二十六条、第二十七条及《证券公司治理准则》第十条第二款的规定，地方证监局对甲证券公司采取责令改正的行政监管措施。

（2）乙证券公司分公司负责人在任职期间，存在在其他营利性机构兼职的行为。乙证券公司未及时处置前述分公司负责人的兼职行为并向地方证监局报告，反映出该证券公司内部控制不完善、合规管理不到位。

前述行为违反了《证券基金经营机构董事、监事、高级管理人员及从业人员监督管理办法》第三十二条的相关规定，被地方证监局采取出具警示函的行政监管措施。

（3）丙证券公司存在公司治理弱化，股东大会、董事会及其专门委员会运行不规范、公司被控股股东管控较多、董事长与经营层职责混同等问题，此外缺少董监高薪酬管理制度、部分专业委员会职责授权不明确，履职不充分。丙证券公司时任主要领导、董事会负责人对上述问题负有责任，被地方证监局采取认定为不适当人选的行政监管措施。

2. 证券公司合规管理

（1）丁证券公司未充分保障合规管理人员的独立性、以经营业绩为依据对个别专职合规管理人员进行考核，违反了《证券公司和证券投资基金管理公司合规管理办法》（2020 年修订，证监会令第 166 号）第六条第四项、第二十六条第一款、第二十七条的规定，根据《证券基金经营机构董事、监事、高级管理人员及从业人员监督管理办法》（证监会令第 195 号）第五十一条第一款、《证券公司和证券投资基金管理公司合规管理办法》（2020 年修订，证监会令第 166 号）第三十二条第一款的规定，证监局决定对丁公司采取出具警示函的行政监管措施。

（2）戊证券公司未将合规职责与风控职责严格区分，合规部内设风险经理岗，承担财富管理业务部、场外业务部、托管业务部风险管理职责；部分分支机构合规人员不具备 3 年以上相关工作经验；部分合规人员薪酬低于公司同级别平均水平；对下属子公司现场合规检查不足，近三年仅开展过 1 次；对合规有效性评估中发现问题的规范力度不足，前期评估发现问题未完成落实规范。

上述情况违反了《证券公司和证券投资基金管理公司合规管理办法》第二十一

条、第二十三条、第二十四条、第二十八条、第三十一条，《证券公司合规管理实施指引》第十八条、第二十二条的相关规定，被中国证监会采取责令改正的行政监管措施，要求戊证券公司整改并向地方证监局提交整改报告。证监会要求戊证券公司经营管理层应当按照《证券公司和证券投资基金管理公司合规管理办法》的要求，切实履行合规管理职责，为合规总监、合规部门、合规人员履职提供充分的人力、物力、财力、技术支持和保障。

3. 证券公司信息隔离墙制度

（1）甲证券公司分析师张某主动与上市公司董事会秘书联系，核实关于该公司股权激励计划的媒体报道内容，并询问具体进展情况。董事会秘书将上市公司正在准备股权激励计划、近期会有公告的情况告知了分析师张某。随后该分析师在微信群和微信朋友圈中发布一则消息，披露该上市公司拟公布的管理层股权激励计划。

上市公司的股权激励方案在公布前属于《证券法》第八十条第（十二）项规定的内幕信息。

《证券法》第八十条第（十二）项是关于内幕信息具体情形的兜底条款，即“国务院证券监督管理机构规定的其他事项”。公司董事会秘书为上述内幕信息的知情人，分析师张某通过董事会秘书才获知了内幕信息。在该内幕信息公开前，分析师张某通过微信泄露给多个机构和个人的行为，违反了《证券法》第五十三条关于禁止泄露内幕信息的规定，构成《证券法》第一百九十一条所述违反本法第五十三条的规定从事内幕交易的行为。依据案件发生时有效的《证券法》相关规定，中国证监会对该分析师处以20万元罚款。

（2）2016年2月中旬，甲上市公司启动对乙公司的收购项目，丙证券公司进行居间服务。宁某作为丙证券公司工作人员，也是本次收购事项的项目经理，全程参与了此次并购重组的筹划决策过程，系内幕信息知情人。

2016年3月22日，甲公司发布重大事项停牌公告。同年6月2日，甲公司发布重大资产重组公告。同年7月8日，甲公司股票复牌。宁某为非法牟利，同时也为掩人耳目，伙同妻子樊某控制利用“徐某”名下的证券账户，于2016年3月18日，即涉案股票停牌前两个交易日，买入甲公司股票19.7万股，成交金额130余万元，并于同年7月8日股票复牌当日全部卖出，非法获利总计17万元。

宁某作为证券从业人员，明知自己所从事的收购项目系内幕信息，仍然违背职业的保密义务和道德要求等，利用职业便利实现非法牟利。人民法院以内幕交易罪，判处宁某有期徒刑1年，并处罚金30万元，判处樊某有期徒刑1年，缓刑1年，并处罚金30万元，同时对宁某处以从业禁止，禁止其自刑罚执行完毕之日或者假释之日起3年内从事与证券相关的职业。

第二节 证券公司风险管理

本节重点介绍证券公司风险控制指标管理、全面风险管理、流动性风险管理、信用风险管理、声誉风险管理的相关规定，依据的行政法规、自律规则主要包括《证券公司风险控制指标管理办法》《证券公司全面风险管理规范》《证券公司流动性风险管理指引》《证券公司信用风险管理指引》《证券公司声誉风险管理指引》《证券公司操作风险管理指引》。

一、风险控制指标管理

（一）基本要求

为了建立以净资本和流动性为核心的风险控制指标体系，加强证券公司风险监管，督促证券公司加强内部控制、提升风险管理水平、防范风险，证券公司应当按照中国证监会制定的《证券公司风险控制指标管理办法》，遵循审慎、实质重于形式的原则，计算净资本、风险覆盖率、资本杠杆率、流动性覆盖率、净稳定资金率等各项风险控制指标，编制风险控制指标监管报表。

证券公司应当根据中国证监会有关规定建立符合自身发展战略需要的全面风险管理体系；应当将所有子公司以及比照子公司管理的各类孙公司纳入全面风险管理体系，强化分支机构风险管理，实现风险管理全覆盖。全面风险管理体系应当包括可操作的管理制度、健全的组织架构、可靠的信息技术系统、量化的风险指标体系、专业的人才队伍、有效的风险应对机制；应当根据自身资产负债状况和业务发展情况，建立动态的风险控制指标监控和资本补足机制，确保净资本等各项风险控制指标在任一时点都符合规定标准。

（二）净资本及其计算标准

证券公司净资本由核心净资本和附属净资本构成，应当按照中国证监会规定的证券公司净资本计算标准计算净资本。证券公司计算核心净资本时，应当按照规定对有关项目充分计提资产减值准备。

（三）风险控制指标标准

证券公司经营证券经纪业务的，其净资本不得低于人民币 2 000 万元；经营证券承销与保荐、证券自营、证券资产管理、其他证券业务等业务之一的，其净资本不得低于人民币 5 000 万元；经营证券经纪业务，同时经营证券承销与保荐、证券自营、证券资产管理、其他证券业务等业务之一的，其净资本不得低于人民币 1 亿元；经营证券承销与保荐、证券自营、证券资产管理、其他证券业务中两项及两项以上的，其净资本不得低于人民币 2 亿元。

证券公司必须持续符合下列风险控制指标标准：

1. 风险覆盖率不得低于 100%；

2. 资本杠杆率不得低于 8%；

3. 流动性覆盖率不得低于 100%；

4. 净稳定资金率不得低于 100%。

其中：风险覆盖率 = 净资本/各项风险资本准备之和 × 100%；资本杠杆率 = 核心净资本/表内外资产总额 × 100%；流动性覆盖率 = 优质流动性资产/未来 30 天现金净流出量 × 100%；净稳定资金率 = 可用稳定资金/所需稳定资金 × 100%。

证券公司可以结合自身实际情况，在不低于中国证监会规定标准的基础上，确定相应的风险控制指标标准。中国证监会对各项风险控制指标设置预警标准，对于规定“不得低于”一定标准的风险控制指标，其预警标准是规定标准的 120%；对于规定“不得超过”一定标准的风险控制指标，其预警标准是规定标准的 80%。

（四）风险控制指标的编制和披露

设有子公司的证券公司应当以母公司数据为基础，编制风险控制指标监管报表。

中国证监会及其派出机构可以根据监管需要，要求证券公司以合并数据为基础编制风险控制指标监管报表。

证券公司的董事、高级管理人员应当对公司半年度、年度风险控制指标监管报表签署确认意见。

证券公司经营管理的主要负责人、首席风险官、财务负责人应当对公司月度风险控制指标监管报表签署确认意见。在证券公司风险控制指标监管报表上签字的人员，应当保证风险控制指标监管报表真实、准确、完整，不存在虚假记载、误导性陈述和重大遗漏；对风险控制指标监管报表内容持有异议的，应当在报表上注明自己的意见和理由。

证券公司应当至少每半年经主要负责人、首席风险官签署确认后，向公司全体董事报告一次公司净资本等风险控制指标的具体情况和达标情况；证券公司应当至少每半年经董事会签署确认，向公司全体股东报告一次公司净资本等风险控制指标的具体情况和达标情况，并至少获得主要股东的签收确认证明文件。

净资本指标与上月相比发生20%以上不利变化或不符合规定标准时，证券公司应当在5个工作日内向公司全体董事报告，10个工作日内向公司全体股东报告。

证券公司应当在每月结束之日起7个工作日内，向中国证监会及其派出机构报送月度风险控制指标监管报表。

派出机构可以根据监管需要，要求辖区内单个、部分或者全部证券公司在一定阶段内按周或者按日编制并报送各项风险控制指标监管报表。

证券公司的净资本等风险控制指标与上月相比发生不利变化超过20%的，应当在该情形发生之日起3个工作日内，向中国证监会及其派出机构报告，说明基本情况和变化原因。

证券公司的净资本等风险控制指标达到预警标准或者不符合规定标准的，应当分别在该情形发生之日起3个、1个工作日内，向中国证监会及其派出机构报告，说明基本情况、问题成因以及解决问题的具体措施和期限。

（五）监督管理

证券公司未按照监管部门要求报送风险控制指标监管报表，或者风险控制指标监管报表存在重大错报、漏报以及虚假报送情况，中国证监会及其派出机构可以根据情况采取出具警示函、责令改正、监管谈话、责令处分有关人员等监管措施。

证券公司净资本或者其他风险控制指标不符合规定标准的，派出机构应当责令公司限期改正，在5个工作日制定并报送整改计划，整改期限最长不超过20个工作日；证券公司未按时报送整改计划的，派出机构应当立即限制其业务活动。

1. 整改期内，中国证监会及其派出机构应当区别情形，对证券公司采取下列措施：

（1）停止批准新业务；

（2）停止批准增设、收购营业性分支机构；

（3）限制分配红利；

（4）限制转让财产或在财产上设定其他权利。

证券公司整改后，经派出机构验收符合有关风险控制指标的，中国证监会及其派出机构应当自验收完毕之日起3个工作日内解除对其采取的有关措施。

2. 证券公司未按期完成整改的，自整改期限到期的次日起，派出机构应当区别情形，对其采取下列措施：

（1）限制业务活动；

（2）责令暂停部分业务；

（3）限制向董事、监事、高级管理人员支付报酬、提供福利；

（4）责令更换董事、监事、高级管理人员或者限制其权利；

（5）责令负有责任的股东转让股权，限制负有责任的股东行使股东权利；

（6）认定负有责任的董事、监事、高级管理人员为不适当人选；

（7）中国证监会及其派出机构认为有必要采取的其他措施。

证券公司未按期完成整改、风险控制指标情况继续恶化，严重危及该证券公司的稳健运行的，中国证监会可以撤销其有关业务许可。

3. 证券公司风险控制指标无法达标，严重危害证券市场秩序、损害投资者利益的，中国证监会可以区别情形，对其采取下列措施：

（1）责令停业整顿；

（2）指定其他机构托管、接管；

（3）撤销经营证券业务许可；

（4）撤销。

二、证券公司全面风险管理

（一）含义

全面风险管理，是指证券公司董事会、经理层以及全体员工共同参与，对公司经营中的流动性风险、市场风险、信用风险、操作风险、声誉风险等各类风险，进行准确识别、审慎评估、动态监控、及时应对及全程管理。

（二）全面风险管理的文化

证券公司应当在全公司推行稳健的风险文化，形成与本公司相适应的风险管理理念、价值准则、职业操守，建立培训、传达和监督机制。

（三）风险管理组织架构

根据《证券公司全面风险管理规范》，证券公司应当明确董事会、监事会、经理层、各部门、分支机构及子公司履行全面风险管理的职责分工，建立多层次、相互衔接、有效制衡的运行机制。

1. 董事会

证券公司董事会承担全面风险管理的最终责任，履行以下职责：

（1）推进风险文化建设；

（2）审议批准公司全面风险管理的基本制度；

（3）审议批准公司的风险偏好、风险容忍度以及重大风险限额；

（4）审议公司定期风险评估报告；

（5）任免、考核首席风险官，确定其薪酬待遇；

（6）建立与首席风险官的直接沟通机制；

（7）公司章程规定的其他风险管理职责。

董事会可授权其下设的风险管理相关专业委员会履行其全面风险管理的部分职责。

2. 监事会

证券公司监事会承担全面风险管理的监督责任，负责监督检查董事会和经理层在风险管理方面的履职尽责情况并督促整改。

3. 经理层

证券公司经理层对全面风险管理承担主要责任，应当履行以下职责：

（1）制定风险管理制度，并适时调整。

（2）建立健全公司全面风险管理的经营管理架构，明确全面风险管理职能部门、业务部门以及其他部门在风险管理中的职责分工，建立部门之间有效制衡、相互协调的运行机制。

（3）制定风险偏好、风险容忍度以及重大风险限额等的具体执行方案，确保其有效落实；对其进行监督，及时分析原因，并根据董事会的授权进行处理。

（4）定期评估公司整体风险和各类重要风险管理状况，解决风险管理中存在的问题并向董事会报告。

（5）建立涵盖风险管理有效性的全员绩效考核体系。

（6）建立完备的信息技术系统和数据质量控制机制。

（7）风险管理的其他职责。

4. 首席风险官

证券公司应当任命一名高级管理人员负责全面风险管理工作（以下统称“首席风险官”）。首席风险官不得兼任或者分管与其职责相冲突的职务或者部门。

证券公司应当保障首席风险官能够充分行使履行职责所必需的知情权。首席风险官有权参加或者列席与其履行职责相关的会议，调阅相关文件资料，获取必要信息。证券公司应当保障首席风险官的独立性。公司股东。董事不得违反规定的程序，直接向首席风险官下达指令或者干涉其工作。

5. 风险管理部门

证券公司应当指定或者设立专门部门履行风险管理职责，在首席风险官的领导下推动全面风险管理工作，监测、评估、报告公司整体风险水平，并为业务决策提供风险管理建议，协助、指导和检查各部门、分支机构及子公司的风险管理工作。

证券公司应当配备充足的专业人员从事风险管理工作，并提供相应的工作支持和保障。风险管理人员应当熟悉证券业务并具备相应的风险管理技能。

6. 业务部门、分支机构和子公司

证券公司各业务部门、分支机构及子公司负责人应当全面了解并在决策中充分考虑与业务相关的各类风险，及时识别、评估、应对、报告相关风险，并承担风险管理的直接责任。

证券公司应当将子公司的风险管理纳入统一体系，对其风险管理工作实行垂直管理，要求并确保子公司在整体风险偏好和风险管理制度框架下，建立自身的风险管理组织架构、制度流程、信息技术系统和风控指标体系，保障全面风险管理的一致性和有效性。

7. 员工

证券公司每一名员工对风险管理有效性承担勤勉尽责、审慎防范、及时报告的责任。包括但不限于：通过学习、经验积累增强风险意识；谨慎处理工作中涉及的风险因素；发现风险隐患时主动应对并及时履行报告义务。

（四）风险管理政策和机制

1. 风险管理制度

证券公司应当制定并持续完善风险管理制度，明确风险管理的目标、原则、组织架构、授权体系、相关职责、基本程序等，并针对不同风险类型制定可操作的风险识别、评估、监测、应对、报告的方法和流程。证券公司应当通过评估、稽核、检查和绩效考核等手段保证风险管理制度的贯彻落实。

2. 风险指标体系

证券公司应当制定包括风险容忍度和风险限额等的风险指标体系，并通过压力测试等方法计量风险、评估承受能力、指导资源配置。风险指标应当经公司董事会、经理层或其授权机构审批并逐级分解至各部门、分支机构和子公司，证券公司应对分解后指标的执行情况进行监控和管理。

3. 新业务风险管理

证券公司应当建立针对新业务的风险管理制度和流程，明确需满足的条件和公司内部审批路径。新业务应当经风险管理部门评估并出具评估报告。

证券公司应充分了解新业务模式，并评估公司是否有相应的人员、系统及资本开展该项业务。董事会、经理层、相关业务部门、分支机构、子公司和风险管理部门应当充分了解新业务的运作模式、估值模型及风险管理的基本假设、各主要风险以及压力情景下的潜在损失。

4. 风险应急机制

证券公司应当针对流动性危机、交易系统事故等重大风险和突发事件建立风险应急机制，明确应急触发条件、风险处置的组织体系、措施、方法和程序，并通过压力测试、应急演练等机制进行持续改进。

5. 风险识别

证券公司应当全面、系统、持续地收集和分析可能影响实现经营目标的内外部信息，识别公司面临的风险及其来源、特征、形成条件和潜在影响，并按业务、部门和风险类型等进行分类。

6. 风险评估

证券公司应当根据风险的影响程度和发生可能性等建立评估标准，采取定性与定量相结合的方法，对识别的风险进行分析计量并进行等级评价或量化排序，确定重点关注和优先控制的风险。

证券公司应当关注风险的关联性，汇总公司层面的风险总量，审慎评估公司面临的总体风险水平。

7. 风险监控

证券公司应当建立逐日盯市等机制，准确计算、动态监控关键风险指标情况，判断和预测各类风险指标的变化，及时预警超越各类、各级风险限额的情形，明确异常情况的报告路径和处理办法。

8. 风险应对

证券公司应当根据风险评估和预警结果，选择与公司风险偏好相适应的风险回避、降低、转移和承受等应对策略，建立合理、有效的资产减值、风险对冲、资本补充、规模调整、资产负债管理等应对机制。

9. 风险报告

证券公司应当在分支机构、子公司、业务部门、风险管理部门、经理层、董事会之间建立畅通的风险信息沟通机制，确保相关信息传递与反馈的及时、准确、完整。

10. 绩效考核与责任追究

证券公司应当建立与风险管理效果挂钩的绩效考核及责任追究机制，保障全面风险管理的有效性。

（五）风险管理信息技术系统和数据

1. 风险管理信息技术系统

证券公司应当建立与业务复杂程度和风险指标体系相适应的风险管理信息技术系统，覆盖各风险类型、业务条线、各个部门、分支机构及子公司，对风险进行计量、汇总、预警和监控，并实现同一业务、同一客户相关风险信息的集中管理，以符合公司整体风险管理的需要。

2. 风险数据治理和质量控制

证券公司应当建立健全数据治理和质量控制机制。积累真实、准确、完整的内部和外部数据，用于风险识别、计量、评估、监测和报告。

证券公司应将数据治理纳入公司整体信息技术建设战略规划，制定数据标准，涵盖数据源管理、数据库建设、数据质量监测等环节。

三、证券公司流动性风险管理

（一）证券公司流动性风险的定义

流动性风险，是指证券公司无法以合理成本及时获得充足资金，以偿付到期债务、履行其他支付义务和满足正常业务开展的资金需求的风险。

（二）证券公司流动性风险管理的目标

证券公司流动性风险管理的目标，是建立健全流动性风险管理体系，对流动性风险实施有效识别、计量、监测和控制，确保其流动性需求能够及时以合理成本得到满足。

（三）证券公司流动性风险限额管理的基本要求

证券公司应对流动性风险实施限额管理，根据其业务规模、性质、复杂程度、流动性风险偏好和外部市场发展变化、监管要求等情况，设定流动性风险限额并对其执行情况进行监控。

证券公司应至少每年对流动性风险限额进行一次评估，必要时进行调整。

（四）证券公司融资管理的基本要求

证券公司应建立并完善融资策略，提高融资来源的多元化和稳定程度，建立包括但不限于银行借款、同业拆借、债券、收益凭证、短期融资券、证券回购等灵活的场内及场外融资渠道。

证券公司的融资管理应符合以下要求：

1. 分析正常和压力情景下未来不同时间段的融资需求和来源；

2. 加强负债品种、期限、交易对手、融资抵（质）押品和融资市场等的集中度管理，适当设置集中度限额；

3. 加强融资渠道管理，积极维护与主要融资交易对手的关系，保持在市场上的适当活跃程度，并定期评估市场融资和资产变现能力；

4. 密切监测主要金融市场的交易量和价格等变动情况，评估市场流动性对公司融资能力的影响。

四、证券公司信用风险管理

（一）信用风险的定义及业务类型

这里所指的信用风险管理，是指证券公司以自有资金出资业务的信用风险管理。

信用风险指因融资方、交易对手或发行人等违约导致损失的风险。按照业务类型分类，包括但不限于以下几类：

1. 股票质押式回购交易、约定购回式证券交易、融资融券等融资类业务；

2. 互换、场外期权、远期、信用衍生品等场外衍生品业务；

3. 债券投资交易（包括债券现券交易、债券回购交易、债券远期交易、债券借贷业务等债券相关交易业务），债券包括但不限于国债、地方债、金融债、政府支持机构债、企业债、非金融企业债务融资工具、公司债、资产支持证券、同业存单；

4. 非标准化债权资产投资；

5. 其他涉及信用风险的自有资金出资业务。

（二）信用风险识别、评估和控制的要求

在开展涉及信用风险的新业务前，证券公司应进行充分的论证与评估，对现有信用风险管理措施、操作流程进行同步配套调整，确保管控体系的完备性、有效性。

对于涉及信用风险的业务，证券公司应根据业务特点设置合理的准入要求，且至少满足以下要求：

1. 对于融资类业务和场外衍生品业务，证券公司可根据业务开展需要、实际情况和相关监管制度，对融资方、交易对手和标的证券设置准入要求；

2. 对于债券投资交易，证券公司应根据业务开展需要，对作为投资标的或担保品的债券，设置针对主体评级或债项评级的内部评级或外部评级准入要求，对逆回购、远期、借贷融出交易的交易对手建立准入管理规则；

3. 对于非标准化债权资产投资以及创设信用保护工具，证券公司可根据业务开展需要、实际情况和相关监管制度，对项目设置准入要求。

对于融资类业务，证券公司应对跨部门或跨主体的同一业务制定相对一致的风险管理流程和标准，并遵循“了解你的客户”原则制定同一客户的认定标准，对同一客户的融资类业务进行汇总和监控。

证券公司应当建立健全尽职调查机制。证券公司应根据监管要求、内部实际情况及管理需要确定尽职调查覆盖的业务范围。尽职调查的基本要求如下：

1. 证券公司应当根据不同业务的特点明确尽职调查报告的格式、内容以及其他辅助文件资料。尽职调查报告应当如实反映相关项目的整体风险状况，不得存在虚假记载、误导性陈述或重大遗漏；

2. 证券公司应当以书面或电子形式记载和留存尽职调查材料或档案。

证券公司应当根据业务实际需要，对可量化的信用风险因素（包括但不限于主体评级等风险因素）进行计量和评估，证券公司应充分认识到所选方法和模型的局限性，并采用有效手段进行补充。证券公司应对信用风险计量模型进行建设、验证和维护，确保相关假设、参数、数据来源和计量程序的合理性和可靠性。证券公司可根据自身管理需要将信用风险计量结果运用于准入管理、限额管理、风险报告、风险预警等方面。

证券公司应当建立健全内部评级管理制度，证券公司可根据内部实际情况及管理需要确定内部评级管理制度覆盖的业务范围。内部评级管理的基本要求如下：

1. 证券公司应建立内部评级体系，内部评级体系应能够有效识别信用风险，具备风险区分能力；

2. 证券公司应制定内部评级管理制度，明确内部评级操作流程，确保内部评级体系持续有效运作；

3. 证券公司应当建立与自身业务复杂程度和风险指标体系相适应的内部评级管理工具、方法和标准；

4. 证券公司应当正确收集和使用评级信息，对收集的资料信息进行评估和归档，以保证其及时性、准确性、完整性；

5. 业务存续期内，证券公司应根据风险状况的变化情况，定期或者不定期进行内部评级更新，持续关注相关主体信用变化。

证券公司应当根据全面风险管理要求，建立常态化的信用风险压力测试机制，并根据市场变化、业务变化和风险水平情况，在压力测试中充分考虑信用风险因素。

1. 证券公司应根据管理需要，合理确定信用风险压力测试的适用业务范围、风险因素、数量模型和情景假设等要素。

2. 证券公司应采用以定量分析为主的风险分析方法，测算压力情景下信用风险敞口暴露。证券公司应当根据压力测试结果反映的风险情况，结合自身风险承受能力，采取必要的应对措施，必要时实施应急预案。

证券公司应建立授信管理机制。证券公司应通过综合评价客户资信状况、信用风险和信用需求等因素，结合证券公司自身的风险承受能力，核定客户授信要素，并通过对客户授信使用情况监控管理来集中、统一控制客户信用风险暴露。

1. 证券公司应根据自身业务量大小、管理水平和风险程度等因素，明确授信管理的业务范围，并明确各类授信业务的授权审批机制。证券公司应建立授信的授权管理体系，明确各审批层级以及各级审批人员的权限范围。各级审批人员应在证券公司授予的权限范围内开展授信工作，认真履行职责，严禁越权从事经营活动，通过制度、流程、系统等方式，进行有效管理和控制，并确保业务活动受到制衡和监督。

2. 证券公司应根据业务需要，通过授信限额控制信用风险暴露和水平，并运用担保品、集中度管理、净额结算、保证和信用衍生工具等方式缓释与控制信用风险。

3. 证券公司应根据自身风险承受能力，建立集中度管理机制。对于融资类业务，证券公司应针对担保品设置集中度指标，并针对同一客户融资规模建立以净资本为核心的风险控制指标。

对适用范围内的业务，证券公司应明确各类业务的合同管理要求，并通过对合同层面的信用风险相关条款设计，防范客户违约风险。

五、证券公司声誉风险管理

（一）声誉风险的定义

根据《证券公司声誉风险管理指引》，声誉风险是指由于证券经营机构行为或外部事件，及其工作人员违反廉洁规定、职业道德、业务规范、行规行约等相关行为，导致投资者、发行人、监管机构、自律组织、社会公众、媒体等对证券公司形成负面评价，从而损害其品牌价值，不利其正常经营，甚至影响到市场稳定和社会稳定的风险。

（二）声誉风险管理应遵循的原则

声誉风险管理应遵循全程全员原则、预防第一原则、审慎管理原则、快速响应原则。

（三）引发声誉风险的因素

证券公司应确定可能影响公司声誉的风险来源，全面、系统、持续地收集和识别相关内外部信息，重点关注以下行为活动中可能引发声誉风险的驱动因素：

1. 战略规划或调整、股权结构变动、内部组织机构调整或核心人员变动；

2. 业务投资活动及产品、服务的设计、提供或推介；

3. 内部控制设计、执行及系统控制的重大缺陷或重大经营损失事件；

4. 司法性事件及监管调查、处罚；

5. 新闻媒体的不实报道或网络不实言论；

6. 股东、关联方或其他利益相关方发生声誉事件传导至证券公司；

7. 客户投诉及其涉及证券公司的不当言论或行为；

8. 工作人员出现不当言论或行为，违反廉洁规定、职业道德、业务规范、行规行约等相关行为；

9. 他人仿冒公司名称、商标、网址等侵权或误导公众行为；

10. 其他可能引发公司声誉风险的重要因素。

（四）约束、评价及问责机制

证券公司应建立工作人员声誉约束及评价机制，防范和管理工作人员引发的声誉风险，包括但不限于：

1. 制定工作人员声誉约束制度规范，明确工作人员需遵循法律法规、廉洁从业规定、职业道德操守、执业行为准则、个人行为规范和对外沟通原则；

2. 明确工作人员声誉管理的牵头部门，各业务部门及内控部门应根据工作人员声誉管理的职责分工，配合牵头部门进行声誉风险监测、识别、记录、处理和报告；

3. 将工作人员声誉情况纳入人事管理体系，在进行人员招聘和后续工作人员管理、考核、晋升等情形时，应对工作人员的历史声誉情况予以考察评估，并作为重要判断依据；

4. 建立工作人员声誉管理信息登记机制，记录人员不当执业行为及影响公司声誉的其他信息；

5. 指定专门部门对公司工作人员声誉约束及评价机制执行情况进行监督，定期或者不定期开展内部检查，对发现的问题及时整改，对责任人按照有关规定严肃处理。证券公司应建立健全声誉风险管理的工作考核及责任追究机制，声誉风险的处置情况应明确纳入工作人员的考核范围，对引发经营管理相关声誉事件的责任人和相关部门进行责任追究，对相关问题的改进情况进行跟踪评价。

六、证券公司操作风险管理

（一）操作风险的定义

操作风险是指由不完善或有问题的内部程序、人员、信息技术系统，以及外部事件造成损失的风险。一般包括法律风险，但不包括战略风险和声誉风险。

（二）证券公司操作风险管理的目标

证券公司应建立符合监管要求，与自身发展战略、业务特点、规模和复杂程度相适应的操作风险管理体系，将操作风险损失控制在自身可承受的范围内。

（三）操作风险管理应遵循的原则

操作风险管理应遵循全程全员原则、协同管理原则、审慎应对原则、防范预见原则。

（四）操作风险基本管理机制

证券公司应建立操作风险识别与评估机制，充分识别经营管理活动中的内外部操作风险因素，评估风险状况，确定操作风险管理关注的重点领域和环节。

证券公司应结合风险识别、评估结果，采取合理的操作风险控制或缓释措施，降低、分散、规避或转移操作风险，并将其控制在可接受的水平。

证券公司应针对其主要业务，建立并持续梳理、完善操作风险管理措施。

证券公司应建立操作风险监测机制，对各类操作风险相关信息及指标等进行动态、持续监测，分析操作风险状况，及时发现问题并采取有效措施，控制、降低风险。

证券公司应建立操作风险损失数据收集机制，明确损失数据收集的标准与报告流程，全面、持续地开展操作风险损失数据识别、收集、汇总、分析、报告工作。

证券公司应建立操作风险报告机制，明确需要报告的情形、报告主体、报告路径和时限等要求，规范事件报告流程。

证券公司应建立操作风险有关问题的整改追踪机制，明确整改责任单位、整改措施、完成时间等要素，并建立内部信息共享与协同整改机制，持续监控、报告整改状况。

证券公司应将发生操作风险突发事件的场景纳入突发事件应急处理机制，制定和完善应急预案，落实操作风险突发事件的处置职责，最大程度减少操作风险损失。

（五）专项领域操作风险管理机制

证券公司应建立和完善保障业务连续运行的管理机制，确定重要业务恢复目标，建立业务连续性计划和配置必要资源，并定期开展演练与持续改进，有效降低或消除业务中断造成的影响和损失。

证券公司应评估外包活动可能导致的业务中断、敏感信息泄漏等风险，确保外包服务有严谨的合同和服务协议，明确合同各方的责任义务。证券公司应明确各相关部门的外包风险管理职责，监控和管理外包实施过程的风险。

证券公司应高度重视聘用人员的诚信记录，建立和完善公司人员行为管理机制，有效防范公司人员行为不当导致的操作风险。

证券公司应将加强内部控制措施的落实作为操作风险管理的重要手段，在公司内部协同开展风险识别与评估、控制活动设计与实施、检查与评价等工作。

（六）主要业务常见操作风险管理措施

经纪业务应建立健全账户实名制、客户信息保护、异常交易监测、大额及可疑交易报告、客户回访、客户投诉处理等制度和流程，及时发现、妥善处理风险事件。

自营业务投资决策、交易执行、清算交收和风险监控等关键岗位由专人负责，并加强自营账户的集中管理和权限控制。

投资银行类业务应规范尽职调查过程和项目跟踪管理机制，明确项目相关材料、文件的编制要求和签字审批制度，强化编制或协助编制信息披露文件内容的复核把关，加强对工作底稿的管理。

资产管理业务应当按规定与其他业务严格分离，并按法律法规、自律规则和合同约定，分别办理不同资产管理计划份额的登记、估值、核算、收益分配，并及时、准确、完整地向投资者进行信息披露。

融资融券、股票质押等融资类业务应建立健全尽职调查、参数设置、指令申报、资金划转、违约处置等方面的管理制度和业务流程，按规定与客户签订合同，并采用适当的方式向客户明确讲解、告知和确认。

场外衍生品业务应建立健全客户准入、交易文件的生成和报备、交易确认、交易簿记与复核、估值核算等重要环节的管理制度和流程，对从事衍生品交易的部门和人员应进行分级授权。

涉及跨境的业务应建立健全涉及境内外业务流程衔接、信息系统或数据对接、敏感信息跨境流动、数据备份等方面的管理流程。

七、典型案例

（一）操作实例

甲证券公司为提高全面风险管理能力，从制度建设、组织架构、人员配备、系统建设、指标体系、应对机制等六个方面审慎评估公司全面风险管理的有效性。经评估后发现，对子公司的风险管控思路还停留在“定制度”的初级阶段；制度层面对操作风险、声誉风险的管理要求规定不够完善、可操作性不强，部分员工存在风险意识淡薄的情况，导致操作风险事件、舆情事件频发。对此，甲公司优化母子公司信息沟通和风险报告机制，加强了风险管理信息系统对子公司业务的覆盖；结合《证券公司操作风险管理指引》《证券公司声誉风险管理指引》梳理完善相关风险管理制度，同时加强制度宣贯和风险文化宣导，进一步提升全体员工的风险意识。目前甲证券公司定期评估全面风险管理体系，并根据评估结果及时改进风险管理工作，不断完善全面风险管理体系。

（二）违法违规案例

例如，乙证券公司信息技术系统保障不足，全面风险管理体系不完备，风险控制存在欠缺。主要表现为：风险监测系统未覆盖操作风险、声誉风险，且对其他各类风险的监测未集成在一个风险管理系统中；风险管理系统的有效性不足，企业风险管理平台存在未处理的预警信息，公司也未及时对预警阈值进行评估和完善；压力测试机制有待健全，未进行多情景设置；公司风险指标体系中未包含风险容忍度，未实现对市场风险主要风控指标的逐日监控。

针对该违规事件，当地证监局在查实情况后，认定乙证券公司违反了《证券公司风险控制指标管理办法》第六条、《证券公司监督管理条例》第二十七条的规定，根据《证券公司监督管理条例》第七十条的规定，责令乙证券公司改正。

第三节　投资者适当性管理

本节重点介绍证券经营机构执行投资者适当性的基本原则；经营机构向投资者销售产品或提供服务应了解的投资者信息；普通投资者享有特别保护的规定；专业投资者的范围；确定普通投资者风险承受能力的主要因素；划分产品或服务风险等级时应考虑的因素；经营机构销售产品或提供服务的禁止性行为；经营机构向普通投资者销售产品或提供服务前应告知的信息；经营机构需进行现场录音或录像留痕的要求；对经营机构违反适当性管理规定的监管措施。本节依据和参考的部门规章和自律规则主要包括《证券期货投资者适当性管理办法》《证券经营机构投资者适当性管理实施指引（试行）》等。

投资者适当性制度是证券期货经营机构（以下简称“经营机构”）服务投资者、控制经营风险和保护投资者合法权益的重要操作流程，其核心目的在于“将适当的产品或服务销售或提供给适当的投资者”。

建立完善的投资者适当性管理制度，有利于规范证券期货投资者适当性管理，维护投资者合法权益。世界主要成熟资本市场，包括美国、欧盟、英国、新加坡以及中国香港特别行政区等国家和地区均建立了完善的投资者适当性管理制度。适当性管理制度的核心框架包括了解投资者、投资者分类，了解产品或服务、产品或服务分级，适当性匹配以及经营机构内部控制等内容。

一、证券经营机构执行投资者适当性的基本原则

《证券期货投资者适当性管理办法》要求经营机构在向投资者销售证券期货产品或者提供证券期货服务的过程中，应当遵守法律法规及其他有关规定，勤勉尽责，审慎履职，全面了解投资者情况，深入调查分析产品或者服务信息，科学有效评估，充分揭示风险，基于投资者的不同风险承受能力以及产品或者服务的不同风险等级等因素，提出明确的适当性匹配意见，将适当的产品或者服务销售或者提供给适合的投资者，并对违法违规行为承担法律责任。

经营机构及其工作人员在落实投资者适当性管理的过程中，应当遵循以下原则。

（一）投资者利益优先原则

当经营机构及其工作人员的利益与投资者的利益发生冲突时，应当优先保障投资者的合法权益。

（二）勤勉尽责原则

经营机构及其工作人员应当全面了解投资者的情况，包括与投资者分类、风险承受能力评估相关的各类信息；深入调查分析产品或者服务信息，充分了解划分产品或服务风险等级时应当综合考虑的因素以及应当审慎评估的特殊因素。

（三）客观性原则

经营机构应当采用科学合理的方法，设置必要的标准和流程，保证适当性管理的实施。经营机构及其从业人员应当客观公正地对产品或服务以及投资者情况进行调查和评价，尽力做到客观、准确，并将相关调查和评价结果作为向投资者推介适当产品或服务的重要依据。

（四）有效性原则

经营机构应当建立科学的投资者适当性管理制度与方法，确保投资者适当性管理

的有效执行；同时，经营机构及其从业人员还应根据投资者的不同类别、投资知识和经验等采取与之对应的信息披露措施，确保风险揭示充分、有效。

（五）差异性原则

经营机构应当对投资者进行分类管理，对普通投资者和专业投资者实施差别的适当性管理措施，履行不同的适当性义务。

二、经营机构向投资者销售产品或提供服务应了解的投资者信息

“了解你的客户”是投资者适当性管理工作的核心内容之一，经营机构只有全面了解客户的信息，才能根据每个客户的综合情况，向其提供适当的金融产品或服务。

《证券公司监督管理条例》等法律法规已经明确经营机构应当了解投资者身份、财产与收入状况、证券投资经验、投资需求、风险偏好等信息。此外，从国际实践来看，不同国家或地区对经营机构向投资者提供投资相关服务、推荐或销售金融产品，需要了解的客户信息范围均包括：基本信息、财务状况、投资目标、投资知识、投资经验。

随着资本市场不断发展以及投资者适当性制度的完善，2016 年末中国证监会出台了《证券期货投资者适当性管理办法》，并于 2020 年、2022 年进行两次更新修正，进一步完善了了解投资者信息的要求，在原有了解投资者信息的基础上，明确了投资目标包括投资期限、品种以及期望收益等，新增了投资者风险偏好及可承受损失，还要求了解投资者诚信记录、实际控制投资者的自然人和交易的实际受益人以及投资者准入要求等相关信息。

根据《证券期货投资者适当性管理办法》的要求，经营机构向投资者销售产品或者提供服务时，应当了解投资者的下列信息：

1. 自然人的姓名、住址、职业、年龄、联系方式，法人或者其他组织的名称、注册地址、办公地址、性质、资质及经营范围等基本信息；
2. 收入来源和数额、资产、债务等财务状况；
3. 投资相关的学习、工作经历及投资经验；
4. 投资期限、品种、期望收益等投资目标；
5. 风险偏好及可承受的损失；
6. 诚信记录；
7. 实际控制投资者的自然人和交易的实际受益人；
8. 法律法规、自律规则规定的投资者准入要求相关信息；
9. 其他必要信息。

三、普通投资者享有特别保护的规定

根据《证券期货投资者适当性管理办法》的规定，投资者分为普通投资者与专业投资者。普通投资者在信息告知、风险警示、适当性匹配等方面享有特别保护。

对普通投资者的特别保护应当至少体现在以下方面。

（一）信息告知

经营机构及其从业人员面向普通投资者销售金融产品、提供投资服务时应当确保所告知的信息真实、准确、完整，并采取通俗易懂的方式向普通投资者进行介绍，帮助普通投资者理解产品或服务的风险等级、投资标的和结构、收益以及风险特征等，以帮助普通投资者选择适当的金融产品或服务。

经营机构向普通投资者销售产品或者提供服务前，应当告知下列信息：

1. 可能直接导致本金亏损的事项；
2. 可能直接导致超过原始本金损失的事项；
3. 因经营机构的业务或者财产状况变化，可能导致本金或者原始本金亏损的事项；
4. 因经营机构的业务或者财产状况变化，影响客户判断的重要事由；
5. 限制销售对象权利行使期限或者可解除合同期限等全部限制内容；
6. 适当性匹配意见。

（二）风险警示

经营机构及其从业人员在向普通投资者提供服务时应当进行更为充分的风险警示，包括为普通投资者提供风险揭示材料，向普通投资者销售高风险产品或提供相关服务时履行特别的注意义务。经营机构向普通投资者销售高风险产品或者提供相关服务，应当履行特别的注意义务，包括制定专门的工作程序，追加了解相关信息，告知特别的风险点，给予普通投资者更多的考虑时间，或者增加回访频次等。

（三）适当性匹配

经营机构及其从业人员应当针对普通投资者及其选择的产品或服务提供明确具体的适当性匹配意见，并通过书面或电子方式进行留痕。

四、专业投资者的范围

依据《证券期货投资者适当性管理办法》，专业投资者可以划分为三类。第一类是专业机构投资者，即经有关金融监管部门批准设立的金融机构、金融机构发行的理财产品以及经监管部门批准设立的养老基金、社会公益基金、合格境外机构投资者（QFII）、人民币合格境外机构投资者（RQFII）等。第二类是符合一定条件的专业投资者，即符合一定资产、财务规模并且具备一定投资知识和经验的投资者。此类投资者需提供相关证明材料，经经营机构核验属实的可以直接认定为专业投资者。第三类属于普通投资者自愿申请转化的专业投资者，在其资产、财务规模以及投资知识和经验符合一定要求的前提下，经营机构有权自主决定是否同意其转化。

（一）第一类专业投资者

第一类专业投资者具体包括以下三大类。

1. 经有关金融监管部门批准设立的金融机构，包括证券公司、期货公司、基金管理公司及其子公司、商业银行、保险公司、信托公司、财务公司等；经行业协会备案或者登记的证券公司子公司、期货公司子公司、私募基金管理人。

2. 上述机构面向投资者发行的理财产品，包括但不限于证券公司资产管理产品、基金管理公司及其子公司产品、期货公司资产管理产品、银行理财产品、保险产品、信托产品、经行业协会备案的私募基金。

3. 社会保障基金、企业年金等养老基金，慈善基金等社会公益基金，合格境外机构投资者，人民币合格境外机构投资者。

（二）第二类专业投资者

符合下列条件之一的是第二类专业投资者。

1. 同时符合下列条件的法人或者其他组织：

（1）最近 1 年末净资产不低于 2 000 万元；

（2）最近 1 年末金融资产不低于 1 000 万元；

（3）具有 2 年以上证券、基金、期货、黄金、外汇等投资经历。

2. 同时符合下列条件的自然人：

（1）金融资产不低于 500 万元，或者最近 3 年个人年均收入不低于 50 万元；

（2）具有 2 年以上证券、基金、期货、黄金、外汇等投资经历，或者具有 2 年以上金融产品设计、投资、风险管理及相关工作经历，或者属于前述第一类专业投资者中的第 1 部分的金融机构的高级管理人员、获得职业资格认证的从事金融相关业务的注册会计师和律师。

以上所称金融资产，包括银行存款、股票、债券、基金份额、资产管理计划、银行理财产品、信托计划、保险产品、期货及其他衍生产品等。

第二类专业投资者可以书面告知经营机构选择成为普通投资者，经营机构应当对其履行相应的适当性义务。

（三）由普通投资者转化的专业投资者

符合下列条件之一的普通投资者可以申请转化成为专业投资者：

1. 最近 1 年末净资产不低于 1 000 万元，最近 1 年末金融资产不低于 500 万元，且具有 1 年以上证券、基金、期货、黄金、外汇等投资经历的除专业投资者外的法人或其他组织；

2. 金融资产不低于 300 万元或者最近 3 年个人年均收入不低于 30 万元，且具有 1 年以上证券、基金、期货、黄金、外汇等投资经历或者 1 年以上金融产品设计、投资、风险管理及相关工作经历的自然人投资者。

普通投资者申请转化为专业投资者也需要遵守相应的程序。投资者须主动通过书面形式提出申请并确认自主承担可能产生的风险和后果，提供相关证明材料。经营机构应当通过追加了解信息、投资知识测试或模拟交易等方式对投资者情况及证明材料进行审慎评估，确认其是否符合相关要求，说明对不同类别投资者履行适当性义务的差别，警示投资者可能承担的投资风险，告知审核结果及理由。经营机构有权自主决定是否同意投资者转化为专业投资者。

五、确定普通投资者风险承受能力的主要因素

专业投资者之外的投资者为普通投资者。经营机构应当按照有效维护投资者合法权益的要求，综合考虑收入来源、资产状况、债务、投资知识和经验、风险偏好、诚信状况等因素，确定普通投资者的风险承受能力，对其进行细化分类和管理。

经营机构在了解客户信息之后，可以通过请投资者填写《投资者风险承受能力评估问卷》等方法对投资者风险承受能力进行综合评估。评估普通投资者风险承受能力的主要因素包括以下几个方面：

1. 财务状况，具体包含收入来源、用于投资资产占家庭总资产比例、债务状况以及可用于投资的资产规模等；

2. 投资知识，包括金融相关学历情况、工作经历以及相关资格证书等；

3. 投资经验，包括投资金融产品情况、交易频率以及投资时间等；

4. 投资目标，包括拟投资期限、投资品种、期望收益等；

5. 风险偏好，包括可承受的投资损失以及投资回报的用途等；

6. 其他信息，包括投资者的年龄、抚养、扶养和赡养义务、学历以及本人及配偶的就业状况等。

除上述列举六项主要因素外，经营机构可结合实际操作经验及投资者的特殊情况，调整和补充具体评估指标。经过评估，经营机构可将普通投资者按照其风险承受能力由低至高至少划分为 C1、C2、C3、C4、C5 五个等级。

普通投资者风险承受能力等级评估是一个持续性的工作，经营机构应当定期或在得知投资者信息发生重要变化、可能影响投资者分类时及时对普通投资者风险承受能力等级进行重新评估，并根据最新的评估结果向投资者销售适当的产品或提供适当的服务。

六、划分产品或服务风险等级时应考虑的因素

经营机构应当了解所销售产品或者所提供服务的信息，根据风险特征和程度，对销售产品或者提供的服务划分风险等级。划分产品或者服务风险等级时应综合考虑如下因素：流动性、到期时限、杠杆情况、结构复杂性、投资单位产品或者相关服务的最低金额、投资方向和投资范围、募集方式、发行人等相关主体的信用状况、同类产品或者服务过往业绩等。涉及投资组合的产品或者服务，应当按照产品或者服务整体风险等级进行评估。

产品或者服务存在下列因素的，应当审慎评估其风险等级：

1. 存在本金损失的可能性，因杠杆交易等因素容易导致本金大部分或者全部损失的产品或者服务；

2. 产品或者服务的流动变现能力，因无公开交易市场、参与投资者少等因素导致难以在短期内以合理价格顺利变现的产品或者服务；

3. 产品或者服务的可理解性，因结构复杂、不易估值等因素导致普通人难以理解其条款和特征的产品或者服务；

4. 产品或者服务的募集方式，涉及面广、影响力大的公募产品或者相关服务；

5. 产品或者服务的跨境因素，存在市场差异、适用境外法律等情形的跨境发行或者交易的产品或者服务；

6. 自律组织认定的高风险产品或者服务；

7. 其他有可能构成投资风险的因素。

《证券期货投资者适当性管理办法》规定，由行业协会制定并定期更新本行业的产品或者服务风险等级名录，经营机构评估相关产品或者服务的风险等级不得低于行业协会名录规定的风险等级。

七、经营机构销售产品或提供服务的禁止性行为

经营机构在销售产品或者提供服务的过程中，应勤勉尽责，审慎履职，全面了解投资者情况，充分揭示风险，基于投资者的不同风险承受能力以及产品或者服务的不同风险等级等因素，提出明确的适当性匹配意见，将适当的产品或者服务提供给适合的投资者，并禁止进行下列活动：

1. 向不符合准入要求的投资者销售产品或者提供服务；

2. 向投资者就不确定事项提供确定性的判断，或者告知投资者有可能使其误认为具有确定性的意见；

3. 向普通投资者主动推介风险等级高于其风险承受能力的产品或者服务；

4. 向普通投资者主动推介不符合其投资目标的产品或者服务；

5. 向风险承受能力最低类别的投资者销售或者提供风险等级高于其风险承受能力的产品或者服务；

6. 其他违背适当性要求，损害投资者合法权益的行为。

同时，经营机构销售产品、提供服务，应当向投资者充分披露产品或服务信息以及有助于投资者作出投资分析判断的其他信息，披露的信息不得含有虚假、误导性陈述或重大遗漏，不得欺诈投资者。《投资者基本信息表》《投资者风险承受能力评估问卷》应当由投资者本人或合法授权人填写，经营机构业务人员不得以任何方式诱导、误导或欺骗投资者，从而影响填写结果。

八、经营机构向普通投资者销售产品或提供服务前应告知的信息

经营机构销售产品、提供服务，应当向投资者充分披露产品或服务信息以及有助于投资者作出投资分析判断的其他信息，并向投资者充分揭示产品或服务的信用风险，市场风险、流动性风险等可能影响投资者权益的主要风险以及具体产品或服务的特别风险，并由投资者签署确认。

经营机构向普通投资者销售产品或者提供服务前，应当告知下列信息：

1. 可能直接导致本金亏损的事项；

2. 可能直接导致超过原始本金损失的事项；

3. 因经营机构的业务或者财产状况变化，可能导致本金或者原始本金亏损的事项；

4. 因经营机构的业务或者财产状况变化，影响客户判断的重要事由；

5. 限制销售对象权利行使期限或者可解除合同期限等全部限制内容；

6. 投资者适当性匹配意见。

经营机构在充分履行以上披露和告知义务后，应当提醒投资者，适当性匹配意见不代表经营机构对产品或服务的风险和收益作出实质性保证，投资者在参考经营机构给出的适当性匹配意见基础上，应根据自身能力审慎独立决策，独立承担投资风险。

九、经营机构需进行现场录音或录像留痕的要求

在普通投资者申请转为专业投资者，向普通投资者销售高风险产品或者提供相关服务，经营机构主动调整投资者分类、产品或者服务分级、适当性匹配意见及向普通投资者履行信息告知义务这四种情形下，经营机构应：

1. 通过营业网点向普通投资者进行告知、警示的，应当全过程录音或者录像；

2. 通过互联网等非现场方式进行的，应当完善配套留痕安排，由普通投资者通过符合法律、行政法规要求的电子方式进行确认。

同时，经营机构应当按照相关规定妥善保存其履行适当性义务的相关信息资料，防止泄露或者被不当利用，接受中国证监会及其派出机构和自律组织的检查。匹配方案、告知警示资料、录音录像资料、自查报告等的保存期限不得少于20年。

十、对经营机构违反适当性管理规定的监管措施

《证券期货投资者适当性管理办法》本着有义务必有追责的原则，针对每一项义务都制定了相应的违规罚则，要求监管自律机构通过检查督促，采取监督管理措施、行政处罚和市场禁入措施等方式，确保经营机构自觉落实适当性义务。

《证券期货投资者适当性管理办法》第三十七条至第四十二条具体规定了经营机构违反适当性管理规定时应当采取的监管措施，包括但不限于以下内容。

1. 经营机构违反《证券期货投资者适当性管理办法》规定的，中国证监会及其派出机构可以对经营机构及其直接负责的主管人员和其他直接责任人员，采取责令改正、监管谈话、出具警示函等监督管理措施。

2. 证券公司、期货公司违反《证券期货投资者适当性管理办法》规定，存在较大风险或者风险隐患的，中国证监会及其派出机构可以按照《证券法》第一百四十条、《期货和衍生品法》第七十三条、《证券公司监督管理条例》第七十条、《期货交易管理条例》第五十五条的规定，采取监督管理措施。

3. 违反《证券期货投资者适当性管理办法》相关规定，存在向投资者销售产品或

提供服务时未了解投资者信息，未合理向投资者匹配产品或服务的风险等级，未在情况变化时主动调整投资者分类、产品或者服务分级及适当性匹配意见并告知投资者，向投资者销售、提供了禁止销售的产品或提供的服务，在销售产品或提供服务前未告知相关信息或提供了虚假信息等情形时，按照《证券法》第一百九十八条、《证券投资基金法》第一百三十七条、《期货和衍生品法》第一百三十五条、《证券公司监督管理条例》第八十四条、《期货交易管理条例》第六十七条予以处理。

4. 违反《证券期货投资者适当性管理办法》的规定，存在向不符合准入要求的投资者销售产品或者提供服务，向投资者就不确定的事项提供确定性的判断，在委托其他机构销售时未审慎选择受托方，在代销其他机构发行的产品或服务时未在合同中要求委托方提供相关信息等情形时，按照《证券投资基金法》第一百三十五条、《期货和衍生品法》第一百三十五条、《证券公司监督管理条例》第八十三条、《期货交易管理条例》第六十六条予以处理。

5. 经营机构有下列情形之一的，给予警告，并处以 3 万元以下罚款；对直接负责的主管人员和其他直接责任人员，给予警告，并处以 3 万元以下罚款：

（1）违反《证券期货投资者适当性管理办法》第十条，未按规定对普通投资者进行细化分类和管理的；

（2）违反《证券期货投资者适当性管理办法》第十一条、第十二条，未按规定进行投资者类别转化的；

（3）违反《证券期货投资者适当性管理办法》第十三条，未建立或者更新投资者评估数据库的；

（4）违反《证券期货投资者适当性管理办法》第十五条，未按规定了解所销售产品或者所提供服务信息或者履行分级义务的；

（5）违反《证券期货投资者适当性管理办法》第十六条、第十七条，未按规定划分产品或者服务风险等级的；

（6）违反《证券期货投资者适当性管理办法》第二十五条，未按规定录音录像或者采取配套留痕安排的；

（7）违反《证券期货投资者适当性管理办法》第二十九条，未按规定制定或者落实适当性内部管理制度和相关制度机制的；

（8）违反《证券期货投资者适当性管理办法》第三十条，未按规定开展适当性自查的；

（9）违反《证券期货投资者适当性管理办法》第三十二条，未按规定妥善保存相关信息资料的；

（10）违反《证券期货投资者适当性管理办法》第六条、第十八条至第二十四条、

第二十六条、第二十七条、第三十三条规定，未构成《证券法》第一百九十八条，《证券投资基金法》第一百三十五条、第一百三十七条，《期货和衍生品法》第一百三十五条，《证券公司监督管理条例》第八十三条、第八十四条，《期货交易管理条例》第六十六条、第六十七条规定情形的。

6. 经营机构从业人员违反相关法律法规和《证券期货投资者适当性管理办法》规定，情节严重的，中国证监会可以依法采取市场禁入的措施。

十一、典型案例

（一）操作实例

周某前往A证券公司营业部申请开通证券账户，为履行适当性管理职责，A证券公司营业部要求周某填写《投资者风险承受能力问卷》以对其风险承受能力进行评估。A证券公司营业部向周某出具《适当性匹配意见》载明周某的风险承受能力等级、拟投资期限、拟投资品种以及期望收益与该金融产品或服务风险等级、投资期限、投资品种以及预期收益相匹配。周某向A证券公司出具《适当性评估结果确认书》载明，周某已认真阅读了风险揭示书，并已充分了解该产品或服务的特征和风险，签署了风险揭示书。A证券公司对周某的适当性匹配情况及风险告知过程进行了录音录像。在此基础上，双方签订《开户及证券交易委托代理协议》。

A证券公司营业部的行为落实了《证券期货投资者适当性管理办法》第十八条、第二十四条、第二十五条的规定要求。

（二）违法违规案例

1. 甲证券公司某营业部存在为他人使用客户相关证券账户提供了便利；未及时重新评估客户风险承受能力，提供与投资者当时风险承受能力不匹配的融资展期服务等情形。当地证监局认为，上述情况违反了《证券登记结算管理办法》第二十五条第一款，《中国证券登记结算有限责任公司证券账户管理规则》第四十五条，《证券公司和证券投资基金管理公司合规管理办法》第六条第一款、第二款，《证券期货投资者适当性管理办法》第二十一条以及《中华人民共和国证券法》第八十八条第一款的规定。员工G在营业部任职期间直接参与了上述违规事项并负有责任。

依据《合规管理办法》第三十二条第一款、《投资者适当性管理办法》第三十七条的规定，当地证监局决定对营业部、员工G采取出具警示函的行政监管措施，并记入证券期货市场诚信档案。

2. 乙证券公司与M金融信息服务公司合作开展线上投资顾问业务时，存在以下问题：

（1）未独立开展适当性管理；

（2）未全面了解投资者情况，未获取客户的住址、职业、财务状况、投资经验、诚信记录等信息；

（3）相关信息系统运行不处于公司自身控制范围，未能本地保存客户信息、适当性管理以及相关服务记录等资料。

当地证监局认为，上述行为违反了《证券期货投资者适当性管理办法》第三条、《证券公司和证券投资基金管理公司合规管理办法》第六条第一项和《证券基金经营机构信息技术管理办法》第四十三条的规定，根据《证券期货投资者适当性管理办法》第三十七条、《证券公司和证券投资基金管理公司合规管理办法》第三十二条第一款和《证券基金经营机构信息技术管理办法》第五十七条的规定，决定对S证券公司采取如下监督管理措施：责令自监督管理措施决定作出之日起1年内，每3个月开展一次内部合规检查，并在每次检查后10个工作日内，向证监局报送合规检查报告。

第四节　证券公司反洗钱和反恐怖融资工作

本节重点介绍证券公司反洗钱和反恐怖融资（以下统称“反洗钱”）工作基本要求，并对反洗钱内部控制和风险管理、客户身份识别和客户身份资料与交易记录保存、大额交易和可疑交易报告、涉及恐怖活动资产冻结等各项反洗钱工作具体内容及要求进行讲解。

本节依据和参考的法律包括《中华人民共和国反洗钱法》和《中华人民共和国反恐怖主义法》（简称《反洗钱法》和《反恐怖主义法》）；部门规章主要包括《金融机构反洗钱规定》《金融机构客户身份识别和客户身份资料及交易记录保存管理办法》《金融机构大额交易和可疑交易报告管理办法》《涉及恐怖活动资产冻结管理办法》《金融机构反洗钱和反恐怖融资监督管理办法》《证券期货业反洗钱工作实施办法》《金融机构客户尽职调查和客户身份资料及交易记录保存管理办法》（因技术原因暂缓施行）等；规范性文件主要包括《中国人民银行关于加强反洗钱客户身份识别有关工作的通知》《中国人民银行办公厅关于进一步加强反洗钱和反恐怖融资工作的通知》《关于证券基金期货业反洗钱工作有关事项的通知》《金融机构洗钱和恐怖融资风险评估及客户分类管理指引》《法人金融机构洗钱和恐怖融资风险自评估指引》等；行业

自律规则包括《证券公司反洗钱工作指引》。

一、证券公司反洗钱工作基本要求

反洗钱是指为了预防通过各种方式掩饰、隐瞒毒品犯罪、黑社会性质的组织犯罪、恐怖活动犯罪、走私犯罪、贪污贿赂犯罪、破坏金融管理秩序犯罪、金融诈骗犯罪等犯罪所得及其收益的来源和性质的洗钱活动，遏制相关违法犯罪活动，依照《反洗钱法》等法律法规采取相关措施的行为。反恐怖融资是指为了预防和遏制为恐怖主义、恐怖分子和恐怖主义组织进行的融资活动，依照《反洗钱法》《反恐怖主义法》等法律法规采取相关措施的行为。

证券公司应当按照规定建立健全反洗钱内部控制制度，评估洗钱和恐怖融资风险（以下统称"洗钱风险"），建立与风险状况和经营规模相适应的风险管理机制，搭建反洗钱信息系统，设立或者指定部门并配备相应人员。

证券公司应当按照规定，结合内部控制制度和风险管理机制的相关要求，履行客户尽职调查、客户身份资料和交易记录保存、大额交易和可疑交易报告等反洗钱义务。

证券公司应对依法履行反洗钱职责或者义务获得的客户身份资料和交易信息，对依法监测、分析、报告可疑交易和开展名单监控的有关情况，对配合中国人民银行反洗钱行政调查、采取临时冻结措施的有关情况，以及对与采取涉恐冻结措施有关的工作信息予以保密，非依法律规定不得对外透露和提供。

二、反洗钱内部控制和风险管理

（一）反洗钱内部控制

证券公司应当结合本机构经营规模以及洗钱和恐怖融资风险状况，建立健全洗钱风险自评估制度、客户身份识别和风险等级划分制度、客户身份资料和交易记录保存制度、大额交易和可疑交易报告制度、信息共享制度、保密制度、宣传培训制度等反洗钱内部控制制度，制定反洗钱内部操作规程和控制措施。证券公司及其分支机构负责人应当对反洗钱内部控制制度的有效实施负责，总部应当对分支机构执行反洗钱内部控制制度进行监督管理。

证券公司应当明确董事会、监事会、高级管理层和相关部门的反洗钱职责，任命或者授权一名高级管理人员牵头负责反洗钱工作，设立反洗钱专门部门或指定内设部门牵头开展反洗钱和反恐怖融资管理工作，并配备充足的反洗钱岗位人员，采取适当措施确保反洗钱岗位人员的资质、经验、专业素质及职业道德符合要求，制定持续的反洗钱培训计划并开展反洗钱培训。

证券公司应当根据反洗钱工作需要，建立和完善相关信息系统，并根据风险状况、反洗钱和反恐怖融资工作需求变化及时优化升级。反洗钱信息系统应当以客户为单位，覆盖所有业务（含产品、服务）和客户，及时、准确、完整采集和记录洗钱风险管理所需信息，对洗钱风险进行识别、评估、监测和报告。

证券公司应当建立反洗钱和反恐怖融资审计机制，审查反洗钱和反恐怖融资内部控制制度制定和执行情况。审计应当遵循独立性原则，全面覆盖境内外分支机构、控股附属机构，审计的范围、方法和频率应当与本机构经营规模及洗钱和恐怖融资风险状况相适应。

（二）洗钱风险自评估与风险管理

证券公司应当定期或不定期评估洗钱风险。洗钱风险自评估应当与本机构经营规模和业务特征相适应，充分考虑客户、地域、业务、交易渠道等方面的风险要素类型及其变化情况，并吸收运用国家洗钱和恐怖融资风险评估报告、监管部门及自律组织的指引等。证券公司在采用新技术、开办新业务或者提供新产品、新服务前，或者其面临的洗钱或者恐怖融资风险发生显著变化时，应当进行洗钱风险评估。

证券公司应当将洗钱风险管理纳入本机构全面风险管理体系，覆盖各项业务活动和管理流程，并充分运用风险自评估结果，确保反洗钱资源配置、洗钱风险管理策略、政策和程序与评估所识别的风险相适应。针对自评估发现的高风险或较高风险情形，或原有控制措施有效性存在不足时，应当采取强化风险管理措施；对于评估发现的低风险情形，可以采取适当的简化措施。但发现涉嫌洗钱和恐怖融资活动时，证券公司不得采取简化措施。超出证券公司风险控制能力的，不得与客户建立业务关系或者进行交易，已经建立业务关系的，应当中止交易并考虑提交可疑交易报告，必要时终止业务关系。

（三）分支机构和控股附属机构管理

证券公司应当在总部层面制定统一的反洗钱和反恐怖融资机制安排，并确保其所有分支机构和控股附属机构结合自身业务特点有效执行。

证券公司应当加强对境内外分支机构和相关附属机构的管理指导和监督，要求其境外分支机构和控股附属机构在驻在国家（地区）法律规定允许的范围内，执行境内反洗钱法规要求，驻在国家（地区）有更严格要求的，遵守其规定；如果境内反洗钱法规要求比所驻国家或地区的相关规定更为严格，但所驻国家或地区法律禁止或限制境外分支机构和相关附属机构实施的，证券公司应当采取适当的其他措施应对洗钱风险，并向中国人民银行报告。

三、客户身份识别和客户身份资料与交易记录保存

证券公司总部应对客户身份识别、客户身份资料和交易记录保存工作作出统一要求，并对其分支机构执行情况进行监督管理。

（一）客户身份识别的基本要求

证券公司应当勤勉尽责，建立健全和执行客户身份识别制度，遵循“了解你的客户原则”，开展客户身份识别、持续识别和重新识别工作。证券公司不得为身份不明的客户提供服务或者与其进行交易，不得为客户开立匿名账户或者假名账户。

证券公司在与客户建立业务关系时，应当识别客户身份，了解实际控制客户的自然人和交易的实际受益人，核对客户的有效身份证件或者其他身份证明文件，登记客户身份基本信息，并留存有效身份证件或者其他身份证明文件的复印件或者影印件。根据“了解你的客户”的原则，针对具有不同洗钱或者恐怖融资风险特征的客户、业务关系或者交易，证券公司应采取相应的措施，了解客户及其交易目的和交易性质。客户由他人代理办理业务的，证券公司应在被代理人采取客户身份识别措施的同时，核对代理人的有效身份证件或者身份证明文件并登记。

证券公司应有效识别非自然人客户的受益所有人，并在业务关系存续期间，持续关注受益所有人信息变更情况。对受益所有人的追溯，应当根据非自然人客户的法律形态和实际情况，结合相关判定标准，逐层深入并最终明确为掌握控制权或者获取收益的自然人。

证券公司在识别客户身份时，应通过可靠和来源独立的证明文件、数据信息和资料核实客户身份，了解客户建立、维持业务关系的目的及性质，并在适当情况下获取相关信息。对于客户或其受益所有人属于外国政要、国际组织高级管理人员等特定自然人及前述人员的特定关系人的，或客户来自金融行动特别工作组（FATF）、亚太反洗钱组织（APG）、欧亚反洗钱和反恐怖融资组织（EAG）等国际反洗钱组织指定高风险国家或地区的，证券公司应采取相应强化的身份识别措施。

（二）持续与重新识别客户身份

1. 持续识别客户身份

在与客户的业务关系存续期间，证券公司应当勤勉尽责，采取持续的客户身份识

别措施，关注客户身份信息变化及其日常经营活动和金融交易情况，及时提示客户更新资料信息。

对于高风险客户或者高风险账户持有人，金融机构应当了解其资金来源、资金用途、经济状况或者经营状况等信息，加强对其金融交易活动的监测分析。客户为外国政要的，金融机构应采取合理措施了解其资金来源和用途。

客户先前提交的身份证件或者身份证明文件已过有效期的，证券公司应当及时提示客户并限定其在合理期限内更新身份信息，对于未在合理期限内更新且没有提出合理理由的客户，证券公司应采取限制为其办理新业务、限制撤销指定交易、限制转托管及限制其资金转出等措施。

2. 重新识别客户身份

证券公司应当在出现以下情况时重新识别客户：

（1）客户要求变更姓名或者名称、身份证件或者身份证明文件种类、身份证件号码、注册资本、经营范围、法定代表人或者负责人的；

（2）客户行为或者交易情况出现异常的；

（3）客户姓名或者名称与国务院有关部门、机构和司法机关依法要求金融机构协查或者关注的犯罪嫌疑人、洗钱和恐怖融资分子的姓名或者名称相同的；

（4）客户有洗钱、恐怖融资活动嫌疑的；

（5）证券公司获得的客户信息与先前已经掌握的相关信息存在不一致或者相互矛盾的；

（6）先前获得的客户身份资料的真实性、有效性、完整性存在疑点的；

（7）证券公司认为应重新识别客户身份的其他情形。

证券公司除核对有效身份证件或者其他身份证明文件外，可以采取以下的一种或者几种措施，识别或者重新识别客户身份：

（1）要求客户补充其他身份资料或者身份证明文件；

（2）回访客户；

（3）实地查访；

（4）向公安、工商行政管理等部门核实；

（5）其他可依法采取的措施。

在与非自然人客户业务关系存续期间，证券公司采取持续的客户身份识别措施或者重新识别客户身份的，应当同时开展受益所有人身份识别工作，确保受益所有人信息完整性、准确性和时效性。

（三）依托第三方进行客户身份识别

证券公司依托第三方机构开展客户身份识别的，应当采取以下措施：一是确认第三方机构接受反洗钱和反恐怖融资监管，并按照反洗钱法律、行政法规等相关要求，采取了客户身份识别及交易记录保存措施；二是立即从第三方机构获取客户身份识别的必要信息；三是在需要时立即从第三方机构获取客户身份证明文件和其他相关资料的复印件或影印件。证券公司应当承担第三方机构未履行客户身份识别义务的责任。

（四）开展客户风险等级划分的基本要求

对于新建立业务关系的客户，证券公司应在建立业务关系后的10个工作日内，按照收集信息、筛选分析信息、初评和复评的流程，划分其风险等级，同一客户在证券公司应有唯一的风险等级。

对于已确立过风险等级的客户，证券公司应根据其风险程度设置相应的重新审核期限，实现对风险的动态追踪。原则上，风险等级最高的客户的审核期限不得超过半年，低一等级客户的审核期限不得超出上一级客户审核期限时长的两倍。对于首次建立业务关系的客户，无论其风险等级高低，证券公司在初次确定其风险等级后的3年内至少应进行一次复核。

当客户变更重要身份信息、司法机关对客户进行调查、客户涉及权威媒体的案件报道等可能导致风险状况发生实质性变化的事件发生时，证券公司应考虑重新评定客户风险等级。

（五）客户风险分类控制措施

证券公司应在客户风险等级划分的基础上，采取相应的客户尽职调查及其他风险管控措施，对高风险客户，证券公司应当根据风险情形采取相匹配的一种或者多种强化尽职调查措施。

（六）委托其他机构开展客户风险等级划分等洗钱风险管理工作要求

证券公司委托其他机构开展客户风险等级划分等洗钱风险管理工作时，应与受托机构签订书面协议，并由高级管理层批准。证券公司对受托机构进行的洗钱风险管理工作承担最终法律责任。

（七）客户身份资料与交易记录保存的基本要求

证券公司应按照安全、准确、完整、保密的原则，强化内部管理措施，更新技术手段，逐步完善相关信息系统，统筹考虑保存范围、方式和期限，确保客户身份信息和交易记录完整准确，防止客户身份资料和交易记录的缺失、损毁，防止泄露客户身份信息和交易信息。确保足以重现和追溯每笔交易，便于证券公司反洗钱工作开展，以及反洗钱调查和监督管理。

1. 保存内容

证券公司应当保存的客户身份资料包括记载客户身份信息、资料以及反映证券公司开展客户身份识别工作情况的各种记录和资料。在业务关系存续期间，客户身份资料发生变更的，证券公司应当及时更新客户身份资料。

证券公司应当保存的交易记录包括关于每笔交易的数据信息、业务凭证、账簿以及有关规定要求的反映交易真实情况的合同、业务凭证、单据、业务函件和其他资料。

2. 保存期限

证券公司应当按照下列期限保存客户身份资料和交易记录：

（1）客户身份资料，自业务关系结束当年或者一次性交易记账当年计起至少保存5年；

（2）交易记录，自交易记账当年计起至少保存5年。

法律、行政法规和其他规章对客户身份资料和交易记录有更长保存期限要求的，遵守其规定。

四、大额交易和可疑交易报告

证券公司应当制定大额交易和可疑交易报告内部管理制度和操作规程，构建覆盖全部客户和业务领域、以客户为基本单位的交易监测体系，按照规定及时、准确、完整向中国反洗钱监测分析中心或中国人民银行及其分支机构提交大额交易和可疑交易报告，并对分支机构、控股附属机构大额交易和可疑交易报告制度的执行情况进行监督管理。

（一）大额交易报告

证券公司与客户进行金融交易并通过银行账户划转款项的，由银行机构按照《金融机构大额交易和可疑交易报告管理办法》规定提交大额交易报告。

（二）可疑交易报告

证券公司发现或者有合理理由怀疑客户、客户的资金或者其他资产、客户的交易或者试图进行的交易与洗钱、恐怖融资等犯罪活动相关的，不论所涉资金金额或者资产价值大小，应当向中国反洗钱监测分析中心提交可疑交易报告。

证券公司应当制定本公司的交易监测标准，并对其有效性负责。证券公司应当对通过交易监测标准筛选出的交易进行人工分析、识别，并记录分析过程。

当可疑交易符合下列情形之一的，证券公司应当在向中国反洗钱监测分析中心提交可疑交易报告的同时，以电子形式或书面形式向所在地中国人民银行或者其分支机构报告，并配合反洗钱调查：

（1）明显涉嫌洗钱、恐怖融资等犯罪活动的；

（2）严重危害国家安全或者影响社会稳定的；

（3）其他情节严重或者情况紧急的情形。

证券公司在报送可疑交易报告后，应当根据中国人民银行的相关规定采取适当的后续风险控制措施，包括对可疑交易所涉客户及交易开展持续监控、提升客户风险等级、限制客户交易、拒绝提供服务、终止业务关系、向相关金融监管部门报告、向相关侦查机关报案等。

（三）反洗钱名单监控

证券公司应当对下列恐怖活动组织及恐怖活动人员名单开展实时监测：

1. 中国政府发布的或者要求执行的恐怖活动组织及恐怖活动人员名单；
2. 联合国安理会决议中所列的恐怖活动组织及恐怖活动人员名单；
3. 中国人民银行要求关注的其他涉嫌恐怖活动的组织及人员名单。

当证券公司有合理理由怀疑客户或者其交易对手、资金或者其他资产与名单相关的，应当在立即向中国反洗钱监测分析中心提交可疑交易报告的同时，以电子形式或书面形式向所在地中国人民银行或者其分支机构报告，并按照相关主管部门的要求依法采取措施。

恐怖活动组织及恐怖活动人员名单调整的，证券公司应当立即开展回溯性调查，并按照规定提交可疑交易报告。

五、涉及恐怖活动资产冻结

证券公司应当严格按照公安部发布的恐怖活动组织及恐怖活动人员名单、冻结资产的决定，依法对相关资产采取冻结措施，并不得擅自解除冻结措施。

证券公司发现恐怖活动组织及恐怖活动人员拥有或者控制的资产，应立即采取冻结措施。

证券公司采取冻结措施后，除中国人民银行及其分支机构、公安机关、国家安全机关另有要求外，应当及时告知客户，并说明采取冻结措施的依据和理由。

境外有关部门以涉及恐怖活动为由，要求证券公司冻结相关资产、提供客户身份信息及交易信息的，证券公司应当告知对方通过外交途径或者司法协助途径提出请求；不得擅自采取冻结措施，不得擅自提供客户身份信息及交易信息。

六、典型案例

（一）操作实例

1. 客户身份识别

机构甲有两名股东，其中自然人张某持股20%，机构乙持股80%，而机构乙又由自然人张某持股80%，自然人李某持股20%，不存在其他单独或者联合对机构甲进行实际控制的自然人。当机构甲在证券公司开户时，因自然人张某间接持股机构甲达84%（间接持股比例＝20%＋80%×80%）且不存在其他单独或者联合对机构甲进行实际控制的自然人，证券公司应当识别自然人张某为机构甲的受益所有人，并登记其相关信息。

2. 大额交易和可疑交易报告

客户王某在甲证券公司某营业部开立有经纪业务账户，因其账户证券交易存在异常被证券公司使用的反洗钱系统预警。某营业部的业务人员和合规人员共同分析、识别后，结合客户尽职调查的结果，高度怀疑客户王某用于进行证券交易的资金与其担任法定代表人的公司违规经营外汇业务相关。甲证券公司立即向中国反洗钱监测分析中心提交了可疑交易报告，同时向其营业部所在地的中国人民银行某中心支行提交了重点可疑交易报告，并将客户的洗钱风险等级调至最高，对客户采取了禁止资金转出等措施。

（二）违法违规案例

中国人民银行某中心支行对辖区内乙证券公司营业部开展了反洗钱执法检查，在检查中发现了该营业部存在未按规定履行客户身份识别义务的情况。具体问题包括在开户阶段未登记客户的职业、国籍等基本身份信息，多名客户的身份证件过期后未能及时提示客户更新并采取账户限制措施，在客户涉及纪检监察部门调查时未对客户身份进行重新识别等。

乙证券公司营业部的行为违反了《反洗钱法》第十六条、第十九条有关规定，中国人民银行某中心支行责令其限期改正，并依法对其处以20万元的罚款，对2名相关责任人员也各处以1万元的罚款。

第五节 证券公司信息技术管理

为加强证券基金经营机构信息技术管理，保障证券基金行业信息系统安全、合规运行，保护投资者合法权益，中国证监会于2018年12月19日公布了《证券基金经营机构信息技术管理办法》，于2021年1月15日最新修正并施行。本节结合前述办法重点介绍证券公司信息技术治理、信息技术合规与风险管理、信息技术安全、信息技术服务机构及信息技术监督管理相关内容。

一、证券公司信息技术管理一般规定

证券公司借助信息技术手段从事证券基金业务活动，应遵循《证券基金经营机构信息技术管理办法》等相关规定。证券公司是从事证券基金业务活动的责任主体，应当保障充足的信息技术投入，在依法合规、有效防范风险的前提下，充分利用现代信息技术手段完善客户服务体系、改进业务运营模式、提升内部管理水平、增强合规风控能力，持续强化现代信息技术对证券基金业务活动的支撑作用。

中国证监会及其派出机构依法对证券经营与服务机构借助信息技术手段从事证券基金业务活动或提供相关服务实施监督管理。

中国证券业协会及中国证券投资基金业协会依照《证券基金经营机构信息技术管理办法》制定和完善相关自律规则，对证券基金经营机构借助信息技术手段从事证券基金业务活动或提供相关服务实施自律管理。

中证信息技术服务有限责任公司在中国证监会指导下制定相关配套业务规则，协助开展信息技术相关备案、监测、检测和检查等工作。

二、证券公司信息技术治理

证券公司应当完善信息技术运用过程中的权责分配机制，建立健全信息技术管理制度和操作流程，保障与业务活动规模及复杂程度相适应的信息技术投入水平，持续满足信息技术资源的可用性、安全性与合规性要求。

（一）董事会的职责

证券公司董事会负责审议本公司的信息技术管理目标，对信息技术管理的有效性承担责任，履行下列职责：

1. 审议信息技术战略，确保与本公司的发展战略、风险管理策略、资本实力相一致；

2. 建立信息技术人力和资金保障方案；

3. 评估年度信息技术管理工作的总体效果和效率；

4. 公司章程规定的其他信息技术管理职责。

（二）经营管理层的职责

证券公司经营管理层负责落实信息技术管理目标，对信息技术管理工作承担责任，履行下列职责：

1. 组织实施董事会相关决议；

2. 建立责任明确、程序清晰的信息技术管理组织架构，明确管理职责、工作程序和协调机制；

3. 完善绩效考核和责任追究机制；

4. 公司章程规定或董事会授权的其他信息技术管理职责。

（三）信息技术治理委员会的职责

证券公司应当在公司管理层下设立信息技术治理委员会或指定专门委员会（以下统称“信息技术治理委员会”）负责制定信息技术战略并审议下列事项：

1. 信息技术规划，包括但不限于信息技术建设规划、信息安全规划、数据治理规划等；

2. 信息技术投入预算及分配方案；

3. 重要信息系统建设或重大改造立项、重大变更方案；

4. 信息技术应急预案；

5. 使用信息技术手段开展相关业务活动的审查报告以及年度评估报告；

6. 信息技术治理委员会委员提请审议的事项；

7. 其他对信息技术管理产生重大影响的事项。

信息技术治理委员会应当由高级管理人员以及合规管理部门、风险管理部门、稽核审计部门、主要业务部门、信息技术管理部门等部门负责人组成，可聘请外部专业人员担任信息技术治理委员会委员或顾问。

（四）首席信息官的职责及其任职条件

证券公司应当指定一名熟悉证券、基金业务，具有信息技术相关专业背景、任职经历、履职能力的高级管理人员为首席信息官，由其负责信息技术管理工作，并具备下列任职条件：

1. 从事信息技术相关工作10年以上，或者在证券监管机构、证券基金业自律组织任职8年以上；

2. 最近3年未被金融监管机构实施行政处罚或采取重大行政监管措施；

3. 中国证监会规定的其他条件。

（五）信息技术管理部门的职责

证券公司应当设立信息技术管理部门或指定专门机构（以下统称“信息技术管理部门”）负责实施信息技术规划、信息系统建设、信息技术质量控制、信息安全保障、运维管理等工作。

三、证券公司信息技术合规与风险管理

证券公司应当将信息技术运用情况纳入合规与风险管理体系，为合规管理部门和风险管理部门配备与业务活动规模、复杂程度相适应的信息技术资源，并建立相应的审查、监测和检查机制，确保合规与风险管理覆盖信息技术运用的各个环节。

（一）信息技术应用与风险控制措施的同步机制

证券公司借助信息技术手段从事证券基金业务活动的，应当在业务系统上线时，同步上线与业务活动复杂程度和风险状况相适应的风险管理系统或相关功能（以下统称“风险管理系统”），对风险进行识别、监控、预警和干预。

（二）信息技术合规与风险管理机制

1. 事前审查

证券公司借助信息技术手段从事证券基金业务活动前，应当开展内部审查，验证下列事项并建立存档记录：

（1）业务系统的流程设计、功能设置、参数配置和技术实现应当遵循业务合规的原则，不得违反法律法规及中国证监会的规定；

（2）风险管理系统功能完备、权限清晰，能够与业务系统同步上线运行；

（3）具备完善的信息安全防护措施，能够保障经营数据和客户信息的安全、完整；

（4）具备符合要求的信息系统备份及运维管理能力，能够保障相关系统安全、平稳运行。

2. 事中风险监测

证券公司应当识别借助信息技术手段从事证券基金业务活动的各类风险，建立持续有效的风险监测机制。证券公司应当及时、稳妥处置发现的风险问题，并至少每年开展一次风险监测机制及执行情况的有效性评估。

3. 事后评估审计

证券公司应当定期开展信息技术管理工作专项审计，频率不低于每年一次，确保3年内完成信息技术管理全部事项的审计工作，包括但不限于信息技术治理、信息技术合规与风险管理、信息技术安全管理、应急管理。

证券公司应当委托外部专业机构开展信息技术管理工作的全面审计，频率不低于每3年一次；未能有效实施信息技术管理被采取行政处罚措施、监管措施或者自律管理措施的，应当在3个月内完成对有关事项的专项审计。

证券公司应当跟踪审计发现问题的整改情况，相关问题未能及时整改的，应当说明理由，并将审计报告提交信息技术治理委员会审议。证券公司应当妥善保存审计报告，保存期限不得少于20年。

（三）信息技术应用的合规与风险要点

除法律法规及中国证监会另有规定外，证券公司应当通过自身运营管理的信息系统直接接收客户交易指令，并记录客户交易指令接收时间。

证券公司应当按照中国证监会有关规定采集、记录、存储、报送客户交易终端信息，并采取有效的技术措施，保障相关信息真实、准确、完整。

证券公司借助专业化交易信息系统向特定客户提供交易服务的，应当要求客户登记交易终端信息；信息发生变更的，应当要求客户履行变更程序，确保客户真实使用的客户交易终端信息与登记内容一致。

证券公司使用电子合同从事证券基金业务活动的，应当将电子合同存储在指定的信息系统，并提供可供投资者及合同其他相关方查询、下载的公开渠道。

证券公司从事证券交易相关业务，应当按照监管规定及自律管理规则的要求，确保风险管理系统具备审查账户资金及证券是否充足、监控交易及资金划转是否异常等功能。

四、证券公司信息技术安全

（一）信息系统安全

1. 信息系统的开发、测试、上线、变更与停止使用要求

证券公司应当建立独立于生产环境的专用开发测试环境，避免风险传导；开发测

试环境使用未脱敏数据的，应当采取与生产环境同等的安全控制措施。证券公司在生产环境开展重要信息系统技术或业务测试的，应对测试流程及结果进行审查。

证券公司重要信息系统上线或发生重大变更的，应当制定专项实施方案，并对信息系统上线或变更操作行为进行审查、确认和跟踪。

证券公司重要信息系统计划停止使用的，应当开展技术和业务影响评估，制定完整的系统停用和数据迁移保管方案，并组织必要的评审及停用后的安全检查。

2. 信息系统运行维护

证券公司应当结合公司发展战略、市场交易规模等因素定期对重要信息系统开展压力测试和评估分析，确保其容量满足业务开展需要。

证券公司应当建立健全信息系统安全监测机制，设定监测指标并持续监测重要信息系统的运行状况。证券公司应当指定专人跟踪监测发现的异常情形，及时处置并定期开展评估分析。

3. 信息技术应用相关文档、日志及数据的管理

证券公司应当妥善保存信息系统开发、测试、上线、变更及运维过程中产生的文档，并根据业务开展情况以及信息系统的重要程度建立与监测工作相适应的日志留痕机制，确保满足应急处置和审计需要。

证券公司重要信息系统部署以及所承载数据的管理，应当遵循法律法规等规定。

4. 提供信息技术服务

证券公司可以在安全、合规的前提下为子公司提供机房、通信网络及其他信息技术基础设施，并协助开展相关运维工作。

证券公司为其子公司提供信息技术服务的，应当充分评估信息技术基础设施的支撑能力与冗余程度，并与子公司签订服务协议，明确合作双方的权利义务，以及建立日常协作、业务隔离和应急管理机制，防范基础设施共用产生的新增风险。

证券公司可以设立信息技术专业子公司，为母公司提供信息技术服务。信息技术专业子公司经中国证监会备案后可为其他金融机构提供信息技术服务。

5. 重要信息系统的审计功能

证券公司应当确保重要信息系统具备可审计功能，并可以根据监管部门的要求转换、提供数据。

（二）数据治理

证券公司应当结合公司发展战略，建立全面、科学、有效的数据治理组织架构以及数据全生命周期管理机制，确保数据统一管理、持续可控和安全存储，切实履行数据安全及数据质量管理职责，不断提升数据使用价值。

1. 数据分类分级

证券公司应当将经营及客户数据按照重要性和敏感性进行分类分级，并根据不同类别和级别作出差异化数据管理制度安排。

2. 数据安全保障措施

证券公司应当完善网络隔离、用户认证、访问控制、数据加密、数据备份、数据销毁、日志记录、病毒防范和非法入侵检测等安全保障措施，保护经营数据和客户信息安全，防范信息泄露与损毁。

3. 信息系统权限管理

证券公司应当遵循最少功能以及最小权限等原则分配信息系统管理、操作和访问权限，并履行审批流程。合规管理和风险管理部门应当对权限管理制度和操作流程进行合规审查及风险控制。

证券公司应当建立对信息系统权限的定期检查与核对机制，确保用户权限与其工作职责相匹配，防止出现授权不当的情形。

证券公司应当对重要信息系统的开发、测试、运维实施必要分离，保证信息技术管理部门内部岗位的相互制衡。

4. 经营数据和客户信息保护

证券公司应当记录经营数据和客户信息的使用情况，并持续监督信息技术服务机构等相关方落实保密协议的情况。

证券公司发现其他机构、个人违规存储或使用自身经营数据和客户信息的，应当排查数据泄露途径、评估影响范围，采取合理可行的整改措施，及时处置风险隐患，并按照中国证监会规定履行报告和调查处理职责。

证券公司发现信息技术服务机构等相关方违规存储或者使用自身经营数据和客户信息的，应当责令其立即改正并销毁已获取的经营数据和客户信息；信息技术服务机构等相关方拒绝配合整改的，证券公司应当立即停止与其合作，并采取措施维护自身及客户的合法权益。

证券公司应当建立健全数据安全管理制度，不得收集与服务无关的客户信息，不得购买或使用非法获取或来源不明的数据。在收集使用客户信息之前，证券公司应当公开收集、使用的规则和目的，并征得客户同意。除法律法规和中国证监会另有规定外，证券公司不得允许或者配合其他机构、个人截取、留存客户信息，不得以任何方式向其他机构、个人提供客户信息。

证券公司应当充分挖掘、梳理和分析数据内容，提高管理精细化程度，在业务经营、风险管理与内部控制中加强数据应用，实现同一客户、同类业务统一管理，充分发挥数据价值。

（三）应急管理

证券公司借助信息技术手段从事证券基金业务活动的，应当建立信息技术应急管理的组织架构，确定重要业务及其恢复目标，制定应急预案，配置充足资源，稳妥处置信息技术突发事件，并积极开展应急演练和信息技术应急管理的评估与改进。

1. 应急管理职责

证券公司应当落实下列应急管理职责：

（1）信息技术管理部门为信息技术应急管理的牵头组织部门，组织开展信息技术应急预案的制订、演练、评估与改进工作，并负责信息系统的应急响应与恢复；

（2）各业务部门负责评估本业务条线信息技术突发事件相关风险，开展业务影响分析，确定并实施重要业务恢复目标和恢复策略；

（3）风险管理部门负责评估信息系统与相关业务恢复目标和恢复策略制定的合理性，确保与公司整体风险管理策略保持一致。

2. 应急预案

证券公司应当制定并持续完善应急预案，包括应急管理建设目标、备份信息系统建设和恢复机制、备份数据恢复机制、业务恢复或替代措施、应急联系方式、与客户沟通方式、向监管部门及有关单位的报告路径、应急预案披露与更新机制等内容。

证券公司应急预案应当充分考虑重要信息系统故障、相关信息技术服务机构无法继续提供服务、证券公司信息技术高管或重要技术团队发生重大变动以及自然灾害等可能影响重要信息系统平稳运行的事件。

证券公司应当根据系统变更、业务变化等情况，持续更新应急预案。证券公司应当根据应急预案定期组织关键岗位人员开展应急演练，演练频率不低于每年一次，并确保应急演练在2年内覆盖全部重要信息系统。应急演练应当形成报告，保存期限不得少于5年。

3. 应急信息公示

证券公司应当在公司网站、客户交易终端等渠道公示信息技术突发事件发生时客户可采取的替代交易方式等信息，提示客户防范和应对可能出现的风险。

4. 信息系统备份能力要求

证券公司应当确保备份系统与生产系统具备同等的处理能力，保持备份数据与原始数据的一致性。重要信息系统应当符合下列信息系统备份能力等级要求：

（1）实时信息系统、非实时信息系统的数据备份能力应当达到第一级；

（2）非实时信息系统的故障应对能力应当达到第二级；

（3）证券公司实时信息系统的故障应对能力应当达到第四级；

（4）实时信息系统、非实时信息系统应当具备灾难及重大灾难应对能力，相关技术指标应当分别达到灾难应对能力第五级、重大灾难应对能力第六级；

（5）灾难应对能力可以通过重大灾难应对能力体现，但重大灾难应对能力相关技术指标应当达到灾难应对能力第五级。

5. 信息安全事件分级响应机制

证券公司应当按照中国证监会有关规定，建立信息安全事件的分级响应机制，明确内部处置工作流程，确保相关信息系统及时恢复运行。

五、信息技术服务机构管理

信息技术服务机构为证券基金业务活动提供信息技术服务，应遵循《证券基金经营机构信息技术管理办法》等相关规定。信息技术服务机构，是指为证券基金业务活动提供信息技术服务的机构。信息技术服务的范围如下：

1. 重要信息系统的开发、测试、集成及测评；
2. 重要信息系统的运维及日常安全管理；
3. 中国证监会规定的其他情形。

（一）委托信息技术服务机构提供信息技术服务的责任划分

证券公司借助信息技术手段从事证券基金业务活动的，可以委托信息技术服务机构提供产品或服务，但证券公司依法应当承担的责任不因委托而免除或减轻。

证券公司应当清晰、准确、完整地掌握重要信息系统的技术架构、业务逻辑和操作流程等内容，确保重要信息系统运行始终处于自身控制范围。除法律法规及中国证监会另有规定外，不得将重要信息系统的运维、日常安全管理交由信息技术服务机构独立实施。

（二）委托信息技术服务机构提供信息技术服务的管理要求和信息技术服务机构备案

证券公司委托信息技术服务机构提供服务，应当按照《证券基金经营机构信息技术管理办法》第十四条的规定对信息技术服务机构及相关信息系统进行内部审查，并向中国证监会及其派出机构报送审查意见及相关资料。

证券公司应当在选择信息技术服务机构之前，制定更换服务提供方的流程及预案，确保在特定情况下可更换服务提供方。

信息技术服务机构出现异常情形的，证券公司应当按照应急预案开展内部评估与证券市场基本法律法规审查；信息技术服务机构保障能力不足，导致相关产品或服务的可用性、完整性或机密性丧失的，应当及时更换信息技术服务机构。

信息技术服务机构应当向中国证监会备案，具体规定由中国证监会专门制定。

（三）信息技术服务协议和保密协议的签署

证券公司应当与信息技术服务机构签订服务协议和保密协议，明确各方权利、义务和责任，约定质量考核标准、持续监控机制、异常处理机制、服务变更或者终止的处置流程以及现场服务人员保密要求等内容，并持续监督信息技术服务机构及相关人员落实服务协议和保密协议的情况。

证券公司应当参照《证券基金经营机构信息技术管理办法》第三条在服务协议中列明委托信息技术服务机构提供的服务范围、服务方式、涉及信息系统及相关证券基金业务活动类型。

（四）信息技术服务机构内部质量控制机制和禁止性要求

信息技术服务机构应当健全内部质量控制机制，定期监测相关产品或服务，在提供服务过程中出现明显质量问题的，应当立即核实有关情况，采取必要的处理措施，明确修复完成时限，及时完成修复工作。

信息技术服务机构为证券基金业务活动提供信息技术服务，不得有下列行为：

1. 参与证券基金经营机构向客户提供业务服务的任何环节或向投资者、社会公众等发布可能引发其从事证券基金业务误解的信息；

2. 截取、存储、转发和使用证券基金业务活动相关经营数据和客户信息；

3. 在服务对象不知情的情况下，转委托第三方提供信息技术服务；

4. 提供的产品或服务相关功能、操作流程、系统权限及参数配置违反现行法律法规；

5. 无正当理由关闭系统接口或设置技术壁垒；

6. 向社会公开发布信息安全漏洞、信息系统压力测试结果等网络安全信息或泄露未公开信息；

7. 法律法规及中国证监会禁止的其他行为。

六、证券公司信息技术管理的监管要求及监管措施

（一）新建或更换重要信息系统的信息报送

证券公司新建或更换重要信息系统所在机房、证券基金交易相关信息系统，应当

在开展相关业务活动的5个工作日内向中国证监会报送有关资料，包括内部审查意见、机房基本信息、技术架构设计、操作流程、信息安全管理资料、业务制度、合规管理及风险管理制度等。

（二）信息技术管理专项报告

证券公司应当在报送年度报告的同时报送年度信息技术管理专项报告，并说明报告期内信息技术治理、信息技术合规与风险管理、信息技术安全管理、信息技术审计等方面执行规定的情况。证券公司提交报告的内容应当真实、准确、完整。

证券公司应当按照中国证监会有关规定履行信息安全事件报告和调查处理职责。

（三）信息技术管理的监督检查

中国证监会及其派出机构在对证券公司信息技术管理及服务活动的监管过程中，可以采用渗透测试、漏洞扫描及信息技术风险评估等方式开展现场检查及非现场检查。证券公司应当予以配合，如实提供有关文件、资料，不得拒绝、阻碍或隐瞒。

（四）证券公司违反信息技术管理规定的监管措施

证券公司违反《证券基金经营机构信息技术管理办法》规定的，中国证监会及其派出机构可以依法对其采取责令改正、暂停业务、出具警示函、责令定期报告、责令增加合规检查次数、公开谴责等行政监管措施；对直接负责的主管人员和其他责任人员采取责令改正、监管谈话、出具警示函、公开谴责等行政监管措施。

证券公司违反《证券基金经营机构信息技术管理办法》规定，反映公司治理混乱、内控失效的，中国证监会及其派出机构可以按照《证券投资基金法》第二十四条、《证券公司监督管理条例》第七十条的规定，采取责令暂停部分或全部业务、责令更换董事、监事、高级管理人员或者限制其权利等行政监管措施。

（五）典型案例

1. 操作实例

丁证券公司集中交易系统部分交易中间件服务器出现大量待处理请求积压，系统响应缓慢，导致部分客户无法正常登录或者发出交易指令。事发后，丁证券公司立即通过电话向所在地证监局进行应急报告，随后书面报送《网络安全事件情况报告书》。

丁证券公司的上述报告过程符合《证券基金经营机构信息技术管理办法》第五十四条、《证券期货业网络安全事件报告与调查处理办法》第十八条以及第十九条的规定。

2. 违法违规案例

202×年×月×日，甲证券公司在对集中交易系统升级过程中，未对程序变更进行充分的回归和性能测试，未发现系统存在严重性能问题，将存在重大缺陷的代码升级至生产环境，导致当日部分客户在客户端未及时收到成交回报信息，影响撤单交易，造成当日多人多笔成交回报出现较大延迟。在应急处置过程中，甲公司对系统问题影响的监测不够全面准确，无法及时定位并解决问题，造成的成交回报处理服务能力轻度异常时间超过2个小时。

上述问题反映出甲证券公司信息安全管理和信息安全事件应对方面存在变更管理不完善，应急处置不及时、不到位等问题，违反了《证券期货业信息安全保障管理办法》及《证券基金经营机构信息技术管理办法》相关规定，监管机构对甲证券公司采取责令改正的行政监管措施，并对甲证券公司分管信息技术工作的副总经理张某、信息技术部门总经理李某采取出具警示函的行政监管措施。

第六节 证券公司网络和信息安全管理

为了保障证券期货业网络和信息安全，保护投资者合法权益，促进证券期货业稳定健康发展，2023年2月27日，证监会公布了《证券期货业网络和信息安全管理办法》，自2023年5月1日起施行。本节结合《中华人民共和国个人信息保护法》《证券期货业网络和信息安全管理办法》重点介绍证券公司网络和信息安全运行、投资者个人信息保护、网络和信息安全应急处置、网络和信息安全的监管要求及法律责任等内容。

一、证券公司网络和信息安全管理概述

证券公司在中华人民共和国境内建设、运营、维护、使用网络及信息系统，应当遵守《证券期货业网络和信息安全管理办法》等监管规定。证券公司应当遵循保障安全、促进发展的原则，建立健全网络和信息安全防护体系，提升安全保障水平，确保与信息化工作同步推进，促进本机构相关工作稳妥健康发展。证券公司应当依法履行网络和信息安全保护义务，对本机构网络和信息安全负责，相关责任不因其他机构提供产品或者服务进行转移或者减轻。

在证券期货业网络和信息安全管理过程中，中国证监会依法履行以下监督管理

职责：

（1）组织制定并推动落实证券期货业网络和信息安全发展规划、监管规则和行业标准；

（2）负责证券期货业网络和信息安全的监督管理，按规定做好证券期货业涉及的关键信息基础设施安全保护工作；

（3）负责证券期货业网络和信息安全重大技术路线、重大科技项目管理；

（4）组织开展证券期货业投资者个人信息保护工作；

（5）负责证券期货业网络安全应急演练、应急处置、事件报告与调查处理；

（6）指导证券期货业网络和信息安全促进与发展；

（7）支持、协助国家有关部门组织实施网络和信息安全相关法律、行政法规；

（8）法律法规规定的其他网络和信息安全监管职责。

中国证监会建立集中管理、分级负责的证券期货业网络和信息安全监督管理体制。中国证监会科技监管部门对证券期货业网络和信息安全实施监督管理。中国证监会履行监管职责的其他部门配合开展相关工作。

中国证监会派出机构对本辖区经营机构和信息技术系统服务机构网络和信息安全实施日常监管。

中国证券业协会、中国期货业协会、中国证券投资基金业协会等行业协会依法制定行业网络和信息安全自律规则，对经营机构网络和信息安全实施自律管理。

核心机构（包括证券期货交易场所、证券登记结算机构等承担证券期货市场公共职能、承担证券期货业信息技术公共基础设施运营的证券期货市场核心机构及其承担上述相关职能的下属机构）依法制定保障市场相关主体与本机构信息系统安全互联的技术规则，对与本机构信息系统和网络通信设施相关联主体加强指导，督促其强化网络和信息安全管理，保障相关信息系统和网络通信设施的安全平稳运行。

二、证券公司网络和信息安全运行

证券公司应当具有完善的信息技术治理架构，健全网络和信息安全管理制度体系，建立内部决策、管理、执行和监督机制，确保网络和信息安全管理能力与业务活动规模、复杂程度相匹配。

（一）网络和信息安全治理架构、资源投入

证券公司应当明确主要负责人为本机构网络和信息安全工作的第一责任人，分管网络和信息安全工作的领导班子成员或者高级管理人员为直接责任人。证券公司

应当建立网络和信息安全工作协调和决策机制，保障第一责任人和直接责任人履行职责。

证券公司应当指定或者设立网络和信息安全工作牵头部门或者机构，负责管理重要信息系统和相关基础设施、制定网络安全应急预案、组织应急演练等工作。

证券公司应当保障人员和资金投入与业务活动规模、复杂程度相适应，确保网络和信息安全人员具备与履行职责相匹配的专业知识和职业技能。

（二）信息系统和相关基础设施基本要求、网络安全等级保护义务

证券公司应当确保信息系统和相关基础设施具备合理的架构，足够的性能、容量、可靠性、扩展性和安全性，并保证相关安全技术措施与信息化工作同步规划、同步建设、同步使用。

证券公司应当落实网络安全等级保护制度，依法履行网络安全等级保护义务，按照国家和证券期货业网络安全等级保护相关要求，开展网络和信息系统定级备案、等级测评和安全建设等工作。证券公司应当按照相关要求，将网络安全等级保护工作开展情况报送中国证监会及其派出机构。

（三）重要信息系统新建、变更、移除要求及网络和信息安全日常监测

证券公司新建上线、运行变更、下线移除重要信息系统的，应当充分评估技术和业务风险，制定风险防控措施、应急处置和回退方案，并对相关结果进行复核验证；可能对证券期货市场安全平稳运行产生较大影响的，应当提前向中国证监会及其派出机构报告。证券公司不得在交易时段对重要信息系统进行变更，重要信息系统存在故障、缺陷，经评估须进行紧急修复的情形除外。

证券公司在重要信息系统上线、变更前应当制定全面的测试方案，持续完善测试用例和测试数据，并保障测试的有效执行。除必须使用敏感数据的情形外，证券公司应当对测试环境涉及的敏感数据进行脱敏，对未脱敏数据须采取与生产环境同等的安全控制措施。

证券公司暂停或者终止借助网络向投资者提供服务前，应当履行告知义务，合理选取公告、定向通知等方式告知投资者相关业务影响情况、替代方式及应对措施。

证券公司应当建立健全网络和信息安全监测预警机制，设定监测指标，持续监测信息系统和相关基础设施的运行状况，及时处置异常情形，对监测机制执行效果进行定期评估并持续优化。证券公司应当全面、准确记录并妥善保存生产运营过程中的业务日志和系统日志，确保满足故障分析、内部控制、调查取证等工作的需要。重要信息系统业务日志应当保存5年以上，系统日志应当保存6个月以上。

（四）网络和信息安全防护体系

证券公司应当构建网络和信息安全防护体系，综合采取网络隔离、用户认证、访问控制、策略管理、数据加密、网站防篡改、病毒木马防范、非法入侵检测和网络安全态势感知等安全保障措施，提升网络和信息安全防护能力，及时识别、阻断相关网络攻击，保护重要信息系统和相关基础设施，防范信息泄露与损毁。

证券公司应当建立本地、同城和异地数据备份设施，重要信息系统应当每天至少备份数据一次，每季度至少对数据备份进行一次有效性验证。证券公司应当建立重要信息系统的故障备份设施和灾难备份设施，根据信息系统的重要程度和业务影响情况，确定恢复目标，保证业务连续运行。灾难备份设施应当通过同城或者异地灾难备份中心的形式体现。证券公司采取双活或者多活架构部署重要信息系统的，在确保业务连续运行的前提下，任一数据中心可视为其他数据中心的灾难备份设施。

证券公司应当每年至少开展一次重要信息系统压力测试；发现市场较大波动，重要信息系统的性能容量可能无法保障安全平稳运行的，应当及时对相关信息系统开展压力测试。证券公司应当依照有关行业标准，根据系统技术特点和承载业务类型，制定压力测试方案，设定测试场景，从系统性能、网络负载、灾备建设等方面设置测试指标，有序组织测试工作，测试完成后形成压力测试报告存档备查，并保存5年以上。证券公司重要信息系统的性能容量应当在历史峰值的2倍以上。证券公司交易时段相关网络近一年使用峰值应当在当前带宽的80%以下。

（五）供应商管理、知识产权保护

证券公司应当建立健全供应商管理机制，明确信息技术产品和服务准入标准，审慎采购并持续评估相关产品和服务的质量，及时改进风险管理措施，健全应急处置机制，确保重要信息系统运行安全可控。证券公司应当与供应商签订合同及保密协议，明确约定各方保障网络和信息安全的权利和义务；在使用供应商提供产品或者服务时引发网络安全事件的，相关供应商有义务配合中国证监会及其派出机构查明网络安全事件原因，认定网络安全事件责任。

供应商为证券公司提供重要信息系统相关产品或者服务的，应当依法作为信息技术系统服务机构向中国证监会备案。证券公司应当督促相关信息技术系统服务机构依法履行备案义务。

证券公司应当根据自身发展需要，加强自主研发能力建设，持续提升自主可控能力。证券公司应当按照知识产权相关法律法规，制定知识产权保护策略和制度，不侵犯他人的知识产权，并采取有效措施保护本机构自主知识产权。

（六）安全信息发布相关要求

证券公司应当建立信息发布审核机制，加强对本机构和本机构运营平台发布信息的管理，发现违反法律法规和有关监管规定的，应当立即停止发布传输，采取必要的处置措施，防止信息扩散，积极消除负面影响，并及时向中国证监会及其派出机构报告。

任何机构和个人不得违规开展证券期货业信息系统认证、检测、风险评估等活动，不得违规发布证券期货业信息安全漏洞、计算机病毒、网络攻击、网络侵入等信息。

（七）网上基金销售信息系统相关要求

根据《网上基金销售信息系统技术指引》，证券公司开展网上基金销售业务是指利用互联网、移动互联网等技术手段为投资者开立基金交易账户，宣传推介基金，办理基金份额发售、申购、赎回及提供基金交易账户信息查询等活动。

证券公司开展网上基金销售业务应当结合实际情况，科学规划网上基金销售信息系统数据备份能力、故障应对能力、灾难应对能力和重大灾难应对能力，合理设定数据备份频率、数据验证频率、数据备份存放介质、系统恢复时间目标、系统恢复点目标等关键要素，确保投资者网上基金交易业务连续性和数据完整性。网上基金销售信息系统应当接入2个以上不同运营商互联网线路，采取有效的负载均衡技术，避免在同一运营商互联网线路方面出现单点故障和带宽瓶颈。

三、证券公司投资者个人信息保护

（一）个人信息保护基本要求

证券公司应当遵循合法、正当、必要和诚信原则，处理投资者个人信息，规范投资者个人信息处理行为，履行投资者个人信息保护义务，不得损害投资者合法权益。

证券公司处理投资者个人信息，应当建立健全投资者个人信息保护体系，明确相关岗位及职责要求，建立健全投资者个人信息处理、安全防护、应急处置、审计监督等管理机制，加强投资者个人信息保护。

（二）个人信息处理规则

《中华人民共和国个人信息保护法》（以下简称《个人信息保护法》）关于个人信息处理的相关规则如下：

1. 一般规定符合下列情形之一的，个人信息处理者方可处理个人信息：

（1）取得个人的同意；

（2）为订立、履行个人作为一方当事人的合同所必需，或者按照依法制定的劳动规章制度和依法签订的集体合同实施人力资源管理所必需；

（3）为履行法定职责或者法定义务所必需；

（4）为应对突发公共卫生事件，或者紧急情况下为保护自然人的生命健康和财产安全所必需；

（5）为公共利益实施新闻报道、舆论监督等行为，在合理的范围内处理个人信息；

（6）依照本法规定在合理的范围内处理个人自行公开或者其他已经合法公开的个人信息；

（7）法律、行政法规规定的其他情形。

依照《个人信息保护法》其他有关规定，处理个人信息应当取得个人同意，但是有前段第（2）项至第（7）项规定情形的，无须取得个人同意。

基于个人同意处理个人信息的，该同意应当由个人在充分知情的前提下自愿、明确作出。法律、行政法规规定处理个人信息应当取得个人单独同意或者书面同意的，从其规定。个人信息的处理目的、处理方式和处理的个人信息种类发生变更的，应当重新取得个人同意。

基于个人同意处理个人信息的，个人有权撤回其同意。个人信息处理者应当提供便捷的撤回同意的方式。个人撤回同意，不影响撤回前基于个人同意已进行的个人信息处理活动的效力。

个人信息处理者在处理个人信息前，应当以显著方式、清晰易懂的语言真实、准确、完整地向个人告知下列事项：

（1）个人信息处理者的名称或者姓名和联系方式；

（2）个人信息的处理目的、处理方式，处理的个人信息种类、保存期限；

（3）个人行使本法规定权利的方式和程序；

（4）法律、行政法规规定应当告知的其他事项。

前段规定事项发生变更的，应当将变更部分告知个人。个人信息处理者通过制定个人信息处理规则的方式告知前段规定事项的，处理规则应当公开，并且便于查阅和保存。个人信息处理者处理个人信息，有法律、行政法规规定应当保密或者不需要告知的情形的，可以不向个人告知前段规定事项。紧急情况下为保护自然人的生命健康和财产安全无法及时向个人告知的，个人信息处理者应当在紧急情况消除后及时告知。

2. 敏感个人信息的处理规则

敏感个人信息是一旦泄露或者非法使用，容易导致自然人的人格尊严受到侵害或者人身、财产安全受到危害的个人信息，包括生物识别、宗教信仰、特定身份、医疗健康、金融账户、行踪轨迹等信息，以及不满十四周岁未成年人的个人信息。只有在具有特定的目的和充分的必要性，并采取严格保护措施的情形下，个人信息处理者方可处理敏感个人信息。

处理敏感个人信息应当取得个人的单独同意；法律、行政法规规定处理敏感个人信息应当取得书面同意的，从其规定。

个人信息处理者处理敏感个人信息的，除前述处理个人信息前应当向个人告知的事项外，还应当向个人告知处理敏感个人信息的必要性以及对个人权益的影响；依照该法规定可以不向个人告知的除外。

（三）个人信息处理者的义务

根据《个人信息保护法》，个人信息处理者的相关义务如下：

个人信息处理者应当根据个人信息的处理目的、处理方式、个人信息的种类以及对个人权益的影响、可能存在的安全风险等，采取下列措施确保个人信息处理活动符合法律、行政法规的规定，并防止未经授权的访问以及个人信息泄露、篡改、丢失：

1. 制定内部管理制度和操作规程；
2. 对个人信息实行分类管理；
3. 采取相应的加密、去标识化等安全技术措施；
4. 合理确定个人信息处理的操作权限，并定期对从业人员进行安全教育和培训；
5. 制定并组织实施个人信息安全事件应急预案；
6. 法律、行政法规规定的其他措施。

个人信息处理者应当定期对其处理个人信息遵守法律、行政法规的情况进行合规审计。有下列情形之一的，个人信息处理者应当事前进行个人信息保护影响评估，并对处理情况进行记录：

1. 处理敏感个人信息；
2. 利用个人信息进行自动化决策；
3. 委托处理个人信息、向其他个人信息处理者提供个人信息、公开个人信息；
4. 向境外提供个人信息；
5. 其他对个人权益有重大影响的个人信息处理活动。

个人信息保护影响评估应当包括下列内容：

1. 个人信息的处理目的、处理方式等是否合法、正当、必要；

2. 对个人权益的影响及安全风险；

3. 所采取的保护措施是否合法、有效并与风险程度相适应。

个人信息保护影响评估报告和处理情况记录应当至少保存3年。

发生或者可能发生个人信息泄露、篡改、丢失的，个人信息处理者应当立即采取补救措施，并通知履行个人信息保护职责的部门和个人。通知应当包括下列事项：

1. 发生或者可能发生个人信息泄露、篡改、丢失的信息种类、原因和可能造成的危害；

2. 个人信息处理者采取的补救措施和个人可以采取的减轻危害的措施；

3. 个人信息处理者的联系方式。

个人信息处理者采取措施能够有效避免信息泄露、篡改、丢失造成危害的，个人信息处理者可以不通知个人；履行个人信息保护职责的部门认为可能造成危害的，有权要求个人信息处理者通知个人。

（四）投资者个人信息处理、共享环节的安全防护要求

证券公司应当按照法律法规的规定及合同的约定处理投资者个人信息，明确告知投资者处理个人信息的目的、方式、范围和隐私保护政策，不得超范围收集和使用投资者个人信息，不得收集提供服务非必要的投资者个人信息。合同约定事项应当基于从事证券期货业务活动的必要限度。证券公司不得以投资者不同意处理其个人信息或者撤回同意为由，拒绝向投资者提供服务，为投资者提供服务所必需、履行法定职责或者法定义务等情形除外。

证券公司处理投资者个人信息时，应当确保个人信息在收集、存储、使用、加工、传输、提供、公开、删除等处理过程中的合规、安全，防止个人信息的泄露、篡改、丢失。

证券公司应当依法依规向第三方机构提供投资者个人信息，明确告知投资者个人信息处理目的、处理方式、个人信息种类、保存期限、保护措施以及相关方的权利和义务等，并取得投资者个人单独同意，履行法定职责或者法定义务的情形除外。

（五）在网络安全防护边界外处理投资者个人信息的技术要求

证券公司在本机构网络安全防护边界以外处理投资者个人信息的，应当采取数据脱敏、数据加密等措施，防范化解投资者个人信息在处理过程中的泄露风险。证券公司通过短信、邮件等非自主运营渠道发送投资者敏感个人信息的，应当将投资者账号信息、身份证号码等敏感个人信息进行脱敏处理。

（六）收集客户生物特征的评估要求

证券公司利用生物特征进行客户身份认证的，应当对其必要性、安全性进行风险

评估，不得将人脸、步态、指纹、虹膜、声纹等生物特征作为唯一的客户身份认证方式，强制客户同意收集其个人生物特征信息。

四、证券公司网络和信息安全应急处置

（一）风险监测预警体制

证券公司发现网络和信息安全产品或者服务存在安全缺陷、安全漏洞等风险隐患的，应当及时核实并加固整改；可能对证券期货业网络和信息安全平稳运行产生较大影响的，应当向中国证监会及其派出机构报告。

（二）应急预案的应急场景和处置流程

证券公司应当根据业务影响分析情况，建立健全网络安全应急预案，明确应急目标、应急组织和处置流程，应急场景应当覆盖网络安全事件、自然灾害和公共卫生事件、本机构网络和信息安全相关重大人事变动、主要信息技术系统服务机构退出等情形。证券公司应当定期开展网络安全应急演练，并形成应急演练报告存档备查。

证券公司应当建立应急处置机制，及时处置网络安全事件，尽快恢复信息系统正常运行，保护事件现场和相关证据，向中国证监会及其派出机构进行应急报告，不得瞒报、谎报、迟报、漏报。

（三）网络安全事件报告和调查处理

证券公司应当配合中国证监会及其派出机构对网络安全事件进行调查处理，及时组织内部调查，完成问题整改，认定追究事件责任，并按照有关规定报告中国证监会及其派出机构。

证券公司发生网络安全事件，对投资者造成影响的，应当及时通过官方网站、客户交易终端、电话或者邮件等有效渠道通知相关方可以采取的替代方式或者应急措施，提示相关方防范和应对可能出现的风险。

五、证券公司网络和信息安全的监管要求及法律责任

（一）网络和信息安全管理相关信息和数据报送

证券公司应当向中国证监会及其派出机构报送或者提供证券期货业网络和信息安

全管理相关信息和数据，确保有关信息和数据的真实、准确、完整。

证券公司应当于每年4月30日前，完成对上一年网络和信息安全工作的专项评估，编制网络和信息安全管理年报，报送中国证监会及其派出机构，年报内容包括但不限于网络和信息安全治理情况、人员情况、投入情况、风险情况、处置情况和下一年度工作计划等。

（二）网络和信息安全管理的监督检查、重要时期网络和信息安全保障

中国证监会及其派出机构可以委托国家、行业有关专业机构采用漏洞扫描、风险评估等方式，协助对证券公司等开展监督、检查。

中国证监会可以根据国家有关要求或者行业工作需要，组织开展证券期货业重要时期网络和信息安全保障。中国证监会派出机构负责督促本辖区经营机构和信息技术系统服务机构落实相关工作要求。证券期货业重要时期网络和信息安全保障期间，证券公司应当遵循安全优先的原则，加强安全生产值守，严格落实信息报送要求。

（三）违反网络和信息安全管理规定的监管措施

证券公司违反《证券期货业网络和信息安全管理办法》规定的，中国证监会及其派出机构可以对其采取责令改正、监管谈话、出具警示函、责令公开说明、责令定期报告、责令增加内部合规检查次数等监管措施；对直接责任人和其他责任人员采取责令改正、监管谈话、出具警示函等监管措施；情节严重的，对相关机构及责任人员单处或者并处警告、十万元以下罚款，涉及金融安全且有危害后果的，并处二十万元以下罚款。

证券公司违反《证券期货业网络和信息安全管理办法》规定，反映机构治理混乱、内控失效或者不符合持续性经营规则的，中国证监会及其派出机构可以依照《证券法》《期货和衍生品法》《证券投资基金法》相关规定，采取责令暂停借助网络开展部分业务或者全部业务、责令更换董事、监事、高级管理人员或者限制其权利等监管措施。

证券公司违反《证券期货业网络和信息安全管理办法》第九条、第十条、第十八条、第十九条、第二十条、第三十七条、第三十九条规定，未履行网络和信息安全保护义务，或者应急管理存在重大过失的，中国证监会及其派出机构可以依照《网络安全法》相关规定予以处罚。

证券公司违反《证券期货业网络和信息安全管理办法》第十七条、第三十六条规定，擅自暂停或者终止借助网络向投资者提供服务，对其产品、服务存在安全缺陷、漏洞等风险未立即采取补救措施，或者未按照规定及时报告的，中国证监会及其派出

机构可以依照《网络安全法》相关规定予以处罚。

证券公司违反《证券期货业网络和信息安全管理办法》第二十四条规定，开展证券期货业信息系统认证、检测、风险评估等活动，或者向社会发布证券期货业信息安全漏洞、计算机病毒、网络攻击、网络侵入等信息的，中国证监会及其派出机构可以依照《网络安全法》相关规定予以处罚。

证券公司违反《证券期货业网络和信息安全管理办法》第二十五条规定，对法律、行政法规禁止发布或者传输的信息未停止传输、采取消除等处置措施、保存有关记录的，中国证监会及其派出机构可以依照《网络安全法》相关规定予以处罚。

证券公司违反《证券期货业网络和信息安全管理办法》第三十一条第一款、第三十二条、第三十三条规定，违规处理个人信息，或者处理个人信息未履行个人信息保护义务的，中国证监会及其派出机构可以依照《网络安全法》《个人信息保护法》相关规定予以处罚。

证券公司拒绝、阻碍中国证监会及其派出机构行使监督检查、调查职权的，中国证监会及其派出机构可以依法予以处罚。

（四）典型案例

1. 操作实例

丁证券公司销售金融产品过程中，按照《证券法》《证券期货投资者适当性管理办法》等相关规定履行投资者适当性管理义务，收集投资者的职业、学历、财产状况、金融资产状况、投资知识和经验、专业能力等相关信息，并录入投资者评估数据库，以评估投资者的风险承受能力。在要求投资者填写“投资者基本信息表”的过程中，明确告知投资者收集、处理投资者信息的依据、目的、方式、范围和隐私保护政策。丁证券公司的上述做法符合《证券期货业网络和信息安全管理办法》第三十一条规定。

2. 违法违规案例

戊证券公司存在关于 IT 治理、网络安全管理的内部决策、执行机制不健全，公司 APP 个人信息保护合规性检测不充分，APP 强制、频繁、过度索取权限问题，违反了《证券期货业网络和信息安全管理办法》（证监会令第 218 号）第九条第一款、第三十条规定。监管机构依法对戊证券公司采取出具警示函措施。

第三章 证券公司业务规范

第一节　证券经纪

本节将重点梳理、解释、总结与证券经纪业务相关的法律法规和准则，主要包括《证券法》《证券公司监督管理条例》《客户交易结算资金管理办法》《证券经纪业务管理办法》《证券登记结算管理办法》《证券经纪人管理暂行规定》《证券公司客户资金账户管理规则》等规则。

一、法规概述

（一）法律、行政法规

《证券法》“第七章　证券交易场所”“第八章　证券公司”对证券公司的证券经纪业务作出了原则性规定，《证券公司监督管理条例》“第四章　业务规则与风险控制”“第二节　证券经纪业务”对证券经纪业务作出了一般规定。上述法律及行政法规是中国证监会等监管机构制定证券经纪业务相关监管政策、实施监督管理的重要法律依据。

（二）部门规章及规范性文件

除上述法律及行政法规外，证券公司经纪业务涉及的主要部门规章及规范性文件包括《客户交易结算资金管理办法》《证券登记结算管理办法》《证券经纪业务管理办法》《证券经纪人管理暂行规定》《中国证券业协会证券经纪人执业规范（试行）》《证券经纪业务管理实施细则》《证券公司客户资金账户管理规则》《中国证券登记结算有限责任公司证券账户管理规则》《中国证券登记结算有限责任公司证券账户非现场开户实施细则》等，对证券经纪业务进行了具体要求。

二、证券经纪业务的概念与证券公司的基本职责

（一）证券经纪业务的定义

证券经纪业务，是指证券公司开展证券交易营销，接受投资者委托开立账户、处理交易指令、办理清算交收等经营性活动。经中国证监会核准，证券公司可以经营证券经纪业务。除证券公司外，任何单位和个人不得从事证券经纪业务。

证券交易，包括在上海证券交易所、深圳证券交易所、北京证券交易所和全国中小企业股份转让系统进行的证券交易。

投资者，是指开展证券交易的自然人、法人、非法人组织，以及依法设立的金融产品。

（二）证券公司从事证券经纪业务的基本职责

证券公司从事证券经纪业务，应当依法履行以下职责：

1. 规范开展营销活动；
2. 充分了解投资者，履行适当性管理义务；
3. 落实账户实名制要求；
4. 履行反洗钱义务；
5. 对投资者账户开立与使用、资金划转与证券交易等行为进行管理和监控；
6. 保障投资者交易的安全、连续；
7. 开展投资者教育；
8. 防范违法违规证券交易活动；
9. 维护正常市场秩序；
10. 中国证监会、证券交易场所、中国结算等规定的其他职责。

除上述职责以外，证券公司从事证券经纪业务，应当诚实守信，切实维护投资者财产安全，保障投资者信息知情权、公平交易权等合法权益。证券公司应当遵守投资者利益优先和公平对待投资者的原则，防范公司与投资者之间、不同投资者之间的利益冲突。

（三）委托代理协议中关于证券公司职责约定

证券公司与投资者签订证券交易委托代理协议，应当提醒投资者阅知有关业务规则和协议内容，向其揭示业务风险，并将风险揭示书交由投资者确认。

证券交易委托代理协议应当明确约定服务内容、服务期限、服务价格、代收税费标准、信息系统故障、异常交易行为管理、服务暂停与终止、纠纷解决与违约责任等事项。服务内容包括委托发送、撤销与接收、有效委托与无效委托、委托传递与成交回报等。根据中国证券业协会于2023年6月修订及发布的《证券交易代理协议必备条款》，证券公司接受投资者委托为其代理提供以下服务：

1. 接受并执行投资者依照本协议约定的方式下达的合法有效的委托指令；
2. 代理投资者进行资金、证券的清算、交收；
3. 代理保管投资者买入或存入的有价证券；
4. 代理投资者领取红利股息及其他利益分配；
5. 接受投资者对其委托、成交及账户内的资产及变化情况的查询，并应投资者的要求提供相应的清单；
6. 双方依法约定的其他委托事项；
7. 法律法规、监管规定、自律规则规定的，证券公司可以代投资者进行的其他活动。

三、规范开展营销活动

根据《证券法》《证券公司监督管理条例》《证券经纪业务管理办法》《证券经纪人管理暂行规定》，以及《证券经纪业务管理实施细则》的规定，我国对证券经纪业务营销的监督管理主要体现在对开展证券经纪业务的证券公司及对证券经纪人等证券经纪业务营销人员的管理，以及第三方营销渠道管理。

证券公司经纪业务营销的主要渠道

证券公司经纪业务的营销，是市场营销管理与证券经纪业务相结合的产物。目前在我国证券经纪业务营销渠道包括证券公司内部营销员工进行客户招揽和客户服务，也可由证券公司委托经纪人开展证券客户招揽和客户服务。除此以外，证券公司还可以选择新闻媒体、互联网信息平台等第三方载体投放广告。

证券公司开展证券经纪业务营销活动，应当制定证券经纪业务营销管理制度，加强对营销活动的统一管理。证券公司从事证券经纪业务营销活动，在符合相关法律法规规定的前提下，可以向投资者提供市场资讯、投资者教育服务等其他证券业务性质的服务，不得提供其他非证券业务性质的服务。

1. 证券经纪人制度的基本介绍

根据《证券经纪人管理暂行规定》，证券经纪人是指接受证券公司的委托，代理其从事客户招揽和客户服务等活动的证券公司以外的自然人。证券公司委托证券经纪人开展证券经纪业务营销的，应当符合以下要求：

（1）证券公司应当建立健全证券经纪人管理制度，采取有效措施，对证券经纪人及其执业行为实施集中统一管理，保障证券经纪人具备基本的职业道德和业务素质，防止证券经纪人在执业过程中从事违法违规或者超越代理权限、损害客户合法权益的行为。

（2）证券经纪人为证券从业人员，只能接受一家证券公司的委托，并应当专门代理证券公司从事客户招揽和客户服务等活动。证券公司应当在与证券经纪人签订委托合同前，对其资格条件进行严格审查。

（3）证券公司应当在与证券经纪人签订委托合同、对其进行执业前培训并经测试合格后，为其向中国证券业协会进行登记。证券公司应当对证券经纪人进行不少于 60 个小时的执业前培训，其中法律法规和职业道德的培训时间不少于 20 个小时。

证券公司的内部员工从事证券经纪业务营销活动，参照上述规定执行。

2. 线上营销渠道

随着互联网科技的不断创新发展，除传统通过证券经纪人以线下方式进行客户服务及客户招揽等营销外，监管机构明确允许证券公司从事证券经纪业务可以选择新闻媒体、互联网信息平台等第三方载体投放广告的方式，进行线上营销展业。

证券公司应当与第三方载体签署协议，协议中应当明确约定，第三方载体仅可发布经过证券公司审核的材料，且不得以个人名义或第三方载体名义宣传证券公司业务、代证券公司招揽、服务投资者。其中，投资者招揽、接收交易指令等证券业务的任一环节，应当由证券公司独立完成，第三方载体不得介入。

四、履行适当性管理义务与投资者教育职责

（一）投资者适当性管理

证券公司应当根据《证券期货投资者适当性管理办法》的规定，将投资者区分为普通投资者和专业投资者。根据投资年限、投资经验等因素进一步细化普通投资者分类，提供针对性的交易服务。证券公司向普通投资者提供的交易服务的风险等级应当

与投资者分类结果相匹配。证券公司认为投资者参与相关交易不适当，或者无法判断是否适当的，应当拒绝提供相关服务。投资者不符合中国证监会、自律组织针对特定市场、产品、交易规定的投资者准入要求的，证券公司不得为其提供相关服务。

证券公司应当建立监测、核查机制，持续跟踪了解投资者适当性匹配情况，至少每两年进行一次投资者适当性是否匹配的后续评估。

（二）投资者教育

证券公司与投资者签订证券交易委托代理协议，应当提醒投资者阅知有关业务规则和协议内容，向其揭示业务风险，并将风险揭示书交由投资者确认，按规定履行投资者教育职责。

五、落实账户实名制要求

证券公司应当严格落实账户实名制要求，履行资金账户开户环节实名制审核义务，并采取措施防止客户冒用他人名义开立账户。客户应当以本人名义申请开立资金账户，不得冒用他人名义或使用虚假证件开立资金账户。客户违反规定的，应当承担相关法律责任。

证券公司应当持续跟踪了解客户相关账户的使用情况，建立账户异常使用情况的监控和核查机制，核实资金账户使用是否实名。

证券公司发现客户存在非实名使用资金账户或使用过程中存在违法违规行为，或者拒绝配合证券公司工作的，证券公司应当依法对账户采取限制、暂停、终止提供证券交易服务等措施。账户限制措施包括但不限于：限制买入、限制资金转出、限制转托管、限制撤销指定交易、暂停办理新业务等。

六、履行反洗钱义务

（一）投资者基本信息了解

证券公司应当了解投资者的基本信息、财产状况、金融资产状况、投资知识和经验、专业能力、交易需求、风险偏好、以往交易合规等情况。

证券公司为法人、非法人组织开户的，还应当按照规定了解其业务性质、股权及控制权结构，了解受益所有人信息。

投资者为金融产品的，证券公司还应当按照规定了解产品结构、产品期限、收益特征，以及委托人、投资顾问、受益所有人等信息。

投资者应当如实向证券公司提供上述信息，金融产品管理人还应当提供相关金融产品的审批或者备案信息。投资者、金融产品管理人未如实提供上述信息的，应承担相应的法律责任。

（二）投资者身份持续识别

证券公司应当建立健全投资者身份识别机制，切实履行勤勉尽责义务，并通过开户协议、证券交易委托代理协议等提醒投资者如实向证券公司提供投资者信息。

投资者如前述提供的相关信息发生变更的，应及时告知证券公司。证券公司应持续关注投资者基本信息、身份证明文件有效期等情况，证券公司发现投资者的姓名或名称、有效身份证明文件及号码等基本信息和身份证明文件有效期等情况需要变更的，应当要求投资者及时办理变更手续。

证券公司应当要求投资者在6个月内办理基本信息变更手续；在身份证明文件过期90个自然日内办理身份证明文件有效期变更手续。投资者未履行变更手续且没有提出合理理由的，证券公司应当根据相关规定及证券交易委托代理协议的约定采取限制、暂停、终止提供证券交易服务等措施。

七、对投资者账户开立与使用、资金划转与证券交易进行管理和监控

（一）对投资者账户开立与使用的管理

证券经纪业务中客户账户主要包括：客户在证券公司开立的资金账户、代理中国结算开立的证券账户、代理基金注册登记机构开立的开放式基金账户，以及经核准允许受理的其他金融产品账户等。本章节根据《证券公司客户资金账户管理规则》《中国证券登记结算有限责任公司证券账户非现场开户实施细则》《中国证券登记结算有限责任公司证券账户管理规则》等规定，重点介绍客户账户管理的一般性规则和证券账户管理的具体要求，关于信用账户的具体内容详见本章“第五节　证券公司融资融券及其他信用业务”。

1. 资金账户的开立和管理

（1）资金账户的开立

资金账户，是指证券公司为客户开立，在接受客户委托进行证券、金融产品交易或者提供金融服务过程中，用于资金划拨、交易、清算并记载其资金余额及资产变动情况的账户。

证券公司可以在营业场所内为客户现场开立资金账户，也可以通过见证、网上以及中国证监会认可的其他方式为客户开立资金账户，法律法规、监管规定及自律规则另有规定的除外。

现场开户，是指证券公司在营业场所柜台，通过适当的方式或信息技术手段验证客户身份，与客户签署开户相关协议后，按规定程序为客户办理资金账户开户。

见证开户，是指证券公司工作人员面见客户，通过适当的方式或信息技术手段验证客户身份、见证客户签署开户相关协议后，按规定程序为客户办理资金账户开户。

网上开户，是指证券公司通过网上开户系统，以适当的方式或信息技术手段验证客户身份，并与客户签署开户相关协议后，按规定程序为客户办理资金账户开户。

证券公司为客户办理资金账户业务时，应当遵循合法、自愿、审慎原则，落实账户实名制要求，履行反洗钱义务，审核客户身份的真实性，确保客户资料真实、准确、完整和有效。证券公司发现客户不符合《证券公司客户资金账户管理规则》要求的，应当拒绝为客户办理资金账户业务。证券公司应当严格落实账户实名制要求，履行资金账户开户环节实名制审核义务，并采取措施防止客户冒用他人名义开立账户。

证券公司应当在验证客户身份、与客户签署开户相关协议、审核客户资料合格后，为客户开立资金账户。

（2）资金账户的管理

①资金存管关系建立

证券公司应当为客户提供客户交易结算资金的第三方存管、银证（衍）等服务，实现客户交易结算资金在资金账户与银行账户之间的转账功能。

证券公司应当与客户签署交易结算资金存管协议、单客户多银行存管服务协议等，明确各方权利义务，充分揭示相关风险。证券公司按规定与客户签订银行账户关联协议时，应当提醒客户阅知相关业务规则和协议内容。

证券公司为客户办理客户交易结算资金存管手续，客户应当提供本人或本机构同名银行账户，金融产品银行账户与其备案材料关键信息不一致的，金融产品管理人或托管人应当出具说明材料。

证券公司应当审慎为客户提供单客户多银行存管服务。同一客户最多开立 5 个同名资金账户，每个资金账户分别对应一个存管银行，客户的每个资金账户与对应存管银行账户之间，保持一一对应的第三方存管关系。客户应当指定一个资金账户作为主资金账户，其他资金账户为辅助资金账户。单客户多银行只允许客户在主、辅资金账户之间划转资金，严禁辅助资金账户之间的资金划转。

②资金账户持续管理

证券公司可通过现场、见证、网上及中国证监会认可的其他方式为客户办理资金账户信息变更、销户等资金账户后续业务。

证券公司应当按照协议约定向客户提供资金账户信息查询服务，保证客户在证券公司营业时间和约定的其他时间内能够查询其账户、资金、资产余额及变动明细信息。

持有资金账户的自然人客户死亡的，证券公司应当根据其合法继承人的申请为其办理资金继承手续。证券公司应当加强继承业务管理，制定规范的业务流程和操作标准，对继承人提交的申请材料进行必要审查。

证券公司应当为客户办理销户业务提供便利，不得违反规定限制客户转户、销户。客户向证券公司提出转户、销户的，证券公司应当在客户提出申请，并且在完成其账户交易结算后的 2 个交易日内办理完毕。

2. 证券账户的开立和管理

证券账户，是记录证券及证券衍生品种持有及其变动情况的载体。中国结算对证券账户实施统一管理，证券账户的管理主要包括：账户的开立、查询、信息变更、注销、休眠账户、不合格账户、解除挂失、关联关系维护、账户信息比对、证券账户业务资料保管等。

（1）证券账户的开立

①证券账户的开立方式。证券账户开立方式包括现场方式和非现场方式。其中，非现场方式包括见证开户、网上开户，以及中国结算认可的其他非现场开户方式。

现场开户，是指证券公司等开户代理机构工作人员在营业场所内为客户现场办理证券账户的开立手续，该开户方式适用于机构与自然人。

见证开户，是指证券公司等开户代理机构工作人员面见投资者，验证投资者身份并见证投资者签署开户申请表后，为投资者办理证券账户开立手续，该开户方式适用于机构与自然人。

网上开户，是指证券公司等开户代理机构通过互联网、移动终端为投资者办理证券账户开立手续，该开户方式仅适用于自然人。

网上开户的特殊要求：开户代理机构应通过其公司网站或移动终端为投资者办理网上开户业务，不得委托第三方为投资者办理网上开户业务。自然人投资者通过网上方式开户的，应持中国居民身份证、港澳台居民居住证等可通过公安部身份信息核查系统核验的证件，并由本人亲自办理。

②证券账户的开立数量。1 个投资者只能申请开立 1 个一码通账户，1 个投资者在同一市场最多可以申请开立 3 个 A 股账户、3 个封闭式基金账户，只能申请开立 1 个信用账户、1 个 B 股账户。投资者申请开立 A 股账户时，除投资者确有需要开立单边 A 股账户之外，证券公司等开户代理机构应当为其同时开立沪市及深市双边 A 股账户。

③特殊法人与产品开立证券账户。特殊机构及产品证券账户可由申请主体到中国结算北京、上海或深圳分公司任意一地临柜提交申请，也可以通过中国结算证券账户在线业务平台提交账户开立申请。为进一步提高开户效率，申请主体应当优先通过中国结算证券账户在线业务平台申请办理。

（2）证券账户的信息变更

客户变更证券账户信息的办理方式如下：

①关键信息变更：投资者姓名或名称、有效身份证明文件类型及号码三项为关键信息。对于上述关键信息的变更，投资者应通过临柜、见证等方式办理。

②其他非关键信息变更：开户代理机构可通过临柜、见证、网络、电话等方式受理投资者申请，核实投资者身份后予以办理。

（3）证券账户的注销

证券公司在接到投资者销户申请后，应当在与该证券账户相关的业务了结后 2 个交易日内办理完毕，不得无故拒绝或拖延。根据中国结算要求，对于非现场开户（包括见证开户和网上开户）的投资者，开户代理机构应当至少提供与开户方式一致的非现场销户（见证销户和网上销户）服务。

（二）对投资者资金划转的监控与管理

1. 证券公司应当对机构投资者、资金账户及证券账户内金融资产（不包括投资者通过融资融券融入的资金和证券）首次超过人民币 1 000 万元的个人投资者强化身份识别。证券公司可以采取以下一种或者多种措施强化身份识别，并做好留痕工作：

（1）通过电话回访、面见等方式与投资者进一步沟通；

（2）实地调查走访；

（3）要求投资者补充提供证明材料；

（4）按照账户实名制、反洗钱等有关规定等采取的其他措施。

证券公司使用银行、保险类金融机构采集的投资者身份信息的，投资者身份识别义务及相应的责任不因信赖上述金融机构提供的信息而免除。

证券公司发现投资者信息存疑的，应当要求投资者补充提供其他证明材料；无法核实投资者真实身份或者其他可能影响开户、交易合规性的重要信息，或者核实后发现不符合中国证券业协会、中国结算、证券交易场所有关规定的，应当拒绝为投资者开立账户、开通交易权限或者提供交易服务。

2. 投资者账户出现大额资金划转，并存在下列情形之一的，证券公司应当重新识别投资者身份：

（1）资金划转金额与投资者资产收入情况明显不一致；

（2）资金划转金额与已掌握的投资者年龄、职业、注册资本等信息相矛盾；

（3）资金划转金额、次数、频率存在异常；

（4）无实质交易且频繁发生大额资金划转；

（5）法律法规规定的其他情形。

大额资金划转的金额标准参照反洗钱主管部门制定的大额交易报告相关标准。在重新识别的过程中，投资者不配合证券公司工作的，证券公司可以根据相关规定和协议的约定采取限制、暂停、终止提供证券交易服务等措施。证券公司认为投资者行为与洗钱、恐怖融资等犯罪活动相关的，应当按照规定及时报告反洗钱主管部门。

（三）对投资者证券交易行为进行监控管理

1. 投资者委托指令管理

（1）委托指令的发送与接收

投资者进行证券交易，应当直接向证券公司发送委托指令。投资者向证券公司下达委托指令的方式由双方约定，包括柜台委托、自助委托以及证券公司认可的其他合法委托方式，其中自助委托包括网上委托、电话委托、热键委托等。

网上委托，是指投资者通过互联网或移动通信网络向证券公司网上委托系统下达委托指令、获取成交结果的服务方式。网上委托的上网终端包括电子计算机、手机等通过互联网或移动通信网络连接证券公司委托系统的设备。

证券公司应当按照投资者委托指令载明的证券名称、买卖数量、买卖价格和接收投资者委托指令的时间顺序向证券交易场所申报。

如投资者发出的指令被证券公司委托系统受理且被证券交易场所交易系统受理的，则该委托应视为有效委托。如投资者发出的指令被证券公司委托系统或证券交易场所交易系统拒绝受理，则该委托应视为无效委托。投资者在进行委托前须确保已完全了解有关交易规则，避免发出无效委托指令。

（2）委托指令的审核机制

证券公司应当建立健全委托指令审核机制，核查投资者委托指令要素齐备性。证券公司委托指令审核规则应当符合法律法规、中国证监会、证券交易场所的规定。证券公司应当采取信息技术等手段，按规定对投资者账户内的资金、证券是否充足进行审查。投资者资金账户内的资金不足的，不得接受其买入委托；投资者证券账户内的证券不足的，不得接受其卖出委托。

2. 投资者交易行为管理

投资者开展证券交易，应当遵守法律法规、中国证监会、证券交易场所的规定，不得进行违规交易，并主动避免异常交易。证券公司应当建立健全投资者管理制度，建立技术系统监控投资者的交易行为、交易终端信息等情况。证券公司应当按照证券交易场所的规定加强异常交易监测，做好投资者交易行为管理。

证券公司发现异常交易线索的，应当核实并留存证据，按照规定及时向证券交易场所报告。证券交易场所要求协助开展异常交易管理工作的，证券公司应当积极配合。

证券公司应当持续跟踪了解投资者相关账户的使用情况，履行账户使用实名制、适当性管理、资金监控、异常交易管理等职责，建立监测、核查机制，核实投资者账户使用是否实名、适当性是否匹配、资金划转与交易行为是否正常。

证券公司发现投资者存在非实名使用账户、不适合继续参与相关交易、资金使用与交易行为异常等情况的，或者拒绝配合证券公司工作的，应当及时采取相应的管理措施，必要时根据相关规定及证券交易委托代理协议的约定限制、暂停、终止提供证券交易服务，并按照规定履行报告义务。

八、保障投资者交易的安全、连续

（一）委托指令方面

证券公司应当明确委托指令接收、排序、处理的相关要求，公平对待投资者，同时采取有效措施，保管委托指令与成交记录，防止其他单位和个人违规接收、保存或者截留投资者的委托指令、成交记录等信息。

（二）资金安全方面

证券公司应当根据投资者委托管理投资者证券和资金，按照有关规定托管投资者证券，选择符合要求的商业银行存管投资者资金。证券公司应当将投资者的证券和资金与自有财产分别管理，并采取措施保障投资者证券和资金的安全、完整。

中国结算、投保基金公司根据中国证监会的规定监控投资者证券和资金安全保管情况。

（三）信息系统方面

证券公司应当加强证券经纪业务信息系统管理，保障投资者信息安全和交易连续性，避免对证券交易场所、中国结算等单位的相关信息系统造成不当影响。

证券公司应当按规定并结合自身状况与业务发展需要，决定分支机构是否提供现场交易服务、是否部署与现场交易服务相关的信息系统。

九、证券经纪业务的佣金管理

证券公司收取的证券交易佣金，是证券公司为客户提供证券代理买卖服务收取的报酬。为规范证券市场的收费行为，维护投资者的合法权益，促进证券市场的发展，中国证监会、原国家发展计划委员会（现为国家发展和改革委员会，以下简称“原国家计委”）、国家税务总局于2002年联合出台了《关于调整证券交易佣金收取标准的通知》，形成我国现行的证券经纪业务佣金管理制度，同时2023年证监会《证券经纪业务管理办法》及中国证券业协会出台的《证券经纪业务管理实施细则》对佣金公示进一步予以规范。

（一）佣金收费标准

佣金的收费标准因交易品种、交易场所的不同而有所差异。《证券法》第四十三条规定：“证券交易的收费必须合理，并公开收费项目、收费标准和管理办法。”《关于调整证券交易佣金收取标准的通知》第一条明确规定了我国现行的证券经纪业务佣金标准，A股、B股、证券投资基金的交易佣金实行最高上限向下浮动制度。证券经纪商向客户收取的佣金（包括代收的证券交易监管费和证券交易所手续费等）不得高于证券交易金额的0.3%，也不得低于代收的证券交易监管费和证券交易所手续费等。具体标准如下：

1. A股、证券投资基金每笔交易佣金不足5元的，按5元收取；

2. B股每笔交易佣金不足1美元或5港元的，按1美元或5港元收取；

3. 国债现券、企业债（含可转换债券）、国债回购以及以后出现的新的交易品种，其交易佣金标准由证券交易所制定并报中国证监会和原国家计委备案，备案15日内无异议后实施。

（二）佣金收取标准公示要求

证券公司应当与投资者明确交易佣金收取标准并按照有关法律法规、监管规定、自律规则的标准向投资者收取交易佣金并代收印花税等其他相关税费。证券公司应当将交易佣金与印花税等其他相关税费分开列示，并告知投资者。证券公司应当在公司网站、营业场所、客户端同时公示证券交易佣金收取标准，并按公示标准收取佣金。

（三）佣金收取的禁止性行为

证券公司应当切实提升服务质量，不得以任何形式实施垄断，不得有恶意低价揽客等不正当竞争行为。证券公司应当按照科学合理的方法测算服务成本，测算方法应当经过合规部门和财务部门认可，一经确定不得随意变更。证券公司应当在公司网站、营业场所、客户端同时以具体数值或区间范围等形式公示交易品种的佣金收取标准，并按公示标准收取。证券公司向投资者收取证券交易佣金，不得有下列行为：

1. 收取的佣金明显低于证券经纪业务服务成本；

2. 使用“零佣”“免费”等用语进行宣传；

3.《反不正当竞争法》和《反垄断法》规定的其他禁止行为。

十、证券经纪业务中的回访与客户投诉管理

（一）回访管理

证券公司应当建立健全投资者回访制度，持续了解投资者状况，及时发现并纠正不规范行为。证券公司应当为回访提供充分的人力与物质保障，保证必要的回访比例。证券公司可以委托第三方专业机构实施回访，但法律责任仍由证券公司承担。证券公司回访应当符合以下要求：

1. 对新开户的投资者，在开通相应交易权限前完成回访，对新增相关交易权限的投资者，在开通相应交易权限后30日内完成回访；

2. 对账户使用、资金划转、证券交易等存在异常情形的投资者，在2个交易日内进行回访；

3. 对其他投资者，每年回访比例不得低于上年末客户总数（不含休眠账户及中止交易账户客户）的5%。

证券公司开展回访工作的，每年回访比例不得低于上年末客户总数的10%。回访内容包括但不限于投资者身份识别、账户变动确认、证券公司从业人员是否违规操作投资者账户、是否向投资者充分揭示风险、是否存在全权委托等情况。

（二）投诉管理

证券公司应当建立健全投诉处理制度，妥善处理投资者投诉和纠纷，并及时进行反馈。证券公司应当在公司网站、营业场所、客户端的显著位置公示投诉电话、传真和电子信箱等联系方式。

十一、证券经纪业务的内控管理

（一）内控管理的基本原则

证券公司应当按照健全、合理、制衡、独立的原则，持续提升证券经纪业务内部

控制水平，加强重点领域、关键环节的集中统一管理，并对外公示营业场所、业务范围、人员资质、产品服务以及投资者资金收付渠道等信息。

（二）业务隔离要求

证券公司应当建立健全隔离墙制度，确保证券经纪业务与证券承销与保荐、非上市公众公司推荐挂牌、证券自营和证券资产管理等业务分开操作、分开办理。

（三）信息安全要求

1. 证券公司应当遵循合法、正当、必要和诚信原则，按照法律法规的规定及相关协议约定处理投资者个人信息，规范投资者个人信息处理行为；

2. 证券公司应当加强信息系统权限管理，证券公司及从业人员不得超出正常业务范围使用投资者信息，不得泄露未公开信息；

3. 证券公司应当妥善保管投资者身份资料、证券交易、财产状况等信息，采取有效措施保障投资者信息安全。上述信息的保存期限自销户之日起不得少于20年。

（四）建立健全岗位制衡机制

证券公司应当在涉及客户权益变动相关业务的经办人员之间建立制衡机制。涉及客户资金账户及证券账户的开立、信息修改、注销，建立及变更客户资金存管关系，客户证券账户转托管和撤销指定交易等与客户权益直接相关的业务应当一人操作、一人复核，复核应当留痕。

涉及限制客户资产转移、改变客户证券账户和资金账户的对应关系、客户账户资产变动记录的差错确认与调整等非常规性业务操作，应当事先审批，事后复核，审批及复核均应留痕。

（五）强化分支机构管理

1. 集中统一管理。证券公司应当建立层级清晰、管控有效的组织体系，对开展证券经纪业务的分公司、营业部（以下统称“分支机构”）实施集中统一管理，加强分支机构风险管控。

2. 证券公司设立分支机构的数量、管理层级应当与公司内部控制水平相匹配。账户交易权限管理、资产转移等涉及投资者重要权益的事项应当由公司实施授权管理，分支机构根据公司授权具体办理。

3. 证券公司证券经纪业务部门、合规风险管控难度较大的分支机构应当配备专职合规管理人员；其他开展证券经纪业务的分支机构应当配备兼职合规管理人员。

4. 证券公司应当定期开展证券经纪业务常规稽核审计，对总部证券经纪业务部门和分支机构应当至少每 3 年进行一次常规稽核审计。

5. 加强分支机构场所管理，防范非法证券业务活动。证券公司应当在分支机构营业场所显著位置悬挂“经营证券期货业务许可证”，做到标识清晰，能够与其他机构、个人所属场所明显区别。证券公司及其分支机构应当加强场所管理，防范他人利用所属场所及邻近场所，仿冒、假冒本公司或者分支机构名义从事违法违规行为。

（六）强化从业人员管理

1. 证券公司从事证券经纪业务的人员，应当遵纪守法、诚实守信、勤勉尽责，保守业务活动中知悉的商业秘密与个人隐私，自觉维护投资者合法权益、公司正当利益与市场正常秩序。

2. 证券公司应当完善选聘管理机制，加强从业人员背景调查工作，聘用符合条件的人员开展业务或者担任分支机构负责人。证券公司更换分支机构负责人，应当进行审计，并在审计结束后 3 个月内，将审计情况报送分支机构所在地中国证监会派出机构。证券公司应当采取合规培训、年度考核、强制离岗、离任审计等措施，强化对分支机构负责人的管理。

3. 证券公司应当建立健全证券经纪业务从业人员管理制度，明确相关岗位的专业技能要求和合规管理要求。证券公司应当通过增加合规培训、明确执业权限、加强监测监控、强化检查问责等方式，防范证券经纪业务从业人员违规买卖股票、超越授权执业等违规行为。

4. 证券公司应当建立健全科学合理的证券经纪业务从业人员绩效考核制度和薪酬分配机制。证券公司对证券经纪业务从业人员的绩效考核和薪酬分配，应当重点考量从业人员的执业行为合规性、服务适当性、投资者管理履职情况和投资者投诉情况等，不得简单与新开户数量、客户交易量直接挂钩。禁止证券公司以人员挂靠、业务包干等方式实施过度激励。

十二、科创板与创业板特别交易机制

（一）科创板

为进一步落实创新驱动发展战略，增强资本市场对提高我国关键核心技术创新能力的服务水平，促进高新技术产业和战略性新兴产业发展，支持上海国际金融中心和科技创新中心建设，完善资本市场基础制度，推动高质量发展，我国于 2019 年在上交所设立科创板并试点注册制。

1. 科创板定位

在上交所新设科创板，坚持面向世界科技前沿、面向经济主战场、面向国家重大需求，主要服务于符合国家战略、突破关键核心技术、市场认可度高的科技创新企业。重点支持新一代信息技术、高端装备、新材料、新能源、节能环保以及生物医药等高新技术产业和战略性新兴产业，推动互联网、大数据、云计算、人工智能和制造业深度融合，具体行业范围由上交所发布并适时更新。

2. 投资者适当性管理

2023 年 2 月上交所修订并发布《上海证券交易所交易规则》，明确投资者参与科创板股票交易的具体条件：个人投资者申请权限开通前 20 个交易日证券账户及资金账户内的资产日均不低于人民币 50 万元（不包括该投资者通过融资融券融入的资金和证券），并且参与证券交易 24 个月以上；符合法律法规及上交所规定的机构投资者，可直接申请开通科创板股票交易权限。

投资者仅需向其委托的证券公司申请，在已有沪市 A 股证券账户上开通科创板股票交易权限即可，无须在中国结算开立新的证券账户。

3. 交易机制特别规定

针对科创型企业的特点，结合交易机制创新，上交所在科创板推出不同于主板的交易机制改革措施。

（1）引入盘后固定价格交易

盘后固定价格交易指在收盘集合竞价结束后，交易所交易系统按照时间优先顺序对收盘定价申报进行撮合，并以当日收盘价成交的交易方式。此方式既可以满足投资者在竞价撮合时段之外以确定性价格成交的交易需求，又有利于减少被动跟踪收盘价的大额交易对盘中交易价格的冲击。

（2）优化融券交易机制

为了提高市场定价效率，着力改善“单边市”等问题，科创板将优化融券制度。科创板股票自上市首个交易日起可作为融资融券标的，且融券标的证券选择标准与 A 股有所差别。

（3）新增两种市价申报方式

为便于投资者参与交易，降低现有的两种市价申报方式下投资者的成交风险，新增本方最优价格申报和对手方最优价格申报两种市价申报方式。

（4）放宽涨跌幅限制

考虑到科创企业具有投入大、迭代快等特点，在总结现有股票交易涨跌幅制度实施中的利弊得失基础上，将科创板股票的涨跌幅限制放宽至 20%。为尽快形成合理价格，新股上市后的前 5 个交易日不设涨跌幅限制。

（5）调整单笔申报数量

通过限价申报买卖科创板股票的，单笔申报数量应当不小于 200 股，且不超过 10 万股；通过市价申报买卖的，单笔申报数量应当不小于 200 股，且不超过 5 万股。卖出时，余额不足 200 股的部分，应当一次性申报卖出。

（6）可以根据市场情况调整微观交易机制

为防止过度投机炒作，维护正常交易秩序，对有效申报价格范围和盘中临时停牌情形另行规定；实施差异化的最小价格变动单位，依据股价高低，实施不同的申报价格最小变动单位，以降低低价股的买卖价差。

（7）调整交易信息公开指标

由于科创板股票实行不同的涨跌幅限制，因此对股票异常波动的个别参数进行了调整。

（8）交易行为监督方面

明确了投资者参与交易的审慎、分散化原则，避免自身交易行为影响股票交易价格正常形成机制；强化了交易所会员即证券公司对客户异常交易行为的管理责任。

（二）创业板

1. 创业板定位

创业板设立于 2009 年，10 年多来创业板市场逐步发展壮大，聚集了一批优秀企业，在落实创新驱动发展战略、服务实体经济等方面发挥了重要作用。根据近年来经济形势变化和多层次资本市场发展实际，改革后创业板将定位为：深入贯彻创新驱动发展战略，适应发展更多依靠创新、创造、创意的大趋势，主要服务成长型创新创业企业，支持传统产业与新技术、新产业、新业态、新模式深度融合。

2. 适当性管理

深交所 2020 年修订的《深圳证券交易所创业板投资者适当性管理实施办法》，明确新申请开通创业板交易权限的投资者条件：个人投资者申请权限开通前 20 个交易日证券账户及资金账户内的资产日均应不低于人民币 10 万元，并参与证券交易 24 个月以上。本次修订取消了原规则中 2 日、5 日的冷静期要求。

3. 特别交易机制

为积极稳妥推进创业板改革并试点注册制，配套完善交易机制，深交所将创业板差异化交易机制统一整合纳入《深圳证券交易所交易规则》。创业板在整体上充分借鉴科创板改革经验，在涨跌幅限制、限价申报限制、盘后定价交易机制、两融交易标的等方面均沿用科创板的交易机制，同时创业板针对自身特殊情况作出了部分针对性的安排，如单笔申报数量方面，限价申报的单笔买卖申报数量不得超过 30 万股，市价申报的单笔买卖数量不得超过15万股。

十三、证券经纪业务的监管措施和法律责任

（一）法律责任

1.《证券公司监督管理条例》的有关规定

证券公司从事证券经纪业务，违反《证券公司监督管理条例》规定的，中国证监会及其派出机构依法予以处罚，具体详见本书“第一章　证券市场基本法律法规”中“第七节　证券公司监督管理条例”的相关内容。

2. 中国证监会《证券经纪业务管理办法》的有关规定

证券公司违反相关规定，中国证监会及其派出机构有权依法采取出具警示函、责令改正、责令增加内部合规检查次数、责令定期报告、责令处分有关人员等行政监管措施；情节严重的，依照《证券法》第一百四十条的规定采行政监管措施；对直接负责的高级管理人员和其他责任人员，依法采取出具警示函、责令改正、监管谈话等行政监管措施。证券从业人员违反本办法规定的，依法采取出具警示函、责令改正、监管谈话等行政监管措施。构成犯罪的，移送司法机关处理。

3. 中国证监会《证券经纪人管理暂行规定》的相关规定

中国证监会及其派出机构依法对证券经纪人进行监督管理，对违法违规的证券经纪人依法予以处罚，具体详见本书“第五章　行业文化、职业道德与从业人员行为规范”“第四节　从业人员行为规范”的相关内容。

（二）监管措施

1. 中国证券业协会发布的《证券公司客户资金账户管理规则》的有关规定

中国证券业协会对证券公司资金账户管理工作实施自律管理，可采取现场、非现场方式进行自律检查，证券公司应当予以配合；对违反相关规则的证券公司及从业人员，协会将视情节轻重，根据《中国证券业协会自律措施实施办法》等相关规定采取自律措施。涉嫌违法违规的，移送中国证监会或司法机关处理。

2. 中国结算发布的《中国证券登记结算有限责任公司证券账户管理规则》的有关规定

对违反该规则的开户代理机构及其网点，中国结算视情节轻重单处或并处口头警示、书面警示、约见谈话、通报批评、公开谴责、暂停或终止开户代理机构或网点的开户代理业务资格、提请国务院证券监督管理机构采取相关监管措施等自律管理措施，并根据国务院证券监督管理机构及中国结算的有关规定记入诚信档案。

3. 上海、深圳、北京证券交易所发布的《上海证券交易所会员管理规则（2019年修订）》《深圳证券交易所会员管理规则（2019年修订）》《北京证券交易所会员管理规则（试行）》的有关规定对于会员违反上交所、深交所、北交所业务规则的，上交所、深交所、北交所有权视情节轻重采取自律监管措施或纪律处分。

（三）典型案例

1. 操作实例

王某在甲证券公司营业部任职开户岗位，为一般证券从业人员。2021年3月，客户张某准备在甲证券公司开立账户进行证券交易委托。首先，王某要求客户张某出具真实有效的身份证明文件，并采取必要措施对客户身份真实性进行审核；其次，王某按照规定了解客户张某的基本情况，对客户张某风险承受能力进行评估，履行适当性管理义务，并进行留痕管理；最后，王某向客户张某讲解相关业务规则和开户协议等内容，并由客户张某签署相关协议及风险揭示书。综上，在王某审核客户资料是否合规、履行完毕客户身份识别、适当性管理义务等相关程序后，为客户张某开立账户，并为其办理客户交易结算资金存管手续。

王某的行为符合《证券法》第八十八条、第一百三十一条、第一百三十二条及《证券公司客户资金账户管理规则》第十一条到第十四条的相关规定。

2. 违法违规案例

张某在甲证券公司营业部任职并从事营销工作，系一般证券从业人员。2020年3月，客户王某委托张某操作其证券账户，同时张某与客户王某补充签订了《理财协议》，约定由张某保证补偿账户上发生的亏损。后在张某的操作下客户王某证券账户发生亏损，为弥补客户王某亏损，张某先后向客户王某三方存管账户转入30万元、20万元。后客户王某修改了证券账户密码，不再给张某操作。上述张某代客户操作证券账户期间，客户王某证券账户未获得收益。

张某作为证券从业人员，在从业期间私下接受客户委托买卖证券的行为违反了《证券法》第一百三十四条至第一百三十六条的规定，当地证监局依据《证券法》第二百零九条、第二百一十条的规定要求张某责令改正，并给予警告，没收违法所得，同时处以违法所得1倍以上10倍以下的罚款。

第二节 证券投资咨询

本节重点梳理、解释、总结与证券投资咨询业务（包括发布证券研究报告业务和证券投资顾问业务）相关的法律法规、自律规则，主要包括《证券、期货投资咨询管理暂行办法》《发布证券研究报告暂行规定》《证券投资顾问业务暂行规定》《发布证券研究报告执业规范》《证券分析师执业行为准则》等。

一、法规概述

（一）法律、行政法规

《证券法》“第八章　证券公司”“第十章　证券服务机构”对证券公司、证券投资咨询机构的证券投资咨询业务作出了原则性规定；《证券公司监督管理条例》“第四章　业务规则与风险控制”“第一节　一般规定”对证券公司、证券投资咨询业务作出了一般规定。《证券、期货投资咨询管理暂行办法》对证券投资咨询机构及人员的从业管理、证券投资咨询业务管理规范、罚则等进行了规定。上述法律及行政法规是中国证监会等监管机构制定证券投资咨询业务相关监管政策、实施监督管理的重要法律依据。

（二）部门规章、规范性文件及自律规则

除上述法律及行政法规外，证券投资咨询业务涉及的主要部门规章、规范性文件及自律规则包括《关于规范面向公众开展的证券投资咨询业务行为若干问题的通知》《发布证券研究报告暂行规定》《证券投资顾问业务暂行规定》《关于加强对利用“荐股软件”从事证券投资咨询业务监管的暂行规定》《证券基金经营机构使用香港机构证券投资咨询服务暂行规定》《发布证券研究报告执业规范》《证券分析师执业行为准则》等。

二、证券投资咨询、证券投资顾问、发布证券研究报告的概念和基本关系

根据《证券、期货投资咨询管理暂行办法》《发布证券研究报告暂行规定》《证券投资顾问业务暂行规定》，证券投资咨询、证券投资顾问、发布证券研究报告的概念和基本关系分别如下：

（一）证券投资咨询、证券投资顾问、发布证券研究报告的概念

1. 证券投资咨询

证券投资咨询，是指从事证券投资咨询业务的机构及其投资咨询人员以下列形式

为证券投资人或者客户提供证券投资分析、预测或者建议等直接或者间接有偿咨询服务的活动：

（1）接受投资人或者客户委托，提供证券投资咨询服务；

（2）举办有关证券投资咨询的讲座、报告会、分析会等；

（3）在报刊上发表证券投资咨询的文章、评论、报告，以及通过电台、电视等公众传播媒体提供证券投资咨询服务；

（4）通过电话、传真、电脑网络等电信设备系统，提供证券投资咨询服务；

（5）中国证监会认定的其他形式。

总体而言，证券投资咨询业务包括证券投资顾问业务及发布证券研究报告业务。

2. 证券投资顾问

证券投资顾问业务，是证券投资咨询业务的一种基本形式，指证券公司、证券投资咨询机构接受客户委托，按照约定向客户提供涉及证券及证券相关产品的投资建议服务，辅助客户作出投资决策，并直接或者间接获取经济利益的经营活动。投资建议服务内容包括投资的品种选择、投资组合以及理财规划建议等。

3. 发布证券研究报告

发布证券研究报告，是证券投资咨询业务的一种基本形式，指证券公司、证券投资咨询机构对证券及证券相关产品的价值、市场走势或者相关影响因素进行分析，形成证券估值、投资评级等投资分析意见，制作证券研究报告，并向客户发布的行为。

证券研究报告主要包括涉及证券及证券相关产品的价值分析报告、行业研究报告、投资策略报告等。证券研究报告可以采用书面或者电子文件形式。

（二）证券投资咨询、证券投资顾问、发布证券研究报告的基本关系

证券投资顾问业务和发布证券研究报告是证券投资咨询业务的两种基本形式，也是证券经营机构服务客户的重要手段。两者既具有显著区别，又密切联系。

1. 证券投资顾问业务和发布证券研究报告的区别

（1）立场不同

证券投资顾问基于特定客户的立场，遵循忠实客户利益原则，向客户提供适当的证券投资建议；证券分析师基于独立、客观的立场，对证券及证券相关产品的价值进行研究分析，撰写发布研究报告。

（2）服务方式和内容不同

证券投资顾问在了解客户的基础上，依据合同约定，向特定客户提供适当的、有针对性的操作性投资建议，关注品种选择、组合管理建议以及买卖时机等。证券研究报告向不特定的客户发布，提供证券估值等研究成果，关注证券定价，不关注买卖时

机选择等具体的操作性投资建议。

（3）服务对象有所不同

证券投资顾问一般服务于普通投资者，强调针对客户类型、风险偏好等提供适当的服务；证券研究报告一般服务于基金、QFII等能够理解研究报告和有效处理有关信息的专业投资者，强调公平对待证券研究报告接收人。

（4）市场影响有所不同

证券投资顾问服务与特定客户的证券投资及其利益密切相关，但通常不会显著影响证券定价；证券研究报告向多个机构客户同时发布，对证券价格可能产生较大影响。

2. 证券投资顾问业务和发布证券研究报告的联系

（1）在服务流程上，证券研究报告一般是证券投资顾问服务的重要基础，证券投资顾问团队依据证券研究报告以及其他公开证券信息，整合形成有针对性的证券投资顾问建议，再按照协议约定向客户提供。

（2）在制度规范要求上，《证券投资顾问业务暂行规定》第十六条规定，证券投资顾问向客户提供投资建议，应当具有合理的依据；投资建议的依据包括证券研究报告或者基于证券研究报告、理论模型以及分析方法形成的投资分析意见等。第十七条要求，证券公司、证券投资咨询机构应当为证券投资顾问服务提供必要的研究支持。

三、发布证券研究报告业务的有关规定

根据《发布证券研究报告暂行规定》《发布证券研究报告执业规范》的规定，从事发布证券研究报告业务的机构（以下简称“经营机构”）发布证券研究报告，应当遵守以下要求［发布宏观研究报告、产业研究报告应参照执行；发布全国中小企业股份转让系统挂牌的公司，CDR（中国存托凭证）、中国香港及其他境外证券市场上市公司的证券研究报告应遵照执行］：

（一）基本原则

经营机构发布证券研究报告，应当遵守法律、行政法规和其他有关规定，遵循独立、客观、公平、审慎原则，有效防范利益冲突，公平对待发布对象，禁止传播虚假、不实、误导性信息，禁止从事或者参与内幕交易、操纵证券市场活动。

1. 独立原则

经营机构应当维护证券研究报告制作发布的独立性，从组织设置、人员职责上，将证券研究报告制作发布业务与销售服务业务分开管理；制作发布证券研究报告的相

关人员，应当独立于证券研究报告相关销售服务人员；证券研究报告相关销售服务人员不得在证券研究报告发布前干涉和影响证券研究报告的制作过程、研究观点和发布时间。

从事发布证券研究报告业务的相关人员，不得同时从事证券自营、证券资产管理等存在利益冲突的业务。公司高级管理人员同时负责管理发布证券研究报告业务和其他证券业务的，应当采取防范利益冲突的措施，并有充分证据证明已经有效防范利益冲突。

经营机构应当采取有效措施，保证制作发布证券研究报告不受利益相关者的干涉和影响。

2. 客观原则

经营机构制作证券研究报告应当坚持客观原则，避免使用夸大、低俗、诱导性、煽动性的标题或者用语，不得对证券估值、投资评级作出任何形式的保证。

3. 公平原则

经营机构应当公平对待证券研究报告的发布对象，不得将证券研究报告的内容或者观点，优先提供给公司内部部门、人员或者特定对象。

4. 审慎原则

经营机构制作证券研究报告应当采用严谨的研究方法和分析逻辑，基于合理的数据基础和事实依据，审慎提出研究结论。

（二）发布证券研究报告业务关键环节的规范要求

1. 证券研究报告载明事项

经营机构发布的证券研究报告，应当载明下列事项：

（1）“证券研究报告”字样；

（2）经营机构名称；

（3）具备证券投资咨询业务资格的说明；

（4）证券分析师姓名及其登记编码；

（5）发布证券研究报告的时间；

（6）证券研究报告采用的信息和资料来源；

（7）使用证券研究报告的风险提示。

2. 证券研究报告覆盖范围管理

经营机构发布证券研究报告，应当加强研究对象覆盖范围管理。将上市公司纳入研究对象覆盖范围并作出证券估值或投资评级，或者将该上市公司移出研究对象覆盖范围的，应当由研究部门或者研究子公司独立作出决定并履行内部审核程序。

3. 证券研究报告信息来源管理

（1）建立证券研究报告信息来源管理制度

经营机构应当建立证券研究报告的信息来源管理制度，加强信息收集环节的管理，维护信息来源的合法合规性。

（2）证券研究报告可使用的信息来源

①政府部门、行业协会、证券交易所等机构发布的政策、市场、行业以及企业相关信息。

②上市公司按照法定信息披露义务通过指定媒体公开披露的信息。

③上市公司及其子公司通过公司网站、新闻媒体等公开渠道发布的信息，以及上市公司通过股东大会、新闻发布会、产品推介会等非正式公告方式发布的信息。

④经营机构通过上市公司调研或者市场调查，从上市公司及其子公司、供应商、经销商等处获取的信息，但内幕信息和未公开重大信息除外。

⑤经营机构从信息服务机构等第三方合法取得的市场、行业及企业相关信息。

⑥经公众媒体报道的上市公司及其子公司的其他相关信息。

⑦其他合法合规信息来源。

（3）证券研究报告信息使用的禁止要求

经营机构发布证券研究报告，应当审慎使用信息，对引用信息和数据来源进行核实，不得将无法确认来源合法合规性的信息写入证券研究报告；不得将无法认定真实性的市场传言作为确定性研究结论的依据；不得以任何形式使用或者泄露国家保密信息、内幕信息以及上市公司未公开重大信息。

4. 调研活动管理

经营机构应当建立调研活动的管理制度，分别针对非客户服务性质的独立调研和带有客户服务性质的联合调研制定相应规范，加强对调研活动的管理。发布证券研究报告相关人员进行上市公司调研活动，应当符合以下要求：

（1）事先履行所在经营机构的审批程序；

（2）不得向证券研究报告相关销售服务人员、特定客户和其他无关人员泄露研究部门或研究子公司的调研底稿、调研后发布证券研究报告的计划、研究观点的调整信息，以及未来一段时间的非客户服务性质的独立调研计划；

（3）不得主动寻求上市公司相关内幕信息或者未公开重大信息；

（4）被动知悉上市公司内幕信息或者未公开重大信息的，应当对有关信息内容进行保密，并及时向所在机构的合规管理部门报告本人已获知有关信息的事实，在有关信息公开前不得发布涉及该上市公司的证券研究报告；

（5）上市公司调研纪要仅供内部存档或撰写研究报告使用，不得对外发布或提供给客户；

（6）在证券研究报告中使用调研信息的，应当保留必要的信息来源依据。

5. 证券研究报告质量控制、合规审查

（1）研究方法要求

经营机构制作证券研究报告应当秉承专业的态度，采用严谨的研究方法和分析逻辑，重点围绕宏观经济形势、资本市场走势、行业发展、上市公司投资价值等进行深入分析，并基于合理的数据基础和事实依据，审慎提出研究结论。

（2）报告用语要求

经营机构制作证券研究报告应当坚持客观原则，避免使用夸大、低俗、诱导性、煽动性的标题或者用语，不得对证券估值、投资评级作出任何形式的保证。

经营机构应提示投资者自主作出投资决策并自行承担投资风险，任何形式的分享证券投资收益或者分担证券投资损失的书面或口头承诺均为无效。

（3）投资评级要求

证券研究报告中对证券及证券相关产品提出投资评级的，应当披露所使用的投资评级分类及其含义。

（4）工作底稿管理

经营机构应当建立发布证券研究报告工作底稿制度。工作底稿包括必要的信息资料、调研纪要、分析模型等内容，纳入发布证券研究报告相关业务档案予以保存和管理。

（5）证券研究报告署名人员资质要求

证券分析师应当对其署名的证券研究报告的内容和观点负责，保证信息来源合法合规，研究方法专业审慎，分析结论具有合理依据。

参与制作证券研究报告，但尚未登记为证券分析师的研究部门或者研究子公司相关人员，如果已通过证券分析师胜任能力考试并已完成一般证券业务登记的，经署名证券分析师和研究部门或研究子公司同意，可以用“研究助理”“联系人”的名义在证券研究报告中列示。

（6）证券研究报告质量审核

经营机构应当建立健全证券研究报告发布前的质量控制机制，细化质量控制的目标、程序和岗位职责，建立清晰的质量审核清单和工作底稿，列明审核工作应当涵盖的内容。通过合理的流程安排避免审核工作流于形式，并确保审核意见得到回应和有效落实。

证券研究报告应当由登记为证券分析师的专职质量审核人员进行质量审核；证券分析师数量少于10人的可以由署名证券分析师之外的证券分析师进行质量审核。

质量审核应当严格按照公司规定的标准进行认真审查，涵盖信息处理、分析逻辑、研究结论等内容，重点关注研究方法和研究结论的专业性和审慎性。

（7）证券研究报告合规审查

经营机构应当建立健全证券研究报告发布前的合规审查机制，细化合规审查的目标、程序和岗位职责，建立清晰的审查清单和工作底稿，列明审查工作应当涵盖的内容。通过合理的流程安排避免审查工作流于形式，并确保审查意见得到回应和有效落实。

证券研究报告应当由公司合规部门或者研究部门、研究子公司的专职人员进行合规审查。合规审查应当涵盖人员资质、信息来源、风险提示等内容，重点关注证券研究报告可能涉及的利益冲突事项。

同时，经营机构应当严格执行合规管理制度，对与发布证券研究报告相关的人员条件、利益冲突、跨越隔离墙等情形进行合规审查和监控。

（8）证券研究报告市场影响评估

经营机构应当建立拟发布的证券研究报告市场影响评估机制，在证券研究报告制作和合规审查环节，对证券研究报告重要敏感信息可能对市场产生的影响进行审慎评估，不得基于个别数据夸大或臆测行业或市场整体风险。对于可能产生重要影响的结论和信息，应当提高审核人员层级，加大审核力度。

6. 证券研究报告发布管理

经营机构在证券研究报告发布前，可以就证券研究报告涉及上市公司相关信息的真实性向该上市公司进行确认，但不得透露该证券研究报告的发布时间、观点、盈利预测和结论。

在证券研究报告发布之前，制作发布证券研究报告的相关人员不得向证券研究报告相关销售服务人员、客户及其他无关人员泄露研究对象覆盖范围的调整、制作与发布研究报告的计划，证券研究报告的发布时间、观点和结论，以及涉及盈利预测、投资评级、目标价格等内容的调整计划。

经营机构的证券研究报告应当通过发布证券研究报告的平台统一发送给公司约定的证券研究报告发布对象，以保障发布证券研究报告的公平性。发布证券研究报告的平台应由公司指定，且必须是以公司名义注册或拥有。

发布对具体股票作出明确估值和投资评级的证券研究报告时，公司持有该股票达到相关上市公司已发行股份1%以上的，应当在证券研究报告中向客户披露本公司持有该股票的情况，并且在证券研究报告发布日及第二个交易日，不得进行与证券研究报告观点相反的交易。

7. 绩效考核和激励机制

经营机构应当建立合理地发布证券研究报告相关人员绩效考核和激励机制，维护发布证券研究报告行为的独立性。

经营机构应当综合考虑合规情况、研究质量、客户评价、工作量等多种因素，设立发布证券研究报告相关人员的考核激励标准。外部评选结果仅作为对分析师个人社会评价的参考，不得作为证券分析师薪酬激励的依据。

与发布证券研究报告业务存在利益冲突的部门或人员不得参与对发布证券研究报告相关人员的考核。证券分析师跨越信息隔离墙参与公司承销保荐、财务顾问业务等项目的，其个人薪酬不得与相关项目的业务收入直接挂钩。研究销售人员不得参与对分析师等研究人员的考核。

8. 定制证券研究报告服务的有关要求

经营机构的研究部门或者研究子公司接受特定客户委托，就尚未覆盖的具体股票提供含有证券估值、或投资评级的研究成果、或投资分析意见的，自提供之日起 6 个月内不得就该股票发布证券研究报告。

经营机构的研究部门或者研究子公司不得就已经覆盖的具体股票接受委托提供仅供特定客户使用的、与最新已发布证券研究报告结论不一致的研究成果或者投资分析意见。

9. 媒体刊载、转发证券研究报告的管理要求

（1）授权媒体刊载、转发证券研究报告的管理要求

经营机构授权公众媒体及其他机构刊载或者转发涉及具体上市公司的证券研究报告、评论意见，应当慎重评估，充分论证必要性，并符合以下要求：

①与相关公众媒体及其他机构作出协议约定，明确由被授权机构承担相关刊载或者转发责任，强化媒体合作管理。要求授权转发或刊载研究报告、评论意见的媒体机构注明研究报告的发布人和发布日期、评论意见的发表者和发布时间，提示使用研究报告或评论意见的风险等，要求媒体机构不得自行对公司所提供材料的标题或者内容作实质性修改。

②采取有效措施提供证券研究报告相应的后续解读服务，防止误导公众投资者。

③通过公司网站等途径披露本公司授权公众媒体及其他机构刊载或者转发证券研究报告有关情况，提醒公众投资者慎重使用未经授权刊载或者转发的本公司证券研究报告。

④具备相应的应对措施，妥善处理投资者投诉。

（2）防止媒体未经授权刊载、转发证券研究报告经营机构应当采取下列措施：

①加强证券研究报告发布环节管理，要求公司相关人员不得将证券研究报告私自提供给未经公司授权的公众媒体或者其他机构，提示客户不要将证券研究报告转发给他人。

②建立跟踪监测机制，发现公司证券研究报告被私自刊载或者转发的，及时采取维权措施。

③加强投资者教育和客户沟通，提示客户及公众投资者慎重使用公众媒体刊载的证券研究报告。

公众媒体或者其他机构未经授权刊载或者转发证券研究报告的，应当承担相应的法律责任。

10. 证券分析师发表言论、客户服务的管理要求

（1）客户服务统一规范管理

经营机构应当对证券分析师服务客户的方式、内容、渠道进行统一规范管理，覆盖各种形式的服务客户行为，包括与客户举行座谈会、交流会、路演活动，为客户解读其撰写的证券研究报告，使用互联网工具等传播媒介向客户提供服务等。应针对发布证券研究报告业务及转载、提供、解读证券研究报告，使用新媒体工具制定相应的内部管理规范。

（2）证券分析师发表言论管理

以经营机构的名义发布研究观点、提供研究服务的人员必须是公司正式员工。

经营机构应当建立证券分析师向客户发布信息和言论的事前报备程序，拟发布的主要内容应当经所在部门负责人或公司分管高管人员签批同意，并报合规部门备案。

证券分析师使用互联网工具等传播媒介向客户提供投资分析意见，依法属于发布证券研究报告行为的，应当按照发布证券研究报告的要求履行发布程序，遵守《发布证券研究报告执业规范》等相关要求。

证券分析师可以将已经在公司证券研究报告发布平台上统一发布过的证券研究报告，通过在公司报备后的微信群、微信公众号、微博、云共享平台、邮箱等其他形式提供给客户并进行解读。

（3）客户服务工作档案管理

经营机构应当建立健全证券分析师服务客户工作档案，对使用互联网工具等传播媒介向客户提供服务的，应当要求证券分析师向公司备案其使用的与提供证券研究报告服务有关的聊天群、自媒体账号、云共享平台账号等，并报备与业务有关的使用记录和发布内容；用其他方式服务客户的，应当做好客户服务记录，并及时存档检查。

经营机构应当定期安排质量审核和合规审查人员对客户服务档案进行跟踪检查，安排合规审核人员进入证券分析师开展客户服务的聊天群。关注其自媒体平台和云共享平台等方式对其内容进行随时抽查，如发现问题应及时汇报并处理。

11. 外请专家服务的管理要求

外部专家是指在某一领域具备一定的知识或信息，非经营机构雇用的人员，不包

括上市公司负责信息披露的人员。经营机构邀请外部专家参与证券投资咨询服务以外的咨询服务，应当符合以下要求：

①外部专家应当具有良好的社会声誉，在最近两年没有被证券监管部门处罚的记录；

②经营机构应当核实专家的身份，并将经核实的专家身份告知投资者，不得有虚假或误导性成分，并应当告知外部专家必须遵守的合规要求；

③经营机构邀请的外部专家如果是上市公司人员，必须经过上市公司信息披露负责人的书面同意，同意的书面记录应保存五年；

④经营机构如果通过第三方邀请外部专家，应当与第三方签订专门的外部专家邀请协议，协议应当载明要求第三方核实专家身份的责任，以及如有专家身份审核不实，要求第三方承担经济赔偿的责任和媒体公开道歉的责任。

经营机构邀请第三方为客户提供证券投资咨询服务以外的咨询服务，应当维持在适度、合理水平，相关服务的费用应当单独列支，并对相关咨询服务的内容归档留存。经营机构不得通过外包或与第三方签署业务收入分成协议等类似形式安排没有证券投资咨询业务资质的机构或个人为客户提供前述咨询服务。

12. 业务留痕管理和档案保存要求

经营机构发布证券研究报告，应当对发布的时间、方式、内容、对象和审阅过程实行留痕管理。

发布证券研究报告相关业务档案的保存期限自证券研究报告发布之日起不得少于5年。

四、证券投资顾问业务的有关规定

根据《证券投资顾问业务暂行规定》，证券公司、证券投资咨询机构从事证券投资顾问业务，应当遵守以下要求：

（一）基本原则

1. 守法合规

证券公司、证券投资咨询机构从事证券投资顾问业务，应当遵守法律、行政法规和其他有关规定，加强合规管理，健全内部控制，防范利益冲突，切实维护客户合法权益。

2. 诚实信用

证券公司、证券投资咨询机构及其人员应当遵循诚实信用原则，勤勉、审慎地为客户提供证券投资顾问服务。

3. 忠实客户利益

证券公司、证券投资咨询机构及其人员提供证券投资顾问服务，应当忠实客户利益，不得为公司及其关联方的利益损害客户利益；不得为证券投资顾问人员及其利益相关者的利益损害客户利益；不得为特定客户利益损害其他客户利益。

证券公司、证券投资咨询机构及其人员就同一问题向不同客户提供的投资分析、预测或者建议应当一致，就同一问题向社会公众和其自营部门提供的咨询意见应当一致，不得为自营业务获利的需要误导社会公众。

（二）证券投资顾问业务关键环节的规范要求

1. 了解客户环节的规范要求

证券公司、证券投资咨询机构向客户提供证券投资顾问服务，应当按照公司制定的程序和要求，了解客户的身份、财产与收入状况、证券投资经验、投资需求与风险偏好，评估客户的风险承受能力，并以书面或者电子文件形式予以记载、保存。

2. 风险揭示环节的规范要求

证券公司、证券投资咨询机构向客户提供证券投资顾问服务，应当告知客户下列基本信息：

（1）公司名称、地址、联系方式、投诉电话、证券投资咨询业务资格等；

（2）证券投资顾问的姓名及其登记编码；

（3）证券投资顾问服务的内容和方式；

（4）投资决策由客户作出，投资风险由客户承担；

（5）证券投资顾问不得代客户作出投资决策。

证券公司、证券投资咨询机构应当通过营业场所、中国证券业协会和公司网站，公示前段第（1）项、第（2）项信息，方便投资者查询、监督。

证券公司、证券投资咨询机构应当向客户提供风险揭示书，并由客户签收确认。

3. 签订证券投资顾问服务协议环节的规范要求

证券公司、证券投资咨询机构提供证券投资顾问服务，应当与客户签订证券投资顾问服务协议，并对协议实行编号管理。协议应当包括下列内容：

（1）当事人的权利义务；

（2）证券投资顾问服务的内容和方式；

（3）证券投资顾问的职责和禁止行为；

（4）收费标准和支付方式；

（5）争议或者纠纷解决方式；

(6) 终止或者解除协议的条件和方式。

证券投资顾问服务协议应当约定，自签订协议之日起5个工作日内，客户可以书面通知方式提出解除协议。证券公司、证券投资咨询机构收到客户解除协议书面通知时，证券投资顾问服务协议解除。

4. 提供投资建议服务环节的规范要求

(1) 服务适当性要求

证券投资顾问应当根据了解的客户情况，在评估客户风险承受能力和服务需求的基础上，向客户提供适当的投资建议服务。

(2) 具有合理依据

证券投资顾问向客户提供投资建议，应当具有合理的依据。投资建议的依据包括证券研究报告或者基于证券研究报告、理论模型，以及分析方法形成的投资分析意见等。

(3) 研究支持

证券公司、证券投资咨询机构应当为证券投资顾问服务提供必要的研究支持。证券公司、证券投资咨询机构的证券研究不足以支持证券投资顾问服务需要的，应当向其他具有证券投资咨询业务资格的证券公司或者证券投资咨询机构购买证券研究报告，提升证券投资顾问服务能力。

(4) 告知客户有关信息

证券投资顾问依据本公司或者其他证券公司、证券投资咨询机构的证券研究报告作出投资建议的，应当向客户说明证券研究报告的发布人、发布日期。

(5) 风险提示和底线要求

证券投资顾问向客户提供投资建议，应当提示潜在的投资风险，禁止以任何方式向客户承诺或者保证投资收益。

鼓励证券投资顾问向客户说明与其投资建议不一致的观点，作为辅助客户评估投资风险的参考。

(6) 信息保密

证券投资顾问向客户提供投资建议，知悉客户作出具体投资决策计划的，不得向他人泄露该客户的投资决策计划信息。

5. 客户回访和投诉处理环节的规范要求

证券公司、证券投资咨询机构从事证券投资顾问业务，应当建立客户回访机制，明确客户回访的程序、内容和要求，并指定专门人员独立实施。

证券公司、证券投资咨询机构从事证券投资顾问业务，应当建立客户投诉处理机制，及时、妥善处理客户投诉事项。

6. 收费环节的规范要求

证券公司、证券投资咨询机构应当按照公平、合理、自愿的原则，与客户协商并书面约定收取证券投资顾问服务费用的安排，可以按照服务期限、客户资产规模收取服务费用，也可以采用差别佣金等其他方式收取服务费用。

证券投资顾问服务费用应当以公司账户收取。禁止证券公司、证券投资咨询机构及其人员以个人名义向客户收取证券投资顾问服务费用。

7. 业务推广和客户招揽环节的规范要求

（1）底线要求

证券公司、证券投资咨询机构应当规范证券投资顾问业务推广和客户招揽行为，禁止对服务能力和过往业绩进行虚假、不实、误导性的营销宣传，禁止以任何方式承诺或者保证投资收益。

（2）公众媒体广告宣传的规范要求

证券公司、证券投资咨询机构通过广播、电视、网络、报刊等公众媒体对证券投资顾问业务进行广告宣传，应当遵守《广告法》和证券信息传播的有关规定，广告宣传内容不得存在虚假、不实、误导性信息以及其他违法违规情形。

证券投资顾问不得通过广播、电视、网络、报刊等公众媒体，作出买入、卖出或者持有具体证券的投资建议。

8. 以软件工具、终端设备等为载体提供投资建议的规范要求

以软件工具、终端设备等为载体，向客户提供投资建议或者类似功能服务的，除遵守上述规定外，还应当符合下列要求：

（1）客观说明软件工具、终端设备的功能，不得对其功能进行虚假、不实、误导性宣传；

（2）揭示软件工具、终端设备的固有缺陷和使用风险，不得隐瞒或者有重大遗漏；

（3）说明软件工具、终端设备所使用的数据信息来源；

（4）表示软件工具、终端设备具有选择证券投资品种或者提示买卖时机功能的，应当说明其方法和局限性。

9. 以合作方式提供证券投资顾问服务的规范要求

证券公司、证券投资咨询机构以合作方式向客户提供证券投资顾问服务，应当对服务方式、报酬支付、投诉处理等作出约定，明确当事人的权利和义务。

（三）证券投资顾问业务的内部控制要求

1. 证券投资顾问人员管理制度要求

证券公司、证券投资咨询机构应当制定证券投资顾问人员管理制度，加强对证券

投资顾问人员登记、岗位职责、执业行为的管理。

2. 证券投资顾问业务管理制度、合规管理和风险控制机制要求

证券公司、证券投资咨询机构应当建立健全证券投资顾问业务管理制度、合规管理和风险控制机制，覆盖业务推广、协议签订、服务提供、客户回访、投诉处理等业务环节。

3. 保证与服务方式、业务规模相适应

证券公司、证券投资咨询机构从事证券投资顾问业务，应当保证证券投资顾问人员数量、业务能力、合规管理和风险控制与服务方式、业务规模相适应。

4. 业务留痕管理和档案保存要求

证券公司、证券投资咨询机构应当对证券投资顾问业务推广、协议签订、服务提供、客户回访、投诉处理等环节实行留痕管理。向客户提供投资建议的时间、内容、方式和依据等信息，应当以书面或者电子文件形式予以记录留存。证券投资顾问业务档案的保存期限自协议终止之日起不得少于 5 年。

5. 人员培训要求

证券公司、证券投资咨询机构应当加强人员培训，提升证券投资顾问的职业操守、合规意识和专业服务能力。

五、证券投资咨询机构及其从业人员向社会公众开展证券投资咨询业务活动的有关规定

根据《关于规范面向公众开展的证券投资咨询业务行为若干问题的通知》，证券投资咨询机构及其执业人员面向社会公众开展的证券投资咨询业务活动应当遵守以下要求：

（一）资质要求

任何机构或个人从事就证券市场、证券品种的走势、投资证券的可行性，以口头、书面、电脑网络或者中国证监会认定的其他形式向公众提供分析、预测或建议的业务，必须先行取得中国证监会授予的证券投资咨询业务资格证书或者经取得中国证监会授予的证券投资咨询业务资格证书的机构聘任并符合相关从业要求。

（二）基本原则

证券投资咨询机构及其从业人员从事证券投资咨询活动必须遵循客观公正、诚实信用的基本原则：

第一，不得以虚假信息、内幕信息或者市场传言为依据向客户或投资者提供分析、预测或建议。

第二，预测证券市场、证券品种的走势或者就投资证券的可行性进行建议时需有充分的理由和依据，不得主观臆断。

第三，证券投资分析报告、投资分析文章等形式的咨询服务产品不得有建议投资者在具体证券品种上进行具体价位买卖等方面的内容。

第四，证券投资咨询机构及其从业人员不得参加媒体等机构举办的荐股“擂台赛”、模拟证券投资大赛或类似的栏目或节目。

第五，证券投资咨询机构及其从业人员有权拒绝媒体对其所提供的稿件进行断章取义、作有损原意的删节和修改，并自提供之日起将其稿件以书面形式保存 3 年。

第六，证券投资咨询从业人员向公众提供证券投资分析报告、投资分析文章等形式的咨询服务时，须先行取得所在机构的同意或认可。

（三）执业回避

证券投资咨询机构及其从业人员在与自身有利害冲突的下列情况下应当进行回避：

第一，经中国证监会核准的公开发行证券的企业的承销商或上市推荐人及其所属的证券投资咨询机构和证券投资咨询从业人员（包括自有关证券公开发行之日起 18 个月内调离的证券投资咨询从业人员），不得在公众传播媒体上刊登或发布其为客户撰写的投资价值分析报告，也不得以假借其他机构和个人名义等方式变相从事前述业务。

第二，证券公司的自营、受托投资管理、财务顾问和投资银行等业务部门的专业人员在离开原岗位后的 6 个月内不得从事面向社会公众开展的证券投资咨询业务。

第三，证券投资咨询机构或其从业人员在知悉本机构、本人以及财产上的利害关系人与有关证券有利害关系时，不得就该证券的走势或投资的可行性提出评价或建议。

第四，中国证监会根据合理理由认定的其他可能存在利益冲突的情形。

（四）信息披露

证券投资咨询机构或其从业人员在预测证券品种的走势或对投资证券的可行性提出建议时，应明确表示在自己所知情的范围内本机构、本人以及财产上的利害关系人与所评价或推荐的证券是否有利害关系。

六、利用“荐股软件”从事证券投资咨询业务的规范要求

根据《关于加强对利用“荐股软件”从事证券投资咨询业务监管的暂行规定》，

证券投资咨询机构及其工作人员利用“荐股软件”从事证券投资咨询业务，应当遵守以下规定：

（一）“荐股软件”的概念

“荐股软件”，是指具备下列一项或多项证券投资咨询服务功能的软件产品、软件工具或者终端设备：

第一，提供涉及具体证券投资品种的投资分析意见，或者预测具体证券投资品种的价格走势；

第二，提供具体证券投资品种选择建议；

第三，提供具体证券投资品种的买卖时机建议；

第四，提供其他证券投资分析、预测或者建议。

具备证券信息汇总或者证券投资品种历史数据统计功能，但不具备上述第一点至第四点所列功能的软件产品、软件工具或者终端设备，不属于“荐股软件”。

（二）从业管理

向投资者销售或者提供“荐股软件”，并直接或者间接获取经济利益的，属于从事证券投资咨询业务，应当经中国证监会许可，符合证券投资咨询业务条件。

（三）基本原则

证券投资咨询机构利用“荐股软件”从事证券投资咨询业务，应当遵循客观公正、诚实信用原则，不得误导、欺诈客户，不得损害客户利益。

（四）主要监管要求

证券投资咨询机构利用“荐股软件”从事证券投资咨询业务，必须遵守《证券法》《证券、期货投资咨询管理暂行办法》《证券投资顾问业务暂行规定》等法律法规和中国证监会的有关规定，并符合下列监管要求：

第一，在公司营业场所、公司网站、中国证券业协会网站公示信息，包括但不限于公司名称、住所、联系方式，投诉电话，证券投资咨询业务许可证号，证券投资咨询执业人员姓名及其登记编码；同时，还应当通过公司网站公示产品分类、具体功能、产品价格、服务收费标准和收费方式等信息。

第二，遵循客户适当性原则，制定了解客户的制度和流程，对“荐股软件”产品进行分类分级，并向客户揭示产品的特点及风险，将合适的产品销售给适当的客户。

第三，在合同签订、产品销售、服务提供、客户回访、投诉处理等各个业务环节中，加强投资者教育和客户权益保护。证券投资咨询机构应当主动告知客户公司及执业人员的证券投资咨询业务资格及其查询方式；客观、准确告知客户“荐股软件”的作用，全面揭示“荐股软件”存在的局限和纠纷解决方式；主动向客户提示非法证券投资咨询活动的风险和危害。

第四，公平对待客户，不得通过诱导客户升级付费等方式，将相同产品以不同价格销售给不同客户。

第五，建立健全内部管理制度，实现对营销和服务过程的客观、完整、全面留痕，并将留痕记录归档管理；相关业务档案的保存期限自相关协议终止之日起不得少于5年。

第六，通过网络、电话、短信方式营销产品、提供服务的，应当明确告知客户公司的联系方式，并提醒客户发现营销或者服务人员通过其他方式联系时，可以向本公司反映、举报，也可以向中国证监会及其派出机构投诉、举报。

第七，不得对产品功能和服务业绩进行虚假、不实、夸大、误导性的营销宣传，不得以任何方式向客户承诺或者保证投资收益。

第八，产品销售、协议签订、服务提供、客户回访、投诉处理等业务环节均应当自行开展，不得委托未取得证券投资咨询业务资格的机构和个人代理。

七、证券基金经营机构使用中国香港机构证券投资咨询服务的有关规定

根据《证券基金经营机构使用香港机构证券投资咨询服务暂行规定》，港股通下内地证券公司、公开募集证券投资基金的基金管理人（以下统称“证券基金经营机构”）使用中国香港机构证券投资咨询服务，应当遵守以下要求：

（一）业务模式

1. 港股研究报告业务模式

允许证券公司或者其子公司（以下统称“证券公司”）经中国香港机构授权，将中国香港机构发布的就港股通股票提供投资分析意见的证券研究报告（以下统称“港股研究报告”）转发给客户。

2. 港股投资顾问业务模式

允许证券基金经营机构委托中国香港机构，为证券基金经营机构管理的参与港股通的证券投资基金，提供关于港股通股票的投资建议服务（以下统称“港股投资顾问服务”）。

（二）机构资质管理

1. 转发港股研究报告的内地机构

从事发布证券研究报告业务的证券公司可以向客户转发港股研究报告，但最近3

年因发布证券研究报告业务违法违规行为受到行政处罚或者被采取重大行政监管措施的证券公司除外。

2. 发布港股研究报告的中国香港机构

证券公司转发中国香港机构发布的港股研究报告，应当对该中国香港机构进行审查，确保其经香港证券及期货事务监察委员会（以下简称“香港证监会”）批准取得就证券提供意见牌照，并具有发布证券研究报告业务经验。

3. 提供港股投资顾问服务的中国香港机构

证券基金经营机构委托中国香港机构提供港股投资顾问服务，应当履行尽职调查义务，确保其经香港证监会批准取得就证券提供意见和资产管理牌照，并具有资产管理业务经验。

（三）内地机构转发港股研究报告的业务规范

1. 建立港股研究报告转发审查机制

证券公司应当建立港股研究报告转发审查机制，安排证券分析师、合规管理人员对港股研究报告是否符合下列要求进行审查：

（1）在港股研究报告上署名的中国香港机构人员已取得就证券提供意见牌照；

（2）中国香港机构发布港股研究报告的程序符合香港证监会的规定；

（3）港股研究报告的内容符合内地有关规定，不得损害国家安全、社会公共利益或者扰乱证券市场秩序；

（4）除对港股通股票进行行业可比分析的需要或者中国证监会另有规定外，港股研究报告不得就港股通股票以外的证券形成证券估值、投资评级等投资分析意见。

证券公司不得转发不符合前述规定要求的港股研究报告。

2. 告知内地发布证券研究报告规定

证券公司应当告知中国香港机构内地发布证券研究报告有关规定。

3. 符合内地发布证券研究报告规定

证券公司应当在发布对象公平对待、利益冲突防范、信息披露、跨越隔离墙行为管理、静默期安排、留痕管理方面符合内地发布证券研究报告有关规定。

4. 对客户承担责任

证券公司依法就港股研究报告的内容和转发行为对客户承担责任。

5. 陪同参与客户交流活动

根据证券公司需求，中国香港机构取得就证券提供意见牌照的持牌代表通过电话会议、证券公司转发邮件方式，就港股研究报告的内容与证券公司的客户进行交流的，证券公司应当陪同参与，确保交流方式与内容符合内地有关规定，并记录交流情况。

相关业务档案的保存期限不得少于 5 年。

6. 签订协议

证券公司应当与中国香港机构签订协议，约定双方的权利、义务和责任，以及服务的内容、方式和禁止行为等事项。

（四）内地证券基金经营机构使用港股投资顾问服务的业务规范

1. 履行主动管理职责

证券基金经营机构应当履行主动管理职责，自主作出投资决策，不得委托提供港股投资顾问服务的中国香港机构直接执行投资指令。证券基金经营机构作为基金管理人依法应当承担的责任不因委托而免除。

2. 签订协议

证券基金经营机构应当与提供港股投资顾问服务的中国香港机构签订协议，约定双方的权利、义务和责任，服务的内容、方式和禁止行为等事项。

3. 信息披露

证券基金经营机构应当在基金合同或者招募说明书中如实披露使用港股投资顾问服务的情况，包括提供港股投资顾问服务的中国香港机构的名称、注册地址、办公地址、成立时间、最近一个会计年度管理的证券资产规模、主要负责人及联系方式等信息，并充分说明和揭示委托中国香港机构提供港股投资顾问服务可能产生的风险。

4. 留痕管理

证券基金经营机构应当对使用港股通投资顾问服务的情况实行留痕管理，以书面或者电子文件形式记录中国香港机构提供港股投资顾问服务的时间、方式、内容和依据等信息。相关业务档案的保存期限自协议终止之日起不得少于 5 年。

（五）中国香港机构的业务规范

1. 符合内地和中国香港的规定

中国香港机构应当确保其发布港股研究报告和授权证券公司转发港股研究报告的行为，符合香港证监会的规定。中国香港机构为证券基金经营机构提供港股投资顾问服务，应当符合内地和中国香港证券投资顾问业务有关规定，并按照中国证券投资基金业协会的规定备案基本信息。

2. 责任承担

中国香港机构依法就港股研究报告的内容和发布行为对证券公司承担责任，证券公司依法就港股研究报告的内容和转发行为对客户承担责任。

3. 与客户交流

根据证券公司需求，中国香港机构取得就证券提供意见牌照的持牌代表可以通过电话会议、证券公司转发邮件方式，就港股研究报告的内容与证券公司的客户进行交流，但证券公司应当陪同参与，确保交流方式与内容符合内地有关规定，并记录交流情况。除此情况外，中国香港机构持牌代表和销售人员不得就港股研究报告的内容与证券公司的客户进行交流。

4. 配合监管工作

中国香港机构应当承诺配合中国证监会及其派出机构的监管工作，按照要求提供有关业务资料和信息。

（六）备案管理

1. 使用中国香港机构证券投资咨询服务

证券基金经营机构使用符合下列情形之一的中国香港机构的证券投资咨询服务的，应当自签订协议之日起5个工作日内，将协议、中国香港机构签署的承诺书、中国香港机构符合资质的证明文件报住所地或者经营所在地中国证监会派出机构备案：

（1）与证券基金经营机构存在控制关系或者受同一金融机构控制；

（2）提供港股研究报告的中国香港机构从事发布证券研究报告业务3年以上，且有20名以上经香港证监会批准取得就证券提供意见牌照的持牌代表；

（3）提供港股投资顾问服务的中国香港机构从事资产管理业务5年以上，且最近一个会计年度管理的证券资产不少于100亿港元或者等值货币。

除前述情形外，证券基金经营机构使用其他中国香港机构证券投资咨询服务的，还应当向住所地或者经营所在地中国证监会派出机构报送说明选择该中国香港机构理由的专项报告。中国证监会派出机构应当根据专项报告审慎评估证券基金经营机构使用该中国香港机构证券投资咨询服务的风险情况，未提异议的，应当在协议签订之日起1个月内对证券基金经营机构使用中国香港机构证券投资咨询服务的情况进行专项现场检查。

2. 注册或者备案使用港股投资顾问服务的证券投资基金

证券基金经营机构注册或者备案使用港股投资顾问服务的证券投资基金，除按《证券投资基金法》等有关规定提交材料外，还应当提交以下文件：

（1）中国香港机构的营业执照及经香港证监会批准取得的业务许可证明文件（复印件）；

（2）中国香港机构在中国证券投资基金业协会完成基本信息备案的证明文件；

（3）境外注册会计师出具的有关中国香港机构上一年度末资产管理规模证明文件；

（4）中国香港机构风险控制、合规管理和证券投资顾问业务管理主要制度的说明；

（5）中国香港机构最近一年经审计的财务报表；

（6）中国香港机构及其关联方在内地设立机构及业务活动情况说明；

（7）证券基金经营机构与中国香港机构签订的协议；

（8）就使用港股投资顾问服务向投资者披露信息、揭示风险的材料。

上述文件应当使用简体中文，相关用语应当符合内地惯例和语言使用习惯；原料为其他语言的，应当提供真实、准确、完整的简体中文翻译件。

八、证券投资咨询人员执业行为准则

根据《证券、期货投资咨询管理暂行办法》《证券分析师执业行为准则》《证券投资顾问业务暂行规定》，证券投资咨询人员应当规范执业行为，遵守以下执业行为准则：

（一）证券投资咨询人员执业行为的总体要求

1. 谨慎、诚实、勤勉尽责

证券投资咨询人员应当以行业公认的谨慎、诚实和勤勉尽责的态度，为投资人或者客户提供证券投资咨询服务。

2. 完整、客观、准确

证券投资咨询人员应当完整、客观、准确地运用有关信息、资料向投资人或者客户提供投资分析、预测和建议，不得断章取义地引用或者篡改有关信息、资料；不得以虚假信息、市场传言或者内幕信息为依据向投资人或者客户提供投资分析、预测或建议；引用有关信息、资料时，应当注明出处和著作权人。

3. 规范在传播媒体上发表投资咨询文章、报告、意见

证券投资咨询人员在报刊、电台、电视台或者其他传播媒体上发表投资咨询文章、报告或者意见时，必须注明所在证券、期货投资咨询机构的名称和个人真实姓名，并对投资风险作充分说明。证券、期货投资咨询机构向投资人或者客户提供的证券、期货投资咨询传真件必须注明机构名称、地址、联系电话和联系人姓名。

4. 禁止行为

证券投资咨询人员不得从事《证券、期货投资咨询管理暂行办法》中规定的禁止性行为。

（二）证券分析师执业行为准则

证券分析师应当自觉遵守法律、法规、中国证监会的有关规定、行业自律规则以

及所在经营机构的内部管理制度，规范执业行为；遵循独立、客观、公平、审慎、专业、诚信的执业原则，自觉弘扬行业优秀文化，加强自身职业道德修养，规范自身行为，履行社会责任，遵守社会公德。

1. 保持独立性

证券分析师应当保持独立性，不因所在公司内部其他部门、证券发行人、上市公司、基金管理公司、资产管理公司等利益相关者的不当要求而放弃自己的独立立场。

证券分析师在执业过程中，应按照《证券期货经营机构及工作人员廉洁从业规定》等要求公平竞争，合规展业，不得向上市公司、证券发行人、基金管理公司、资产管理公司以及其他利益相关者提供、索要或接受礼金、礼品、旅游、红包、娱乐健身等利益，或者以其他变通的方式进行利益输送。

2. 保持客观性

证券分析师制作发布证券研究报告、提供相关服务，不得用以往推荐具体证券的表现佐证未来预测的准确性，也不得对具体的研究观点或结论进行保证或夸大。

3. 公平对待发布对象

证券分析师应当通过公司规定的系统平台发布证券研究报告，不得通过短信、个人邮件等方式向特定客户、公司内部部门提供或泄露尚未发布的证券研究报告内容和观点，不得通过包括论坛、博客、微信、微博等互联网平台对外提供或泄露尚未发布的证券研究报告内容和观点。

4. 认真审慎、专业严谨

证券分析师制作发布证券研究报告，应当基于认真审慎的工作态度、专业严谨的研究方法与分析逻辑得出研究结论。证券研究报告的分析与结论应当保持逻辑一致性。证券分析师引用信息和数据来源时，应对引用信息和数据来源进行核实，审慎使用。证券分析师制作发布证券研究报告、提供相关服务，应当向客户进行必要的风险提示。

5. 恪守诚信原则

证券分析师应当恪守诚信原则，其研究结论应当是证券分析师真实意思的表达，不得在提供投资分析意见时违背自身真实意思误导投资者。

6. 信息保密

证券分析师制作发布证券研究报告，应当自觉使用合法合规信息，不得以任何形式使用或泄露国家保密信息、上市公司内幕信息以及未公开重大信息，不得编造并传播虚假、不实、误导性信息。

7. 充分尊重知识产权

证券分析师应当充分尊重知识产权，不得抄袭他人著作、论文或其他证券分析师的研究成果，在证券研究报告中引用他人著作、论文或研究成果时，应当加以注明。

8. 报告违法违规事项

证券分析师明知特定客户、公司内部其他部门的要求或拟委托的事项违反了法律、法规、中国证监会监管规定、行业自律规则以及公司管理制度的，应当予以拒绝，并及时向公司报告。

9. 防范利益冲突

（1）证券分析师在执业过程中遇到自身利益与公司利益、客户利益存在冲突时，应当主动向公司报告；

（2）证券分析师的配偶、子女、父母担任其所研究覆盖的上市公司的董事、监事、高级管理人员的，证券分析师应当按照公司的规定进行执业回避或者在证券研究报告中对上述事实进行披露；

（3）证券分析师只能与一家经营机构签订劳动合同，不得以任何形式同时在2家或2家以上的机构执业；

（4）证券分析师不得在公司内部或外部兼任有损其独立性与客观性的其他职务，包括担任上市公司的独立董事。

10. 珍惜职业称号和职业声誉

证券分析师应当珍惜职业称号和职业声誉，以真实姓名执业。

11. 防范不正当竞争

证券分析师参加媒体组织的研究评价活动，应当经所在公司同意，秉承公平竞争的原则，不得以不正当手段争取较高的研究评价结果。证券分析师应当相互尊重，共同维护行业声誉，不得在公众场合及媒体上发表贬低、损害同行声誉的言论，不得以不正当手段与同行竞争。

12. 规范参与公众交流活动

证券分析师通过广播、电视、网络、报刊等公众媒体、自媒体以及报告会、交流会等形式，发表涉及具体证券的评论意见，或者解读其撰写的证券研究报告，应当符合证券信息传播的有关规定以及下列要求：

（1）由所在证券公司或者证券投资咨询机构统一安排；

（2）说明所依据的证券研究报告的发布日期；

（3）禁止明示或者暗示保证投资收益；

（4）准确地表述自己的研究观点，不得与其所在公司已发布证券研究报告的最新意见和建议相矛盾，也不得就所在研究机构未覆盖的公司发表证券估值或投资评级意见。

证券分析师通过路演、电话等传统方式或各类新媒体工具和外部进行沟通，应当符合上述规定，提供研究报告后续解读服务应是对既往已发布报告的解读，不涉及新的分析意见。证券分析师不得私自以公司名义、冠以公司职务或者其他容易引发身份误导的方式对外公开发表言论。

13. 备案客户服务

证券分析师应向公司备案其使用的与提供证券研究报告服务有关的聊天群、自媒体账号、云共享平台账号等，并报备与业务有关的使用记录和发布内容；用其他方式服务客户的，应当做好客户服务记录，并及时检查存档。

14. 维护所在机构利益

证券分析师应当遵守所在公司的管理制度，履行岗位职责，充分尊重和维护所在公司的合法权益。证券分析师离职后，应当履行与原所在公司所签署的劳动合同或协议的有关约定，承担相应的保密、竞业限制、培训赔偿等义务。

15. 规范外请专家服务

证券分析师应按照公司有关规定邀请外部专家参与证券投资咨询服务以外的咨询服务，并对专家身份进行认真核实，将经核实的专家身份告知投资者，不得有虚假或误导性成分，并告知外部专家必须遵守的合规要求。

16. 加强后续培训

证券分析师应当按照中国证券业协会的相关规定参加后续执业培训，积极参加所在公司组织的业务培训及合规培训，认真学习和领会国家路线方针政策，不断提高专业能力、执业水平以及合规意识。

经营机构应当加强对制作发布证券研究报告相关人员的业务、合规培训和职业道德教育，提升相关人员的专业能力、合规意识和职业道德水平。

17. 引导市场预期、传递正能量

证券公司首席经济学家、分析师应充分发挥在行业形成的重要影响力，聚焦经济金融形势、资本市场和行业发展等研究，客观、专业、审慎发表研究观点，在引导市场预期、传递正能量方面发挥积极作用。

（三）证券投资顾问执业行为准则

证券投资顾问应当遵循诚实信用原则，勤勉、审慎地为客户提供证券投资顾问服务。证券公司、证券投资咨询机构应当制定证券投资顾问人员管理制度，加强对证券投资顾问人员登记、岗位职责、执业行为的管理；加强人员培训，提升证券投资顾问的职业操守、合规意识和专业服务能力。

1. 忠实客户利益

证券投资顾问不得为公司及其关联方的利益损害客户利益；不得为证券投资顾问

人员及其利益相关者的利益损害客户利益；不得为特定客户利益损害其他客户利益。

2. 提供适当的投资建议服务

证券投资顾问应当根据了解的客户情况，在评估客户风险承受能力和服务需求的基础上，向客户提供适当的投资建议服务，并提示潜在的投资风险。

3. 提供投资建议应具有合理依据

证券投资顾问向客户提供投资建议，应当具有合理的依据。投资建议的依据包括证券研究报告或者基于证券研究报告、理论模型，以及分析方法形成的投资分析意见等。

4. 规范参与媒体证券节目

证券投资顾问参与媒体证券节目的，应当按照证券信息传播的有关规定，通过广播、电视、网络、报刊等公众媒体，客观、专业、审慎地对宏观经济、行业状况、证券市场变动情况发表评论意见，为公众投资者提供证券资讯服务，传播证券知识，揭示投资风险，引导理性投资。

5. 禁止行为

证券投资顾问不得从事下列活动：

（1）以任何方式向客户承诺或者保证投资收益；

（2）对服务能力和过往业绩进行虚假、不实、误导性的营销宣传；

（3）向他人泄露客户的投资决策计划信息；

（4）以个人名义向客户收取证券投资顾问服务费用；

（5）通过广播、电视、网络、报刊等公众媒体作出买入、卖出或者持有具体证券的投资建议。

九、法律责任和监管措施

根据《证券、期货投资咨询管理暂行办法》《发布证券研究报告暂行规定》《证券投资顾问业务暂行规定》《发布证券研究报告执业规范》《证券分析师执业行为准则》《证券基金经营机构使用香港机构证券投资咨询服务暂行规定》等，中国证监会及其派出机构依法对证券公司、证券投资咨询机构发布证券研究报告行为以及从事证券投资顾问业务实行监督管理。中国证券业协会对证券公司、证券投资咨询机构发布证券研究报告行为以及从事证券投资顾问业务实行自律管理。

（一）法律责任

1. 对证券投资咨询业务的行政处罚

（1）未经中国证监会许可，擅自从事证券投资咨询业务的，由证监会派出机构责令停止，并处没收违法所得和违法所得等值以下的罚款。

（2）证券投资咨询机构有下列行为之一的，由证监会派出机构处 1 万元以上 5 万元以下的罚款；情节严重的，证监会派出机构应当向中国证监会报告，由中国证监会作出暂停或者撤销其业务资格的处罚：

①向证券监管部门报送的文件、资料有虚假陈述或者重大遗漏的。

②未按照规定履行报告和年检义务的。

③未按照规定履行对本机构有关情况发生变化的变更手续的。

④本机构证券投资咨询人员违反规定，受到证券监管部门行政处罚的。

⑤干扰、阻碍证监会派出机构检查、调查，或者隐瞒、销毁证据的。

（3）证券投资咨询机构有下列行为之一的，由证监会派出机构单处或者并处警告、没收违法所得、1 万元以上 10 万元以下罚款；情节严重的，证监会派出机构应当向中国证监会报告，由中国证监会作出暂停或者撤销业务资格的处罚；构成犯罪的，依法追究刑事责任：

①证券、期货投资咨询人员同时在 2 个或者 2 个以上的证券、期货投资咨询机构执业的。

②未以行业公认的谨慎、诚实和勤勉尽责的态度，为投资人或者客户提供证券投资咨询服务的。

③未完整、客观、准确地运用有关信息、资料向投资人或者客户提供投资分析、预测和建议；断章取义地引用或者篡改有关信息、资料；引用有关信息、资料时未注明出处和著作权人的。

④以虚假信息、市场传言或者内幕信息为依据向投资人或者客户提供投资分析、预测或建议的。

⑤在报刊、电台、电视台或者其他传播媒体上发表投资咨询文章、报告或者意见时未注明所在证券、期货投资咨询机构的名称和个人真实姓名；未对投资风险作充分说明；提供的证券投资咨询传真件未注明机构名称、地址、联系电话和联系人姓名的。

⑥与报刊、电台、电视台合办或者协办证券、期货投资咨询版面、节目或者与电信服务部门进行业务合作时未向证监会派出机构备案。

⑦代理投资人从事证券买卖；向投资人承诺证券投资收益；与投资人约定分享投资收益或者分担投资损失；为自己买卖股票及具有股票性质、功能的证券；利用咨询服务与他人合谋操纵市场或者进行内幕交易；从事法律、法规、规章所禁止的其他证券、期货欺诈行为的。

⑧就同一问题向不同客户提供的投资分析、预测或者建议不一致的；就同一问题向社会公众和其自营部门提供的咨询意见不一致，为自营业务获利的需要误导社会公众的。

⑨未将其向投资人或者社会公众提供的投资咨询资料自提供之日起保存2年。

证券投资咨询人员违反上述第①②③④⑤⑦点，由证监会派出机构单处或者并处警告、没收违法所得、1万元以上3万元以下罚款；情节严重的，证监会派出机构应当向中国证监会报告，由中国证监会作出暂停或者撤销其业务资格的处罚；构成犯罪的，依法追究刑事责任。

（4）证券经营机构向社会公众提供本机构内部使用的证券、期货信息简报、快讯、动态以及信息系统等，或者经中国证监会批准的公开发行股票的公司的承销商或者上市推荐人及其所属证券投资咨询机构在公众传播媒体上刊登其为客户撰写的投资价值分析报告的，由证监会派出机构责令改正，并处以警告或者1万元以上5万元以下罚款。

2. 对发布证券研究报告业务和证券投资顾问业务的监管措施

证券公司、证券投资咨询机构及其人员违反法律、行政法规和《发布证券研究报告暂行规定》的，中国证监会及其派出机构可以采取责令改正、监管谈话、出具警示函、责令增加内部合规检查次数并提交合规检查报告、责令暂停发布证券研究报告、责令处分有关人员等监管措施；情节严重的，中国证监会依照法律、行政法规和有关规定作出行政处罚；涉嫌犯罪的，依法移送司法机关。

证券公司、证券投资咨询机构及其人员从事证券投资顾问业务，违反法律、行政法规和《证券投资顾问业务暂行规定》的，中国证监会及其派出机构可以采取责令改正、监管谈话、出具警示函、责令增加内部合规检查次数并提交合规检查报告、责令清理违规业务、责令暂停新增客户、责令处分有关人员等监管措施；情节严重的，中国证监会依照法律、行政法规和有关规定作出行政处罚；涉嫌犯罪的，依法移送司法机关。

（二）自律组织对证券投资咨询业务的自律管理措施

经营机构及其人员违反《发布证券研究报告执业规范》、证券分析师违反《证券分析师执业行为准则》的，中国证券业协会将根据自律规定，视情节轻重采取谈话提醒、要求提交书面承诺、要求参加强化培训、警示、责令改正等自律管理措施或行业内通报批评、公开谴责、暂停会员权利、暂停执业、停止执业等纪律处分，并按规定将相关自律措施记入协会诚信信息管理系统，相关纪律处分信息将记入证监会诚信档案数据库。

（三）典型案例

1. 操作实例

客户张某向甲证券公司某营业部提出荐股需求。首先，投资顾问王某在向客户张某告知其证券投资咨询业务资格、姓名及其登记编码等法定事项后，向客户张某提供风险揭示书与投顾服务协议，并由张某进行签署；其次，投资顾问王某以甲证券公司发布的研究报告作为投资建议依据，向客户张某提供买入B股票的投资建议，同时提示潜在的投资风险，并向客户张某明示证券研究报告的发布人与发布日期。

投资顾问王某的行为符合《证券投资顾问业务暂行规定》第十二条、第十三条、第十五条、第十六条的相关规定。

2. 违法违规案例

甲证券公司电话会议中，邀请据称为乙公司高管的外部“专家”作为会议嘉宾发言，被乙公司董秘现场质疑其身份和发言内容，在市场上造成了较大的负面影响。经查，甲证券公司的证券分析师潘某某，存在未核实外部“专家”身份情况下擅自向客户发布调研纪要，以及知晓相关“专家”身份不实情况下仍多次组织客户路演活动并邀请该“专家”在电话会议上发言等问题，违反了《证券、期货投资咨询管理暂行办法》第十九条证券期货投资咨询人员应以行业公认的谨慎、诚实和勤勉尽责的态度提供投资咨询服务、《证券公司和证券投资基金管理公司合规管理办法》第十条证券基金经营机构全体工作人员应当遵守与其执业行为有关的法律、法规和准则等规定。同时，甲证券公司对投资咨询业务管理不到位，内部审核程序未能及时发现上述问题，违反了《证券公司和证券投资基金管理公司合规管理办法》第六条证券基金经营机构应严格规范工作人员执业行为，防范其利用职务便利从事损害客户合法权益的行为的规定。

当地证监局根据《证券公司和证券投资基金管理公司合规管理办法》第三十二条，依法对潘某某采取认定为不适当人选的行政监管措施，自被采取措施之日起3年内，不得担任与证券期货投资咨询业务相关的职务或实际履行相关职责；对甲证券公司采取出具警示函的行政监管措施。

第三节 与证券交易、证券投资活动有关的财务顾问

本节重点梳理、解释、总结与证券交易、证券投资活动有关的财务顾问相关的法律法规。涉及的主要内容包括财务顾问相关的法规概述、业务资格的核准、业务规则、监督管理及法律责任等。依据的法律法规主要包括《证券法》《上市公司并购重组财务顾问业务管理办法》《上市公司重大资产重组管理办法》和《上市公司收购管理办法》等。

一、法规概述

（一）法律、行政法规

《证券法》“第十章　证券服务机构”就财务顾问在业务资格的核准管理、从业人员的要求及禁止行为、制作及出具文件的要求与责任等方面进行了指导性规定，是中国证监会等监管机构制定监管政策、实施监督管理的重要法律依据之一。

（二）部门规章及规范性文件

除《证券法》外，与证券交易、证券投资活动有关的财务顾问涉及的主要部门规章及规范性文件包括《上市公司并购重组财务顾问业务管理办法》《上市公司重大资产重组管理办法》《上市公司收购管理办法》及相关信息披露内容与格式准则等。此外，中国证监会及证券交易所制定发布了一系列规定、指引等，对财务顾问的执业行为进行规范、监管。

二、财务顾问业务资格的核准与备案

（一）基本概念

上市公司并购重组财务顾问业务是指为上市公司的收购、重大资产重组、合并、分立、股份回购等对上市公司股权结构、资产和负债、收入和利润等具有重大影响的并购重组活动提供交易估值、方案设计、出具专业意见等专业服务。

（二）业务资格

依据《证券法》《上市公司并购重组财务顾问业务管理办法》的规定，证券公司从事财务顾问业务，需经中国证监会核准，其他证券服务机构从事财务顾问业务，应当报中国证监会备案。上市公司并购重组活动涉及公开发行股票的，应当按照有关规定聘请具有保荐资格的证券公司从事相关业务。

此外，不得担任财务顾问或独立财务顾问的情形如下：

1. 证券公司、证券投资咨询机构和其他财务顾问机构有下列情形之一的，不得担任财务顾问：

（1）最近 24 个月内存在违反诚信的不良记录；

（2）最近24个月内因执业行为违反行业规范而受到行业自律组织的纪律处分；

（3）最近36个月内因违法违规经营受到处罚或者因涉嫌违法违规经营正在被调查。

2. 证券公司、证券投资咨询机构或者其他财务顾问机构受聘担任上市公司独立财务顾问的，应当保持独立性，不得与上市公司存在利害关系；存在下列情形之一的，不得担任独立财务顾问：

（1）持有或者通过协议、其他安排与他人共同持有上市公司股份达到或者超过5%，或者选派代表担任上市公司董事；

（2）上市公司持有或者通过协议、其他安排与他人共同持有财务顾问的股份达到或者超过5%，或者选派代表担任财务顾问的董事；

（3）最近2年财务顾问与上市公司存在资产委托管理关系、相互提供担保，或者最近一年财务顾问为上市公司提供融资服务；

（4）财务顾问的董事、监事、高级管理人员、财务顾问主办人或者其直系亲属有在上市公司任职等影响公正履行职责的情形；

（5）在并购重组中为上市公司的交易对方提供财务顾问服务；

（6）与上市公司存在利害关系、可能影响财务顾问及其财务顾问主办人独立性的其他情形。

三、财务顾问业务的业务规则

《证券法》《上市公司并购重组财务顾问业务管理办法》《上市公司重大资产重组管理办法》《上市公司收购管理办法》及相关信息披露内容与格式准则等法律法规均对上市公司并购重组财务顾问业务的业务规则进行了规定，以加强对财务顾问的监管，督促其充分发挥资本市场“看门人”的积极作用。总体而言，财务顾问在开展上述业务时，应当遵守法律、行政法规、中国证监会、证券交易所的规定和行业规范，诚实守信，勤勉尽责，对上市公司并购重组活动进行尽职调查，对委托人的申报文件进行核查，出具专业意见，并保证其所出具的意见真实、准确、完整。

（一）财务顾问的职责

具体而言，财务顾问从事上市公司并购重组财务顾问业务，应当履行以下职责：

1. 接受并购重组当事人的委托，对上市公司并购重组活动进行尽职调查，全面评估相关活动所涉及的风险；

2. 就上市公司并购重组活动向委托人提供专业服务，帮助委托人分析并购重组相关活动所涉及的法律、财务、经营风险，提出对策和建议，设计并购重组方案，并指导委托人按照上市公司并购重组的相关规定制作申报文件；

3. 对委托人进行证券市场规范化运作的辅导，使其熟悉有关法律、行政法规和中国证监会的规定，充分了解其应承担的义务和责任，督促其依法履行报告、公告和其他法定义务；

4. 在对上市公司并购重组活动及申报文件的真实性、准确性、完整性进行充分核查和验证的基础上，依据中国证监会的规定和监管要求，客观、公正地发表专业意见；

5. 接受委托人的委托，向中国证监会报送有关上市公司并购重组的申报材料，并根据中国证监会的审核意见，组织和协调委托人及其他专业机构进行答复；

6. 根据中国证监会的相关规定，持续督导委托人依法履行相关义务；

7. 中国证监会要求的其他事项。

（二）业务规则

为规范财务顾问执业行为，提高其执业质量，《上市公司并购重组财务顾问业务管理办法》就财务顾问如何履行职责、如何建立并实施内控制度等作出了详细、明确的规定，主要内容包括：

1. 接受或终止委托

财务顾问应当与委托人签订委托协议，明确双方的权利和义务，就委托人配合财务顾问履行其职责的义务、应提供的材料和责任划分、双方的保密责任等事项作出约定。财务顾问接受上市公司并购重组多方当事人委托的，不得存在利益冲突或者潜在的利益冲突。接受委托的，财务顾问应当指定 2 名财务顾问主办人负责，同时，可以安排 1 名项目协办人参与。在终止委托关系后，财务顾问应根据终止事项的不同原因、时点等及时履行相应的报告、公告程序，主要规定包括：

（1）委托人应当配合财务顾问进行尽职调查，提供相应的文件资料。若委托人不能提供必要的材料、不配合进行尽职调查或者限制调查范围的，财务顾问应当终止委托关系或者相应修改其结论性意见。

（2）财务顾问将申报文件报中国证监会审核期间，委托人和财务顾问终止委托协议的，财务顾问和委托人应当自终止之日起 5 个工作日内向中国证监会报告，申请撤回申报文件，并说明原因。委托人重新聘请财务顾问就同一并购重组事项进行申报的，应当在报送中国证监会的申报文件中予以说明。

（3）在持续督导期间，财务顾问解除委托协议的，应当及时向中国证监会派出机构作出书面报告，说明无法继续履行持续督导职责的理由，并予以公告。委托人应当在 1 个月内另行聘请财务顾问对其进行持续督导。

2. 尽职调查

财务顾问应当建立尽职调查制度和具体工作规程，对上市公司并购重组活动进行充分、广泛、合理的调查，核查委托人提供的为出具专业意见所需的资料，对委托人披露的内容进行独立判断，有充分理由确信所作的判断与委托人披露的内容不存在实质性差异，并据此在专业意见中对重要事项进行分析和说明。委托人应当配合财务顾问进行尽职调查，提供相应的文件资料。

此外，财务顾问在开展工作时可利用其他证券服务机构出具的专业意见，但应当对其进行必要的审慎核查，对委托人提供的资料和披露的信息进行独立判断。财务顾问对同一事项所作的判断与其他证券服务机构的专业意见存在重大差异的，应当进一步调查、复核，并可自行聘请相关专业机构提供专业服务。

3. 辅导与验收

财务顾问应当采取有效方式对新进入上市公司的董事、监事和高级管理人员、控股股东和实际控制人的主要负责人进行证券市场规范化运作的辅导，包括上述人员应履行的责任和义务、上市公司治理的基本原则、公司决策的法定程序和信息披露的基本要求，并对辅导结果进行验收，将验收结果存档。验收不合格的，财务顾问应当重新进行辅导和验收。

4. 发表专业意见

财务顾问应当设立由专业人员组成的内部核查机构，内部核查机构应当恪尽职守，保持独立判断，对相关业务活动进行充分论证与复核，并就所出具的财务顾问专业意见提出内部核查意见。

财务顾问应当在充分尽职调查和内部核查的基础上，按照中国证监会的相关规定，对并购重组事项出具财务顾问专业意见，并作出相关承诺。

财务顾问的法定代表人或者其授权代表人、部门负责人、内部核查机构负责人、财务顾问主办人和项目协办人应当在财务顾问专业意见上签名，并加盖财务顾问单位公章。

5. 接受监管机构审核

财务顾问代表委托人向中国证监会提交申请文件后，应当配合中国证监会的审核，并承担以下工作：

（1）指定财务顾问主办人与中国证监会进行专业沟通，并按照中国证监会提出的反馈意见作出回复；

（2）按照中国证监会的要求对涉及本次并购重组活动的特定事项进行尽职调查或者核查；

（3）组织委托人及其他专业机构对中国证监会的意见进行答复；

（4）委托人未能在行政许可的期限内公告相关并购重组报告全文的，财务顾问应当督促委托人及时公开披露中国证监会提出的问题及委托人未能如期公告的原因；

（5）自申报至并购重组事项完成前，对于上市公司和其他并购重组当事人发生较大变化对本次并购重组构成较大影响的情况予以高度关注，并及时向中国证监会报告；

（6）申报本次担任并购重组财务顾问的收费情况；

（7）中国证监会要求的其他事项。

同时，财务顾问应当建立健全内部报告制度，财务顾问主办人应当就中国证监会在反馈意见中提出的问题按照内部程序向部门负责人、内部核查机构负责人等相关负责人报告，并对中国证监会提出的问题进行充分的研究、论证，审慎回复。回复意见应当由财务顾问的法定代表人或者其授权代表人、财务顾问主办人和项目协办人签名，并加盖财务顾问单位公章。

6. 持续督导

根据中国证监会有关并购重组的规定，自上市公司收购、重大资产重组、发行股份购买资产、合并等事项完成后的规定期限内，财务顾问承担持续督导责任。具体而言，财务顾问应当通过日常沟通、定期回访等方式，结合上市公司定期报告的披露，做好以下持续督导工作：

（1）督促并购重组当事人按照相关程序规范实施并购重组方案，及时办理产权过户手续，并依法履行报告和信息披露的义务。

（2）督促上市公司按照《上市公司治理准则》的要求规范运作。

（3）督促和检查申报人履行对市场公开作出的相关承诺的情况。

（4）督促和检查申报人落实后续计划及并购重组方案中约定的其他相关义务的情况。

（5）结合上市公司定期报告，核查并购重组是否按计划实施、是否达到预期目标；其实施效果是否与此前公告的专业意见存在较大差异，是否实现相关盈利预测或者管理层预计达到的业绩目标。

（6）结合上市公司披露的定期报告出具持续督导意见，并在前述定期报告披露后的15日内向上市公司所在地的中国证监会派出机构报告。

（7）中国证监会要求的其他事项。

此外，财务顾问应当建立健全内部检查制度，确保财务顾问主办人切实履行持续督导责任，按时向中国证监会派出机构提交持续督导工作的情况报告。

7. 工作底稿

财务顾问应当建立并购重组工作档案和工作底稿制度，为每一个项目建立独立的工作档案。财务顾问的工作档案和工作底稿应当真实、准确、完整，保存期不少于

10 年。

8. 公平竞争

财务顾问从事上市公司并购重组财务顾问业务，应当公平竞争，按照业务复杂程度及所承担的责任和风险与委托人商议财务顾问报酬，不得以明显低于行业水平等不正当竞争手段招揽业务。

四、财务顾问的监管和法律责任

（一）财务顾问的监管

根据《上市公司并购重组财务顾问业务管理办法》等法律法规，中国证监会及其派出机构可以根据审慎监管原则，要求财务顾问提供按规定履行尽职调查义务的证明材料、工作档案和工作底稿，并对财务顾问的公司治理、内部控制、经营运作、风险状况、从业活动等方面进行非现场检查或者现场检查。

财务顾问及其有关人员应当配合中国证监会及其派出机构的检查工作，提交的材料应当真实、准确、完整，不得以任何理由拒绝、拖延提供有关材料，或者提供不真实、不准确、不完整的材料。

中国证监会建立监管信息系统，对财务顾问及其财务顾问主办人进行持续动态监管，并将以下事项记入其诚信档案：

1. 财务顾问及其财务顾问主办人被中国证监会采取监管措施的；

2. 在持续督导期间，上市公司或者其他委托人违反公司治理有关规定、相关资产状况及上市公司经营成果等与财务顾问的专业意见出现较大差异的；

3. 中国证监会认定的其他事项。

（二）财务顾问的法律责任

《证券法》《上市公司并购重组财务顾问业务管理办法》《上市公司重大资产重组管理办法》和《上市公司收购管理办法》等法律法规均对财务顾问的法律责任进行了规定，主要包括：

1. 发行人、证券登记结算机构、证券公司、证券服务机构未按照规定保存有关文件和资料的，责令改正，给予警告，并处以 10 万元以上 100 万元以下的罚款；泄露、隐匿、伪造、篡改或者毁损有关文件和资料的，给予警告，并处以 20 万元以上 200 万元以下的罚款；情节严重的，处以 50 万元以上 500 万元以下的罚款，并处暂停、撤销相关业务许可或者禁止从事相关业务。对直接负责的主管人员和其他直接责任人员给予警告，并处以10万元以上100万元以下的罚款。

2. 财务顾问及其财务顾问主办人出现下列情形之一的，中国证监会对其采取监管谈话、出具警示函、责令改正等监管措施：

（1）内部控制机制和管理制度、尽职调查制度以及相关业务规则存在重大缺陷或者未得到有效执行的；

（2）未按照相关规定发表专业意见的；

（3）在受托报送申报材料过程中，未切实履行组织、协调义务、申报文件制作质量低下的；

（4）未依法履行持续督导义务的；

（5）未按照相关规定向中国证监会报告或者公告的；

（6）违反其就上市公司并购重组相关业务活动所作承诺的；

（7）违反保密制度或者未履行保密责任的；

（8）采取不正当竞争手段进行恶性竞争的；

（9）唆使、协助或者伙同委托人干扰中国证监会审核工作的；

（10）中国证监会认定的其他情形。

责令改正的，财务顾问及其财务顾问主办人在改正期间，或者按照要求完成整改并经中国证监会验收合格之前，不得接受新的上市公司并购重组财务顾问业务。

3. 上市公司就并购重组事项出具盈利预测报告的，在相关并购重组活动完成后，凡不属于上市公司管理层事前无法获知且事后无法控制的原因，上市公司或者购买资产实现的利润未达到盈利预测报告或者资产评估报告预测金额80%的，中国证监会责令财务顾问及其财务顾问主办人在股东大会及中国证监会指定报刊上公开说明未实现盈利预测的原因并向股东和社会公众投资者道歉；利润实现数未达到盈利预测50%的，中国证监会可以同时对财务顾问及其财务顾问主办人采取监管谈话、出具警示函、责令定期报告等监管措施。

4. 财务顾问不再符合《上市公司并购重组财务顾问业务管理办法》规定条件的，应当在5个工作日内向中国证监会报告并依法进行公告，由中国证监会责令改正。责令改正期满后，仍不符合规定条件的，中国证监会撤销其从事上市公司并购重组财务顾问业务资格。财务顾问主办人发生变化的，财务顾问应当在5个工作日内向中国证监会报告。财务顾问主办人不再符合规定条件的，中国证监会将其从财务顾问主办人名单中去除，财务顾问不得聘请其作为财务顾问主办人从事相关业务。

5. 财务顾问及其财务顾问主办人在相关并购重组信息未依法公开前，泄露该信息、买卖或者建议他人买卖该公司证券，利用相关并购重组信息散布虚假信息、操纵证券市场或者进行证券欺诈活动的，中国证监会依据《证券法》第一百九十一条、第一百九十二条、第一百九十三条等相关规定予以处罚；涉嫌犯罪的，依法移送司法机关追究刑事责任。

6. 中国证券业协会对财务顾问及其财务顾问主办人违反自律规范的行为，依法进行调查，给予纪律处分。

7. 为重大资产重组出具独立财务顾问报告、审计报告、法律意见书、资产评估报告、估值报告及其他专业文件的证券服务机构及其从业人员未履行诚实守信、勤勉尽责义务，违反中国证监会的有关规定、行业规范、业务规则，或者未依法履行报告和公告义务、持续督导义务的，由中国证监会责令改正，并可以采取监管谈话、出具警示函、责令公开说明、责令定期报告等监管措施；情节严重的，依法追究法律责任，并可以对有关责任人员采取证券市场禁入的措施。

前款规定的证券服务机构及其从业人员所制作、出具的文件存在虚假记载、误导性陈述或者重大遗漏的，由中国证监会责令改正，依照《证券法》第二百一十三条予以处罚；情节严重的，可以采取证券市场禁入的措施；涉嫌犯罪的，依法移送司法机关追究刑事责任。

8. 重大资产重组实施完毕后，凡因不属于上市公司管理层事前无法获知且事后无法控制的原因，上市公司所购买资产实现的利润未达到资产评估报告或者估值报告预测金额的80%，或者实际运营情况与重大资产重组报告书中管理层讨论与分析部分存在较大差距，以及上市公司实现的利润未达到盈利预测报告预测金额的80%的，上市公司的董事长、总经理以及对此承担相应责任的会计师事务所、独立财务顾问、资产评估机构、估值机构及其从业人员应当在上市公司披露年度报告的同时，在同一媒体上作出解释，并向投资者公开道歉；实现利润未达到预测金额50%的，中国证监会可以对上市公司、相关机构及其责任人员采取监管谈话、出具警示函、责令定期报告等监管措施。

9. 为上市公司收购出具资产评估报告、审计报告、法律意见书和财务顾问报告的证券服务机构或者证券公司及其专业人员，未依法履行职责的，或者违反中国证监会的有关规定或者行业规范、业务规则的，中国证监会责令改正，采取监管谈话、出具警示函、责令公开说明、责令定期报告等监管措施。

10. 为了规范沪深交易所上市公司重大资产重组行为，保护上市公司和投资者合法权益，提高上市公司质量，根据相关法律法规，沪深交易所制定了相应上市公司重大资产重组审核规则，对上市公司及相关主体重大资产重组行为、独立财务顾问和证券服务机构及其人员履职行为等进行自律监管。上市公司、交易对方及有关各方，独立财务顾问、证券服务机构及其相关人员应当积极配合交易所重组审核工作，遵守廉洁从业有关规定，不得影响或者干扰审核工作，接受自律监管并承担相应的法律责任。

相关自律监管规定主要包括：

为重大资产重组提供服务的独立财务顾问、证券服务机构及其相关人员未履行诚实守信、勤勉尽责义务，违反行业规范、业务规则，或者未依法履行尽职调查、报告和披露以及持续督导职责的，可以视情节轻重对其单独或者合并采取下列自律监管措施或者纪律处分：

（1）口头警示；

（2）书面警示；

（3）监管谈话或约见谈话；

（4）通报批评；

（5）公开谴责；

（6）3个月至5年内不接受独立财务顾问、证券服务机构提交的申请文件或者信息披露文件；

（7）3个月至5年内不接受独立财务顾问、证券服务机构相关人员签字的申请文件或者信息披露文件；

（8）其他自律监管措施或者纪律处分。

11. 为了规范北京证券交易所上市公司重大资产重组行为，保护上市公司和投资者合法权益，提高上市公司质量，根据相关法律法规，北京证券交易所制定了相应上市公司重大资产重组审核规则。相关自律监管规定主要包括：

为重大资产重组、发行股份购买资产提供服务的独立财务顾问、证券服务机构及其相关人员未履行诚实守信、勤勉尽责义务，违反行业规范、业务规则，或者未依法履行尽职调查、报告和披露以及持续督导职责的，可以视情节轻重对其单独或者合并采取下列自律监管措施或者纪律处分：

（1）口头警示；

（2）约见谈话；

（3）要求提交书面承诺；

（4）出具警示函；

（5）限期改正；

（6）通报批评；

（7）公开谴责；

（8）3个月至5年内不接受独立财务顾问、证券服务机构提交的申请文件或者信息披露文件；

（9）3个月至5年内不接受独立财务顾问、证券服务机构相关人员签字的申请文件或者信息披露文件。

12. 证券交易所在审核中，发现上市公司、交易对方及有关各方，独立财务顾问、证券服务机构及其相关人员涉嫌证券违法的，将依法报告中国证监会。

（三）典型案例

1. 操作实例

甲证券公司担任乙上市公司发行股份购买资产项目的财务顾问期间，丙标的公司连续三年向关联公司拆解大额资金，交易所问询要求乙上市公司逐笔说明上述资金往来的具体情况，包括但不限于资金往来原因与时间、资金往来方名称、资金最终来源与用途、报告期内丙标的公司资金管理内部控制机制是否存在缺陷等。针对上述资金往来事项，独立财务顾问、会计师履行了如下核查程序：

（1）获取资金拆借相关内控文件，检查关联资金拆借制度有效执行情况；

（2）逐笔检查关联方之间资金拆借的银行转账凭证，包括合同、转账凭据、审批手续等，以验证资金拆借是否真实并履行相关审批手续；

（3）核查主要股东、关联方、董监高的银行流水情况，核实丙标的公司与其资金往来的真实性、完整性，核查其是否存在为丙标的公司承担费用的情况；

（4）按照约定利率复核非经营性关联资金占用应计利息计算的准确性；

（5）向关联公司函证报告期各期末的资金往来余额，以验证关联资金往来余额的准确性。

经核查，独立财务顾问认为：丙标的公司报告期存在与当时的控股股东等关联方资金拆借的情况，系其集团内部为提高资金使用效率，丙标的公司与关联方之间资金统一调配使用，为日常资金拆借。独立财务顾问上述核查符合《上市公司并购重组财务顾问业务管理办法》第十九条、第二十一条以及《上市公司重大资产重组管理办法》第六条等规定。

2. 违法违规案例

甲证券公司在履行乙上市公司重组上市持续督导职责过程中，未按规定履行定期回访、现场检查等程序，未按规定对所委托的会计师工作进行审慎核查，走访客户的方式不合理且流于形式等。在乙上市公司收购某科技公司股权过程中，由甲证券公司担任乙上市公司的财务顾问，未对乙上市公司存在的存贷双高、标的资产相关方在上市公司实控人关联企业缴纳社保等异常情况保持必要的职业审慎及充分核查，未通过函证、访谈等方式对乙上市公司对外担保情况进行核查。甲证券公司的上述行为违反了《上市公司重大资产重组管理办法》第六条和《上市公司并购重组财务顾问业务管理办法》第二十一条、第二十二条、第三十一条的规定，按照《上市公司重大资产重组管理办法》第五十六条、《上市公司并购重组财务顾问业务管理办法》第三十九条的规定，中国证监会决定对甲证券公司采取监管谈话的行政监管措施。

第四节　证券承销与保荐

本节重点梳理、总结与证券承销与保荐业务相关的主要法律法规、部门规章、规范性文件、自律规则。若非特别说明，本节证券承销与保荐业务相关章节所称证券，是指法律、行政法规规定其发行实行保荐制度的证券，主要包括在首次公开发行股票、向不特定合格投资者公开发行股票并在北京证券交易所上市、上市公司发行新股或可转换公司债券、公开发行存托凭证等；本节所称债券主要涉及证券公司参与发行与承销的公司债券（含企业债券）、金融债券、非金融企业债务融资工具等。

一、证券公司发行与承销业务的主要法律法规

（一）主要法律、行政法规

证券公司发行与承销业务的主要法律、行政法规包括《公司法》《证券法》《证券公司监督管理条例》《企业债券管理条例》等。

（二）证券承销与保荐业务的主要部门规章、规范性文件及业务规则

1. 证券发行上市的主要部门规章、规范性文件及自律规则

证券发行上市的部门规章、规范性文件主要包括《证券发行上市保荐业务管理办法》（以下简称《保荐办法》）、《首次公开发行股票注册管理办法》《上市公司证券发行注册管理办法》《上海证券交易所股票上市规则》《上海证券交易所科创板股票上市规则》《深圳证券交易所股票上市规则》《深圳证券交易所创业板股票上市规则》《北京证券交易所股票上市规则（试行）》《证券公司投资银行类业务内部控制指引》《保荐人尽职调查工作准则》《证券公司保荐业务规则》《证券发行上市保荐业务工作底稿指引》等。

2. 证券发行承销的主要部门规章、规范性文件及自律规则

证券发行承销的主要部门规章、规范性文件及业务规则主要包括《证券发行与承销管理办法》《上海证券交易所首次公开发行证券发行与承销业务实施细则》《深圳证券交易所首次公开发行证券发行与承销业务实施细则》《上海证券交易所上市公司证

券发行与承销业务实施细则》《深圳证券交易所上市公司证券发行与承销业务实施细则》《北京证券交易所证券发行与承销管理细则》《首次公开发行证券承销业务规则》等。

（三）债券发行与承销的主要部门规章、规范性文件及自律规则

1. 公司债券（含企业债券）发行与承销的主要部门规章、规范性文件及自律规则

公司债券发行与承销业务的主要部门规章、规范性文件及自律规则包括《公司债券发行与交易管理办法》《非公开发行公司债券项目承接负面清单指引》《公司债券承销业务规则》《公司债券主承销商尽职调查指引》《公司信用类债券信息披露管理办法》等。

2. 金融债券、非金融企业债务融资工具发行与承销的主要部门规章、规范性文件及自律规则

金融债券、非金融企业债务融资工具发行与承销业务的主要部门规章、规范性文件及自律规则包括《全国银行间债券市场金融债券发行管理办法》《全国银行间债券市场金融债券发行管理操作规程》《银行间债券市场非金融企业债务融资工具管理办法》《非金融企业债务融资工具尽职调查指引》《非金融企业债务融资工具注册发行规则》等。

3. 银行间债券市场企业资产证券化发行与承销的主要部门规章、规范性文件及自律规则

银行间债券市场企业资产证券化发行与承销的主要部门规章、规范性文件及自律规则包括《银行间债券市场企业资产证券化业务规则》《银行间债券市场企业资产证券化业务信息披露指引》等。

二、证券发行与承销业务的一般规定

（一）证券发行上市保荐业务的一般规定

《证券法》《证券发行上市保荐业务管理办法》《证券公司保荐业务规则》是涉及证券发行上市保荐业务的主要法律法规及自律规则，旨在指导证券公司规范开展证券发行上市保荐业务，提高上市公司质量和证券公司执业水平、保护投资者的合法权益，促进证券市场健康发展。

1. 保荐业务资格

证券公司从事证券发行上市保荐业务，应当依照《证券发行上市保荐业务管理办

法》相关规定向中国证监会申请保荐业务资格。未经中国证监会核准，任何机构不得从事保荐业务。具体而言，证券公司申请保荐业务资格，应当具备下列条件：

（1）注册资本、净资本符合规定；

（2）具有完善的公司治理和内部控制制度，风险控制指标符合相关规定；

（3）保荐业务部门具有健全的业务规程、内部风险评估和控制系统，内部机构设置合理，具备相应的研究能力、销售能力等后台支持；

（4）具有良好的保荐业务团队且专业结构合理，从业人员不少于35人，其中最近3年从事保荐相关业务的人员不少于20人；

（5）保荐代表人不少于4人；

（6）最近2年未因重大违法违规行为而受到处罚，最近1年未被采取重大监管措施，无因涉嫌重大违法违规正受到有关机关或者行业自律组织调查的情形；

（7）中国证监会规定的其他条件。

证券公司取得保荐业务资格后，应当持续符合上述条件。保荐机构因重大违法违规行为受到行政处罚的，中国证监会撤销其保荐业务资格；不再具备上述其他条件的，中国证监会可以责令其限期整改，逾期仍然不符合要求的，中国证监会撤销其保荐业务资格。

2. 需聘请保荐机构的情形

发行人申请从事下列发行事项，依法采取承销方式的，应当聘请具有保荐业务资格的证券公司（即保荐机构）履行保荐职责：

（1）首次公开发行股票；

（2）向不特定合格投资者公开发行股票并在北京证券交易所上市；

（3）上市公司发行新股、可转换公司债券；

（4）公开发行存托凭证；

（5）中国证监会认定的其他情形。

此外，发行人申请公开发行法律、行政法规规定实行保荐制度的其他证券的，依照前款规定办理。

上述已发行证券的上市保荐事项由证券交易所规定。

3. 保荐机构的聘请与撤换

（1）聘请保荐机构相关规定

发行人聘请保荐机构，应当与其签订保荐协议，明确双方的权利和义务，按照行业规范协商确定履行保荐职责的相关费用。保荐协议签订后，保荐机构应当在5个工作日内向承担辅导验收职责的中国证监会派出机构报告。

保荐机构受聘履行保荐职责应遵守以下规定：

①同次发行的证券，其发行保荐和上市保荐应当由同一保荐机构承担。

②证券发行规模达到一定数量的，可以采用联合保荐，但参与联合保荐的保荐机构不得超过2家。

③证券发行的主承销商可以由该保荐机构担任，也可以由其他具有保荐业务资格的证券公司与该保荐机构共同担任。

④保荐机构及其控股股东、实际控制人、重要关联方持有发行人股份的，或者发行人持有、控制保荐机构股份的，保荐机构在推荐发行人证券发行上市时，应当进行利益冲突审查，出具合规审核意见，并按规定充分披露。通过披露仍不能消除影响的，保荐机构应联合1家无关联保荐机构共同履行保荐职责，且该无关联保荐机构为第一保荐机构。

（2）撤换保荐机构相关规定

①刊登证券发行募集文件前终止保荐协议的，保荐机构和发行人应当自终止之日起5个工作日内分别向中国证监会、证券交易所报告，并说明原因。

②刊登证券发行募集文件以后直至持续督导工作结束，保荐机构和发行人不得终止保荐协议，但存在合理理由的情形除外。发行人因再次申请发行证券另行聘请保荐机构、保荐机构被中国证监会撤销保荐业务资格的，应当终止保荐协议。终止保荐协议的，保荐机构和发行人应当自终止之日起5个工作日内向中国证监会、证券交易所报告，说明原因。

③持续督导期间，保荐机构被撤销保荐业务资格的，发行人应当在1个月内另行聘请保荐机构，未在规定期限内另行聘请的，中国证监会可以为其指定保荐机构。

④另行聘请的保荐机构应当完成原保荐机构未完成的持续督导工作。因原保荐机构被撤销保荐业务资格而另行聘请保荐机构的，另行聘请的保荐机构持续督导的时间不得少于1个完整的会计年度。另行聘请的保荐机构应当自保荐协议签订之日起开展保荐工作并承担相应的责任。原保荐机构在履行保荐职责期间未勤勉尽责的，其责任不因保荐机构的更换而免除或者终止。

4. 保荐职责

保荐机构履行保荐职责，应当指定2名品行良好、具备组织实施保荐项目专业能力的保荐代表人具体负责1家发行人的保荐工作，出具由法定代表人签字的专项授权书，并确保保荐机构有关部门和人员有效分工协作。保荐机构可以指定1名项目协办人。

保荐代表人应当熟练掌握保荐业务相关的法律、会计、财务管理、税务、审计等专业知识，最近5年内具备36个月以上保荐相关业务经历、最近12个月持续从事保荐相关业务，最近12个月内未受到证券交易所等自律组织的重大纪律处分或者中国证监会的重大监管措施，最近36个月内未受到中国证监会的行政处罚。

(1) 尽职推荐职责

保荐机构应当尽职推荐发行人证券发行上市，在此过程中主要承担下列工作：

①遵循诚实守信、勤勉尽责的原则，按照中国证监会对保荐机构尽职调查工作的要求，对发行人进行全面调查，充分了解发行人的经营状况及其面临的风险和问题。

②辅导机构应当制定辅导环节执业标准和操作流程，并根据监管要求及时更新和完善。在推荐发行人首次公开发行股票并上市和推荐发行人向不特定合格投资者公开发行股票并在北交所上市前，对发行人进行辅导，并在辅导工作完成后向发行人注册地的中国证监会派出机构申请辅导验收，向派出机构提交的辅导验收材料中，应包括辅导对象及其实际控制人、董事、监事、高级管理人员口碑声誉的说明，口碑声誉的内容包括：违法违规情形、背信失信情况、潜在风险、履行社会责任情况。

辅导机构辅导内容包括对发行人的董事、监事和高级管理人员、持有5%以上股份的股东和实际控制人（或者其法定代表人）进行系统的法规知识、证券市场知识培训，使其全面掌握发行上市、规范运作等方面的有关法律法规和规则，知悉信息披露和履行承诺等方面的责任和义务，树立进入证券市场的诚信意识、自律意识和法治意识，以及中国证监会规定的其他事项。

辅导期内，增加、减少或更换辅导机构的，变更后的辅导机构书面认可原辅导机构辅导工作，并重新履行辅导备案程序的，辅导期可以连续计算。变更后的辅导机构不认可原辅导机构辅导工作的，应当重新履行辅导备案程序并开展辅导工作，辅导期重新计算。辅导期内辅导对象变更拟上市板块的，辅导机构应当向派出机构提交变更说明，变更后辅导期可以连续计算。

辅导验收测试中，若测试存在不诚信行为的，派出机构有权取消测试成绩，并要求辅导机构对相关人员重新培训。

③与发行人签订保荐协议，明确双方的权利和义务，按照行业规范协商确定履行保荐职责的相关费用，并在5个工作日内向承担辅导验收职责的中国证监会派出机构报告。

④在确信发行人符合法律、行政法规和中国证监会、证券交易所的有关规定的前提下，根据发行人的委托，组织编制申请文件、出具推荐文件，并推荐其证券发行上市。其中，保荐机构出具的推荐文件主要包括发行保荐书、上市保荐书、保荐工作报告以及中国证监会、证券交易所要求的其他与保荐业务有关的文件。

⑤对发行人申请文件、证券发行募集文件中有证券服务机构及其签字人员出具专业意见的内容，保荐机构可以合理信赖，对相关内容应当保持职业怀疑、运用职业判断进行分析，存在重大异常、前后重大矛盾，或者与保荐机构获得的信息存在重大差

异的，保荐机构应当对有关事项进行调查、复核，并可聘请其他证券服务机构提供专业服务。

⑥对发行人申请文件、证券发行募集文件中无证券服务机构及其签字人员专业意见支持的内容，保荐机构应当获得充分的尽职调查证据，在对各种证据进行综合分析的基础上对发行人提供的资料和披露的内容进行独立判断，并有充分理由确信所作的判断与发行人申请文件、证券发行募集文件的内容不存在实质性差异。

⑦提交发行保荐书、上市保荐书后，应当配合证券交易所、中国证监会的发行上市审核和注册工作，并承担下列工作：

A. 组织发行人及证券服务机构对证券交易所、中国证监会的意见进行答复；

B. 按照证券交易所、中国证监会的要求对涉及本次证券发行上市的特定事项进行尽职调查或者核查；

C. 指定保荐代表人与证券交易所、中国证监会职能部门进行专业沟通，接受上市委员会问询；

D. 证券交易所、中国证监会规定的其他工作。

（2）持续督导职责

保荐机构应当针对发行人的具体情况，确定证券发行上市后持续督导的内容，在持续督导期间内督导发行人履行有关上市公司规范运作、信守承诺和信息披露等义务，审阅信息披露文件及向中国证监会、证券交易所提交的其他文件，并承担下列工作：

①督导发行人有效执行并完善防止控股股东、实际控制人、其他关联方违规占用发行人资源的制度；

②督导发行人有效执行并完善防止其董事、监事、高级管理人员利用职务之便损害发行人利益的内控制度；

③督导发行人有效执行并完善保障关联交易公允性和合规性的制度，并对关联交易发表意见；

④持续关注发行人募集资金的专户存储、投资项目的实施等承诺事项；

⑤持续关注发行人为他人提供担保等事项，并发表意见；

⑥中国证监会、证券交易所规定及保荐协议约定的其他工作。

其中，因证券发行品种及上市板块不同，持续督导期间有所差异，具体规定如下：

①首次公开发行股票并在主板上市的，持续督导期间为股票上市当年剩余时间及其后 2 个完整会计年度。

②主板上市公司发行新股、可转换公司债券的，持续督导期间为股票、可转换公司债券上市当年剩余时间及其后 1 个完整会计年度。

③申请在主板重新上市的，持续督导期间为股票重新上市当年剩余时间及其后2个完整会计年度。

④首次公开发行股票并在创业板上市的、首次公开发行股票并在科创板上市的，以及向不特定合格投资者公开发行股票并在北交所上市的，持续督导期间为股票上市当年剩余时间及其后3个完整会计年度。

⑤创业板、科创板上市公司发行新股、可转换公司债券的，持续督导期间为股票、可转换公司债券上市当年剩余时间及其后2个完整会计年度；北交所上市公司发行新股的，持续督导期间为股票上市当年剩余时间及其后2个完整会计年度。

持续督导期间自股票、可转换公司债券上市之日起计算。持续督导期届满，如有尚未完结的保荐工作，保荐机构应当继续完成。保荐机构在履行保荐职责期间未勤勉尽责的，其责任不因持续督导期届满而免除或者终止。

（二）债券发行业务的一般规定

1. 公司债券（含企业债券）发行业务的一般规定

（1）公司债券，是指公司依照法定程序发行、约定在一定期限还本付息的有价证券。

（2）公司债券可以公开发行，也可以非公开发行，包括在中华人民共和国境内，公开发行公司债券并在证券交易所、全国中小企业股份转让系统交易，非公开发行公司债券并在证券交易所、全国中小企业股份转让系统、证券公司柜台转让的情形以及法律法规和中国证监会另有规定的其他情形。

（3）发行人及其控股股东、实际控制人、董事、监事、高级管理人员应当诚实守信、勤勉尽责，维护债券持有人享有的法定权利和债券募集说明书约定的权利。发行人及其控股股东、实际控制人、董事、监事、高级管理人员不得怠于履行偿债义务或者通过财产转移、关联交易等方式逃废债务，蓄意损害债券持有人权益。

（4）为公司债券发行提供服务的承销机构、受托管理人，以及资信评级机构、会计师事务所、资产评估机构、律师事务所等专业机构和人员应当勤勉尽责，严格遵守执业规范和监管规则，按规定和约定履行义务。发行人及其控股股东、实际控制人应当全面配合承销机构、受托管理人、证券服务机构的相关工作，及时提供资料，并确保内容真实、准确、完整。

（5）发行人、承销机构及其相关工作人员在发行定价和配售过程中，不得有违反公平竞争、进行利益输送、直接或间接谋取不正当利益以及其他破坏市场秩序的行为。

（6）中国证监会对公司债券发行的注册，证券交易所对公司债券发行出具的审核意见，或者中国证券业协会按照《公司债券发行与交易管理办法》对公司债券发行的报备，不表明其对发行人的经营风险、偿债风险、诉讼风险以及公司债券的投资风险或收益等作出判断或者保证。公司债券的投资风险，由投资者自行承担。

（7）中国证监会依法对公司债券的发行及其交易或转让活动进行监督管理。证券自律组织依照相关规定对公司债券的发行、上市交易或挂牌转让、登记结算、承销、尽职调查、信用评级、受托管理及增信等进行自律管理。证券自律组织应当制定相关业务规则，明确公司债券发行、承销、报备、上市交易或挂牌转让、信息披露、登记结算、投资者适当性管理、持有人会议及受托管理等具体规定，报中国证监会批准或备案。

（8）发行公司债券，可以附认股权、可转换成相关股票等条款。上市公司、股票公开转让的非上市公众公司股东可以发行附可交换成上市公司或非上市公众公司股票条款的公司债券。商业银行等金融机构可以按照有关规定发行公司债券补充资本。

上市公司发行附认股权、可转换成股票条款的公司债券，应当符合上市公司证券发行管理的相关规定。股票公开转让的非上市公众公司发行附认股权、可转换成股票条款的公司债券，由中国证监会另行规定。

（9）根据财产状况、金融资产状况、投资知识和经验、专业能力等因素，公司债券投资者可以分为普通投资者和专业投资者。专业投资者的标准按照中国证监会的相关规定执行。证券自律组织可以在中国证监会相关规定的基础上，设定更为严格的投资者适当性要求。发行人的董事、监事、高级管理人员及持股比例超过5%的股东，可视同专业投资者参与发行人相关公司债券的认购或交易、转让。

（10）公开发行公司债券筹集的资金，必须按照公司债券募集说明书所列资金用途使用；改变资金用途，必须经债券持有人会议作出决议。非公开发行公司债券，募集资金应当用于约定的用途；改变资金用途，应当履行募集说明书约定的程序。公开发行公司债券筹集的资金，不得用于弥补亏损和非生产性支出。发行人应当指定专项账户，用于公司债券募集资金的接收、存储、划转。

（11）公开发行公司债券，应当符合下列条件：

①具备健全且运行良好的组织机构；

②最近3年平均可分配利润足以支付公司债券1年的利息；

③具有合理的资产负债结构和正常的现金流量；

④国务院规定的其他条件。公开发行公司债券，由证券交易所负责受理、审核，并报中国证监会注册。

（12）存在下列情形之一的，不得再次公开发行公司债券：

①对已公开发行的公司债券或者其他债务有违约或者延迟支付本息的事实，仍处于继续状态；

②违反《证券法》规定，改变公开发行公司债券所募资金用途。

(13) 资信状况符合以下标准的公开发行公司债券，专业投资者和普通投资者可以参与认购：

①发行人最近3年无债务违约或者延迟支付本息的事实；

②发行人最近3年平均可分配利润不少于债券1年利息的1.5倍；

③发行人最近一期末净资产规模不少于250亿元；

④发行人最近36个月内累计公开发行债券不少于3期，发行规模不少于100亿元；

⑤中国证监会根据投资者保护的需要规定的其他条件。

未达到上述标准的公开发行公司债券，仅限于专业投资者参与认购。

2. 金融债券发行业务的一般规定

(1) 金融债券，是指依法在中华人民共和国境内设立的金融机构法人在全国银行间债券市场发行的、按约定还本付息的有价证券。上述金融机构法人，包括政策性银行、商业银行、企业集团财务公司及其他金融机构。

(2) 中国人民银行依法对金融债券的发行进行监督管理。未经中国人民银行核准，任何金融机构不得擅自发行金融债券。

(3) 金融债券的投资风险由投资者自行承担。

(4) 中国人民银行核准金融债券发行申请的期限，适用《中国人民银行行政许可实施办法》的有关规定。

(5) 金融债券可在全国银行间债券市场公开发行或定向发行。

(6) 金融债券的发行可以采取一次足额发行或限额内分期发行的方式。发行人分期发行金融债券的，应在募集说明书中说明每期发行安排。

(7) 金融债券的发行应由具有债券评级能力的信用评级机构进行信用评级。金融债券发行后信用评级机构应每年对该金融债券进行跟踪信用评级。如发生影响该金融债券信用评级的重大事项，信用评级机构应及时调整该金融债券的信用评级，并向投资者公布。

(8) 金融债券定向发行的，经认购人同意，可免于信用评级。定向发行的金融债券只能在认购人之间进行转让。

3. 非金融企业债务融资工具发行业务的一般规定

(1) 非金融企业债务融资工具（以下简称“债务融资工具”），是指具有法人资格的非金融企业（以下简称“企业”）在银行间债券市场发行的，约定在一定期限内还本付息的有价证券。

(2) 债务融资工具发行与交易应遵循诚信、自律原则。

（3）企业发行债务融资工具应在中国银行间市场交易商协会（以下简称“交易商协会”）注册。

（4）债务融资工具在中央国债登记结算有限责任公司（以下简称“中央结算公司”）登记、托管、结算。

（5）全国银行间同业拆借中心（以下简称“同业拆借中心”）为债务融资工具在银行间债券市场的交易提供服务。

（6）企业发行债务融资工具应在银行间债券市场披露信息。信息披露应遵循诚实信用原则，不得有虚假记载、误导性陈述或重大遗漏。

（7）企业发行债务融资工具应由金融机构承销。企业可自主选择主承销商。需要组织承销团的，由主承销商组织承销团。

（8）企业发行债务融资工具应由在中国境内注册且具备债券评级资质的评级机构进行信用评级。

（9）为债务融资工具提供服务的承销机构、信用评级机构、注册会计师、律师等专业机构和人员应勤勉尽责，严格遵守执业规范和职业道德，按规定和约定履行义务。

上述专业机构和人员所出具的文件含有虚假记载、误导性陈述和重大遗漏的，应当就其负有责任的部分承担相应的法律责任。

（10）债务融资工具发行利率、发行价格和所涉费率以市场化方式确定，任何商业机构不得以欺诈、操纵市场等行为获取不正当利益。

（11）债务融资工具投资者应自行判断和承担投资风险。

4. 银行间债券市场企业资产证券化发行业务的一般规定

（1）银行间债券市场企业资产证券化业务，是指由基础资产所产生现金流作为主要偿付支持，发起机构通过特定目的载体发行企业资产支持证券的结构性融资活动。

银行间债券市场企业资产支持证券包括资产支持票据、资产支持商业票据以及交易商协会认可的其他证券化融资工具。

（2）主承销商是指为资产支持证券业务提供承销服务的机构。主承销商依照承销协议约定提供承销服务，履行以下职责：

①对基础资产、特定目的载体或其管理机构、相关交易主体以及对资产证券化业务有重大影响的其他相关方开展尽职调查；

②按照《银行间债券市场企业资产证券化业务规则》及交易商协会相关自律规则提交注册发行文件；

③按照约定组织资产支持证券的承销和发行；

④配合开展存续期管理工作；

⑤《银行间债券市场企业资产证券化业务规则》及相关自律规则规定以及承销协

议约定的其他职责。

(3) 承销机构向交易商协会提交资产支持证券注册文件，在注册有效期内可分期发行资产支持证券，每期发行前应先向交易商协会备案，并提交交易商协会规定的备案申请文件。

(4) 发行资产支持证券，可在注册阶段设立主承销商团，并可于注册有效期内变更主承销商团成员。发行阶段可就每期发行指定一家或多家主承销商承销。

(5) 资产支持证券通过集中簿记建档或招标方式发行。

(6) 承销机构应按相关要求接受交易商协会的自律管理，并按约定及《银行间债券市场企业资产证券化业务规则》的要求切实履行相应职责。

(7) 资产支持证券持有人（以下统称“投资者”）应自主判断资产支持证券的投资价值，自担投资风险。

三、证券发行与承销信息披露的有关规定

(一) 证券发行与承销信息披露的有关规定

此标题下所称证券，仅指首次公开发行股票、向不特定合格投资者公开发行股票并在北交所上市、上市公司发行新股或可转换公司债券、公开发行存托凭证等实行保荐制度的证券。

为规范证券发行与承销行为，保护投资者合法权益，中国证监会制定《证券发行与承销管理办法》，对证券发行与承销行为相关信息披露要求进行详细、明确的规定。依据该办法第二条的规定，发行人在境内发行股票、存托凭证或者可转换公司债券（以下统称“证券”），证券公司在境内承销证券以及投资者认购境内发行的证券，均适用该办法；但中国证监会另有规定的，从其规定。

1. 信息披露的总体要求

发行人和主承销商在发行过程中，应当按照中国证监会规定的要求编制信息披露文件，履行信息披露义务。发行人和承销商在发行过程中披露的信息，应当真实、准确、完整、及时，不得有虚假记载、误导性陈述或者重大遗漏。

2. 信息披露的时点要求

(1) 首次公开发行证券申请文件受理后至发行人发行申请经中国证监会注册、依法刊登招股意向书前，发行人及与本次发行有关的当事人不得采取任何公开方式或变相公开方式进行与证券发行相关的推介活动，也不得通过其他利益关联方或委托他人等方式进行相关活动。

（2）首次公开发行证券招股意向书刊登后，发行人和主承销商可以向网下投资者进行推介和询价，并通过互联网等方式向公众投资者进行推介。发行人和主承销商向公众投资者进行推介时，向公众投资者提供的发行人信息的内容及完整性应与向网下投资者提供的信息保持一致。

3. 信息披露的一般要求

（1）发行人和主承销商在推介过程中不得夸大宣传，或以虚假广告等不正当手段诱导、误导投资者，不得披露除招股意向书等公开信息以外的发行人其他信息。承销商应当保留推介、定价、配售等承销过程中的相关资料至少 3 年并存档备查，包括推介宣传材料、路演现场录音等，如实、全面反映询价、定价和配售过程。

（2）发行人和主承销商在发行过程中公告的信息，应当在证券交易所网站和符合中国证监会规定条件的媒体发布，同时将其置备于公司住所、证券交易所，供社会公众查阅。

（3）发行人披露的招股意向书除不含发行价格、筹资金额以外，其内容与格式应当与招股说明书一致，并与招股说明书具有同等法律效力。

4. 信息披露的具体内容

首次公开发行证券的发行人和主承销商应当在发行和承销过程中公开披露以下信息，并遵守证券交易所的相关规定：

（1）招股意向书刊登首日，应当在发行公告中披露发行定价方式、定价程序、参与网下询价投资者条件、证券配售原则、配售方式、有效报价的确定方式、中止发行安排、发行时间安排和路演推介相关安排等信息；发行人股东拟老股转让的，还应披露预计老股转让的数量上限、老股转让股东名称及各自转让老股数量，并明确新股发行与老股转让数量的调整机制。

（2）网上申购前，应当披露每位网下投资者的详细报价情况，包括投资者名称、申购价格及对应的拟申购数量；剔除最高报价有关情况；剔除最高报价部分后网下投资者报价的中位数和加权平均数，以及公募基金、社保基金、养老金、年金基金、保险资金和合格境外投资者资金报价的中位数和加权平均数；有效报价和发行价格（或发行价格区间）的确定过程；发行价格（或发行价格区间）及对应的市盈率；按照发行价格计算的募集资金情况，所筹资金不能满足使用需求的，还应当披露相关投资风险；网下、网上的发行方式和发行数量；回拨机制；中止发行安排；申购缴款要求等。已公告老股转让方案的，还应披露老股转让和新股发行的确定数量、老股转让股东名称及各自转让老股数量，并应提示投资者关注，发行人将不会获得老股转让部分所得资金。

（3）采用询价方式且存在以下情形之一的，应当在网上申购前发布投资风险特别公告，详细说明定价合理性，提示投资者注意投资风险：发行价格对应市盈率超过同行业上市公司二级市场平均市盈率的；发行价格超过剔除最高报价后网下投资者报价的中位数和加权平均数，以及剔除最高报价后公募基金、社保基金、养老金、年金基金、保险资金和合格境外投资者资金报价中位数和加权平均数的孰低值的；发行价格超过境外市场价格的；发行人尚未盈利的。

（4）在发行结果公告中披露获配投资者名称以及每个获配投资者的报价、申购数量和获配数量等，并明确说明自主配售的结果是否符合事先公布的配售原则；对于提供有效报价但未参与申购，或实际申购数量明显少于报价时拟申购量的投资者应当列表公示并着重说明；披露网上、网下投资者获配未缴款金额以及主承销商的包销比例，列表公示获得配售但未足额缴款的网下投资者；披露保荐费用、承销费用、其他中介费用等发行费用信息。

（5）实施战略配售的，应当在网下配售结果公告中披露参与战略配售的投资者的名称、认购数量及持有期限等情况。

5. 信息披露的特别规定

发行人和主承销商在披露发行市盈率时，应同时披露发行市盈率的计算方式。在进行行业市盈率比较分析时，应当合理确定发行人行业归属，并分析说明行业归属的依据。存在多个市盈率口径时，应当充分列示可供选择的比较基准，并应当按照审慎、充分提示风险的原则选取和披露行业平均市盈率。发行人还可以同时披露市净率等反映发行人所在行业特点的估值指标。

发行人尚未盈利的，可以不披露发行市盈率及与同行业市盈率比较的相关信息，应当披露市销率、市净率等反映发行人所在行业特点的估值指标。

（二）债券发行与承销信息披露的有关规定

1. 公司信用类债券信息披露的有关规定

为推动公司信用类债券信息披露规则统一，完善公司信用类债券信息披露制度，促进我国债券市场持续健康发展，中国人民银行会同国家发展改革委、中国证监会，制定了《公司信用类债券信息披露管理办法》。该办法所称公司信用类债券（以下简称“债券”）包括公司债券和非金融企业债务融资工具。企业公开发行的公司债券以及银行间债券市场非金融企业债务融资工具的发行及存续期信息披露适用该办法。

（1）信息披露应当遵循真实、准确、完整、及时、公平的原则，不得有虚假记载、误导性陈述或重大遗漏。

信息披露语言应简洁、平实和明确，不得有祝贺性、广告性、恭维性或诋毁性的词句。

（2）企业应当及时、公平地履行信息披露义务。企业及其董事、监事、高级管理人员应当忠实、勤勉地履行信息披露职责，保证信息披露内容真实、准确、完整，不存在虚假记载、误导性陈述或重大遗漏。

企业的董事、高级管理人员应当对债券发行文件和定期报告签署书面确认意见。监事会应当对董事会编制的债券发行文件和定期报告进行审核并提出书面审核意见。监事应当签署书面确认意见。董事、监事和高级管理人员无法保证债券发行文件和定期报告内容的真实性、准确性、完整性或者有异议的，应当在书面确认意见中发表意见并陈述理由，企业应当披露。企业不予披露的，董事、监事和高级管理人员可以直接申请披露。企业控股股东、实际控制人应当诚实守信、勤勉尽责，配合企业履行信息披露义务。

（3）企业应当建立信息披露事务管理制度。信息披露事务管理制度应当经企业董事会或其他有权决策机构审议通过。

企业发行债券应当披露信息披露事务管理制度的主要内容。企业对已披露信息披露事务管理制度进行变更的，应当在最近一期定期报告中披露变更后的主要内容。

（4）企业应当设置并披露信息披露事务负责人。信息披露事务负责人负责组织和协调债券信息披露相关工作，接受投资者问询，维护投资者关系。信息披露事务负责人应当由企业董事、高级管理人员或具有同等职责的人员担任。

企业信息披露事务负责人发生变更的，应当及时披露。对未按规定设置并披露信息披露事务负责人或未在信息披露事务负责人变更后确定并披露接任人员的，视为由企业法定代表人担任。

（5）企业发行债券，应当于发行前披露以下文件：

①企业最近 3 年经审计的财务报告及最近一期会计报表；

②募集说明书；

③信用评级报告（如有）；

④公司信用类债券监督管理机构或市场自律组织要求的其他文件。

（6）企业发行债券时应当披露募集资金使用的合规性、使用主体及使用金额。

企业如变更债券募集资金用途，应当按照规定和约定履行必要的变更程序，并于募集资金使用前披露拟变更后的募集资金用途。

（7）企业发行债券时应当披露治理结构、组织机构设置及运行情况、内部管理制度的建立及运行情况。

（8）企业应当披露与控股股东、实际控制人在资产、人员、机构、财务、业务经营等方面的相互独立情况。

（9）企业应当在投资者缴款截止日后 1 个工作日（交易日）内公告债券发行结

果。公告内容包括但不限于本期债券的实际发行规模、价格等信息。

（10）债券存续期内，企业信息披露的时间应当不晚于企业按照监管机构、市场自律组织、证券交易场所的要求或者将有关信息刊登在其他指定信息披露渠道上的时间。

债券同时在境内境外公开发行、交易的，其信息披露义务人在境外披露的信息，应当在境内同时披露。

（11）债券存续期内，企业应当按以下要求披露定期报告：

①企业应当在每个会计年度结束之日起 4 个月内披露上一年年度报告。年度报告应当包含报告期内企业主要情况、审计机构出具的审计报告、经审计的财务报表、附注以及其他必要信息；

②企业应当在每个会计年度的上半年结束之日起 2 个月内披露半年度报告；

③定期报告的财务报表部分应当至少包含资产负债表、利润表和现金流量表。编制合并财务报表的企业，除提供合并财务报表外，还应当披露母公司财务报表。

（12）企业无法按时披露定期报告的，应当于《公司信用类债券信息披露管理办法》第十六条规定的披露截止时间前，披露未按期披露定期报告的说明文件，文件内容包括但不限于未按期披露的原因、预计披露时间等情况。

企业披露前款说明文件的，不代表豁免企业定期报告的信息披露义务。

（13）债券存续期内，企业发生可能影响偿债能力或投资者权益的重大事项时，应当及时披露，并说明事项的起因、目前的状态和可能产生的影响。

前款所称重大事项包括但不限于：

①企业名称变更、股权结构或生产经营状况发生重大变化；

②企业变更财务报告审计机构、债券受托管理人或具有同等职责的机构（以下简称“受托管理人”）、信用评级机构；

③企业 1/3 以上董事、2/3 以上监事、董事长、总经理或具有同等职责的人员发生变动；

④企业法定代表人、董事长、总经理或具有同等职责的人员无法履行职责；

⑤企业控股股东或者实际控制人变更；

⑥企业发生重大资产抵押、质押、出售、转让、报废、无偿划转以及重大投资行为或重大资产重组；

⑦企业发生超过上年末净资产 10% 的重大损失；

⑧企业放弃债权或者财产超过上年末净资产的 10%；

⑨企业股权、经营权涉及被委托管理；

⑩企业丧失对重要子公司的实际控制权；

⑪债券担保情况发生变更，或者债券信用评级发生变化；

⑫企业转移债券清偿义务；

⑬企业一次承担他人债务超过上年末净资产 10%，或者新增借款、对外提供担保超过上年末净资产的 20%；

⑭企业未能清偿到期债务或进行债务重组；

⑮企业涉嫌违法违规被有权机关调查，受到刑事处罚、重大行政处罚或行政监管措施、市场自律组织作出的债券业务相关的处分，或者存在严重失信行为；

⑯企业法定代表人、控股股东、实际控制人、董事、监事、高级管理人员涉嫌违法违规被有权机关调查、采取强制措施，或者存在严重失信行为；

⑰企业涉及重大诉讼、仲裁事项；

⑱企业出现可能影响其偿债能力的资产被查封、扣押或冻结的情况；

⑲企业分配股利，作出减资、合并、分立、解散及申请破产的决定，或者依法进入破产程序、被责令关闭；

⑳企业涉及需要说明的市场传闻；

㉑募集说明书约定或企业承诺的其他应当披露事项；

㉒其他可能影响其偿债能力或投资者权益的事项。

上述已披露事项出现重大进展或变化的，企业也应当及时履行信息披露义务。

企业应当在最先发生以下任一情形的时点后，原则上不超过 2 个工作日（交易日）内，履行《公司信用类债券信息披露管理办法》第十八条规定的重大事项的信息披露义务：

①董事会、监事会或者其他有权决策机构就该重大事项形成决议时；

②有关各方就该重大事项签署意向书或者协议时；

③董事、监事、高级管理人员或者具有同等职责的人员知悉该重大事项发生时；

④收到相关主管部门关于重大事项的决定或通知时。

重大事项出现泄露或市场传闻的，企业也应当及时履行信息披露义务。

（14）信息披露文件一经公布不得随意变更。确有必要进行变更的，应披露变更公告和变更后的信息披露文件。

（15）企业更正已披露信息的，应当及时披露更正公告和更正后的信息披露文件。更正已披露经审计财务信息的，企业应聘请会计师事务所对更正事项出具专业意见并及时披露。前述更正事项对经审计的财务报表具有实质性影响的，企业还应当聘请会计师事务所对更正后的财务报告出具审计意见并及时披露。

（16）债券附发行人或投资者选择权条款、投资者保护条款等特殊条款的，企业应当按照相关规定和约定及时披露相关条款触发和执行情况。

(17) 债券存续期内，企业应当在债券本金或利息兑付日前披露本金、利息兑付安排情况的公告。

(18) 债券发生违约的，企业应当及时披露债券本息未能兑付的公告。企业、主承销商、受托管理人应当按照规定和约定履行信息披露义务，及时披露企业财务信息、违约事项、涉诉事项、违约处置方案、处置进展及其他可能影响投资者决策的重要信息。

企业被托管组、接管组托管或接管的，企业信息披露义务由托管组、接管组承担。

(19) 企业进入破产程序的，企业信息披露义务由破产管理人承担，企业自行管理财产或营业事务的除外。

企业或破产管理人应当持续披露破产进展，包括但不限于破产申请受理情况、破产管理人任命情况、破产债权申报安排、债权人会议安排、人民法院裁定情况及其他破产程序实施进展，以及企业财产状况报告、破产重整计划、和解协议、破产财产变价方案和破产财产分配方案等其他影响投资者决策的重要信息。发生实施对债权人利益有重大影响的财产处分行为的，也应及时披露。

(20) 企业转移债券清偿义务的，承继方应当按照《公司信用类债券信息披露管理办法》中对企业的要求履行信息披露义务。

(21) 为债券提供担保的机构应当在每个会计年度结束之日起 4 个月内披露上一年财务报告。

为债券提供担保的机构发生可能影响其代偿能力的重大事项时，应当及时披露重大事项并说明事项的起因、目前的状态和可能产生的影响。

(22) 企业有充分证据证明按照《公司信用类债券信息披露管理办法》规定应当披露的信息可能导致其违反国家有关保密法律法规的，可以依据有关法律规定豁免披露。

(23) 为债券的发行、交易、存续期管理提供中介服务的专业机构（包括但不限于债券承销机构、信用评级机构、会计师事务所、律师事务所、资产评估机构、受托管理人等）和人员，应当勤勉尽责，严格遵守相关法律法规、执业规范和自律规则，按规定和约定履行义务，对所出具的专业报告、专业意见以及其所披露的其他信息负责。

(24) 主承销商、受托管理人应当按照规定和约定履行信息披露职责或义务，并督促企业依照《公司信用类债券信息披露管理办法》规定履行信息披露义务。

(25) 企业应当确保其向中介机构提供的与债券相关的所有资料真实、准确、完整。

中介机构应当对企业提供的文件资料内容的真实性、准确性、完整性进行必要的核查和验证。中介机构认为企业提供的材料存在虚假记载、误导性陈述、重大遗漏或其他重大违法行为的，应当要求其补充、纠正。

（26）债券承销机构应当对债券募集说明书的真实性、准确性、完整性进行核查，确认不存在虚假记载、误导性陈述和重大遗漏。

信用评级机构、会计师事务所、律师事务所、资产评估机构等中介机构应当确认债券募集说明书所引用内容与其就本期债券发行出具的相关意见不存在矛盾，对所引用的内容无异议，并对所确认的债券募集说明书引用内容承担相应法律责任。

（27）中介机构应当制作并保存工作底稿。工作底稿包括出具专业文件所依据的资料、尽职调查报告以及相关会议纪要、谈话记录等。

2. 金融债券发行与承销信息披露的有关规定

（1）金融债券的发行应遵循公平、公正、诚信、自律的原则，金融债券发行人及相关中介机构应充分披露有关信息，并提示投资风险。

（2）发行人应在金融债券发行前和存续期间履行信息披露义务。信息披露应通过中国货币网、中国债券信息网进行。

（3）发行人应保证信息披露真实、准确、完整、及时，不得有虚假记载、误导性陈述和重大遗漏。发行人及相关知情人在信息披露前不得泄露其内容。

（4）对影响发行人履行债务的重大事件，发行人应在第一时间向中国人民银行报告，并按照中国人民银行指定的方式披露。

经中国人民银行核准发行金融债券的，发行人应于每期金融债券发行前 3 个工作日披露募集说明书和发行公告。

发行人应在募集说明书与发行公告中说明金融债券的清偿顺序和投资风险，并在显著位置提示投资者："投资者购买本期债券，应当认真阅读本文件及有关的信息披露文件，进行独立的投资判断。主管部门对本期债券发行的核准，并不表明对本期债券的投资价值作出了任何评价，也不表明对本期债券的投资风险作出了任何判断。"

（5）金融债券存续期间，发行人应于每年 4 月 30 日前向投资者披露年度报告，年度报告应包括发行人上一年度的经营情况说明、经注册会计师审计的财务报告以及涉及的重大诉讼事项等内容。

采用担保方式发行金融债券的，发行人还应在其年度报告中披露担保人上一年度的经营情况说明、经审计的财务报告以及涉及的重大诉讼事项等内容。

（6）发行人应于金融债券每次付息日前 2 个工作日公布付息公告，最后一次付息暨兑付日前 5 个工作日公布兑付公告。

（7）金融债券存续期间，发行人应于每年 7 月 31 日前披露债券跟踪信用评级报告。

(8) 信息披露涉及的财务报告，应经注册会计师审计，并出具审计报告；信息披露涉及的法律意见书和信用评级报告，应分别由执业律师和具有债券评级能力的信用评级机构出具。上述注册会计师、律师和信用评级机构所出具的有关报告文件不得含有虚假记载、误导性陈述或重大遗漏。

(9) 发行人应将相关信息披露文件分别送全国银行间同业拆借中心和中央结算公司，由同业拆借中心和中央结算公司分别通过中国货币网和中国债券信息网披露。

同业拆借中心和中央结算公司应为金融债券信息披露提供服务，及时将违反信息披露规定的行为向中国人民银行报告并公告。

(10) 金融债券定向发行的，其信息披露的内容与形式应在发行章程与募集说明书中约定；信息披露的对象限于其认购人。

3. 银行间债券市场企业资产证券化信息披露的有关规定

(1) 中介机构应切实履行职责，对所出具的中介服务报告、专业意见以及其所披露的其他信息负责。发起机构、增信机构和相关中介机构应按照相关约定，及时向特定目的载体或其管理机构提供相关信息，并保证所提供信息的真实、准确、完整。

(2) 发行资产支持证券的，应至少披露以下文件：

①募集说明书或发行协议；

②法律意见书；

③交易商协会规定的其他文件。

(3) 主承销商应积极配合存续期管理机构开展《银行间债券市场企业资产证券化业务规则》第三十五条规定的相关工作，按规定或约定履行相应义务，及时提供履行《银行间债券市场企业资产证券化业务规则》要求义务所需的信息。

四、证券发行与承销业务的监管措施

（一）证券承销与保荐业务的监管措施

随着注册制改革逐渐深化，监管机构及自律组织通过修订法规规定、强化事前事中事后全链条监管、丰富监管措施类型等途径，显著提升违法违规成本，持续压严压实发行人及中介机构等市场主体责任，在增强监管震慑力的同时，促进市场主体归位尽责，努力培育资本市场良好生态。《证券法》《证券发行上市保荐业务管理办法》《证券发行与承销管理办法》《上海证券交易所股票发行上市审核规则》《深圳证券交易所股票发行上市审核规则》《北京证券交易所向不特定合格投资者公开发行股票并上市审核规则》等法律法规对证券承销与保荐业务的自律管理措施、监管措施及法律责任进行了明确规定。

1. 证券发行上市保荐业务的主要监管措施

（1）中国证监会可以对保荐机构及其与发行上市保荐工作相关的人员、证券服务机构、发行人及其与证券发行上市工作相关的人员等进行定期或者不定期现场检查，相关主体应当积极配合检查，如实提供有关资料，不得拒绝、阻挠、逃避检查，不得谎报、隐匿、销毁相关证据材料。

（2）中国证监会对保荐机构及其相关人员进行持续动态的跟踪管理，记录其业务资格、执业情况、违法违规行为、其他不良行为以及对其采取的监管措施等，并对保荐机构业务质量进行评价。保荐信用记录和质量评价结果向社会公开。

（3）证券公司提交的保荐业务资格申请文件存在虚假记载、误导性陈述或者重大遗漏的，中国证监会不予受理或者不予核准，并给予警告；已核准的，撤销其保荐业务资格。

（4）保荐机构、保荐代表人、保荐业务负责人、内核负责人、保荐业务部门负责人及其他保荐业务相关人员违反相关规定，未诚实守信、勤勉尽责地履行相关义务的，中国证监会可以对其采取重点关注、责令进行业务学习、出具警示函、责令公开说明、责令改正、责令增加内部合规检查的次数并提交合规检查报告、监管谈话、责令处分有关责任人员并报告结果、依法认定为不适当人选等监管措施；依法应给予行政处罚的，依照有关规定进行处罚；情节严重涉嫌犯罪的，依法移送司法机关，追究其刑事责任。

（5）保荐机构、保荐业务负责人、内核负责人或者保荐业务部门负责人在 1 个自然年度内被采取上述监管措施累计 5 次以上，中国证监会可以暂停保荐机构的保荐业务 3 个月，依法责令保荐机构更换保荐业务负责人、内核负责人或者保荐业务部门负责人。保荐代表人在 2 个自然年度内被采取上述监管措施累计 2 次以上，中国证监会可以依法对相关保荐代表人采取认定为不适当人选 6 个月的监管措施。

（6）证券交易所在发行上市审核中，可以根据规则实施相关自律监管措施：口头警示、书面警示、监管谈话、要求限期改正等。

（7）证券交易所在发行上市审核中，可以根据规则实施相关纪律处分：通报批评；公开谴责；5 个月至 5 年内不接受发行人提交的发行上市申请文件；1 年至 5 年内不接受控股股东、实际控制人及其控制的其他发行人提交的发行上市申请文件；3 个月至 5 年内不接受保荐人、证券服务机构提交的发行上市申请文件、信息披露文件；3 个月至 5 年内不接受保荐代表人及保荐人其他相关人员、证券服务机构相关人员签字的发行上市申请文件、信息披露文件；公开认定发行人董事、监事、高级管理人员 3 年以上不适合担任发行人董事、监事、高级管理人员等。

具体行为规范及监管措施内容详见本书“第五章 行业文化、职业道德与从业人员行为规范”“第四节 从业人员行为规范”中相关叙述。

2. 证券发行与承销业务的主要监管措施

（1）证券交易所发现违法违规情形的，可以按照自律监管规则对有关单位和责任人员采取一定期限内不接受与证券承销业务相关的文件、认定为不适当人选等自律监管措施或纪律处分。

（2）中国证券业协会发现违法违规情形的，可以按照自律监管规则对有关单位和责任人员采取认定不适合从事相关业务等自律监管措施或者纪律处分，并根据对网下投资者和承销商的评价结果采取奖惩措施。

（3）发行人及其控股股东和实际控制人、证券公司、证券服务机构、投资者及其直接负责的主管人员和其他直接责任人员有失诚信，存在其他违反法律、行政法规或相关规定的行为的，中国证监会可以视情节轻重采取责令改正、监管谈话、出具警示函、责令公开说明等监管措施；情节严重的，可以对有关责任人员采取证券市场禁入措施；依法应予行政处罚的，依照有关规定进行处罚；涉嫌犯罪的，依法移送司法机关，追究其刑事责任。

（二）债券发行与承销业务的监管措施

1. 公司债券（含企业债券）发行与承销业务的监管措施

中国证监会依法对公司债券的发行，及其交易或转让活动进行监督管理。

证券自律组织依照相关规定对公司债券的发行、上市交易或挂牌转让、登记结算、承销、尽职调查、信用评级、受托管理及增信等进行自律管理。

证券自律组织应当制定相关业务规则，明确公司债券发行、承销、报备、上市交易或挂牌转让、信息披露、登记结算、投资者适当性管理、持有人会议及受托管理等具体规定，报中国证监会批准或备案。

2. 金融债券发行与承销业务的监管措施

中国人民银行依法对金融债券的发行进行监督管理。

3. 非金融企业债务融资工具发行与承销业务的监管措施

（1）交易商协会依据《银行间债券市场非金融企业债务融资工具管理办法》及中国人民银行相关规定对债务融资工具的发行与交易实施自律管理。交易商协会应制定相关自律管理规则，并报中国人民银行备案。

（2）同业拆借中心负责债务融资工具交易的日常监测，每月汇总债务融资工具交易情况向交易商协会报送。

中央结算公司负责债务融资工具登记、托管、结算的日常监测，每月汇总债务融资工具发行、登记、托管、结算、兑付等情况向交易商协会报送。

（3）交易商协会应每月向中国人民银行报告债务融资工具注册汇总情况、自律管理工作情况、市场运行情况及自律管理规则执行情况。

4. 银行间债券市场企业资产证券业务的监管规则

中国银行间市场交易商协会对非金融企业债务融资工具（以下简称“债务融资工具”）信息披露及相关工作实施自律管理。

五、上市公司股东、董监高减持股份的一般规定

为贯彻落实《国务院关于加强监管防范风险推动资本市场高质量发展的若干意见》《关于加强上市公司监管的意见（试行）》，进一步规范股份减持行为及董事、监事和高级管理人员转让股份的行为，中国证监会修订《上市公司董事、监事和高级管理人员所持本公司股份及其变动管理规则》，并发布《上市公司股东减持股份管理暂行办法》。对市场反映的突出问题作出针对性调整完善：一是完善减持规则体系；二是严格规范大股东减持；三是有效防范绕道减持；四是细化违规责任条款；五是强化大股东、董事会秘书的责任。

上述规定明确董监高在自身违法、上市公司违法以及重大违法强制退市、未足额缴纳罚没款等情形下不得减持；明确董监高在集中竞价或者大宗交易减持前都应当预先披露；明确董监高离婚后双方持续共同遵守相关减持限制，并相应优化窗口期规定等。

六、违反证券发行与承销有关规定的法律责任

（一）违反证券承销与保荐业务有关规定的法律责任

1. 违反证券发行上市保荐业务有关规定的主要法律责任

（1）发行人在其公告的证券发行文件中隐瞒重要事实或者编造重大虚假内容，尚未发行证券的，处以200万元以上2 000万元以下的罚款；已经发行证券的，处以非法所募资金金额10%以上1倍以下的罚款。对直接负责的主管人员和其他直接责任人员，处以100万元以上1 000万元以下的罚款。

（2）发行人的控股股东、实际控制人组织、指使从事前款违法行为的，没收违法所得，并处以违法所得10%以上1倍以下的罚款；没有违法所得或者违法所得不足2 000万元的，处以200万元以上2 000万元以下的罚款。对直接负责的主管人员和其

他直接责任人员，处以 100 万元以上 1 000 万元以下的罚款。

（3）保荐人出具有虚假记载、误导性陈述或者重大遗漏的保荐书，或者不履行其他法定职责的，责令改正，给予警告，没收业务收入，并处以业务收入 1 倍以上 10 倍以下的罚款；没有业务收入或者业务收入不足 100 万元的，处以 100 万元以上 1 000 万元以下的罚款；情节严重的，并处暂停或者撤销保荐业务许可。对直接负责的主管人员和其他直接责任人员给予警告，并处以 50 万元以上 500 万元以下的罚款。

（4）信息披露义务人未按照相关法规规定报送有关报告或者履行信息披露义务的，责令改正，给予警告，并处以 50 万元以上 500 万元以下的罚款；对直接负责的主管人员和其他直接责任人员给予警告，并处以 20 万元以上 200 万元以下的罚款。发行人的控股股东、实际控制人组织、指使从事上述违法行为，或者隐瞒相关事项导致发生上述情形的，处以 50 万元以上 500 万元以下的罚款；对直接负责的主管人员和其他直接责任人员，处以 20 万元以上 200 万元以下的罚款。

信息披露义务人报送的报告或者披露的信息有虚假记载、误导性陈述或者重大遗漏的，责令改正，给予警告，并处以 100 万元以上 1 000 万元以下的罚款；对直接负责的主管人员和其他直接责任人员给予警告，并处以 50 万元以上 500 万元以下的罚款。发行人的控股股东、实际控制人组织、指使从事上述违法行为，或者隐瞒相关事项导致发生上述情形的，处以 100 万元以上 1 000 万元以下的罚款；对直接负责的主管人员和其他直接责任人员，处以 50 万元以上 500 万元以下的罚款。

2. 违反证券发行与承销有关规定的主要法律责任

（1）违反相关法律法规，擅自公开或者变相公开发行证券的，责令停止发行，退还所募资金并加算银行同期存款利息，处以非法所募资金金额 5% 以上 50% 以下的罚款；对擅自公开或者变相公开发行证券设立的公司，由依法履行监督管理职责的机构或者部门会同县级以上地方人民政府予以取缔。对直接负责的主管人员和其他直接责任人员给予警告，并处以 50 万元以上 500 万元以下的罚款。

（2）证券公司承销或者销售擅自公开发行或者变相公开发行证券的，责令停止承销或者销售，没收违法所得，并处以违法所得 1 倍以上 10 倍以下的罚款；没有违法所得或者违法所得不足 100 万元的，处以 100 万元以上 1 000 万元以下的罚款；情节严重的，并处暂停或者撤销相关业务许可。给投资者造成损失的，应当与发行人承担连带赔偿责任。对直接负责的主管人员和其他直接责任人员给予警告，并处以 50 万元以上 500 万元以下的罚款。

（3）证券公司承销证券违反《证券法》第二十九条规定的，责令改正，给予警告，没收违法所得，可以并处 50 万元以上 500 万元以下的罚款；情节严重的，暂停或者撤销相关业务许可。对直接负责的主管人员和其他直接责任人员给予警告，可以并处20万元以上200万元以下的罚款；情节严重的，并处以50万元以上500万元以下的罚款。

其中，《证券法》第二十九条规定：证券公司承销证券，应当对公开发行募集文件的真实性、准确性、完整性进行核查。发现有虚假记载、误导性陈述或者重大遗漏的，不得进行销售活动；已经销售的，必须立即停止销售活动，并采取纠正措施。证券公司承销证券，不得有下列行为：①进行虚假的或者误导投资者的广告宣传或者其他宣传推介活动；②以不正当竞争手段招揽承销业务；③其他违反证券承销业务规定的行为。证券公司有前款所列行为，给其他证券承销机构或者投资者造成损失的，应当依法承担赔偿责任。

（二）违反债券发行与承销有关规定的法律责任

1. 违反公司债券发行与承销有关规定的法律责任

（1）对违反法律法规及《公司债券发行与交易管理办法》规定的机构和人员，中国证监会可以对相关机构和人员采取责令改正、监管谈话、出具警示函、责令公开说明、责令定期报告等相关监管措施；依法应予行政处罚的，依照《证券法》《行政处罚法》等法律法规和中国证监会的有关规定进行处罚；涉嫌犯罪的，依法移送司法机关，追究其刑事责任。

（2）非公开发行公司债券，发行人及其他信息披露义务人披露的信息存在虚假记载、误导性陈述或者重大遗漏的，中国证监会可以对发行人、其他信息披露义务人及其直接负责的主管人员和其他直接责任人员采取上述（1）规定的相关监管措施；情节严重的，依照《证券法》第一百九十七条予以处罚。

（3）非公开发行公司债券，发行人违反《公司债券发行与交易管理办法》第十三条规定的，中国证监会可以对发行人及其直接负责的主管人员和其他直接责任人员采取上述（1）规定的相关监管措施；情节严重的，处以警告、罚款。

（4）除中国证监会另有规定外，承销或自行销售非公开发行公司债券未按规定进行报备的，中国证监会可以对承销机构及其直接负责的主管人员和其他直接责任人员采取上述（1）规定的相关监管措施；情节严重的，处以警告、罚款。

（5）承销机构在承销公司债券过程中，有下列行为之一的，中国证监会依照《证券法》第一百八十四条予以处罚。

①未勤勉尽责，违反《公司债券发行与交易管理办法》第四十一条规定的行为；

②以不正当竞争手段招揽承销业务；

③从事《公司债券发行与交易管理办法》第四十五条规定禁止的行为；

④从事《公司债券发行与交易管理办法》第四十七条规定禁止的行为；

⑤未按《公司债券发行与交易管理办法》及相关规定要求披露有关文件；

⑥未按照事先披露的原则和方式配售公司债券，或其他未依照披露文件实施的行为；

⑦未按照《公司债券发行与交易管理办法》及相关规定要求保留推介、定价、配售等承销过程中相关资料；

⑧其他违反承销业务规定的行为。

（6）发行人及其控股股东、实际控制人、债券受托管理人等违反《公司债券发行与交易管理办法》规定，损害债券持有人权益的，中国证监会可以对发行人、发行人的控股股东和实际控制人、受托管理人及其直接负责的主管人员和其他直接责任人员采取上述（1）规定的相关监管措施；情节严重的，处以警告、罚款。

2. 违反金融债券发行与承销有关规定的法律责任

（1）发行人有下列行为之一的，由中国人民银行按照《中国人民银行法》第四十六条的规定予以处罚。

①未经中国人民银行核准擅自发行金融债券；

②超规模发行金融债券；

③以不正当手段操纵市场价格、误导投资者；

④未按规定报送文件或披露信息；

⑤其他违反《全国银行间债券市场金融债券发行管理办法》的行为。

（2）承销人有下列行为之一的，由中国人民银行按照《中国人民银行法》第四十六条的规定予以处罚。

①以不正当竞争手段招揽承销业务；

②发布虚假信息或泄露非公开信息；

③其他违反《全国银行间债券市场金融债券发行管理办法》的行为。

（3）托管机构有下列行为之一的，由中国人民银行按照《中国人民银行法》第四十六条的规定予以处罚。

①挪用托管客户金融债券；

②债券登记错误或遗失；

③发布虚假信息或泄露非公开信息；

④其他违反《全国银行间债券市场金融债券发行管理办法》的行为。

（4）注册会计师、律师、信用评级机构等相关机构和人员所出具的文件含有虚假记载、误导性陈述或重大遗漏的，由中国人民银行按照《中国人民银行法》第四十六条的规定予以处罚。其行为给他人造成损失的，应当就其负有责任的部分依法承担民事责任。

（5）《中国人民银行法》第四十六条规定，中国人民银行有权对金融机构以及其他单位和个人的下列行为进行检查监督：

①执行有关存款准备金管理规定的行为；

②与中国人民银行特种贷款有关的行为；

③执行有关人民币管理规定的行为；

④执行有关银行间同业拆借市场、银行间债券市场管理规定的行为；

⑤执行有关外汇管理规定的行为；

⑥执行有关黄金管理规定的行为；

⑦代理中国人民银行经理国库的行为；

⑧执行有关清算管理规定的行为；

⑨执行有关反洗钱规定的行为。

其中，中国人民银行特种贷款，是指国务院决定的由中国人民银行向金融机构发放的用于特定目的的贷款。

上述所列行为违反有关规定，有关法律、行政法规有处罚规定的，依照其规定给予处罚；有关法律、行政法规未作处罚规定的，由中国人民银行区别不同情形给予警告，没收违法所得，违法所得50万元以上的，并处违法所得1倍以上5倍以下罚款；没有违法所得或者违法所得不足50万元的，处50万元以上200万元以下罚款；对负有直接责任的董事、高级管理人员和其他直接责任人员给予警告，处5万元以上50万元以下罚款；构成犯罪的，依法追究刑事责任。

3. 违反非金融企业债务融资工具发行与承销有关规定的法律责任

（1）交易商协会对违反自律管理规则的机构和人员，可采取警告、诫勉谈话、公开谴责等措施进行处理。

（2）中国人民银行依法对交易商协会、同业拆借中心和中央结算公司进行监督管理。

交易商协会、同业拆借中心和中央结算公司应按照中国人民银行的要求，及时向中国人民银行报送与债务融资工具发行和交易等有关的信息。

（3）对违规机构和人员，中国人民银行可依照《中国人民银行法》第四十六条规定进行处罚，构成犯罪的，依法追究刑事责任。

4. 违反银行间债券市场企业资产证券化业务发行与承销有关规定的法律责任

中介机构开展资产证券化业务除应遵从本规则的相关规定，还应遵从交易商协会相关自律规则。违反《银行间债券市场企业资产证券化业务规则》及相关自律规则规定的，交易商协会可依据《银行间债券市场自律处分规则》《银行间债券市场自律管理措施实施规程》等相关规定进行处理。

（三）典型案例

1. 操作实例

（1）操作案例 1

甲公司拟申请在科创板首次公开发行股票并上市，聘请乙公司担任保荐机构。就此，保荐机构围绕科创板定位，对发行人自我评估涉及的相关事项进行尽职调查，重点对发行人科创属性认定的依据是否真实、客观、合理，以及申请文件中的相关信息披露进行核查把关，并根据《上海证券交易所科创板企业发行上市申报及推荐暂行规定》所附示范格式的要求，出具专项意见，说明具体的核查内容、核查过程等，同时在上市保荐书中说明核查结论及依据。其后，乙公司向上海证券交易所提交了关于在科创板首次公开发行股票并上市的申请。上海证券交易在审核过程中对发行人是否符合科创板定位进行了问询，乙公司及保荐机构出具了书面回复。最终，上海证券交易所同意乙公司的上市申请。

上述情形符合《证券发行上市保荐业务管理办法》《首次公开发行股票注册管理办法》《科创属性评价指引（试行）》《上海证券交易所科创板企业发行上市申报及推荐暂行规定（2024 年 4 月修订）》相关规定。

（2）操作案例 2

甲证券公司（以下简称“主承销商”）在承揽乙公司（以下简称“发行人”）公开发行公司债券项目过程中，对项目执行成本与风险责任进行综合评估，合理确定报价并成功中标该项目。主承销商依照法律法规、规章及其他规范性文件、行业规范和自律规则、公司内部规章制度开展执业活动，诚实守信、勤勉尽责地履行尽职调查职责，按照有关规定制作注册申请文件并对外申报。

主承销商对与项目有关的情况进行持续关注和尽职调查，避免项目材料和文件对外提交、报送、出具或披露后可能出现的新情况、新问题未能及时报告或披露。

公开发行公司债券的，发行人和主承销商聘请了律师事务所对发行过程、配售行为、参与认购的投资者资质条件、资金划拨等事项进行见证，并出具专项法律意见书。公司债券上市后 10 个工作日内，主承销商将专项法律意见、承销总结报告等文件一并报证券交易场所。

甲公司的上述承销与发行程序，符合《公司债券发行与交易管理办法》第四十条、第四十一条、第四十五条、第四十六条等规定。

（3）操作实例 3

甲证券公司（以下简称“受托管理人”）在担任乙股份公司（以下简称“发行人”）发行的公司债券受托管理机构过程中，持续关注发行人的资质状况，持续关注公司债券增信机构的资信状况、担保物价值和权属情况以及内外部增信机制、偿债保障措施的实施情况，并按照受托协议的约定进行核查。在债券存续期内，受托管理人通过询问发行人、查询银行流水等方式，持续监督并定期检查发行人募集资金的使用情况。受托管理人在知悉乙股份公司偿债保障措施发生重大变化后，于第二个工作日向市场公告临时受托管理事务报告。

甲公司上述行为符合《债券受托管理协议》约定，《公司债券发行与交易管理办法》第四十九条第二款和第五十二条的规定。

2. 违法违规案例

（1）违法违规案例 1

甲证券公司（以下简称“保荐机构”）指派员工张某、王某担任乙股份公司（以下简称“发行人”）首次公开发行股票并上市项目的保荐代表人。上海证券交易所在对该项目的发行上市审核及现场督导工作中发现，保荐机构及保荐代表人存在以下违规情形：①未就关联公司资金流向重合供应商的情况履行审慎核查义务；②未审慎评估申报会计师收入相关核查意见；③投行内部控制存在薄弱环节。上述行为违反了《上海证券交易所股票发行上市审核规则》第十五条、第二十七条等有关规定。因此，上海证券交易所根据《审核规则》第七十二条、第七十四条和《上海证券交易所纪律处分和监管措施实施办法》等有关规定，决定对保荐机构及两名保荐代表人予以监管警示。

（2）违法违规案例 2

甲证券公司（以下简称“受托管理人”）在担任乙股份公司（以下简称“发行人”）发行的公司债券受托管理机构过程中，发行人未披露其与关联方的资金拆借情形，未及时披露债券存续期内发生的可能影响偿债能力或债券价格的重大事项。受托管理人没有按照《债券受托管理协议》第四条约定，在债券存续期内持续有效督促发行人履行信息披露义务，没有持续有效关注发行人的资信状况，对相关情况进行持续有效跟踪和监督，未能勤勉尽责地履行受托管理责任。

受托管理人违反了《公司债券发行与交易管理办法》第四十九条第二款和第五十二条的规定。受托管理人被地方证监局采取了出具警示函的监管措施，并将相关情况记入证券期货市场诚信档案。

第五节　证券公司融资融券及其他信用业务

本节重点梳理、解释、总结与证券公司融资融券、转融通、股票质押式回购、质押式报价回购等信用业务相关的法律法规和准则，主要包括《证券公司监督管理条例》《证券公司融资融券业务管理办法》《转融通业务监督管理试行办法》《股票质押式回购交易及登记结算业务办法》等。

一、法规概述

（一）法律、行政法规

《证券法》“第八章　证券公司”明确经国务院证券监督管理机构核准，证券公司可以经营证券融资融券业务，《证券公司监督管理条例》则在其“第四章　业务规则与风险控制”的第五节专门对证券公司融资融券业务作出一般性规定。上述法律及行政法规是中国证监会等监管机构制定信用业务相关监管政策、实施监督管理的重要法律依据。

（二）部门规章及规范性文件、自律规则

除上述法律及行政法规外，证券公司信用业务涉及的主要部门规章、规范性文件、自律规则等包括《证券公司融资融券业务管理办法》《证券公司融资融券业务内部控制指引》《转融通业务监督管理试行办法》《上海证券交易所融资融券交易实施细则》《深圳证券交易所融资融券交易实施细则》《中国证券金融股份有限公司转融通业务规则（试行）》《股票质押式回购交易及登记结算业务办法》及《质押式报价回购交易及登记结算业务办法》等。

二、融资融券业务

（一）融资融券业务的基本概念

融资融券业务，是指在证券交易所或者国务院批准的其他证券交易场所进行的证券交易中，证券公司向客户出借资金供其买入证券或者出借证券供其卖出，并由客户交存相应担保物的经营活动。

（二）融资融券业务管理的基本原则

1. 合法合规性原则

证券公司开展融资融券业务，应当遵守法律法规和准则的规定，加强内部控制，严格防范和控制风险，切实维护客户合法权益。

证券公司开展融资融券业务，必须经中国证监会核准。未经中国证监会核准，任何证券公司不得向客户融资、融券，也不得为客户与客户、客户与他人之间的融资融券活动提供任何便利和服务。

中国证监会及其派出机构依照法律、行政法规和《证券公司融资融券业务管理办法》的规定，对证券公司融资融券业务活动进行监督管理。

2. 集中管理原则

证券公司应当对融资融券业务实行集中统一管理。

融资融券业务的决策和主要管理职责应当由证券公司总部承担，并应加强对分支机构融资融券业务活动的控制，禁止分支机构未经总部批准向客户融资、融券，禁止分支机构自行决定签约、开户、授信、保证金收取等应当由总部决定的事项。

3. 业务隔离原则

证券公司应当健全业务隔离制度，融资融券业务的前、中、后台应当相互分离、相互制约，各主要环节应当分别由不同的部门和岗位负责，负责风险监控和业务稽核的部门和岗位应当独立于其他部门和岗位，分管融资融券业务的高级管理人员不得兼管风险监控部门和业务稽核部门。

证券公司应确保融资融券业务与证券资产管理、证券自营、投资银行等业务在机构、人员、信息、账户等方面相互分离。

4. 了解客户原则

证券公司开展融资融券业务应加强客户适当性管理，充分了解客户，不得诱导不适当的客户开展融资融券业务。

（三）证券公司融资融券业务资格的取得

1. 证券公司申请融资融券业务资格应具备的条件

（1）具有证券经纪业务资格；

（2）公司治理健全，内部控制有效，能有效识别、控制和防范业务经营风险和内部管理风险；

（3）公司最近2年内不存在因涉嫌违法违规正被中国证监会立案调查或者正处于整改期间的情形；

（4）财务状况良好，最近2年各项风险控制指标持续符合规定，注册资本和净资本符合增加融资融券业务后的规定；

（5）客户资产安全、完整，客户交易结算资金第三方存管有效实施，客户资料完整真实；

（6）已建立完善的客户投诉处理机制，能够及时、妥善处理与客户之间的纠纷；

(7) 已建立符合监管规定和自律要求的客户适当性制度，实现客户与产品的适当性匹配管理；

(8) 信息系统安全稳定运行，最近1年未发生因公司管理问题导致的重大事件，融资融券业务技术系统已通过证券交易所、证券登记结算机构组织的测试；

(9) 有拟负责融资融券业务的高级管理人员和适当数量的专业人员；

(10) 中国证监会规定的其他条件。

2. 证券公司申请融资融券业务资格的程序要求

证券公司申请融资融券业务资格，应当向中国证监会提交下列材料，同时抄报住所地证监会派出机构：

(1) 融资融券业务资格申请书；

(2) 股东会（股东大会）关于经营融资融券业务的决议；

(3) 融资融券业务方案、内部管理制度文本和按照《证券公司融资融券业务管理办法》第十二条制定的选择客户的标准；

(4) 负责融资融券业务的高级管理人员与业务人员的名册及资格证明文件；

(5) 证券交易所、证券登记结算机构出具的关于融资融券业务技术系统已通过测试的证明文件；

(6) 中国证监会要求提交的其他文件。

获得批准的证券公司应当按照规定，向公司登记机关申请业务范围变更登记，向中国证监会申请换发经营证券业务许可证。取得中国证监会换发的经营证券业务许可证后，证券公司方可开展融资融券业务。

（四）融资融券业务的决策授权体系

证券公司应当建立融资融券业务的决策与授权体系。融资融券业务的决策与授权体系原则上按照“董事会——业务决策机构——业务执行部门——分支机构”的架构设立和运行。

1. 董事会负责制定融资融券业务的基本管理制度，决定与融资融券业务有关的部门设置及各部门职责，确定融资融券业务的总规模。

2. 业务决策机构由有关高级管理人员及部门负责人组成，负责制定融资融券业务操作流程，选择可从事融资融券业务的分支机构，确定对单一客户和单一证券的授信额度、融资融券的期限和利率（费率）、保证金比例和最低维持担保比例、可充抵保证金的证券种类及折算率、客户可融资买入和融券卖出的证券种类。

3. 业务执行部门负责融资融券业务的具体管理和运作，制定融资融券合同的标准文本，确定对具体客户的授信额度，对分支机构的业务操作进行审批、复核和监督。

4. 分支机构在公司总部的集中监控下，按照公司的统一规定和决定，具体负责客户征信、签约、开户、保证金收取和交易执行等业务操作。

（五）融资融券业务的账户体系

1. 证券公司信用业务账户体系

（1）证券公司在证券登记结算机构开设的信用账户（见图3-1）

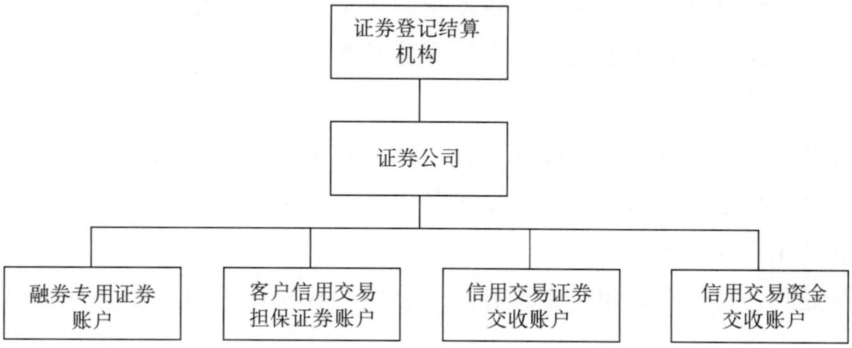

图3-1 证券公司在证券登记结算机构开设的信用账户

证券公司经营融资融券业务，应当以自己的名义，在证券登记结算机构分别开立融券专用证券账户、客户信用交易担保证券账户、信用交易证券交收账户和信用交易资金交收账户。

融券专用证券账户：用于记录证券公司持有的拟向客户融出的证券和客户归还的证券，不得用于证券买卖。

客户信用交易担保证券账户：用于记录客户委托证券公司持有、担保证券公司因向客户融资融券所生债权的证券。

信用交易证券交收账户：用于客户融资融券交易的证券结算。

信用交易资金交收账户：用于客户融资融券交易的资金结算。

（2）证券公司在商业银行开设的信用账户（见图3-2）

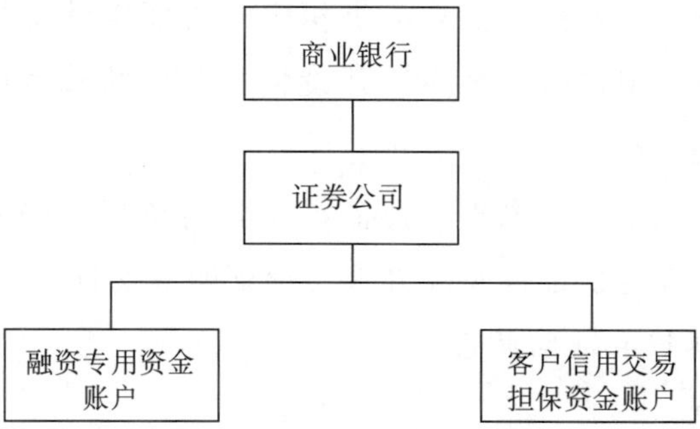

图3-2 证券公司在商业银行开设的信用账户

证券公司经营融资融券业务，应当以自己的名义，在商业银行分别开立融资专用资金账户和客户信用交易担保资金账户。

融资专用资金账户：用于存放证券公司拟向客户融出的资金及客户归还的资金。

客户信用交易担保资金账户：用于存放客户交存的、担保证券公司因向客户融资融券所生债权的资金。

根据沪、深证券交易所融资融券交易实施细则，证券公司按照相关规定开立融券专用证券账户、客户信用交易担保证券账户、融资专用资金账户及客户信用交易担保资金账户后，应在开户后3个交易日内报交易所备案。

2. 客户信用账户

客户通过证券公司开展融资融券业务，应当在证券公司开立实名信用资金台账和信用证券账户，在指定的商业银行开立实名信用资金账户。

（1）客户信用资金台账

客户在证券公司开立的用于记载客户交存的担保资金，以及融资融券负债明细数据的账户。

（2）客户信用证券账户

证券公司客户信用交易担保证券账户的二级账户，用于记录客户委托证券公司持有的担保证券的明细数据。客户用于一家证券交易所上市证券交易的信用证券账户只能有一个。

（3）客户信用资金账户

客户在指定的商业银行开立的用于记载客户交存的担保资金的明细数据的账户。该账户是证券公司客户信用交易担保资金账户的二级账户。

（六）融资融券业务的客户

1. 融资融券业务客户的申请

客户向证券公司申请开展融资融券业务，应当由客户本人向证券公司营业部提出申请，并应根据证券公司营业部的要求提供相应的书面申请材料，一般包括有效身份证明文件、融资融券业务申请表、客户已开设相关账户的基本信息、客户财务状况证明、担保品证明等相关材料。

机构客户除提交以上基本信息外，还需提交公司章程、法人代表授权文件、法人代表身份证明、法人代表身份证件及经办人身份证明等文件。

2. 融资融券业务客户的征信调查

（1）客户基本情况

个人客户一般包括但不限于姓名、性别、出生年月、联系方式、居住地址、文化程度、婚姻状况、家庭成员、职业、职务等；机构客户一般包括但不限于单位名称、成立时间、企业性质、所属行业、经营范围、注册地址、经营期限、高管人员情况、实际控制人及受益人等。

(2) 财产与收入状况

个人客户一般应提供其收入来源及数额、金融资产、非金融资产、债务情况及用作担保品的资金或证券资产情况等；机构客户一般应提供资产及负债情况、偿债能力、盈利能力、成长性说明等。

(3) 证券投资经验及风险偏好

应包括但不限于客户的投资期限、投资规模、投资收益、投资风格及风险偏好等。

(4) 诚信合规记录

客户近几年证券投资交易清算履约情况、商业银行信用记录、其他信用记录等。

(5) 融资融券需求

客户对融资融券业务规则、相关风险的认知情况及融资融券需求，如融资融券授信方式、额度、期限、利率及费率等。

3. 证券公司不得为客户开立信用业务账户的情形

(1) 未按照要求提供有关情况；

(2) 从事证券交易时间不足半年；缺乏风险承担能力；

(3) 最近20个交易日日均证券类资产低于50万元或者有重大违约记录的客户；

(4) 本公司的股东（不包括仅持有上市证券公司5%以下流通股份的股东）、关联人。

4. 客户的选择标准

证券公司应当按适当性制度要求和《证券公司融资融券业务管理办法》规定，制定选择客户的具体标准，一般主要包括以下几个方面：

(1) 从事证券交易的时间

客户申请开立信用业务证券账户前，应当已经在申请开展融资融券业务的证券公司所属营业部及与其具有控制关系的其他证券公司营业部开设普通证券账户且从事证券交易的时间满半年以上。

(2) 账户状态

客户开户手续齐全、资料完备，资金账户与证券账户对应关系清晰，交易结算状态正常。

(3) 信誉状况

要求客户信誉良好，无重大违约记录。

(4) 资产状况

最近20个交易日日均证券类资产不低于50万元，具有符合要求的担保品及较强的还款能力。

（5）投资风格

具有较强的风险承受能力，符合适当性相关规定。

（6）关联关系

不属于本公司的股东（持有上市证券公司5%以下流通股份的股东除外）或关联人。

专业机构投资者参与融资、融券，可不受前款从事证券交易时间及证券类资产条件限制。

（七）融资融券交易风险揭示书的基本内容

证券公司与客户签订融资融券合同前，应将融资融券交易风险揭示书交由客户书面确认。根据中国证券业协会发布的《融资融券交易风险揭示书必备条款》，融资融券业务交易风险揭示书的基本内容应包含：

1. 提示客户注意融资融券交易具有普通证券交易所具有的政策风险、市场风险、违约风险、系统风险等各种风险，以及其特有的投资风险放大等风险。

2. 提示客户在开户从事融资融券交易前，必须了解所在的证券公司是否具有开展融资融券业务的资格。

3. 提示客户在从事融资融券交易期间，如果不能按照约定的期限清偿债务，或上市证券价格波动导致担保物价值与其融资融券债务之间的比例低于维持担保比例，且不能按照约定的时间、数量追加担保物时，将面临担保物被证券公司强制平仓的风险。

4. 提示客户在从事融资融券交易期间，如果其信用资质状况降低，证券公司会相应降低对其的授信额度，或者证券公司提高相关警戒指标、平仓指标所产生的风险，可能会给客户造成经济损失。

5. 提示客户在从事融资融券交易期间，如果中国人民银行规定的同期金融机构贷款基准利率调高，证券公司将相应调高融资利率或融券费率，客户将面临融资融券成本增加的风险。

6. 提示客户在从事融资融券交易期间，如果因自身原因导致其资产被司法机关采取财产保全或强制执行措施，或者出现丧失民事行为能力、破产、解散等情况时，客户将面临被证券公司提前了结融资融券交易的风险，可能会给客户造成经济损失。

7. 提示客户在从事融资融券交易期间，如果发生融资融券标的证券范围调整、标的证券暂停交易或终止上市等情况，客户将可能面临被证券公司提前了结融资融券交易的风险，可能会给客户造成经济损失。

8. 提示客户在从事融资融券交易期间，证券公司将以《融资融券合同》约定的通知与送达方式及通信地址，向客户发送通知。通知发出并经过约定的时间后，将视作证券公司已经履行对客户的通知义务。客户无论因何种原因没有及时收到有关通知，都会面临担保物被证券公司强制平仓的风险，可能会给客户造成经济损失。

9. 提示客户应妥善保管信用账户卡、身份证件和交易密码等资料，如客户将信用账户、身份证件、交易密码等出借给他人使用，由此造成的后果由客户承担。

10. 除上述九项风险提示外，各证券公司还可以根据具体情况在其制定的《融资融券交易风险揭示书》中对融资融券交易存在的风险进一步列举。

（八）融资融券业务合同的基本内容

根据中国证券业协会发布的《融资融券合同必备条款》，融资融券业务合同的基本内容应包含：

1. 当事人姓名、住所等相关信息。

2. 订立合同的目的和依据。

3. 对融资融券交易所涉及的信用账户、融资与融券交易、担保物、保证金比例、维持担保比例、强制平仓等专业术语进行解释或定义。合同还应当对《证券公司监督管理条例》中的“客户证券担保账户”“客户资金担保账户”“授信账户”和《证券公司融资融券业务管理办法》中的“客户信用交易担保证券账户”“客户信用交易担保资金账户”“客户信用证券账户和客户信用资金账户”之间的对应关系作出解释和说明。

4. 合同应载明甲乙双方对主体资格、交易资产来源、身份证明材料的真实性等方面的声明与保证。

5. 合同应载明开立信用业务相关账户的有关内容。

6. 合同应约定融资融券特定的财产信托关系，即信托目的、信托财产范围、信托的成立和生效、信托财产的管理、信托财产的处分及信托的终止。

7. 合同应约定甲方从事融资融券交易的保证金比例及计算公式、保证金可用余额计算公式、可充抵保证金的证券范围和折算率、标的证券范围等。

8. 合同应约定甲方从事融资融券交易的信用额度、融资融券期限、融资利率和融券费用的确定方式及相应的计算公式等事项。

9. 合同应对融资融券交易的主要业务操作环节加以约定。

10. 合同应约定甲方从事融资融券交易的维持担保比例和计算公式、补仓时间、补仓期限、补仓后应达到的维持担保比例以及乙方要求甲方补仓的通知方式。约定内容应当符合证券交易所的有关规定。

11. 合同应约定乙方强制平仓的各类情形、平仓开始与停止条件、平仓顺序等事项。合同还可以约定，如甲方逾期偿还债务的，乙方将收取违约金，并明确违约金的计算方式。

12. 合同应约定甲方清偿债务的范围、方式、期限以及债务清偿后信用账户的处理方式等有关事项。

13. 合同应约定在融资融券交易期间，当出现可充抵保证金证券范围和折算率调整；保证金比例与维持担保比例调整；标的证券范围调整；标的证券暂停交易或终止上市；乙方被取消或限制融资融券交易权限；司法机关对甲方信用证券账户记载的权益采取财产保全或强制执行措施；甲方信用证券账户记载的权益被继承、财产细分或无偿转让等特殊情况时，对尚未了结的融资融券交易的处理方式。

14. 约定融资融券交易所涉及的权益处理事项。

15. 合同应载明通知与送达的有关事项。

16. 合同应明确载入因火灾、地震等不可抗力；非因乙方自身原因导致的技术系统异常事故；政策法规修改；法律法规规定的其他情形等因素，导致合同任何一方不能及时或完全履行合同，免除其相应责任的条款。

17. 合同应约定导致合同终止的各种具体情形。

18. 合同应约定适用的法律和争议处理方式（仲裁或诉讼方式选择一种）。

19. 合同应明确约定合同成立与生效条件、合同期限、合同份数等事项。

20. 合同应明确载明“乙方确认已向甲方说明融资融券交易的风险，不保证甲方获得投资收益或承担甲方投资损失；甲方确认，已充分理解本合同内容，自行承担风险和损失”。

合同还应规定，合同应由甲方本人签署，当甲方为机构投资者时，应由法定代表人或其授权代表人签署。

（九）融资融券业务所涉债权担保的基本规定

证券公司向客户融资、融券，应当向客户收取一定比例的保证金。保证金除现金形式外还可以证券充抵。

证券公司应当将收取的保证金以及客户融资买入的全部证券和融券卖出所得全部价款，分别存放在客户信用交易担保证券账户和客户信用交易担保资金账户，作为对该客户融资融券所生债权的担保物。

证券公司应当在符合证券交易所规定的前提下，根据客户信用状况、担保物质量等情况，与客户约定最低维持担保比例、补足担保物的期限以及违约处置方式等。

证券公司应当逐日计算客户交存的担保物价值与其所欠债务的比例。当该比例低于约定的维持担保比例时，应当通知客户在约定的期限内补交担保物，客户经证券公司认可后，可以提交除可充抵保证金证券以外的其他证券、不动产、股权等资产。

客户未能按期交足担保物或者到期未偿还债务的，证券公司可以按照约定处分其担保物。保证金比例和可充抵保证金的证券的种类、折算率，最低维持担保比例和客户补交担保物的期限，由证券交易所规定，且证券交易所应当对可充抵保证金的各类证券制定不同的折算率要求。

（十）融资融券业务相关交易要素

1. 标的证券

在交易所上市交易的并经交易所认可的可作为融资买入或融券卖出的证券统称为标的证券，标的证券涵盖四大类证券，主要包括股票、证券投资基金、债券、其他证券。

（1）标的证券为股票的，应当符合下列条件：

①在交易所上市交易超过 3 个月。但科创板与实施注册制的创业板股票上市首日即可成为标的证券。

②融资买入标的股票的流通股本不少于 1 亿股或流通市值不低于 5 亿元，融券卖出标的股票的流通股本不少于 2 亿股或流通市值不低于 8 亿元。

③股东人数不少于 4 000 人。

④在最近 3 个月内没有出现下列情形之一：日均换手率低于基准指数日均换手率的 15%，且日均成交金额小于 5 000 万元；日均涨跌幅平均值与基准指数涨跌幅平均值的偏离值超过 4%；波动幅度达到基准指数波动幅度的 5 倍以上。

⑤股票发行公司已完成股权分置改革。

⑥股票交易未被交易所实施风险警示。

⑦交易所规定的其他条件。

（2）标的证券为交易型开放式指数基金（ETF）的，应当符合下列条件：

①上市交易超过 5 个交易日；

②最近 5 个交易日内的日平均资产规模不低于 5 亿元；

③基金持有户数不少于 2 000 户；

④交易所规定的其他条件。

（3）标的证券为上市开放式基金的，应当符合下列条件：

①上市交易超过 5 个交易日；

②最近 5 个交易日内的日平均资产规模不低于 5 亿元；

③基金持有户数不少于 2 000 户；

④基金份额不存在分拆、合并等分级转换情形；

⑤交易所规定的其他条件。

(4) 标的证券为债券的，应当符合下列条件：

①债券托管面值在1亿元以上；

②债券剩余期限在1年以上；

③债券信用评级达到AA级（含）以上；

④交易所规定的其他条件。

交易所按照从严到宽、从少到多、逐步扩大的原则，从满足上述规定的证券范围内选取和确定标的证券的名单，并向市场公布。

交易所可根据市场情况调整标的证券的选择标准和名单，证券公司向其客户公布的标的证券名单，不得超出交易所公布的标的证券范围。

标的证券暂停交易的，证券公司与其客户可以根据双方约定了结相关融资融券合约。如恢复交易日在融资融券债务到期日之后的，融资融券的期限可以顺延，顺延的具体期限由证券公司与其客户自行约定。

标的股票交易被实施风险警示的，交易所自该股票被实施风险警示当日起将其调整出标的证券范围。注册制下首次公开发行上市的股票，被撤销风险警示的，交易所自该股票被撤销风险警示当日起将其调入标的证券范围。标的证券进入终止上市程序的，交易所自发行人作出相关公告当日起将其调整出标的证券范围。

证券被调整出标的证券范围的，在调整实施前未了结的融资融券合同仍然有效。证券公司与其客户可以根据双方约定提前了结相关融资融券合约。

2. 保证金和担保物管理

证券公司向客户融资、融券，应当向客户收取一定比例的保证金，除现金外，保证金可以证券充抵。

证券公司向客户收取的保证金以及客户融资买入的全部证券和融券卖出所得全部资金，整体作为客户对证券公司融资融券所生债务的担保物。

(1) 可充抵保证金的证券的折算率

可充抵保证金的证券，在计算保证金金额时应当以证券市值或净值按下列折算率进行折算：

①上证180指数成分股股票及深证100指数成分股股票的折算率最高不超过70%，其他股票折算率最高不超过65%；

②交易型开放式指数基金折算率最高不超过90%；

③证券公司现金管理产品、货币市场基金、国债折算率最高不超过95%；

④被实施风险警示、进入退市整理期的证券，静态市盈率在300倍以上或者为负数的A股股票，以及权证的折算率为0%；

⑤其他上市证券投资基金和债券折算率最高不超过 80%。

交易所可以根据市场情况调整可充抵保证金证券的名单和折算率。证券公司公布的可充抵保证金证券的名单，不得超出交易所公布的可充抵保证金证券范围。公布的可充抵保证金证券的折算率，不得高于交易所规定的标准。

（2）融资融券保证金比例及计算

投资者融资买入证券时，融资保证金比例不得低于 80%。融资保证金比例是指投资者融资买入时交付的保证金与融资交易金额的比例，计算公式为：

融资保证金比例 = 保证金融资买入证券数量 × 买入价格 × 100%

投资者融券卖出时，融券保证金比例不得低于 100%，其中私募证券投资基金的融券保证金比例不得低于 120%。融券保证金比例是指投资者融券卖出时交付的保证金与融券交易金额的比例，计算公式为：

融券保证金比例 = 保证金融券卖出证券数量 × 卖出价格 × 100%

（3）保证金可用余额及计算

保证金可用余额是指投资者用于充抵保证金的现金、证券市值及融资融券交易产生的浮盈经折算后形成的保证金总额，减去投资者未了结融资融券交易已占用保证金和相关利息、费用的余额。其计算公式为：

保证金可用余额 = 现金 + ∑（可充抵保证金的证券市值 × 折算率）+ ∑[（融资买入证券市值 - 融资买入金额）× 折算率] + ∑[（融券卖出金额 - 融券卖出证券市值）× 折算率] - ∑融券卖出金额 - ∑融资买入证券金额 × 融资保证金比例 - ∑融券卖出证券市值 × 融券保证金比例 - 利息及费用

公式中：

融券卖出金额 = 融券卖出证券的数量 × 卖出价格

融券卖出证券市值 = 融券卖出证券数量 × 市价

融券卖出证券数量，指融券卖出后尚未偿还的证券数量。

“∑[（融资买入证券市值 - 融资买入金额）× 折算率]”和“∑[（融券卖出金额 - 融券卖出证券市值）× 折算率]”中的折算率，是指融资买入、融券卖出证券对应的折算率。当融资买入证券市值低于融资买入金额或融券卖出证券市值高于融券卖出金额时，折算率按 100% 计算。

（4）客户担保物的监控

证券公司应当对客户提交的担保物进行整体监控，并计算其维持担保比例。维持担保比例是指客户担保物价值与其融资融券债务之间的比例。

维持担保比例 = 现金 + 信用证券账户内证券市值总和 + 其他担保物价值融资买入金额 + 融券卖出证券数量 × 当前市价 + 利息及费用总和

上述公式中，“其他担保物”是指客户维持担保比例低于最低维持担保比例时，客户经证券公司认可后提交的除现金及信用证券账户内证券以外的其他担保物，其价值根据证券公司与客户约定的估值方式计算或双方认可的估值结果确定。

客户信用证券账户内的证券，出现被调出可充抵保证金证券范围、被暂停交易、被实施风险警示等特殊情形或者因权益处理等产生尚未到账的在途证券，证券公司在计算客户维持担保比例时，可以根据与客户的约定按照公允价格或其他定价方式计算其市值。

证券公司应当根据市场情况、客户资信和公司风险管理能力等因素，审慎评估并与客户约定最低维持担保比例要求。

当客户维持担保比例低于最低维持担保比例时，证券公司应当通知客户在约定的期限内追加担保物，客户经证券公司认可后，可以提交除可充抵保证金证券外的其他证券、不动产、股权等依法可以担保的财产或财产权利作为其他担保物。证券公司可以与客户自行约定追加担保物后的维持担保比例要求，仅计算现金及信用证券账户内证券市值总和的维持担保比例超过300%时，客户可以提取保证金可用余额中的现金、充抵保证金的证券，但提取后仅计算现金及信用证券账户内证券市值总和的维持担保比例不得低于300%。

维持担保比例超过证券公司与客户约定的数值时，客户可以解除其他担保物的担保，但解除担保后的维持担保比例不得低于证券公司与客户约定的数值。交易所对提取现金、充抵保证金的证券，或解除其他担保物的担保另有规定的除外。

客户不得将已设定担保或其他第三方权利及被采取查封、冻结等司法强制措施的证券提交为担保物，证券公司不得向客户借出此类证券。

客户担保物中单一证券市值占比达到一定比例时，证券公司应当按照与客户的约定，暂停接受其融资买入该证券的委托或采取其他风险控制措施。

根据《证券公司融资融券业务管理办法》的规定，除下列情形外，任何人不得动用证券公司客户信用交易担保证券账户内的证券和客户信用交易担保资金账户内的资金：

①为客户进行融资融券交易的结算；

②收取客户应当归还的资金、证券；

③收取客户应当支付的利息、费用、税款；

④按照该办法的规定以及与客户的约定处分担保物；

⑤收取客户应当支付的违约金；

⑥客户提取还本付息、支付税费及违约金后的剩余证券和资金；

⑦法律、行政法规和该办法规定的其他情形。

司法机关依法对客户信用证券账户或者信用资金账户记载的权益采取财产保全或者强制执行措施的，证券公司应当处分担保物，实现因向客户融资融券所生债权，并协助司法机关执行。

（十一）权益处理

1. 对证券发行人权利的行使

根据《证券公司融资融券业务管理办法》，证券发行人的权利，是指请求召开证券持有人会议、参加证券持有人会议、提案、表决、配售股份的认购、请求分配投资收益等因持有证券而产生的权利。

证券登记结算机构依据证券公司客户信用交易担保证券账户内的记录，确认证券公司受托持有证券的事实，并以证券公司为名义持有人，登记于证券持有人名册。

对客户信用交易担保证券账户记录的证券，由证券公司以自己的名义，为客户的利益，行使对证券发行人的权利。证券公司行使对证券发行人的权利，应当事先征求客户的意见，并按照其意见办理。客户未表达意见的，证券公司不得行使对发行人的权利。

2. 证券发行人分派投资收益的处理

证券登记结算机构受证券发行人委托以证券形式分派投资收益的，应当将分派的证券记录在证券公司客户信用交易担保证券账户内，并相应变更客户信用证券账户的明细数据。

证券登记结算机构受证券发行人委托以现金形式分派投资收益的，应当将分派的资金划入证券公司信用交易资金交收账户。证券公司应当在资金到账后，通知商业银行对客户信用资金账户的明细数据进行变更。

3. 融券交易期间权益的处理

客户融入证券后、归还证券前，证券发行人分配投资收益、向证券持有人配售或者无偿派发证券、发行证券持有人有优先认购权的证券的，客户应当按照融资融券合同的约定，在偿还债务时，向证券公司支付与所融入证券可得利益相等的证券或者资金。

三、转融通业务

（一）转融通业务的基本概念

转融通业务包括转融资业务和转融券业务。转融资业务是指证券金融公司将自有或者依法筹集的资金出借给证券公司，供其办理融资业务的经营活动。转融券业务是指本公司将自有或者融入的证券出借给证券公司，供其办理融券业务的经营活动。

证券金融公司是中国证监会根据国务院的决定，批准设立专司转融通业务的股份有限公司，证券金融公司不以营利为目的，履行下列职责：

1. 为证券公司融资融券业务提供资金和证券的转融通服务；

2. 对证券公司融资融券业务运行情况进行监控；

3. 监测分析全市场融资融券交易情况，运用市场化手段防控风险；

4. 中国证监会确定的其他职责。

（二）转融通业务规则

1. 专用证券账户

证券金融公司开展转融通业务，应当以自己的名义，在证券登记结算机构分别开立转融通专用证券账户、转融通担保证券账户和转融通证券交收账户。

转融通专用证券账户用于记录证券金融公司持有的拟向证券公司融出的证券和证券公司归还的证券；转融通担保证券账户用于记录证券公司委托证券金融公司持有、担保证券金融公司因向证券公司转融通所生债权的证券；转融通证券交收账户用于办理证券金融公司与转融通业务有关的证券结算。

2. 专用资金账户

证券金融公司开展转融通业务，应当以自己的名义，在商业银行开立转融通专用资金账户，在证券登记结算机构分别开立转融通担保资金账户和转融通资金交收账户。转融通专用资金账户用于存放证券金融公司拟向证券公司融出的资金及证券公司归还的资金；转融通担保资金账户用于记录证券公司交存的、担保证券金融公司因向证券公司转融通所生债权的资金；转融通资金交收账户用于办理证券金融公司与转融通业务有关的资金结算。

3. 了解客户及信用评估

证券金融公司开展转融通业务，应当了解证券公司的基本情况、业务范围、财务状况、违约记录、风险控制能力等，并以书面和电子的方式予以记录和保存。

证券金融公司应当建立客户信用评估机制，对证券公司的信用状况进行评估，并根据评估结果确定和调整对证券公司的授信额度。

4. 转融通业务合同

证券金融公司应当制定转融通业务合同标准格式，报中国证监会备案。合同应约定转融通的资金数额、标的证券的种类和数量、期限、费率、保证金的比例、证券权益处理办法、违约责任等事项。

5. 转融通期限

证券金融公司向证券公司转融通的期限不得超过6个月。转融通的期限，自资金或者证券实际交付之日起算。

6. 证券公司担保账户

证券金融公司与证券公司签订转融通业务合同后，应当根据证券公司的申请，以证券公司的名义，为其开立转融通担保证券明细账户和转融通担保资金明细账户。

转融通担保证券明细账户是转融通担保证券账户的二级账户，用于记载证券公司委托证券金融公司持有的担保证券的明细数据。转融通担保资金明细账户是转融通担保资金账户的二级账户，用于记载证券公司交存的担保资金的明细数据。

证券金融公司可以委托证券登记结算机构根据清算、交收结果等，对证券公司转融通担保证券明细账户和转融通担保资金明细账户内的数据进行变更。

7. 转融通保证金

证券金融公司开展转融通业务，应当向证券公司收取一定比例的保证金。保证金可以证券充抵，但货币资金占应收取保证金的比例不得低于15%。可充抵保证金证券的种类和折算率由证券金融公司确定并公布。

证券公司向证券金融公司交存保证金，采取设立信托的方式。保证金中的证券应当记入转融通担保证券账户，保证金中的资金应当记入转融通担保资金账户。转融通担保证券账户内的证券和转融通担保资金账户内的资金，均为担保证券金融公司因向证券公司转融通所生债权的信托财产。

证券金融公司应当逐日计算证券公司交存的保证金价值与其所欠债务的比例。当该比例低于约定的维持保证金比例时，应当通知证券公司在一定的期限内补交差额，直至达到约定的初始保证金比例。

证券公司违约的，证券金融公司可以按照约定处分保证金，以实现对证券公司的债权；处分保证金不足以完全实现对证券公司的债权的，证券金融公司应当依法向证券公司追偿。经证券公司书面同意，证券金融公司可以有偿使用证券公司交存的保证金。证券金融公司使用保证金的用途、期限、对价等具体事项，由双方通过转融通业务合同约定。

8. 转融通互保基金

证券金融公司可以根据化解证券公司违约风险的需要，建立转融通互保基金。转融通互保基金的管理办法，由证券金融公司制定，报中国证监会备案后实施。

9. 转融通的暂停

市场交易活动出现异常，已经或者可能危及市场稳定，有必要暂停转融通业务的，证券金融公司可以按照业务规则和合同约定，暂停全部或者部分转融通业务并公告。

10. 转融通业务涉及的证券和资金的划转

证券登记结算机构根据证券账户和资金账户持有人发出或者认可的指令，办理转融通业务涉及的证券和资金的划转。

11. 协助司法强制执行

司法机关依法对证券公司转融通担保证券明细账户或者转融通担保资金明细账户记载的权益采取财产保全或者强制执行措施的，证券金融公司应当处分保证金，在实现因向证券公司转融通所生债权后，协助司法机关执行。

（三）资金和证券的来源

证券金融公司开展转融通业务，可以使用下列资金和证券：

1. 自有资金和证券；
2. 通过证券交易所的业务平台融入的资金和证券；
3. 通过证券金融公司的业务平台融入的资金；
4. 依法筹集的其他资金和证券。

（四）权益处理

1. 对证券发行人权利的行使

证券发行人的权利，是指请求召开证券持有人会议、参加证券持有人会议、提案、表决、配售股份的认购、请求分配投资收益等因持有证券而产生的权利。

证券登记结算机构根据转融通担保证券账户内的记录，确认证券金融公司受托持有证券的事实，并以证券金融公司为名义持有人，登记于证券持有人名册。

对转融通担保证券账户内记录的证券，由证券金融公司以自己的名义，行使对证券发行人的权利。证券金融公司行使对证券发行人的权利，应当事先征求委托其持有该证券的证券公司意见，并按照其意见办理。

2. 证券持有人的收益权利

证券登记结算机构受证券发行人委托以证券或者现金形式分派投资收益的，应当分别将分派的证券或者现金记录在转融通担保证券账户或者转融通担保资金账户内，并相应变更证券公司转融通担保证券明细账户或者转融通担保资金明细账户的数据。

证券金融公司融入证券后、归还证券前，或者证券公司向证券金融公司融入证券后、归还证券前，证券发行人分配投资收益、向证券持有人配售或者无偿派发证券、发行证券持有人有优先认购权的证券的，证券金融公司或者证券公司应当按照约定向融出方支付与所融入证券可得利益相等的证券或者资金。

3. 证券持有人的信息报告与披露义务

证券金融公司通过转融通担保证券账户持有的证券不计入其自有证券，证券金融公司无须因该账户内证券数量的变动而履行信息报告、披露或者要约收购义务。

证券公司通过其自营证券账户、融券专用证券账户和转融通担保证券明细账户合计持有一家上市公司股票及其权益的数量或者其增减变动达到规定的比例时，应当依法履行信息报告、披露或者要约收购义务。有一致行动人的，一致行动人与证券公司持有的股票及其权益的数量合并计算。

（五）其他主要规定

1. 制定业务规则

证券金融公司应当依照《转融通业务监督管理试行办法》的规定制定转融通业务规则，明确账户管理、授信管理、标的证券管理、保证金管理、费率管理、信息披露等事项，报中国证监会备案后实施。

2. 公布信息

证券金融公司应当每个交易日公布转融资余额、转融券余额、转融通成交数据及转融通费率。

3. 建立合规管理与风险控制机制

证券金融公司应当建立合规管理机制，保证公司的经营管理及工作人员的执业行为合法合规。

证券金融公司应当建立风险控制机制，有效识别、评估、控制公司经营管理中的各类风险。

证券金融公司应当遵守以下风险控制指标规定：

（1）净资本与各项风险资本准备之和的比例不得低于100%；

（2）对单一证券公司转融通的余额，不得超过证券金融公司净资本的50%；

（3）融出的每种证券余额不得超过该证券上市可流通市值的10%；

（4）充抵保证金的每种证券余额不得超过该证券总市值的15%。

证券金融公司净资本、风险资本准备的计算，参照中国证监会对证券公司的有关规定执行，中国证监会另有规定的除外。

证券金融公司不得为他人的债务提供担保。

证券金融公司应当每年按照税后利润的10%提取风险准备金。中国证监会可以根据防范证券金融公司风险的需要，对提取比例进行调整。

4. 资金用途

证券金融公司的资金，除用于履行相关法规的规定职责和维持公司正常运转外，只能用于购买银行存款；购买国债、证券投资基金份额等经中国证监会认可的高流动性金融产品；购置自用不动产及中国证监会认可的其他用途。

5. 信息系统安全管理

证券金融公司应当建立信息系统安全管理机制，保障公司信息系统安全、稳定运行。

6. 报告制度

证券金融公司应当按时向中国证监会报送年度报告、月度报告。年度报告应当包含按照规定编制并经符合《证券法》规定的会计师事务所审计的财务会计报告。月度报告应当包含各项风险控制指标和转融通业务专项报表，以及中国证监会要求报送的其他信息。

发生影响或者可能影响公司经营管理的重大事件的，证券金融公司应当立即向中国证监会报送临时报告，说明事件的起因、目前的状态、可能产生的后果和应对措施。

7. 信息共享与保密机制

证券交易所、证券登记结算机构、证券金融公司应当建立融资融券信息共享机制。

证券金融公司及其工作人员应当对因履行职责而获悉的信息保密。法律、行政法规和中国证监会另有规定的除外。

证券金融公司应当妥善保存履行中国证监会有关规定职责所形成的各类文件、资料，保存期限不少于20年。

8. 违规处罚

证券金融公司或者证券公司违反中国证监会规定的，由中国证监会视具体情形，采取责令改正、出具警示函、责令公开说明、责令定期报告等监管措施；应当给予行政处罚的，由中国证监会对公司及其有关责任人员单处或者并处警告、罚款。

四、股票质押式回购、质押式报价回购业务

（一）业务的主要规则

1. 股票质押式回购业务

（1）基本概念

股票质押式回购业务是符合条件的资金融入方以所持有的股票或其他证券质押，向符合条件的资金融出方融入资金，并约定在未来返还资金、解除质押的交易。

资金融出方一般为证券公司、证券公司管理的集合资产管理计划或定向资产管理客户、证券公司资产管理子公司管理的集合资产管理计划或定向资产管理客户。

（2）其他主要规则

①证券公司应当建立健全股票质押回购风险控制机制，根据相关规定和自身风险承受能力确定业务规模。证券交易所据此对证券公司股票质押回购交易规模进行前端控制。

②证券公司根据融入方和融出方的委托向交易所的股票质押回购交易系统进行交易申报。交易系统对交易申报按相关规则予以确认，并将成交结果发送中国结算。中国结算依据交易所确认的成交结果为股票质押回购提供相应的证券质押登记和清算交收等业务处理服务。

融入方、融出方、证券公司各方根据相关法律法规、部门规章及《股票质押式回购交易及登记结算业务办法》的规定，签署《股票质押回购交易业务协议》（本节简称《业务协议》）。

证券公司代理进行股票质押回购交易申报的，应当依据所签署的《业务协议》、基于交易双方的真实委托进行，未经委托进行虚假交易申报，或者擅自伪造、篡改交易委托进行申报的，证券公司应承担全部法律责任，并赔偿由此造成的损失。

③证券公司应当建立健全融入方资质审查制度，对融入方进行尽职调查，调查内容包括融入方的身份、财务状况、经营状况、信用状况、担保状况、融资投向、风险承受能力等。

融入方不得为金融机构或者从事贷款、私募证券投资或私募股权投资、个人借贷等业务的其他机构，或者前述机构发行的产品。符合一定政策支持的创业投资基金及其他上交所认可的情形除外。

④证券公司及其资产管理子公司管理的公开募集集合资产管理计划不得作为融出方参与股票质押回购。

⑤《业务协议》应明确约定融入方融入资金存放于其在证券公司指定银行开立的专用账户，并用于实体经济生产经营，不得直接或者间接用于下列用途：投资于被列入国家相关部委发布的淘汰类产业目录，或者违反国家宏观调控政策、环境保护政策的项目；进行新股申购；通过竞价交易或者大宗交易方式买入上市交易的股票；法律法规、中国证监会相关部门规章和规范性文件禁止的其他用途。

融入资金违反上述规定使用的，《业务协议》应明确约定改正措施和相应后果。

2. 质押式报价回购业务

（1）基本概念

质押式报价回购，是指证券公司将符合沪、深证券交易所质押式报价回购交易及登记结算业务办法规定的自有资产作为质押券，以质押券折算后的标准券总额为融资额度，向其指定交易客户以证券公司报价、客户接受报价的方式融入资金，在约定的购回日客户收回融出资金并获得相应收益的交易。

（2）其他主要规则

①证券公司应当建立健全报价回购业务风险控制机制，对质押券价值进行管理。证券公司应当合理确定和控制报价回购业务规模，并向交易所报备。交易所据此对证券公司的报价回购业务规模实行总量控制。

②证券公司应当按照规定的格式向交易所交易系统申报报价，并代客户申报接受报价的委托。交易系统对双方的申报按相关规则予以成交确认，并将成交结果发送中国结算。中国结算依据交易所确认的成交结果为报价回购的初始交易与购回交易提供相关登记结算服务。

③证券公司应遵循诚实信用原则，如实向交易所交易系统申报其与客户已经达成的真实交易意向，不得擅自伪造、篡改或进行虚假申报。

④证券公司与客户之间的纠纷，不影响中国结算依据交易所成交结果已经办理或正在办理的相关登记结算业务。

（二）业务风险管理、违约处置及异常情况处理一般规定

1. 股票质押式回购业务

（1）风险管理

①证券公司应当对股票质押回购实行集中统一管理，并建立完备的管理制度、操作流程和风险识别、评估与控制体系，确保风险可测、可控、可承受。

②证券公司应当健全业务隔离制度，确保股票质押回购与有可能形成冲突的业务在机构、人员、信息、账户等方面相互隔离。

证券公司及其资产管理子公司应当健全利益冲突防范机制，以公平参与为原则，防范证券公司自营业务、客户资产管理业务在参与股票质押回购时可能发生的利益冲突。

③证券公司应当建立标的证券的管理制度，在交易所规定的标的证券范围内确定和调整标的证券范围，合理确定用于质押的单一标的证券数量占其发行在外证券数量的最大比例，确保选择的标的证券合法合规、风险可控。以有限售条件股份作为标的证券的，解除限售日应当早于回购到期日。

④证券公司作为融出方的，单一证券公司接受单只A股股票质押的数量不得超过该股票A股股本的30%。集合资产管理计划或定向资产管理客户作为融出方的，单一集合资产管理计划或定向资产管理客户接受单只A股股票质押的数量不得超过该股票A股股本的15%。因履约保障比例达到或低于约定数值，补充质押导致超过上述比例或超过上述比例后继续补充质押的情况除外。单只A股股票市场整体质押比例不得超过50%。市场整体质押比例，是指单只A股股票质押数量与其A股股本的比值。

⑤融入方所持有股票涉及业绩承诺股份补偿协议的，在相关业绩承诺履行完毕

前，证券公司不得允许集合资产管理计划或者定向资产管理客户作为融出方参与相应股票质押回购；证券公司作为融出方参与相应股票质押回购的，应当切实防范因融入方履行业绩承诺股份补偿协议可能产生的风险。

⑥股票质押率上限不得超过60%。以有限售条件股份作为标的证券的质押率原则上低于同等条件下无限售条件股份的质押率。证券交易所可以根据市场情况，对质押率上限进行调整，并向市场公布。

⑦证券公司应当建立以净资本为核心的股票质押回购规模监控和调整机制，建立、健全待购回期间融入方跟踪监测机制，建立、健全盯市机制，持续跟踪质押标的证券价格波动和可能对质押标的证券产生重大影响的风险事件，建立融入方融入资金跟踪管理制度，采取措施对融入资金的使用情况进行跟踪并按照交易所要求报送股票质押回购相关数据信息。

⑧融出方为集合资产管理计划的，可通过证券公司或其他第三方的信用增级措施保障融出方权益。证券交易所可以根据市场情况暂停或恢复单一标的证券用于股票质押回购。持有上市公司股份5%以上的股东，将其持有的该上市公司股票进行股票质押回购的，不得违反有关信息披露的规定。新增股票质押回购融入资金全部用于偿还违约合约债务的，证券公司可在完善风险管理措施的前提下不适用上述第④项、第⑤项、第⑥项相关规定。

（2）违约处置

融入方违约，根据《业务协议》的约定须处置质押标的证券的，对于无限售条件股份，通过交易所进行处置的，证券公司按以下程序处理：

①证券公司应及时通知交易双方并报告证券交易所。

② T日证券公司根据《业务协议》约定，向证券交易所交易系统提交违约处置申报。

③ T日违约处置申报处理成功后，T+1日起证券公司即可根据《业务协议》的约定处置标的证券，卖出成交后，证券公司应当在当日根据中国结算的要求提交申报数据，处置所得优先偿付融出方；证券公司应当根据《业务协议》的约定将偿付资金划付到融出方对应的账户。

④违约处置后，证券公司应向交易所提交终止购回申报。质押标的证券及相应孳息如有剩余的，中国结算相应解除剩余标的证券及相应孳息的质押登记。

⑤违约处置完成后，证券公司向交易所、中国结算和中国证券投资者保护基金有限责任公司提交违约处置结果报告。

对于仍处于限售期的有限售条件股份，证券公司应当按照《业务协议》的约定处理。

（3）异常情况处理

异常情况一般包括以下情形：

①质押标的证券、证券账户或资金账户被司法等机关冻结或强制执行；

②质押标的证券被作出终止上市决定；

③集合资产管理计划提前终止；

④证券公司被暂停或终止股票质押回购交易权限；

⑤证券公司进入风险处置或破产程序；

⑥交易所认定的其他情形。

发生异常情况的，交易各方可以按《业务协议》中约定的提前购回、延期购回、终止购回及交易所认可的其他约定方式等处理。

2. 质押式报价回购交易

（1）风险管理

证券公司开展报价回购业务，应当建立完备的管理制度、操作流程和风险识别、评估与控制体系，确保风险可测、可控、可承受。

证券公司应建立运行高效、控制严密的内部控制机制，制定科学合理、切实有效的内部控制制度。

证券公司应当对报价回购业务实行集中统一管理。

证券公司应当对报价回购业务进行盯市管理，监控市场风险及提前做好当日资金划付安排。

（2）违约处置

因客户原因或证券公司原因导致初始交易、到期购回或提前购回的交易或资金划付无法完成的，违约方按《客户协议》承担违约责任，并由证券公司与客户按照约定自行办理资金结算。

（3）异常情况处理

异常情况一般包括以下几种情形：

①证券公司质押专用账户中质押券或质押现金被司法等机关冻结或强制执行的；

②证券公司被暂停或终止报价回购业务权限的；

③证券公司进入风险处置或破产程序的；

④客户资金账户被司法等机关冻结或强制执行的；

⑤质押券中的债券到期的。

发生前三项情形的，证券公司应及时通知客户。其中，证券公司被暂停报价回购交易权限的，应在权限暂停之日开市前，通过其网络或系统公告。证券公司因违约导致异常情况发生的，应向受影响的客户承担违约责任。

五、信用业务的监管措施及法律责任

（一）信用业务的相关监管措施及法律责任

1.《证券公司融资融券业务管理办法》的有关规定

（1）证券公司或其分支机构违反《证券公司融资融券业务管理办法》，中国证监会或者其派出机构可采取责令改正、监管谈话、出具警示函、责令公开说明、责令参加培训、责令定期报告、暂不受理与行政许可有关的文件、暂停部分或者全部业务、撤销业务许可等相关监管措施。

（2）依法应予行政处罚的，依照《证券法》《行政处罚法》等法律法规和中国证监会的有关规定进行处罚；涉嫌犯罪的，依法移送司法机关，追究其刑事责任。

2.《转融通业务监督管理试行办法》的有关规定

证券金融公司或者证券公司违反《转融通业务监督管理试行办法》规定的，由中国证监会视具体情形，采取责令改正、出具警示函、责令公开说明、责令定期报告等监管措施；应当给予行政处罚的，由中国证监会对公司及其有关责任人员单处或者并处警告、罚款。

（二）典型案例

1. 操作实例

客户张某在甲证券公司某营业部申请开通融资融券信用账户后，向营业部两融专员王某提出了两融绕标套现的需求，即通过融资融券交易套取资金，以实现购买非标的证券（即“绕标”）或融资转出信用账户（即“融资”）等非正常交易项目，客户张某希望两融专员王某能够向其提供绕标套现方案。

该需求立刻被两融专员王某明确拒绝，并对客户张某进行投资者教育，明确告知客户绕标套现的危害：一是规避监管要求、存在合规隐患；二是扰乱交易机制，加大信用风险；三是规避信披义务，风险传染性高；四是弱化监测效能，违法隐患增加。

王某的上述行为符合《证券公司融资融券业务管理办法》第三条的规定，且根据监管部门近期下发的《规制“两融套现”风险促进业务回归本源》，明确要求证券公司正视两融套现问题，强化展业合规意识。诱导或指导投资者利用特定交易手法实施“两融套现”，或为该行为专项提供融资授信、系统操作便利等，均属于违反“不得为客户进行不正当交易活动提供便利”原则性要求的行为。各证券公司应当按照实质重于形式的原则，正确看待“两融套现”的问题和风险，回归两融业务本源，严守规范展业底线。

2. 违法违规案例

甲证券公司在融资融券业务开展过程中，存在向多位不符合条件的客户融资融券、违规为到期融资融券合约展期问题，违规情节较重，被监管机构采取责令限期改正的行政监管措施。

另有乙证券公司向风险承担能力不足的客户融资融券、未按照规定方式为部分客户开立融资融券信用账户，违规情节较重，被监管机构采取责令限期改正的行政监管措施。根据《证券公司融资融券业务管理办法》的规定，证券公司在向客户融资、融券前，应当办理客户征信，了解客户的身份、财产与收入状况、证券投资经验和风险偏好、诚信合规记录等情况，做好客户适当性管理工作。《证券公司融资融券业务管理办法》第十六条规定，证券公司与客户签订融资融券合同后，应当根据客户的申请，按照证券登记结算机构的规定，为其开立实名信用证券账户。

同时各交易所《融资融券交易实施细则》规定，融资、融券期限最长不得超过6个月。合约到期前，客户可申请展期，每次展期的期限不得超过6个月，且证券公司应对客户的信用状况、维持担保比例予以评估。而证券公司的上述行为显然违背以上规定，并最终被采取行政监管措施。

第六节　证券自营

本节重点梳理、解释、总结与证券公司自营业务相关的法律法规规定，包括：证券公司自营业务管理制度、投资决策机制和风险监控体系的一般规定；自营业务决策与授权的要求；自营业务操作的基本要求；自营业务投资范围的规定；自营业务风险控制指标的要求、禁止性行为以及自营业务的监管措施和相应法律责任。依据的规定主要包括《证券公司监督管理条例》《证券公司业务范围审批暂行规定》《证券公司内部控制指引》以及《证券公司证券自营业务指引》等。

一、法规概述

（一）法律、行政法规

《证券法》“第八章　证券公司”对证券公司的证券自营业务作出了原则性规定，

《证券公司监督管理条例》则在其“第四章　业务规则与风险控制”的第三节专门对证券公司证券自营业务作出一般或基本规定。上述法律及行政法规是中国证监会等监管机构制定自营业务相关监管政策、实施监督管理的重要法律依据。

（二）部门规章及规范性文件

除上述法律及行政法规外，证券公司证券自营业务涉及的部门规章及规范性文件包括《证券公司风险控制指标管理办法》《证券公司风险控制指标计算标准规定》《证券公司内部控制指引》《证券公司证券自营业务指引》《关于证券公司证券自营业务投资范围及有关事项的规定》《关于规范债券市场参与者债券交易业务的通知》《关于进一步加强证券基金经营机构债券交易监管的通知》等。

二、证券自营业务的含义及投资范围

（一）证券自营业务的基本概念

证券自营业务，是指经中国证监会批准经营证券自营业务的证券公司用自有资金以自己名义开设的证券账户买卖依法公开发行的股票、债券、证券投资基金或者国务院证券监督管理机构认可的其他证券，以获取盈利的行为。

（二）证券自营业务的投资范围

1. 关于投资范围的一般性规定

根据《关于证券公司证券自营业务投资范围及有关事项的规定》，证券公司从事证券自营业务，可以买卖此规定附件《证券公司证券自营投资品种清单》所列证券，主要包括：

（1）已经和依法可以在境内证券交易所上市交易和转让的证券。这是证券自营业务主要的投资对象，主要包括股票、债券、证券投资基金等。

（2）已经在全国中小企业股份转让系统挂牌转让的证券。

（3）已经和依法可以在符合规定的区域性股权交易市场挂牌转让的私募债券，已经在符合规定的区域性股权交易市场挂牌转让的股票。

（4）已经和依法可以在境内银行间市场交易的证券。主要包括政府债券、国际开发机构人民币债券、央行票据、金融债券、短期融资券、公司债券、中期票据、企业债券。

（5）经国家金融监管部门或者其授权机构依法批准或备案发行并在境内金融机构

柜台交易的证券。

2. 关于投资范围的特别规定

证券公司将自有资金投资于依法公开发行的国债、投资级公司债、货币市场基金、央行票据等中国证监会认可的风险较低、流动性较强的证券，或者委托其他证券公司或者基金管理公司进行证券投资管理，且投资规模合计不超过其净资本80%的，无须取得证券自营业务资格。

具备证券自营业务资格的证券公司可以从事金融衍生产品交易，不具备证券自营业务资格的证券公司只能以对冲风险为目的，从事金融衍生产品交易。

证券公司可以委托具备证券资产管理业务资格、特定客户资产管理业务资格或者合格境内机构投资者资格的其他证券公司或者基金管理公司进行证券投资管理。

具备证券自营业务资质的证券公司可以设立子公司，从事《证券公司证券自营投资品种清单》所列品种以外的金融产品等投资。该证券公司不得为子公司提供融资或担保。

三、证券自营业务管理及操作

（一）证券自营业务的基本管理及内控要求

根据《证券公司内部控制指引》，证券公司应加强自营业务投资决策、资金、账户、清算、交易和保密等的管理，重点防范规模失控、决策失误、超越授权、变相自营、账外自营、操纵市场、内幕交易等风险。

证券公司应建立独立的实时监控系统，证券公司的监督检查部门或其他独立监控部门负责对证券持仓、盈亏状况、风险状况和交易活动进行有效监控并定期对自营业务进行压力测试，确保自营业务各项风险指标符合监管指标的要求并控制在证券公司承受范围内。

证券公司应加强对参与投资决策和交易活动人员的监察，通过定期述职和签订承诺书等方式提高其自律意识，防止利用内幕消息为自己及他人谋取不当利益。

（二）证券自营业务的决策与授权

证券公司应建立健全相对集中、权责统一的投资决策与授权机制。

1. 投资决策机制

自营业务决策机构原则上应当按照“董事会——投资决策机构——自营业务部门”的三级体制设立。

（1）董事会是自营业务的最高决策机构，在严格遵守监管法规中关于自营业务规模等风险控制指标规定基础上，根据公司资产、负债、损益和资本充足等情况确定自营业务规模、可承受的风险限额等，并以董事会决议的形式进行落实，自营业务具体投资运作管理由董事会授权公司投资决策机构决定。

（2）投资决策机构是自营业务投资运作的最高管理机构，负责确定具体的资产配置策略、投资事项和投资品种等。

（3）自营业务部门为自营业务的执行机构，应在投资决策机构作出的决策范围内，根据授权负责具体投资项目的决策和执行工作。

自营业务的管理和操作由证券公司自营业务部门专职负责，非自营业务部门和分支机构不得以任何形式开展自营业务。自营业务中涉及自营规模、风险限额、资产配置、业务授权等方面的重大决策应当经过集体决策并采取书面形式，由相关人员签字确认后存档。

2. 授权机制

证券公司应建立健全自营业务授权制度，明确授权权限、时效和责任，对授权过程做书面记录，保证授权制度的有效执行。同时建立层次分明、职责明确的业务管理体系，制定标准的业务操作流程，明确自营业务相关部门、相关岗位的职责。

（三）证券自营业务的具体操作要求

1. 账户

证券自营业务必须以证券公司自身名义、通过专用自营席位进行，并由非自营业务部门负责自营账户的管理，包括开户、销户、使用登记等。

证券公司需建立健全自营账户的审核和稽核制度，严禁出借自营账户、使用非自营席位变相自营、账外自营。

2. 投资管理

证券公司需完善可投资证券品种的投资论证机制，建立证券池制度，自营业务部门只能在确定的自营规模和可承受风险限额内，从证券池内选择证券进行投资，并建立健全自营业务运作止盈止损机制，止盈止损的决策、执行与实效评估应当符合规定的程序并进行书面记录。

证券公司需建立严密的自营业务操作流程，投资品种的研究、投资组合的制订和决策以及交易指令的执行应当相互分离并由不同人员负责；交易指令执行前应当经过审核，并强制留痕。同时，应建立健全自营业务数据资料备份制度，并由专人负责管理。

3. 资金

证券自营业务需加强自营业务资金的调度管理和自营业务的会计核算，由非自营业务部门负责自营业务所需资金的调度。

自营业务资金的出入必须以公司名义进行，禁止以个人名义从自营账户中调入调出资金，禁止从自营账户中提取现金。

4. 清算

证券自营业务的清算、统计应由专门人员执行，并与财务部门资金清算人员及时对账，对账情况要有相应记录及相关人员签字。

对自营资金执行独立清算制度，自营清算岗位应当与经纪业务、资产管理业务及其他业务的清算岗位分离。

（四）证券自营业务的风险控制指标

根据《证券公司风险控制指标计算标准规定》①，证券公司经营自营业务，其持仓规模必须符合下列规定：

1. 自营权益类证券及其衍生品的合计额不得超过净资本的100%。
2. 自营非权益类证券及其衍生品的合计额不得超过净资本的500%。
3. 持有一种权益类证券的成本不得超过净资本的30%。
4. 持有一种权益类证券的市值与其总市值的比例不得超过5%，因包销、作为公募基金管理人跟投本公司管理的权益类公募基金、中国证监会认可的做市业务以及股票质押违约处理等导致的情形及中国证监会另有认定的除外。
5. 持有一种非权益类证券的规模不得超过其总规模的20%，不含同业存单、银行承兑汇票、国债、中央银行票据、国开债及基金名称显示投资方向为此类债券的指数基金（含ETF）。因包销、成立发起式基金、为公募REITS提供流动性支持服务、中国证监会认可的做市业务、买入信用衍生品（合约名义本金未超过持有标的债券规模）或卖出信用衍生品履行保护义务等导致的情形及中国证监会另有认定的除外。

（五）证券自营业务的禁止性行为

1. 禁止内幕交易

证券公司从事证券自营业务时，严禁以获取利益或者减少损失为目的，利用证券交易内幕信息的知情人和非法获取内幕信息的人利用内幕信息从事证券交易活动。

2. 禁止操纵市场

证券公司不得利用自营业务操纵证券市场。

---

① 根据2024年9月13日发布的《证券公司风险控制指标计算标准规定》修订，该制度自2025年1月1日起实施。

3. 其他禁止的行为

其他禁止的行为包括：假借他人名义或者个人名义进行自营业务；违反规定委托他人代为买卖证券；违反规定购买本证券公司控股股东或者与本证券公司有其他重大利害关系的发行人发行的证券；将自营账户借给他人使用；将自营业务与经纪业务混合操作；法律、行政法规或中国证监会禁止的其他行为。

四、关于债券交易的专项规定

为进一步规范债券交易业务，促进债券市场健康平稳发展，中国人民银行、原中国银监会、中国证监会、原中国保监会发布《关于规范债券市场参与者债券交易业务的通知》。为落实该通知要求，中国证监会发布配套文件《关于进一步加强证券基金经营机构债券交易监管的通知》，以进一步规范证券公司、基金管理公司及其子公司的证券自营、资产管理（含公募与私募基金）、投资顾问等业务参与债券交易。

（一）债券交易范围

债券交易包括现券买卖、债券回购、债券远期、债券借贷等符合规定的债券交易业务。

（二）强化合规风控作用，建立有效监督制衡机制

1. 证券公司债券交易的中后台部门应集中统一管理，债券交易相关部门下设二级部门的，应授权明确，纳入部门统一管理，不得以“团队制”替代部门管理。

2. 债券有关业务应按照经纪、自营、承销、资管、投资顾问等类型分开办理，并在人员、账户、资金、信息等方面严格分离，防范利益冲突；债券交易的投资决策、交易执行、风险控制、清算交收等关键岗位应专人负责，禁止岗位兼任或者混合操作。

3. 证券公司合规管理应覆盖各类债券交易部门、人员和业务环节。公司应有专职合规人员负责债券交易合规管理，债券交易相关部门下设二级部门应当有兼职合规人员。与公司总部异地办公的，总部应派驻合规人员，并通过增加合规检查和稽核审计次数等手段加强管控。

4. 证券公司应具备专门风险控制系统对各类债券交易实施集中监控。将各类债券交易纳入公司全面风险管理体系，健全应急处置机制；对自营、资管账户及提供投资顾问服务的账户之间的交易实施有效监控，防范利益输送、冲突和风险传导。

（三）加强各类债券交易的业务和人员管理，强化关键环节管控

1. 加强用印管理。签订债券交易协议应当使用公司公章或者经公司书面明确授权

的业务专用章，并以书面或电子形式集中存档。

2. 建立完善债券投资交易管理系统。证券公司应审慎设置规模、杠杆、集中度及价格偏离度等指标，实现阈值控制和全程留痕，并向中后台部门开放管理和监测权限。

3. 完善交易监控。证券公司应主动建立多指标、差异化的债券交易价格和利率比较基准体系，避免过度依赖单一比较基准；债券投资交易人员应使用公司统一配置的电话、邮件、即时通信等系统开展债券交易询价等活动，其工作邮件、通话记录、即时通信信息等应监测留痕，并接受合规部门监督检查。

4. 加强债券交易人员执业资格、权限公示及薪酬递延管理。债券交易人员薪酬与激励合计超过 100 万元人民币的，超过部分应按照等分原则递延发放，周期不少于 2 年。

（四）不得违反规定在债券交易场所和系统以外开展线下债券交易

1. 各类交易双方均应按照实质重于形式的原则，按规定签订交易合同及相关协议。严禁任何形式的“抽屉协议”或通过变相交易、组合交易等方式规避监管要求。

2. 建立交易对手方白名单和额度管理制度，并由中后台部门设置专岗负责每个交易日日终核对交易明细及与对手方的回购（返售）或远期交易安排（如有）。

3. 开展债券回购交易的，交易双方应当按照会计准则要求将交易纳入表内核算，记入“买入返售金融资产”“卖出回购金融资产”科目。

4. 约定由他人暂时持有但最终须返售，或者为他人暂时持有但最终须由其购回等债券交易，均属于买断式回购。但债券发行分销期间代申购、代缴款交易除外。

开展买断式回购交易的，正回购方应当将逆回购方暂时持有的债券继续按照自有债券进行会计核算，以此计算相应风险资本准备、表内外资产总额等风险控制指标，并统一纳入规模、杠杆、集中度等指标控制。

5. 逆回购方对回购标的券、交易对手等风险管理要求不得低于公司自营业务或资管产品投资约定的资质要求。

（五）证券公司及其从业人员依法合规开展各类债券交易业务

1. 不得私下或在表外开展债券交易。

2. 按规定应当签订书面合同的，不得以邮件、即时通信信息等替代书面合同。

3. 不得指定协议双方以外的第三方作为交易对手方开展债券回购交易。

4. 不得以人员挂靠、业务包干等承包方式开展业务，或以其他形式实施过度激励。

5. 不得通过任何交易形式利益输送、内幕交易、操纵市场、规避监管，或者为规避监管提供服务、便利。

五、证券自营业务的监管措施和法律责任

（一）自营业务的监管措施和法律责任

1.《证券公司监督管理条例》的有关规定

证券公司违反规定委托他人代为买卖证券、证券自营业务投资范围或者投资比例违反规定的法律责任，详见本书“第一章　证券市场基本法律法规”“第七节　证券公司监督管理条例”中相关叙述。

2.《证券法》的有关规定

证券自营业务过程中涉嫌内幕交易、操纵证券市场、证券公司违反规定假借他人名义或者以个人名义从事证券自营业务，以及对其证券经纪业务、证券承销业务、证券自营业务、证券资产管理业务不依法分开办理、混合操作的法律责任，详见本书“第一章　证券市场基本法律法规”“第四节　证券法”中相关叙述。

3.《刑法》的有关规定

（1）证券、期货交易内幕信息的知情人员或者非法获取证券、期货交易内幕信息的人员，在涉及证券的发行，证券、期货交易或者其他对证券、期货交易价格有重大影响的信息尚未公开前，买入或者卖出该证券，或者从事与该内幕信息有关的期货交易，或者泄露该信息，或者明示、暗示他人从事上述交易活动，情节严重的，处 5 年以下有期徒刑或者拘役，并处或者单处违法所得 1 倍以上 5 倍以下罚金；情节特别严重的，处 5 年以上 10 年以下有期徒刑，并处违法所得 1 倍以上 5 倍以下罚金。

单位犯前述罪的，对单位判处罚金，并对其直接负责的主管人员和其他直接责任人员，处 5 年以下有期徒刑或者拘役。

（2）编造并且传播影响证券、期货交易的虚假信息，扰乱证券、期货交易市场，造成严重后果的，处 5 年以下有期徒刑或者拘役，并处或者单处 1 万元以上 10 万元以下罚金。

（3）有下列情形之一，操纵证券、期货市场，影响证券、期货交易价格或者证券、期货交易量，情节严重的，处 5 年以下有期徒刑或者拘役，并处或者单处罚金；情节特别严重的，处 5 年以上 10 年以下有期徒刑，并处罚金：单独或者合谋，集中资金优势、持股或者持仓优势或者利用信息优势联合或者连续买卖的；与他人串通，以事先约定的时间、价格和方式相互进行证券、期货交易的；在自己实际控制的账户之间进行证券交易，或者以自己为交易对象，自买自卖期货合约的；不以成交为目的，

频繁或者大量申报买入、卖出证券、期货合约并撤销申报的；利用虚假或者不确定的重大信息，诱导投资者进行证券、期货交易的；对证券、证券发行人、期货交易标的公开作出评价、预测或者投资建议，同时进行反向证券交易或者相关期货交易的；以其他方法操纵证券、期货市场的。

（二）典型案例

1. 操作实例

甲证券公司在开展债券交易业务过程中，针对某笔银行间债券交易价格偏离中债比较基准1%以上的现券交易，需由投资经理张某提供书面合理情况说明，并向公司风险管理部门进行备案后，方可进行交易。其后，在交易过程中，该公司债券交易风控系统发出预警，判定该笔交易存在债券自营账户与投顾账户进行直接交易问题，但投资经理张某未能提供充分证据证明进行有效隔离，该笔债券交易最终交易未能成功进行。

甲证券公司的做法符合《关于规范债券市场参与者债券交易业务的通知》第十四条及第十九条的规定。

2. 违法违规案例

甲证券公司此前因公司约定购回式证券交易业务被动持有×股票以及自营业务通过二级市场交易持有×票之合计数量达到其总股本5.1%，致使公司证券自营业务风险控制指标不合规。

根据《证券公司风险控制指标管理办法》《证券公司风险控制指标计算规定》的规定，证券公司持有一种权益类证券的市值与其总市值的比例不得超过5%。上述甲证券公司持有×股票的合计数量超过其总股本的5%，不符合自营业务风险控制指标的要求，被当地证监局责令整改。

第七节　资产管理业务

本节将重点梳理、解释、总结与证券公司资产管理业务（含合格境外投资者境内证券投资业务和合格境内机构投资者境外证券投资业务）相关的法律法规规定，涉及的资产管理业务种类包括单一资产管理业务、集合资产管理业务、资产证券化业务。依据的法规主要包括《证券法》《证券投资基金法》《证券公司监督管理条例》《私募投资基金监督管理条例》《关于规范金融机构资产管理业务的指导意见》《证券期货经营机构私募资产管理业务管理办法》《证券期货经营机构私募资产管理计划运作管理规定》《证券公司及基金管理公司子公司资产证券化业务管理规定》《合格境外机构投资者和人民币合格境外机构投资者境内证券期货投资管理办法》等。

一、法规概述

（一）法律、行政法规

《证券投资基金法》对资产管理业务作了基础性法律规定。《证券法》“第八章　证券公司”中明确证券公司经营证券资产管理业务的，应符合《证券投资基金法》等法律、行政法规的规定。《证券公司监督管理条例》则在“第四章　业务规则与风险控制”第四节专门对证券公司资产管理业务作出基本性规定。上述法律及行政法规是中国证监会等监管机构制定资产管理业务相关监管政策、实施监督管理的重要法律依据。

（二）部门规章及规范性文件

除上述法律及行政法规外，证券公司资产管理业务涉及的主要部门规章及规范性文件包括《关于规范金融机构资产管理业务的指导意见》《证券期货经营机构私募资产管理业务管理办法》《证券期货经营机构私募资产管理计划运作管理规定》《证券公司及基金管理公司子公司资产证券化业务管理规定》等。涉及合格境外机构投资者境内证券投资业务和合格境内机构投资者境外证券投资业务的主要法规包括《合格境内机构投资者境外证券投资管理试行办法》《合格境外机构投资者和人民币合格境外机构投资者境内证券期货投资管理办法》《合格境内机构投资者境外证券投资外汇管理规定》《境外机构投资者境内证券期货投资资金管理规定》。

二、资产管理业务的含义与分类

根据《关于规范金融机构资产管理业务的指导意见》，资产管理业务是指银行、信托、证券、基金、期货、保险资产管理机构、金融资产投资公司等金融机构接受投资者委托，对受托的投资者财产进行投资和管理的金融服务。

（一）按照募集方式不同进行分类

资产管理产品按照募集方式的不同，可分为公募产品和私募产品。

公募产品面向不特定社会公众公开发行，公开发行的认定标准依照《证券法》

执行。

私募产品面向合格投资者通过非公开方式发行。

目前，证券公司资产管理产品均为私募产品。本节内容主要针对狭义的私募资产管理业务，不包含部分证券公司依据《证券投资基金法》《公开募集证券投资基金管理人监督管理办法》申请开展的公开募集基金管理业务。

（二）按照投资者人数不同进行分类

私募资产管理产品按照投资者人数不同，可分为单一资产管理产品、集合资产管理产品。

证券公司可以为单一投资者设立单一资产管理计划，也可以为多个投资者设立集合资产管理计划。

集合资产管理计划的投资者人数不少于 2 人，不得超过 200 人。符合条件的员工持股计划不穿透计算员工人数。

（三）按照投资性质不同进行分类

资产管理产品按照投资性质不同，分为固定收益类产品、权益类产品、期货和衍生品类产品和混合类产品。

固定收益类产品投资于存款、债券等债权类资产的比例不低于资产管理计划总资产的 80%。

权益类产品投资于股票、未上市企业股权等股权类资产的比例不低于资产管理计划总资产的 80%。

期货和衍生品类产品投资于期货和衍生品的持仓合约价值的比例不低于资产管理计划总资产的 80%，且期货和衍生品账户权益超过资产管理计划总资产的 20%。

混合类产品投资于债权类资产、股权类资产、期货和衍生品类资产的比例未达到前三类产品标准。

三、关于规范金融机构资产管理业务的指导意见

为规范金融机构资产管理业务，统一同类资产管理产品监管标准，有效防控金融风险，更好地服务实体经济，经国务院同意，中国人民银行、原中国银保监会、中国证监会、国家外汇管理局联合印发了《关于规范金融机构资产管理业务的指导意见》，于 2018 年 4 月 27 日起实施。该指导意见实施后，金融监督管理部门在该指导意见框架内研究制定配套细则。配套细则之间应当相互衔接，避免产生新的监管套利和不公平竞争。

（一）规范金融机构资产管理业务主要遵循的原则

1. 坚持严控风险的底线思维。把防范和化解资产管理业务风险放到更加重要的位置，减少存量风险，严防增量风险。

2. 坚持服务实体经济的根本目标。既充分发挥资产管理业务功能，切实服务实体经济投融资需求，又严格规范引导，避免资金脱实向虚在金融体系内部自我循环，防止产品过于复杂，加剧风险跨行业、跨市场、跨区域传递。

3. 坚持宏观审慎管理与微观审慎监管相结合、机构监管与功能监管相结合的监管理念。实现对各类机构开展资产管理业务的全面、统一覆盖，采取有效监管措施，加强金融消费者权益保护。

4. 坚持有的放矢的问题导向。重点针对资产管理业务的多层嵌套、杠杆不清、套利严重、投机频繁等问题，设定统一的标准规制，同时对金融创新坚持趋利避害、一分为二，留出发展空间。

5. 坚持积极稳妥审慎推进。正确处理改革、发展、稳定关系，坚持防范风险与有序规范相结合，在下决心处置风险的同时，充分考虑市场承受能力，合理设置过渡期，把握好工作的次序、节奏、力度，加强市场沟通，有效引导市场预期。

（二）金融机构运用受托资金进行投资，应当遵守审慎经营规则，制定科学合理的投资策略和风险管理制度，有效防范和控制风险

金融机构应当履行以下管理人职责：依法募集资金，办理产品份额的发售和登记事宜；办理产品登记备案或者注册手续；对所管理的不同产品受托财产分别管理、分别记账，进行投资；按照产品合同的约定确定收益分配方案，及时向投资者分配收益；进行产品会计核算并编制产品财务会计报告；依法计算并披露产品净值或者投资收益情况，确定申购、赎回价格；办理与受托财产管理业务活动有关的信息披露事项；保存受托财产管理业务活动的记录、账册、报表和其他相关资料；以管理人名义，代表投资者利益行使诉讼权利或者实施其他法律行为；在兑付受托资金及收益时，金融机构应当保证受托资金及收益返回委托人的原账户、同名账户或者合同约定的受益人账户；金融监督管理部门规定的其他职责。

金融机构未按照诚实信用、勤勉尽责原则切实履行受托管理职责，造成投资者损失的，应当依法向投资者承担赔偿责任。

（三）金融机构代理销售其他金融机构发行的资产管理产品，应当符合金融监督管理部门规定的资质条件

未经金融监督管理部门许可，任何非金融机构和个人不得代理销售资产管理产

品。金融机构应当建立资产管理产品的销售授权管理体系，明确代理销售机构的准入标准和程序，明确界定双方的权利与义务，明确相关风险的承担责任和转移方式。

金融机构代理销售资产管理产品，应当建立相应的内部审批和风险控制程序，对发行或者管理机构的信用状况、经营管理能力、市场投资能力、风险处置能力等开展尽职调查，要求发行或者管理机构提供详细的产品介绍、相关市场分析和风险收益测算报告，进行充分的信息验证和风险审查，确保代理销售的产品符合意见规定并承担相应责任。

（四）金融机构应当做到每只资产管理产品的资金单独管理、单独建账、单独核算，不得开展或者参与具有滚动发行、集合运作、分离定价特征的资金池业务

金融机构应当合理确定资产管理产品所投资资产的期限，加强对期限错配的流动性风险管理，金融监督管理部门应当制定流动性风险管理规定。

为降低期限错配风险，金融机构应当强化资产管理产品久期管理，封闭式资产管理产品期限不得低于 90 天。资产管理产品直接或者间接投资于非标准化债权类资产的，非标准化债权类资产的终止日不得晚于封闭式资产管理产品的到期日或者开放式资产管理产品的最近一次开放日。

资产管理产品直接或者间接投资于未上市企业股权及其受（收）益权的，应当为封闭式资产管理产品，并明确股权及其受（收）益权的退出安排。未上市企业股权及其受（收）益权的退出日不得晚于封闭式资产管理产品的到期日。

金融机构不得违反金融监督管理部门的规定，通过为单一融资项目设立多只资产管理产品的方式，变相突破投资人数限制或者其他监管要求。同一金融机构发行多只资产管理产品投资同一资产的，为防止同一资产发生风险波及多只资产管理产品，多只资产管理产品投资该资产的资金总规模合计不得超过 300 亿元。如果超出该限额，需经相关金融监督管理部门批准。

（五）金融机构对资产管理产品应当实行净值化管理

净值生成应当符合企业会计准则规定，及时反映基础金融资产的收益和风险，由托管机构进行核算并定期提供报告，由外部审计机构进行审计确认，被审计金融机构应当披露审计结果并同时报送金融管理部门。

金融资产坚持公允价值计量原则，鼓励使用市值计量。符合以下条件之一的，可按照企业会计准则以摊余成本进行计量：资产管理产品为封闭式产品，且所投金融资产以收取合同现金流量为目的并持有到期；资产管理产品为封闭式产品，且所投金融资产暂不具备活跃交易市场，或者在活跃市场中没有报价，也不能采用估值技术可靠

计量公允价值。

金融机构以摊余成本计量金融资产净值，应当采用适当的风险控制手段，对金融资产净值的公允性进行评估。当以摊余成本计量已不能真实公允反映金融资产净值时，托管机构应当督促金融机构调整会计核算和估值方法。金融机构前期以摊余成本计量的金融资产的加权平均价格与资产管理产品实际兑付时金融资产的价值的偏离度不得达到5%或以上，如果偏离5%或以上的产品数超过所发行产品总数的5%，金融机构不得再发行以摊余成本计量金融资产的资产管理产品。

（六）关于刚性兑付的相关规定

经金融管理部门认定，存在以下行为的视为刚性兑付：

1. 金融机构为资产管理产品投资的非标准化债权类资产或者股权类资产提供任何直接或间接、显性或隐性的担保、回购等代为承担风险的承诺。

2. 资产管理产品的发行人或者管理人违反真实公允确定净值原则，对产品进行保本保收益；采取滚动发行等方式，使得资产管理产品的本金、收益、风险在不同投资者之间发生转移，实现产品保本保收益；资产管理产品不能如期兑付或者兑付困难时，发行或者管理该产品的金融机构自行筹集资金偿付或者委托其他机构代为偿付；金融管理部门认定的其他情形。

经认定存在刚性兑付行为的，区分以下两类机构进行惩处：存款类金融机构发生刚性兑付的，认定为利用具有存款本质特征的资产管理产品进行监管套利，由国务院银行保险监督管理机构和中国人民银行按照存款业务予以规范，足额补缴存款准备金和存款保险保费，并予以行政处罚；非存款类持牌金融机构发生刚性兑付的，认定为违规经营，由金融监督管理部门和中国人民银行依法纠正并予以处罚。

任何单位和个人发现金融机构存在刚性兑付行为的，可以向金融管理部门举报，查证属实且举报内容未被相关部门掌握的，给予适当奖励。

外部审计机构在对金融机构进行审计时，如果发现金融机构存在刚性兑付行为的，应当及时报告金融管理部门。外部审计机构在审计过程中未能勤勉尽责，依法追究相应责任或依法依规给予行政处罚，并将相关信息纳入全国信用信息共享平台，建立联合惩戒机制。

（七）关于分级要求的相关规定

分级资产管理产品，是指存在一级份额以上的份额为其他级份额提供一定的风险补偿，收益分配不按份额比例计算，由资产管理合同另行约定的产品。

公募产品和开放式私募产品不得进行份额分级。分级私募产品的总资产不得超过该产品净资产的140%。分级私募产品应当根据所投资资产的风险程度设定分级比例（优先级份额/劣后级份额，中间级份额计入优先级份额）。固定收益类产品的分级比例不得超过3∶1，权益类产品的分级比例不得超过1∶1，期货和衍生品类产品、混合类产品的分级比例不得超过2∶1。发行分级资产管理产品的金融机构应当对该资产管理产品进行自主管理，不得转委托给劣后级投资者。

分级资产管理产品不得直接或者间接对优先级份额认购者提供保本保收益安排。

（八）金融机构不得为其他金融机构的资产管理产品提供规避投资范围、杠杆约束等监管要求的通道服务

资产管理产品可以再投资一层资产管理产品，但所投资的资产管理产品不得再投资公募证券投资基金以外的资产管理产品。

金融机构将资产管理产品投资于其他机构发行的资产管理产品，从而将本机构的资产管理产品资金委托给其他机构进行投资的，该受托机构应当为具有专业投资能力和资质的受金融监督管理部门监管的机构。公募资产管理产品的受托机构应当为金融机构，私募资产管理产品的受托机构可以为私募基金管理人。受托机构应当切实履行主动管理职责，不得进行转委托，不得再投资公募证券投资基金以外的资产管理产品。委托机构应当对受托机构开展尽职调查，实行名单制管理，明确规定受托机构的准入标准和程序、责任和义务、存续期管理、利益冲突防范机制、信息披露义务以及退出机制。委托机构不得因委托其他机构投资而免除自身应当承担的责任。

金融机构可以聘请具有专业资质的受金融监督管理部门监管的机构作为投资顾问。投资顾问提供投资建议指导委托机构操作。

金融监督管理部门和国家有关部门应当对各类金融机构开展资产管理业务实行平等准入、给予公平待遇。资产管理产品应当在账户开立、产权登记、法律诉讼等方面享有平等的地位。金融监督管理部门基于风险防控考虑，确实需要对其他行业金融机构发行的资产管理产品采取限制措施的，应当充分征求相关部门意见并达成一致。

（九）运用人工智能技术开展投资顾问业务应当取得投资顾问资质，非金融机构不得借助智能投资顾问超范围经营或者变相开展资产管理业务

金融机构运用人工智能技术开展资产管理业务应当严格遵守意见有关投资者适当性、投资范围、信息披露、风险隔离等一般性规定，不得借助人工智能业务夸大宣传资产管理产品或者误导投资者。

金融机构应当向金融监督管理部门报备人工智能模型的主要参数以及资产配置的主要逻辑，为投资者单独设立智能管理账户，充分提示人工智能算法的固有缺陷和使

用风险，明晰交易流程，强化留痕管理，严格监控智能管理账户的交易头寸、风险限额、交易种类、价格权限等。金融机构因违法违规或者管理不当造成投资者损失的，应当依法承担损害赔偿责任。

金融机构应当根据不同产品投资策略研发对应的人工智能算法或者程序化交易，避免算法同质化加剧投资行为的顺周期性，并针对由此可能引发的市场波动风险制定应对预案。因算法同质化、编程设计错误、对数据利用深度不够等人工智能算法模型缺陷或者系统异常，导致羊群效应、影响金融市场稳定运行的，金融机构应当及时采取人工干预措施，强制调整或者终止人工智能业务。

（十）对资产管理业务实施监管遵循的原则

机构监管与功能监管相结合，按照产品类型而不是机构类型实施功能监管，同一类型的资产管理产品适用同一监管标准，减少监管真空和套利；实行穿透式监管，对于多层嵌套资产管理产品，向上识别产品的最终投资者，向下识别产品的底层资产（公募证券投资基金除外）；强化宏观审慎管理，建立资产管理业务的宏观审慎政策框架，完善政策工具，从宏观、逆周期、跨市场的角度加强监测、评估和调节；实现实时监管，对资产管理产品的发行销售、投资、兑付等各环节进行全面动态监管，建立综合统计制度。

（十一）资产管理业务作为金融业务，属于特许经营行业，必须纳入金融监管。非金融机构不得发行、销售资产管理产品，国家另有规定的除外

非金融机构违反规定，为扩大投资者范围、降低投资门槛，利用互联网平台等公开宣传、分拆销售具有投资门槛的投资标的、过度强调增信措施掩盖产品风险、设立产品二级交易市场等行为，按照国家规定进行规范清理，构成非法集资、非法吸收公众存款、非法发行证券的，依法追究法律责任。非金融机构违法违规开展资产管理业务的，依法予以处罚；同时承诺或进行刚性兑付的，依法从重处罚。

（十二）标准化债权类资产应当同时符合的条件

根据中国人民银行、原中国银保监会、中国证监会和国家外汇管理局发布的《标准化债权类资产认定规则》，标准化债权类资产是指依法发行的债券、资产支持证券等固定收益证券，主要包括国债、中央银行票据、地方政府债券、政府支持机构债券、金融债券、非金融企业债务融资工具、公司债券、企业债券、国际机构债券、同业存单、信贷资产支持证券、资产支持票据、证券交易所挂牌交易的资产支持证券，以及固定收益类公开募集证券投资基金等。

其他债权类资产被认定为标准化债权类资产的，应当同时符合以下条件：

1. 等分化，可交易。以簿记建档或招标方式非公开发行，发行与存续期间有 2 个（含）以上合格投资者，以票面金额或其整数倍作为最小交易单位，具有标准化的交易合同文本。

2. 信息披露充分。发行文件对信息披露方式、内容、频率等具体安排有明确约定，信息披露责任主体确保信息披露真实、准确、完整、及时。发行文件中明确发行人有义务通过提供现金或金融工具等偿付投资者，或明确以破产隔离的基础资产所产生的现金流偿付投资者，并至少包含发行金额、票面金额、发行价格或利率确定方式、期限、发行方式、承销方式等要素。

3. 集中登记，独立托管。在人民银行和金融监督管理部门认可的债券市场登记托管机构集中登记、独立托管。

4. 公允定价，流动性机制完善。采用询价、双边报价、竞价撮合等交易方式，有做市机构、承销商等积极提供做市、估值等服务。买卖双方优先依据近期成交价格或做市机构、承销商报价确定交易价格。若该资产无近期成交价格或报价，可参考其他第三方估值。提供估值服务的其他第三方估值机构具备完善的公司治理结构，能够有效处理利益冲突，同时通过合理的质量控制手段确保估值质量，并公开估值方法、估值流程，确保估值透明。

5. 在银行间市场、证券交易所市场等国务院同意设立的交易市场交易。为其提供登记托管、清算结算等基础设施服务的机构，已纳入银行间、交易所债券市场基础设施统筹监管，按照分层有序、有机互补、服务多元的原则与债券市场其他基础设施协调配合，相关业务遵循债券和资产支持证券统一规范安排。

不符合上述所列条件的债权类资产，为非标准化债权类资产，但存款（包括大额存单）以及债券逆回购、同业拆借等形成的资产除外。

银行业理财登记托管中心有限公司的理财直接融资工具，银行业信贷资产登记流转中心有限公司的信贷资产流转和收益权转让相关产品，北京金融资产交易所有限公司的债权融资计划，中证机构间报价系统股份有限公司的收益凭证，上海保险交易所股份有限公司的债权投资计划、资产支持计划，以及其他未同时符合《标准化债权类资产认定规则》第二条所列条件的为单一企业提供债权融资的各类金融产品，是非标准化债权类资产。

四、证券公司私募资产管理业务基本要求

根据中国证监会《证券期货经营机构私募资产管理业务管理办法》《证券期货经

营机构私募资产管理计划运作管理规定》等规定，证券公司从事资产管理业务应当遵守以下要求：

（一）业务资质

证券公司从事私募资产管理业务，应当依法经中国证监会批准。

中国证监会及其派出机构依据法律、行政法规等规定，对证券公司私募资产管理业务实施监督管理。

中国证监会基于审慎监管原则，可以根据证券期货经营机构公司治理、内控合规及风险状况，对其私募资产管理业务规模、结构、子公司设立等实施差异化监管。

证券公司从事私募资产管理业务投资于未上市企业股权的，应当符合中国证监会规定的条件，并通过设立专门的私募投资基金管理子公司等进行。

（二）审慎经营

证券公司应当遵守审慎经营规则，制定科学合理的投资策略和风险管理制度，有效防范和控制风险，确保业务开展与资本实力、管理能力及风险控制水平相适应。

（三）客户利益至上、勤勉尽责

证券公司从事私募资产管理业务，应当遵循自愿、公平、诚实信用和客户利益至上原则，恪尽职守，谨慎勤勉，维护投资者合法权益，服务实体经济，不得损害国家利益、社会公共利益和他人合法权益。

（四）业务隔离

证券公司从事私募资产管理业务，应当实行集中运营管理，建立健全内部控制和合规管理制度，采取有效措施，将私募资产管理业务与公司其他业务分开管理，控制敏感信息的不当流动和使用，防范内幕交易、利用未公开信息交易、利益冲突和利益输送。

资产管理计划财产独立于证券公司和托管人的固有财产，并独立于证券公司管理的和托管人托管的其他财产。证券公司、托管人不得将资产管理计划财产归入其固有财产。

五、证券资产管理业务的一般规定

（一）人员

证券公司开展私募资产管理业务，应具备符合条件的高级管理人员和 3 名以上投资经理，应具有投资研究部门，且专职从事投资研究的人员不少于3人。

（二）合同

证券公司募集资产管理计划，应当与投资者、托管人签订资产管理合同。资产管理合同应当包括《证券投资基金法》第九十二条、第九十三条规定的内容。

资产管理合同当事人应当遵循平等自愿、诚实信用、公平原则订立资产管理合同，维护投资者合法权益，不得损害国家利益、社会公共利益和他人合法权益。不得含有虚假的内容或误导性陈述。

资产管理合同应当对巨额退出、延期支付、延期清算、管理人变更或者托管人变更等或有事项，作出明确约定。

（三）募集推广

证券公司可以自行销售资产管理计划，也可以委托具有公开募集证券投资基金（以下简称“公募基金”）销售资格的机构销售或者推介资产管理计划。

1. 非公开募集

资产管理计划应当以非公开方式向合格投资者募集。

证券公司、销售机构不得公开或变相公开募集资产管理计划，不得通过报刊、电台、电视、互联网等传播媒体或者讲座、报告会、传单、布告、自媒体等方式向不特定对象宣传具体资产管理计划。

2. 合格投资者

证券公司和销售机构在募集资产管理计划过程中，应当按照中国证监会的规定，严格履行适当性管理义务，充分了解投资者，对投资者进行分类，对资产管理计划进行风险评级，遵循风险匹配原则，向投资者推荐适当的产品，禁止误导投资者购买与其风险承受能力不相符合的产品，禁止向风险识别能力和风险承受能力低于产品风险等级的投资者销售资产管理计划。

合格投资者是指具备相应风险识别能力和风险承受能力，投资于单只资产管理计划不低于一定金额且符合下列条件的自然人、法人或者其他组织：

（1）具有2年以上投资经历，且满足下列三项条件之一的自然人：家庭金融净资产不低于300万元，家庭金融资产不低于500万元，或者近3年本人年均收入不低于40万元；

（2）最近1年末净资产不低于1 000万元的法人单位；

（3）依法设立并接受国务院金融监督管理机构监管的机构；

（4）接受国务院金融监督管理机构监管的机构发行的资产管理产品；

（5）基本养老金、社会保障基金、年金基金等养老基金，慈善基金等社会公益基金，合格境外机构投资者（QFII），人民币合格境外机构投资者（RQFII）；

（6）中国证监会视为合格投资者的其他情形。

合格投资者投资于单只固定收益类资产管理计划的金额不低于30万元，投资于单只混合类资产管理计划的金额不低于40万元，投资于单只权益类、期货和衍生品类资产管理计划的金额不低于100万元。资产管理计划投资于非标准化资产的，接受单个合格投资者参与资金的金额不低于100万元。

资产管理计划的初始募集规模不得低于1 000万元。

3. 募集期限及资金缴付

集合资产管理计划的初始募集期自资产管理计划份额发售之日起不得超过60天，专门投资于未上市企业股权的集合资产管理计划的初始募集期自资产管理计划份额发售之日起不得超过12个月。

封闭式资产管理计划的投资者可以分期缴付参与资金，但应当在资产管理合同中事先约定分期缴付资金的有关安排，并明确相应的违约责任。单个投资者首期缴付金额不得低于合格投资者参与单个资产管理计划的最低投资金额，所有投资者首期缴付金额合计不得少于1 000万元。

（四）参与资金

投资者应当以真实身份和自有资金参与资产管理计划，并承诺参与资金的来源符合法律、行政法规的规定。投资者未作承诺，或者证券公司、销售机构知道或者应当知道投资者身份不真实、参与资金来源不合法的，证券公司不得接受其参与资产管理计划。

集合资产管理计划募集期间，证券公司、销售机构应当在规定期限内，将投资者参与资金存入集合资产管理计划份额登记机构指定的专门账户。集合资产管理计划成立前，任何机构和个人不得动用投资者参与资金。

存入专门账户的投资者参与资金，独立于证券公司、销售机构的固有财产。非因投资者本身的债务或者法律规定的其他情形，不得查封、冻结、扣划或者强制执行存入专门账户的投资者参与资金。

（五）成立及转让

1. 资产管理计划的成立

集合资产管理计划成立应当具备下列条件：

（1）募集过程符合法律、行政法规和中国证监会的规定；

（2）募集金额达到资产管理合同约定的成立规模，且不违反中国证监会规定的最低成立规模；

（3）投资者人数不少于2人；

（4）符合中国证监会规定以及资产管理合同约定的其他条件。

集合资产管理计划的募集金额缴足之日起10个工作日内，由证券公司公告资产管理计划成立；单一资产管理计划在受托资产入账后，由证券公司书面通知投资者资产管理计划成立。

证券公司应当在资产管理计划成立之日起5个工作日内，将资产管理合同、投资者名单与认购金额、资产缴付证明等材料报证券投资基金业协会备案。

资产管理计划完成备案前，可以以现金管理为目的，投资于银行活期存款、国债、中央银行票据、政策性金融债、地方政府债券、货币市场基金等中国证监会认可的投资品种。

2. 资产管理计划份额转让

投资者可以通过证券交易所以及中国证监会认可的其他方式，向合格投资者转让其持有的集合资产管理计划份额，并按规定办理份额变更登记手续。转让后，持有资产管理计划份额的合格投资者合计不得超过200人。

证券公司应当在集合资产管理计划份额转让前，对受让人的合格投资者身份和资产管理计划的投资者人数进行合规性审查。受让方首次参与集合资产管理计划的，应当先与证券公司、托管人签订资产管理合同。

证券公司、交易场所不得通过办理集合资产管理计划的份额转让，公开或变相公开募集资产管理计划。

（六）投资交易

证券公司设立集合资产管理计划进行投资，除中国证监会另有规定外，应当采用资产组合的方式。

资产管理计划可以投资于以下资产：

1. 银行存款、同业存单，以及符合《关于规范金融机构资产管理业务的指导意见》规定的标准化债权类资产，包括但不限于在证券交易所、银行间市场等国务院同意设立的交易场所交易的可以划分为均等份额、具有合理公允价值和完善流动性机制的债券、中央银行票据、资产支持证券、非金融企业债务融资工具等。

2. 上市公司股票、存托凭证，以及中国证监会认可的其他标准化股权类资产。

3. 在证券期货交易所等依法设立的交易场所集中交易清算的期货及期权合约等标准化期货和衍生品类资产。

4. 公募基金，以及中国证监会认可的比照公募基金管理的资产管理产品。

5. 第 1 项至第 3 项规定以外的非标准化债权类资产、股权类资产、期货和衍生品类资产。

6. 第 4 项规定以外的其他受国务院金融监督管理机构监管的机构发行的资产管理产品。

7. 中国证监会认可的其他资产。

前款第 1 项至第 4 项为标准化资产，第 5 项至第 6 项为非标准化资产。

中国证监会对证券公司从事私募资产管理业务投资于第 5 项规定资产另有规定的，适用其规定。

资产管理计划可以依法参与证券回购、融资融券、转融通以及中国证监会认可的其他业务。法律、行政法规和中国证监会另有规定的除外。

证券公司可以依法设立资产管理计划在境内募集资金，投资于中国证监会认可的境外金融产品。

资产管理计划不得直接投资商业银行信贷资产；不得违规为地方政府及其部门提供融资，不得要求或者接受地方政府及其部门违规提供担保；不得直接或者间接投资法律、行政法规和国家政策禁止投资的行业或领域。

资产管理计划存续期间，证券公司应当严格按照法律、行政法规、中国证监会规定以及合同约定的投向和比例进行资产管理计划的投资运作。资产管理计划的总资产不得超过该计划净资产的 200%。

资产管理计划改变投向和比例的，应当事先取得投资者同意，并按规定履行合同变更程序。

资产管理计划接受其他资产管理产品参与的，证券公司应当切实履行主动管理职责，不得进行转委托，不得再投资除公募基金以外的其他资产管理产品。资产管理计划投资于其他资产管理产品的，应当明确约定所投资的资产管理产品不再投资除公募基金以外的其他资产管理产品。中国证监会对创业投资基金、政府出资产业投资基金等另有规定的，不受前述关于再投资其他资产管理产品的限制。

资产管理计划不得通过投资其他资产管理产品变相扩大投资范围或者规避监管要求。

（七）主动管理

证券公司应当切实履行主动管理职责，不得有下列行为：

1. 为其他机构、个人或者资产管理产品提供规避投资范围、杠杆约束等监管要求的通道服务；

2. 由委托人或其指定第三方自行负责尽职调查或者投资运作；

3. 由委托人或其指定第三方下达投资指令或者提供具体投资标的等实质性投资建议；

4. 根据委托人或其指定第三方的意见行使资产管理计划所持证券的权利；

5. 法律、行政法规和中国证监会禁止的其他行为。

证券公司应当立足其专业服务能力开展私募资产管理业务；为更好满足资产管理计划投资配置需求，可以聘请符合中国证监会规定条件并接受国务院金融监督管理机构监管的机构为其提供投资顾问服务。证券公司依法应当承担的责任不因聘请投资顾问而免除。证券公司应当向投资者详细披露所聘请的投资顾问的资质、收费等情况，以及更换、解聘投资顾问的条件和程序，充分揭示聘请投资顾问可能产生的特定风险。证券公司不得聘请个人或者不符合条件的机构提供投资顾问服务。

（八）证券公司自有资金参与

证券公司自有资金参与集合资产管理计划的持有期限不得少于 6 个月。参与、退出时，应当提前 5 个工作日告知全体投资者和托管人，并取得其同意。

证券公司及其子公司以自有资金参与其自身或其子公司管理的单个集合资产管理计划的份额合计不得超过该计划总份额的 50%。中国证监会对证券公司自有资金投资比例另有规定的，从其规定。因集合资产管理计划规模变动等客观因素导致前述比例被动超标的，证券公司应当依照中国证监会规定及资产管理合同的约定及时调整达标。

为应对集合资产管理计划巨额赎回以解决流动性风险，或者中国证监会认可的其他情形，在不存在利益冲突并遵守合同约定的前提下，证券公司及其子公司以自有资金参与及其后续退出集合资产管理计划可不受上述规定的限制，但应当及时告知投资者和托管人，并向中国证监会相关派出机构报告。

（九）关联交易

证券公司不得以资产管理计划的资产与关联方进行不正当交易、利益输送、内幕交易和操纵市场，包括但不限于投资于关联方虚假项目、与关联方共同收购上市公司、向本机构注资等。

证券公司将资产管理计划资产投资于本机构、托管人及其控股股东、实际控制人或者其他关联方发行的证券或者承销期内承销的证券，应当建立健全内部审批机制和评估机制，并应当遵循投资者利益优先原则，事先取得投资者的同意，事后告知投资者和托管人，并采取切实有效措施，防范利益冲突，保护投资者合法权益。除上述情形外，证券公司不得将其管理的资产管理计划资产，直接或者通过投资其他资产管理计划等间接形式，为本机构、托管人及前述机构的控股股东、实际控制人或者其他关联方提供或者变相提供融资。

证券公司以资产管理计划资产从事关联交易的，应当遵守法律、行政法规、中国证监会的规定和合同约定，事先取得投资者的同意，事后及时告知投资者和托管人，并向中国证监会相关派出机构报告。

（十）投资者权利与义务

1. 资产管理计划的投资者主要享有的权利

（1）分享资产管理计划财产收益。

（2）取得分配清算后的剩余资产管理计划财产。

（3）对于单一资产管理计划按照资产管理合同的约定参与、退出资产管理计划，对于集合资产管理计划按照资产管理合同约定参与、退出和转让资产管理计划份额。

（4）对于集合资产管理计划，根据资产管理合同的约定，参加或者申请召集资产管理计划份额持有人大会，行使相关职权。

（5）按照资产管理合同约定的时间和方式获得资产管理计划的信息披露资料。

（6）监督管理人、托管人（如有）履行投资管理和托管义务的情况。

（7）法律、行政法规、中国证监会及中国证券投资基金业协会规定和资产管理合同约定的其他权利。

2. 资产管理计划的投资者主要应履行的义务

（1）认真阅读并遵守资产管理合同，保证投资资金的来源及用途合法。

（2）接受合格投资者认定程序，如实填写风险识别能力和风险承担能力问卷，如实提供资金来源、金融资产、收入及负债情况，并对其真实性、准确性和完整性负责，签署合格投资者相关文件。

（3）除公募资产管理产品外，以合伙企业、契约等非法人形式直接或者间接投资于资产管理计划的，应当向管理人充分披露实际投资者和最终资金来源。

（4）按照规定向管理人或者资产管理计划销售机构提供信息资料以及身份证明文件，配合管理人或者其销售机构完成投资者适当性管理、非居民金融账户涉税信息尽职调查、反洗钱等监管规定的工作。

（5）认真阅读并签署风险揭示书。

（6）对于单一资产管理计划，按照资产管理合同的约定，将参与资金交付管理人和托管人（如有）分别进行投资管理和资产托管，以参与资金为限，承担资产管理计划亏损或者终止的有限责任，对于集合资产管理计划，在持有的资产管理计划份额范围内，承担资产管理计划亏损或者终止的有限责任。

(7) 按照资产管理合同约定支付资产管理计划份额的参与款项，承担资产管理合同约定的管理费、业绩报酬（如有）、托管费（如有）、审计费（如有）、税费等合理费用。

(8) 不得违反资产管理合同的约定干涉管理人的投资行为。

(9) 不得从事任何有损资产管理计划及其投资者、管理人管理的其他资产以及托管人（如有）托管的其他资产合法权益的活动。

(10) 不得利用资产管理计划相关信息进行内幕交易或者其他不当、违法的证券期货业务活动。

(11) 保守商业秘密，不得泄露资产管理计划的投资计划、投资意向、投资信息等，依法依规提供信息的除外。

(12) 法律、行政法规、中国证监会及中国证券投资基金业协会规定和资产管理合同约定的其他义务。

(十一) 信息披露与报告

证券公司、托管人、销售机构和其他信息披露义务人应当依法披露资产管理计划信息，保证所披露信息的真实性、准确性、完整性、及时性，确保投资者能够按照资产管理合同约定的时间和方式查阅或者复制所披露的信息资料。

资产管理计划运作期间，证券公司应当按照以下要求向投资者提供相关信息：

1. 投资标准化资产的资产管理计划至少每周披露一次净值，投资非标准化资产的资产管理计划至少每季度披露一次净值。

2. 开放式资产管理计划净值的披露频率不得低于资产管理计划的开放频率，分级资产管理计划应当披露各类别份额净值。

3. 每季度结束之日起1个月内披露季度报告，每年度结束之日起4个月内披露年度报告。

4. 发生资产管理合同约定的或者可能影响投资者利益的重大事项时，在事项发生之日起5日内向投资者披露。

5. 中国证监会规定的其他要求。

资产管理计划成立不足3个月或者存续期间不足3个月的，证券公司可以不编制资产管理计划当期的季度报告和年度报告。

证券公司可以依规定设立基金中基金资产管理计划，将80%以上的资产管理计划资产投资于接受国务院金融监督管理机构监管的机构发行的资产管理产品。

证券公司应当向投资者充分披露基金中基金资产管理计划所投资资产管理产品的选择标准、资产管理计划发生的费用、投资管理人及管理人关联方所设立的资产管理产品的情况。

（十二）终止

有下列情形之一的，资产管理计划应当终止：

1. 资产管理计划存续期届满且不展期。

2. 证券公司被依法撤销资产管理业务资格或者依法解散、被撤销、被宣告破产，且在6个月内没有新的管理人承接。

3. 托管人被依法撤销基金托管资格或者依法解散、被撤销、被宣告破产，且在6个月内没有新的托管人承接。

4. 经全体投资者、证券公司和托管人协商一致决定终止的。

5. 发生资产管理合同约定的应当终止的情形。

6. 集合资产管理计划存续期间，持续5个工作日投资者少于2人。

7. 法律、行政法规及中国证监会规定的其他情形。

证券公司应当自资产管理计划终止之日起5个工作日内报告中国证券投资基金业协会。

（十三）托管

证券公司应当将受托财产交由依法取得基金托管资格的托管机构实施独立托管。单一资产管理计划可以约定不聘请托管机构进行托管，但应当在资产管理合同中明确保障资产管理计划资产安全的制度措施和纠纷解决机制。

托管人应当履行下列职责：

1. 安全保管资产管理计划财产。

2. 按规定开立和注销资产管理计划的托管账户及其他投资所需账户。

3. 对所托管的不同财产分别设置账户，确保资产管理计划财产的完整与独立。

4. 按照资产管理合同约定，根据管理人的投资指令，及时办理清算、交割事宜。

5. 复核资产管理计划资产净值和份额净值。

6. 向管理人披露托管人及其控股股东、实际控制人或者其他关联方，以及前述机构发行的证券或者承销期内承销的证券等信息。

7. 投资于《证券期货经营机构私募资产管理业务管理办法》第三十八条第（五）项规定资产时，准确、合理界定安全保管资产管理计划财产，监督管理人投资运作等职责。

8. 监督管理人的投资运作，发现管理人的投资或者清算指令违反法律、行政法规、中国证监会的规定或者资产管理合同约定的，应当拒绝执行，立即通知管理人并及时报告中国证监会相关派出机构。

9. 办理与资产管理计划托管业务有关的信息披露事项。

10. 对资产管理计划财务会计报告、年度报告出具意见。

11. 编制托管年度报告，报送中国证监会相关派出机构。

12. 对于集合资产管理计划，管理人未按规定召集或者不能召集份额持有人大会的，由托管人召集份额持有人大会，份额持有人大会设立日常机构的除外。

13. 公平对待所托管的不同财产，不得从事任何有损资产管理计划财产以及其他当事人利益的活动。

14. 不得为托管人以及任何第三人输送利益，不得委托第三人托管资产管理计划财产。

15. 保存资产管理计划的会计账册，妥善保存有关的合同、协议、交易记录等文件资料，保存期限自资产管理计划终止之日起不得少于20年。

16. 保守商业秘密，不得泄露资产管理计划的投资计划、投资意向、投资信息等，依法依规提供信息的除外。

17. 法律、行政法规、中国证监会及中国证券投资基金业协会规定和资产管理合同约定的其他义务。

（十四）禁止行为

证券公司、托管人、投资顾问及相关从业人员从事私募资产管理业务，不得有下列行为：

1. 利用资产管理计划从事内幕交易、操纵市场或者其他不当、违法的证券期货业务活动。

2. 泄露因职务便利获取的未公开信息、利用该信息从事或者明示、暗示他人从事相关交易活动。

3. 为违法或者规避监管的证券期货业务活动提供交易便利。

4. 利用资产管理计划，通过直接投资、投资其他资产管理产品或者与他人进行交叉融资安排等方式，违规为本机构及其控股股东、实际控制人或者其他关联方提供融资。

5. 为本人或他人违规持有金融机构股权提供便利。

6. 从事非公平交易、利益输送等损害投资者合法权益的行为。

7. 利用资产管理计划进行商业贿赂。

8. 侵占、挪用资产管理计划财产。

9. 利用资产管理计划或者职务便利为投资者以外的第三方谋取不正当利益。

10. 直接或者间接向投资者返还管理费。

11. 以获取佣金或者其他不当利益为目的，使用资产管理计划财产进行不必要的交易。

12. 法律、行政法规和中国证监会规定禁止的其他行为。

六、资产证券化业务

（一）定义

根据中国证监会《证券公司及基金管理公司子公司资产证券化业务管理规定》，资产证券化业务，是指以基础资产所产生的现金流为偿付支持，通过结构化等方式进行信用增级，在此基础上发行资产支持证券的业务活动。

基础资产，是指符合法律法规规定，权属明确，可以产生独立、可预测的现金流且可特定化的财产权利或者财产。前述“财产权利”或者“财产”，其交易基础应当真实，交易对价应当公允，现金流应当持续、稳定。基础资产可以是企业应收款、租赁债权、信贷资产、信托受益权等财产权利，基础设施、商业物业等不动产财产或不动产收益权，以及中国证监会认可的其他财产或财产权利。

原始权益人是指按照业务管理规定及约定向专项计划转移其合法拥有的基础资产以获得资金的主体。

管理人是指为资产支持证券持有人之利益，对专项计划进行管理及履行其他法定及约定职责的证券公司、基金管理公司子公司。

托管人是指为资产支持证券持有人之利益，按照规定或约定对专项计划相关资产进行保管，并监督专项计划运作的商业银行或其他机构。

特殊目的载体是指证券公司、基金管理公司子公司为开展资产证券化业务专门设立的资产支持专项计划（以下简称“专项计划”）或者中国证监会认可的其他特殊目的载体。

（二）基础资产的相关规定

法律法规规定基础资产转让应当办理批准、登记手续的，应当依法办理。法律法规没有要求办理登记或者暂时不具备办理登记条件的，管理人应当采取有效措施，维护基础资产安全。基础资产为债权的，应当按照有关法律规定将债权转让事项通知债务人。基础资产不得附带抵押、质押等担保负担或者其他权利限制，但通过专项计划相关安排，在原始权益人向专项计划转移基础资产时能够解除相关担保负担和其他权利限制的除外。

以基础资产产生现金流循环购买新的同类基础资产方式组成专项计划资产的，专项计划的法律文件应当明确说明基础资产的购买条件、购买规模、流动性风险以及风险控制措施。

基础资产的规模、存续期限应当与资产支持证券的规模、存续期限相匹配。

（三）原始权益人、管理人及托管人的相关规定

1. 原始权益人

原始权益人不得侵占、损害专项计划资产，并应当履行下列职责：依照法律、行政法规、公司章程和相关协议的规定或者约定移交基础资产；配合并支持管理人、托管人以及其他为资产证券化业务提供服务的机构履行职责；专项计划法律文件约定的其他职责。

原始权益人向管理人等有关业务参与人所提交的文件应当真实、准确、完整，不存在虚假记载、误导性陈述或者重大遗漏；原始权益人应当确保基础资产真实、合法、有效，不存在虚假或欺诈性转移等任何影响专项计划设立的情形。

2. 管理人

管理人应当履行下列职责：对相关交易主体和基础资产进行全面的尽职调查，可聘请会计师事务所、资产评估机构等相关中介机构出具专业意见；在专项计划存续期间，督促原始权益人以及为专项计划提供服务的有关机构，履行法律规定及合同约定的义务；办理资产支持证券发行事宜；按照约定及时将募集资金支付给原始权益人；为资产支持证券投资者的利益管理专项计划资产；建立相对封闭、独立的基础资产现金流归集机制，切实防范专项计划资产与其他资产混同以及被侵占、挪用等风险；监督、检查特定原始权益人持续经营情况和基础资产现金流状况，出现重大异常情况的，管理人应当采取必要措施，维护专项计划资产安全；按照约定向资产支持证券投资者分配收益；履行信息披露义务；负责专项计划的终止清算；法律、行政法规和中国证监会规定以及计划说明书约定的其他职责。

管理人不得有下列行为：募集资金不入账或者进行其他任何形式的账外经营；超过计划说明书约定的规模募集资金；侵占、挪用专项计划资产；以专项计划资产设定担保或者形成其他或有负债；违反计划说明书的约定管理、运用专项计划资产；法律、行政法规和中国证监会禁止的其他行为。

管理人应当为专项计划单独记账、独立核算，不同的专项计划在账户设置、资金划拨、账簿记录等方面应当相互独立。

3. 托管人

专项计划资产应当由具有相关业务资格的商业银行、中国证券登记结算有限责任

公司、具有托管业务资格的证券公司，或者中国证监会认可的其他资产托管机构托管。

托管人办理专项计划的托管业务，应当履行下列职责：安全保管专项计划相关资产；监督管理人专项计划的运作，发现管理人的管理指令违反计划说明书或者托管协议约定的，应当要求改正；未能改正的，应当拒绝执行并及时向中国基金业协会报告，同时抄送对管理人有辖区监管权的中国证监会派出机构；出具资产托管报告；计划说明书以及相关法律文件约定的其他事项。

（四）专项计划资产的相关规定

因专项计划资产的管理、运用、处分或者其他情形而取得的财产，归入专项计划资产。因处理专项计划事务所支出的费用、对第三人所负债务，以专项计划资产承担。专项计划的货币收支活动均应当通过专项计划账户进行。

专项计划资产独立于原始权益人、管理人、托管人及其他业务参与人的固有财产。原始权益人、管理人、托管人及其他业务参与人因依法解散、被依法撤销或者宣告破产等原因进行清算的，专项计划资产不属于其清算财产。

管理人管理、运用和处分专项计划资产所产生的债权，不得与原始权益人、管理人、托管人、资产支持证券投资者及其他业务参与人的固有财产产生的债务相抵销。管理人管理、运用和处分不同专项计划资产所产生的债权债务，不得相互抵销。

（五）资产支持证券的发行

1. 发行对象

资产支持证券应当面向合格投资者发行，发行对象不得超过 200 人，单笔认购不少于 100 万元人民币发行面值或等值份额。发行资产支持证券，应当在计划说明书中约定资产支持证券持有人会议的召集程序及持有人会议规则，明确资产支持证券持有人通过持有人会议行使权利的范围、程序和其他重要事项。

2. 增信

专项计划可以通过内部或者外部信用增级方式提升资产支持证券信用等级。同一专项计划发行的资产支持证券可以划分为不同种类。同一种类的资产支持证券，享有同等权益，承担同等风险。对资产支持证券进行评级的，应当由取得中国证监会核准的证券市场资信评级业务资格的资信评级机构进行初始评级和跟踪评级。

3. 专项计划设立及备案

专项计划应当指定资产支持证券募集资金专用账户，用于资产支持证券认购资金的接收与划转。资产支持证券按照计划说明书约定的条件发行完毕，专项计划设立完成。

发行期结束时，资产支持证券发行规模未达到计划说明书约定的最低发行规模，或者专项计划未满足计划说明书约定的其他设立条件，专项计划设立失败。管理人应当自发行期结束之日起10个工作日内，向投资者退还认购资金，并加算银行同期活期存款利息。

管理人应当自专项计划成立日起5个工作日内将设立情况报中国证券投资基金业协会备案，同时抄送对管理人有辖区监管权的中国证监会派出机构。中国证券投资基金业协会根据备案规则，对备案实施自律管理。未按规定进行备案的，证券交易场所等不得为其提供转让服务。

（六）资产支持证券的挂牌、转让

资产支持证券可以按照规定在证券交易所、全国中小企业股份转让系统、机构间私募产品报价与服务系统、证券公司柜台市场以及中国证监会认可的其他证券交易场所进行挂牌、转让。资产支持证券仅限于在合格投资者范围内转让。转让后，持有资产支持证券的合格投资者合计不得超过200人。资产支持证券初始挂牌交易单位所对应的发行面值或等值份额应不少于100万元人民币。

资产支持证券的登记结算业务应当由中国证券登记结算有限责任公司或中国证监会认可的其他机构办理。

证券公司等机构可以为资产支持证券转让提供双边报价服务。

（七）资产支持证券信息披露

管理人、托管人应当在每年4月30日之前向资产支持证券合格投资者披露上年度资产管理报告、年度托管报告。每次收益分配前，管理人应当及时向资产支持证券合格投资者披露专项计划收益分配报告。年度资产管理报告、年度托管报告应当由管理人向中国基金业协会报告，同时抄送对管理人有辖区监管权的中国证监会派出机构。

发生可能对资产支持证券投资价值或价格有实质性影响的重大事件，管理人应当及时将有关该重大事件的情况向资产支持证券合格投资者披露，说明事件的起因、目前的状态和可能产生的法律后果，并向证券交易场所、中国证券投资基金业协会报告，同时抄送对管理人有辖区监管权的中国证监会派出机构。

（八）资产支持证券的投资者

1. 投资者的权利与义务

资产支持证券是投资者享有专项计划权益的证明，可以依法继承、交易、转让或出质。

资产支持证券投资者享有下列权利：分享专项计划收益；按照认购协议及计划说明书的约定参与分配清算后的专项计划剩余资产；按规定或约定的时间和方式获得资产管理报告等专项计划信息披露文件，查阅或者复制专项计划相关信息资料；依法以交易、转让或质押等方式处置资产支持证券；根据证券交易场所相关规则，通过回购进行融资；认购协议或者计划说明书约定的其他权利。

资产支持证券投资者不得主张分割专项计划资产，不得要求专项计划回购资产支持证券。

2. 适当性管理

专项计划的管理人以及资产支持证券的销售机构应当采取下列措施，保障投资者的投资决定是在充分知悉资产支持证券风险收益特点的情形下作出的审慎决定：了解投资者的财产与收入状况、风险承受能力和投资偏好等，推荐与其风险承受能力相匹配的资产支持证券；向投资者充分披露专项计划的基础资产情况、现金流预测情况以及对专项计划的影响、交易合同主要内容及资产支持证券的风险收益特点，告知投资资产支持证券的权利义务；制作风险揭示书充分揭示投资风险，在接受投资者认购资金前应当确保投资者已经知悉风险揭示书内容并在风险揭示书上签字。

（九）资产证券化基础资产负面清单

1. 不符合地方政府性债务管理有关规定或者新增地方政府性债务的基础资产。

2. 被有权部门认定的失信被执行人、失信生产经营单位、其他失信单位作为重要现金流提供方的基础资产。重要现金流提供方、重要子公司存在上述失信情形的，视同重要现金流提供方存在相关情形。

重要现金流提供方，是指现金流预测基准日基础资产或者底层资产现金流单一提供方按照约定未支付现金流金额占基础资产未来现金流总额比例超过 15%，或者该单一提供方及其关联方的未支付现金流金额合计占基础资产未来现金流总额比例超过 20% 的现金流提供方。

重要子公司，是指最近一年末经审计的总资产、净资产或者营业收入任一项指标占合并报表相关指标比例超过 30%，或者对重要现金流提供方偿债、经营能力影响较大的子公司。

3. 产生现金流的能力具有较大不确定性的资产，如矿产资源开采收益权、土地出让收益权、电影票款以及不具有垄断性和排他性的入园凭证等。

4. 因空置、在建等原因不能产生稳定现金流的不动产、不动产租金债权或者相关收益权。

5. 不能直接产生现金流、仅依托处置资产才能产生现金流的基础资产，如提单、仓单、产权证书等具有物权属性的权利凭证。

6. 法律界定及业务形态属于不同类型且缺乏相关性的资产组合，如基础资产中包含企业应收账款、高速公路收费权等两种或者两种以上不同类型资产。

7. 违反相关法律法规或者政策规定的资产。

8. 以上述资产作为底层资产或者现金流来源的基础资产。底层资产，是指根据穿透原则在专项计划中作为专项计划现金流最终偿付来源的资产。

七、合格境外投资者境内证券期货投资业务

（一）定义及总体要求

根据《合格境外机构投资者和人民币合格境外机构投资者境内证券期货投资管理办法》，合格境外机构投资者和人民币合格境外机构投资者（统称“合格境外投资者”），是指符合该办法的规定，经中国证监会批准使用来自境外的资金进行境内证券期货投资的境外基金管理公司、商业银行、保险公司、证券公司、期货公司、信托公司、政府投资机构、主权基金、养老基金、慈善基金、捐赠基金、国际组织等。

合格境外投资者应当委托符合要求的境内机构作为托管人托管资产，依法委托境内证券公司、期货公司办理在境内的证券期货交易活动。合格境外投资者开展境内证券投资，应当遵守中国证监会规定的证券投资比例限制和国家其他有关规定。中国证监会、中国人民银行依法对合格境外投资者的境内证券期货投资实施监督管理，中国人民银行、国家外汇管理局依法对合格境外投资者境内银行账户、资金汇兑等实施监督管理。

（二）合格境外投资者资格条件

合格境外投资者业务资格应经中国证监会审批，其应当具备下列条件：财务稳健，资信良好，具备证券期货投资经验；境内投资业务主要负责人员符合其所在境外国家或者地区有关从业资格的要求（如有）；治理结构、内部控制和合规管理制度健全有效，按照规定指定督察员负责对其境内投资行为的合法合规性进行监督；经营行为规范、近3年或者自成立以来未受到监管机构的重大处罚；不存在对境内资本市场运行产生重大影响的情形。

（三）投资运作

合格境外投资者的境内证券投资活动，应当遵守证券交易所、证券登记结算机构

的有关规定。

合格境外投资者，可以投资于下列金融工具：在证券交易所交易或转让的股票、存托凭证、债券、债券回购、资产支持证券；在全国股转系统转让的股票等证券；中国人民银行允许合格境外投资者投资的在银行间债券市场交易的产品以及债券类、利率类、外汇类衍生品；公募证券投资基金；在中国金融期货交易所上市交易的金融期货合约；中国证监会批准设立的期货交易场所上市交易的商品期货合约；在国务院或中国证监会批准设立的交易场所上市交易的期权；国家外汇管理局允许合格境外投资者交易基于套期保值目的的外汇衍生品；中国证监会允许的其他金融工具。此外，合格境外投资者可以参与证券交易所和全国股转系统新股发行、债券发行、资产支持证券发行、股票增发和配股的申购，可以参与证券交易所融资融券、转融通证券出借交易等。

合格境外投资者及其他境外投资者的境内证券投资，应当遵循下列持股比例限制：单个合格境外投资者或其他境外投资者持有单个上市公司或者挂牌公司的股份不得超过该公司股份总数的10%；全部合格境外投资者及其他境外投资者持有单个公司A股或者境内挂牌股份的总和，不得超过该公司股份总数的30%。合格境外投资者及其他境外投资者依法对上市公司战略投资的，其战略投资的持股不受前款规定的比例限制。境内有关法律、行政法规、产业政策对合格境外投资者及其他境外投资者的持股比例有更严格规定的，从其规定。

（四）托管

托管人应持续满足的条件包括：有专门的资产托管部门和符合托管业务需要的人员、系统、制度；具有经营外汇业务和人民币业务的资格；未发生影响托管业务的重大违法违规行为；中国证监会、中国人民银行和国家外汇管理局根据审慎监管原则规定的其他要求。

托管人应当履行下列职责：安全保管合格境外投资者托管的全部资产；办理合格境外投资者的有关交易清算、交收、结汇、售汇、收汇、付汇和人民币资金结算业务；监督合格境外投资者的投资运作，发现其投资指令违法、违规的，及时向中国证监会、人民银行和国家外汇管理局报告；根据中国证监会、中国人民银行和国家外汇管理局的要求，报送合格境外投资者的开销户信息、资金跨境收付信息、境内证券期货投资资产配置情况信息等相关业务报告和报表，并进行国际收支统计申报；保存合格境外投资者的资金汇入、汇出、兑换、收汇、付汇和资金往来记录等相关资料，保存期限不少于20年；中国证监会、中国人民银行和国家外汇管理局根据审慎监管原则规定的其他职责。

托管人必须将其自有资产和受托管理的资产严格分开，对受托资产实行分账托管。

（五）登记和结算

合格境外投资者应当委托托管人申请开立证券期货账户。合格境外投资者可以开立多个证券期货账户，申请开立的证券期货账户应当与人民币专用存款账户对应。合格境外投资者应当按照证券登记结算机构、期货交易场所和期货市场监控机构的业务规则开立、使用、管理证券期货账户。

合格境外投资者及其托管人应当根据证券期货交易场所、证券登记结算机构、期货市场监控机构的规定，确定合格境外投资者参与证券期货交易的交易结算模式，明确交易执行、资金划拨、资金清算、会计核算、保证金存管等业务中的权利和义务，建立资产和资金安全保障机制。

（六）资金管理

合格境外投资者应当在托管人处开立外汇账户和（或）人民币专用存款账户，收支范围应当符合中国人民银行、国家外汇管理局的有关规定。

合格境外投资者应当按照中国人民银行、国家外汇管理局相关规定汇入本金，以外汇形式汇入的本金应当是在中国外汇市场可挂牌交易的货币。合格境外投资者可以按照中国人民银行、国家外汇管理局相关规定汇出资金。

八、合格境内机构投资者境外证券投资业务

（一）定义及总体要求

根据《合格境内机构投资者境外证券投资管理试行办法》，合格境内机构投资者（本节简称“合格境内投资者”）是指符合该办法规定的条件，经中国证监会批准在中华人民共和国境内募集资金，运用所募集的部分或者全部资金以资产组合方式进行境外证券投资管理的境内基金管理公司和证券公司等证券经营机构。

合格境内投资者开展境外证券投资业务，应当由境内商业银行负责资产托管业务，可以委托境外证券服务机构代理买卖证券。

中国证监会和国家外汇管理局依法按照各自职能对合格境内投资者境外证券投资实施监督管理。

（二）合格境内投资者资格条件和审批程序

合格境内投资者资格应经中国证监会审批，其应当具备下列条件：申请人的财务

稳健，资信良好，资产管理规模、经营年限等符合中国证监会的规定；拥有符合规定的具有境外投资管理相关经验的人员；具有健全的治理结构和完善的内控制度，经营行为规范；最近3年没有受到监管机构的重大处罚，没有重大事项正在接受司法部门、监管机构的立案调查；中国证监会根据审慎监管原则规定的其他条件。

合格境内投资者应当依照有关规定向国家外汇管理局申请经营外汇业务资格。

（三）境外投资顾问

境外投资顾问是指符合《合格境内机构投资者境外投资管理试行办法》规定的条件，根据合同为合格境内投资者境外证券投资提供证券买卖建议或投资组合管理等服务并取得收入的境外金融机构。

合格境内投资者可以委托符合下列条件的投资顾问进行境外证券投资：在境外设立，经所在国家或地区监管机构批准从事投资管理业务；所在国家或地区证券监管机构已与中国证监会签订双边监管合作谅解备忘录，并保持着有效的监管合作关系；经营投资管理业务达5年以上，最近一个会计年度管理的证券资产不少于100亿美元或等值货币；有健全的治理结构和完善的内控制度，经营行为规范，最近5年没有受到所在国家或地区监管机构的重大处罚，没有重大事项正在接受司法部门、监管机构的立案调查。

合格境内投资者应当承担受信责任，在挑选、委托投资顾问过程中，履行尽职调查义务。投资顾问应当严格遵守境内有关法律法规、基金合同和集合资产管理合同的规定，始终将基金、集合计划持有人的利益置于首位，以合理的依据提出投资建议，寻求基金、集合计划的最佳交易执行，公平客观对待所有客户，始终按照基金、集合计划的投资目标、策略、政策、指引和限制实施投资决定，充分披露一切涉及利益冲突的重要事实，尊重客户信息的机密性。合格境内投资者授权投资顾问负责投资决策的，应当在协议中明确投资顾问由于本身差错、疏忽、未履行职责等原因而导致财产受损时应当承担相应责任。

（四）资金募集

取得合格境内投资者资格的证券公司可以通过设立集合计划等方式募集资金，运用所募集的资金投资于境外证券市场。集合计划应当投资于中国证监会规定的金融产品或工具。

（五）投资运作

合格境内投资者、投资顾问挑选、委托境外证券服务机构代理买卖证券的，应当严格履行受信责任，并按照有关规定对投资交易的流程、信息披露、记录保存进行管理。

合格境内投资者、投资顾问与境外证券服务机构之间的证券交易和研究服务安排，应当按照以下原则进行：交易佣金属于集合计划持有人的财产；合格境内投资者、投资顾问有责任代表持有人确保交易质量，包括但不限于：寻求最佳交易执行；力求交易成本最小化；使用持有人的交易佣金使持有人受益。

（六）额度和资金管理

合格境内投资者应当根据市场情况、产品特性等在募集方案中设定合理的额度规模上限，向国家外汇管理局备案，并按照有关规定到国家外汇管理局办理相关手续。合格境内投资者应当定期向国家外汇管理局报告其额度使用及资金汇出（入）情况。

国家外汇管理局依法批准单个合格境内投资者境外投资额度。国家外汇管理局对投资额度实行余额管理，合格境内投资者境外投资净汇出额（含外汇及人民币资金）不得超过经批准的投资额度。合格境内投资者汇出（入）非美元币种资金时，应参照汇出（入）资金当月国家外汇管理局公布的各种货币对美元折算率表，计算汇出（入）资金的等值美元投资额度。合格境内投资者不得转让或转卖投资额度。

（七）资产托管

合格境内投资者开展境外证券投资业务时，应当由具有证券投资基金托管资格的银行负责资产托管业务。

托管人可以委托符合下列条件的境外资产托管人负责境外资产托管业务：在中国境外的国家或地区设立，受当地政府、金融或证券监管机构的监管；最近一个会计年度实收资本不少于10亿美元或等值货币或托管资产规模不少于1 000亿美元或等值货币；有足够的熟悉境外托管业务的专职人员；具备安全保管资产的条件；具备安全、高效的清算、交割能力；最近3年没有受到监管机构的重大处罚，没有重大事项正在接受司法部门、监管机构的立案调查。

托管人应当按照有关法律法规履行下列受托人职责：保护持有人利益，按照规定对基金、集合计划日常投资行为和资金汇出（入）情况实施监督，如发现投资指令或资金汇出（入）违法、违规，应当及时向中国证监会、国家外汇管理局报告；安全保护基金、集合计划财产，准时将公司行为信息通知合格境内投资者，确保基金、集合计划及时收取所有应得收入；确保基金、集合计划按照有关法律法规、基金合同和集合资产管理合同约定的投资目标和限制进行管理；按照有关法律法规、基金合同和集合资产管理合同的约定执行合格境内投资者、投资顾问的指令，及时办理清算、交割事宜；确保基金、集合计划的份额净值按照有关法律法规、基金合同和集合资产管理合同规定的方法进行计算；确保基金、集合计划按照有关法律法规、基金合同和集合资产管理合同的规定进行申购、认购、赎回等日常交易；确保基金、集合计划根据有关法律法规、基金合同和集合资产管理合同确定并实施收益分配方案；按照有关法律法规、基金合同和集合资产管理合同的规定以受托人名义或其指定的代理人名义登记资产；每月结束后7个工作日内，向中国证监会和国家外汇管理局报告合格境内投资者境外投资情况，并按相关规定进行国际收支申报；中国证监会和国家外汇管理局根据审慎监管原则规定的其他职责。

九、监管措施及法律责任

（一）资产管理业务的监管措施及法律责任

中国证监会及其派出机构对证券公司、托管人、销售机构和投资顾问等服务机构从事私募资产管理及相关业务的情况，进行定期或者不定期的现场和非现场检查，证券公司等机构应当予以配合。

证券公司、托管人、销售机构和投资顾问等服务机构违反法律、行政法规及中国证监会其他规定的，中国证监会及相关派出机构可以依法对其采取责令改正、监管谈话、出具警示函、责令定期报告等措施；依法对直接负责的主管人员和其他直接责任人员，采取监管谈话、出具警示函、认定为不适当人选等措施。

证券公司及其子公司、基金管理公司及其子公司违反中国证监会相关规定构成公司治理结构不健全、内部控制不完善等情形的，对证券公司、基金管理公司及其直接负责的董事、监事、高级管理人员和其他直接责任人员，依照《证券投资基金法》第二十四条、《证券公司监督管理条例》第七十条采取措施。

证券公司、托管人、销售机构和投资顾问等服务机构的相关从业人员违反法律、行政法规和相关规定，情节严重的，中国证监会可以依法采取市场禁入措施。

（二）资产证券化业务的监管措施及法律责任

中国证监会及其派出机构依法对资产证券化业务实行监督管理，并根据监管需要对资产证券化业务开展情况进行检查。对于违反规定的，中国证监会及其派出机构可采取责令改正、监管谈话、出具警示函、责令公开说明、责令参加培训、责令定期报告、认定为不适当人选等监管措施；依法应予行政处罚的，依照《证券法》《证券投资基金法》等法律法规和中国证监会的有关规定进行处罚；涉嫌犯罪的，依法移送司法机关，追究其刑事责任。

中国证券业协会、中国证券投资基金业协会等证券自律组织应当根据《证券公司及基金管理公司子公司资产证券化业务管理规定》及所附指引对证券公司、基金管理公司子公司开展资产证券化业务过程中的尽职调查、风险控制等环节实施自律管理。

（三）合格境外投资者境内证券投资业务的监管措施及法律责任

中国证监会、中国人民银行和国家外汇管理局依法可以要求合格境外投资者、托管人、证券公司、期货公司等机构提供合格境外投资者的有关资料，并进行必要的询问、检查。合格境外投资者在开展境内证券期货投资过程中发生重大违法、违规行为的，中国证监会可以依法采取限制相关证券期货账户交易等措施。合格境外投资者、托管人、证券公司等违反《合格境外机构投资者和人民币合格境外机构投资者境内证券期货投资管理办法》的，由中国证监会、国家外汇管理局依法进行相应的行政处罚。

（四）合格境内投资者境外证券投资业务的监管措施及法律责任

中国证监会和国家外汇管理局可以要求合格境内投资者、托管人提供合格境内投资者境外投资活动有关资料；必要时，可以进行现场检查。合格境内投资者运用基金、集合计划财产进行证券投资，发生重大违法、违规行为的，中国证监会可以依法采取限制交易行为等措施，国家外汇管理局可以依法采取限制其资金汇出（入）等措施。托管人违法、违规严重的，中国证监会可以依法作出限制其托管业务的决定。合格境内投资者、托管人等违反《合格境内机构投资者境外证券投资管理试行办法》的，由中国证监会、国家外汇管理局依法进行相应的行政处罚。

（五）典型案例

1. 操作实例

甲资产管理机构发行×资产管理计划，业务人员王某在资产管理计划设立过程中，在×资产管理计划宣传推介材料 PPT 中加入保本保收益承诺，由甲资产管理机构以自有资金或由甲资产管理机构指定的机构，对投资者持有的资管计划份额进行无条件回购等刚性兑付表述，从而增强营销宣传效果、吸引客户购买。后甲资产管理机构的合规部门在对该宣传推介材料 PPT 进行合规审核过程中，明确要求业务人员王某对上述刚性兑付表述进行删除。

甲资产管理机构合规部门的做法符合《关于规范金融机构资产管理业务的指导意见》第六条及第十九条的相关规定。

2. 违法违规案例

甲证券公司同时成立2只集合资管产品，投资者人数分别为128人和101人，2只产品均投向同一只基金子公司一对多专户，最终投向为某非标准化债权类资产。2只集合资管产品成立时间、投资标的相同，产品之间不存在明显差异，参与的投资者人数合计超过200人。

根据《证券期货经营机构私募资产管理业务管理办法》等要求，集合资产管理计划的投资者人数不得超过200人，证券公司进行资管产品结构设计时，不得通过“名为多个产品、实为同一标的”的方式规避监管要求，变相突破200人的限制。

第八节　证券公司全国股份转让系统业务及柜台市场业务

本节重点梳理、总结证券公司全国中小企业股份转让系统业务（本节简称“全国股转系统业务”）及柜台市场业务的基本概念、业务范围、主要法律法规、部门规章、规范性文件等。

一、全国股转系统业务

（一）全国股转系统业务的主要法律法规

1. 法律

全国股转系统业务的主要法律包括《公司法》《证券法》等。

2. 部门规章及规范性文件等

全国股转系统业务的主要部门规章及规范性文件包括《非上市公众公司监督管理办法》（以下简称《公众公司办法》）《非上市公众公司信息披露管理办法》《非上市公众公司重大资产重组管理办法》（以下简称《重组管理办法》）《非上市公众公司收购管理办法》（以下简称《收购管理办法》）《全国中小企业股份转让系统业务规则（试行）》（以下简称《全国股转系统业务规则》）《全国中小企业股份转让系统分层管理办法》（以下简称《分层管理办法》）《全国中小企业股份转让系统股票挂牌规则》《全国中小企业股份转让系统主办券商推荐挂牌业务指引》《全国中小企业股份转让系统股票定向发行规则》（以下简称《定向发行规则》）《全国中小企业股份转让系统非上市公众公司重大资产重组业务细则》《全国中小企业股份转让系统主办券商管理办

法（试行）》《全国中小企业股份转让系统主办券商尽职调查工作指引（试行）》等。

（二）全国股转系统业务的一般规定

1. 全国股转系统的定位和功能

全国股转系统是经国务院批准，依据证券法设立的全国性证券交易场所，主要为创新型、创业型、成长型中小微企业发展服务。境内符合条件的股份公司均可通过主办券商申请在全国股转系统挂牌，公开转让股份，进行股权融资、债权融资、资产重组等。申请挂牌的公司应当业务明确、产权清晰、依法规范经营、公司治理健全，可以尚未盈利，但须履行信息披露义务，所披露的信息应当真实、准确、完整。

2. 全国股转系统业务规则

（1）全国股转系统的证券公开转让及相关活动，实行公开、公平、公正的原则，禁止证券欺诈、内幕交易、操纵市场等违法违规行为。市场参与人应当遵循自愿、有偿、诚实信用的原则。

（2）申请挂牌公司、挂牌公司及其董事、监事、高级管理人员、股东、实际控制人，主办券商、会计师事务所、律师事务所、其他证券服务机构及其相关人员，投资者应当遵守法律、行政法规、部门规章、业务规则及全国股转公司其他业务规定。

（3）申请挂牌公司、挂牌公司及其他信息披露义务人、主办券商应当真实、准确、完整、及时地披露信息，不得有虚假记载、误导性陈述或者重大遗漏。

申请挂牌公司、挂牌公司的董事、监事、高级管理人员应当忠实、勤勉地履行职责，保证公司披露信息的真实、准确、完整、及时、公平。

申请挂牌公司、挂牌公司及其他信息披露义务人、主办券商依法披露的信息，应当第一时间在全国股转系统指定信息披露平台公布。

3. 全国股转系统分层管理办法

（1）全国股转系统设置创新层和基础层，全国股转公司对挂牌公司实行分层管理。挂牌公司的分层管理包括公司申请挂牌同时进入创新层，基础层挂牌公司进入创新层，以及创新层挂牌公司调整至基础层。

（2）全国股转公司制定客观、差异化的创新层进层条件和降层调整情形。

（3）全国股转公司每年设置6次创新层进层实施安排。进层启动日分别为每年1月、2月、3月、4月、5月和8月的最后一个交易日。

经中国证监会批准，全国股转公司可以根据市场发展的需要，调整进层实施安排。

（4）全国股转公司在各市场层级实行差异化的投资者适当性标准、股票交易方式、发行融资制度，以及不同的公司治理和信息披露等监督管理要求。

全国股转公司针对各市场层级分别揭示证券交易行情、展示信息披露文件，为各市场层级挂牌公司提供差异化服务。

4. 主办券商管理的相关规定

（1）证券公司在全国股转系统开展相关业务前，应当向全国股转公司申请备案，成为主办券商。未经备案的证券公司不得在全国股转系统开展相关业务。

（2）主办券商及其董事、监事、高级管理人员和相关业务人员，应当遵守法律法规和全国股转系统相关规定，勤勉尽责、诚实守信，接受全国股转公司的自律管理。

（3）主办券商可在全国股转系统从事以下部分或全部业务：推荐业务、经纪业务、做市业务，以及全国股转公司规定的其他业务。

（三）全国股转系统主要业务的有关规定

1. 推荐挂牌业务

推荐挂牌业务，是指主办券商推荐股份公司股票进入全国股转系统挂牌的业务。

主办券商从事推荐挂牌业务，主办券商内部控制应当符合《证券公司投资银行类业务内部控制指引》的规定。主办券商应与申请挂牌公司签订推荐挂牌并持续督导协议，应对申请挂牌公司进行立项、尽职调查、质量控制、内核。同意推荐的，主办券商向全国股转公司提交推荐报告及其他有关文件（以下简称“推荐文件”）。

主办券商及相关人员应勤勉尽责、诚实守信地开展推荐挂牌业务，履行保密义务，不得利用在推荐挂牌业务中获取的尚未公开信息谋取不正当利益。

全国股转系统深入贯彻创新驱动发展战略，聚焦服务实体经济，主要服务创新型、创业型、成长型中小企业，支持中小企业高质量发展。

申请挂牌公司应当向全国股转公司提交股票公开转让并挂牌申请文件。

全国股转公司对申请文件进行审核，认为申请挂牌公司符合公开转让条件、挂牌条件以及信息披露要求的，出具同意公开转让并挂牌的审核意见，并将审核意见、注册申请文件及相关审核资料报中国证监会注册；认为申请挂牌公司不符合公开转让条件、挂牌条件或信息披露要求的，作出终止审核决定。

股东人数未超过200人的公司申请股票公开转让并挂牌，中国证监会豁免注册，由全国股转公司作出同意公开转让并挂牌的审核决定或终止审核决定。

2. 股票定向发行业务

股票定向发行，是指发行人向符合《公众公司办法》规定的特定对象发行股票的行为。发行过程中，发行人可以向特定对象推介股票。发行人定向发行后股东累计超过200人的，应当依法经全国股转公司审核通过后，报中国证监会注册。发行人定向发行后股东累计不超过200人的，由全国股转公司自律管理。

主办券商应当对发行人的信息披露文件和申请文件进行全面核查，独立作出专业判断，并对定向发行说明书及其所出具文件的真实性、准确性、完整性负责。

发行人定向发行应当符合《公众公司办法》关于合法规范经营、公司治理、信息披露、发行对象等方面的规定。发行人存在违规对外担保、资金占用或者其他权益被控股股东、实际控制人严重损害情形的，应当在相关情形已经解除或者消除影响后进行定向发行。

发行人向公司前10名股东、实际控制人、董事、监事、高级管理人员及核心员工定向发行股票，连续12个月内发行的股份未超过公司总股本10%且融资总额不超过2 000万元的，应当严格按照中国证监会和全国股转系统的相关规定，履行内部决议程序和信息披露义务，无须提供主办券商出具的推荐文件以及律师事务所出具的法律意见书。

3. 重大资产重组业务

重大资产重组是指挂牌公司及其控股或者控制的企业在日常经营活动之外购买、出售资产或者通过其他方式进行资产交易，导致公司业务、资产发生重大变化的资产交易行为。

挂牌公司实施重大资产重组，应当符合下列要求：重大资产重组所涉及的资产定价公允，不存在损害挂牌公司和股东合法权益的情形；重大资产重组所涉及的资产权属清晰，资产过户或者转移不存在法律障碍，相关债权债务处理合法；所购买的资产，应当为权属清晰的经营性资产；实施重大资产重组后有利于提高挂牌公司资产质量和增强持续经营能力，不存在可能导致挂牌公司重组后主要资产为现金或者无具体经营业务的情形；实施重大资产重组后有利于挂牌公司形成或者保持健全有效的法人治理结构。

挂牌公司实施重大资产重组，有关各方应当及时、公平地披露或者提供信息，保证所披露或者提供信息的真实、准确、完整，不得有虚假记载、误导性陈述或者重大遗漏。

挂牌公司的董事、监事和高级管理人员在重大资产重组中，应当诚实守信、勤勉尽责，维护公众公司资产的安全，保护公司和全体股东的合法权益。

挂牌公司实施重大资产重组，应当聘请符合《证券法》规定的独立财务顾问、律师事务所以及会计师事务所等证券服务机构出具相关意见。挂牌公司应当聘请为其提供督导服务的主办券商为独立财务顾问，但存在影响独立性、财务顾问业务受到限制等不宜担任独立财务顾问情形的除外。挂牌公司也可以同时聘请其他机构为其重大资产重组提供顾问服务。

为挂牌公司重大资产重组提供服务的证券服务机构及人员，应当遵守法律、行政法规和中国证监会的有关规定，遵循本行业公认的业务标准和道德规范，严格履行职责，不得谋取不正当利益，并应当对其所制作、出具文件的真实性、准确性和完整性承担责任。

任何单位和个人对知悉的挂牌公司重大资产重组信息在依法披露前负有保密义务，不得利用挂牌公司重大资产重组信息从事内幕交易、操纵证券市场等违法活动。

4. 挂牌公司收购业务

挂牌公司的收购及相关股份权益变动活动，必须遵守法律、行政法规及中国证监会的规定，遵循公开、公平、公正的原则。当事人应当诚实守信，遵守社会公德、商业道德，自觉维护证券市场秩序，接受政府、社会公众的监督。挂牌公司的收购及相关股份权益变动活动涉及国家产业政策、行业准入、国有股份转让、外商投资等事项，需要取得国家相关部门批准的，应当在取得批准后进行。

收购人可以通过取得股份的方式成为挂牌公司的控股股东，可以通过投资关系、协议、其他安排的途径成为挂牌公司的实际控制人，也可以同时采取上述方式和途径取得挂牌公司控制权。收购人包括投资者及其一致行动人。

进行挂牌公司收购，收购人及其实际控制人应当具有良好的诚信记录，收购人及其实际控制人为法人的，应当具有健全的公司治理机制。任何人不得利用挂牌公司收购损害被收购公司及其股东的合法权益。

收购人按照《收购管理办法》进行符合控制权变动披露要求的挂牌公司收购或进行挂牌公司要约收购的，应当聘请具有财务顾问业务资格的专业机构担任财务顾问，但通过国有股行政划转或者变更、因继承取得股份、股份在同一实际控制人控制的不同主体之间进行转让、取得公众公司向其发行的新股、司法判决导致收购人成为或拟成为挂牌公司第一大股东或者实际控制人的情形除外。

收购人聘请的财务顾问应当勤勉尽责，遵守行业规范和职业道德，保持独立性，对收购人进行辅导，帮助收购人全面评估被收购公司的财务和经营状况；对收购人的相关情况进行尽职调查，对收购人披露的文件进行充分核查和验证；对收购事项客观、公正地发表专业意见，并保证其所制作、出具文件的真实性、准确性和完整性。在收购人公告被收购公司收购报告书至收购完成后 12 个月内，财务顾问应当持续督导收购人遵守法律、行政法规、中国证监会的规定、全国股份转让系统相关规则以及公司章程，依法行使股东权利，切实履行承诺或者相关约定。

财务顾问认为收购人利用收购损害被收购公司及其股东合法权益的，应当拒绝为收购人提供财务顾问服务。

（四）监管部门对全国股转系统业务的监管措施

中国证监会会同国务院有关部门、地方人民政府，依照法律法规和国务院有关规定，各司其职，分工协作，对挂牌公司进行持续监管，防范风险，维护证券市场秩序。

中国证监会依法履行对公司股票转让、股票发行、信息披露的监管职责，有权对公司、证券公司、证券服务机构等采取《证券法》规定的有关措施。

全国股转系统应当发挥自律管理作用，对股票公开转让的公众公司及相关信息披露义务人披露信息进行监督，督促其依法及时、准确地披露信息。发现股票公开转让的公众公司及相关信息披露义务人有违反法律、行政法规和中国证监会相关规定的行为，应当向中国证监会报告，并采取自律管理措施。全国股转系统可以依据相关规则对股票公开转让的公众公司进行现场检查或非现场检查。

中国证券业协会应当发挥自律管理作用，对从事公司股票转让和股票发行业务的证券公司进行监督，督促其勤勉尽责地履行尽职调查和督导职责。发现证券公司有违反法律、行政法规和中国证监会相关规定的行为，应当向中国证监会报告，并采取自律管理措施。

中国证监会可以要求公司及其他信息披露义务人或者其董事、监事、高级管理人员对有关信息披露问题作出解释、说明或者提供相关资料，并要求公司提供证券公司或者证券服务机构的专业意见。中国证监会对证券公司和证券服务机构出具文件的真实性、准确性、完整性有疑义的，可以要求相关机构作出解释、补充，并调阅其工作底稿。

证券公司在从事股票转让、股票发行等业务活动中，应当按照中国证监会的有关规定勤勉尽责地进行尽职调查，规范履行内核程序，认真编制相关文件，并持续督导所推荐公司及时履行信息披露义务、完善公司治理。

证券服务机构为公司的股票转让、股票发行等活动出具审计报告、资产评估报告或者法律意见书等文件的，应当严格履行法定职责，遵循勤勉尽责和诚实信用原则，对公司的主体资格、股本情况、规范运作、财务状况、公司治理、信息披露等内容的真实性、准确性、完整性进行充分的核查和验证，并保证其出具的文件不存在虚假记载、误导性陈述或者重大遗漏。

中国证监会依法对公司及其他信息披露义务人、证券公司、证券服务机构进行监督检查或者调查，被检查或者调查对象有义务提供相关文件资料。对于发现问题的单位和个人，中国证监会可以采取责令改正、监管谈话、责令公开说明、出具警示函等监管措施，并记入诚信档案；涉嫌违法、犯罪的，应当立案调查或者移送司法机关。

全国股转公司可以采取下列自律监管措施：要求申请挂牌公司、挂牌公司及其他信息披露义务人或者其董事（会）、监事（会）和高级管理人员、主办券商、证券服务机构及其相关人员对有关问题作出解释、说明和披露；要求申请挂牌公司、挂牌公司聘请中介机构对公司存在的问题进行核查并发表意见；约见谈话；要求提交书面承诺；出具警示函；责令改正；暂不受理相关主办券商、证券服务机构或其相关人员出具的文件；暂停解除挂牌公司控股股东、实际控制人的股票限售；限制证券账户交易；向中国证监会报告有关违法违规行为；其他自律监管措施。

监管对象应当积极配合全国股转公司的日常监管，在规定期限内回答问询，按照全国股转公司的要求提交说明，或者披露相应的更正或补充公告。

（五）违反全国中小企业股份转让系统业务有关规定的法律责任

公司在其公告的股票挂牌公开转让、股票发行文件中隐瞒重要事实或者编造重要虚假内容的，除依照《证券法》有关规定进行处罚外，中国证监会可视情节轻重，依法采取责令改正、监管谈话、出具警示函等监管措施；情节严重的，中国证监会可以对有关责任人员采取证券市场禁入的措施。

公司擅自改动已提交的股票转让、股票发行申请文件的，或发生重大事项未及时报告或者未及时披露的，中国证监会可视情节轻重，依法采取责令改正、监管谈话、出具警示函等监管措施。

公司向不符合《公众公司办法》规定条件的投资者发行股票的，中国证监会可以责令改正。

公司未依照《公众公司办法》规定，擅自转让或者发行股票的，依照《证券法》有关规定进行处罚。

挂牌公司违反《公众公司办法》第十三条、第十四条规定的，中国证监会可以责令改正，对相关责任主体给予警告，单处或者并处10万元以下的罚款，涉及金融安全且有危害后果的，单处或者并处20万元以下的罚款。

公司及其他信息披露义务人未按照规定披露信息，或者所披露的信息有虚假记载、误导性陈述或者重大遗漏的，依照《证券法》有关规定进行处罚。

信息披露义务人及其董事、监事、高级管理人员，公司控股股东、实际控制人，为信息披露义务人出具专项文件的证券公司、证券服务机构及其工作人员，违反《证券法》、行政法规和中国证监会相关规定的，中国证监会可以采取责令改正、监管谈话、出具警示函、认定为不适当人选等监管措施，并记入诚信档案；情节严重的，中国证监会可以对有关责任人员采取证券市场禁入的措施。

挂牌公司内幕信息知情人或非法获取内幕信息的人，在对挂牌公司股票价格有重大影响的信息公开前，泄露该信息、买卖或者建议他人买卖该股票的，依照《证券法》有关规定进行处罚。

股票公开转让的挂牌公司及其股东、实际控制人未按规定配合证券公司、证券服务机构尽职调查、持续督导等工作的，中国证监会可以采取责令改正、监管谈话、出具警示函等监管措施，并记入诚信档案。

证券公司及其工作人员未按《公众公司办法》规定履行持续督导责任，情节严重的，中国证监会可以采取责令改正、监管谈话、出具警示函等监管措施。

证券公司、证券服务机构出具的文件有虚假记载、误导性陈述或者重大遗漏的，除依照《证券法》及相关法律法规的规定处罚外，中国证监会可以依法采取责令改正、监管谈话、出具警示函等监管措施；情节严重的，中国证监会可以对有关责任人员采取证券市场禁入的措施。

证券公司、证券服务机构擅自改动已提交的股票转让、股票发行申请文件的，或发生重大事项未及时报告或者未及时披露的，中国证监会可视情节轻重，依法采取责令改正、监管谈话、出具警示函等监管措施。

（六）典型案例

1. 操作实例

甲公司拟申请股票进入全国股转系统挂牌公开转让，聘请主办券商、律师事务所、会计师事务所等中介机构进行相关的申报工作。主办券商、律师事务所在尽职调查中发现：甲公司历史上存在多次委托持股，实际股东人数500余人，为股东人数超过200人的公司。甲公司、主办券商、律师事务所开展了股份代持关系的解除和股份确权工作，公证处公证员全程参与并进行了现场公证。其后，甲公司向全国股转系统提交了股票挂牌公开转让的申请，取得全国股转系统的自律监管意见后，向中国证监会提交《甲公司关于股东人数超过200人申请股票在全国中小企业股份转让系统挂牌公开转让核准的申请报告》及相关文件，最终顺利获得核准。

甲公司股票挂牌公开转让的申请过程符合《公众公司办法》第三十六条规定。

2. 违法违规案例

甲证券公司为推荐乙股份有限公司挂牌的主办券商。主办券商在推荐乙股份有限公司挂牌过程中存在以下违规事实：乙股份有限公司与丙经贸有限公司、丁机电技术服务有限公司、戊实业有限公司三家公司签订《戊实体股权转让协议》，约定乙股份有限公司以2 000万元的价格收购戊实体的100%股权。乙股份有限公司合计向三家公司支付了2 000万元的股权转让对价。上述事实未及时履行信息披露义务，未在公开转让说明书中及时披露。

主办券商未对公开转让说明书的完整性进行核查，违反了在公开转让说明书中不存在重大遗漏的相关声明，并违反了全国股转公司《全国中小企业股份转让系统主办券商推荐业务规定》第十六条、《全国中小企业股份转让系统业务规则（试行）》第1.7条、《全国中小企业股份转让系统公开转让说明书内容与格式指引》第四十二条以及《关于申请挂牌期间公司信息披露相关问题的通知》的规定，构成信息披露不完整的违规情形。

鉴于上述违规事实和情节，根据《全国中小企业股份转让系统业务规则（试行）》第6.1条、《全国中小企业股份转让系统主办券商推荐业务规定》第四十六条的规定，全国股转公司作出如下决定：对甲证券公司采取要求提交书面承诺的自律监管措施。全国股转公司要求甲证券公司在收到决定书之日起5个转让日内提交书面承诺。承诺应当包括但不限于以下内容：对违规事实和性质的深刻认识、对相关规则的正确理解、整改措施和行为保证。

二、证券公司柜台市场业务

（一）主要法规

证券公司柜台市场业务涉及的主要规定包括《证券公司柜台交易业务规范》《证券公司柜台市场管理办法（试行）》等。

（二）证券公司柜台交易柜台市场的概念

证券公司柜台交易，是指证券公司与特定交易对手方在集中交易场所之外进行的交易或为投资者在集中交易场所之外进行交易提供服务的行为。

证券公司柜台市场，是指证券公司为与特定交易对手方在集中交易场所之外进行交易或为投资者在集中交易场所之外进行交易提供服务的场所或平台。

（三）证券公司开展柜台市场业务的总体要求

根据中国证券业协会《证券公司柜台交易业务规范》《证券公司柜台市场管理办法（试行）》，证券公司开展柜台市场业务，应当遵守以下要求：

1. 展业资格

证券公司进行柜台交易，应当具备中国证监会批准的与所开展业务相适应的资格条件，即证券公司为投资者交易提供服务的，应经中国证监会批准可从事证券经纪业务；证券公司与特定交易对手方进行柜台交易的，应经中国证监会批准可从事证券自营业务。

2. 遵守法律法规，遵循诚实信用、公平自愿原则

证券公司在柜台市场开展业务，应当遵守有关法律法规，遵循诚实信用、公平自愿的原则，不得欺诈、误导投资者，不得侵害投资者合法权益，不得挪用客户资产，不得利用非公开信息谋取不正当利益。

（四）柜台市场发行、销售与转让

1. 柜台市场发行、销售与转让的产品种类

在柜台市场发行、销售与转让的产品包括但不限于以下私募产品：

（1）证券公司及其子公司以非公开募集方式设立或者承销的资产管理计划、公司债务融资工具等产品；

（2）银行、保险公司、信托公司等其他机构设立并通过证券公司发行、销售与转让的产品；

（3）金融衍生品及中国证监会、中国证券业协会认可的产品。

除金融监管部门明确规定必须事前审批、备案的私募产品外，证券公司在柜台市场发行、销售与转让的私募产品，直接实行事后备案。

在柜台市场发行、销售与转让的私募产品应当依法合规，资金投向应当符合法律法规和国家有关政策规定。

2. 发行人资料审核及保存

证券公司为其他机构发行的私募产品提供柜台市场发行、销售与转让服务的，应当与发行人签订协议，对发行人提供的资料进行审核并妥善保管，不得隐匿、伪造或者毁损相关资料。证券公司应当督促发行人保证其提供的资料真实、准确、完整。

3. 柜台市场发行、销售与转让产品可采取的方式

证券公司可以采取协议、报价、做市、拍卖竞价、标购竞价等方式发行、销售与转让私募产品，不得采用集中竞价方式，法律法规有明确规定的除外。

4. 告知投资者事项

证券公司应当根据相关约定组织私募产品在柜台市场发行、销售与转让。因发生可能影响私募产品价值、投资者利益、诱发私募产品或者证券公司风险等的重大事项，证券公司拟暂停、终止、恢复发行、销售与转让的，应当事前公告或者以其他方式告知投资者。

5. 收费管理

证券公司在柜台市场为投资者进行私募产品发行、销售与转让提供服务并向投资者或者产品发行人收取费用的，应当在相关协议中约定或者在证券公司网站公布收费标准。

（五）柜台交易合同签订、财产担保

1. 合同签订

证券公司进行柜台交易，应当与特定交易对手方或投资者以书面或电子方式签订柜台交易合同，约定双方的权利义务。

金融衍生产品的柜台交易合同应符合协会对金融衍生产品主协议及配套文件的相关规定。

2. 财产担保

证券公司与投资者约定抵押、质押等财产担保的，应当依法办理担保设定手续；向投资者收取履约保证金的，应当在双方约定的金融机构开立专门账户存放，不得违约动用。

（六）账户、登记、托管与结算

开展柜台市场业务的证券公司可以为在其柜台市场发行、销售与转让的私募产品提供登记、托管与结算服务。

1. 产品账户

（1）产品账户开立

投资者在柜台市场交易私募产品，证券公司应当为其开立产品账户。

证券公司代理投资者在柜台市场交易由其他合法登记机构登记的私募产品时，可以采取名义持有模式，以证券公司名义在该产品登记机构开立产品账户，享有产品持有人权利。证券公司与投资者应当签署名义持有协议，明确双方的权利义务关系；证券公司应当根据约定行使产品持有人相关权利，不得损害投资者权益。证券公司应当为每个投资者开立产品账户，分别记录每个投资者拥有的权益数据，并向该产品登记机构报送投资者权益明细数据等资料。

（2）柜台市场自有产品专用账户

证券公司应当在产品登记机构开立柜台市场自有产品专用账户，并与其他自有产品账户相互隔离。证券公司应当将柜台市场自有产品专用账户和参与柜台市场交易的自有资金专用存款账户向中国证券业协会报备。

（3）柜台市场客户资金专用存款账户

证券公司应当在商业银行开立柜台市场客户资金专用存款账户，用于存放柜台市场客户的非第三方存管资金、第三方存管客户与非第三方存管客户的待交收资金，并与其他账户相互隔离。证券公司应当将该账户向中国证监会证券市场交易结算资金监控系统报备。

2. 登记

（1）投资者柜台交易产品的登记管理

证券公司进行柜台交易的，应当记录投资者柜台交易产品的持有及变动状况，及时、准确、完整地记载与柜台交易有关的信息，并按照《证券法》的规定予以妥善保存。证券公司为在柜台市场发行、销售与转让的私募产品提供登记服务的，应当保证产品持有人名册和登记过户记录真实、准确、完整，不得隐匿、伪造或者毁损相关资料。

同时，证券公司应当采取有效措施，确保投资者可以在营业时间内查询其与证券公司签订的柜台交易合同的内容、持有基础金融产品和金融衍生产品的状况。

（2）为其他发行人发行的私募产品提供登记服务

证券公司为其他发行人发行的私募产品提供登记服务的，应当与私募产品发行人签订协议。

（3）其他登记机构提供登记服务

中国证监会认可的其他登记机构接受发行人委托，为在柜台市场发行、销售与转让的私募产品提供登记服务的，证券公司应当与其签订协议，对相关事项进行约定。

（4）柜台市场产品账户代码管理

证券公司柜台市场产品账户代码由12位字符组成，前3位为机构代码，由报价系统自动分配；后9位由阿拉伯数字和英文字母组成，优先使用阿拉伯数字，由报价系统、证券公司或者中国证监会认可的其他登记机构分配并管理。

3. 托管

证券公司可以接受委托，为客户依法持有或者管理的在其柜台市场发行、销售与转让的私募产品提供保管、清算交割、估值核算、投资监督、风险监控、出具托管报告等服务。

证券公司开展托管业务，应当采取有效措施，保证其托管的私募产品的安全，禁止挪用客户资产。

4. 结算

（1）自主约定结算模式

为柜台市场提供结算服务的机构应当按照约定为投资者办理交易结算。

柜台市场私募产品的登记、结算可以由证券公司自行办理，也可以由中国证监会认可的其他机构办理。

（2）结算管理

收付双方的结算账户都是同一证券公司第三方存管账户的，证券公司可以根据结算需要在收付双方资金账户之间进行资金划转。

收付双方的结算账户均不是第三方存管账户的，开展结算业务的机构可以通过报价系统或者中国证监会认可的其他机构为收付双方办理资金结算业务。

付款方或者收款方的结算账户是证券公司第三方存管账户、对方结算账户不是该证券公司第三方存管账户的，证券公司应当将柜台市场客户资金专用存款账户作为过渡账户，进行客户交易结算资金专用存款账户与对方结算账户资金划付。

证券公司与其第三方存管客户发生交易的，应当通过参与柜台市场的自有资金专用存款账户与柜台市场客户资金专用存款账户进行资金结算，相关资金划转应当符合客户交易结算资金存管的规定。

5. 登记、结算服务的自律管理措施

（1）为柜台市场提供登记、结算服务的机构应当按照中国证券业协会规定报送柜台市场交易、登记、结算数据。

（2）中国证券业协会与中国结算应当建立交易、登记、结算数据集中存储和共享机制。

（3）柜台市场产品账户应当与中国结算统一的全国投资者证券账户建立关联关系。

（4）柜台市场交易、登记、结算应当遵守或者优先采用中国证监会、中国证券业协会、证券交易所、中国结算及其他有权机构制定的业务技术规范。

（七）柜台市场内控制度建设

证券公司在柜台市场开展业务，应当建立健全柜台市场产品管理、业务管理、合规管理和风险管理等制度，保障柜台市场安全、有序运行。

1. 建立健全柜台市场产品管理制度

证券公司应当建立健全柜台市场产品管理制度，对产品进行集中管理，并对产品合规性和风险等级进行内部审查。

2. 建立健全柜台交易管理制度

证券公司进行柜台交易，应当建立柜台交易管理制度，对交易产品和投资者的选择、交易的决策与执行、与交易有关的登记结算、交易的记录与信息披露等事项作出明确规定。

3. 健全柜台交易合规管理制度

证券公司应当健全合规管理制度，对柜台交易实施有效的合规管理，保障柜台交易依法合规进行，切实防范不当利用非公开信息进行交易的行为以及柜台交易与公司其他业务之间的利益冲突。

4. 健全柜台交易风险管理制度

证券公司应当健全风险管理制度，持续评估因柜台交易而持有的各类金融产品的市场风险和投资者的信用状况，采取有效的风险管理措施，将持有的风险敞口控制在可承受范围内。

（八）投资者适当性管理

证券公司在柜台市场开展业务，应当按照法律、行政法规、中国证监会规定、行业自律规则等建立投资者适当性管理制度，做好投资者准入、投资者教育等工作，不得诱导投资者参与与其风险承受能力不相适应的交易。

1. 了解客户

参与柜台交易的投资者应当是合格投资者。证券公司在进行柜台交易前，应当采取有效措施了解投资者的身份、财产与收入状况、信用状况、金融知识、投资经验、风险承受能力等情况。

2. 风险揭示

证券公司进行基础金融产品柜台交易，应当遵守销售、交易基础金融产品的有关规定。

证券公司进行金融衍生产品柜台交易，应当向非金融机构投资者客观、全面地介绍该项交易的性质、风险收益特征及相关基础金融资产的状况，充分披露其与基础金融资产发行人等相关当事人之间是否存在关联关系等可能影响投资者决策的信息。

3. 私募产品持有人数量管理

证券公司应当采取有效措施确保在柜台市场交易的私募产品持有人数量符合相关规定，并要求私募产品发行人承诺私募产品的持有人数量符合相关规定。根据《证券投资基金法》规定，非公开募集基金应当向合格投资者募集，合格投资者累计不得超过200人。

（九）信息披露

证券公司应当制定明确的柜台市场信息披露规则，信息披露义务人应当对所披露信息的真实性、准确性、完整性负责。

1. 信息披露的类型

证券公司应当督促信息披露义务人按照约定向投资者披露信息，并根据信息性质及私募业务相关规定分类披露，包括公开披露和向特定对象披露。法律法规、自律规则要求公开披露的信息，应当面向公众进行披露；法律法规、自律规则或者合同约定定向披露的信息，应当向特定对象披露。

2. 不得向公众披露的私募业务信息

（1）涉及证券公司客户隐私的信息；

（2）涉及第三方商业秘密的信息；

（3）合同约定不得向公众公开的信息；

（4）法律法规和自律规则禁止向公众公开的信息。

3. 信息披露的途径

证券公司应当通过本公司网站、机构间私募产品报价与服务系统或者中国证券业协会认可的其他信息披露平台，披露私募产品相关信息。

（十）自律管理

根据《证券公司柜台交易业务规范》《证券公司柜台市场管理办法（试行）》，中国证券业协会对证券公司柜台交易活动进行自律管理和日常监控。同时，中国证券业协会委托中证机构间报价系统股份有限公司建立机构间私募产品报价与服务系统（本节简称“报价系统”），为柜台市场提供互联互通服务。

1. 协会备案

证券公司进行柜台交易，应当报中国证券业协会备案，其柜台交易管理制度和实施方案应当通过中国证券业协会组织的专业评价。

2. 定期报告及重大事项报告

证券公司应当向中国证券业协会报送柜台市场业务年度报告以及重大事项报告。

（1）定期报告

证券公司应于每月结束后5个工作日内按要求向中国证券业协会报送柜台交易月度报表；每年结束后在规定时间报送柜台市场业务年度报告，内容包括但不限于：柜台市场业务总体情况、交易、登记结算、投资者适当性管理、风险及合规管理等。

（2）重大事项报告

柜台市场发生对业务开展、客户权益、证券公司风险等产生重大影响的事项，或者可能影响柜台交易顺利进行、投资者利益或可能诱发证券公司风险的重大事件时，证券公司应当在该事项发生后1个交易日内向中国证券业协会报告，并于3个交易日内提交重大事项报告，内容包括：事项基本情况、产生原因、影响、应对措施等。

3. 业务信息互联互通

证券公司应当通过与报价系统联网的方式实现业务信息的互联互通，信息范围包括但不限于私募产品基本情况、交易信息和登记结算信息等。

4. 现场或非现场检查

中国证券业协会可以对证券公司柜台市场进行现场检查或者非现场检查；证券公司及其相关人员应当予以配合，并按照要求提供有关文件和资料、接受问询。

5. 自律惩戒

证券公司及其相关业务人员违反《证券公司柜台交易业务规范》《证券公司柜台市场管理办法（试行）》的，中国证券业协会将视情节轻重采取相关自律惩戒措施，并记入诚信信息管理系统；存在违反法律、法规行为的，将移交中国证监会或其他有权机关依法查处。

（十一）典型案例

1. 操作实例

甲证券公司为适应客户及市场需求，发行挂钩指数并带敲出、敲入结构的场外金融衍生品，鉴于该类场外衍生品结构复杂，为防止投资者盲目投资该类产品，出现亏损时引发纠纷风险，甲证券公司加强对该类产品投资者的风险提示，持续加强对分支机构的管控和销售人员培训，在销售底层资产为复杂场外衍生品结构产品过程中，严禁使用“保本”“稳赚”等词汇诱导投资者购买或片面强调收益，客观揭示投资者可能面临的信用风险和市场风险，与投资者签订风险揭示书，在产品合同及宣传推介材料中明确提示客户该类产品并非保本理财，向投资者充分提示亏损风险并进行留痕。甲证券公司的要求符合法律法规的要求。

2. 违法违规案例

甲证券公司在其柜台市场开展×私募证券基金产品的转让过程中，存在突破私募产品 200 人的上限要求，同时向 300 余人进行私募产品的转让，同时未遵守柜台业务中私募基金合格投资者的准入要求，导致向多个不符合合格投资者准入要求的客户转让×私募证券基金份额，甲证券公司被当地证监局出具警示函行政监管措施。

《证券公司柜台市场管理办法（试行）》第四条规定，“证券公司在柜台市场开展业务，应当按照法律、行政法规、中国证券监督管理委员会（以下简称‘中国证监会’）规定、行业自律规则等建立投资者适当性管理制度，做好投资者准入、投资者教育等工作，不得诱导投资者参与与其风险承受能力不相适应的交易。证券公司应当采取有效措施确保在柜台市场交易的私募产品持有人数量符合相关规定，并要求私募产品发行人承诺私募产品的持有人数量符合相关规定”。

第九节　其他业务

本节重点梳理、解释、总结与代销金融产品业务、中间介绍业务、另类投资业务、私募投资基金业务、股票期权业务、场外衍生品业务及区域性股权市场业务的相关法律法规与业务规则。

一、代销金融产品业务

（一）法规概述

1. 法律、行政法规

《证券公司监督管理条例》在“第一章　总则”中规定“证券公司按照国家规定，可以发行、交易、销售证券类金融产品”。上述行政法规是中国证监会等监管机构制定金融产品代销业务相关监管政策、实施监督管理的重要法律依据。

2. 部门规章及规范性文件

除上述法律及行政法规外，证券公司代销业务涉及的主要部门规章及规范性文件包括《公开募集证券投资基金销售机构监督管理办法》《证券公司代销金融产品管理规定》《证券投资基金销售适用性指导意见》《证券投资基金销售机构内部控制指导意见》《公开募集证券投资基金宣传推介材料管理暂行规定》《证券期货经营机构私募资产管理业务运作管理暂行规定》等。

（二）证券公司代销金融产品的相关规定

1. 政策背景

2004 年，中国证监会在证券公司综合治理和加强监管的同时，逐步支持证券公司开始各项创新探索，允许证券公司代销公募基金。经过多年实践，证券公司已积累了一定的管控代销风险的能力，初步具备扩大证券公司代销金融产品范围的条件，为此中国证监会于 2012 年制定并发布了《证券公司代销金融产品管理规定》，明确了代销活动中各方的权利、义务和责任，着重强调了证券公司的适当性管理和信息披露义务，对证券公司代销金融产品的行为规范以及监督管理等事项作出了较为全面的规定。本节将描述代销金融产品的法律关系，委托人资格审查和金融产品尽职调查，证券公司的适当性管理义务、证券公司的信息披露义务、禁止行为。

2. 定义及原则

（1）代销金融产品，是指接受金融产品发行人的委托，为其销售金融产品或者介绍金融产品购买人的行为。

（2）基本原则

①避免利益冲突。证券公司代销金融产品应遵循平等、自愿、公平、诚实信用和适当性原则，避免利益冲突，不得损害客户合法权益。证券公司在代销金融产品中需审慎评估及防范利益冲突，既要避免证券公司与客户之间的利益冲突，也要避免代销活动中证券公司不同部门、不同业务、不同人员之间的利益冲突等。证券公司应当采取有效隔离措施，避免因其他业务风险影响代销业务稳健运行。

②集中统一管理。证券公司应当对代销金融产品活动实行集中统一管理，明确内设部门和分支机构在代销金融产品活动中的职责，防止分支机构擅自代销金融产品。证券公司应当集中进行委托人资格审查、金融产品审慎调查、风险评估，统一与委托人签署合同，统一制作产品宣传推介材料。

3. 基本要求

（1）代销合同必备内容

证券公司应与委托人通过签署书面代销合同明确双方的权利义务以及在信息披

露、风险揭示、咨询查询、投诉处理、违约方面应急预案和后续处理机制等方面的分工，因金融产品设计、运营和委托人提供的信息不真实、不准确、不完整而产生的责任由委托人承担，证券公司不承担任何担保责任。

（2）委托人资格审查和产品尽职调查

为保护投资者权益，证券公司应在代销金融产品前进行必要的委托人资格审查和产品尽职调查。

①委托人资格审查。证券公司审查确认委托人依法设立并可以发行金融产品后方可接受其委托；委托人明确约定购买人范围的，证券公司不得超出委托人确定的购买人范围销售金融产品。

②产品尽职调查。证券公司应当设立产品准入委员会或者专门小组，对销售产品准入实行集中统一管理。证券公司应当审慎选择代销的金融产品，充分了解金融产品的发行依据、基本性质、投资安排、风险收益特征、管理费用等信息。证券公司确认金融产品依法发行、有明确的投资安排和风险管控措施，风险收益特征清晰且可以对其风险状况作出合理判断的，方可代销。

（3）资金支付

客户购买金融产品的资金，既可以由客户直接向委托人支付，也可通过证券公司支付。在通过证券公司支付时，证券公司不得使用除证券公司客户交易结算资金专用存款账户外的其他账户，代委托人接收客户购买金融产品的资金。

（4）资格要求

①业务资格。证券公司代销金融产品，应当按照《证券公司监督管理条例》的规定取得代销金融产品业务资格。此外，《公开募集证券投资基金销售机构监督管理办法》中还规定，未经注册，任何单位或者个人不得从事基金销售业务。

②从业人员管理。证券公司从事代销金融产品活动的人员，应当符合规定的条件，并遵守证券从业人员的管理规定。此外，《公开募集证券投资基金销售机构监督管理办法》中还规定，基金销售机构应当强化人员资质管理，确保基金销售人员具有基金从业资格。未经基金销售机构聘任，任何人员不得从事基金销售活动，中国证监会另有规定的除外。

证券公司应当建立健全基金销售人员持续培训机制，加强对基金销售人员行为的监督和检查，并建立相关人员的离任审计或者离任审查制度。基金销售人员不得从事与基金销售业务有利益冲突的业务活动。

4. 金融产品销售中的宣传推介

根据《公开募集证券投资基金销售机构监督管理办法》《公开募集证券投资基金宣传推介材料管理暂行规定》《证券期货经营机构私募资产管理业务运作管理暂行规

定》《私募投资基金募集行为管理办法》的相关规定，对证券公司在销售公募基金和私募金融产品中分别提出如下要求：

（1）公募基金

①公募基金宣传推介材料。证券公司作为基金销售机构应当建立健全基金宣传推介材料的合规审查机制。相关审查材料应当存档备查。证券公司应当集中统一制作、使用宣传推介材料，制作、使用的基金宣传推介材料，应当事先经基金销售业务负责人和合规风控负责人（或者合规风控人员）检查，出具合规意见书。中国证监会及其派出机构可以对基金宣传推介材料的制作、内容、内部合规审查等进行定期或者不定期检查，证券公司应当予以配合。

基金宣传推介材料应当加强对投资人的教育和引导，积极培养投资人的长期投资理念，注重对行业公信力及公司品牌、形象的宣传。

②公募基金宣传推介材料禁止性行为。基金宣传推介材料不得存在以下情形：在未提供客观证据的情况下，使用业绩稳健、业绩优良、名列前茅、位居前列、唯一等表述；违规使用安全、保证、承诺、保险、有保障、高收益、无风险、坐享财富增长、安心享受成长、尽享牛市等可能使投资人认为没有风险或者忽视风险的表述；使用欲购从速、申购良机等片面强调集中营销时间限制的表述；诋毁、贬低其他基金管理人、基金托管人或者基金销售机构，或者其他基金管理人管理的基金；夸大或者片面宣传基金管理人、基金经理或者其管理的基金的过往业绩；使用或者登载单位、个人的推荐性文字；使用广告法、反不正当竞争法、反垄断法禁止的内容；中国证监会规定的其他情形。

③公募基金宣传推介规范。基金销售机构应制定客户服务标准，对服务对象、服务内容、服务程序等业务进行规范。

宣传推介活动应遵循诚实信用原则，不得欺诈、误导投资人。遵循销售适用性原则，关注投资者风险承受能力和基金产品风险收益特征的匹配性，不得误导投资人购买与其风险承担能力不相匹配的基金产品。及时准确地为投资人办理各类基金销售业务手续，识别客户有效身份，严格管理投资人账户。

在投资人开立基金交易账户时，向投资人提供《投资人权益须知》。为基金份额持有人提供良好的持续服务，保障基金份额持有人有效了解所投资基金的相关信息。

证券公司同时销售多只基金时，不得实施歧视性、排他性、绑定性销售安排。

（2）私募类金融产品

①私募类金融产品宣传推介材料。根据《私募投资基金募集行为管理办法》的规定，私募基金推介材料应由私募基金管理人制作并使用，私募基金管理人应对其基金推介材料内容的真实性、完整性、准确性负责。除私募基金管理人委托募集的基金销

售机构可以使用推介材料向特定对象宣传推介外，其他任何机构或个人不得使用、更改、变相使用私募基金推介材料。募集机构应当采取合理方式向投资者披露私募基金信息，揭示投资风险，确保推介材料中的相关内容清晰、醒目。其中，募集机构包括向投资者销售其所发行私募基金产品的私募基金管理人，以及在中国证监会注册取得基金销售业务资格并已成为中国证券投资基金业协会会员的机构（以下统称“募集机构”）。

②私募类金融产品宣传推介规范。证券公司作为代销机构销售私募类金融产品时，应遵守《公开募集证券投资基金销售机构监督管理办法》第六章的规定，并参照适用《公开募集证券投资基金销售机构监督管理办法》第三章、第四章的相关规定，此外还应当遵守如下特殊要求：

可以公开宣传的信息。募集机构仅可以通过合法途径公开宣传私募基金管理人的品牌、发展战略、投资策略、管理团队、高管信息以及由中国证券投资基金业协会公示的已备案私募基金的基本信息。

特定对象确定。募集机构应当向特定对象宣传推介私募基金，未经特定对象确定程序，不得向任何人宣传推介私募基金。在向投资者推介私募基金之前，募集机构应当采取问卷调查等方式履行特定对象确定程序，对投资者风险识别能力和风险承担能力进行评估。投资者应当以书面形式承诺其符合合格投资者标准，募集机构应当要求投资人承诺投资资金为自有资金，不存在非法汇集他人资金等情况。

在线特定对象确定程序。募集机构通过互联网媒介在线向投资者推介私募基金之前应设置在线特定对象确定程序，投资者应承诺其符合合格投资者标准。在线特定对象确定程序至少应包括如下环节：投资者如实填报真实身份信息及联系方式；募集机构应通过验证码等有效方式核实用户的注册信息；投资者阅读并同意募集机构的网络服务协议；投资者阅读并主动确认其自身符合合格投资者的要求；投资者在线填报风险识别能力和风险承担能力的问卷调查。

不得公开宣传。募集机构及其从业人员推介私募基金时，禁止有以下行为公开推介或者变相公开推介：公开出版资料；面向社会公众的宣传单、布告、手册、信函、传真；海报、户外广告；电视、电影、电台及其他音像等公共传播媒体；公共、门户网站链接广告、博客等；未设置特定对象确定程序的募集机构官方网站、微信朋友圈等互联网媒介；未设置特定对象确定程序的讲座、报告会、分析会；未设置特定对象确定程序的电话、短信和电子邮件等通信媒介。

风险揭示。在投资者签署基金合同之前，募集机构应当向投资者说明有关法律法规，说明投资冷静期、回访确认等程序性安排以及投资者的相关权利，重点揭示私募基金风险，并与投资者签署风险揭示书。

合格投资者确认。在风险揭示后，募集机构应当要求投资者提供必要的资产证明文件或收入证明，合理审慎地审查投资者是否符合私募基金合格投资者标准，依法履行反洗钱义务，并确保单只私募基金的投资者人数累计不得超过《证券投资基金法》《公司法》《合伙企业法》等法律规定的特定数量。募集机构应当就上述合格投资者确认、投资者适当性匹配、风险揭示、自有资金投资等事项履行投资人签字确认等程序。

冷静期。各方应当在完成合格投资者确认程序后签署私募基金合同。基金合同应当约定给投资者设置不少于24小时的投资冷静期，募集机构在投资冷静期内不得主动联系投资者。私募证券投资基金合同应当约定，投资冷静期自基金合同签署完毕且投资者缴纳认购基金的款项后起算；私募股权投资基金、创业投资基金等其他私募基金合同关于投资冷静期的约定可自行约定。

回访。募集机构应当在投资冷静期满后，指令本机构从事基金销售推介业务以外的人员进行投资回访。回访过程不得出现诱导性陈述，募集机构在投资冷静期内进行的回访确认无效。

5. 信息披露义务

为保障客户的知情权，以便于其作出风险判断和投资决策，须要求证券公司在代销活动中切实履行信息披露义务，并针对具有较高风险的产品进行特别说明，具体要求如下：

（1）证券公司应当采取适当方式，向客户披露由委托人提供的金融产品合同当事人情况介绍、金融产品说明书等材料，全面、公正、准确地介绍金融产品有关信息，并披露其与金融合同当事人之间是否存在关联关系。

（2）向客户推介的金融产品流动性较低、透明度较低、损失可能超过购买支出或者不易理解的，证券公司应当以简明、易懂的文字，向客户作出有针对性的书面说明，同时详细披露判断该金融产品适合该客户购买的依据，并要求客户签字确认。

（3）在金融产品存续期间，客户要求了解金融产品相关信息的，证券公司应当向客户告知委托人提供的金融产品相关信息，或者协助客户向委托人查询有关信息。

（4）针对公募基金，证券公司应当履行如下持续为投资人提供信息服务：

①及时告知投资人其认购、申购、赎回的基金名称以及基金份额的确认日期、确认份额和金额等信息；

②提供有效途径供投资人实时查询其所持基金的基本信息；

③定期向投资人主动提供基金保有情况信息；

④按照中国证监会的规定，做好有关信息传递工作，向投资人及时提供对其投资决策有重大影响的信息；

⑤中国证监会规定的其他要求。

证券公司作为基金销售机构应当与投资人约定提供前款规定信息的方式。

（三）代销金融产品的禁止性规定

1. 一般禁止性规定

根据《证券公司代销金融产品管理规定》，证券公司及其从事金融产品代销业务的人员在代销金融产品过程中不得有下列行为：

（1）采取夸大宣传、虚假宣传等方式误导客户购买金融产品。

（2）采取抽奖、回扣、赠送实物等方式诱导客户购买金融产品。

（3）与客户分享投资收益、分担投资损失。

（4）使用除证券公司客户交易结算资金专用存款账户外的其他账户，代委托人接收客户购买金融产品的资金。

（5）证券公司从事代销金融产品活动的人员不得接受委托人给予的财物或其他利益。

（6）其他可能损害客户合法权益的行为。

2. 私募类产品的禁止性规定

根据《证券期货经营机构私募资产管理业务运作管理暂行规定》，证券经营机构在销售中不得存在如下行为：

（1）资产管理合同及销售材料中存在包含保本保收益内涵的表述，如零风险、收益有保障、本金无忧等。

（2）资产管理计划名称中含有“保本”字样。

（3）与投资者私下签订回购协议或承诺函等文件，直接或间接承诺保本保收益。

（4）向投资者口头或者通过短信、微信等各种方式承诺保本保收益。

（5）向非合格投资者销售资产管理计划，明知投资者实质不符合合格投资者标准，仍予以销售确认，或者通过拆分转让资产管理计划份额或其收益权、为投资者直接或间接提供短期借贷等方式，变相突破合格投资者标准。

（6）单一资产管理计划的投资者人数超过 200 人，或者同一资产管理人为单一融资项目设立多个资产管理计划，变相突破投资者人数限制。

（7）通过报刊、电台、电视、互联网等公众传播媒体，讲座、报告会、分析会等方式，布告、传单、短信、微信、博客和电子邮件等载体，向不特定对象宣传具体产品，但证券期货经营机构和销售机构通过设置特定对象确定程序的官网、客户端等互联网媒介向已注册特定对象进行宣传推介的除外。

（8）向投资者宣传资产管理计划预期收益率。

（9）夸大或者片面宣传产品，夸大或者片面宣传资产管理计划管理人及其管理的产品、投资经理等的过往业绩，未充分揭示产品风险，投资者认购资产管理计划时未签订风险揭示书和资产管理合同。

（四）监督管理和法律责任

1.《公开募集证券投资基金销售机构监督管理办法》的相关规定

（1）中国证监会及其派出机构按照审慎监管原则，可以要求基金销售相关机构及其股东、实际控制人报送相关信息、材料，定期或者不定期对基金销售相关机构从事基金销售业务及相关服务业务的情况进行非现场或者现场检查。

（2）基金销售相关机构违反法律、行政法规、本办法及中国证监会其他规定，法律法规有规定的，依照其规定处理；法律法规没有规定的，中国证监会及其派出机构可以采取监管谈话、出具警示函、责令改正、责令处分有关人员、责令暂停办理相关业务等行政监管措施，对相关主管人员、直接责任人员，可以采取监管谈话、出具警示函、公开谴责、认定为不适当人选等行政监管措施，发现违法行为涉嫌犯罪的，移送司法机关处理。

2.《私募投资基金募集行为管理办法》的相关规定

证券公司作为募集机构在开展私募基金募集业务过程中违反规定的，中国证券投资基金业协会可以视情节轻重对募集机构采取要求限期改正、行业内谴责、加入黑名单、公开谴责、暂停受理或办理相关业务、撤销管理人登记等纪律处分；对相关工作人员采取要求参加强制培训、行业内谴责、加入黑名单、公开谴责、认定为不适当人选、暂停基金从业资格、取消基金从业资格等纪律处分。

3.《证券公司代销金融产品管理规定》的相关规定

证券公司及其从业人员违反规定的，中国证监会及其派出机构依法采取监管措施或者给予行政处罚。

二、证券公司中间介绍业务

（一）证券公司中间介绍业务的概念

证券公司中间介绍业务，是指证券公司接受期货公司委托，为期货公司介绍客户参与期货交易并提供其他相关服务的业务活动。

（二）法规概述

证券公司中间介绍业务主要涉及的部门规章有《证券公司为期货公司提供中间介绍业务试行办法》。

(三) 证券公司中间介绍业务的业务范围

1. 证券公司中间介绍业务的业务范围

根据《证券公司为期货公司提供中间介绍业务试行办法》第九条的规定，证券公司受期货公司委托从事介绍业务，应当提供下列服务：

(1) 协助办理开户手续；

(2) 提供期货行情信息、交易设施；

(3) 中国证监会规定的其他服务。

证券公司不得代理客户进行期货交易、结算或者交割，不得代期货公司、客户收付期货保证金，不得利用证券资金账户为客户存取、划转期货保证金。

2. 与期货公司签订书面委托协议

根据《证券公司为期货公司提供中间介绍业务试行办法》第十条的规定，证券公司从事介绍业务，应当与期货公司签订书面委托协议。委托协议应当载明下列事项：

(1) 介绍业务的范围；

(2) 执行期货保证金安全存管制度的措施；

(3) 介绍业务对接规则；

(4) 客户投诉的接待处理方式；

(5) 报酬支付及相关费用的分担方式；

(6) 违约责任；

(7) 中国证监会规定的其他事项。

双方可以在委托协议中约定前款规定以外的其他事项，但不得违反法律、行政法规和办法的规定，不得损害客户的合法权益。

证券公司按照委托协议对期货公司承担介绍业务受托责任。基于期货经纪合同的责任由期货公司直接对客户承担。

3. 备案义务

证券公司与期货公司签订、变更或者终止委托协议的，双方应当在5个工作日内报各自所在地的中国证监会派出机构备案。

(四) 证券公司开展中间介绍业务的业务规则与禁止行为

《证券公司为期货公司提供中间介绍业务试行办法》第十二条至第二十六条对证券公司开展中间介绍业务的业务规则与禁止行为进行了说明。

1. 限定委托中间介绍业务的期货公司

证券公司只能接受其全资拥有或者控股的，或者被同一机构控制的期货公司的委托从事介绍业务，不能接受其他期货公司的委托从事介绍业务。

2. 建立并执行相关制度

证券公司应当按照合规、审慎经营的原则，制定并有效执行介绍业务规则、内部控制、合规检查等制度，确保有效防范和隔离介绍业务与其他业务的风险。期货公司与证券公司应当建立介绍业务的对接规则，明确办理开户、行情和交易系统的安装维护、客户投诉的接待处理等业务的协作程序和规则。

证券公司应当建立并有效执行介绍业务的合规检查制度。证券公司应当定期对介绍业务规则、内部控制、风险隔离等制度的执行情况和营业部介绍业务的开展情况进行检查，每半年向中国证监会派出机构报送合规检查报告。发生重大事项的，证券公司应当在2个工作日内向所在地中国证监会派出机构报告。

3. 隔离

证券公司与期货公司应当独立经营，保持财务、人员、经营场所等分开隔离。

证券公司应当配备足够的符合期货从业人员条件的业务人员，不得任用不符合期货从业人员条件的业务人员从事介绍业务。

证券公司从事介绍业务的工作人员不得进行期货交易。

4. 信息公开

证券公司应当在其经营场所显著位置或者其网站，公开下列信息：

（1）受托从事的介绍业务范围；

（2）从事介绍业务的管理人员和业务人员的名单和照片；

（3）期货公司期货保证金账户信息、期货保证金安全存管方式；

（4）客户开户和交易流程、出入金流程；

（5）交易结算结果查询方式；

（6）中国证监会规定的其他信息。

5. 中间介绍业务中证券公司的协助及禁止事项

（1）证券公司的协助事项

证券公司应当建立完备的协助开户制度，对客户的开户资料和身份真实性等进行审查，向客户充分揭示期货交易风险，解释期货公司、客户、证券公司三者之间的权利义务关系，告知期货保证金安全存管要求。

证券公司应当及时将客户开户资料提交期货公司，期货公司应当复核后与客户签订期货经纪合同，办理开户手续。

期货、现货市场行情发生重大变化或者客户可能出现风险时，证券公司及其营业部可以协助期货公司向客户提示风险。

证券公司应当协助维护期货交易系统的稳定运行，保证期货交易数据传送的安全和独立。

（2）证券公司的禁止事项

证券公司为期货公司介绍客户时，应当向客户明示其与期货公司的介绍业务委托关系，解释期货交易的方式、流程及风险，不得作获利保证、共担风险等承诺，不得虚假宣传，误导客户。

证券公司不得代客户下达交易指令，不得利用客户的交易编码、资金账号或者期货结算账户进行期货交易，不得代客户接收、保管或者修改交易密码。

证券公司不得直接或者间接为客户从事期货交易提供融资或者担保。

6. 资料保存

证券公司应当在营业场所妥善保存有关介绍业务的凭证、单据、账簿、报表、合同、数据信息等资料。证券公司保存上述文件资料的期限不得少于5年。

（五）对中间介绍业务监管措施

《证券公司为期货公司提供中间介绍业务试行办法》第二十七条至第三十二条对证券公司开展中间介绍业务的监管措施进行了说明：

1. 中国证监会及其派出机构按照审慎监管原则，对证券公司从事的介绍业务进行现场检查和非现场检查。

2. 证券公司应当按照中国证监会的规定披露介绍业务的相关信息，报送介绍业务的相关文件、资料及数据信息。

3. 证券公司取得介绍业务资格后不符合《证券公司为期货公司提供中间介绍业务试行办法》第五条、第六条规定条件的，中国证监会及其派出机构责令其限期整改；经限期整改仍不符合条件的，中国证监会依法撤销其介绍业务资格。

4. 证券公司违反《证券公司为期货公司提供中间介绍业务试行办法》第三章业务规则的，中国证监会及其派出机构可以采取责令限期整改、监管谈话、出具警示函等监管措施；逾期未改正，其行为可能危及期货公司的稳健运行、损害客户合法权益的，中国证监会可以责令期货公司终止与该证券公司的介绍业务关系。

5. 证券公司因其他业务涉嫌违法违规或者出现重大风险被暂停、限制业务或者撤销业务资格的，中国证监会可以责令期货公司终止与该证券公司的介绍业务关系。

6. 证券公司有下列行为之一的，按照《期货交易管理条例》第七十条进行处罚：

（1）未经许可擅自开展介绍业务；

（2）对客户未充分揭示期货交易风险，进行虚假宣传，误导客户；

（3）代理客户进行期货交易、结算或者交割；

（4）收付、存取或者划转期货保证金；

（5）为客户从事期货交易提供融资或者担保；
（6）未按规定审查客户的开户资料和身份真实性；
（7）代客户下达交易指令；
（8）利用客户的交易编码、资金账号或者期货结算账户进行期货交易；
（9）未将介绍业务与其他经营业务分开或者有效隔离；
（10）未将财务、人员、经营场所与期货公司分开隔离；
（11）拒绝、阻碍中国证监会及其派出机构依法履行职责。

三、另类投资业务

（一）法规概述

另类投资业务涉及的规范性文件主要为《证券公司另类投资子公司管理规范》（以下简称《管理规范》）、《自律规则适用意见第6号——关于〈证券公司另类投资子公司管理规范〉和〈证券公司私募投资基金子公司管理规范〉有关规定的适用意见》。

（二）另类投资业务的概念及范围

1. 另类投资业务的概念

另类投资业务，是指证券公司设立另类投资子公司（以下简称“另类子公司”），按照法律法规、监管要求和《管理规范》规定，从事《关于证券公司证券自营业务投资范围及有关事项的规定》附件《证券公司证券自营投资品种清单》所列品种以外的金融产品、股权等投资业务。

2. 另类子公司的业务范围

《管理规范》第二条规定了另类子公司的业务范围，即“证券公司另类子公司从事《证券公司证券自营投资品种清单》所列品种以外的金融产品、股权等另类投资业务，应当符合法律法规、监管要求和规范规定。另类子公司不得从事投资业务之外的业务。”

证券公司应当清晰划分证券公司与另类子公司及另类子公司与其他子公司之间的业务范围，统筹制定业务划分方案，采取切实措施，防范同业竞争、利益冲突及利益输送。

另类子公司应当按照中国证监会和证券交易所的相关规定开展跟投业务。

另类子公司可以投资大宗商品、全国中小企业股份转让系统挂牌公司股票以及中国证监会认可的其他投资品种，但应当由证券公司进行清晰合理的业务划分。主要包括：

1. 另类子公司可以开展上市公司定向增发业务，并遵守如下规定：一是证券公司应当坚守主责主业，做好业务划分，避免同业竞争；二是母子公司原则上不得同时从事前述业务，确有必要同时从事的，应当由母公司根据上市公司所属行业、市场区域、客户类型等方面，自主统筹制定划分方案，避免产生直接或者间接竞争，防止利益冲突和利益输送。

2. 另类子公司投资衍生品的，应当符合中国证监会的相关规定，并做好业务划分。

（三）另类投资业务的总体要求

1. 审慎设立另类子公司

证券公司应当突出主业，充分考虑自身发展需要、财务实力和管理能力，审慎设立另类子公司。另类子公司不得再下设任何机构。

2. 另类投资业务的基本原则

另类子公司开展业务，应当遵循稳健经营、诚实守信、勤勉尽责和专业化投资原则，防范利益冲突，不得损害国家利益、社会公共利益和他人合法权益。

3. 建立完善有效的内控机制

证券公司应当建立完善有效的内部控制机制，切实履行母公司的管理责任，对子公司统一实施管控，增强自我约束能力。

4. 合规与风险管理全覆盖

证券公司应当将另类子公司的合规与风险管理纳入公司统一体系，加强对另类子公司的资本约束，实现对子公司合规与风险管理全覆盖，防范利益冲突和利益输送。

（四）另类投资子公司的设立

1. 另类子公司的设立要求

证券公司设立另类子公司应当符合法律法规、中国证监会的相关规定。

证券公司未能做到突出主业、稳健经营、诚实守信、勤勉尽责、资本约束或内控有力的，不得设立另类子公司。

每家证券公司设立的另类子公司原则上不超过1家。

证券公司应当以自有资金全资设立另类子公司。证券公司不得采用股份代持等其他方式变相与其他投资者共同出资设立另类子公司。

2. 信息披露

另类子公司应当在完成工商登记后5个工作日内在证券公司网站及本公司网站

（如有）上披露另类子公司的名称、注册地、注册资本、业务范围、法定代表人、高级管理人员以及防范风险传递、利益冲突的制度安排等事项，并及时更新。

（五）另类子公司的业务规则

1. 合理运作

另类子公司应该审慎考虑业务定位，根据业务特点、资金结构、战略定位管理需要及有关监管规定，合理运用资金，多元配置资产，分散投资风险。

2. 证券投资特别规定

另类子公司持有境内证券交易场所上市交易和转让的证券的，应当将另类子公司与母公司自营持有同一只证券的市值合并计算，合并计算后的市值应当符合《证券公司风险控制指标管理办法》的规定。

3. 投资管理制度和流程

另类子公司应当建立投资管理制度，设立专门的投资决策机构，明确决策权限和决策程序；健全公司组织架构，明确各组织机构职责和权限；完善投资论证、立项、尽职调查、投后管理等业务流程，有效防范投资风险。

另类子公司应当充分运用必要的手段和方法对投资标的开展尽职调查，充分评估投资标的的经营情况、财务状况、信用状况等，并根据投资目的、投资决策等通过增加担保物、外部增信等措施进行保障。尽职调查工作完成后，应当撰写尽职调查报告。

另类子公司应当明确负责投后管理工作的部门或人员，动态监测风险，持续跟踪分析投资标的运行情况和保障措施的有效性，定期进行项目估值变化分析，发现重大问题及时采取应对措施。

4. 融资及对外担保禁止

另类子公司不得融资，不得对外提供担保和贷款，不得成为对所投资企业的债务承担连带责任的出资人。

另类子公司不得通过直接投资、投资其他资产管理产品或者与他人进行交叉融资安排等方式，直接或间接为关联方提供借款等融资或者担保，不得为关联方违规融资或担保提供便利，以及与关联方进行不正当交易、利益输送、内幕交易和操纵市场等违法违规行为。

5. 闲置资金管理

另类子公司可以以现金管理为目的管理闲置资金，但应当坚持有效控制风险、保持流动性的原则，且只能投资于依法公开发行的利率债（国债、央行票据、政策性金融债、地方政府债）、国债逆回购、协议存款、大额存单（剩余期限不超过 1 年）、短期融资券、开放式现金管理类银行理财产品、开放式债券基金、货币市场基金等风险较低、流动性较强的金融产品。

6. 保荐与投资互斥

证券公司或其承销保荐子公司担任拟上市企业首次公开发行股票的辅导机构、财务顾问、保荐机构、主承销商或担任拟挂牌企业股票挂牌并公开转让的主办券商的，应当按照签订有关协议或者实质开展相关业务两个时点孰早的原则，在该时点后另类子公司不得对该企业进行投资。中国证监会、证券交易所及中国证券业协会另有规定的除外。

前述所称"有关协议"，是指证券公司或其承销保荐子公司与拟上市企业签订含有确定证券公司或其承销保荐子公司担任拟上市企业首次公开发行股票的辅导机构、财务顾问、保荐机构、主承销商或担任拟挂牌企业股票挂牌并公开转让的主办券商条款的协议，包括辅导协议、财务顾问协议、保荐及承销协议、推荐挂牌并持续督导协议等。

7. 业务底线

为了防范另类子公司业务开展行为，避免风险传递，另类子公司不得存在下列行为：

（1）向投资者募集资金开展基金业务或作为普通合伙人参与私募基金管理；

（2）开展财务顾问业务；

（3）从事或变相从事实体业务，财务投资的除外；

（4）下设任何机构，中国证监会、中国证券业协会另有规定的除外；

（5）投资违背国家宏观政策和产业政策；

（6）以商业贿赂等非法手段获得投资机会，或者违法违规进行交易；

（7）以拟投资企业聘请母公司或母公司的承销保荐子公司担任保荐机构或主办券商作为对企业进行投资的前提；

（8）为他人从事场外配资活动或非法证券活动提供便利；

（9）从事或参与融资类收益互换业务、委贷业务、股票质押业务、固定收益类信托夹层投资等通道类业务；

（10）投资于高杠杆的结构化资产管理产品；

（11）违反法律法规规定或合同约定的保密义务；

（12）中国证监会和中国证券业协会禁止的其他行为。

（六）另类子公司的内部控制

1. 统一管理

证券公司应当将另类子公司纳入统一管理。证券公司应当对自营、另类投资等自有资金投资的业务实施统一管理，管理的尺度和标准应当基本一致。

2. 确保管理控制力

证券公司应当通过任命或者委派董事、监事，推荐或者选派高级管理人员或者关键岗位人选，确保对另类子公司的管理控制力，维护投资决策和经营管理的有效性。

3. 合规与风险管理

证券公司应当将另类子公司的合规与风险管理纳入公司全面风险管理体系，防范另类子公司相关业务的合规风险、流动性风险、市场风险、信用风险、操作风险等各项风险，并确保证券公司合规管理覆盖另类子公司全体工作人员和各个环节。

证券公司应当选派人员作为另类子公司高级管理人员负责合规及风险管理工作，并由证券公司合规及风险管理负责人考核和管理，且不得兼任与其合规或风险管理职责相冲突的职务。

4. 内控制度、合规风控制度的有效性评估机制和内部责任追究机制

证券公司应当督促另类子公司建立健全内部控制制度、风险管理制度和合规管理制度，建立并落实对上述制度的有效性评估机制和内部责任追究机制，构建对另类子公司业务风险的监测机制、压力测试制度和风险处置制度。

5. 利益冲突识别和管理

（1）利益冲突识别管理机制

证券公司应当建立健全利益冲突识别和管理机制，及时、准确地识别证券公司的投资银行、自营、资产管理、投资咨询、私募基金等业务与另类投资业务之间可能存在的利益冲突，评估其影响范围和程度，并采取有效措施管理利益冲突风险。

（2）人员岗位的利益冲突防范

①证券公司及其他子公司与另类子公司存在利益冲突的人员不得兼任另类子公司的董事、监事、高级管理人员、投资决策机构成员；其他人员兼任上述职务的，证券公司应当建立严格有效的内部控制机制，防范可能产生的利益冲突和道德风险。

②证券公司从业人员不得在另类子公司兼任除前款规定外的职务。

③证券公司同一高级管理人员不得同时分管投资银行业务和另类投资业务。

另类子公司应当建立严格有效的内部控制机制，防范可能产生的利益冲突和道德风险。

6. 信息隔离

证券公司及其他子公司与另类子公司之间，应当在人员、机构、资产、经营管理、业务运作、办公场所等方面相互独立、有效隔离。

证券公司及其他子公司与另类子公司之间，应当建立有效的信息隔离机制，加强对敏感信息的隔离、监控和管理，防止敏感信息在各业务之间的不当流动和使用，防

范内幕交易和利益输送风险。

另类子公司应当参照《证券公司信息隔离墙制度指引》，按照证券公司的相关规定，建立健全信息隔离墙体系。

7. 人员、岗位管理

（1）投资行为和廉洁从业管理

证券公司及另类子公司应当按照《证券基金经营机构董事、监事、高级管理人员及从业人员监督管理办法》，建立健全另类子公司高级管理人员、从业人员及其配偶、利害关系人的投资行为管理制度和廉洁从业规范，制定有效的事前防范体系、事中管控措施和事后追责机制，防止前述人员违规从事投资，切实防范内幕交易、市场操纵、利益冲突和利益输送等不当行为。

（2）建立人员管理制度

另类子公司应当根据《证券基金经营机构董事、监事、高级管理人员及从业人员监督管理办法》建立人员管理制度，比照证券基金经营机构履行人员管理责任，并依法向中国证监会相关派出机构报送其高级管理人员相关备案材料。

（3）忠实义务

证券公司及另类子公司应当加强人员管理，防范道德风险。另类子公司的工作人员应当遵守中国证监会、中国证券业协会和所在机构的规章制度，廉洁从业，勤勉尽责，忠于职守。

（4）禁止行为

另类子公司的工作人员开展业务不得从事以下行为：

①单独或协同他人从事欺诈、内幕交易等违法违规行为，或从事与其履行职责有利益冲突的业务；

②贬损同行或以其他不正当竞争手段争揽业务；

③接受利益相关方的贿赂或对其进行贿赂；

④违规向客户提供资金；

⑤私自泄漏投资信息，或利用客户的相关信息为本人或者他人谋取不当利益；

⑥隐匿、伪造、篡改或者毁损投资信息；

⑦从事损害所在公司利益的不当交易行为；

⑧进行不当利益输送；

⑨中国证监会和中国证券业协会禁止的其他行为。

（5）前中后台相互制衡

另类子公司负责投资决策、投资操作和风险监控机构及其职能应当互相独立，账户管理、资金清算、合规风控等应当由区别于投资运作部门的独立部门负责，形成前中后台相互制衡的机制。

8. 风险监控

（1）投资风险监控

另类子公司应当建立投资风险监控机制。保证风险监控部门能够正常履职，确保风险监控部门可以获得投资业务的信息和有关数据。

另类子公司应当采用信息系统等手段，监控投出资金的使用和盈亏情况，并建立有效的风险监控报告机制；发现业务运作或资金使用不合规或出现重大风险时，应当及时处理并报告证券公司。

（2）交易行为日常监控

证券公司应当对另类子公司的交易行为进行日常监控，对另类子公司、证券公司及其他子公司各账户之间依法开展的相互交易、同向交易、反向交易及关联交易进行监控，防范内幕交易、操纵市场和利益输送。

（3）风险监控指标

证券公司及其另类子公司应当健全风险监控指标的监控机制，对另类子公司的各类投资的风险敞口和公司整体损益情况进行联动分析和监控，并定期进行压力测试。

9. 文档管理

另类子公司应当建立健全文档管理制度，妥善保管尽职调查报告、投资项目评估材料、投资决策记录、投后管理等重要投资文件。

10. 考核激励

另类子公司应当按照中国证监会的相关规定，建立长效合理的业绩考核和薪酬管理制度，充分体现功能发挥情况、公司长期经营业绩、合规和风险管理等因素，避免短期、过度激励等不当激励行为。按照投资项目发放奖金的，奖金发放应当与项目实际完成进度相匹配，并与项目风险挂钩。防范因不当激励导致工作人员忽视风险、片面追求短期业绩，损害公司利益或扰乱市场秩序。

11. 提供支持和服务

证券公司可以根据合同约定或内控制度规定，为另类子公司的合规管理、风险管理、稽核审计、人力资源管理、财务管理、信息技术、研究和运营等方面提供支持和服务。

12. 风险处置

证券公司应当承担对另类子公司风险处置的责任，督促另类子公司建立舆论监测及市场质疑快速反应机制，及时分析判断与另类投资业务相关的舆论反映和市场质疑，并进行自我检查。自我检查发现存在问题或者不足的，证券公司及另类子公司应当及时采取有效措施予以纠正、整改，必要时向社会公开作出说明。

13. 关联交易管理

另类子公司应当建立有效的关联交易管理制度，并按照实质重于形式和穿透原则，准确、全面、及时识别关联方和关联交易，对关联交易认定标准、交易定价方法、交易审批程序进行规范。

（七）报送要求及自律管理措施

1. 定期报告

另类子公司应当于每月结束后10个工作日内按照中国证券业协会的要求报送另类投资业务月度报表；在每年结束之日起4个月内，按照中国证券业协会的要求报送另类投资业务年度报告。

前款所称月度报表应当包括已投资品种或项目的名称、投资金额、期限、持股比例（如有）、交易对手方（如有）、投资模式或交易结构（如有）、财务信息等。年度报告除了上述信息外，还应当包括投资品种或项目的运行和损益情况、另类子公司合规管理和风险管理情况等。

2. 临时报告

另类子公司发生或即将发生可能对公司经营管理产生重大影响的情形或事件，应当在七个工作日内按照中国证券业协会的要求报送另类子投资业务临时报告。

3. 工作人员基本信息报送

另类子公司应当向中国证券业协会报送工作人员的基本信息及变动情况，并按照相关要求对从业人员进行执业登记。

4. 定期评估

证券公司应当每年对其股东责任履行情况和另类子公司的公司治理、内部控制、业务运行的合规管理及风险管理情况等进行评估，形成报告并归档备查。评估发现存在问题或者不足的，证券公司应当及时采取有效措施予以纠正、整改。

5. 执业检查

中国证券业协会依据《管理规范》对证券公司的股东责任履行情况、另类子公司的公司治理、内部控制、业务情况、风险状况等进行执业检查。

6. 自律惩戒

另类子公司对其向协会报送的报表及报告信息的及时性、真实性、准确性、完整性负责，如无正当理由不按规定报送、更新或者报送信息存在虚假内容的，中国证券业协会将视情节轻重，根据《中国证券业协会自律措施实施办法》相关规定采取自律管理措施或者纪律处分。

证券公司及其另类子公司违反《管理规范》的，中国证券业协会将视情节轻重，根据《中国证券业协会自律措施实施办法》相关规定采取自律管理措施或者纪律处分。情节严重的，移交并建议中国证监会责令证券公司撤销或关闭另类子公司。

另类子公司工作人员违反《管理规范》的，中国证券业协会视情况对其采取谈话提醒、警示、行业内通报批评、公开谴责、认定不适合从事相关业务等自律管理措施或纪律处分并记入诚信档案。

四、股票期权业务

股票期权交易，是指采用公开的集中交易方式或者中国证监会批准的其他方式进行的以股票期权合约为交易标的的交易活动。期权的买方在支付权利金后，有按照特定价格（行权价格）执行和不执行的权利而非义务；期权的卖方在收到权利金后，无论市场情况如何不利，一旦买方提出执行，则负有履行期权合约规定的义务而无权利。股票期权合约为沪深交易所统一制定的、规定买方有权在将来特定时间以特定价格买入或者卖出约定股票或者跟踪股票指数的交易型开放式指数基金（ETF）等标的物的标准化合约。作为股票期权的首个试点品种，上证50ETF期权于2015年2月9日在上交所上市交易。

（一）法规概述

股票期权业务主要涉及的部门规章有《股票期权交易试点管理办法》《证券期货经营机构参与股票期权交易试点指引》，涉及的规范性文件有《上海证券交易所股票期权试点交易规则》《深圳证券交易所股票期权试点交易规则》等。

（二）股票期权交易的主要制度安排

证券公司可以从事股票期权经纪业务、自营业务、做市业务，期货公司可以从事股票期权经纪业务、与股票期权备兑开仓以及行权相关的证券现货经纪业务。

中国证监会对股票期权市场实行集中统一的监督管理。证券交易所、证券登记结算机构、相关行业协会按照章程及业务规则，分别对股票期权交易活动及经营机构实行自律管理。

根据《股票期权交易试点管理办法》第二十八条的规定，股票期权交易相关用语含义如下：

1. 保证金安全存管监控机构，是指中国证券投资者保护基金有限责任公司、中国期货保证金监控中心或者中国证监会批准的其他保证金安全存管监控机构。

2. 股票期权经营机构，是指经中国证监会批准经营股票期权业务的证券公司、期货公司等金融机构。

3. 股票期权结算参与人，是指具有证券登记结算机构股票期权结算业务结算参与人资格的机构。

4. 做市商，是指经证券交易所认可、为其上市交易的股票期权合约提供双边持续报价或者双边回应报价等服务的机构。

5. 权利金，是指股票期权买方向卖方支付的用于购买股票期权合约的资金。

6. 保证金，是指用于结算和保证股票期权合约履行的现金或者证券。

7. 衍生品合约账户，是指经营机构按照证券登记结算机构业务规则，为投资者开立的用于股票期权合约交易、行权申报及记录投资者持有的股票期权合约及其变动情况的账户。

8. 股票期权买方，是指持有股票期权合约权利仓的投资者。权利仓指股票期权合约买入开仓形成的持仓头寸。

9. 股票期权卖方，是指持有股票期权合约义务仓的投资者。义务仓指股票期权合约卖出开仓形成的持仓头寸。

10. 行权，是指股票期权合约买方按照规定行使权利，以行权价格买入或者卖出约定标的证券，或者按照规定结算价格进行现金差价结算。

11. 协议行权，是指经营机构根据合同约定为投资者提供的行权申报及相关服务，具体服务内容和各自权利义务由经营机构与投资者在经纪合同中进行约定。

12. 行权价格，是指股票期权合约中约定的在行权时买入、卖出约定标的证券或者用于计算行权价差的价格。

13. 备兑开仓，是指投资者事先交存足额合约标的作为将来行权结算所应交付的证券，并据此卖出相应数量的认购期权。

14. 认购期权（又称“看涨期权”），是指买方有权在将来特定时间以特定价格买入约定数量合约标的的期权合约。

15. 认沽期权（又称“看跌期权”），是指买方有权在将来特定时间以特定价格卖出约定数量合约标的的期权合约。

（三）证券公司开展股票期权业务的条件

1. 股票期权经纪业务

证券公司从事股票期权经纪业务试点，应当符合下列基本条件：

（1）具有证券经纪业务资格。

（2）股票期权经纪业务制度健全，拟负责股票期权经纪业务的高级管理人员具备股票期权业务知识和相应的专业能力，配备 3 名具备相应专业能力的业务人员。

（3）具有满足从事股票期权经纪业务相关要求的营业场所、经营设备、技术系统等软硬件设施；业务设施和技术系统符合相关技术规范且运行状况良好，股票期权经纪业务技术系统已通过相关证券交易所、中国证券登记结算有限责任公司组织的测试。

（4）公司及其董事、监事、高级管理人员最近1年内未因重大违法违规行为受到行政处罚或刑事处罚。

证券公司从事股票期权经纪业务试点，应于实际开展业务后5个工作日内报公司住所地中国证监会派出机构备案，并提交备案材料。

证券公司应当指定专门部门、专人开展股票期权经纪业务，拟开展股票期权经纪业务的分支机构应当至少有1名具备相应专业能力的业务人员。

2. 股票期权做市业务

符合下列条件的证券公司，经中国证监会批准，可以从事股票期权做市业务：

（1）具有证券自营业务资格；

（2）最近6个月净资本持续不低于40亿元；

（3）最近18个月净资本等风险控制指标持续符合规定标准；

（4）具有完备的做市业务实施方案、相关内部管理制度及开展做市业务所需的专业人员；

（5）具备健全的全面风险管理体系，首席风险官具有相应的履职能力，具备对股票期权业务风险进行量化分析和评估的专业素质；

（6）做市业务系统符合相关技术规范且运行状况良好，并通过相关证券交易所组织的测试；

（7）中国证监会规定的其他条件。

证券公司申请股票期权做市业务资格，应当向中国证监会提交下列申请材料：

（1）申请书；

（2）股东会（股东大会）或董事会关于开展股票期权做市业务的决议文件；

（3）股票期权做市业务方案、内部管理制度文本；

（4）负责股票期权做市业务的高级管理人员与业务人员的名册及资质证明文件；

（5）证券交易所出具的股票期权做市业务技术系统验收报告；

（6）中国证监会规定的其他申请材料。

（四）证券公司开展股票期权业务的主要业务规则

1. 与投资者相关的注意事项

证券公司、期货公司从事股票期权经纪业务，应当制定并严格执行股票期权经纪业务投资者适当性管理制度，全面介绍股票期权产品特征，充分揭示股票期权交易风险，准确评估投资者的风险承受能力，不得向客户作获利保证，不得在经纪业务中与客户约定分享利益或者共担风险，不得虚假宣传、误导客户。

投资者应当在证券公司、期货公司营业场所现场办理股票期权交易开户手续，并书面签署风险揭示书。证券公司应当对客户的适当性进行评估并对个人投资者实施交易权限分级管理。个人投资者申请的交易权限级别分为一级、二级、三级交易权限。

2. 以自有资金参与股票期权业务

证券公司以自有资金参与股票期权交易试点的，应当具备证券自营业务资格。不具备证券自营业务资格的证券公司，其自有资金只能以套期保值为目的，参与股票期权交易。除法律法规另有规定外，期货公司不得以自有资金参与股票期权交易试点。

3. 强化内控制度

证券期货经营机构从事股票期权相关业务的，应当强化内部控制制度，对股票期权相关业务制定严格的授权管理制度和投资决策流程，建立有效的岗位分工和制衡机制，确保研究分析、投资决策、交易执行等相关环节的独立运作。

4. 信息隔离

证券期货经营机构从事股票期权相关业务的，应当建立健全并有效执行信息隔离制度，对经纪、自营、做市、资产管理等业务进行有效隔离，防止敏感信息的不当流动和使用，严格防范利益冲突。

5. 风险管理制度

证券期货经营机构从事股票期权相关业务的，应当建立健全并有效执行风险管理制度，完善相应的风险管理系统，加强对市场风险、流动性风险、操作风险等的识别、监测和控制。

6. 交易规则概要

根据《股票期权交易试点管理办法》及沪深交易所的规定，有关主要交易规则包括：

（1）证券公司、期货公司等股票期权经营机构从事股票期权经纪业务，接受投资者委托，以自己的名义为投资者进行股票期权交易，交易结果由投资者承担。

（2）证券登记结算机构负责投资者衍生品合约账户的统一管理。证券公司、期货公司等股票期权经营机构应当根据投资者的申请，按照证券登记结算机构业务规则为投资者开立衍生品合约账户。

证券登记结算机构负责统一为证券公司、期货公司等股票期权经营机构分配、发放投资者衍生品合约账户号码。

证券公司、期货公司等股票期权经营机构应当明确提示投资者如实提供开户信息。投资者应当如实申报开户材料，不得采用虚假申报等手段规避投资者适当性制度要求。投资者衍生品合约账户应当与其人民币普通股票账户的相关注册信息一致。

(3) 股票期权买方应当支付权利金。股票期权卖方收取权利金，并应当根据证券交易所、证券登记结算机构的规定交纳保证金。

保证金以现金、证券交易所及证券登记结算机构认可的证券方式交纳。

证券公司、期货公司等股票期权经营机构向投资者收取的保证金以及投资者存放于经营机构的权利金、行权资金，属于投资者所有，除按照相关规定可划转的情形外，严禁挪作他用。

(4) 证券公司应当在存管银行开设投资者股票期权保证金账户，用于存放投资者股票期权交易的权利金、行权资金、以现金形式提交的保证金。

(5) 股票期权买方有权决定在合约规定期间内是否行权。股票期权买方提出行权时，股票期权卖方应当按照有关规定履行相应义务。

证券公司、期货公司等股票期权经营机构可以在经纪合同中与投资者约定为其提供协议行权服务。提供协议行权服务的，经营机构应当在经纪合同中对触发条件、行权数量、操作流程以及该项服务可能产生的风险等内容进行详细约定并向投资者作充分说明。

(6) 股票期权交易实行当日无负债结算制度。证券登记结算机构应当在当日及时将结算结果通知结算参与人，结算参与人据此对投资者进行结算，并应当将结算结果按照与投资者约定的方式及时通知投资者。投资者应当及时查询并妥善处理自己的交易持仓。

(7) 组合策略业务和行权指令合并申报功能。为降低投资者期权交易成本，沪深交易所目前提供6种常用组合策略：认购牛市价差策略、认沽牛市价差策略、认购熊市价差策略、认沽熊市价差策略、跨式空头与宽跨式空头策略。在行权日，同时持有相同标的证券的当日到期认购和认沽期权权利仓的投资者，可通过提交行权指令合并申报委托，实现认购期权和认沽期权的同步行权，节约用于行权的资金或标的证券占用量。

五、场外衍生品

(一) 法规概述

证券公司场外衍生品业务涉及的主要法律法规、部门规章及规范性文件包括《期货和衍生品法》《关于证券公司证券自营业务投资范围及有关事项的规定》《证券公司收益互换业务管理办法》《证券公司场外期权业务管理办法》《证券公司柜台交易业务规范》《证券公司金融衍生品柜台交易风险管理指引》《证券公司金融衍生品备案指引（试行）》《证券公司柜台市场管理办法（试行）》《场外证券业务备案管理办法》以及中国证券业协会、中国期货业协会、中国证券投资基金业协会颁布的《中国证券期货市场衍生品交易主协议》及补充协议、中国银行间市场交易商协会《中国银行间市场金融衍生产品交易主协议（2009年版）》（以下简称《NAFMII主协议》）。

（二）交易范围、种类

根据《关于证券公司自营投资范围及有关事项的规定》，具备证券自营业务资格的证券公司可以从事金融衍生产品交易。不具备证券自营业务资格的证券公司只能以对冲风险为目的，从事金融衍生产品交易。

根据《期货和衍生品法》，衍生品交易，是指期货交易以外的，以互换合约、远期合约和非标准化期权合约及其组合为交易标的的交易活动。

根据《证券公司柜台交易业务规范》，柜台交易，是指证券公司与特定交易对手方在集中交易场所之外进行的交易或为投资者在集中交易场所之外进行交易提供服务的行为。证券公司柜台交易的产品包括经国家有关部门或其授权机构批准、备案或认可的在集中交易场所之外发行或销售的金融衍生产品。

目前，证券公司场外衍生品交易主要有通过签订《中国证券期货市场衍生品交易主协议》及补充协议开展的互换及场外期权交易，通过签署《NAFMII主协议》及补充协议等开展的利率衍生品以及黄金衍生品等交易。

（三）交易商管理

证券公司参与场外期权交易实施分层管理，根据公司资本实力、分类结果、全面风险管理水平、专业人员及技术系统情况，分为一级交易商和二级交易商。

1. 交易商资格要求

最近一年分类评级在A类AA级以上的，经中国证监会认可，可以成为一级交易商。

最近一年分类评级在A类A级以上或B类BBB级以上，持续规范经营且专业人员、技术系统、风险管理等符合对应条件的证券公司，经协会备案，可以成为二级交易商；展业一年情况良好、未有重大风险事件的，可向证监会申请成为一级交易商。

2. 交易商具体交易要求

证券公司、证券公司子公司及上述主体管理的产品均应当通过证监会认可或协会备案的证券公司交易商进行场外期权交易。

一级交易商应当在沪、深证券交易所开立场内个股对冲交易专用账户，直接开展对冲交易。

二级交易商仅能与一级交易商进行场内个股对冲交易，不得自行或与一级交易商之外的交易对手开展场内个股对冲交易。

二级交易商应确保其与对手方和一级交易商分别达成的个股期权合约挂钩标的、合约期限、合约名义本金、收益结构等交易要素基本保持一致。

一级交易商应当建立公平、公正的个股期权报价机制，不得利用交易优势地位等进行不正当竞争。

一级交易商应当履职尽责，对二级交易商及其对手方客户的交易目的、交易标的、交易行为等进行监测评估，并根据标的集中度确定是否接受二级交易商的个股期权对冲交易，发现不符合规定的，不得开展相关交易。

一级交易商拒绝接受对冲交易的，二级交易商不得与客户达成交易合约。

3. 交易商持续管理

交易商发生不符合备案条件、合并、分立等情形时，应当自发生之日起 5 个交易日内向协会报告，接受持续管理。中国证监会、协会对交易商执业情况实施定期评估，并根据评估结果实行动态调整。对于经评估不符合交易商条件的证券公司，设置一年过渡期，过渡期内不得新增业务规模；过渡期结束，仍未符合一级或二级交易商条件的，调出相应级别交易商名单。

交易商应当建立因动态调整不再属于交易商的处置工作预案，被调出交易商名单后，不得新增场外期权业务；存量业务原则上应在合约了结后终止。因股票停牌等特殊情况无法了结的，经公司合规部门评估出具合规意见书并向协会及所属辖区证监局报备后可展期，但展期期限不超过停牌期满后 1 个月。

六、区域性股权市场业务

为了探索拓展中小微企业股本融资渠道，各地陆续批设了一批区域性股权市场，区域性股权市场已成为多层次资本市场体系的“塔基”。2017 年 1 月国务院常务会议审议了规范发展区域性股权市场的政策措施，明确了规范发展区域性股权市场的总体原则，即处理好监管与发展的关系，按照既有利于规范、又有利于发展的要求，积极稳妥推进区域性股权市场规范发展，防范和化解金融风险，有序扩大和更加便利中小微企业融资。

（一）法规概述

证券公司参与区域性股权市场涉及的主要规定包括《区域性股权市场监督管理试

行办法》《区域性股权市场自律管理与服务规范（试行）》等。

（二）证券公司参与区域性股权市场的业务范围

为了贯彻落实国务院有关方针政策和中国证券监督管理委员会相关工作部署，履行中国证券业协会自律组织职责，促进区域性股权市场规范发展，更好地服务实体经济，防控金融风险，根据《国务院办公厅关于规范发展区域性股权市场的通知》《区域性股权市场监督管理试行办法》《中国证券业协会章程》等规定，中国证券业协会制定了《区域性股权市场自律管理与服务规范（试行）》（以下简称《规范》）。

根据《规范》相关规定，证券公司参与区域性股权市场的业务范围如下：

1. 证券公司可以参股、控股区域性股权市场运营机构。

证券公司分支机构可以经证券公司批准并在授权范围内开展区域性股权市场相关业务。

2. 证券公司可以在区域性股权市场开展以下业务：

（1）推荐企业挂牌；

（2）承销可转换为股票的公司债券，推荐本公司承销的可转换为股票的公司债券在区域性股权市场挂牌转让；

（3）代理开立区域性股权市场证券账户；

（4）为在区域性股权市场开户的合格投资者买卖证券提供居间介绍服务；

（5）利用自有资金或依法管理的资产管理等产品投资区域性股权市场的证券；

（6）为证券的非公开发行组织合格投资者进行路演推介或其他促成投融资需求对接的活动；

（7）为合格投资者提供企业研究报告和尽职调查信息；

（8）与商业银行、小额贷款公司等开展业务合作，为企业提供融资服务；

（9）改制辅导、管理培训、管理咨询、财务顾问等相关服务；

（10）推荐企业展示；

（11）中国证监会或中国证券业协会规定的其他业务。

证券公司作为运营机构股东或者在区域性股权市场开展上述业务，应当遵守证券行业监管和自律规则以及区域性股权市场相关的管理规定。

（三）证券公司在区域性股权市场提供业务服务的相关规定

根据《规范》相关规定，证券公司在区域性股权市场提供业务服务的相关规定如下：

1. 证券公司开展区域性股权市场业务，应当建立健全相关风险管理制度，加强业务开展过程中的风险管理和防范。

2. 证券公司开展区域性股权市场业务，应当建立健全相关合规管理制度，明确内部职责分工，建立健全隔离制度，防范开展区域性股权市场业务过程中可能存在的内幕交易和利益冲突。证券公司入股区域性股权市场运营机构，应当采取必要措施与区域性股权市场运营机构保持业务独立，不得利用股东身份谋取不正当利益。

3. 证券公司及其从业人员应当勤勉尽责，严格遵守执业规范和职业道德，按规定和约定履行义务。

4. 证券公司应当于下列行为发生之日起 1 个月内将相关情况报送至中国证券业协会：

（1）入股区域性股权市场运营机构；

（2）取得区域性股权市场中介机构资格；

（3）持股情况、中介机构资格发生变化；

（4）中国证监会和中国证券业协会要求报送的其他信息。

5. 证券公司开展区域性股权市场业务，应当在每个月的前 10 个工作日内将上个月度业务开展情况报送至中国证券业协会。在每年 4 月 30 日前将上一年度参与区域性股权市场情况报送至中国证券业协会。

6. 证券公司子公司参照执行上述相关规定，以及“证券公司参与区域性股权市场的业务范围”章节相关内容。

（四）证券公司参与区域性股权市场的自律管理要求

根据《规范》相关规定，证券公司参与区域性股权市场的自律管理要求如下：

1. 证券公司作为运营机构股东或者在区域性股权市场开展相关业务，应当遵守证券行业监管和自律规则以及区域性股权市场相关的管理规定。

2. 区域性股权市场运营机构、证券公司及其从业人员应当配合中国证券业协会对落实《规范》及相关自律要求情况的监督检查。

3. 区域性股权市场运营机构、证券公司及其从业人员违反《规范》，中国证券业协会将视情节轻重采取相关自律惩戒措施；存在违反法律、法规行为的，将移交中国证监会及其派出机构或其他有权机关依法查处。

（五）典型案例

1. 操作实例

甲证券公司营销人员王某拟向某 70 岁以上的高龄退休客户张某主动推介代销的某私募基金，客户张某在营业部填写基本信息表时，误将职业信息填写为“在职工程师”，但甲证券公司营销人员王某对张某填写的信息进行审慎核查并提出合理怀疑，营销人员王某对该错误信息提示甲某进行调整。另外，根据张某在营业部填写的风险承受能力测评问卷，显示张某的风险承受能力结果为R1，但营销人员王某拟推荐的私募基金产品风险等级结果为R5，于是营销人员王某放弃了主动向张某超风险推荐该私募基金的计划。甲证券公司与营销人员王某的做法符合《证券期货投资者适当性管理办法》第三条的内容。

2. 违法违规案例

甲证券公司某分支机构负责人周某，在未履行公司内部审核程序情况下，私自与某私募基金管理机构对接，引入2只私募产品在其分支机构内向客户销售。部分拟购买产品投资者不符合私募基金投资者适当性管理条件，该分支机构负责人周某要求多个客户将资金转入自己个人银行卡，并以其周某个人名义认购私募基金份额。地方证监局根据《证券公司监督管理条例》第七十条等规定，对甲证券公司处以责令改正、责令增加内部合规检查次数并责令处分有关人员的行政监管措施，并对该分支机构负责人周某采取公开谴责的行政监管措施。

第四章
证券市场典型违法违规行为及法律责任

第一节　证券一级市场

本节重点介绍证券一级市场典型违法违规行为及其法律责任。涉及的内容主要包括擅自公开或变相公开发行证券的认定及其法律责任；欺诈发行证券的认定及其法律责任；非法集资类犯罪的认定及其法律责任；违规披露、不披露重要信息的认定及其法律责任；擅自改变公开发行证券募集资金用途的认定及法律责任；中介机构其他典型违法违规行为及法律责任。除另有标注外，本节依据的法律法规主要包括《刑法》《证券法》《防范和处置非法集资条例》《最高人民法院关于审理非法集资刑事案件具体应用法律若干问题的解释》《最高人民检察院、公安部关于公安机关管辖的刑事案件立案追诉标准的规定（二）》《信息披露违法行为行政责任认定规则》等。

一、擅自公开或变相公开发行证券的认定及其法律责任

（一）擅自公开或变相公开发行证券的认定

1. 擅自公开或变相公开发行证券的行为特征

公开发行证券，必须符合法律、行政法规规定的条件，并依法报经国务院证券监督管理机构或者国务院授权的部门注册。未经依法注册，任何单位和个人不得公开发行证券。证券发行注册制的具体范围、实施步骤，由国务院规定。

有下列情形之一的，为公开发行：

（1）向不特定对象发行证券；

（2）向特定对象发行证券累计超过200人，但依法实施员工持股计划的员工人数不计算在内；

（3）法律、行政法规规定的其他发行行为。

非公开发行证券，不得采用广告、公开劝诱和变相公开方式。

未经国家有关主管部门注册，向不特定对象发行证券或者向特定对象发行证券累计超过200人的为擅自公开发行证券。

变相公开发行包括但不限于以下几种情形：

（1）非公开发行股票及其股权转让，采用广告、公告、广播、电话、传真、信函、推介会、说明会、网络、短信、公开劝诱等公开方式或变相公开方式向社会公众发行；

（2）公司股东自行或委托他人以公开方式向社会公众转让股票；

（3）向特定对象转让股票，未经中国证监会注册，转让后公司股东累计超过200人。

2. 擅自发行股票、公司、企业债券罪的认定

根据《最高人民法院关于审理非法集资刑事案件具体应用法律若干问题的解释》第十条规定，未经国家有关主管部门批准，向社会不特定对象发行、以转让股权等方式变相发行股票或者公司、企业债券，或者向特定对象发行、变相发行股票或者公司、企业债券累计超过200人的，应当认定为《刑法》第一百七十九条规定的“擅自发行股票、公司、企业债券”。构成犯罪的，以擅自发行股票、公司、企业债券罪定罪处罚（见表4-1）。

表4-1　　擅自发行股票、公司、企业债券罪的犯罪构成

构成要件	具体内容
主体	一般主体，既可以是自然人，也可以是单位
主观方面	是故意
客体	国家对发行股票或者公司、企业债券的管理秩序
客观方面	（1）未经国家有关部门批准，擅自发行股票或者公司、企业债券。包括未经批准，不具有发行资格而擅自发行股票或者公司、企业债券，和具有合法发行资格但违反《证券法》等法律法规的规定发行股票或公司、企业债券。 （2）数额巨大，后果严重或者有其他严重情节

（二）法律责任

1. 发行人的法律责任

（1）刑事责任

根据《刑法》第一百七十九条的规定，未经国家有关主管部门批准，擅自发行股

票或者公司、企业债券，数额巨大、后果严重或者有其他严重情节的，处5年以下有期徒刑或者拘役，并处或者单处非法募集资金金额1%以上5%以下罚金。

单位犯该罪的，对单位判处罚金，并对其直接负责的主管人员和其他直接责任人员，处5年以下有期徒刑或者拘役。

（2）行政责任

根据《证券法》第一百八十条的规定，擅自公开或者变相公开发行证券的，责令停止发行，退还所募资金并加算银行同期存款利息，处以非法所募资金金额5%以上50%以下的罚款；对擅自公开或者变相公开发行证券设立的公司，由依法履行监督管理职责的机构或者部门会同县级以上地方人民政府予以取缔。对直接负责的主管人员和其他直接责任人员给予警告，并处以50万元以上500万元以下的罚款。

2. 中介机构的法律责任

根据《证券法》第一百八十三条的规定，证券公司承销或者销售擅自公开发行或者变相公开发行的证券的，责令停止承销或者销售，没收违法所得，并处以违法所得1倍以上10倍以下的罚款；没有违法所得或者违法所得不足100万元的，处以100万元以上1 000万元以下的罚款；情节严重的，并处暂停或者撤销相关业务许可。给投资者造成损失的，应当与发行人承担连带赔偿责任。对直接负责的主管人员和其他直接责任人员给予警告，并处以50万元以上500万元以下的罚款。

二、欺诈发行证券罪的认定及法律责任

（一）欺诈发行证券罪的认定

1. 欺诈发行证券的概念

欺诈发行证券，是指发行人不符合发行条件，以欺骗手段骗取发行注册的行为。情节严重构成犯罪的，以欺诈发行证券罪定罪处罚。

2. 欺诈发行证券罪的犯罪构成（见表4-2）

表4-2 欺诈发行证券罪的犯罪构成

构成要件	具体内容
主体	主要是单位。自然人在一定条件下也能成为犯罪主体
主观方面	只能由故意构成，过失不构成本罪。即行为人明知自己所制作的招股说明书、认股书、债券募集办法等发行文件不是对本公司状况或本次证券发行状况的真实、准确、完整反映，仍然积极为之。因而在本罪中行为人的罪过实质是欺诈发行证券
客体	是复杂客体，即国家对证券市场的管理秩序以及投资者（即股东、债权人和公众）的合法权益

续表

构成要件	具体内容
客观方面	(1) 行为人必须实施在招股说明书、认股书、公司、企业债券募集办法等发行文件中隐瞒重要事实或者编造重大虚假内容的行为。 (2) 行为人必须实施了发行证券的行为。如果行为人仅是制作了虚假的招股说明书、认股书、公司、企业债券募集办法等发行文件，而未实施发行证券的行为，不构成本罪。必须是既制作了虚假的上述文件，且已经发行证券的才构成本罪。 (3) 行为人制作虚假的招股说明书、认股书、公司、企业债券募集办法等发行文件发行证券的行为，必须达到一定的严重程度，即达到"数额巨大、后果严重或者有其他严重情节的"，才构成犯罪

3. 欺诈发行证券罪的刑事立案追诉标准

根据《最高人民检察院、公安部关于公安机关管辖的刑事案件立案追诉标准的规定（二）》第五条规定，在招股说明书、认股书、公司、企业债券募集办法等发行文件中隐瞒重要事实或者编造重大虚假内容，发行股票或者公司、企业债券、存托凭证或者国务院依法认定的其他证券，涉嫌下列情形之一的，应予立案追诉：

（1）非法募集资金金额在 1 000 万元以上的；

（2）虚增或者虚减资产达到当期资产总额 30% 以上的；

（3）虚增或者虚减营业收入达到当期营业收入总额 30% 以上的；

（4）虚增或者虚减利润达到当期利润总额 30% 以上的；

（5）隐瞒或者编造的重大诉讼、仲裁、担保、关联交易或者其他重大事项所涉及的数额或者连续 12 个月的累计数额达到最近一期披露的净资产 50% 以上的；

（6）造成投资者直接经济损失数额累计在 100 万元以上的；

（7）为欺诈发行证券而伪造、变造国家机关公文、有效证明文件或者相关凭证、单据的；

（8）为欺诈发行证券向负有金融监督管理职责的单位或者人员行贿的；

（9）募集的资金全部或者主要用于违法犯罪活动的；

（10）其他后果严重或者有其他严重情节的情形。

（二）法律责任

1. 发行人的刑事责任

根据《刑法》第一百六十条的规定，在招股说明书、认股书、公司、企业债券募集办法等发行文件中隐瞒重要事实或者编造重大虚假内容，发行股票或者公司、企业债券、存托凭证或者国务院依法认定的其他证券，数额巨大、后果严重或者有其他严重情节的，处 5 年以下有期徒刑或者拘役，并处或者单处罚金；数额特别巨大、后果特别严重或者有其他特别严重情节的，处5年以上有期徒刑，并处罚金。

控股股东、实际控制人组织、指使实施前款行为的，处5年以下有期徒刑或者拘役，并处或者单处非法募集资金金额20%以上1倍以下罚金；数额特别巨大、后果特别严重或者有其他特别严重情节的，处5年以上有期徒刑，并处非法募集资金金额20%以上1倍以下罚金。

单位犯前述罪的，对单位判处非法募集资金金额20%以上1倍以下罚金，并对其直接负责的主管人员和其他直接责任人员，依照《刑法》第一百六十条第一款的规定处罚。

2. 发行人的行政责任

根据《证券法》第一百八十一条的规定，发行人在其公告的证券发行文件中隐瞒重要事实或者编造重大虚假内容，尚未发行证券的，处以200万元以上2 000万元以下的罚款；已经发行证券的，处以非法所募资金金额10%以上1倍以下的罚款。对直接负责的主管人员和其他直接责任人员，处以100万元以上1 000万元以下的罚款。

发行人的控股股东、实际控制人组织、指使从事前款违法行为的，没收违法所得，并处以违法所得10%以上1倍以下的罚款；没有违法所得或者违法所得不足2 000万元的，处以200万元以上2 000万元以下的罚款。对直接负责的主管人员和其他直接责任人员，处以100万元以上1 000万元以下的罚款。

根据《证券法》第二百二十条的规定，违反本法规定，应当承担民事赔偿责任和缴纳罚款、罚金、违法所得，违法行为人的财产不足以支付的，优先用于承担民事赔偿责任。

根据《证券法》第二百二十二条的规定，依照该法收缴的罚款和没收的违法所得，全部上缴国库。

（三）典型案例（行政处罚）

经查明，甲公司存在以下违法事实：

201×年×月×日，甲公司披露《甲公司首次公开发行股票并在科创板上市招股说明书》（以下简称《招股说明书》）申报稿。×月×日，甲公司获得交易所科创板股票上市委员会审议同意发行上市（首发）。202×年×月×日，甲公司获得中国证监会下发的《关于同意甲公司首次公开发行股票注册的批复》。×月×日，甲公司披露《招股说明书》正式稿。×月×日，甲公司在科创板上市。

1. 《招股说明书》虚增营业收入、利润

甲公司《招股说明书》通过虚构销售合同、伪造物流单据和验收单据入账、安排资金回款、提前确认收入等方式虚增营业收入、利润。具体情况如下：

201×年，甲公司通过开展虚假业务，虚增营业收入合计43 497 313.43元，占当年营业收入的13.9%，虚增利润合计21 627 070.35元，占当年利润总额的35.82%。

201×年，甲公司通过开展虚假业务以及提前确认收入，虚增营业收入合计111 457 882.74元，占当年营业收入的27.75%，虚增利润合计39 036 333.51元，占当年利润总额的32.59%。

201×年上半年，甲公司通过开展虚假业务以及提前确认收入，虚增营业收入合计66 939 521.10元，占当年营业收入的42.97%，虚增利润合计25 326 629.03元，占当年利润总额的137.33%。

2.《招股说明书》未按规定披露对外担保

甲公司《招股说明书》未按规定披露的201E年末、201F年末以及201G年上半年末对外担保余额分别为1 000万元、1 000万元、7 500.12万元。截至招股说明书签署日，未按规定披露对外担保余额合计13 500.12万元。

监管机构认为，甲公司《招股说明书》虚增营业收入和利润、未按规定披露对外担保的行为违反2005年《证券法》第十三条第一款第三项、第四项和第二十条第一款，《科创板首次公开发行股票注册管理办法（试行）》（证监会令第153号）第十一条，《公开发行证券的公司信息披露内容与格式准则第41号—科创板公司招股说明书》（证监会公告〔2019〕6号）第四条、第八十条和第九十五条的规定，构成2005年《证券法》第一百八十九条第一款所述违法行为。

202×年×月×日，对于甲公司的欺诈发行行为，根据当事人违法行为的事实、性质、情节与社会危害程度，监管机构依据2005年《证券法》第一百八十九条第一款、第二款的规定，对甲公司处以非法所募集资金的3%，即3 068.52万元罚款，并对相关责任人员处以罚款。202×年×月×日，甲公司收到交易所出具的股票终止上市决定，因相关行为已触及交易所规则规定的重大违法行为，被实施重大违法强制退市。

三、非法集资类犯罪的认定及法律责任

非法集资，是指未经国务院金融管理部门依法许可或者违反国家金融管理规定，以许诺还本付息或者给予其他投资回报等方式，向不特定对象吸收资金的行为。非法集资的三要件为：一是“未经国务院金融管理部门依法许可或者违反国家金融管理规定”，即非法性；二是“许诺还本付息或者给予其他投资回报”，即利诱性；三是“向不特定对象吸收资金”，即社会性。下文将根据《刑法》等相关规定，重点介绍非法吸收公众存款罪、集资诈骗罪的认定及其法律责任。

（一）非法吸收公众存款罪

1. 非法吸收公众存款罪的认定

（1）非法吸收公众存款罪的概念

非法吸收公众存款罪，是指非法吸收公众存款或者变相吸收公众存款，扰乱金融秩序的行为。

根据《最高人民法院关于审理非法集资刑事案件具体应用法律若干问题的解释》第一条，违反国家金融管理法律规定，向社会公众（包括单位和个人）吸收资金的行为，同时具备下列四个条件的，除《刑法》另有规定的以外，应当认定为《刑法》第一百七十六条规定的“非法吸收公众存款或者变相吸收公众存款”：

①未经有关部门依法许可或者借用合法经营的形式吸收资金；

②通过网络、媒体、推介会、传单、手机信息等途径向社会公开宣传；

③承诺在一定期限内以货币、实物、股权等方式还本付息或者给付回报；

④向社会公众即社会不特定对象吸收资金。

未向社会公开宣传，在亲友或者单位内部针对特定对象吸收资金的，不属于非法吸收或者变相吸收公众存款。

根据《最高人民法院关于审理非法集资刑事案件具体应用法律若干问题的解释》第二条，实施下列行为之一，符合本解释第一条第一款规定的条件的，应当依照刑法第一百七十六条的规定，以非法吸收公众存款罪定罪处罚：

①不具有房产销售的真实内容或者不以房产销售为主要目的，以返本销售、售后包租、约定回购、销售房产份额等方式非法吸收资金的；

②以转让林权并代为管护等方式非法吸收资金的；

③以代种植（养殖）、租种植（养殖）、联合种植（养殖）等方式非法吸收资金的；

④不具有销售商品、提供服务的真实内容或者不以销售商品、提供服务为主要目的，以商品回购、寄存代售等方式非法吸收资金的；

⑤不具有发行股票、债券的真实内容，以虚假转让股权、发售虚构债券等方式非法吸收资金的；

⑥不具有募集基金的真实内容，以假借境外基金、发售虚构基金等方式非法吸收资金的；

⑦不具有销售保险的真实内容，以假冒保险公司、伪造保险单据等方式非法吸收资金的；

⑧以网络借贷、投资入股、虚拟币交易等方式非法吸收资金的；

⑨以委托理财、融资租赁等方式非法吸收资金的；

⑩以提供“养老服务”、投资“养老项目”、销售“老年产品”等方式非法吸收资金的；

⑪利用民间“会”“社”等组织非法吸收资金的；

⑫其他非法吸收资金的行为。

（2）非法吸收公众存款罪的犯罪构成（见表4－3）

表4－3 非法吸收公众存款罪的犯罪构成

构成要件	具体内容
主体	一般主体，包括自然人和单位
主观方面	是故意
客体	国家金融管理秩序
客观方面	非法吸收或者变相吸收公众存款的行为

（3）非法吸收公众存款罪的刑事立案追诉标准

根据《最高人民检察院、公安部关于公安机关管辖的刑事案件立案追诉标准的规定（二）》第二十三条的规定，非法吸收公众存款或者变相吸收公众存款，扰乱金融秩序，涉嫌下列情形之一的，应予立案追诉：

①非法吸收或者变相吸收公众存款数额在100万元以上的；

②非法吸收或者变相吸收公众存款对象150人以上的；

③非法吸收或者变相吸收公众存款，给集资参与人造成直接经济损失数额在50万元以上的。

非法吸收或者变相吸收公众存款数额在50万元以上或者给集资参与人造成直接经济损失数额在25万元以上，同时涉嫌下列情形之一的，应予立案追诉：

①因非法集资受过刑事追究的；

②两年内因非法集资受过行政处罚的；

③造成恶劣社会影响或者其他严重后果的。

2. 法律责任

根据《刑法》第一百七十六条的规定，非法吸收公众存款或者变相吸收公众存款，扰乱金融秩序的，处3年以下有期徒刑或者拘役，并处或者单处罚金；数额巨大或者有其他严重情节的，处3年以上10年以下有期徒刑，并处罚金；数额特别巨大或者有其他特别严重情节的，处10年以上有期徒刑，并处罚金。

单位犯该罪的，对单位判处罚金，并对其直接负责的主管人员和其他直接责任人员，依照前述规定处罚。

有前述行为，在提起公诉前积极退赃退赔，减少损害结果发生的，可以从轻或者减轻处罚。

（二）集资诈骗罪

1. 集资诈骗罪的认定

（1）集资诈骗罪的概念

集资诈骗罪是指以非法占有为目的，使用诈骗方法非法集资的行为。

根据《最高人民法院关于审理非法集资刑事案件具体应用法律若干问题的解释》第七条，使用诈骗方法非法集资，具有下列情形之一的，可以认定为“以非法占有为目的”：

①集资后不用于生产经营活动或者用于生产经营活动与筹集资金规模明显不成比例，致使集资款不能返还的；

②肆意挥霍集资款，致使集资款不能返还的；

③携带集资款逃匿的；

④将集资款用于违法犯罪活动的；

⑤抽逃、转移资金、隐匿财产，逃避返还资金的；

⑥隐匿、销毁账目，或者搞假破产、假倒闭，逃避返还资金的；

⑦拒不交代资金去向，逃避返还资金的；

⑧其他可以认定非法占有目的的情形。

集资诈骗罪中的非法占有目的，应当区分情形进行具体认定。行为人部分非法集资行为具有非法占有目的的，对该部分非法集资行为所涉集资款以集资诈骗罪定罪处罚；非法集资共同犯罪中部分行为人具有非法占有目的，其他行为人没有非法占有集资款的共同故意和行为的，对具有非法占有目的的行为人以集资诈骗罪定罪处罚。

（2）集资诈骗罪的犯罪构成（见表4－4）

表4－4　　集资诈骗罪的犯罪构成

构成要件	具体内容
主体	一般主体，包括自然人和单位
主观方面	是故意，且以非法占有为目的
客体	国家金融管理秩序及公私财产所有权
客观方面	使用诈骗手段实施非法集资，且数额较大的行为

（3）集资诈骗罪的刑事立案追诉标准

根据《最高人民检察院、公安部关于公安机关管辖的刑事案件立案追诉标准的规定（二）》第四十四条的规定，以非法占有为目的，使用诈骗方法非法集资，数额在10万元以上的，应予立案追诉。

2. 法律责任

根据《刑法》第一百九十二条的规定，以非法占有为目的，使用诈骗方法非法集资，数额较大的，处3年以上7年以下有期徒刑，并处罚金；数额巨大或者有其他严重情节的，处7年以上有期徒刑或者无期徒刑，并处罚金或者没收财产。

单位犯该罪的，对单位判处罚金，并对其直接负责的主管人员和其他直接责任人员，依照前述规定处罚。

（三）典型案例（刑事案例）

张某任甲证券公司乙市丙营业部客户经理期间，为弥补投资亏空，伪造营业部公章、股票代持协议、购买清单，通过对营业部客户谎称可以低价购买定增股票，并承诺高额回报的方式骗取钱款，用于其在多个非法平台上从事高风险投资活动，后张某投案自首。截至案发，张某共诈骗58人，合计金额约1.3亿元，其中以本息形式返还集资参与人1亿元，未能兑付并造成集资参与人实际损失3 000万元。

法院审理认为，张某以非法占有为目的，使用诈骗方法非法集资，数额特别巨大，构成集资诈骗罪，判处其有期徒刑15年，并处罚金50万元，同时责令张某退赔集资参与人经济损失3 000万元。

四、违规披露、不披露重要信息的认定和法律责任

（一）违规披露、不披露重要信息的认定

违规披露、不披露重要信息是指信息披露义务人未按照规定披露信息，或者公告的证券发行文件、定期报告、临时报告及其他信息披露资料存在虚假记载、误导性陈述或者重大遗漏的行为。

（二）违规披露、不披露重要信息罪

1. 违规披露、不披露重要信息罪的概念

违规披露、不披露重要信息罪，是指依法负有信息披露义务的公司、企业向股东和社会公众提供虚假的或者隐瞒重要事实的财务会计报告，或者对依法应当披露的其他重要信息不按照规定披露，严重损害股东或者其他人利益，或有其他严重情节的行为。

2. 违规披露、不披露重要信息罪的犯罪构成（见表 4－5）

表 4－5　违规披露、不披露重要信息罪的犯罪构成

构成要件	具体内容
主体	特殊主体，即依法负有信息披露义务的公司、企业及相关责任人员
主观方面	只能由故意构成，过失不构成本罪
客体	国家有关公司、企业的财会报告及其他重要信息的管理秩序和股东、社会公众和其他利害关系人的合法权益
客观方面	向股东和社会公众提供虚假的或者隐瞒重要事实的财务会计报告等，严重损害股东或者其他人利益的行为

3. 违规披露、不披露重要信息罪的刑事立案追诉标准

根据《最高人民检察院、公安部关于公安机关管辖的刑事案件立案追诉标准的规定（二）》第六条的规定，依法负有信息披露义务的公司、企业向股东和社会公众提供虚假的或者隐瞒重要事实的财务会计报告，或者对依法应当披露的其他重要信息不按照规定披露，涉嫌下列情形之一的，应予立案追诉：

（1）造成股东、债权人或者其他人直接经济损失数额累计在 100 万元以上的；

（2）虚增或者虚减资产达到当期披露的资产总额 30% 以上的；

（3）虚增或者虚减营业收入达到当期披露的营业收入总额 30% 以上的；

（4）虚增或者虚减利润达到当期披露的利润总额 30% 以上的；

（5）未按照规定披露的重大诉讼、仲裁、担保、关联交易或者其他重大事项所涉及的数额或者连续 12 个月的累计数额达到最近一期披露的净资产 50% 以上的；

（6）致使不符合发行条件的公司、企业骗取发行核准或者注册并且上市交易的；

（7）致使公司、企业发行的股票或者公司、企业债券、存托凭证或者国务院依法认定的其他证券被终止上市交易的；

（8）在公司财务会计报告中将亏损披露为盈利，或者将盈利披露为亏损的；

（9）多次提供虚假的或者隐瞒重要事实的财务会计报告，或者多次对依法应当披露的其他重要信息不按照规定披露的；

（10）其他严重损害股东、债权人或者其他人利益，或者有其他严重情节的情形。

（三）信息披露义务人及中介机构的法律责任

1. 刑事责任

根据《刑法》第一百六十一条的规定，依法负有信息披露义务的公司、企业向

股东和社会公众提供虚假的或者隐瞒重要事实的财务会计报告，或者对依法应当披露的其他重要信息不按照规定披露，严重损害股东或者其他人利益，或者有其他严重情节的，对其直接负责的主管人员和其他直接责任人员，处 5 年以下有期徒刑或者拘役，并处或者单处罚金；情节特别严重的，处 5 年以上 10 年以下有期徒刑，并处罚金。

前述规定的公司、企业的控股股东、实际控制人实施或者组织、指使实施前款行为的，或者隐瞒相关事项导致前款规定的情形发生的，依照前述规定处罚。

犯该罪的控股股东、实际控制人是单位的，对单位判处罚金，并对其直接负责的主管人员和其他直接责任人员，依照前述规定处罚。

2. 行政责任

中国证监会《信息披露违法行为行政责任认定规则》关于违规披露、不披露重要信息行政责任认定作出了相关规定。

(1) 行政责任认定的一般性规定

第十五条规定，发生信息披露违法行为的，依照法律、行政法规、规章规定，对负有保证信息披露真实、准确、完整、及时和公平义务的董事、监事、高级管理人员，应当视情形认定其为直接负责的主管人员或者其他直接责任人员承担行政责任，但其能够证明已尽忠实、勤勉义务，没有过错的除外。

第十六条规定，信息披露违法行为的责任人员可以提交公司章程，载明职责分工和职责履行情况的材料，相关会议纪要或者会议记录以及其他证据来证明自身没有过错。

第十七条规定，董事、监事、高级管理人员之外的其他人员，确有证据证明其行为与信息披露违法行为具有直接因果关系，包括实际承担或者履行董事、监事或者高级管理人员的职责，组织、参与、实施了公司信息披露违法行为或者直接导致信息披露违法的，应当视情形认定其为直接负责的主管人员或者其他直接责任人员。

第十八条规定，有证据证明因信息披露义务人受控股股东、实际控制人指使，未按照规定披露信息，或者所披露的信息有虚假记载、误导性陈述或者重大遗漏的，在认定信息披露义务人责任的同时，应当认定信息披露义务人控股股东、实际控制人的信息披露违法责任。信息披露义务人的控股股东、实际控制人是法人的，其负责人应当认定为直接负责的主管人员。

控股股东、实际控制人直接授意、指挥从事信息披露违法行为，或者隐瞒应当披露信息、不告知应当披露信息的，应当认定控股股东、实际控制人指使从事信息披露违法行为。

第十九条规定，一般情形下，信息披露违法责任人员的责任大小，可以从以下方面考虑责任人员与案件中认定的信息披露违法的事实、性质、情节、社会危害后果的关系综合分析认定，详见表4－6。

表4－6　　影响信息披露违法责任人员责任大小的因素

因素	内容
在信息披露违法行为发生过程中所起的作用	对于认定的信息披露违法事项是起主要作用还是次要作用，是否组织、策划、参与、实施信息披露违法行为，是积极参加还是被动参加
知情程度和态度	对于信息披露违法事项及其内容是否知情，是否反映、报告，是否采取措施有效避免或者减少损害后果，是否放任违法行为发生
职务、具体职责及履行职责情况	认定的信息披露违法事项是否与责任人员的职务、具体职责存在直接关系，责任人员是否忠实、勤勉履行职责，有无懈怠、放弃履行职责，是否履行职责预防、发现和阻止信息披露违法行为发生
专业背景	是否存在责任人员有专业背景，对于信息披露中与其专业背景有关违法事项应当发现而未予指出的情况，如专业会计人士对于会计问题、专业技术人员对于技术问题等未予指出

（2）从轻或者减轻处罚情形

第二十条规定，认定从轻或者减轻处罚考虑的情形如下：

①未直接参与信息披露违法行为；

②在信息披露违法行为被发现前，及时主动要求公司采取纠正措施或者向证券监管机构报告；

③在获悉公司信息披露违法后，向公司有关主管人员或者公司上级主管提出质疑并采取了适当措施；

④配合证券监管机构调查且有立功表现；

⑤受他人胁迫参与信息披露违法行为；

⑥其他需要考虑的情形。

（3）不予行政处罚情形

第二十一条规定，认定为不予行政处罚考虑的情形：

①当事人对认定的信息披露违法事项提出具体异议记载于董事会、监事会、公司办公会会议记录等，并在上述会议中投反对票的；

②当事人在信息披露违法事实所涉及期间，由于不可抗力、失去人身自由等无法正常履行职责的；

③对公司信息披露违法行为不负有主要责任的人员在公司信息披露违法行为发生后及时向公司和证券交易所、证券监管机构报告的；

④其他需要考虑的情形。

(4) 不予豁免处罚情形

第二十二条规定，任何下列情形，不得单独作为不予处罚情形认定：

①不直接从事经营管理；

②能力不足、无相关职业背景；

③任职时间短、不了解情况；

④相信专业机构或者专业人员出具的意见和报告；

⑤受到股东、实际控制人控制或者其他外部干预。

(5) 从重处罚情形

第二十三条规定，下列情形认定为应当从重处罚的情形：

①不配合证券监管机构监管，或者拒绝、阻碍证券监管机构及其工作人员执法，甚至以暴力、威胁及其他手段干扰执法；

②在信息披露违法案件中变造、隐瞒、毁灭证据，或者提供伪证，妨碍调查；

③两次以上违反信息披露规定并受到行政处罚或者证券交易所纪律处分；

④在信息披露上有不良诚信记录并记入证券期货诚信档案；

⑤中国证监会认定的其他情形。

《证券法》关于违规披露、不披露重要信息行政责任的具体承担方式的规定：

第八十五条的规定，信息披露义务人未按照规定披露信息，或者公告的证券发行文件、定期报告、临时报告及其他信息披露资料存在虚假记载、误导性陈述或者重大遗漏，致使投资者在证券交易中遭受损失的，信息披露义务人应当承担赔偿责任；发行人的控股股东、实际控制人、董事、监事、高级管理人员和其他直接责任人员以及保荐人、承销的证券公司及其直接责任人员，应当与发行人承担连带赔偿责任，但是能够证明自己没有过错的除外。

第一百九十六条的规定，收购人未按照本法规定履行上市公司收购的公告、发出收购要约义务的，责令改正，给予警告，并处以 50 万元以上 500 万元以下的罚款。对直接负责的主管人员和其他直接责任人员给予警告，并处以 20 万元以上 200 万元以下的罚款。

收购人及其控股股东、实际控制人利用上市公司收购，给被收购公司及其股东造成损失的，应当依法承担赔偿责任。

第一百九十七条的规定，信息披露义务人未按照本法规定报送有关报告或者履行信息披露义务的，责令改正，给予警告，并处以 50 万元以上 500 万元以下的罚款；对直接负责的主管人员和其他直接责任人员给予警告，并处以 20 万元以上 200 万元以下的罚款。发行人的控股股东、实际控制人组织、指使从事上述违法行为，或者隐瞒相关事项导致发生上述情形的，处以 50 万元以上 500 万元以下的罚款；对直接负责的主管人员和其他直接责任人员，处以 20 万元以上 200 万元以下的罚款。

信息披露义务人报送的报告或者披露的信息有虚假记载、误导性陈述或者重大遗漏的，责令改正，给予警告，并处以 100 万元以上 1 000 万元以下的罚款；对直接负责的主管人员和其他直接责任人员给予警告，并处以 50 万元以上 500 万元以下的罚款。发行人的控股股东、实际控制人组织、指使从事上述违法行为，或者隐瞒相关事项导致发生上述情形的，处以 100 万元以上 1 000 万元以下的罚款；对直接负责的主管人员和其他直接责任人员，处以 50 万元以上 500 万元以下的罚款。

（四）典型案例（行政处罚）

经监管机构查明，甲公司存在如下违法事实：

甲公司首次公开发行股票招股说明书、201L 年非公开发行股票发行情况报告书暨上市公告书及定期报告存在虚假记载。甲公司虚增营业收入和利润总额，通过虚构与乙公司及其关联方之间的服装设计、组织生产业务，虚增营业收入和利润总额。201F 年至 201N 年甲公司累计虚增营业收入 1 276 355 996. 12 元，累计虚增利润总额 410 277 766. 64元，导致甲公司首次公开发行股票招股说明书（报告期 201E 年至 201G 年）、201L 年非公开发行股票发行情况报告书暨上市公告书（报告期 201F 年至 201L 年 1—9 月）、201H 年至 201N 年年报存在虚假记载。甲公司虚假记载银行存款，甲公司在 201E 年至 201N 年持续通过伪造入账单、资金进出不入账等方式，虚假记载银行存款，占甲公司对应期末资产总额比例分别为 16. 84%、20. 63%、39. 07%、20. 80%、29. 26%、24. 38%、34. 93%，导致甲公司首次公开发行股票招股说明书（报告期 201E 年至 201G 年）、201L 年非公开发行股票发行情况报告书暨上市公告书（报告期 201F 年至 201L 年 1—9 月）、201H 年、201N 年至 201P 年年报存在虚假记载。除披露的银行存款期末余额存在虚假记载外，甲公司银行存款 201E 年至 201L 年、201N 年至 201P 年每年的借方发生额和贷方发生额与银行流水实际发生额存在较大差异，直接导致甲公司披露上述文件中存在虚假记载。

甲公司在 201M 年至 201P 年年度报告中未如实披露“其他非流动资产”报表项目的情况，在 201N 年年度报告中未如实披露募集资金使用的情况。甲公司子公司丙公司的某在建工程累计预付工程款 3. 3 亿元，其中 201M 年支付 1. 1 亿元，201N 年支付 2. 2 亿元（募集资金）。上述预付工程款在 201M 年至 201P 年年度报告中均作为“其他非流动资产”列报。上述累计预付工程款 3. 3 亿元中 2. 835 亿元最终转入给甲公司所控制使用的银行账户，用于甲公司体外资金循环等用途。甲公司在 201M 年至 201P 年年度报告中未如实披露“其他非流动资产”报表项目的情况，在 201N 年年度报告中未如实披露募集资金使用的情况。

甲公司在201N年至202Q年度存在对外担保未履行审批程序及信息披露义务的情况。甲公司于201N年8月至202Q年10月期间，以丁农村商业银行股份有限公司定期存单为第三方借款提供质押担保33笔，担保金额合计11亿元。截至202Y年4月底，已解除担保责任7.5亿元，尚余担保金额3.5亿元。201N年度至202Q年度，甲公司未按规定履行信息披露义务的对外担保事项共33笔，担保金额共11亿元。甲公司未及时及未在201N年年报、201P年半年报披露7笔对外担保，金额合计2.9亿元。甲公司未及时及未在201P年年报披露对外担保共21笔。甲公司未及时及未在202Q年半年报中披露对外担保16笔，金额合计4.6亿元。甲公司在202Q年年报中公告了4.7亿元的对外担保情况，但仍存在11笔未按规定在202Q年年报中披露的对外担保，金额合计3.4亿元。同时，相关对外担保未及时披露。综上，甲公司的上述行为违反了《证券法》第七十八条的相关规定，构成《证券法》第一百九十七条第二款所述“信息披露义务人报送的报告或者披露的信息有虚假记载、误导性陈述或者重大遗漏”的行为。202×年×月×日，监管机构依据《证券法》第一百九十七条第二款的规定，对甲公司责令改正，给予警告，并处以罚款；对相关责任人员给予警告，并处以罚款。

五、擅自改变公开发行证券募集资金用途的认定及法律责任

（一）擅自改变公开发行证券募集资金用途的认定

公司对公开发行股票所募集资金，必须按照招股说明书或者其他公开发行募集文件所列资金用途使用；改变资金用途，必须经股东大会作出决议。擅自改变用途未作纠正的，或者未经股东大会认可的，不得公开发行新股。

公开发行公司债券筹集的资金，必须按照公司债券募集办法所列资金用途使用；改变资金用途，必须经债券持有人会议作出决议。公开发行公司债券筹集的资金，不得用于弥补亏损和非生产性支出。

（二）法律责任

根据《证券法》第一百八十五条的规定，发行人违反本法相关规定擅自改变公开发行证券所募集资金的用途的，责令改正，处以50万元以上500万元以下的罚款；对直接负责的主管人员和其他直接责任人员给予警告，并处以10万元以上100万元以下的罚款。

发行人的控股股东、实际控制人从事或者组织、指使从事前款违法行为的，给予警告，并处以50万元以上500万元以下的罚款；对直接负责的主管人员和其他直接责任人员，处以10万元以上100万元以下的罚款。

六、违反证券承销业务规定的行为认定及法律责任

（一）违反证券承销业务规定的行为认定

证券公司承销证券，应当对公开发行募集文件的真实性、准确性、完整性进行核查。发现有虚假记载、误导性陈述或者重大遗漏的，不得进行销售活动；已经销售的，必须立即停止销售活动，并采取纠正措施。

证券公司承销证券，不得有下列行为：

（1）进行虚假的或者误导投资者的广告宣传或者其他宣传推介活动；

（2）以不正当竞争手段招揽承销业务；

（3）其他违反证券承销业务规定的行为。

（二）法律责任

1. 行政责任

根据《证券法》第一百八十四条的规定，证券公司承销证券违反《证券法》第二十九条规定的，责令改正，给予警告，没收违法所得，可以并处50万元以上500万元以下的罚款；情节严重的，暂停或者撤销相关业务许可。对直接负责的主管人员和其他直接责任人员给予警告，可以并处20万元以上200万元以下的罚款；情节严重的，并处以50万元以上500万元以下的罚款。

2. 民事责任

证券公司承销证券存在《证券法》第二十九条第二款所列行为，给其他证券承销机构或者投资者造成损失的，应当依法承担赔偿责任。

七、提供虚假证明文件、出具证明文件重大失实的法律责任

发行人申请公开发行股票、可转换为股票的公司债券，依法采取承销方式的，或者公开发行法律、行政法规规定实行保荐制度的其他证券的，应当聘请证券公司担任保荐人。保荐人应当遵守业务规则和行业规范，诚实守信，勤勉尽责，对发行人的申请文件和信息披露资料进行审慎核查，督导发行人规范运作。

保荐人提供虚假证明文件、出具证明文件重大失实的法律责任如下：

（一）行政责任

根据《证券法》第一百八十二条的规定，保荐人出具有虚假记载、误导性陈述或者重大遗漏的保荐书，或者不履行其他法定职责的，责令改正，给予警告，没收业务收入，并处以业务收入1倍以上10倍以下的罚款；没有业务收入或者业务收入不足100万元的，处以100万元以上1 000万元以下的罚款；情节严重的，并处暂停或者撤销保荐业务许可。对直接负责的主管人员和其他直接责任人员给予警告，并处以50万元以上500万元以下的罚款。

（二）刑事责任

根据《刑法》第二百二十九条的规定，承担资产评估、验资、验证、会计、审计、法律服务、保荐、安全评价、环境影响评价、环境监测等职责的中介组织的人员故意提供虚假证明文件，情节严重的，处5年以下有期徒刑或者拘役，并处罚金；有下列情形之一的，处5年以上10年以下有期徒刑，并处罚金：

（1）提供与证券发行相关的虚假的资产评估、会计、审计、法律服务、保荐等证明文件，情节特别严重的；

（2）提供与重大资产交易相关的虚假的资产评估、会计、审计等证明文件，情节特别严重的；

（3）在涉及公共安全的重大工程、项目中提供虚假的安全评价、环境影响评价等证明文件，致使公共财产、国家和人民利益遭受特别重大损失的。

有前述行为，同时索取他人财物或者非法收受他人财物构成犯罪的，依照处罚较重的规定定罪处罚。

《刑法》第二百二十九条第一款规定的人员，严重不负责任，出具的证明文件有重大失实，造成严重后果的，处3年以下有期徒刑或者拘役，并处或者单处罚金。

第二节 证券二级市场

本节重点介绍了证券二级市场的典型违法违规行为的认定及法律责任，涉及的内容主要包括：诱骗投资者买卖证券、期货合约；利用未公开信息交易；内幕交易、泄露内幕信息；操纵证券期货市场；在证券交易活动中作出虚假陈述或者信息误导；背信运用受托财产等违法违规行为。依据的法律、行政法规、部门规章及其他规范性文件主要包括《刑法》《证券法》《证券投资基金法》《最高人民检察院、公安部关于公安机关管辖的刑事案件立案追诉标准的规定（二）》《证券市场禁入规定》等。

一、诱骗投资者买卖证券、期货合约的认定及法律责任

（一）诱骗投资者买卖证券、期货合约的认定

1. 诱骗投资者买卖证券、期货合约罪的概念

诱骗投资者买卖证券、期货合约，是指证券交易所、期货交易所、证券公司、期货经纪公司的从业人员，证券业协会、期货业协会或者证券期货监督管理部门的工作人员，故意提供虚假信息或者伪造、变造、销毁交易记录，诱骗投资者买卖证券、期货合约，造成严重后果的行为。

2. 诱骗投资者买卖证券、期货合约罪的犯罪构成（见表4－7）

表4－7　　诱骗投资者买卖证券、期货合约罪犯罪构成

构成要件	具体内容
主体	特殊主体，主要包括两个方面： （1）证券交易所、期货交易所、证券公司、期货经纪公司的从业人员； （2）证券业协会、期货业协会或者证券期货监督管理部门的工作人员
主观方面	只能是故意，过失不构成本罪
客体	证券、期货交易市场的正常管理秩序和证券、期货投资人的合法利益
客观方面	行为人故意提供虚假信息或者伪造、变造、销毁交易记录，诱骗投资者买卖证券、期货合约，造成严重后果的行为

3. 诱骗投资者买卖证券、期货合约的刑事立案追诉标准

根据《最高人民检察院、公安部关于公安机关管辖的刑事案件立案追诉标准的规定（二）》第三十三条的规定，诱骗投资者买卖证券、期货合约案，涉嫌下列情形之一的，应予立案追诉：

（1）获利或者避免损失数额在5万元以上的；

（2）造成投资者直接经济损失数额在50万元以上的；

（3）虽未达到上述数额标准，但多次诱骗投资者买卖证券、期货合约的；

（4）致使交易价格或者交易量异常波动的；

（5）造成其他严重后果的。

（二）法律责任

1. 刑事责任

根据《刑法》第一百八十一条的规定，证券交易所、期货交易所、证券公司、期货经纪公司的从业人员，证券业协会、期货业协会或者证券期货监督管理部门的工作人员，故意提供虚假信息或者伪造、变造、销毁交易记录，诱骗投资者买卖证券、期货合约，造成严重后果的，处5年以下有期徒刑或者拘役，并处或者单处1万元以上10万元以下罚金；情节特别恶劣的，处5年以上10年以下有期徒刑，并处2万元以上20万元以下罚金。单位犯前述罪的，对单位判处罚金，并对其直接负责的主管人员和其他直接责任人员，处5年以下有期徒刑或者拘役。

2. 行政责任

根据《证券法》第五十七条的规定，禁止证券公司及其从业人员为牟取佣金收入，诱使客户进行不必要的证券买卖。根据《证券法》第一百九十四条的规定，证券公司及其从业人员违反《证券法》第五十七条的规定，有损害客户利益的行为的，给予警告，没收违法所得，并处以违法所得1倍以上10倍以下的罚款；没有违法所得或者违法所得不足10万元的，处以10万元以上100万元以下的罚款；情节严重的，暂停或者撤销相关业务许可。

3. 民事责任

根据《证券法》第五十七条的规定，证券公司及其从业人员违反规定，为牟取佣金收入，诱使客户进行不必要的证券买卖，给客户造成损失的，应当依法承担赔偿责任。根据《证券法》第二百二十条的规定，违反《证券法》应当承担民事赔偿责任和缴纳罚款、罚金，违法所得，违法行为人的财产不足以支付的，优先用于承担民事赔偿责任。

二、利用未公开信息交易的认定及法律责任

（一）利用未公开信息交易的认定

1. 利用未公开信息交易罪的概念

利用未公开信息交易，是指证券交易所、期货交易所、证券公司、期货经纪公司、基金管理公司、商业银行、保险公司等金融机构的从业人员以及有关监管部门或者行业协会的工作人员，利用因职务便利获取的内幕信息以外的其他未公开的信息，违反规定，从事与该信息相关的证券、期货交易活动，或者明示、暗示他人从事相关交易

活动，情节严重的行为。

2. 利用未公开信息交易罪的犯罪构成（见表4－8）

表4－8　　利用未公开信息交易罪犯罪构成

构成要件	具体内容
主体	特殊主体，主要包括两个方面： （1）证券交易所、期货交易所、证券公司、期货经纪公司、基金管理公司、商业银行、保险公司等金融机构的从业人员； （2）有关监管部门或者行业协会的工作人员
主观方面	只能是故意，过失不构成本罪
客体	证券、期货交易市场的正常管理秩序和证券、期货投资人的合法利益
客观方面	利用因职务便利获取的内幕信息以外的其他未公开信息，违反规定，从事与该信息相关的证券、期货交易活动，或者明示、暗示他人从事相关交易活动，情节严重的行为

3. 利用未公开信息交易的刑事立案标准

根据《最高人民检察院、公安部关于公安机关管辖的刑事案件立案追诉标准的规定（二）》第三十一条的规定，利用未公开信息交易行为，涉嫌下列情形之一的，应予立案追诉：

（1）获利或者避免损失数额在100万元以上的；

（2）2年内3次以上利用未公开信息交易的；

（3）明示、暗示3人以上从事相关交易活动的；

（4）具有其他严重情节的。

利用未公开信息交易，获利或者避免损失数额在50万元以上，或者证券交易成交额在500万元以上，或者期货交易占用保证金数额在100万元以上，同时涉嫌下列情形之一的，应予立案追诉：

（1）以出售或者变相出售未公开信息等方式，明示、暗示他人从事相关交易活动的；

（2）因证券、期货犯罪行为受过刑事追究的；

（3）2年内因证券、期货违法行为受过行政处罚的；

（4）造成其他严重后果的。

（二）法律责任

1. 刑事责任

根据《刑法》第一百八十条第四款的规定，证券交易所、期货交易所、证券公司、期货经纪公司、基金管理公司、商业银行、保险公司等金融机构的从业人员以及有关监管部门或者行业协会的工作人员，利用因职务便利获取的内幕信息以外的其他未公开的信息，违反规定，从事与该信息相关的证券、期货交易活动，或者明示、暗示他人从事相关交易活动，情节严重的，处5年以下有期徒刑或者拘役，并处或者单处违法所得1倍以上5倍以下罚金；情节特别严重的，处5年以上10年以下有期徒刑，并处违法所得1倍以上5倍以下罚金。

单位犯前款罪的，对单位判处罚金，并对其直接负责的主管人员和其他直接责任人员，处5年以下有期徒刑或者拘役。

2. 行政责任

据《证券法》第五十四条的规定，禁止证券交易场所、证券公司、证券登记结算机构、证券服务机构和其他金融机构的从业人员、有关监管部门或者行业协会的工作人员，利用因职务便利获取的内幕信息以外的其他未公开的信息，违反规定，从事与该信息相关的证券交易活动，或者明示、暗示他人从事相关交易活动。

根据《证券法》第一百九十一条规定，证券交易内幕信息的知情人或者非法获取内幕信息的人违反《证券法》第五十三条的规定从事内幕交易的，责令依法处理非法持有的证券，没收违法所得，并处以违法所得1倍以上10倍以下的罚款；没有违法所得或者违法所得不足50万元的，处以50万元以上500万元以下的罚款。单位从事内幕交易的，还应当对直接负责的主管人员和其他直接责任人员给予警告，并处以20万元以上200万元以下的罚款。国务院证券监督管理机构工作人员从事内幕交易的，从重处罚。违反《证券法》第五十四条的规定，利用未公开信息进行交易的，依照前款的规定处罚。

3. 民事责任

据《证券法》第五十四条的规定，利用未公开信息进行交易给投资者造成损失的，应当依法承担赔偿责任。

（三）典型案例

1. 刑事案例

2009年8月至2018年7月，齐某在甲证券公司证券投资业务总部担任高管，负责甲证券公司自营账户的管理和股票投资决策等工作。2014年3月至2016年5月，齐某利用其负责甲证券公司自营资金账户管理和股票投资决策的职务便利，掌握了上述账户股票投资决策、股票名称、交易时点、交易价格、交易数量等未公开信息，伙同其妻子冯某控制并操作孙某等三人证券账户，先于、同期或稍晚于齐某管理的上述证券自营资金账户买卖相同股票200多只，成交金额累计达人民币80多亿元，非法获利金额累计2 000多万元。

法院经审理认为，齐某作为证券公司的从业人员，利用因职务便利获取的内幕信息以外的其他未公开的信息，违反规定，伙同冯某从事与该信息相关的证券交易活动，两人的行为已构成利用未公开信息交易罪，且情节特别严重。在共同犯罪中，齐某起主要作用，是主犯；冯某起次要作用，是从犯，依法对冯某减轻处罚。以利用未公开信息交易罪判处被告人齐某有期徒刑4年，判处冯某有期徒刑3年，缓刑2年。

齐某作为证券公司员工，其职务符合利用未公开信息交易罪的主体要求；利用其负责证券自营的资金账户管理和股票投资决策的职务便利，掌握了上述账户股票投资决策、股票名称、交易时点、交易价格、交易数量等未公开信息，符合利用未公开信息交易罪的客观要件；故意利用该信息谋求利益，符合利用未公开信息交易罪的主观要件；违反了市场交易制度，对市场造成了破坏，符合利用未公开信息交易罪的客体要求。股票200多只，成交金额累计达人民币80多亿元，非法获利金额累计2 000多万元，属于情节严重。故齐某的行为符合利用未公开信息交易罪的犯罪特征。

2. 行政处罚

高某，时任乙股票型证券投资基金经理。高某于2018年4月至2019年12月，将因任职基金经理获取的基金未公开信息泄露给大学同学陈某，并与陈某共同向陈某配偶王某账户出资，由陈某操作，二人共同利用未公开信息从事相关证券交易活动。高某、陈某的上述行为违反了《证券投资基金法》规定。

根据当事人违法行为的事实、性质、情节与社会危害程度，依据《证券法》和《证券市场禁入规定》的规定，高某被采取4年证券市场禁入措施，自宣布决定之日起，在禁入期间，不得从事证券业务或者担任上市公司董事、监事、高级管理人员职务。

高某的职务是证券投资基金经理，符合利用未公开信息交易的主体要求；将因任职基金经理获取的基金未公开信息泄露给他人，符合利用未公开信息交易的客观要件；有意泄露信息符合利用未公开信息交易的主观要件；违反了市场交易制度，对市场造成了破坏，符合利用未公开信息交易的客体要求。但因未达到《最高人民检察院、公安部关于公安机关管辖的刑事案件立案追诉标准的规定（二）》等相关法律法规、规范性文件所规定的立案标准，故不构成利用未公开信息交易罪，不需通过《刑法》进行调控，由行政部门依据相关行政法律依据进行行政处罚。

三、内幕交易、泄露内幕信息的认定及法律责任

（一）内幕交易、泄露内幕信息的认定

1. 内幕交易、泄露内幕信息罪的概念

内幕交易、泄露内幕信息，是指证券、期货交易内幕信息的知情人员或者非法获

取证券、期货交易内幕信息的人员，在涉及证券的发行，证券、期货交易或者其他对证券、期货交易价格有重大影响的信息尚未公开前，买入或者卖出该证券，或者从事与该内幕信息有关的期货交易，或者泄露该信息，或者明示、暗示他人从事上述交易活动，情节严重的行为。

2. 内幕交易、泄露内幕信息罪的犯罪构成（见表4－9）

表4－9　内幕交易、泄露内幕信息罪犯罪构成

构成要件	具体内容
主体	特殊主体，主要包括两个方面： (1)《证券法》中，证券、期货交易内幕信息的知情人员、单位包括： ①发行人及其董事、监事、高级管理人员； ②持有公司5%以上股份的股东及其董事、监事、高级管理人员，公司的实际控制人及其董事、监事、高级管理人员； ③发行人控股或者实际控制的公司及其董事、监事、高级管理人员； ④由于所任公司职务或者因与公司业务往来可以获取公司有关内幕信息的人员； ⑤上市公司收购人或者重大资产交易方及其控股股东、实际控制人、董事、监事和高级管理人员； ⑥因职务、工作可以获取内幕信息的证券交易场所、证券公司、证券登记结算机构、证券服务机构的有关人员； ⑦因职责、工作可以获取内幕信息的证券监督管理机构工作人员； ⑧因法定职责对证券的发行、交易或者对上市公司及其收购、重大资产交易进行管理可以获取内幕信息的有关主管部门、监管机构的工作人员； ⑨国务院证券监督管理机构规定的可以获取内幕信息的其他人员。 (2) 非法获取证券、期货交易内幕信息的人员、单位
主观方面	只能是故意，过失不构成本罪
客体	证券、期货交易市场的正常管理秩序和证券、期货投资人的合法利益
客观方面	该罪的客观要件表现为行为人违反有关法规，在涉及证券发行，证券、期货交易或者其他对证券、期货交易价格有重大影响的信息尚未公开前，买卖该证券、期货，或者明示、暗示其他人买卖该证券、期货，或者泄露内幕信息，情节严重的行为

3. 内幕交易、泄露内幕信息罪的立案标准

根据《最高人民检察院、公安部关于公安机关管辖的刑事案件立案追诉标准的规定（二）》第三十条的规定，内幕交易、泄露内幕信息行为，涉嫌下列情形之一的，应予立案追诉：

（1）获利或者避免损失数额在50万元以上的；

（2）证券交易成交额在200万元以上的；

（3）期货交易占用保证金数额在100万元以上的；

（4）2 年内 3 次以上实施内幕交易、泄露内幕信息行为的；

（5）明示、暗示 3 人以上从事与内幕信息相关的证券、期货交易活动的；

（6）具有其他严重情节的。

内幕交易获利或者避免损失数额在 25 万元以上，或者证券交易成交额在 100 万元以上，或者期货交易占用保证金数额在 50 万元以上，同时涉嫌下列情形之一的，应予立案追诉：

（1）《证券法》规定的证券交易内幕信息的知情人实施或者与他人共同实施内幕交易行为的；

（2）以出售或者变相出售内幕信息等方式，明示、暗示他人从事与该内幕信息相关的交易活动的；

（3）因证券、期货犯罪行为受过刑事追究的；

（4）2 年内因证券、期货违法行为受过行政处罚的；

（5）造成其他严重后果的。

（二）法律责任

1. 刑事责任

根据《刑法》第一百八十条第一款、第二款的规定，证券、期货交易内幕信息的知情人员或者非法获取证券、期货交易内幕信息的人员，在涉及证券的发行，证券、期货交易或者其他对证券、期货交易价格有重大影响的信息尚未公开前，买入或者卖出该证券，或者从事与该内幕信息有关的期货交易，或者泄露该信息，或者明示、暗示他人从事上述交易活动，情节严重的，处 5 年以下有期徒刑或者拘役，并处或者单处违法所得 1 倍以上 5 倍以下罚金；情节特别严重的，处 5 年以上 10 年以下有期徒刑，并处违法所得 1 倍以上 5 倍以下罚金。单位犯该罪的，对单位判处罚金，并对其直接负责的主管人员和其他直接责任人员，处 5 年以下有期徒刑或者拘役。

2. 行政责任

根据《证券法》第五十条、第五十三条的规定，禁止证券交易内幕信息的知情人和非法获取内幕信息的人利用内幕信息从事证券交易活动。证券交易内幕信息的知情人和非法获取内幕信息的人，在内幕信息公开前，不得买卖该公司的证券，或者泄露该信息，或者建议他人买卖该证券。根据《证券法》第一百九十一条的规定，证券交易内幕信息的知情人或者非法获取内幕信息的人违反《证券法》第五十三条的规定从事内幕交易的，责令依法处理非法持有的证券，没收违法所得，并处以违法所得 1 倍以上 10 倍以下的罚款；没有违法所得或者违法所得不足 50 万元的，处以 50 万元以上 500 万元以下的罚款。单位从事内幕交易的，还应当对直接负责的主管人员和其他直接责任人员给予警告，并处以 20 万元以上 200 万元以下的罚款。国务院证券监督管理机构工作人员从事内幕交易的，从重处罚。违反《证券法》第五十四条的规定，利用未公开信息进行交易的，依照前款的规定处罚。

3. 民事责任

根据《证券法》第五十三条的规定，内幕交易行为给投资者造成损失的，行为人应当依法承担赔偿责任。

（三）典型案例

1. 刑事案例

2020 年，甲证券公司总经理王某，向上市公司乙公司推荐丙公司的节能环保技术，并具体参与了乙公司收购该技术及非公开发行股票的全过程。其中，2020 年 8 月 6 日，王某参与了项目的考察洽谈活动，并于同月 28 日与乙公司、丙公司签订了《三方合作框架协议书》，约定了甲公司、乙公司、丙公司的合作内容。2020 年 12 月，乙公司公告停牌筹划重大事项，同月，乙公司发布签订收购节能环保专利技术的框架协议的公告。2021 年 1 月，乙公司复牌并公告非公开发行股票预案。

中国证监会依法认定，上述公告内容系内幕信息，在内幕信息敏感期内，王某分别与其朋友尚某、妹妹王某某、妹夫陈某联络、接触。上述人员在乙公司股票内幕信息敏感期内大量买入该只股票共计 1 049 万余股，成交金额 2 936 万余元，并分别于乙公司因重大事项停牌前、发布收购节能环保技术及非公开发行股票信息公告复牌后将所持有的乙公司股票全部卖出，非法获利共计 1 229 万余元。

公安机关以王某涉嫌泄露内幕信息罪，尚某、妹妹王某某、妹夫陈某涉嫌内幕交易罪向人民检察院移送起诉。经审判，人民法院以泄露内幕信息罪判处王某有期徒刑 6 年 6 个月，并处罚金人民币 1 935 万元；以内幕交易罪分别判处尚某有期徒刑 6 年、陈某有期徒刑 5 年、王某某有期徒刑 3 年，并处罚金不等，违法所得予以追缴。其中，对犯罪情节较轻、能如实供述犯罪事实、积极退赃、具有悔罪表现的王某某，依法从轻处罚并宣告缓刑。

该案典型意义为，依法惩治内幕交易违法犯罪，促使内幕信息知情人严格依法履职。证券从业人员及上市公司高管、员工应当恪守职业道德，严格依照证券法律法规的规定，对可能影响市场行情的敏感信息履行保密义务，不得主动、被动向第三人透露相关内幕信息，不得直接或变相利用掌握的相关内幕信息谋取利益，自觉维护证券从业市场生态。在办理共同犯罪案件时，对于主动认罪悔罪、退赃退赔的犯罪嫌疑人、被告人，应当依法从宽处理；对于拒不供认犯罪事实的犯罪嫌疑人、被告人，应当依法从严惩处。

2. 行政处罚

2020 年 3 月，甲医疗器械公司（以下简称“甲公司”）实际控制人曹某与上市公司乙科技股份公司（以下简称“乙公司”）董事长及实际控制人常某、乙公司董事兼副总经理周某商谈乙公司收购甲公司事宜，并制定曹某和常某成立并购基金收购甲公司股权后，再装入乙公司的方案。同月，曹某、常某联系丙证券公司副总经理梁某对接资金及成立并购基金，收购甲公司 50% 股权。2020 年 5 月 20 日，乙公司停牌公告称“控股股东正在筹划与公司相关重大事项”。2020 年 8 月 25 日，乙公司发布《召开股东大会审议继续停牌相关事项》公告，称重大资产重组标的为甲公司。2020 年 11 月 11 日，乙公司公告复牌。

梁某控制使用 18 个账户（以下简称“账户组”），于 2020 年 3 月至 4 月累计买入乙公司股票 11 328 万股，买入金额约 89 352 万元，后于乙公司股票复牌以后全部卖出，卖出金额约 82 754 万元，无获利。

梁某参与设立并购基金收购甲公司股权过程，系内幕信息知情人。梁某控制使用账户组，在内幕信息公开前买入乙公司股票的行为，违反了《证券法》第五十条、第五十三条第一款的规定，构成《证券法》第一百九十一条“证券交易内幕信息的知情人违反本法第五十三条的规定从事内幕交易”的违法行为。

根据违法行为的事实、性质、情节与社会危害程度，依据《证券法》第一百九十一条的规定，监管机构决定对梁某采取处以 300 万元罚款的行政处罚。本案表明，上市公司并购重组仍是内幕交易多发领域，监管部门持续加大监管执法力度，防控内幕交易行为。

四、操纵证券、期货市场的认定及法律责任

（一）操纵证券、期货市场的认定

1. 操纵证券、期货市场罪的概念

操纵证券、期货市场罪，是指有下列情形之一，操纵证券、期货市场，影响证券、期货交易价格或者证券、期货交易量：

（1）单独或者合谋，集中资金优势、持股或者持仓优势或者利用信息优势联合或者连续买卖；

（2）与他人串通，以事先约定的时间、价格和方式相互进行证券、期货交易；

（3）在自己实际控制的账户之间进行证券交易，或者以自己为交易对象，自买自卖期货合约的；

（4）不以成交为目的，频繁或者大量申报买入、卖出证券、期货合约并撤销申报；

（5）利用虚假或者不确定的重大信息，诱导投资者进行证券、期货交易；

（6）对证券、证券发行人、期货交易标的公开作出评价、预测或者投资建议，同时进行反向证券交易或者相关期货交易；

（7）以其他方法操纵证券、期货市场的。

2. 操纵证券、期货市场罪的犯罪构成（见表4－10）

表4－10　操纵证券、期货市场罪犯罪构成

构成要件	内容
主体	一般主体。凡达到刑事责任年龄并且具有刑事责任能力的自然人均可成为本罪主体；单位亦能构成本罪
主观方面	由故意构成
客体	侵犯国家证券、期货管理制度和投资者合法权益
客观方面	表现为利用其资金、信息等优势或者滥用职权操纵市场、制造市场假象，影响证券、期货市场

3. 操纵证券、期货市场的刑事立案标准

根据《最高人民检察院、公安部关于公安机关管辖的刑事案件立案追诉标准的规定（二）》第三十四条的规定，涉嫌下列情形之一的，应予立案追诉：

（1）持有或者实际控制证券的流通股份数量达到该证券的实际流通股份总量10%以上，实施《刑法》第一百八十二条第一款第一项操纵证券市场行为，连续10个交易日的累计成交量达到同期该证券总成交量20%以上的；

（2）实施《刑法》第一百八十二条第一款第二项、第三项操纵证券市场行为，连续10个交易日的累计成交量达到同期该证券总成交量20%以上的；

（3）利用虚假或者不确定的重大信息，诱导投资者进行证券交易，行为人进行相关证券交易的成交额在1 000万元以上的；

（4）对证券、证券发行人公开作出评价、预测或者投资建议，同时进行反向证券交易，证券交易成交额在1 000万元以上的；

（5）通过策划、实施资产收购或者重组、投资新业务、股权转让、上市公司收购等虚假重大事项，误导投资者作出投资决策，并进行相关交易或者谋取相关利益，证券交易成交额在1 000万元以上的；

（6）通过控制发行人、上市公司信息的生成或者控制信息披露的内容、时点、节奏，误导投资者作出投资决策，并进行相关交易或者谋取相关利益，证券交易成交额在1 000万元以上的；

（7）实施《刑法》第一百八十二条第一款第一项操纵期货市场行为，实际控制的账户合并持仓连续10个交易日的最高值超过期货交易所限仓标准的2倍，累计成交量

达到同期该期货合约总成交量20%以上，且期货交易占用保证金数额在500万元以上的；

（8）通过囤积现货，影响特定期货品种市场行情，并进行相关期货交易，实际控制的账户合并持仓连续10个交易日的最高值超过期货交易所限仓标准的2倍，累计成交量达到同期该期货合约总成交量20%以上，且期货交易占用保证金数额在500万元以上的；

（9）实施《刑法》第一百八十二条第一款第二项、第三项操纵期货市场行为，实际控制的账户连续10个交易日的累计成交量达到同期该期货合约总成交量20%以上，且期货交易占用保证金数额在500万元以上的；

（10）利用虚假或者不确定的重大信息，诱导投资者进行期货交易，行为人进行相关期货交易，实际控制的账户连续10个交易日的累计成交量达到同期该期货合约总成交量20%以上，且期货交易占用保证金数额在500万元以上的；

（11）对期货交易标的公开作出评价、预测或者投资建议，同时进行相关期货交易，实际控制的账户连续10个交易日的累计成交量达到同期该期货合约总成交量的20%以上，且期货交易占用保证金数额在500万元以上的；

（12）不以成交为目的，频繁或者大量申报买入、卖出证券、期货合约并撤销申报，当日累计撤回申报量达到同期该证券、期货合约总申报量50%以上，且证券撤回申报额在1 000万元以上、撤回申报的期货合约占用保证金数额在500万元以上的；

（13）实施操纵证券、期货市场行为，获利或者避免损失数额在100万元以上的。操纵证券、期货市场，影响证券、期货交易价格或者证券、期货交易量，获利或者避免损失数额在50万元以上，同时涉嫌下列情形之一的，应予立案追诉：

①发行人、上市公司及其董事、监事、高级管理人员、控股股东或者实际控制人实施操纵证券、期货市场行为的；

②收购人、重大资产重组的交易对方及其董事、监事、高级管理人员、控股股东或者实际控制人实施操纵证券、期货市场行为的；

③行为人明知操纵证券、期货市场行为被有关部门调查，仍继续实施的；

④因操纵证券、期货市场行为受过刑事追究的；

⑤2年内因操纵证券、期货市场行为受过行政处罚的；

⑥在市场出现重大异常波动等特定时段操纵证券、期货市场的；

⑦造成其他严重后果的。

对于在全国中小企业股份转让系统中实施操纵证券市场行为，社会危害性大，严重破坏公平公正的市场秩序的，比照本条的规定执行，但本条第一款第一项和第二项除外。

（二）法律责任

1. 刑事责任

根据《刑法》第一百八十二条的规定，有下列情形之一，操纵证券、期货市场，影响证券、期货交易价格或者证券、期货交易量，情节严重的，处5年以下有期徒刑或者拘役，并处或者单处罚金；情节特别严重的，处5年以上10年以下有期徒刑，并处罚金：

（1）单独或者合谋，集中资金优势、持股或者持仓优势或者利用信息优势联合或者连续买卖的；

（2）与他人串通，以事先约定的时间、价格和方式相互进行证券、期货交易的；

（3）在自己实际控制的账户之间进行证券交易，或者以自己为交易对象，自买自卖期货合约的；

（4）不以成交为目的，频繁或者大量申报买入、卖出证券、期货合约并撤销申报的；

（5）利用虚假或者不确定的重大信息，诱导投资者进行证券、期货交易的；

（6）对证券、证券发行人、期货交易标的公开作出评价、预测或者投资建议，同时进行反向证券交易或者相关期货交易的；

（7）以其他方法操纵证券、期货市场的。

单位犯该罪的，对单位判处罚金，并对其直接负责的主管人员和其他直接责任人员，依照前述规定处罚。

2. 行政责任

根据《证券法》第五十五条的规定，禁止任何人以下列手段操纵证券市场，影响或者意图影响证券交易价格或者证券交易量：

（1）单独或者通过合谋，集中资金优势、持股优势或者利用信息优势联合或者连续买卖；

（2）与他人串通，以事先约定的时间、价格和方式相互进行证券交易；

（3）在自己实际控制的账户之间进行证券交易；

（4）不以成交为目的，频繁或者大量申报并撤销申报；

（5）利用虚假或者不确定的重大信息，诱导投资者进行证券交易；

（6）对证券、发行人公开作出评价、预测或者投资建议，并进行反向证券交易；

（7）利用在其他相关市场的活动操纵证券市场；

（8）操纵证券市场的其他手段。

根据《证券法》第一百九十二条的规定，违反法律规定，操纵证券市场的，责令依法处理其非法持有的证券，没收违法所得，并处以违法所得1倍以上10倍以下的罚款；没有违法所得或者违法所得不足100万元的，处以100万元以上1 000万元以下的罚款。单位操纵证券市场的，还应当对直接负责的主管人员和其他直接责任人员给予警告，并处以50万元以上500万元以下的罚款。

3. 民事责任

根据《证券法》第五十五条的规定，操纵证券市场行为给投资者造成损失的，应当依法承担赔偿责任。

（三）典型案例

1. 刑事案例

朱某系甲证券公司副总经理，2020年5月，朱某与甲证券公司原总经理牛某共谋并组织实施，通过操纵乙公司股票交易，牟取非法利益。

经安排，朱某以丙公司及其他单位、个人名义共开设1 000余个账户，并将甲证券公司资金转存入上述账户，由朱某实际控制上述账户，牛某负责操作。

2020年10月至2021年3月，朱某、牛某伙同同案人通过控制的上述账户，不以成交为目的，频繁申报、撤单或大额申报、撤单，并进行与申报相反的交易。2021年2月2日，朱某、牛某控制账户组撤回申报买入乙公司股票量分别占当日该股票总申报买入量的58%、55%、62%，撤回申报金额分别为3.2亿余元、1.1亿余元、1.6亿余元。随后，朱某、牛某控制账户组采取集中资金优势、持股优势，连续买卖等手段实施与虚假申报相反的交易行为，违法所得金额人民币3 000余万元。朱某控制的上述账户内乙公司股票成交量多次占同期该股票连续20个交易日成交总量的30%以上，其中最高持有乙公司股票占总流通股38%，且未公告持股情况，严重危害正常的股票交易秩序。

法院经审理认为，朱某是甲证券公司员工，符合操纵证券、期货市场罪的主体要件；朱某安排他人实施作案，符合操纵证券、期货市场罪的主观故意要件；牛某明知朱某存在操纵证券市场行为的情况下，仍接受朱某的安排多次从事涉案股票交易；朱某、牛某不以成交为目的，频繁申报、撤单或大额申报、撤单，并采取集中资金优势、持股优势，连续买卖等手段进行与申报相反的交易，操纵证券交易量和交易价格，严重扰乱了证券交易秩序，也符合操纵证券、期货市场罪的客体和客观要件。法院裁判朱某犯操纵证券市场罪，判处有期徒刑3年6个月，并处罚金人民币3 200万元；牛某犯操纵证券市场罪，判处有期徒刑2年8个月，并处罚金人民币1 800万元。操纵证券市场违法所得予以追缴。

2. 行政处罚

2020年3月至4月，黄某控制使用“元某宏”等32个证券账户（以下简称“账户组”），集中资金优势连续买卖影响甲股票交易价格和交易量，盈利 10 254 542 元。其中，3 月 14 日至 4 月 22 日为建仓拉抬阶段，黄某累计净买入 21 257 521 股，累计净买入金额 52 673 570 元，账户组买卖成交量占市场总成交量 21.12%。建仓拉抬期间，甲股票股价从 2.47 元/股上涨至最高 2.98 元/股，涨幅为 20.64%，同期上证综指上涨 8.98%，偏离 10.12%。4 月 25 日为出货阶段，账户组累计净卖出 21 257 521 股，累计净卖出金额 63 772 563 元。账户组在 16 个交易日存在报撤单行为，其中买入撤单量占申买量比例超过 10% 的有 10 个交易日、超过 20% 的有 5 个交易日，峰值达 51%；卖出撤单量占申卖量比例超过 10% 的有 10 个交易日、超过 30% 的有 4 个交易日。同时，黄某在自己实际控制的账户之间进行交易，账户组在 16 个交易日对倒交易甲股票，对倒成交量占市场成交量比例最高达到 14%。

2020 年 5 月至 10 月，黄某先后控制“元某宏”等 122 个证券账户，继续以上述手段交易乙股票、丙股票、丁股票、戊股票、己股票、庚股票，操纵意图明显，造成股票股价与大盘指数产生较大幅度的偏离。

黄某的上述行为，违反了《证券法》第五十五条第一款第一项、第三项的规定，构成《证券法》第一百九十二条所述“操纵证券市场”的行为。根据违法行为的事实、性质、情节与社会危害程度，依据《证券法》第一百九十二条的规定，监管机构决定没收黄某违法所得 1 235 798 258 元，并处以违法所得 4 倍罚款。本案是一起惯犯多次操纵股票的典型案例，本案表明，操纵市场损害投资者利益、扰乱交易秩序，始终是监管部门的打击重点。

五、在证券交易活动中作出虚假陈述或者信息误导的认定及法律责任

（一）在证券交易活动中作出虚假陈述或者信息误导的认定

根据《证券法》第五十六条的规定，禁止任何单位和个人编造、传播虚假信息或者误导性信息，扰乱证券市场。禁止证券交易所、证券公司、证券登记结算机构、证券服务机构及其从业人员，证券业协会、证券监督管理机构及其工作人员，在证券交易活动中作出虚假陈述或者信息误导。

根据《证券法》第一百六十三条的规定，证券服务机构为证券的发行、上市、交易等证券业务活动制作、出具审计报告及其他鉴证报告、资产评估报告、财务顾问报告、资信评级报告或者法律意见书等文件，应当勤勉尽责，对所依据的文件资料内容的真实性、准确性、完整性进行核查和验证，上述文件不应有虚假记载、误导性陈述或者重大遗漏。

（二）法律责任

1. 刑事责任

（1）编造并传播证券、期货交易虚假信息罪。

根据《刑法》第一百八十一条的规定，编造并且传播影响证券、期货交易的虚假信息，扰乱证券、期货交易市场，造成严重后果的，处5年以下有期徒刑或者拘役，并处或者单处1万元以上10万元以下罚金。

（2）提供虚假证明文件罪、出具证明文件重大失实罪。

具体内容详见本章“第一节 证券一级市场”相关内容。

2. 行政责任

根据《证券法》第一百九十三条的规定，违反《证券法》第五十六条第一款的规定，编造、传播虚假信息或者误导性信息，扰乱证券市场的，没收违法所得，并处以违法所得1倍以上10倍以下的罚款；没有违法所得或者违法所得不足20万元的，处以20万元以上200万元以下的罚款。违反《证券法》第五十六条第二款的规定，在证券交易活动中作出虚假陈述或者信息误导的，责令改正，处以20万元以上200万元以下的罚款；属于国家工作人员的，还应当依法给予行政处分。

根据《证券法》第二百一十三条的规定，证券服务机构违反《证券法》第一百六十三条的规定，未勤勉尽责，所制作、出具的文件有虚假记载、误导性陈述或者重大遗漏的，责令改正，没收业务收入，并处以业务收入1倍以上10倍以下的罚款，没有业务收入或者业务收入不足50万元的，处以50万元以上500万元以下的罚款；情节严重的，并处暂停或者禁止从事证券服务业务。对直接负责的主管人员和其他直接责任人员给予警告，并处以20万元以上200万元以下的罚款。

3. 民事责任

根据《证券法》第五十六条的规定，编造、传播虚假信息或者误导性信息，扰乱证券市场，给投资者造成损失的，应当依法承担赔偿责任。根据《证券法》第一百六十三条的规定，证券服务机构为证券的发行、上市、交易等证券业务活动制作、出具审计报告及其他鉴证报告、资产评估报告、财务顾问报告、资信评级报告或者法律意见书等文件有虚假记载、误导性陈述或者重大遗漏，给他人造成损失的，应当与委托人承担连带赔偿责任，但是能够证明自己没有过错的除外。

（三）典型案例（行政处罚）

甲证券公司为乙公司重大资产重组项目独立财务顾问。甲证券公司在核查乙公司的银行存款情况过程中未尽审慎义务，乙公司多张股利分配银行进账单加盖印章的日期有明显涂改的痕迹，甲证券公司对该异常情况未予关注，未采取进一步的核查措施。甲证券公司向银行函证乙公司基本存款账户的银行存款余额时，对差异金额也未采取进一步核查措施。最终导致未能发现乙公司虚增银行存款。

2021年8月，甲证券公司走访乙公司的客户丙公司前，告知乙公司要抽查丙公司的凭证。在现场走访时，丙公司事先已将相关资料准备完毕并已签章；2021年9月，甲证券公司在收到关于乙公司财务造假的举报，且公司质控部对乙公司主要客户进行暗访发现异常后，再次走访乙公司的客户时，仍事先告知乙公司访谈时需要查看对方的存货、收入账及凭证，未保持应有的职业谨慎。甲证券公司被责令改正违法行为，并处以罚款。后甲证券公司亦在民事诉讼中被法院判决承担赔偿责任。

上述案例中，甲证券公司在担任独立财务顾问的过程中，对乙公司财务数据的尽职调查不充分、未勤勉尽责，未发现乙公司财务造假的问题，导致所制作、出具的文件具有虚假记载，因此受到了行政处罚。

六、背信运用受托财产的认定及法律责任

（一）背信运用受托财产的认定

1. 背信运用受托财产罪的概念

背信运用受托财产，是指商业银行、证券交易所、期货交易所、证券公司、期货经纪公司、保险公司或者其他金融机构，违背受托义务，擅自运用客户资金或者其他委托、信托的财产，情节严重的行为。

2. 背信运用受托财产罪的犯罪构成（见表4－11）

表4－11　背信运用受托财产罪犯罪构成

构成要件	内容
主体	特殊主体，为商业银行、证券交易所、期货交易所、证券公司、期货经纪公司、保险公司或者其他金融机构
主观方面	只能是故意，过失不构成本罪
客体	金融管理秩序和客户的合法权益
客观方面	表现为利用其资金、信息等优势或者滥用职权操纵市场、制造市场假象，影响证券、期货市场

3. 背信运用受托财产罪的刑事立案追诉标准

根据《最高人民检察院、公安部关于公安机关管辖的刑事案件立案追诉标准的规定（二）》第三十五条的规定，涉嫌下列情形之一的，应予立案追诉：

（1）擅自运用客户资金或者其他委托、信托的财产数额在30万元以上的；

（2）虽未达到上述数额标准，但多次擅自运用客户资金或者其他委托、信托的财产，或者擅自运用多个客户资金或者其他委托、信托的财产的；

（3）其他情节严重的情形。

（二）法律责任

根据《刑法》第一百八十五条之一的规定，商业银行、证券交易所、期货交易所、证券公司、期货经纪公司、保险公司或者其他金融机构，违背受托义务，擅自运用客户资金或者其他委托、信托的财产，情节严重的，对单位判处罚金，并对其直接负责的主管人员和其他直接责任人员，处3年以下有期徒刑或者拘役，并处3万元以上30万元以下罚金；情节特别严重的，处3年以上10年以下有期徒刑，并处5万元以上50万元以下罚金。

（三）典型案例（刑事处罚）

唐某为甲证券公司甲市营业部总经理，负责营业部全面工作。孙某为甲证券公司甲市营业部客户经理，负责开发及维护客户。2022年6月，孙某向客户沙某介绍甲市营业部有保本理财产品，并承诺保本保收益，沙某在甲市营业部开具证券账户，并向账户内转款人民币1 568余万元。唐某、孙某向沙某索要了账户交易密码。随后，在未通知沙某也未取得其同意的情况下，唐某、孙某自行使用沙某账户交易密码进行交易。2022年7月至2022年8月，唐某、孙某擅自运用沙某证券账户进行交易，造成沙某证券账户亏损人民币1 080万元，为甲证券公司赚取交易手续费121万元。案发后，唐某、孙某返还沙某220万元。

法院经审理认为，唐某、孙某未征得沙某同意利用掌握的交易密码自行操作沙某证券账户，属于擅自运用客户资金的行为。唐某、孙某为甲证券公司员工，其违法行为收取的手续费亦归甲证券公司所有，甲证券公司构成单位犯罪。甲证券公司违背受托义务，擅自运用客户资金，情节特别严重，其行为侵犯了国家的金融管理秩序和客户的合法权益，构成背信运用受托财产罪。唐某作为营业部直接负责的主管人员，孙某作为该营业部其他责任人员，依法均应予惩处。法院裁判甲证券公司犯背信运用受托财产罪，判处罚金人民币100万元；唐某犯背信运用受托财产罪，判处有期徒刑3年6个月，并处罚金人民币20万元；孙某犯背信运用受托财产罪，判处有期徒刑3年，并处罚金5万元；责令甲证券公司退赔被害人沙某经济损失人民币860万元。

第五章
行业文化、职业道德与从业人员行为规范

本章重点介绍证券行业文化建设、公司及其工作人员廉洁从业规定、证券市场诚信管理及行业诚信准则、从业人员行为规范等四部分内容。依据的法律、行政法规、部门规章、规范性文件及自律规则包括：《国务院关于加强监管防范风险推动资本市场高质量发展的若干意见》《证券发行上市保荐业务管理办法》《证券期货市场诚信监督管理办法》《证券期货经营机构及其工作人员廉洁从业规定》《证券经营机构及其工作人员廉洁从业实施细则》《证券市场禁入规定》《证券基金经营机构董事、监事、高级管理人员及从业人员监督管理办法》《证券公司董事、监事、高级管理人员及从业人员管理规则》《建设证券基金行业文化、防范道德风险工作纲要》《证券行业执业声誉信息管理办法》《证券行业文化建设倡议书》《证券公司文化建设实践评估办法（试行）》《证券从业人员职业道德准则》《证券行业文化建设十要素》《证券行业诚信准则》等。

第一节　证券行业文化建设

健康良好的行业文化是证券行业软实力和核心竞争力的重要体现，是服务实体经济的内在要求，也是全面深化资本市场改革的重要保障，更是防范金融风险的有力抓手。推动金融高质量发展、建设金融强国，要坚持法治和德治相结合，大力弘扬中华优秀传统文化，积极培育中国特色金融文化。通过构建资本市场的生态环境，提升职业道德规范，加快建设“合规、诚信、专业、稳健”的行业文化，是资本市场长期稳定健康发展的价值引领和精神支撑。本节重点介绍积极培育中国特色金融文化、证券行业文化建设的重要意义、工作纲要、基本要求，以及证券公司文化建设实践综合评估。

一、积极培育中国特色金融文化

金融是国民经济的血脉，是国家核心竞争力的重要组成部分，2023 年 10 月召开的中央金融工作会议提出了加快建设金融强国的目标。2024 年 1 月，习近平总书记在省部级主要领导干部推动金融高质量发展专题研讨班上指出，金融强国应当基于强大的经济基础，具有领先世界的经济实力、科技实力和综合国力，同时具备一系列关键核心金融要素。一是拥有强大的货币，在国际贸易投资和外汇市场广泛使用，具有全球储备货币地位。二是拥有强大的中央银行，有能力做好货币政策调控和宏观审慎管理、及时有效防范化解系统性风险。三是拥有强大的金融机构，运营效率高，抗风险能力强，门类齐全，具有全球布局能力和国际竞争力。四是拥有强大的国际金融中心，能够吸引全球投资者，影响国际定价体系。五是拥有强大的金融监管，金融法治健全，在国际金融规则制定中拥有强大话语权和影响力。六是拥有强大的金融人才队伍。我国虽然已是金融大国，银行体量、外汇储备等指标世界第一，债市、股市规模世界第二，保险规模也名列前茅，但总体上大而不强。建设金融强国需要长期努力，久久为功。

做好金融工作必须坚持和加强党的全面领导，以习近平新时代中国特色社会主义思想为指导，全面贯彻党的二十大精神，完整、准确、全面贯彻新发展理念，深刻把握金融工作的政治性、人民性，以加快建设金融强国为目标，以推进金融高质量发展为主题，以深化金融供给侧结构性改革为主线，以金融队伍的纯洁性、专业性、战斗力为重要支撑，以全面加强监管、防范化解风险为重点，坚持稳中求进工作总基调，统筹发展和安全，牢牢守住不发生系统性金融风险的底线，坚定不移走中国特色金融发展之路，加快建设中国特色现代金融体系，不断满足经济社会发展和人民群众日益增长的金融需求，不断开创新时代金融工作新局面。推动金融高质量发展、建设金融强国，要坚持法治和德治相结合，大力弘扬中华优秀传统文化，积极培育中国特色金融文化。

一要诚实守信，不逾越底线。中华优秀传统文化强调重信守诺。金融行业以信用为基础，更要坚持契约精神恪守市场规则和职业操守。要发扬“铁算盘、铁账本、铁规章”传统，始终不做假账。坚持欠债还钱，珍惜信誉不当老赖。要加强行业自律，对严重失信者终身禁业。

二要以义取利，不唯利是图。中华优秀传统文化强调“先义而后利者荣，先利而后义者辱”，见利忘义一向为君子所不齿。金融具有功能性和盈利性双重属性，盈利要服从功能发挥。金融行业要履行好社会责任，实现金融与经济、社会、环境共生共荣。

三要稳健审慎，不急功近利。中华优秀传统文化强调“欲速则不达，见小利则大事不成”。国际上一些金融机构能够成为百年老店，基业长青，最重要的秘诀是稳健审慎。金融行业要树立正确的经营观、业绩观和风险观，稳健审慎经营，既看当下，更看长远，不贪图短期暴利，不急躁冒进，不超越承受能力而过度冒险。

四要守正创新，不脱实向虚。关键是解决好金融为谁服务、为什么创新问题，紧紧围绕更好服务实体经济、便利人民群众推动创新，不能搞伪创新、乱创新。

五要依法合规，不胡作非为。金融运营特别讲究依法合规。金融机构和从业人员要严格遵纪守法，遵守金融监管要求，自觉在监管许可的范围内依法经营，不能靠钻法规和制度空子、规避监管来逐利，更不能撞红线、冲底线，游走于法外。

为深入贯彻中央金融工作会议精神，中国证监会《关于加强证券公司和公募基金监管加快推进建设一流投资银行和投资机构的意见（试行）》提出，要深入开展中国特色金融文化建设。督促行业机构及从业人员大力弘扬和践行“诚实守信，不逾越底线；以义取利，不唯利是图；稳健审慎，不急功近利；守正创新，不脱实向虚；依法合规，不胡作非为”的中国特色金融文化。坚决纠治拜金主义、奢靡享乐、急功近利、“炫富”等不良风气，坚决破除“例外论”“精英论”“特殊论”等错误论调。压实行业机构文化建设主体责任，强化监督问责。不断完善行业文化评估机制，强化正面典型示范作用与反面案例警示教育。

二、行业文化建设的重要意义①

我国证券行业在过去二三十年的发展中，一路披荆斩棘、砥砺前行，在实践中不断厚植发展力量和文化基因，初步形成了具有中国特色的证券行业文化。但整体来看，与证券行业规模、资本实力、利润水平等“硬指标”的快速扩张相比，行业文化、职业道德等“软实力”发展相对滞后，与业务经营发展不平衡、不协调的问题比较突出，健康的投资者文化和内部人文化缺失，制约着行业经营质量效率的全面提升。行业机构必须从战略的高度来充分认识行业文化建设的重大意义，准确把握行业文化建设规律，坚持问题导向，补短板、强弱项，不断提升行业文化“软实力”，积极塑造健康向上的良好行业形象。

（一）健康良好的行业文化是行稳致远的立身之本

文化是一个企业、一个行业战略定位、发展理念、专业能力、价值取向、精神品

① 摘录自《易会满主席出席证券基金行业文化建设动员大会并讲话》，2019 年 11 月 21 日。

质等各方面因素的综合表征，是支撑长期稳定健康发展的底气所在、力量之源。如果一些行业机构对文化建设认识上有偏差，重视不够，缺乏内在主动性，甚至重发展、轻质量，重业务、轻风险等，对行业和机构自身的损害较大。证券机构应充分认识加强企业文化建设和道德风险防范的价值意义，以良好的文化积淀护航企业规范经营，不断增强行业健康发展的韧劲和动力。

（二）健康良好的行业文化是服务实体经济的内在要求

金融活，经济活；金融稳，经济稳。证券公司是直接融资的“服务商”、社会财富的“管理者”、金融创新的“领头羊”，在服务实体经济中具有不可替代的专业优势。行业机构在发展模式、价值取向、业务理念方面应通过加强行业文化建设，牢固树立与实体经济共生共荣的意识，回归业务本源。

（三）健康良好的行业文化是全面深化资本市场改革的重要保障

没有高质量的中介服务，就没有高质量的资本市场。证券行业文化是构建资本市场良好生态的关键一环，对于促进行业改革创新至关重要。行业机构应突出主业、突出基础、突出合规、突出创新、突出稳健，实现差异化发展和专业化经营，强化行业文化建设的基础性、导向性作用。

（四）健康良好的行业文化是防范金融风险的有力抓手

实践表明，证券从业人员如果没有良好的道德操守，能力越强，风险越高，破坏力越大。证券行业还比较年轻，长期处于市场经济最前沿，文化建设能够教育引导从业者树立正确的价值观、利益观，固本强基、基业长青，谨守底线、远离乱象。

三、建设行业文化、防范道德风险工作纲要

为加快形成符合证券基金行业发展需要的行业文化，结合行业发展现状、特点，中国证监会制定了《建设证券基金行业文化、防范道德风险工作纲要》。

（一）加强证券行业文化建设的总体目标

证券行业文化建设的总体目标是：树立正确导向、形成有效机制、实现重点突破，形成证券行业“合规、诚信、专业、稳健”的行业文化。

（二）加强证券行业文化建设的总体思路

加强证券行业文化建设应以习近平新时代中国特色社会主义思想为指导，“法治

和德治相结合、奖优与惩劣相结合、近期和长远相结合”，统筹安排，分步实施，以弘扬和培育行业精神为核心，以保护投资者合法权益为出发点，以惩治违法和奖励合规为保障，采取有效措施，形成良好的行业文化与个人职业素养，切实优化软环境，提升软实力，推进行业做大做强。

（三）加强证券行业文化建设的总体方案

充分发挥自治、自律、监管等三方合力，内生动力和外部压力有机结合，采取“加强公司治理，提升机构素养；加强行业自律，形成行业共识；完善监管制度，加大奖惩力度”等措施，共同建设行业文化，筑牢防范道德风险的篱笆。证券基金经营机构作为第一责任人，要切实担负建设行业文化、防范道德风险、履行社会义务的主体责任。自律组织作为行业联合力量，代表行业共同利益，要充分发挥组织、协调、自律、宣传作用。监管部门作为最终的“底线防守”力量，要做好制度设计与执行监督，对违反“红线”要求的机构和个人，及时采取措施清理整顿，净化行业环境。

（四）加强证券行业文化建设的工作保障

推进证券基金行业文化建设，需要各方面的广泛参与和共同努力。为加强行业文化建设的组织、落实、指导与协调，应加强组织领导、加强制度保障、加强理论保障、加强效果评估、加强物质保障。

四、行业文化建设的基本要求

为倡导培育健康行业文化，构建资本市场良好生态，中国证券业协会制定了《证券行业文化建设倡议书》，倡议如下：

（一）坚持依法合规，筑牢发展基础

敬畏市场，合规展业。坚守合规底线，牢树合规理念，夯实市场发展根基；坚持依法展业，做到全员合规、全线合规，自觉维护市场秩序；坚持合规创造价值，打造良好市场声誉，切实发挥资本市场“看门人”作用。自觉抵制违法违规行为，坚决不碰监管“红线”，推动自身专业化发展，推动资本市场规范化建设。

（二）坚持诚实守信，恪守职业操守

敬畏法治，忠实履责。坚守契约精神，尊崇法律制度，公平公正对待客户、合作伙伴、竞争对手及社会公众等利益相关方；坚持诚信为本，忠于职业操守，规规矩矩

做事，踏踏实实做人，真心实意为发行人服务、为投资者服务，自觉抵制欺诈、传播虚假信息、内幕交易、恶性竞争等行为，切实保护投资者合法权益。

（三）坚持专业精神，提升服务能力

敬畏专业，做精主业。提倡专业主义，提升专业能力，坚持守正创新，增强专业化发展“软实力”；培育工匠精神，增强学习本领，打造专业化服务的核心竞争力；着力提升把加强党的领导和专业主义精神结合起来的能力，金融服务实体经济的能力，防范化解金融风险的能力，适应国际化发展的能力，金融机构治理能力。

（四）坚持稳健经营，促进健康发展

敬畏风险，尊重规律。完备合规风控体系，强化全面风险管理，坚持底线思维，增强忧患意识，提高风险识别、应对和化解能力，做到资本充足、业务稳健、风险可控。构建完善的治理机制，健全科学的考核机制，探索形成市场化长期性激励约束机制，努力实现基业长青，打造百年老店。

（五）坚持廉洁自律，弘扬清风正气

加强从业人员职业道德教育，倡导追求高尚道德情操，树立正确的世界观、人生观、价值观和利益观；着力培育行业廉洁文化，保持清清爽爽、规规矩矩的共事关系、客户关系，构建“亲”“清”新型政商关系，促进形成良好市场生态。自觉抵制行贿受贿、以权谋私、利益输送等不正当行为，心存纪律规矩，珍惜行业声誉，始终保持艰苦奋斗、勤俭节约的优良传统。

（六）牢记社会责任，展现良好形象

坚持金融服务人民美好生活向往的初心和使命，坚持金融服务实体经济的天职和宗旨，深化金融供给侧结构性改革，自觉维护国家金融安全，主动融入国家发展战略，强化社会责任意识，提升行业社会声誉。坚持义利兼顾，正道直行，发挥专业特长，加强经济形势分析研究，合力维护市场健康舆论生态，助力国家精准扶贫和乡村振兴，积极参与社会公益事业，与经济社会共生共荣、融合发展。

五、行业文化建设十要素

证券行业文化建设包括三个层次十个方面的关键要素。一是行为层，包括平衡各方利益、建立长效激励、加强声誉约束、落实责任担当四个要素。行为蕴含着丰富的

文化信息，是文化的重要载体和落地的关键环节。文化建设的成效可以直接通过证券公司及其工作人员的行为表现作出分析判断。当价值追求、经营理念、行为规范变为一种行为习惯，成为证券公司及其工作人员的鲜明标识和共同气质，才能最终形成普遍的、自发的价值认同和文化积淀。

二是组织层，包括融合发展战略、强化文化认同、激发组织活力三个要素。组织作用是文化建设的实现机制。在公司发展中融合文化理念，建立良好的组织关系、交互模式和工作氛围，会对证券公司的经营发展和工作人员的行为产生直接或间接的影响。

三是观念层，包括秉承守正创新、崇尚专业精神、坚持可持续发展三个要素。观念是指导文化建设的思想源泉，是企业在生产经营过程中长期积淀形成的精神成果，是全体工作人员普遍的信条和价值观，是文化的“基因”。观念决定组织作用的形成，从而对最终的行为表现产生深刻影响。行为经过一定时间的沉淀和固化，反过来又将影响观念的形成和进化。

（一）平衡各方利益

平衡各方利益是指在经营管理的各个环节，充分识别和考虑所有利益相关者的利益，有效管理各类利益冲突。平衡利益是证券公司实现稳健经营的基础，具体包含三层内涵：一是完善公司治理和内部控制机制，确保党委、股东会、董事会、监事会和管理层各司其职、协调运作，充分发挥纪检监察、内审稽核、合规风控等部门的监督制衡作用，保障各利益相关方的合法权益。二是健全合规管理与全面风险管理，形成较强的合规风控意识，完善合规风控制度机制，推动合规风控体系全覆盖，有效管理利益冲突，避免利益相关方的合法权益受到侵害。三是坚持诚实守信，尊崇法律制度，恪守职业操守，公平公正对待客户、合作伙伴、竞争对手及社会公众等利益相关方，切实保护投资者合法权益。

（二）建立长效激励

建立长效激励是指切实转变简单以业绩为导向的经营理念，构建激励与约束并重、长期与短期兼顾的制度机制，注重有效激励与问责监督相统一。长效激励是落实文化建设的重要途径，具体包含两重内涵：一是采用适度拉长考核周期、薪酬递延发放、建立单项业务风险准备金、依法实施员工持股计划或股权激励等方式，建立长周期的考核评价体系和收入分配机制，减少激励的短期化、短视化，杜绝过度短期激励和“业绩为王”导向，避免滋生急功近利习气。二是将廉洁从业、合规执业、诚信执业和践行企业文化等情况纳入绩效考核与人员管理体系，加强正向引导激励和反向惩戒约束作用。

（三）加强声誉约束

声誉约束是文化建设的有力保障，加强声誉约束是指通过加强证券公司及其工作人员声誉风险管理，建立工作人员信息管理机制和内控机制，防范和管理因证券公司行为或外部事件、工作人员违反廉洁规定、职业道德、业务规范、行规行约等相关行为引发的声誉风险。具体包含三方面内容：一是增强工作人员声誉风险意识，确保工作人员充分知晓并理解需遵循的行为规范，保持职业审慎，重视职业声誉，避免损害公司和行业声誉的行为。二是建立工作人员声誉约束及评价机制，通过明确制度规范、责任分工、将声誉情况纳入公司人事管理体系、建立声誉管理信息登记报送机制和监督检查等机制，防范和管理工作人员声誉风险。三是加强公司声誉风险管理，将声誉风险管理贯穿于经营管理的所有领域，主动识别并防范声誉风险，强化对声誉风险及事件的审慎评估和管理，及时报告、应对和控制声誉事件，防止个体声誉事件演变为重大声誉事件。

（四）落实责任担当

落实责任担当是指立足于证券行业服务实体经济发展、服务国家发展战略、服务人民美好生活向往的职责与使命，自觉维护国家金融安全，强化社会责任意识，积极参与社会公益事业，与经济社会共生共荣、融合发展。落实责任担当是文化建设的重要抓手，具体包含四重内涵：一是主动服务国家战略，助力金融强国，维护金融安全，做有担当、有格局、令人尊敬的企业。二是积极履行社会责任，在发展普惠金融、绿色金融、金融扶贫、公益事业等方面加大资源投入和工作力度，塑造公司和行业健康良好社会形象。三是加强投资者保护，严格履行投资者适当性管理义务，不断优化客户服务，积极回应投资者关切，做好投资者教育工作。四是明确责任主体，探索形成党委全面领导、董事会战略决策、监事会独立监督、管理层负责落实的治理结构，统筹做好组织推动和落实工作。

（五）融合发展战略

融合发展战略是指将文化建设与公司发展战略相融合，使公司具体经营决策与其发展战略和文化理念保持一致。只有结合公司实际，并与公司发展模式、业务理念相融合，文化建设工作才能抓出成效。具体包含四重内涵：一是将文化建设的总体要求纳入公司章程或制定专门制度文件，持续推进文化建设工作。二是研究制定明确的与其文化理念和核心价值观相契合的发展战略，实现发展战略与文化理念和核心价值观的有机统一。三是公司的具体经营决策应与发展战略、文化理念相统一，实现行动与目标的协调一致。四是公司内部的具体经营决策之间应当协调配合，共同服务于实现公司发展战略目标和践行公司文化理念。

（六）强化文化认同

强化文化认同是指注重公司文化的传达，做到明确一致和充分有效。文化只有得到真正认同，才能获得生命力，才能传承和延续。具体包含四重内涵：一是在行业文化核心价值观的基础上，结合自身特点和公司发展战略，进一步提炼形成公司文化理念，在公司内部凝聚文化共识。二是建立健全与文化建设、道德风险防范有关的制度和机制安排，将文化理念融入各项管理制度和业务流程，确保文化建设有效落地。三是建立常态化文化教育培训机制，采取有效措施鼓励工作人员参加文化和职业道德等方面培训，认同并主动践行公司文化。四是通过多种途径宣传文化理念，打造公司文化品牌，并将文化品牌影响力转换为公司的竞争优势，形成理念认同、价值认同和文化认同。

（七）激发组织活力

激发组织活力是指将文化建设与人才团队建设有机结合，努力打造团结协作、多元包容的精神氛围。组织活力是在证券公司各个层级贯彻和践行文化理念、在执行层面持续有效推进文化建设的前提，也是有效平衡利益、科学经营决策的基础。具体包含两重内涵：一是建立和深化将客户及公司利益置于个人或部门利益之上的共同认知，通过各种方式增强团队之间的协同性和公司整体的凝聚力。二是尊重工作人员的多元化背景与见解，鼓励工作人员对现状提出建设性意见和多元化观点，激励员工发挥主动性和创造力为公司发展建言献策，增强长期健康发展的韧劲和动力。

（八）秉承守正创新

创新是证券行业发展的重要驱动力，但盲目创新、不当创新会对行业和社会造成巨大危害。秉承守正创新，强调“突出主业”“规范创新”，是指把握好创新发展的方向，在紧扣新时代金融工作核心任务、聚焦高质量发展目标、坚守合规风控底线的前提下开展业务和产品创新。具体包括三方面内容：一是专注主业，更好地服务于创新驱动战略和供给侧结构性改革，增强发展的适应性，以创新促发展。二是围绕服务实体经济和满足广大投资者多元化的金融需求，开展产品、业务、管理、组织等方面创新，提升金融资源配置的效率，拓展市场的广度和深度。三是坚持合规风控与创新发展并重，把合规管理和风险控制贯穿于创新发展全过程，强化员工审慎执业与风险防范意识。

（九）崇尚专业精神

崇尚专业精神是指高度重视并不断提高专业化水平，培养专业精神和专业主义，提升专业附加值，形成学习专业、尊崇专业、按专业精神做事的文化氛围。证券公司作为资本市场最重要的中介机构之一，是资本市场的“看门人”、直接融资的“服务商”、社会财富的“管理者”、金融创新的“领头羊”，专业是行业机构安身立命之本和核心竞争力之所在。具体包含三方面内容：一是精业敬业，树立持续学习理念，不断更新专业知识和专业技能，持续提升研究、定价、销售、交易、资产配置、金融科技等现代投资银行的核心专业能力，适应国际化发展趋势，打造差异化发展的“硬实力”。二是坚持以客户为中心，开发个性化、差异化、定制化的金融产品和服务，积极运用数字化手段重构商业模式、提升客户服务质量和水平，用专业赢得口碑、信赖与尊重。三是秉持良好的职业道德操守，打造过硬的专业声誉，维护行业良性发展生态，增强专业化发展“软实力”。

（十）坚持可持续发展

坚持可持续发展是指高度重视发展质量，追求长期价值创造的发展方式，摒弃“重发展、轻质量”“重业务、轻风险”的思维，将“创新、协调、绿色、开放、共享”的新发展理念深植于心。具体包含三方面内容：一是切实把创新成为第一动力、协调成为内生特点、绿色成为普遍形态、开放成为必由之路、共享成为根本目的，作为推动证券行业和公司高质量发展的靶向目标，全面贯彻新发展理念。二是重视人才、业务、公司、行业的长期健康发展，鼓励构建 ESG（环境、社会、治理）治理架构和治理机制，推动经济、社会、环境的协调发展。三是坚守底线思维，筑牢风险意识，坚持稳中求进，提高风险识别、应对和化解能力，以稳健作为经营底色和鲜明特质。

六、证券公司文化建设实践评估

中国证券业协会负责实践评估的组织实施，并接受中国证监会的指导和监督，证券公司文化建设实践评估是对证券公司践行行业文化核心价值观、公司文化建设实践情况的进行综合性评估。证券公司承担实践评估主体责任，公司文化建设领导小组应当保证公司在自评工作中如实、客观地评价自身文化建设工作成效并提供有关证明材料，不存在弄虚作假、故意隐瞒存在问题或夸大工作实效的行为。证券公司负责实践评估工作的人员应当具备相应的专业素质和业务能力，勤勉尽责、审慎履职。

（一）评估指标

评估指标主要分为基础指标、加分指标和扣分指标。

基础指标主要对证券公司践行“合规、诚信、专业、稳健”行业文化建设核心价值观、落实《证券行业文化建设十要素》等文化建设要求、公司文化建设实践情况等进行评估。

加分指标主要对证券公司积极践行行业文化建设核心价值观、推动行业文化建设作出贡献、公司文化建设取得成效被外部认可等情形进行加分。

扣分指标主要对证券公司落实行业文化建设相关要求不力、对行业文化建设实践评估工作不重视或者弄虚作假等情形进行扣分。

（二）评估计分

设定基础指标基准分为 7 分。在基准分基础上，根据评估指标进行加分或扣分，以确定证券公司的实践评估计分。

证券公司应当根据《证券公司文化建设实践评估指标》中的基础指标逐项对照进行自评。证券公司文化建设实践情况不完全符合基础指标要求的，自评时应当每项扣 0.1 分。证券公司文化建设符合加分指标要求的，应当进行加分信息填报。

在评估期内，证券公司存在下列情形的，中国证券业协会按以下原则相应加分：

1. 推动自律规则、规范形成，最高加 0.2 分；

2. 服务行业专业能力提升，参与协会组织的培训、评价测试工作，最高加 0.5 分；

3. 发挥行业智库作用，服务国民经济和资本市场发展，最高加 0.5 分；

4. 加强理论研究，最高加 0.3 分；

5. 宣传行业形象，最高加 0.3 分；

6. 文化理念引导，最高加 0.3 分；

7. 宣传推广文化建设成果，最高加 0.6 分；

8. 文化建设工作获得奖励或肯定，最高加 0.3 分。

在评估期内，证券公司存在下列情形的，中国证券业协会按以下原则相应扣分：

1. 未在规定的自评结果报送日期之前报送自评结果及相关评估材料且无正当理由的，扣 0.5 分；

2. 自评及评估结果异议反馈过程中，公司未如实、客观开展评估和反馈、提供有关证明材料的，最高扣 0.5 分；

3. 未按《证券公司文化建设实践年度报告编制指引》规定公示证券公司文化建设实践年度报告的，最高扣 0.5 分；

4. 公司从业人员在党的建设、行业文化、职业道德方面的持续培训学时未达到协会自律规则规定比重的，扣 0.2 分；

5. 薪酬激励过于激进，未建立稳健薪酬制度的，最高扣 1 分；

6. 协会认定的其他扣分情形，最高扣 0.5 分。

实践评估计分公式：

实践评估计分 = 基础指标基准分 - 基础指标扣分总分值 + 加分指标评估总分值 - 扣分指标评估总分值。

（三）评估结果

中国证券业协会根据证券公司实践评估计分的高低，将实践评估结果分为 A（AA、A）、B（BB、B）、C（CC、C）、D 共计 4 大类 7 个级别。

A 类公司文化建设水平在行业内最高，在业务开展中能够践行“合规、诚信、专业、稳健”的核心价值观，文化建设能较好地与党建工作要求、人的全面发展、专业能力建设和历史文化传承有机结合，与公司治理、发展战略、发展方式和行为规范深度融合。

B 类公司文化建设水平在行业内较高，文化建设能基本与党建工作要求、人的全面发展、专业能力建设和历史文化传承有机结合，与公司治理、发展战略、发展方式和行为规范深度融合。

C 类公司文化建设在行业内处于一般水平，能够自觉践行证券行业核心价值观。

D 类公司不重视文化建设工作，证券公司文化建设工作存在重大问题或缺陷。

（四）结果运用

实践评估每年开展一次，评估期为一个自然年度，即上年度 1 月 1 日至 12 月 31 日。中国证券业协会按照要求将实践评估分类结果及加分建议报送中国证监会，供监管部门在证券公司分类监管工作中参考使用。

证券公司不得将实践评估结果用于广告、宣传、营销等商业目的。

七、典型案例

（一）操作实例

甲证券公司建立了科学的绩效考核与合理的薪酬管理制度，将廉洁从业、合规诚信执业、践行行业和公司文化理念等纳入绩效考核与薪酬管理，建立促进长期价值创造、声誉价值创造的长效激励机制。202×年，王某入职甲证券公司，当年给公司创收业绩远超过工作目标，但在年终绩效考核时，因在“廉洁从业行为、践行行业和公司文化理念”考评指标得分较低，年终绩效考核成绩并不理想。第二年，王某在保持良好业绩的同时，加强学习，提高自身修养，注重日常行为的合规性，践行公司诚信执业、廉洁从业的文化理念，最终取得了优良的年终绩效考核结果，其薪酬及职级也得到了相应提升。

（二）违法违规案例

乙证券公司员工苏某为某最佳分析师评选活动的候选人。在投票启动前，苏某与具有投票权的相关人员聚餐并支付费用，席间不当言行经媒体广泛传播，造成不良社会影响。苏某在投票前与投票人员聚餐，以不正当手段争取较高的评价结果，未能做到诚信守信，并构成了向其他利益关系人输送不正当利益的事实，有损于行业声誉，违反了行业文化要求及《证券期货经营机构及其工作人员廉洁从业规定》和《证券分析师执业行为准则》的相关规定。苏某被采取监管谈话的行政监管措施，以及注销证券分析师执业证书、3 年内不受理证券分析师执业注册申请的纪律处分。

第二节　证券公司及其工作人员廉洁从业规定

本节重点介绍证券公司及其工作人员廉洁从业规定，包括廉洁从业的定义、证券经营机构及工作人员的范围，廉洁从业的内控机制、廉洁从业的要求、廉洁从业自律管理等方面的规定。

一、廉洁从业的一般规定

根据《证券期货经营机构及其工作人员廉洁从业规定》（以下简称《廉洁规定》）及《证券经营机构及其工作人员廉洁从业实施细则》（以下简称《细则》），廉洁从业，是指证券期货经营机构及其工作人员在开展证券期货业务及相关活动中，严格遵守法律法规、中国证监会的规定和行业自律规则，遵守社会公德、商业道德、职业道德和行为规范，公平竞争，合规经营，忠实勤勉，诚实守信，不直接或者间接向他人输送不正当利益或者谋取不正当利益。

证券经营机构是指证券公司及其境内子公司会员；工作人员是指以公司名义开展证券业务的人员，包括与公司建立劳动关系的正式员工、与公司签署委托协议的经纪人、劳务派遣至公司从事证券相关业务的其他人员等。证券投资咨询公司、证券资信评级机构等中国证券业协会（以下简称“协会”）会员，以及在协会进行业务注册或者备案并接受协会自律管理的其他机构及个人，在从事证券相关业务时参照

《细则》执行。

二、廉洁从业的内控机制

（一）制度建设

根据《廉洁规定》及《细则》，证券经营机构应当在公司层面建立健全廉洁从业管理领导机制和基本制度安排，建立涵盖所有业务及各个环节的廉洁从业内部控制制度，将其纳入整个内部控制体系之中，制定具体、有效的事前风险防范体系、事中管控措施和事后追责机制，明确董事、监事、高级管理人员及各层级管理人员的廉洁文化建设和廉洁从业管理责任，并对廉洁从业风险防控工作的相关底稿留档保存，保存期限不少于10年。

证券经营机构应当对所从事的业务种类、环节（包括业务承揽、承做、销售、交易、结算、交割、投资、采购、商业合作、人员招聘，以及申请行政许可、接受监管执法和自律管理等）及相关工作进行科学、系统的廉洁风险评估，识别廉洁从业风险点，强化岗位制衡与内部监督机制并确保运作有效。

证券经营机构应当建立健全财务管理制度，强化财经纪律，重点审查核查业务收入、成本费用支出、薪酬奖金、资金往来等项目中的异常情形，杜绝账外账等不规范行为。对于业务活动中产生的费用支出制定明确的内部决策流程和具体标准，确保相关费用支出合法合规。

证券经营机构应当根据有关规定制定合理完善的公司营销制度，明确可列入营销费用的具体事项、内容、标准、额度等，并对公司营销制度和标准定期予以评估，对营销费用支出严格审查，对违反公司营销制度和标准的行为予以严厉问责，避免引发与公职人员、客户、正在洽谈的潜在客户或者其他利益关系人的利益冲突。

证券经营机构应当制定覆盖全体工作人员的廉洁从业规范，将工作人员廉洁从业情况纳入人力资源管理体系，并将廉洁从业情况考察和评估结果作为人员聘用、从业人员登记和后续管理、晋级、提拔、离职以及考核、薪酬管理、审计、稽核等事项的重要考量因素。

（二）管理职责及监督机制

根据《廉洁规定》及《细则》，证券经营机构的董事、监事、高级管理人员及各层级管理人员、工作人员应当充分了解廉洁从业有关规定，落实各项廉洁从业要求，并承担相应的廉洁从业责任。证券经营机构董事会负责制定廉洁从业管理目标和总体要求，对廉洁从业管理的有效性承担责任。鼓励证券经营机构将廉洁从业管理目标和总体要求等纳入公司章程。证券经营机构的高级管理人员负责落实廉洁从业管理目标，对廉洁运营承担责任。证券经营机构主要负责人是落实廉洁从业管理职责的第一责任人，各级负责人应加强对所属部门、分支机构或者子公司工作人员的廉洁从业管理，在职责范围内承担相应管理责任。监事会或者监事对董事、高级管理人员履行廉洁从业管理职责的情况进行监督。

证券经营机构应当加强廉洁文化建设，每年开展覆盖全体工作人员的廉洁培训和教育，确保工作人员熟悉廉洁从业的相关规定，提高工作人员廉洁意识。在新员工入职、岗位调整、员工晋升时，向其传达相应的廉洁从业要求，并要求新员工入职时及全体工作人员每年定期签署廉洁从业承诺。证券经营机构在开展相关业务活动中，应当向公职人员、客户、正在洽谈的潜在客户或者其他利益关系人做好廉洁从业宣传，培育廉洁文化，共建廉洁社会。

证券经营机构应当指定专门部门对本机构及其工作人员的廉洁从业情况进行监督，每年至少开展一次廉洁从业内部专项检查，对发现的问题及时整改，对责任人按照有关规定严肃处理。责任人为中共党员的，同时按照党的纪律要求进行处理。

（三）第三方机构及人员管理

根据《廉洁规定》及《细则》，证券经营机构应当加强对第三方机构或者个人有偿支付的管理，制定规范委托、聘用第三方的制度，明确资质条件及遴选流程。委托、聘用第三方机构或者个人提供投资顾问、财务顾问、产品代销、专业咨询等服务，应当依法合规进行遴选，履行内部审批程序，签署服务协议，协议中应明确约定服务内容、服务期限以及费用标准等；相关规定对第三方的资质条件、信息披露事项有明确要求的，还应当符合其规定。

证券经营机构应当加强与第三方的关联关系核查，严格履行合同审查、费用审批等程序。如存在关联关系，应当论证委托、聘用第三方提供服务的必要性、合理性、公允性，确保不存在利益输送。证券经营机构及其工作人员不得签署虚构服务主体或者服务内容的协议、利用本机构或者客户资产，向不具备相关专业能力或者未提供相应服务的第三方支付咨询费、顾问费、服务费等费用。

（四）信息保密及利益冲突管理

证券经营机构应当加强保密信息的管理，采取保密措施，防范工作人员利用内幕信息、未公开信息、客户信息、商业秘密等信息输送或者谋取不正当利益。证券经营机构应当完善利益冲突识别和管理机制，明确利益冲突的审查机制、处理原则和方法，防范因利益冲突处理不当出现输送或者谋取不正当利益的行为。

三、廉洁从业的要求

（一）禁止性行为

1. 总体性规定

根据《廉洁规定》及《细则》，证券经营机构及其工作人员在开展证券相关业务活动中，应当严格遵守《廉洁规定》及其他相关规定，不得谋取不正当利益或者向公职人员、客户、正在洽谈的潜在客户及其他利益关系人输送不正当利益，不得干扰或者唆使、协助他人干扰证券监督管理或者自律管理工作。

证券经营机构及其工作人员应当不断提高专业胜任能力，强化公平竞争意识，在客户招揽、项目承揽过程中，应当通过合法正当竞争获取商业机会，不得以明显低于行业定价水平、利益输送、商业贿赂、不当承诺等不正当竞争方式招揽业务，不得侵犯其他证券经营机构的商业秘密，不得安排所聘证监会系统离职人员就超出其工作职责范围的事项与监管部门进行沟通接洽，不得从事其他违反公平竞争、破坏市场秩序的行为，不得输送或者谋取不正当利益。

证券经营机构及其工作人员在开展证券业务及相关活动中，不得以下列方式（即《廉洁规定》第九条规定的方式）向公职人员、客户、正在洽谈的潜在客户或者其他利益关系人输送不正当利益：

（1）提供礼金、礼品、房产、汽车、有价证券、股权、佣金返还等财物，或者为上述行为提供代持等便利；

（2）提供旅游、宴请、娱乐健身、工作安排等利益；

（3）安排显著偏离公允价格的结构化、高收益、保本理财产品等交易；

（4）直接或者间接向他人提供内幕信息、未公开信息、商业秘密和客户信息，明示或者暗示他人从事相关交易活动；

（5）其他输送不正当利益的情形。

证券经营机构及其工作人员按照证券经营机构依法制定的内部规定及限定标准，依法合理营销的，不适用前款规定。

近年来，党和国家持续加大受贿行贿一起查的力度，坚决铲除腐败问题产生的土壤和条件。2021 年 9 月，中央纪委国家监委与中央组织部、中央统战部、中央政法委、最高人民法院、最高人民检察院联合印发了《关于进一步推进受贿行贿一起查的意见》，对进一步推进受贿行贿一起查作出部署。《刑法修正案（十二）》增加规定，对多次行贿、向多人行贿、在财政金融等领域行贿并实施违法犯罪活动等情形从重处罚。《关于加强证券公司和公募基金监管加快推进建设一流投资银行和投资机构的意见（试行)》强调，要建立行贿惩戒长效机制，大力整治各类谋取、输送不正当利益行为。

根据《廉洁规定》，证券经营机构工作人员不得以下列方式谋取不正当利益：

(1) 直接或者间接以《廉洁规定》第九条规定的方式收受、索取他人的财物或者利益；

(2) 直接或者间接利用他人提供或主动获取的内幕信息、未公开信息、商业秘密和客户信息谋取利益；

(3) 以诱导客户从事不必要交易、使用客户受托资产进行不必要交易等方式谋取利益；

(4) 违规从事营利性经营活动，违规兼任可能影响其独立性的职务或者从事与所在机构或者投资者合法利益相冲突的活动；

(5) 违规利用职权为近亲属或者其他利益关系人从事营利性经营活动提供便利条件；

(6) 其他谋取不正当利益的情形。

证券经营机构及其工作人员在接受协会会籍管理、从业人员管理、制定自律规则、组织证券行业专业人员水平评价测试、开展自律检查、受理相关业务注册或者备案、采取自律措施，以及法律法规规定的、中国证监会或者会员授予的其他自律管理职责的自律管理过程中，不得以《廉洁规定》第九条规定的方式，向中国证券业协会工作人员输送不正当利益，或者以不正当方式影响中国证券业协会开展自律管理工作。

根据《廉洁规定》，证券经营机构及其工作人员不得以下列方式干扰或者唆使、协助他人干扰证券期货监督管理或者自律管理工作：

(1) 以不正当方式影响监督管理或者自律管理决定；

(2) 以不正当方式影响监督管理或者自律管理人员工作安排；

(3) 以不正当方式获取监督管理或者自律管理内部信息；

(4) 协助利益关系人，拒绝、干扰、阻碍或者不配合监管人员行使监督、检查、调查职权；

(5) 其他干扰证券期货监督管理或者自律管理工作的情形。

2. 投资银行类业务禁止性行为

根据《细则》，证券经营机构及其工作人员在开展投资银行类业务过程中，不得以下列方式输送或者谋取不正当利益：

(1) 以非公允价格或者不正当方式为自身或者利益关系人获取拟上市公司股权；

（2）以非公允价格或者不正当方式为自身或者利益关系人获取拟并购重组上市公司股权或者标的资产股权；

（3）以非公允价格为利益关系人配售债券或者约定回购债券；

（4）泄露证券发行询价和定价信息，操纵证券发行价格；

（5）直接或者间接通过聘请第三方机构或者个人的方式输送利益；

（6）在证券发行与承销过程中暗箱操作，以代持、信托等方式输送或者谋取不正当利益；

（7）以与监管人员或者其他相关人员熟悉，或者以承诺价格、利率、获得批复及获得批复时间等为手段招揽项目、商定服务费；

（8）违规收受发行人或者其利益关系人不正当利益，帮助发行人欺诈上市或者发行证券；

（9）以不正当方式教唆、指使、协助他人干预影响审核，在项目申报、审核、注册过程中通过利益输送、行贿等方式“围猎”审核、监管人员，利用中国证监会系统在职人员或者离职人员及其近亲属等关系或者身份谋取不正当利益；

（10）其他输送或者谋取不正当利益的行为。

证券经营机构及其工作人员在开展投资银行类业务过程中，应当向发行人做好廉洁风险提示，明确发行人不得采用上述第（9）项所述方式干预影响审核，“围猎”审核、监管人员。

保荐代表人、保荐业务负责人、内核负责人、保荐业务部门负责人及其他保荐业务人员廉洁从业相关要求内容详见本书“第五章　行业文化、职业道德与从业人员行为规范”“第四节　从业人员行为规范”。

3. 融资融券、股票质押式回购交易等融资类业务中禁止性行为

根据《细则》，证券经营机构及其工作人员在融资融券、股票质押式回购交易等融资类业务开展过程中，不得通过以下方式输送或者谋取不正当利益：

（1）违规为客户提升授信额度，或者在融资资金、融券券源有限的情况下，违反公司相关制度私自决定钱券分配；

（2）向特定客户以明显低于公司资金成本或者同期市场资金价格的利率提供融资，或者违反公司规定设置较宽松的违约处置条件；

（3）为客户违规使用融出资金、规避信息披露义务、违规减持等违规行为提供便利；

（4）违规向客户提供资金、证券或者其他便利；

（5）调查评估担保物的真实性及其价值时弄虚作假；

（6）其他输送或者谋取不正当利益的行为。

4. 自营业务、资产管理业务、另类投资业务或者服务中禁止性行为

根据《细则》，证券经营机构及其工作人员在开展自营业务、资产管理业务、另类投资业务或者提供有关服务的过程中，不得通过以下方式输送或者谋取不正当利益：

（1）利用他人提供或者主动获取的内幕信息、未公开信息等从事或者明示、暗示他人从事相关交易活动；

（2）侵占或者挪用受托资产；

（3）不公平对待不同投资组合，同一受托产品的不同投资者，在不同账户之间输送利益；

（4）以明显偏离市场公允估值的价格进行交易；

（5）编造、传播虚假不实信息，或者利用信息优势、资金优势、持股持券优势，单独或者通过合谋，影响证券、期货及其他衍生品交易价格、交易量；

（6）以获取佣金或者其他利益为目的，用客户资产进行不必要的证券交易；

（7）让渡资产管理账户实际投资决策权限；

（8）代表投资组合对外行使投票表决权的过程中，不按照客观独立的专业判断投票；

（9）串通相关方进行明显偏离公允价值的估值核算；

（10）其他输送或者谋取不正当利益的行为。

5. 证券经纪业务及其他销售产品或者服务中禁止性行为

根据《细则》，证券经营机构及其工作人员在证券经纪业务及其他销售产品或者提供服务过程中，不得通过以下方式输送或者谋取不正当利益：

（1）协助客户通过提供虚假个人信息、伪造资料、代持等方式，向不满足适当性要求及合格投资者要求的客户销售产品或者提供服务；

（2）直接或者变相向客户返还佣金、赠送礼品礼券或者提供其他非证券业务性质的服务，违规给予部分客户特殊优待；

（3）安排向特定客户销售显著偏离公允价格的理财产品等交易；

（4）违规向其他个人或者机构泄露客户资料、账户信息、交易情况等；

（5）委托不具备资质的人员或者机构招揽客户，并输送不正当利益；

（6）以所在机构名义或者以所在机构员工身份，销售未经公司核准销售的金融产品；

（7）误导、诱导客户进行不必要的交易；

（8）私下接受客户委托从事证券投资；

（9）向客户违规承诺投资收益或者承担投资损失；

（10）其他输送或者谋取不正当利益的行为。

6. 证券投资咨询业务禁止性行为

根据《细则》，证券经营机构及其工作人员在证券投资咨询业务中，不得通过以下方式输送或者谋取不正当利益：

（1）收受任何可能对其独立客观执业构成影响的财物或者其他好处；

（2）违反独立客观执业原则发布或者允诺发布有利于发行人、上市公司以及其他利益关系人的研究观点；

（3）将证券研究报告内容或者观点优先提供给公司相关销售服务人员、客户及其他无关人员；

（4）以不正当手段为本人或者团队谋取有利评选结果、佣金分配收入或者绩效考核结果；

（5）以个人名义或者冒用他人名义私自接受客户委托，提供证券投资顾问服务并收取费用；

（6）为非法活动提供便利；

（7）向他人泄露客户的投资决策计划信息；

（8）其他输送或者谋取不正当利益的行为。

7. 其他业务禁止性行为

证券经营机构及其工作人员在信息技术服务外包、物品和服务采购、项目招投标、人员招聘等业务相关活动中，应当建立严格的内部监督管理机制，不得违反公平公正原则，防范相关工作人员输送或者谋取不正当利益。

（二）报告义务

证券期货经营机构应当于每年 4 月 30 日前，向中国证监会有关派出机构报送上年度廉洁从业管理情况报告。有下列情形之一的，证券期货经营机构应当在 5 个工作日内，向中国证监会有关派出机构报告：

（1）证券期货经营机构在内部检查中，发现存在违反规定行为的；

（2）证券期货经营机构及其工作人员发现监管人员存在应当回避的情形而未进行回避、利用职务之便索取或者收受不正当利益等违反廉洁规定行为的；

（3）证券期货经营机构及其工作人员发现其股东、客户等相关方以不正当手段干扰监管工作的；

（4）证券期货经营机构或者其工作人员因违反廉洁从业规定被纪检监察部门、司法机关立案调查或者被采取纪律处分、行政处罚、刑事处罚等措施的。

出现上述第（1）项情形的，应当同时向主管纪检监察部门报告，出现上述第（1）（2）（3）项情形且涉嫌犯罪的，相关部门应当将其依法移送监察、司法机关。

有下列情形之一的，证券经营机构应当按照《证券行业执业声誉信息管理办法》的规定，自相关决定作出之日或者收到、知悉相关决定之日起5个工作日内，通过证券行业执业声誉信息库向中国证券业协会报送：

（1）证券经营机构工作人员因违反廉洁从业相关规定被内部追责，且符合《证券行业执业声誉信息管理办法》第九条第三款第六项报送规定的。

（2）证券经营机构或者其工作人员因违反廉洁从业相关规定被纪检监察部门、司法机关等部门采取纪律处分、行政处罚、刑事处罚等措施的。

证券经营机构应当根据中国证监会和中国证券业协会相关规定，及时报送廉洁从业制度执行情况。

四、廉洁从业监督管理及自律管理

（一）行政监管措施及相关法律责任

依据《廉洁规定》，中国证监会应当加强对证券期货经营机构及其工作人员廉洁从业的监督管理。中国证监会在对证券期货经营机构及其工作人员的现场检查中，可以将廉洁从业管理情况纳入检查范围。证券期货经营机构及其工作人员应当予以配合。

1. 行政监管措施

证券期货经营机构及其工作人员违反《廉洁规定》的，中国证监会可以采取出具警示函、责令参加培训、责令定期报告、责令改正、监管谈话、认定为不适当人选、暂不受理行政许可相关文件等行政监管措施。证券期货经营机构及其工作人员违反《廉洁规定》，并违反《证券法》《证券投资基金法》《证券公司监督管理条例》《期货交易管理条例》规定的，中国证监会可以采取限制业务活动，限制向董事、监事、高级管理人员支付报酬、提供福利，责令更换董事、监事、高级管理人员等行政监管措施，并按照相关法律法规的规定进行处罚。

证券期货经营机构及其工作人员违反《廉洁规定》第九条、第十条、第十一条、第十二条、第十三条、第十四条、第十五条规定，按照相关法律法规的规定进行处罚，相关法律法规没有规定的，处以警告、3万元以下罚款。证券期货经营机构及其工作人员违反《廉洁规定》，公司董事、监事、高级管理人员和其他人员负有管理责任的，中国证监会可以对其采取第十八条和第二十条规定的行政监管措施或者行政处罚。

证券期货经营机构工作人员违反相关法律法规和《廉洁规定》，情节严重的，中国证监会可以依法对其采取市场禁入的措施。证券期货经营机构工作人员在开展证券期货业务及相关活动中向公职人员及其利益关系人输送不正当利益，或者唆使、协助他人向公职人员及其利益关系人输送不正当利益，情节特别严重的，中国证监会可以依法对其采取终身市场禁入的措施。

证券期货经营机构及其工作人员涉嫌违反党纪、政纪的，中国证监会将有关情况通报相关主管单位纪检监察部门；涉嫌犯罪的，依法移送监察、司法机关，追究其刑事责任。

2. 从重、减轻和免于处理的情形

证券期货经营机构及其工作人员违反《廉洁规定》，有下列情形之一的，中国证监会应当从重处理：

（1）直接、间接或者唆使、协助他人向监管人员输送利益；

（2）连续或者多次违反本规定；

（3）涉及金额较大或者涉及人员较多；

（4）产生恶劣社会影响；

（5）曾为公职人员特别是监管人员，以及曾任证券期货经营机构合规风控职务的人员违反本规定；

（6）中国证监会认定应当从重处理的其他情形。

证券期货经营机构通过有效的廉洁从业风险管理，主动发现违反《廉洁规定》的行为，并积极有效整改，落实责任追究，完善内部控制制度和业务流程，及时向中国证监会报告的，依法免于追究责任或者从轻、减轻处理。证券期货经营机构工作人员违反《廉洁规定》，事后及时向中国证监会报告，或者积极配合调查的，依法免于追究责任或者从轻、减轻处理。

（二）自律管理措施及相关法律责任

依据《细则》，中国证券业协会对会员及其工作人员的执业行为进行监督、检查，并可以在现场检查中将廉洁从业情况纳入检查范围。

1. 自律惩戒措施

证券经营机构或者其工作人员违反《细则》的，中国证券业协会将根据《中国证券业协会自律措施实施办法》相关规定，视情节轻重采取自律管理措施或者纪律处分，并按照《证券行业执业声誉信息管理办法》规定记入执业声誉信息库，相关纪律处分还将按规定记入证券期货市场诚信档案数据库。证券经营机构及其董事、监事、高级管理人员及各层级管理人员，对本机构及工作人员违反《细则》的行为负有管理责任的，中国证券业协会参照前述规定采取自律措施。

中国证券业协会发现证券经营机构及其工作人员涉嫌违反证券相关行政法规及部门规章的，移送中国证监会处理；涉嫌犯罪的，移送监察、司法机关依法追究其刑事责任，并向中国证监会报告；发现证券经营机构工作人员涉嫌违反党纪、政纪的，将有关情况移交所在证券经营机构。

2. 从重、减轻和免于处理的情形

有下列情形之一的，中国证券业协会可对其从轻或者减轻采取自律措施，情节特别轻微，未造成不良影响的，可视情况对其免于采取自律措施：

（1）主动发现、上报违反《细则》行为并积极有效整改，落实内部追责的；

（2）能够配合检查，并如实说明相关违反《细则》行为的；

（3）主动采取措施消除、减轻不良影响的；

（4）协会认定可从轻或减轻处理的其他情形。

证券经营机构及其工作人员违反《细则》，有下列情形之一的，中国证券业协会应当从重处理：

（1）产生较大不良影响的；

（2）在协会检查、调查过程中，不如实提供有关文件或者资料，伪造、隐匿、篡改、毁损证据，或者逃避、拒绝、阻碍协会工作人员依照有关规定履行自律管理职责的；

（3）对投诉人、举报人、证人等有关人员进行打击报复、陷害的；

（4）协会认定应当从重处理的其他情形。

五、典型案例

（一）操作实例

甲证券公司严格执行《廉洁规定》及《细则》，把廉洁从业管理作为净化企业、提升员工执业道德的重要手段，推进公司的廉洁文化建设。该公司在公司层面建立健全廉洁从业管理领导机制和基本制度安排，在董事会层面制定廉洁从业目标和总体要求；在各业务环节中嵌入廉洁从业相关规定；将廉洁从业情况考察和评估结果作为人员聘用、从业人员登记和后续管理、晋级、提拔、离职以及考核、薪酬管理、审计、稽核等事项的重要考量因素。

（二）违法违规案例

乙证券公司廉洁从业要求落实不到位，职能部门未按要求开展廉洁从业内部检查和年度自查，部分业务条线的廉洁从业制度未覆盖全部风险点等；未及时发现和有效防控个别员工证券违法违规行为。

因上述问题反映出乙证券公司在廉洁防控、人员管理方面存在不足，违反了《证券公司和证券投资基金管理公司合规管理办法》和《廉洁规定》的相关规定，监管部门对乙证券公司采取出具警示函的监管措施。乙证券公司按照内部问责制度对责任人员进行内部问责，并向监管部门提交了书面问责及整改报告。

第三节 证券市场诚信管理及禁入措施

一、中国证监会诚信管理的有关规定

《证券期货市场诚信监督管理办法》规定，中国证监会建立全国统一的证券期货市场诚信档案数据库，记录证券期货市场诚信信息。

（一）诚信信息的范围

下列从事证券期货市场活动的公民、法人或者其他组织的诚信信息，记入诚信档案：

1. 证券业从业人员、期货从业人员和基金从业人员；

2. 证券期货市场投资者、交易者；

3. 证券发行人、上市公司、全国中小企业股份转让系统挂牌公司、区域性股权市场挂牌转让证券的企业及其董事、监事、高级管理人员、主要股东、实际控制人；

4. 区域性股权市场的运营机构及其董事、监事和高级管理人员，为区域性股权市场办理账户开立、资金存放、登记结算等业务的机构；

5. 证券公司、期货公司、基金管理人、债券受托管理人、债券发行担保人及其董事、监事、高级管理人员、主要股东和实际控制人或者执行事务合伙人，合格境外机构投资者、合格境内机构投资者及其主要投资管理人员，境外证券类机构驻华代表机构及其总代表、首席代表；

6. 会计师事务所、律师事务所、保荐机构、财务顾问机构、资产评估机构、投资咨询机构、信用评级机构、基金服务机构、期货合约交割仓库以及期货合约标的物质量检验检疫机构等证券期货服务机构及其相关从业人员；

7. 为证券期货业务提供存管、托管业务的商业银行或者其他金融机构，及其存管、托管部门的高级管理人员；

8. 为证券期货业提供信息技术服务或者软硬件产品的供应商；

9. 为发行人、上市公司、全国中小企业股份转让系统挂牌公司提供投资者关系管理及其他公关服务的服务机构及其人员；

10. 证券期货传播媒介机构、人员；

11. 以不正当手段干扰中国证监会及其派出机构监管执法工作的人员；

12. 其他有与证券期货市场活动相关的违法失信行为的公民、法人或者其他组织。

《证券期货市场诚信监督管理办法》所称诚信信息包括：

1. 姓名、性别、国籍、身份证件号码，法人或者其他组织的名称、住所、统一社会信用代码等基本信息；

2. 中国证监会、国务院其他主管部门等其他省部级及以上单位和证券期货交易场所、证券期货市场行业协会、证券登记结算机构等全国性证券期货市场行业组织（以下简称“证券期货市场行业组织”）作出的表彰、奖励、评比，以及信用评级机构、诚信评估机构作出的信用评级、诚信评估；

3. 中国证监会及其派出机构作出的行政许可决定；

4. 发行人、上市公司、全国中小企业股份转让系统挂牌公司及其主要股东、实际控制人，董事、监事和高级管理人员，重大资产重组交易各方，以及收购人所作的公开承诺的未履行或者未如期履行、正在履行、已如期履行等情况；

5. 中国证监会及其派出机构作出的行政处罚、市场禁入决定和采取的监督管理措施；

6. 证券期货市场行业组织实施的纪律处分措施和法律、行政法规、规章规定的管理措施；

7. 因涉嫌证券期货违法被中国证监会及其派出机构调查及采取强制措施；

8. 违反《证券法》第一百七十一条的规定，由于被调查当事人自身原因未履行承诺的情况；

9. 到期拒不执行中国证监会及其派出机构生效行政处罚决定及监督管理措施，因拒不配合中国证监会及其派出机构监督检查、调查被有关机关作出行政处罚或者处理决定，以及拒不履行已达成的证券期货纠纷调解协议；

10. 债券发行人未按期兑付本息等违约行为、担保人未按约定履行担保责任；

11. 因涉嫌证券期货犯罪被中国证监会及其派出机构移送公安机关、人民检察院处理；

12. 以不正当手段干扰中国证监会及其派出机构监管执法工作，被予以行政处罚、纪律处分，或者因情节较轻，未受到处罚处理，但被纪律检查或者行政监察机构认定的信息；

13. 因证券期货犯罪或者其他犯罪被人民法院判处刑罚；

14. 因证券期货侵权、违约行为被人民法院判决承担较大民事赔偿责任；

15. 因违法开展经营活动被银行、保险、财政、税收、环保、工商、海关等相关主管部门予以行政处罚；

16. 因非法开设证券期货交易场所或者组织证券期货交易被地方政府行政处罚或者采取清理整顿措施；

17. 因违法失信行为被证券公司、期货公司、基金管理人、证券期货服务机构以及证券期货市场行业组织开除；

18. 融资融券、转融通、证券质押式回购、约定式购回、期货交易等信用交易中的违约失信信息；

19. 违背诚实信用原则的其他行为信息。

（二）诚信信息的效力期限

《证券期货市场诚信监督管理办法》第八条规定的违法失信信息，在诚信档案中的效力期限为3年，但因证券期货违法行为被行政处罚、市场禁入、刑事处罚和判决承担较大侵权、违约民事赔偿责任的信息，其效力期限为5年。

法律、行政法规或者中国证监会规章对违法失信信息的效力期限另有规定的，国务院其他主管部门对其产生的违法失信信息的效力期限另有规定的，从其规定。前述效力期限，自对违法失信行为的处理决定执行完毕之日起算。超过效力期限的违法失信信息，不再进行诚信信息公开，并不再接受诚信信息申请查询，公民、法人或者其他组织根据《证券期货市场诚信监督管理办法》第十七条申请查询自己信息的除外。

二、中国证券业协会执业声誉信息管理的有关规定

根据《证券行业执业声誉信息管理办法》，证券业协会建立证券行业执业声誉信息库，将自律管理对象的执业声誉信息纳入执业声誉激励约束机制并实施自律管理。

（一）证券行业执业声誉信息基本规定

证券行业执业声誉信息包括证券业协会自律管理对象在开展证券行业相关业务活动过程中产生的诚信信息以及证券业协会在会员管理、从业人员管理、组织水平评价测试与培训等自律管理工作中收集的影响自律管理对象声誉状况的其他各类执业信

息。上述自律管理对象是指证券公司、其境内子公司会员以及接受协会自律管理的其他子公司、证券投资咨询机构、证券评级机构等接受协会自律管理的机构及其工作人员，以及参加协会组织的水平评价测试的考生等。工作人员是指以机构名义开展业务的人员，包括与机构建立劳动关系的正式员工、与机构签署委托合同的经纪人、劳务派遣至机构从事证券相关业务的客服人员等。

执业声誉信息的界定、采集、管理、公开、查询、修复、更正、应用等，适用《证券行业执业声誉信息管理办法》。执业声誉信息的采集、管理、应用等相关活动，应当遵循合法、正当、必要、客观、安全的原则，不得侵犯国家秘密、商业秘密和个人隐私。

（二）证券行业执业声誉信息内容

执业声誉信息包括基本信息、诚信信息和其他执业声誉信息。

1. 基本信息为自律管理对象的身份识别信息。机构的基本信息包括机构名称、机构类型、统一社会信用代码、会员类别和代码（如有）等。个人的基本信息包括个人姓名、性别、国籍、证件类型、证件号码，以及所在机构、部门、职务、登记类别和编号（如有）等。

2. 诚信信息包括表彰奖励信息和违法失信信息。

表彰奖励信息包括表彰奖励名称、作出单位、作出时间、表彰奖励类别等，具体如下：

（1）中国证监会、国务院其他主管部门等省部级及以上单位和全国性证券期货市场行业组织作出的表彰、奖励、评比决定；

（2）协会认定的其他情况。

违法失信信息包括违法失信名称、作出单位、作出时间、违法失信类型等，具体如下：

（1）中国证监会及其派出机构作出的行政处罚、市场禁入决定和采取的监督管理措施；

（2）证券期货市场行业组织实施的纪律处分措施和法律、行政法规、规章规定的管理措施；

（3）拒不履行已达成的证券期货纠纷调解协议；

（4）因证券期货犯罪或者其他犯罪被人民法院判处刑罚；

（5）以不正当手段干扰中国证监会及其派出机构监管执法工作，被予以行政处罚、纪律处分，或者因情节较轻，未受到处罚处理，但被纪律检查或行政监察机构认定的信息；

（6）协会作出的自律管理措施；

（7）协会认定的其他情况。

3. 其他执业声誉信息包括其他正面信息和其他负面信息，由协会作出或者认定的其他执业声誉信息应当经过协会主要负责人审批或者会长办公会审议后记入执业声誉信息库。

其他正面信息包括事项名称、作出或者认定单位、作出或者认定时间、事项类型、事项具体类别、详细情况、取得成效、已履行程序、证明材料等，具体如下：

（1）参加协会各专业委员会工作并且表现突出或者成效显著的；

（2）参加协会组织的专题研究、报告撰写、教材编写等工作并且表现突出或者成效显著的；

（3）执业评价结果为 A 级的；

（4）在行业文化建设工作中表现突出或者成效显著的；

（5）积极履行社会责任的；

（6）积极参与行业舆情引导的；

（7）会员（公司总部及以上）对其工作人员作出的与证券业务有关的奖励、表彰决定；

（8）协会认定的其他情况。

其他负面信息包括事项名称、作出或者认定单位、作出或者认定时间、事项类型、事项具体类别、详细情况、不良后果、已履行程序、证明材料等，具体如下：

（1）违反协会自律规则但免予采取自律措施的情况。

（2）违反对协会提交的承诺，或者不配合协会调查、检查。

（3）执业评价过程中收集的产生负面影响的非处罚处分信息。

（4）违反公序良俗或者损害行业形象和声誉的其他情况。

（5）会员对其工作人员作出的，与证券业务有关且违法违规或者违反公司内部规定，涉及降级降职、免职撤职、解除劳动合同或委托合同、解聘、劝退、辞退、开除等内部处分处理决定。

（6）会员的党员因违反《中国共产党纪律处分条例》等有关廉洁纪律规定受到的党内警告及以上纪律处分。

会员的其他工作人员因违反《中华人民共和国监察法》《中华人民共和国公职人员政务处分法》等受到的警告及以上处分决定，或者违反公司内部廉洁从业规定受到的相当于警告及以上处分处理决定。

（7）协会认定的其他情况。

（三）证券行业执业声誉信息来源

根据《证券行业执业声誉信息管理办法》，执业声誉信息进行分类归集、获取。

1. 基本信息主要通过协会会员管理系统和从业人员管理系统归集。

2. 按照相关规定的诚信信息、其他执业声誉信息通过证券期货市场诚信档案数据库获取，或者由证券业协会作出或者认定，并自作出或者认定之日起5个工作日内记入执业声誉信息库。

3. 按照相关规定的其他执业声誉信息，由会员通过执业声誉信息库报送。会员应自相关决定作出之日起5个工作日内报送相关信息，协会复核通过后记入执业声誉信息库。

4. 证券业协会还可以通过与监管部门、自律组织的信息交流途径获取相关信息。

（四）执业声誉信息的效力期限

1. 基本信息长期有效。

2. 通过证券期货市场诚信档案数据库获取的信息，效力期限与证券期货市场诚信档案数据库一致。

3. 证券业协会及会员记入的诚信信息、其他执业声誉信息的效力期限为3年，自决定作出或生效之日起算。信息对应的决定本身有执行期间的，效力期限自执行期间届满之日起算。

超过效力期限的执业声誉信息不再公开和提供查询、修复、更正等服务，但法律法规、监管规定、协会另有规定的除外。

（五）执业声誉信息的公开与查询

1. 效力期限内的执业声誉信息根据性质分为公开信息和有限公开信息。

公开信息是指向社会公众公开的信息。任何机构或者个人可以通过协会网站查询公开信息。

证券业协会作出的纪律处分和书面自律管理措施决定书，原则上在协会网站公开。自律管理对象的基本信息，表彰奖励信息和违法失信信息作出单位及数量，其他正面信息和负面信息类型、作出或者认定单位及数量，原则上在证券业协会网站相关栏目公开。

有限公开信息是指仅向符合特定条件的机构和个人公开的信息，除公开信息之外的执业声誉信息为有限公开信息。

2. 符合条件的机构或者个人可以依照相关规定查询有限公开信息。

3. 任何单位和个人不得超出查询目的使用、泄露或提供他人使用、以营利为目的使用、加工或处理执业声誉信息，不得将相关信息用于非法目的。

（六）执业声誉信息自律管理

证券业协会根据行业声誉约束需要，对自律管理对象报送执业声誉信息情况进行抽查、检查。

自律管理对象应当予以配合，及时、如实、全面提供有关资料，不得拒绝、阻挠、逃避检查，不得谎报、隐匿、销毁相关证据材料。

三、证券行业诚信准则

根据《证券行业诚信准则》，该准则适用于证券公司、证券投资咨询机构、证券评级机构等接受中国证券业协会自律管理的机构（以下简称“机构”）及其工作人员。机构及其工作人员应当充分了解诚信从业有关规定，落实各项诚信从业要求，并承担相应的诚信从业主体责任。

（一）对投资者及行业的义务

1. 机构及其工作人员应当自觉遵守以下合法合规要求：

（1）牢固树立依法依规、诚实守信开展业务活动的理念，自觉抵制违法违规和失信行为，形成诚信展业意识与行为习惯；

（2）自觉学习了解并遵守相关法律法规、监管规定、自律规则、业务规范和内部规章制度；

（3）注重知识和信息更新，及时了解相关制度和政策变化，减少因知识或者信息更新不及时导致的风险。

2. 机构及其工作人员应当自觉遵守以下公平竞争要求：

（1）尊重同行，公平竞争，禁止商业贿赂，自觉维护市场竞争秩序，坚决反对不正当竞争的行为；

（2）不以恶性压价、支付回扣、虚假宣传，或者贬损、诋毁其他机构等不正当手段招揽业务；

（3）不发表不当言论，贬损、诋毁其他同行，损害同行声誉和利益。

3. 机构及其工作人员应当自觉遵守以下勤勉尽责要求：

（1）恪守职业操守，忠实勤勉，履行对投资者及其他利益相关方的责任和义务；

（2）持续学习，不断提升专业能力，保证服务质量；

（3）专业审慎，尽到合理专业的注意义务，履职尽责；

（4）对自己的专业能力有充分认识，不承诺力不能及或不能如期完成的业务，不推诿应承担的责任；

（5）实事求是，独立、审慎、客观、公正开展业务，不受其他单位和个人的非法干预和影响；

（6）按规定做好相关工作底稿档案的记录、归集和保存管理。

4. 机构及其工作人员应当自觉遵守以下言行一致要求：

（1）开展业务活动时，表达的信息应当真实、准确、完整，不对自身专业能力、执业经验及过往业绩进行夸张、虚假和误导性宣传；

（2）不利用虚假和误导性信息进行宣传，不编造传播虚假和误导性信息。

5. 机构及其工作人员应当自觉遵守以下珍惜声誉要求：

（1）注重声誉资本积累，以自己的专业能力和服务赢得客户，打造有特色的诚信、专业服务品牌，维护行业、机构、个人的声誉形象；

（2）积极履行社会责任，不断提升自身和行业的形象声誉；

（3）注重声誉风险管理，遵守社会公德，避免发生违反公序良俗、损害行业声誉的行为。

6. 机构及其工作人员应当自觉遵守以下投资者保护要求：

（1）依法依规落实投资者适当性管理责任，履行尽职调查义务，科学有效评估客户投资需求、财务状况、风险承受能力等，科学客观划分产品或服务等级，充分揭示相关风险，提出适当性匹配意见，确保各项适当性工作落到实处；

（2）在与投资者订立合同前，应当充分履行告知、协助、保密等先合同义务；

（3）采用格式条款订立合同的，应当采取合理的方式提示投资者注意免除或者减轻机构责任等与投资者有重大利害关系的条款，按照投资者的要求，对该条款予以说明；

（4）加强投资者教育和宣传活动，帮助投资者提高专业能力和风险防范水平。

7. 机构及其工作人员应当自觉遵守以下廉洁从业要求：

（1）机构要认真落实党中央关于惩治金融腐败和防控金融风险一体推进的部署要求，认真执行监管部门、协会关于证券行业廉洁从业的相关规定，担负起廉洁文化建设和廉洁风险防控主体责任，加强党对廉洁从业工作的统一领导，制定和完善覆盖全体员工的廉洁从业制度，每年开展廉洁从业培训教育、专项检查，抓好各证券业务领域和经营活动中的廉洁风险防控。

（2）机构及其工作人员不得以任何形式向监管工作人员输送不正当利益，不得干扰或者唆使、协助他人干扰监管或自律管理工作。

（3）机构及其工作人员要按照中国证监会、协会工作人员与监管服务对象交往相关规定，自觉营造“亲”“清”交往关系。

（4）机构及其工作人员违反廉洁纪律或廉洁从业规定的，应依规依纪依法予以查处，并按要求做好报送工作。机构及其工作人员从事或参与“围猎”的，应从严查处、严惩不贷。

（二）对客户的义务

1. 机构及其工作人员应当自觉遵守以下防范并妥善处理利益冲突要求：

（1）秉承客户利益至上和公平对待不同客户的原则，有效防范并妥善处理利益冲突；

（2）识别可能影响其独立、客观、公正开展业务活动的情形，包括经济关联、人员关联、业务关联等利害关系，合理判断其可能产生的影响。

2. 机构及其工作人员应当自觉遵守以下信息保护要求：

（1）自觉树立保密意识，保守客户的商业秘密和个人隐私，不得向第三方泄露相关信息，但法律法规另有规定的除外；

（2）严格履行个人信息保护义务，确保个人信息处理活动不侵犯客户的合法权益。

3. 机构及其工作人员应当自觉遵守以下履约践诺要求：

（1）坚守契约精神，对客户言而有信，按照合同约定提供服务并承担相应责任；

（2）恪守服务质量、期限承诺，严格履行各项约定义务。

（三）配合监管及自律管理的义务

1. 机构及其工作人员应当积极参与配合以下监管及自律管理活动：

（1）积极参与监管部门、协会发起的有关政策研究、制度制定、专题研讨、座谈交流、征求意见、舆情引导等活动；

（2）及时反映行业动态、市场关切，为行业高质量发展建言献策。

2. 机构及其工作人员应当确保向监管部门、协会报送的信息和资料的真实、准确、完整，不得弄虚作假、误导欺骗。

3. 机构及其工作人员应当自觉接受监督检查、调查，不以任何方式干扰、妨碍或者唆使他人干扰、妨碍监管或者自律管理工作，自觉执行监管部门、协会作出的各类决定。

四、证券市场禁入措施

（一）证券市场禁入措施的实施对象

根据《证券市场禁入规定》，中国证监会及其派出机构（以下统称“执法单位”）对违反法律、行政法规或者中国证监会有关规定的有关责任人员采取证券市场禁入措施，以事实为依据，遵循公开、公平、公正的原则。下列人员违反法律、行政法规或者中国证监会有关规定，情节严重的，执法单位可以根据情节严重的程度，采取证券市场禁入措施：

1. 证券发行人的董事、监事、高级管理人员，其他信息披露义务人或者其他信息披露义务人的董事、监事、高级管理人员，证券发行人、其他信息披露义务人持股5%以上的股东、实际控制人，证券发行人、其他信息披露义务人持股5%以上的股东、实际控制人的董事、监事、高级管理人员，或者执法单位认定的其他对欺诈发行或信息披露违法行为直接负责的主管人员或其他直接责任人员；

2. 证券公司及其依法设立的子公司的董事、监事、高级管理人员及工作人员，证券公司的股东、实际控制人或者股东、实际控制人的董事、监事、高级管理人员；

3. 证券服务机构、债券受托管理人的董事、监事、高级管理人员、合伙人、负责人及工作人员，证券服务机构、债券受托管理人的股东、实际控制人或者股东、实际控制人的董事、监事、高级管理人员；

4. 公开募集证券投资基金（以下简称“基金”）管理公司及其依法设立的子公司、其他公募基金管理人、基金托管人及其设立的基金托管部门、基金服务机构的董事、监事、高级管理人员及工作人员，基金管理公司、其他公募基金管理人和基金服务机构的股东、实际控制人或者股东、实际控制人的董事、监事、高级管理人员；

5. 私募投资基金管理人、私募投资基金托管人、私募投资基金销售机构及其他私募服务机构的董事、监事、高级管理人员、工作人员，私募投资基金管理人的股东、实际控制人、合伙人、负责人；

6. 直接或者间接在证券交易所、国务院批准的其他全国性证券交易场所（以下统称“证券交易场所”）进行投资的自然人或者机构投资者的交易决策人；

7. 编造、传播虚假信息或者误导性信息的有关责任人员；

8. 执法单位及相关自律组织的工作人员；

9. 执法单位认定的其他违反法律、行政法规或者中国证监会有关规定的有关责任人员。

（二）市场禁入的类型及禁入规则

1. 市场禁入类型

根据《证券市场禁入规定》第四条，执法单位可以采取的市场禁入种类包括：

（1）不得从事证券业务、证券服务业务，不得担任证券发行人的董事、监事、高级管理人员。

（2）不得在证券交易场所交易证券。

执法单位可以根据有关责任人员的身份职责、违法行为类型、违法行为的社会危害性和违法情节严重的程度，单独或者合并适用前款规定的不同种类市场禁入措施。

2. 市场禁入规则

被采取本规定第四条第一款第一项证券市场禁入措施的人员，在禁入期间内，除不得继续在原机构从事证券业务、证券服务业务或者担任原证券发行人的董事、监事、高级管理人员职务外，也不得在其他任何机构中从事证券业务、证券服务业务或者担任其他证券发行人的董事、监事、高级管理人员职务。被采取本规定第四条第一款第一项证券市场禁入措施的人员，应当在收到证券市场禁入决定后立即停止从事证券业务、证券服务业务或者停止履行证券发行人董事、监事、高级管理人员职务，并由其所在机构按规定的程序解除其被禁止担任的职务。

被采取本规定第四条第一款第二项证券市场禁入措施的人员，在禁入期间内，不得直接或者以化名、借他人名义在证券交易场所交易上市或者挂牌的所有证券。但在禁入期间存在以下情形的除外：

（1）有关责任人员被依据《证券法》和中国证监会有关规定责令回购或者买回证券；

（2）有关责任人员被责令依法处理非法持有的证券；

（3）有关责任人员持有的证券被依法强制扣划、卖出或转让；

（4）根据相关法律、行政法规、中国证监会规定或者依法制定的证券交易场所相关业务规则，为防范和化解信用类业务风险需要继续交易证券；

（5）为履行在被禁入前已经报送或者已经公开披露的材料中约定的义务需要继续交易证券；

（6）卖出被禁入前已经持有的证券；

（7）法律、行政法规、中国证监会或者依法制定的证券交易场所业务规则规定，或者中国证监会认定的其他情形。

被采取本规定第四条第一款第二项证券市场禁入措施的人员，应当在收到证券市场禁入决定后立即停止证券交易活动。

违反法律、行政法规或者中国证监会有关规定，情节严重的，可以对有关责任人员采取3年以上5年以下本规定第四条第一款第一项规定的证券市场禁入措施；行为恶劣、严重扰乱证券市场秩序、严重损害投资者利益或者在重大违法活动中起主要作用等情节较为严重的，可以对有关责任人员采取6年以上10年以下本规定第四条第一款第一项规定的证券市场禁入措施；有下列情形之一的，可以对有关责任人员终身采取本规定第四条第一款第一项规定的证券市场禁入措施：

（1）严重违反法律、行政法规或者中国证监会有关规定，被人民法院生效司法裁判认定构成犯罪的；

（2）从业人员等负有法定职责的人员，故意不履行法律、行政法规或者中国证监会规定的义务，并造成特别恶劣社会影响，或者致使投资者利益受到特别严重损害，或者导致其他特别严重后果的；

（3）在报送或者公开披露的材料中，隐瞒、编造或者篡改重要事实、重要财务数据或者其他重要信息，或者组织、指使从事前述行为或者隐瞒相关事项导致发生上述情形，严重扰乱证券市场秩序，或者造成特别恶劣社会影响，或者致使投资者利益受到特别严重损害的；

（4）违反法律、行政法规或者中国证监会有关规定，从事欺诈发行、内幕交易、操纵证券市场等违法行为，严重扰乱证券市场秩序并造成特别恶劣社会影响，或者获取违法所得等不当利益数额特别巨大，或者致使投资者利益受到特别严重损害的；

（5）违反法律、行政法规或者中国证监会有关规定，情节严重，应当采取证券市场禁入措施，且存在故意出具虚假重要证据，隐瞒、毁损重要证据等阻碍、抗拒执法单位及其工作人员依法行使监督检查、调查职权行为的；

（6）因违反法律、行政法规或者中国证监会有关规定，5年内曾经被执法单位给予行政处罚2次以上，或者5年内曾经被采取本规定第四条第一款第一项规定的证券市场禁入措施的；

（7）组织、策划、领导或者实施重大违反法律、行政法规或者中国证监会有关规定的活动的；

（8）其他违反法律、行政法规或者中国证监会有关规定，情节特别严重的。

违反法律、行政法规或者中国证监会有关规定，影响证券交易秩序或者交易公平，情节严重的，可以对有关责任人员采取本规定第四条第一款第二项规定的证券市场禁入措施，禁止交易的持续时间不超过5年。

违反法律、行政法规或者中国证监会有关规定，情节严重的，可以单独对有关责任人员采取证券市场禁入措施，或者一并依法进行行政处罚；涉嫌犯罪的，依法移送有关部门，并可同时采取证券市场禁入措施。

3. 从轻、减轻、免于采取证券市场禁入措施

有下列情形之一的，应当对有关责任人员从轻、减轻采取证券市场禁入措施：

（1）主动消除或者减轻违法行为危害后果的；

（2）配合查处违法行为有立功表现的；

（3）受他人胁迫或者诱骗实施违法行为的；

（4）在执法单位依法作出行政处罚决定或者证券市场禁入决定前主动交代违法行为的；

（5）其他依法应当从轻、减轻采取证券市场禁入措施的。

违法情节轻微并及时纠正，没有造成危害后果的，免予采取证券市场禁入措施。初次违法并且危害后果轻微并及时纠正的，可以免予采取证券市场禁入措施。

（三）证券市场禁入信息的发布及记录

被执法单位采取证券市场禁入措施的人员，执法单位将通过中国证监会或者相关派出机构网站，或者指定媒体向社会公布，并记入证券市场诚信档案。

五、典型案例

（一）操作实例

张某202×年4月1日入职甲证券公司合规部后5个工作日内，甲证券公司为其在证券业协会从业人员管理平台办理登记，并生成了唯一登记编号。次年7月，张某岗位调整，到甲证券公司分支机构任职，甲证券公司在证券业协会从业人员管理平台变更登记其业务类别。张某作为证券业从业人员，其职业信息、培训信息、诚信信息、内部惩戒信息、履行社会责任信息、其他职业声誉信息及证券业协会规定的其他信息均作为登记内容动态管理、持续记录。

（二）违法违规案例

1. 乙证券公司分支机构负责人黄某在任职期间，为客户委托他人买卖股票提供介绍客户、提供保证金、传递证券账号及密码等便利并收取报酬；泄露监管调查信息；持有某私募基金管理公司股权，未按照规定报告，且与履职存在利益冲突。该分支机构杨某在任职期间，实名通过抖音账号发布短视频、开展直播，对A股大盘及板块走势进行分析、为“××职业金融技术学院”引流，并通过收取直播打赏、直播会员订阅费、感谢费等方式谋取不正当利益。因上述行为违反了《证券期货经营机构及其工

作人员廉洁从业规定》第十条等相关规定，监管部门决定对黄某采取监管谈话的监督管理措施，对杨某出具警示函的行政监督管理措施，并均记入证券期货市场诚信档案。

2. 周某时任丙证券公司投资银行部副总监，是丁公司 IPO 和持续督导保荐代表人，为法定内幕信息知情人。丁公司上市前，周某介绍李某等人以“王某”名义入股丁公司。丁公司上市后进行重大资产重组的信息属于内幕信息，周某在此期间获悉并指导李某通过大宗交易减持“王某”证券账户中丁公司股票，同时以电话委托方式帮助李某卖出“王某”证券账户所持有的丁公司股票。

某省中级人民法院认定，周某的行为已构成内幕交易罪，依法判处周某有期徒刑 3 年，缓刑 5 年，罚金人民币数十万元。

依据《证券法》《证券市场禁入规定》的相关规定，证监会对周某采取终身证券市场禁入措施。

第四节　从业人员行为规范

本节重点梳理从事证券业务人员管理相关的法律法规规定，主要介绍《证券基金经营机构董事、监事、高级管理人员及从业人员监督管理办法》《证券公司董事、监事、高级管理人员及从业人员管理规则》两部分内容，涉及的证券执业种类包括证券经纪业务相关人员、证券经纪业务营销人员、证券投资基金销售人员及从事代销金融产品人员、证券投资咨询人员（证券投资顾问、证券分析师）、保荐代表人、投资经理、财务顾问主办人、证券资信评级业务人员。

依据的法律、行政法规、部门规章及其他规范性文件、自律规则包括：《证券法》《证券公司监督管理条例》《证券基金经营机构董事、监事、高级管理人员及从业人员监督管理办法》《证券公司董事、监事、高级管理人员及从业人员管理规则》《证券从业人员职业道德准则》《证券经纪业务管理办法》《证券经纪业务管理实施细则》《证券经纪人管理暂行规定》《证券经纪人执业规范（试行）》《公开募集证券投资基金销售机构监督管理办法》《证券公司代销金融产品管理规定》《证券、期货投资咨询管理暂行办法》《证券投资顾问业务暂行规定》《发布证券研究报告暂行规定》《证券投资咨询机构执业规范（试行）》《发布证券研究报告执业规范》《证券分析师参加外部评选规范》《证券发行上市保荐业务管理办法》《证券公司保荐业务规则》《证券期货经营机构及其工作人员廉洁从业规定》《证券经营机构及其工作人员廉洁从业实施细则》《上市公司并购重组财务顾问业务管理办法》《证券期货经营机构私募资产管理业务管理办法》《证券期货经营机构私募资产管理计划运作管理规定》《证券公司建立稳健薪酬制度指引》《证券基金经营机构债券投资交易业务内控指引》《证券期货经营机构投资管理人员注册登记规则》《证券市场资信评级业务管理办法》等。

一、从业人员

（一）从业人员的范围

根据《证券基金经营机构董事、监事、高级管理人员及从业人员监督管理办法》《证券公司董事、监事、高级管理人员及从业人员管理规则》，从业人员是指在证券基金经营机构从事证券基金业务和相关管理工作的人员，包括从事证券经纪、证券投资咨询、与证券交易及证券投资活动有关的财务顾问、证券承销与保荐、证券融资融券、证券自营、证券做市交易、证券资产管理等业务和相关管理工作的人员。

证券公司董事长、从事业务管理工作的其他董事和监事、高级管理人员、分支机构负责人均为本章所称从业人员。

（二）从业人员应当具备的条件

根据《证券法》《证券基金经营机构董事、监事、高级管理人员及从业人员监督管理办法》《证券公司董事、监事、高级管理人员及从业人员管理规则》，从业人员应当符合任职条件、从业条件和法律法规、监管规定、自律规则、业务规范等要求，品行良好，具备从事证券业务所需的专业能力。

1. 从业条件

从业人员应当持续符合下列条件：

（1）品行良好；

（2）具备从事证券基金业务所需的专业能力，掌握证券基金业务相关的专业知识；

（3）最近3年未因犯罪被判处刑罚；

（4）不存在《证券法》第一百二十五条第二款和第三款，以及《证券投资基金法》第十五条规定的情形；

（5）最近5年未被中国证监会撤销基金从业资格或者被基金业协会取消基金从业资格；

（6）未被中国证监会采取证券市场禁入措施，或者执行期已经届满；

（7）法律法规、中国证监会和行业协会规定的其他条件。

2. 水平评价测试

从业人员应当熟练掌握证券业务专业知识，具备相应的专业能力，熟练掌握证券市场基本法律法规和金融市场基础知识等。

(1) 专业能力水平评价测试

证券基金经营机构可以要求拟从事证券基金业务的人员参加从业人员专业能力水平评价测试，作为证明其专业能力的参考，不参加一般业务水平评价测试的，应当符合中国证券业协会规定的条件。

从业人员专业能力水平评价测试分为一般业务水平评价测试和专项业务水平评价测试。一般业务水平评价测试评测拟从业人员是否熟练掌握证券业务专业知识，达到相应专业能力水平，测试内容包括证券市场基本法律法规和金融市场基础知识等。专项业务水平评价测试在一般业务水平评价测试的基础上，分别评测拟任证券投资顾问、证券分析师、保荐代表人等是否熟练掌握相关专业知识，达到相应专业能力水平，包括证券投资顾问专业能力水平评价测试、证券分析师专业能力水平评价测试、保荐代表人专业能力水平评价测试等。

(2) 不参加一般业务水平评价测试应符合的条件

从业人员符合下列条件之一的，可以不参加一般业务水平评价测试的相应科目测试：

①通过国家法律职业资格考试的，可以不参加证券市场基本法律法规测试；

②通过中国证券投资基金业协会组织的证券投资基金基础知识考试、国家注册会计师资格考试、注册国际投资分析师（CIIA）资格考试、特许金融分析师（CFA）资格考试等考试之一，或者在国家有关部门、科研院所、高等教育机构等单位从事经济、金融研究或者管理相关工作8年以上的，可以不参加金融市场基础知识测试；

③中国证券业协会规定的其他条件。

3. 业务培训

根据《证券基金经营机构董事、监事、高级管理人员及从业人员监督管理办法》《证券公司董事、监事、高级管理人员及从业人员管理规则》，从业人员应当按照有关规定参加持续培训，提高职业操守、合规意识和专业能力。

(1) 培训要求

根据《证券公司从业人员业务培训细则》，业务培训内容应当包括法律法规、宏观政策、职业道德及与所从事证券业务相关的理论、专业技能等。

从业人员自首次执业登记日的下一年起，每个自然年为一个培训周期。证券公司应当要求其从业人员在每个培训周期内完成一定时间的业务培训，建议不少于15学时，每学时为45分钟。在一个培训周期内，证券公司应当要求其从业人员在党建引领、行业文化、职业道德方面的学时比重不低于其应完成培训学时的30%。

（2）差异化管理

培训学时根据相关人员执业情况、专业能力水平评价情况、处罚处分措施情况、诚信情况、其他执业声誉情况及为行业发展、履行社会责任作出贡献情况等实行差异化管理。存在以下情况的，可相应减少或增加学时要求：

①在证券公司持续从事证券业务 10 年以上，且不存在效力期限内违法失信信息或者其他负面执业声誉信息，无须证券公司验证其专业能力水平的，在培训周期内减少 5 学时培训。

②存在效力期限内违法失信信息或其他负面执业声誉信息（被中国证监会采取行政处罚、行政监管措施以及被行业自律组织实施纪律处分、自律管理措施的除外），或者需要证券公司验证其专业能力水平的，在培训周期内增加 5 学时培训。

③存在效力期限内被行业自律组织实施自律管理措施等违法失信信息的，在培训周期内增加 30 学时培训。

④存在效力期限内被中国证监会采取行政处罚、行政监管措施或者被行业自律组织实施纪律处分等违法失信信息的，在培训周期内增加 45 学时培训。

上述“存在效力期限内”违法失信信息或者其他负面执业声誉信息，是指相关信息效力期限覆盖完整培训周期年度。同一培训周期内存在多个效力期限内违法失信信息或者其他负面执业声誉信息的，不累计计算，以最高者认定相关学时要求。

（3）抵免情形

从业人员存在下述情形的，可以抵免从业人员所在培训周期内的培训学时：

①获得学位或职业资格。接受与证券业务相关的会计、法律、金融等专业教育获得学位的，取得注册会计师、法律职业资格、注册国际投资分析师（CIIA）或特许金融分析师（CFA）职业资格的，当年每项可以抵免 5 学时，总计抵免不超过 10 学时。

②为行业发展、文化建设、履行社会责任等作出突出贡献。参加协会组织的相关课题研究、报告撰写、教材编写、命题审卷、培训课程研发等项目，或者其他为行业发展、文化建设、履行社会责任等作出突出贡献的，当年可以抵免 5 学时，不累计计算。中国证券业协会其他自律规则另有规定的，从其规定。

从业人员参加中国证券业协会组织的相关活动需要抵免学时的，由中国证券业协会负责记录并抵免相应学时，其他抵免学时情形由从业人员所在证券公司通过协会从业人员管理平台报送相关信息及证明材料，抵免相应学时。

（4）培训管理

证券公司应当督促其从业人员按照要求及时完成业务培训。对于未按要求及时完成业务培训的从业人员，证券公司应当依据内部相关制度对其作出处分。证券公司依据内部相关制度对从业人员因未完成培训作出处分的，应当按照中国证券业协会相关规定纳入证券行业执业声誉约束机制。

证券公司应采取有效措施防范从业人员委托他人代为参加培训等弄虚作假行为；中国证券业协会发现相应弄虚作假行为的，有权认定该虚假培训学时无效并根据情节轻重对相应责任主体采取自律措施。

（三）从业人员登记

从业人员应当符合从事证券业务的条件，并由所在证券公司按照规定向中国证券业协会进行登记。登记类别包括一般证券业务、证券经纪人、证券投资咨询（证券投资顾问）、证券投资咨询（证券分析师）、保荐代表人等。

证券公司应当根据人员实际岗位、从事的业务类别和相应要求进行登记，同一人员只能登记为一个类别。登记信息包括基本信息、专业能力水平评价情况、从业经历及相关情况、诚信情况及其他执业声誉情况等。

证券公司应当自相关人员从事证券业务之日起5个工作日内，通过中国证券业协会从业人员管理平台，将经公司审核合格的登记信息提交至中国证券业协会进行登记。登记信息完备且符合规定的，中国证券业协会于5个工作日内办结登记并生成唯一登记编号。登记信息不完备或者不符合规定的，证券公司及相关人员应当按照要求及时补正。

登记人员从事的业务类别发生变化的，证券公司应当自发生变化之日起5个工作日内为其办理变更登记。

登记人员离职的，证券公司应当自劳动关系或者委托代理关系解除之日起5个工作日内为其办理注销登记。

登记人员受到刑事处罚、被采取证券市场禁入措施、被认定为不适当人选、受到不适合从事相关业务相当的纪律处分等不再符合从业条件的，证券公司应当自上述情形发生之日起5个工作日内为其办理注销登记或者注销注册。证券公司未按规定办理注销登记的，中国证券业协会可以直接注销登记。

（四）从业人员执业行为规范

根据《证券基金经营机构董事、监事、高级管理人员及从业人员监督管理办法》，从业人员应当遵守法律法规和中国证监会的有关规定，切实履行公司章程、公司制度和劳动合同等规定的职责，并遵守下列执业行为规范：

1. 具有良好的守法合规意识，自觉抵制违法违规行为，配合中国证监会及其派出机构依法履行监管职责；

2. 诚实守信，廉洁自律，公平竞争，遵守职业道德和行业规范，履行向中国证监会及其派出机构的书面承诺；

3. 恪尽职守、勤勉尽责，切实维护投资者合法权益，公平对待投资者，有效防范并妥善处理利益冲突；

4. 审慎稳健，牢固树立风险意识，独立客观，不受他人非法干预；

5. 应当拒绝执行任何机构、个人侵害本公司利益或者投资者合法权益的指令或者授意，发现有侵害投资者合法权益的违法违规行为的，及时向合规负责人或者中国证监会相关派出机构报告；

6. 离任后应当保守原任职机构商业秘密等非公开信息，不得利用非公开信息为本人或者他人牟取利益；

7. 加强学习培训，提高职业操守、合规意识和专业能力；

8. 中国证监会规定的其他执业行为规范。

根据《证券公司董事、监事、高级管理人员及从业人员管理规则》，从业人员应当遵守《宪法》《证券法》等法律法规及监管规定、自律规则、业务规范、公司制度，遵守社会公德和职业道德，维护职业声誉和行业声誉，诚实守信，勤勉尽责，忠实、专业、审慎地履行对公司和客户的责任和义务，保证执业质量，并恪守下列基本执业行为规范：

1. 遵守廉洁从业相关规定，落实廉洁从业各项要求。

2. 在法律法规规定及公司授权范围内开展业务，遵循客户利益优先和公平对待客户原则，有效防范利益冲突。

3. 在推荐产品或者提供服务时，应当按照要求了解客户的财务状况及风险承受能力等情况，向客户推荐合适的产品或者提供适当的服务，按照规定披露有关信息和揭示相关风险，进行相应的投资者教育。

4. 遵守相关业务规定，妥善保存客户资料及其交易信息，保证客户资产安全和信息安全。

5. 公平进行业务竞争，自觉抵制不正当竞争行为，维护正常市场秩序。

6. 依法依规保守国家秘密、商业秘密、客户信息及监管调查信息、反洗钱保密事项等非公开信息。在客户服务结束、岗位变动或者离职后，仍应按照有关规定或者约定履行保密义务。

7. 遵守反洗钱规定，履行反洗钱义务，配合有关部门打击洗钱活动。

8. 拒绝执行证券公司或者其管理人员发出的涉嫌违法违规的指令，发现违法违规行为应当及时向公司合规负责人或者中国证监会相关派出机构报告。

9. 法律法规、监管规定、自律规则、业务规范等规定的其他执业行为规范。

（五）从业人员履职限制及禁止行为

1. 履职限制

从业人员应当保证有足够的时间和精力履行职责，不得自营或者为他人经营与所任公司同类或者存在利益冲突的业务。

从业人员应当以所在机构的名义从事证券基金业务活动，不得同时在其他证券基金经营机构执业。中国证监会另有规定的，从其规定。

从业人员不得授权不符合任职条件或者从业条件的人员代为履行职责。法律法规和中国证监会另有规定的，从其规定。

2. 禁止从业人员违法违规买卖股票相关规定

根据《证券法》，证券公司的从业人员在任期或者法定限期内，不得直接或者以化名、借他人名义持有、买卖股票或者其他具有股权性质的证券，也不得收受他人赠送的股票或者其他具有股权性质的证券。相关人员在成为证券公司的从业人员时，其原已持有的股票或者其他具有股权性质的证券，必须依法转让。

实施股权激励计划或者员工持股计划的证券公司的从业人员，可以按照国务院证券监督管理机构的规定持有、卖出本公司股票或者其他具有股权性质的证券。

《证券公司监督管理条例》规定，证券公司应当建立并施行有效的管理制度，防范其从业人员直接或者以化名、他人名义持有、买卖股票，收受他人赠送的股票。

根据《证券基金经营机构董事、监事、高级管理人员及从业人员监督管理办法》，证券基金经营机构应当建立健全董事、监事、高级管理人员、从业人员及其配偶、利害关系人进行证券、基金（货币市场基金除外）和未上市企业股权投资的申报、登记、审查、监控、处置、惩戒等投资行为管理制度和廉洁从业规范，制定有效的事前防范体系、事中管控措施和事后追责机制，防止董事、监事、高级管理人员及从业人员违规从事投资，切实防范内幕交易、市场操纵、利益冲突和利益输送等不当行为，确保投资者合法权益不受侵害。《证券公司董事、监事、高级管理人员及从业人员管理规则》规定，证券公司董事、监事、高级管理人员及从业人员不得持有、买卖、收受法律禁止持有、买卖、收受的证券，或者其他违规从事投资的行为。

证券公司从业人员违法违规买卖股票的相关处罚措施、典型案例详见后文。

3. 从业人员其他禁止性行为要求

根据《证券法》，从业人员应当遵守的其他禁止性行为要求包括：

（1）禁止利用未公开信息交易

禁止证券公司的从业人员利用因职务便利获取的内幕信息以外的其他未公开的信息，违反规定从事与该信息相关的证券交易活动，或者明示、暗示他人从事相关交易活动。

利用未公开信息进行交易给投资者造成损失的，应当依法承担赔偿责任。

（2）禁止在证券交易活动中作出虚假陈述或者信息误导

禁止证券公司的从业人员在证券交易活动中作出虚假陈述或者信息误导。

编造、传播虚假信息或者误导性信息，扰乱证券市场，给投资者造成损失的，应当依法承担赔偿责任。

（3）禁止从事损害客户利益的行为

禁止证券公司及其从业人员从事下列损害客户利益的行为：

①违背客户的委托为其买卖证券；

②不在规定时间内向客户提供交易的确认文件；

③未经客户的委托，擅自为客户买卖证券，或者假借客户的名义买卖证券；

④为牟取佣金收入，诱使客户进行不必要的证券买卖；

⑤其他违背客户真实意思表示，损害客户利益的行为。

违反上述规定给客户造成损失的，应当依法承担赔偿责任。

（4）禁止私下接受客户委托买卖证券

证券公司的从业人员不得私下接受客户委托买卖证券。

根据《证券基金经营机构董事、监事、高级管理人员及从业人员监督管理办法》，从业人员不得从事下列行为：

（1）利用职务之便为本人或者他人牟取不正当利益；

（2）与其履行职责存在利益冲突的活动；

（3）不正当交易或者利益输送；

（4）挪用或者侵占公司、客户资产或者基金财产；

（5）私下接受客户委托从事证券基金投资；

（6）向客户违规承诺收益或者承担损失；

（7）泄露因职务便利获取的未公开信息、利用该信息从事或者明示、暗示他人从事相关的交易活动；

（8）违规向客户提供资金、证券或者违规为客户融资提供中介、担保或者其他便利；

（9）滥用职权、玩忽职守，不按照规定履行职责；

（10）违反法律法规和中国证监会的规定，从事证券、基金和未上市企业股权投资；

（11）法律法规和中国证监会规定禁止的其他行为。

根据《证券公司董事、监事、高级管理人员及从业人员管理规则》，从业人员不得有以下行为：

（1）直接或者间接参与非法证券活动，或者以介绍客户、业务培训、提供通道等形式协助、教唆他人从事非法证券活动；

（2）直接或者间接输送不正当利益、谋取不正当利益，或者不正当交易；

（3）采用诱导、胁迫、欺诈、隐瞒等不正当手段诱使客户购买金融产品或者接受金融服务，或者向客户违规承诺收益、承诺承担损失；

（4）私下接受客户委托买卖证券；

（5）自营或者为他人经营与所在证券公司同类或者存在利益冲突的业务，或者违规从事可能影响其独立客观执业的活动，或者从事与所在证券公司、投资者合法利益相冲突的活动；

（6）贬损同行或者以其他不正当竞争手段争揽业务；

（7）侵占、挪用客户资产，或者以获取佣金或者其他利益为目的，诱使客户进行不必要的证券交易；

（8）利用因职务便利获取的未公开信息从事相关证券交易活动，或者明示、暗示他人从事相关交易活动，或者泄露相关信息；

（9）编造、传播虚假信息或者误导性信息；

（10）违规向客户提供资金、证券或者违规为客户融资提供中介、担保或者其他便利；

（11）持有、买卖、收受法律禁止持有、买卖、收受的证券，或者其他违规从事投资的行为；

（12）滥用职权，玩忽职守，不按照规定履行职责；

（13）发表不当言论、违反公序良俗等损害职业声誉、行业声誉的行为；

（14）损害社会公共利益、所在证券公司或者他人的合法权益；

（15）干扰或者唆使、协助他人干扰证券监督管理或者自律管理工作；

（16）法律法规、监管规定、自律规则、业务规范等禁止的其他行为。

（六）证券从业人员职业道德准则

为坚持和加强党对金融工作的全面领导，深刻把握金融工作的政治性、人民性，大力弘扬中华优秀传统文化，加强证券从业人员职业道德建设，树立证券行业荣辱观，防范道德风险，促进行业健康发展，以社会主义核心价值观为引领，中国证券业协会发布了《证券从业人员职业道德准则》。

一、诚实守信，专业尽职。从业人员应坚守契约精神，恪守信义义务，自觉保护投资者特别是中小投资者合法权益，充分履行尽职调查、适当性管理等职责，真实、准确、完整地披露相关信息，秉持工匠精神，发挥专业优势，服务实体经济发展，为客户提供优质服务，忠于所在机构，认真做好本职工作，自觉抵制弄虚作假、误导欺骗等行为，不玩忽职守，不逾越底线。

二、以义取利，珍惜声誉。从业人员应树立正确的义利观，坚持以人民为中心的价值取向，正确处理功能性和盈利性、整体利益和个体利益、客户利益和机构利益的关系，强化使命感、责任心，自觉维护国家利益和国家安全，遵守公序良俗，规范个人执业行为，珍视行业声誉与职业声誉，自觉践行社会责任，树立良好社会形象，不见利忘义，不唯利是图。

三、稳健审慎，致力长远。从业人员应树立正确的经营观、业绩观、风险观，把握好发展与安全、当前与长远的关系，稳中求进，审慎执业，积极学习借鉴有益经验，不断提高风险识别、应对和化解能力，主动履行风险报告义务，严防执业过程中因不当行为带来的各类业务风险，自觉抵制侥幸心理与短视行为，不盲目冒进，不急功近利。

四、守正创新，益国利民。从业人员应完整、准确、全面贯彻新发展理念，坚守证券业务本源，以守正为前提推动创新，积极参与科技金融、绿色金融、普惠金融、养老金融、数字金融五篇大文章，助力满足人民群众日益增长的财富管理需求，持续提升专业能力，不故步自封，不脱实向虚。

五、依法合规，廉洁自律。从业人员应树立依法合规、遵德展业理念，敬畏法纪，尊崇宪法，严格遵守法律法规、监管规定、行业自律规则以及所在机构的规章制度，自觉接受监管和自律管理，始终坚持廉洁从业，在开展业务及相关商业活动中，保持清爽规矩的共事关系、客户关系、政商关系，自觉抵制直接或者间接向他人输送、谋取不正当利益的行为，不违法乱纪，不胡作非为。

六、尊重包容，共同发展。从业人员应恪守职业道德，规矩做事、踏实做人，尊重客户、合作伙伴、竞争对手及社会公众等利益相关方，不偏不倚，客观公正，尊重和包容不同的意见及文化、语言、专业等背景差异，共同营造没有歧视和偏见的行业发展环境，做有格局、有担当、令人尊重的从业人员。

（七）从业人员的违法违规处理及惩戒机制

1. 监督管理与法律责任

根据《证券法》，法律、行政法规规定禁止参与股票交易的人员，违反该法第四十条的规定，直接或者以化名、借他人名义持有、买卖股票或者其他具有股权性质的证券的，责令依法处理非法持有的股票、其他具有股权性质的证券，没收违法所得，并处以买卖证券等值以下的罚款；属于国家工作人员的，还应当依法给予处分。

根据《证券法》，违反本法第五十四条的规定，利用未公开信息进行交易的，依照该法第一百九十一条第一款的规定处罚。

根据《证券法》，违反该法第五十六条第二款的规定，在证券交易活动中作出虚假陈述或者信息误导的，责令改正，处以20万元以上200万元以下的罚款；属于国家工作人员的，还应当依法给予处分。

根据《证券法》，证券公司及其从业人员违反该法第五十七条的规定，有损害客户利益的行为的，给予警告，没收违法所得，并处以违法所得1倍以上10倍以下的罚款；没有违法所得或者违法所得不足10万元的，处以10万元以上100万元以下的罚款；情节严重的，暂停或者撤销相关业务许可。

根据《证券法》，证券公司的从业人员违反该法第一百三十六条的规定，私下接受客户委托买卖证券的，责令改正，给予警告，没收违法所得，并处以违法所得1倍以上10倍以下的罚款；没有违法所得的，处以50万元以下的罚款。

根据《证券基金经营机构董事、监事、高级管理人员及从业人员监督管理办法》，从业人员违反法律法规、中国证监会其他规定的，中国证监会及其派出机构可以根据情节轻重依法采取责令改正、监管谈话、出具警示函、责令定期报告、责令处分有关人员、责令更换有关人员或者限制其权利，限制向董事、监事、高级管理人员支付报酬或者提供福利，责令暂停履行职务、责令停止职权、责令解除职务、认定为不适当人选等措施。证券基金经营机构收到中国证监会及其派出机构责令停止职权或者解除职务的决定后，应当立即停止有关人员职权或者解除其职务，不得将其调整到其他评级或者更高层级职务。证券基金经营机构从业人员被暂停履行职务期间，不得擅自离职。

从业人员违反《证券基金经营机构董事、监事、高级管理人员及从业人员监督管理办法》规定且情节严重，或者拒不执行监管决定，《证券法》《证券投资基金法》《证券公司监督管理条例》等法律法规没有规定相应处理措施或者罚则的，给予警告或者通报批评，并处20万元以下罚款。

从业人员有证据证明存在下列情形之一的，可以从轻、减轻或者免除采取行政监管措施：

（1）对突发事件或者重大风险积极采取补救措施，有效控制损失和不良影响；

（2）对证券基金经营机构作出的涉嫌违法违规决议，在集体决策过程中曾明确发表反对意见，并有书面记录；

（3）主动向中国证监会及其派出机构、公司合规负责人报告公司的违法违规行为且调查属实；

（4）中国证监会认定的其他情形。

2. 自律管理

根据《证券公司董事、监事、高级管理人员及从业人员管理规则》，中国证券业协会建立人员名单分类机制，根据证券公司从业人员执业情况、专业能力水平评价情况、处罚处分措施情况、诚信信息、其他执业声誉信息等，建立并公布最近 3 年受过中国证监会或者行业自律组织有关处罚处分措施的人员名单、保荐代表人等专项业务人员综合执业信息分类名单及协会认为有必要的其他名单，强化人员分类管理和声誉约束。

（1）自律管理机制

中国证券业协会建立执业案例示范、警示机制，根据证券公司从业人员执业情况、处罚处分措施情况等，推广执业正面典型、通报执业负面案例。

中国证券业协会对从业人员执业过程进行动态管理，持续记录其执业情况、培训情况、违法违规行为、违反职业道德行为、处罚处分措施情况、诚信情况、内部惩戒情况、履行社会责任情况及其他执业声誉情况等，并予以公示。有关信息可来源于中国证监会、行业自律组织、证券公司，以及执业检查、举报投诉等渠道。

中国证券业协会建立差异化管理机制，根据证券公司从业人员执业情况、专业能力水平评价情况、处罚处分措施情况、诚信信息、其他执业声誉信息等对其实施差异化管理，措施包括但不限于有针对性地安排检查对象、频率和内容，对持续培训学时作出差异化安排等。

中国证券业协会建立即时响应实施机制，对证券公司从业人员违反执业行为规范、损害行业声誉等情形，采取约谈、要求回应、声明、启动自律调查程序等方式予以处理。

证券公司应当指定专人作为管理员负责从业人员登记管理和信息报送相关工作。管理员应当熟悉从业人员管理相关法律法规、监管规定、自律规则、业务规范等，熟练使用从业人员管理平台的各项功能，按照规定履行下列职责：

①负责从业人员登记管理工作；

②负责从业人员信息报送工作；

③为从业人员提供相关咨询；

④与中国证券业协会保持日常工作联系；

⑤其他与从业人员管理相关的工作。

证券公司须向协会报送管理员有关信息，并应当将管理员的姓名、联系方式、电子邮箱、工作部门、职务岗位等信息在公司内部公开。证券公司更换管理员的，应当于 5 个工作日内更新管理员有关信息。证券公司应当加强对管理员的管理和培训，并为管理员履行工作职责提供必要的条件，保障管理员按规定开展工作。管理员未按照规定履行职责或者擅自委托他人代为履行职责的，中国证券业协会可视情形要求证券公司更换管理员，证券公司应当自收到更换通知后5个工作日内予以更换。

（2）监督检查及自律管理措施

中国证券业协会对证券公司及其从业人员执行《证券公司董事、监事、高级管理人员及从业人员管理规则》情况进行监督检查，也可以根据投诉、举报等对违反本规则情况进行调查。证券公司及其从业人员应当积极配合监督检查和调查，如实提供有关材料，不得拒绝或者拖延提供。对证券公司从业人员的监督检查内容包括：

①董事、监事、高级管理人员及从业人员符合《证券法》等法律法规、监管规定、自律规则、业务规范等要求情况；

②董事、监事、高级管理人员及从业人员相关管理制度及机制的建设及执行情况；

③董事、监事、高级管理人员及从业人员水平评价测试情况；

④董事长、从事业务管理工作的其他董事和监事、高级管理人员及从业人员登记管理情况；

⑤董事、监事、高级管理人员及从业人员执业行为合规情况；

⑥董事、监事、高级管理人员及从业人员信息报送情况；

⑦董事长、从事业务管理工作的其他董事和监事、高级管理人员及从业人员培训情况；

⑧董事、监事、高级管理人员及从业人员有关材料保管情况；

⑨管理员履行相关职责情况；

⑩协会认为应当监督检查的其他内容。

从业人员出现以下情形的，中国证券业协会按照《中国证券业协会自律措施实施办法》等有关规定，合理区分证券公司责任与个人责任，可以对证券公司及相关责任人员采取自律管理措施；其中第①项至第⑧项等违规情节严重的，可以采取纪律处分：

①聘用不符合规定要求的人员从事证券业务；

②未按照要求制定或者未有效执行董事、监事、高级管理人员及从业人员相关管理制度或者机制；

③未按照规定办理董事长、从事业务管理工作的其他董事和监事、高级管理人员及从业人员登记；

④水平评价测试或者登记过程中存在弄虚作假等违规行为；

⑤董事、监事、高级管理人员及从业人员执业行为不符合有关规定；

⑥董事、监事、高级管理人员及从业人员出现发表不当言论、违反公序良俗等损害职业声誉、行业声誉的行为；

⑦未按照规定报送董事、监事、高级管理人员及从业人员信息或者报送的信息不

符合真实、准确、完整、及时等要求；

⑧不配合、阻挠或者以其他方式变相妨碍协会监督检查，不如实提供或者拖延、拒绝提供有关材料，妨碍中国证券业协会工作人员依照有关规定履行自律管理职责；

⑨培训不符合有关规定；

⑩未妥善保管董事、监事、高级管理人员及从业人员有关材料；

⑪管理员未按照规定履行职责或者推诿责任；

⑫其他违反《证券公司董事、监事、高级管理人员及从业人员管理规则》的行为。

证券公司聘用存在效力期限内违法失信信息或者其他负面执业声誉信息的人员，如证券公司未切实履行有关监督管理措施，中国证券业协会将视情形对证券公司采取自律措施。中国证券业协会在自律管理中发现证券公司从业人员违反法律法规、监管规定或者有关主管部门规定的，依法移交中国证监会或者其他有权机关处理。

二、董事、监事、高级管理人员及分支机构负责人、部门负责人

董事、监事、高级管理人员的范围、任职条件、从业条件、备案登记内容详见本书“第二章　证券经营机构管理规范”中的“第一节　公司治理、内部控制与合规管理”。

（一）范围

分支机构负责人，是指证券基金经营机构在境内设立的从事业务经营活动的分公司、证券营业部，以及中国证监会规定的下属其他非法人机构的负责人。

部门负责人，是指证券基金经营机构内设的从事证券基金业务和相关管理工作的部门负责人以及实际履行上述职务的人员，被纳入高级管理人员管理的除外。

（二）任职条件

证券公司应当完善选聘管理机制，加强背景调查工作，聘用符合条件的人员开展业务或者担任分支机构负责人。证券公司应当采取合规培训、年度考核、强制离岗、离任审计等措施，强化对分支机构负责人的管理。拟任证券经营机构分支机构负责人的人员，除应持续符合证券从业人员应符合的从业条件外，还应当同时符合下列任职条件：

（1）正直诚实，品行良好；

（2）熟悉证券基金法律法规和中国证监会的规定；

（3）具备 3 年以上与其拟任职务相关的证券、基金、金融、法律、会计、信息技

术等工作经历；

（4）具有与拟任职务相适应的管理经历和经营管理能力。

证券基金经营机构不得聘任不符合任职条件的人员担任分支机构负责人。有下列情形之一的，不得担任分支机构负责人：

（1）存在《公司法》第一百七十八条，《证券法》第一百二十四条第二款、第一百二十五条第二款和第三款，以及《证券投资基金法》第十五条规定的情形；

（2）因犯有危害国家安全、恐怖主义、贪污、贿赂、侵占财产、挪用财产、黑社会性质犯罪或者破坏社会经济秩序罪被判处刑罚，或者因犯罪被剥夺政治权利；

（3）因重大违法违规行为受到金融监管部门的行政处罚或者被中国证监会采取证券市场禁入措施，执行期满未逾 5 年；

（4）最近 5 年被中国证监会撤销基金从业资格或者被基金业协会取消基金从业资格；

（5）担任被接管、撤销、宣告破产或吊销营业执照机构的法定代表人和经营管理的主要负责人，自该公司被接管、撤销、宣告破产或吊销营业执照之日起未逾 5 年，但能够证明本人对该公司被接管、撤销、宣告破产或吊销营业执照不负有个人责任的除外；

（6）被中国证监会认定为不适当人选或者被行业协会采取不适合从事相关业务的纪律处分，期限尚未届满；

（7）因涉嫌违法犯罪被行政机关立案调查或者被司法机关立案侦查，尚未形成最终处理意见；

（8）中国证监会依法认定的其他情形。

（三）备案公示

证券基金经营机构聘任分支机构负责人，应当依法向中国证监会相关派出机构备案。

证券基金经营机构聘任分支机构负责人前，应当考察确认其是否符合相应的任职条件，并自作出聘任决定之日起 5 个工作日内参照《证券基金经营机构董事、监事、高级管理人员及从业人员监督管理办法》第十一条的规定向中国证监会相关派出机构报送备案材料。中国证监会相关派出机构进行核查时发现受聘人不符合任职条件的，应当要求证券基金经营机构更换有关人员。

自证券基金经营机构作出聘任决定之日起 20 个工作日内，高级管理人员和分支机构负责人无正当理由未实际到任履行相应职责的，证券基金经营机构应当撤销对受聘人的聘任决定，并自作出撤销聘任决定之日起 5 个工作日内向中国证监会相关派出机构报告。

证券基金经营机构应当对其董事、监事、高级管理人员和分支机构负责人的人员名单在官方网站进行公示，并自发生变化之日起20个工作日内进行更新。证券基金经营机构高级管理人员职责分工发生调整，或者分支机构负责人改任本公司其他分支机构负责人的，应当在5个工作日内向中国证监会相关派出机构报告。

（四）履职限制、审计要求及薪酬递延

1. 履职限制

拟任证券基金经营机构独立董事的，不得在拟任职的证券基金经营机构担任董事会外的职务。证券基金经营机构的高级管理人员、部门负责人和分支机构负责人，不得在证券基金经营机构参股或者控股的公司以外的营利性机构兼职；在证券基金经营机构参股的公司仅可兼任董事、监事，且数量不得超过2家，在证券基金经营机构控股子公司兼职的，不受前述限制。法律法规和中国证监会另有规定的，从其规定。

董事、监事、高级管理人员、部门负责人、分支机构负责人兼职的，应当及时通知证券基金经营机构，证券基金经营机构应当在知悉有关情况之日起5个工作日内向中国证监会相关派出机构报告。

证券基金经营机构董事长、总经理、合规负责人因故不能履行职务的，证券基金经营机构应当按照《公司法》和公司章程的规定，在15个工作日内决定由符合任职条件的人员代为履行职务，相关人员代为履行职务应当谨慎勤勉尽责，且时间不得超过6个月。中国证监会另有规定的，从其规定。

证券公司分支机构负责人强制离岗或因故缺位5个工作日以上的，证券公司应当指定专人代为履行职务，并在指定之日起3个工作日内向分支机构所在地证监局报告，代为履行职务的时间不得超过3个月。代为履行职务的人员应当熟悉相关监管规定，具备履行职责的能力，且近3年内无不良行为记录。

2. 审计要求

证券基金经营机构应当定期对高级管理人员和分支机构负责人的履职情况开展内部稽核或外部审计，并保证稽核审计工作的独立性和有效性。

证券基金经营机构董事长、高级管理人员、分支机构负责人离任的，证券基金经营机构应当对其进行审计，并自其离任之日起2个月内将离任审计报告向中国证监会相关派出机构报告。其中，法定代表人、经营管理的主要负责人离任的，证券基金经营机构应当聘请符合《证券法》规定的会计师事务所对其进行离任审计。证券公司更换分支机构负责人，应当进行审计，并在审计结束后3个月内，将审计情况报送分支机构所在地中国证监会派出机构。

3. 薪酬递延

证券基金经营机构应当对董事长、高级管理人员、主要业务部门负责人、分支机构负责人和核心业务人员建立薪酬递延支付机制，在劳动合同、内部制度中合理确定薪酬递延支付标准、年限和比例等。薪酬支付计划应当确保公司资本充足和可持续经营，递延支付年限应当与相关业务的风险持续期限相匹配，递延支付速度应当不快于等分比例。

三、证券经纪业务相关人员

（一）从事证券经纪业务人员不得存在的行为

根据《证券经纪业务管理办法》，证券公司应当按照投资者委托指令载明的证券名称、买卖数量、买卖价格和接收投资者委托指令的时间顺序向证券交易场所申报。证券公司及其从业人员不得有下列行为：

（1）违背投资者的委托为其买卖证券；

（2）私下接受投资者委托买卖证券；

（3）接受投资者的全权委托；

（4）未经投资者的委托，擅自为投资者买卖证券，或者假借投资者的名义买卖证券；

（5）诱导投资者进行不必要的证券买卖；

（6）隐匿、伪造、篡改或者毁损交易记录；

（7）明知投资者实施操纵市场、内幕交易等违法违规行为，仍为其提供服务；

（8）违背投资者意愿或者损害投资者合法权益的其他行为。

证券公司应当将投资者的证券和资金与自有财产分别管理，并采取措施保障投资者证券和资金的安全、完整。证券公司及其从业人员不得有下列行为：

（1）将投资者的证券和资金归入自有财产、擅自划出投资者账户；

（2）违规将投资者的证券和资金冻结、提供给他人使用或者为他人提供担保；

（3）违规为投资者与投资者之间、投资者与他人之间的融资提供中介、担保或者其他便利和服务；

（4）其他损害投资者证券和资金安全的行为。

（二）违反证券经纪业务相关规定的人员承担的责任

证券从业人员违反《证券经纪业务管理办法》规定的，依法采取出具警示函、责令改正、监管谈话等行政监管措施。

证券公司及其从业人员违反《证券经纪业务管理办法》规定，涉嫌犯罪的，依法移送司法机关，追究刑事责任。

证券公司及其从业人员违反《证券经纪业务管理办法》规定，依法应予处罚的，按照相关法律法规的规定进行处罚。相关法律法规没有规定且存在以下情形之一的，给予警告，可以并处国务院规定的一定数额的罚款：

（1）业务管控存在重大缺陷；

（2）严重损害投资者合法权益；

（3）严重危及市场正常秩序；

（4）严重损害证券行业形象；

（5）造成恶劣社会影响。

根据《证券经纪业务管理实施细则》，证券经纪业务从业人员涉嫌违法违规的，证券公司应当按照《证券行业执业声誉信息管理办法》等规定，及时向协会报告。证券公司及从业人员违反《证券经纪业务管理实施细则》的，中国证券业协会将视情节轻重，根据《中国证券业协会自律措施实施办法》相关规定采取自律措施。涉嫌违法违规的，移送中国证监会或司法机关处理。

四、证券经纪业务营销人员

（一）证券经纪人与证券公司之间的委托关系

根据《证券经纪业务管理办法》，证券经纪人属于证券从业人员。证券经纪人应当遵守《证券经纪业务管理办法》关于证券从业人员的相关规定以及中国证监会关于证券经纪人管理的专门规定。《证券经纪人管理暂行规定》对证券经纪人与证券公司之间的委托关系作出了相关规定。

证券经纪人，是指接受证券公司的委托，代理其从事客户招揽和客户服务等活动的证券公司以外的自然人。

证券公司可以通过公司员工或者委托公司以外的人员从事客户招揽和客户服务等活动。委托公司以外的人员的，应当按照《证券公司监督管理条例》规定的证券经纪人形式进行，不得采取其他形式。

证券经纪人应当在执业过程中向客户明示其与证券公司的委托代理关系，并在委托合同约定的代理权限、代理期间、执业地域范围内从事客户招揽和客户服务等活动。证券经纪人只能接受一家证券公司的委托，并应当专门代理证券公司从事客户招揽和客户服务等活动。

（二）证券经纪业务营销人员执业行为的禁止性规定

1. 根据《证券经纪业务管理办法》，证券公司从事证券经纪业务，应当对营销活动加强统一管理，防范从业人员违规展业。证券公司及其从业人员从事证券经纪业务营销活动，应当向投资者介绍证券交易基本知识，充分揭示投资风险，不得有下列行为：

（1）诱导无投资意愿或者不具备相应风险承受能力的投资者开立账户、参与证券交易活动；

（2）提供、传播虚假或者误导投资者的信息；

（3）直接或者变相向投资者返还佣金、赠送礼品礼券或者提供其他非证券业务性质的服务；

（4）采用诋毁其他证券公司等不正当竞争方式招揽投资者；

（5）对投资者证券买卖的收益或者赔偿证券买卖的损失作出承诺；

（6）与投资者约定分享投资收益或者分担投资损失；

（7）违规委托证券经纪人以外的个人或者机构进行投资者招揽、服务活动；

（8）损害投资者合法权益或者扰乱市场秩序的其他行为。

2. 根据《证券经纪人管理暂行规定》，证券经纪人不得有下列行为：

（1）替客户办理账户开立、注销、转移，证券认购、交易或者资金存取、划转、查询等事宜；

（2）提供、传播虚假或者误导客户的信息，或者诱使客户进行不必要的证券买卖；

（3）与客户约定分享投资收益，对客户证券买卖的收益或者赔偿证券买卖的损失作出承诺；

（4）采取贬低竞争对手、进入竞争对手营业场所劝导客户等不正当手段招揽客户；

（5）泄露客户的商业秘密或者个人隐私；

（6）为客户之间的融资提供中介、担保或者其他便利；

（7）为客户提供非法的服务场所或者交易设施，或者通过互联网络、新闻媒体从事客户招揽和客户服务等活动；

（8）委托他人代其从事客户招揽和客户服务等活动；

（9）损害客户合法权益或者扰乱市场秩序的其他行为。

3. 根据《证券经纪人执业规范（试行）》，证券经纪人应在《证券经纪人管理暂行规定》和所服务证券公司授权的范围内执业，除不得有《证券经纪人管理暂行规定》禁止的行为外，也不得有以下行为：

（1）以所服务证券公司或证券营业部的名义，与客户或他人签订任何合同、协议；

（2）代客户在相关合同、协议、文件等资料上签字；

（3）在执业过程中索取或收受客户款项和财物；

（4）向客户提供非由所服务证券公司统一提供的研究报告及与证券投资有关的信息、证券类金融产品宣传推介材料及有关信息；

（5）违背职业道德的其他行为。

五、基金销售人员及从事代销金融产品人员

（一）基金销售人员的有关规定

根据《公开募集证券投资基金销售机构监督管理办法》及配套规则，基金销售机构是指经中国证监会或者其派出机构注册，取得基金销售业务资格的机构。未经注册，任何单位或者个人不得从事基金销售业务。基金销售机构应当强化人员资质管理，确保基金销售人员具有基金从业资格。从事基金宣传推介、销售信息管理平台运营维护等基金销售业务的人员以及基金销售相关部门管理人员、合规风控人员应当取得基金从业资格。未经基金销售机构聘任，任何人员不得从事基金销售活动，中国证监会另有规定的除外。

基金销售机构及其从业人员从事基金销售业务，应当遵守法律法规、中国证监会规定以及基金合同、基金销售协议等约定，遵循自愿、公平的原则，诚实守信，谨慎勤勉，廉洁从业，恪守职业道德和行为规范，不得损害国家利益、社会公共利益和投资人的合法权益，不得有下列情形：

（1）虚假记载、误导性陈述或者重大遗漏；

（2）违规承诺收益、本金不受损失或者限定损失金额、比例；

（3）预测基金投资业绩，或者宣传预期收益率；

（4）误导投资人购买与其风险承担能力不相匹配的基金产品；

（5）未向投资人有效揭示实际承担基金销售业务的主体、所销售的基金产品等重要信息，或者以过度包装服务平台、服务品牌等方式模糊上述重要信息；

（6）采取抽奖、回扣或者送实物、保险、基金份额等方式销售基金；

（7）在基金募集申请完成注册前，办理基金销售业务，向公众分发、公布基金宣传推介材料或者发售基金份额；

（8）未按照法律法规、中国证监会规定、招募说明书和基金份额发售公告规定的时间销售基金，或者未按照规定公告即擅自变更基金份额的发售日期；

(9) 挪用基金销售结算资金或者基金份额；违规利用基金份额转让等形式规避基金销售结算资金闭环运作要求、损害投资人资金安全；

(10) 利用或者承诺利用基金资产和基金销售业务进行利益输送或者利益交换；

(11) 违规泄露投资人相关信息或者基金投资运作相关非公开信息；

(12) 以低于成本的费用销售基金；

(13) 实施歧视性、排他性、绑定性销售安排；

(14) 中国证监会规定禁止的其他情形。

（二）从事代销金融产品人员的有关规定

根据《证券公司代销金融产品管理规定》，证券公司从事代销金融产品活动的人员，应当符合规定的条件，并遵守证券从业人员的管理规定。证券公司应当对金融产品营销人员进行必要的培训，保证其充分了解所负责推介金融产品的信息及与代销活动有关的公司内部管理规定和监管要求。证券公司从事代销金融产品活动的人员不得接受委托人给予的财物或其他利益。

证券公司及其从业人员违反《证券公司代销金融产品管理规定》的，中国证监会及其派出机构依法采取监管措施或者给予行政处罚。

六、证券投资咨询人员

（一）证券投资咨询人员的概念

证券投资咨询人员主要包括证券投资顾问及证券分析师两类。

（二）证券投资咨询人员应当具备的条件

为了加强对证券投资咨询活动的管理，保障投资者的合法权益和社会公共利益，根据《证券、期货投资咨询管理暂行办法》《证券投资顾问业务暂行规定》《发布证券研究报告暂行规定》《证券投资咨询机构执业规范（试行）》，从事证券投资咨询业务，必须取得中国证监会的业务许可。未经中国证监会许可，任何机构和个人均不得从事各种形式证券投资咨询业务。

1. 从业条件

证券投资咨询人员必须具备下列条件：

(1) 具有中华人民共和国国籍；

(2) 具有完全民事行为能力；

（3）品行良好、正直诚实，具有良好的职业道德；

（4）未受过刑事处罚或者与证券业务有关的严重行政处罚；

（5）具有大学本科以上学历；

（6）具有从事证券业务两年以上的经历；

（7）具备从事业务所需的相应专业能力，符合相关从业条件；

（8）中国证监会规定的其他条件。

2. 水平评价测试

除了应当熟练掌握证券业务专业知识，具备相应的专业能力，熟练掌握证券市场基本法律法规和金融市场基础知识外，证券投资顾问还应当熟练掌握证券投资顾问业务相关的法律、财务管理、证券投资等专业知识；证券分析师还应当熟练掌握发布证券研究报告业务相关的法律、会计、财务管理、证券估值等专业知识。

（1）专业能力水平评价测试。

除参加一般业务水平评价测试外，证券投资顾问还应参加证券投资顾问专业能力水平评价测试，作为证明其专业能力的参考；证券分析师还应参加证券分析师专业能力水平评价测试，作为证明其专业能力的参考。

（2）不参加专业能力水平评价测试应符合的条件。

拟任证券投资顾问，符合下列条件之一的，可以不参加证券投资顾问专业能力水平评价测试：

①取得国家注册会计师或者注册国际投资分析师（CIIA）或者特许金融分析师（CFA）资格；

②在证券基金经营机构、证券投资咨询机构从事证券投资咨询相关工作 8 年以上并具有经济、金融、会计等相关专业硕士研究生以上学历，且未受过中国证监会行政处罚或者行政监管措施、行业自律组织纪律处分或者自律管理措施；

③中国证券业协会规定的其他条件。

拟任证券分析师，符合下列条件之一的，可以不参加证券分析师专业能力水平评价测试：

①取得国家注册会计师或者注册国际投资分析师（CIIA）或者特许金融分析师（CFA）资格；

②在证券基金经营机构、证券投资咨询机构从事证券投资分析相关工作 8 年以上并具有硕士研究生以上学历，且未受过中国证监会行政处罚或者行政监管措施、行业自律组织纪律处分或者自律管理措施；

③在国家有关部门、科研院所、高等教育机构从事经济、金融研究工作 8 年以上；

④中国证券业协会规定的其他条件。

（三）证券投资咨询人员的登记要求

证券投资咨询人员主要包括证券投资顾问及证券分析师两类。同一人员不得同时登记为证券分析师和证券投资顾问，证券投资咨询机构人员只能与一家证券经营机构签订劳动合同，不得以任何形式同时在两家或两家以上证券经营机构执业。

根据《证券投资咨询机构执业规范（试行）》，证券投资咨询机构向客户提供证券投资顾问服务的人员应符合相关从业条件，并在中国证券业协会登记为证券投资顾问。从事证券投资顾问业务的营销、客服等直接为客户提供服务，但不涉及向客户提供投资建议的业务人员应符合相关从业条件，并在中国证券业协会登记为从事一般证券业务。从事证券投资顾问业务的营销、客服等直接为客户提供服务，同时向客户提供投资建议的人员应符合相关从业条件，并在中国证券业协会登记为证券投资顾问。上述营销、客服人员应为证券投资咨询机构正式员工。

从事发布证券研究报告业务的人员应符合相关从业条件，并在中国证券业协会登记为证券分析师。如证券投资咨询机构有其他业务资质，从事相应业务的人员应符合相应的从业要求。

（四）证券投资咨询人员禁止性行为规定和法律责任

1. 禁止性行为规定

（1）根据《证券法》，证券投资咨询机构及其从业人员从事证券服务业务不得有下列行为：

①代理委托人从事证券投资；

②与委托人约定分享证券投资收益或者分担证券投资损失；

③买卖本证券投资咨询机构提供服务的证券；

④法律、行政法规禁止的其他行为。

有上述所列行为之一，给投资者造成损失的，依法承担赔偿责任。

（2）根据《证券、期货投资咨询管理暂行办法》，证券投资咨询机构及其投资咨询人员，不得从事下列活动：

①代理投资人从事证券、期货买卖；

②向投资人承诺证券、期货投资收益；

③与投资人约定分享投资收益或者分担投资损失；

④为自己买卖股票及具有股票性质、功能的证券以及期货；

⑤利用咨询服务与他人合谋操纵市场或者进行内幕交易；

⑥法律、法规、规章所禁止的其他证券、期货欺诈行为。

（3）根据《证券投资顾问业务暂行规定》，证券投资咨询机构及其人员提供证券投资顾问服务，应当遵守下列规定：

①忠实客户利益，不得为公司及其关联方的利益损害客户利益；不得为证券投资顾问人员及其利益相关者的利益损害客户利益；不得为特定客户利益损害其他客户利益。

②证券投资顾问不得代客户作出投资决策。

③证券投资顾问向客户提供投资建议，应当提示潜在的投资风险，禁止对服务能力和过往业绩进行虚假、不实、误导性的营销宣传，禁止以任何方式承诺或者保证投资收益，禁止以任何方式向客户承诺或者保证投资收益。

④证券投资顾问向客户提供投资建议，知悉客户作出具体投资决策计划的，不得向他人泄露该客户的投资决策计划信息。

⑤证券公司、证券投资咨询机构及其人员不得以个人名义向客户收取证券投资顾问服务费用。

⑥证券投资顾问不得通过广播、电视、网络、报刊等公众媒体，作出买入、卖出或者持有具体证券的投资建议。

（4）根据《发布证券研究报告暂行规定》，从事发布证券研究报告业务的相关人员，不得同时从事证券自营、证券资产管理等存在利益冲突的业务。公司高级管理人员同时负责管理发布证券研究报告业务和其他证券业务的，应当采取防范利益冲突的措施，并有充分证据证明已经有效防范利益冲突。

证券分析师参与公司承销保荐、财务顾问等业务项目期间，不得发布与该业务项目相关的证券研究报告。跨越隔离墙期满，证券分析师不得利用公司承销保荐、财务顾问等业务项目的非公开信息，发布证券研究报告。

证券分析师通过广播、电视、网络、报刊等公众媒体以及报告会、交流会等形式，发表涉及具体证券的评论意见，或者解读其撰写的证券研究报告，应当符合证券信息传播的有关规定，禁止明示或者暗示保证投资收益。

（5）根据《发布证券研究报告执业规范》，在证券研究报告发布之前，制作发布证券研究报告的相关人员不得向证券研究报告相关销售服务人员、客户及其他无关人员泄露研究对象覆盖范围的调整、制作与发布研究报告的计划，证券研究报告的发布时间、观点和结论，以及涉及盈利预测、投资评级、目标价格等内容的调整计划。证券分析师不得在公司内部部门或外部机构兼任有损其独立性与客观性的其他职务，包括担任上市公司的独立董事。

（6）根据《证券分析师参加外部评选规范》，证券分析师参加外部评选活动应当遵守下列规定：

①严格遵守法律法规、监管规定以及协会自律规则，秉承诚实守信、廉洁自律、

公平竞争的原则参加评选，不得以不正当手段影响评选结果。

②严禁分析师以各种形式向投票人及其他可能对评选结果产生影响的人请客送礼，包括提供礼金、礼品、旅游、红包、娱乐健身等利益，或者以其他变通的方式进行利益输送。

③严禁以各种形式刊载或发送拉票信息，包括但不限于在微信群、微信朋友圈等各类自媒体上刊载或以邮件形式发送拉票信息，以微信名、微博、博客名或昵称附注形式显示拉票信息，或在提供研究服务时附带发送拉票信息等。

④对外发送的评选宣传介绍材料应经公司合规部门审核。宣传介绍材料的内容应客观、真实，不得以过去推荐的某一只或部分证券走势、涨幅证明自己的过往业绩。

2. 法律责任

证券投资咨询人员违反《证券法》第一百六十一条的规定，给投资者造成损失的，应当依法承担赔偿责任。根据《证券投资顾问业务暂行规定》相关规定，证券投资咨询机构及其证券投资顾问违反法律、行政法规和《证券投资顾问业务暂行规定》的，中国证监会及其派出机构可以采取责令改正、监管谈话、出具警示函、责令增加内部合规检查次数并提交合规检查报告、责令清理违规业务、责令暂停新增客户、责令处分有关人员等监管措施；情节严重的，中国证监会依照法律、行政法规和有关规定作出行政处罚；涉嫌犯罪的，依法移送司法机关。根据《发布证券研究报告暂行规定》相关规定，证券投资咨询机构及其证券分析师违反法律、行政法规和《发布证券研究报告暂行规定》的，中国证监会及其派出机构可以采取责令改正、监管谈话、出具警示函、责令增加内部合规检查次数并提交合规检查报告、责令暂停发布证券研究报告、责令处分有关人员等监管措施；情节严重的，中国证监会依照法律、行政法规和有关规定作出行政处罚；涉嫌犯罪的，依法移送司法机关。

根据《证券投资咨询机构执业规范（试行）》相关规定，证券投资咨询机构从业人员违反《证券投资咨询机构执业规范（试行）》的，中国证券业协会将根据有关自律规则，视情节轻重采取自律管理措施或纪律处分，并记入中国证券业协会诚信信息管理系统，同时将纪律处分信息报送中国证监会。

七、保荐代表人

（一）保荐代表人应具备的条件

1. 任职条件

根据《证券发行上市保荐业务管理办法》（以下简称《保荐办法》）《证券公司保

荐业务规则》，保荐机构履行保荐职责，应当指定品行良好、具备组织实施保荐项目专业能力的保荐代表人具体负责保荐工作。

保荐机构聘用保荐代表人前，应当对其从业经历、诚信信息、违法违规情况等进行审慎调查，保证其符合从业条件。保荐代表人不得为失信被执行人。保荐机构为存在效力期限内负面执业声誉信息的人员进行保荐代表人登记时，应当提供道德品行情况说明，说明其符合品行良好的要求以及针对其负面执业声誉信息有关情况对其加强监督管理的具体举措。

保荐机构聘用保荐代表人后，应当保证其在执业期间持续符合法律法规、监管规定、自律规则等要求。保荐机构提交发行人申请文件时应当提交关于其保荐代表人符合执业条件要求的承诺。

2. 从业条件

保荐代表人应熟练掌握证券业务专业知识，具备相应的专业能力。除了熟练掌握证券市场基本法律法规和金融市场基础知识外，保荐代表人应当熟练掌握保荐业务相关的法律、会计、财务管理、税务、审计等专业知识，最近 5 年内具备 36 个月以上保荐相关业务经历、最近 12 个月持续从事保荐相关业务，最近 12 个月内未受到证券交易所等自律组织的重大纪律处分或者中国证监会的重大监管措施，最近 36 个月内未受到中国证监会的行政处罚。

（1）保荐代表人专业能力水平评价测试

中国证券业协会制定保荐代表人自律管理规范，组织保荐代表人专业能力水平评价测试，验证拟任保荐代表人是否熟练掌握保荐业务相关法律、会计、财务管理、税务、审计等专业知识，达到相应专业能力水平。

专业能力水平评价测试结果未达到基本要求的，所在保荐机构应当出具书面说明并提供验证其专业能力水平的充足材料。协会将相关材料情况及其专业能力水平评价测试结果予以公示。所提供材料包括下列中的任意四项可视为充足：

①具备 8 年以上保荐相关业务经历；

②最近 3 年内在符合《保荐办法》第二条规定的两个证券发行项目中担任过项目组成员（发行人、保荐机构、保荐代表人因证券发行上市相关违规行为受到处罚处分措施的项目除外）；

③具有金融、经济、会计、法律相关专业硕士研究生以上学历；

④取得国家法律职业资格；

⑤取得国家注册会计师资格。

（2）不参加保荐代表人专业能力水平评价测试应符合的条件

符合下列条件之一的，可视为熟练掌握保荐业务相关法律、会计、财务管理、税务、审计等专业知识，达到相应专业能力水平，无须参加保荐代表人专业能力水平评价测试：

①具备10年以上保荐相关业务经历，且最近2年内在符合《保荐办法》第二条规定的证券发行项目中担任过项目协办人等主要成员（发行人、保荐机构、保荐代表人因证券发行上市相关违规行为受到处罚处分措施的项目除外）；

②中国证监会和中国证券业协会规定的其他条件。

3. 培训

保荐机构应当建立健全对保荐代表人及其他保荐业务相关人员的持续培训制度。保荐代表人应当按照相关规定参加业务培训，培训内容应当包括法律法规、宏观政策、职业道德及保荐业务相关理论、专业技能等。符合从业人员持续培训相关规定中抵免学时条件的，按规定予以抵免。

保荐机构应当加强廉洁文化建设，每年开展覆盖全体保荐代表人、其他从事保荐业务的人员的廉洁文化培训，确保保荐代表人、其他从事保荐业务的人员熟悉廉洁从业相关规定。

4. 廉洁从业及信用记录

根据《保荐办法》《证券公司保荐业务规则》，保荐机构应当建立健全廉洁从业管理内控体系，加强对工作人员的管理，不得在开展保荐业务的过程中谋取或输送不正当利益。保荐代表人、其他从事保荐业务的人员对保荐业务廉洁从业承担直接责任。保荐机构应当将保荐代表人、其他从事保荐业务的人员廉洁从业情况纳入人事管理体系，发生人员聘用、保荐代表人登记和后续管理、晋级、提拔、离职以及考核、审计、稽核等情形时，应当考察评估其廉洁从业情况，并将评估结果作为重要考量因素。

保荐代表人、其他从事保荐业务的人员在与证监会及证券交易所咨询沟通过程中，应当严格遵守有关廉洁从业要求和业务沟通纪律。保荐机构及其保荐代表人、其他从事保荐业务的人员开展客户招揽、项目承揽及商务接待等活动，应当厉行节约、反对铺张浪费，维护保荐机构和行业声誉。

中国证监会对保荐机构及其相关人员进行持续动态的跟踪管理，记录其业务资格、执业情况、违法违规行为、其他不良行为以及对其采取的监管措施等，对保荐机构业务质量进行评价。保荐信用记录和质量评价结果向社会公开。中国证券业协会对保荐代表人执业过程进行动态管理，持续记录其专业能力水平评价情况、执业情况、业务培训情况、违法违规行为、违反职业道德行为、处罚处分信息等，并予以公示。有关信息可来源于证监会，证券交易所、协会等行业自律组织，保荐机构，以及执业检查、举报投诉等渠道。

（二）保荐代表人执业行为规范

1. 保荐代表人执业行为总体规范

根据《保荐办法》《证券公司保荐业务规则》，保荐机构及其保荐代表人、其他从事保荐业务的人员应当遵守法律、行政法规和中国证监会、证券交易所、中国证券业协会的相关规定，恪守业务规则和行业规范，诚实守信，勤勉尽责，廉洁从业，严谨专业、严控风险、廉洁自律开展保荐业务，尽职推荐发行人证券发行上市，持续督导发行人履行规范运作、信守承诺、信息披露等义务，不得通过从事保荐业务谋取任何不正当利益。

保荐代表人应当遵守社会公德、职业道德，珍视和维护保荐代表人职业声誉，保持应有的职业谨慎，严于律己，勤勉尽责，保持和提高专业胜任能力。保荐代表人应当维护发行人的合法利益，对从事保荐业务过程中获知的发行人信息保密。保荐代表人应当恪守独立履行职责的原则，不因迎合发行人或者满足发行人的不当要求而丧失客观、公正的立场，不得唆使、协助或者参与发行人及证券服务机构等实施非法的或者具有欺诈性的行为。保荐代表人应当保持独立、客观、审慎，与接受其服务的发行人及其关联方不存在利害关系，不存在妨碍其进行独立专业判断的情形。

保荐机构开展保荐业务时，应当成立项目组负责项目承做，指定两名保荐代表人具体负责一家发行人的保荐工作，出具由法定代表人签字的专项授权书，并确保保荐机构有关部门和人员有效分工协作。保荐机构可以指定一名项目协办人。保荐业务负责人、保荐业务部门负责人、保荐业务各团队负责人应当加强对其他从事保荐业务的人员的管理，确保其规范执业。

保荐代表人应当全程参与项目执行，并按照相关规定对发行人申请文件和信息披露资料进行尽职调查、审慎核查，包括但不限于参与重大事项讨论、编制尽职调查计划、制定尽职调查问题的解决方案、上市辅导培训、重要或异常客户及供应商走访、银行流水核查或复核核查记录、复核工作底稿等。项目立项完成后，如保荐代表人出现更换情形的，新任的保荐代表人应对原保荐代表人的工作进行审慎复核。

2. 审核要求

保荐机构及其保荐代表人应当根据相关规定审阅发行人信息披露文件及向证监会、证券交易所提交的其他文件，并有充分理由确信发行人披露和提交的文件不存在虚假记载、误导性陈述或者重大遗漏。未经上述单位同意，保荐机构及其保荐代表人不得擅自改动申请文件、信息披露文件和其他已提交文件。

保荐机构及其保荐代表人应当协助发行人持续提升信息披露质量，达到真实、准确、完整的要求。提交发行人申请文件前，保荐机构及其保荐代表人应当复核并确保申请材料符合监管要求。

申请材料提交后，保荐机构及其保荐代表人发现发行人申请文件、信息披露文件和其他已提交的文件存在影响理解的错误、重要遗漏或者误导的，应当要求发行人进行更正或补充。发行人拒不配合的，应当撤销保荐并及时向证监会、证券交易所报告。

3. 工作底稿要求

保荐机构应当建立健全工作底稿制度，按规定建设应用工作底稿电子化管理系统。保荐机构应当为每一项目建立独立的保荐工作底稿。保荐代表人必须为其具体负责的每一项目建立尽职调查工作日志，作为保荐工作底稿的一部分存档备查。

保荐机构及其保荐代表人应当在尽职调查工作底稿等文件中详细记录所执行的尽职调查范围、步骤和内容。保荐代表人应当为其具体负责的每一项目建立尽职调查工作日志，按照时间顺序全面、完整、及时地记录尽职调查过程，并作为保荐工作底稿的一部分存档备查。工作日志应当按照时间编制，尽职调查工作期间每周应当至少形成一份工作日志；对于持续时间较长的特定重要事项的尽职调查，也可按照事项编制，就该事项在一段时间内或者整个尽职调查期间的核查情况形成单独的工作日志。保荐代表人应当在尽职调查工作日志中通过签字等形式确认。

保荐代表人及其他项目人员应当有效分工协作，根据具体工作职责承担相应的责任，并在尽职调查工作底稿中详细记录保荐项目的人员配置情况，包括保荐代表人及其他项目人员、项目所在部门/子部门/团队负责人等直接主管人员情况，保荐代表人和其他项目人员所从事的具体工作，相关人员在项目中发挥的作用。

4. 持续督导要求

保荐机构及其保荐代表人应当按照法律法规、监管规定、自律规则等要求，针对发行人的具体情况，确定证券发行上市后持续督导的内容，制定持续督导工作计划和实施方案，就持续督导工作的主要内容、重点、实施方式、步骤作出完整、有效的安排。持续督导工作开始前，保荐机构应明确参与持续督导工作的人员，相关人员应至少包括两名保荐代表人。

证券发行后，保荐机构不得更换保荐代表人，但因保荐代表人离职或者不符合保荐代表人要求的，应当更换保荐代表人。保荐机构更换保荐代表人的，应当通知发行人，并在5个工作日内向中国证监会、证券交易所报告，说明原因。原保荐代表人在具体负责保荐工作期间未勤勉尽责的，其责任不因保荐代表人的更换而免除或者终止。

保荐机构法定代表人、保荐业务负责人、内核负责人、保荐业务部门负责人、保荐代表人和项目协办人应当在发行保荐书上签字，保荐机构法定代表人、保荐代表人应当同时在证券发行募集文件上签字。

持续督导工作结束后，保荐机构应当在发行人公告年度报告之日起的10个工作日内向中国证监会、证券交易所报送保荐总结报告书。保荐机构法定代表人和保荐代表人应当在保荐总结报告书上签字。保荐总结报告书应当包括下列内容：

（1）发行人的基本情况；

（2）保荐工作概述；

（3）履行保荐职责期间发生的重大事项及处理情况；

（4）对发行人配合保荐工作情况的说明及评价；

（5）对证券服务机构参与证券发行上市相关工作情况的说明及评价；

（6）中国证监会、证券交易所要求的其他事项。

5. 内部控制制度及问责机制

根据《保荐办法》《证券公司保荐业务规则》，保荐机构应当建立健全并执行覆盖全部保荐业务流程和全体保荐业务人员的内部控制制度，包括但不限于立项制度、质量控制制度、问核制度、内核制度、反馈意见报告制度、风险事件报告制度、合规检查制度、应急处理制度等，定期对保荐业务内部控制的有效性进行全面评估，保证保荐业务负责人、内核负责人、保荐业务部门负责人、保荐代表人、项目协办人及其他保荐业务相关人员勤勉尽责，严格控制风险，提高保荐业务整体质量。

保荐机构应当建立健全内部问责机制，强化保荐业务负责人、保荐业务部门负责人、保荐代表人、质控、内核等保荐业务全链条人员的责任意识，明确保荐业务人员履职规范和问责措施。保荐业务人员被采取自律管理措施、纪律处分、监管措施、证券市场禁入措施、行政处罚、刑事处罚等的，保荐机构应当进行内部问责。保荐机构应当在劳动合同、内部制度中明确，保荐业务人员出现前款情形的，应当退还相关违规行为发生当年除基本工资外的其他部分或全部薪酬。

6. 禁止行为

保荐机构及其保荐代表人、其他从事保荐业务的人员应当遵守《证券期货经营机构及其工作人员廉洁从业规定》《证券经营机构及其工作人员廉洁从业实施细则》等相关规定，落实各项廉洁从业要求。保荐机构及其保荐代表人、其他从事保荐业务的人员在开展保荐业务活动中，不得存在以下行为：

（1）以提供礼金、礼品、旅游、娱乐健身、房产、汽车、有价证券、工作安排等手段向公职人员、客户、正在洽谈的潜在客户及其他利益关系人输送不正当利益，或违规接受客户及其他利益关系人提供的前述利益；

（2）利用内幕信息、未公开信息、客户信息、商业秘密等信息谋取不正当利益；

（3）签署虚构服务主体或者服务内容的协议、利用本机构或者客户资产，向不具备相关专业能力或者未提供相应服务的第三方支付咨询费、顾问费、服务费等费用；

（4）在项目申报、审核、检查、注册、立案调查等过程中，与监管工作人员进行任何正常工作沟通之外的私下接触，干扰或者唆使、协助他人干扰证券发行上市审核、证券监管或自律管理工作，通过利益输送、行贿等方式“围猎”监管或自律工作人员；

（5）以诋毁同行，不合理报价，宣称与监管人员或者其他相关人员熟悉，降低尽职调查标准或信息披露质量，承诺申报时间，承诺获得批复或获得批复时间，签署“抽屉”协议，或者承诺发行价格、利率等不正当手段，招揽项目或索要不当利益；

（6）以非公允价格或者不正当方式，为本人、证监会系统在职人员或离职人员及其利益关系人，获取拟上市公司股权；

（7）泄露证券发行询价和定价信息，操纵证券发行价格，或以代持、信托、违规配售等方式，在证券发行与承销过程中输送、谋取不正当利益；

（8）违规从事营利性经营活动，违规兼任可能影响其独立性的职务，或者从事与保荐机构或者投资者合法利益相冲突的活动；

（9）利用职务或工作便利，侵占保荐业务收入，或向客户或其利益关系人收受好处费、报销与项目无关的费用；

（10）保荐代表人及其配偶以任何名义或者方式持有发行人的股份；

（11）其他违反廉洁从业相关规定的行为。

保荐代表人及其他保荐业务相关人员属于内幕信息的知情人员，应当遵守法律、行政法规和中国证监会的规定，不得利用内幕信息直接或者间接为保荐机构、本人或者他人谋取不正当利益。

7. 回避制度

保荐代表人、保荐业务负责人、内核负责人、保荐业务部门负责人及其他保荐业务人员应当保持独立、客观、审慎，与发行人及其关联方不存在利害关系，不存在妨碍其进行独立专业判断的情形。

保荐代表人、项目组其他成员及其配偶有以下情形之一的，不得参与该项目；保荐业务负责人、内核负责人、保荐业务部门负责人有以下情形之一的，不得参与该项目：

（1）担任发行人及其关联方的董事、监事、高级管理人员或核心技术人员；

（2）担任发行人及其关联方的控股股东、实际控制人的董事、监事、高级管理人员；

（3）直接或间接持有发行人股份；

（4）担任发行人聘任的其他证券服务机构的负责人、专家顾问或者项目组成员；

（5）与发行人及其关联方存在其他影响履行保荐职责的利害关系，或存在其他影响独立专业判断的情形。

8. 薪酬制度

根据《证券公司投资银行类业务内部控制指引》，证券公司应当针对管理和执行投资银行类项目的主要人员建立收入递延支付机制，合理确定收入递延支付标准，明确递延支付人员范围、递延支付年限和比例等内容。对投资银行类项目负有主要管理或执行责任人员的收入递延支付年限原则上不得少于3年。

根据《保荐办法》《证券公司保荐业务规则》，保荐机构应当根据保荐业务特点制定科学、合理的薪酬考核体系和长效的激励机制，综合考量业务人员的专业胜任能力、执业质量、合规情况、业务收入等各项因素确定人员薪酬标准。保荐机构不得将业务人员薪酬收入与其承做或承揽的项目收入直接挂钩，不得以业务包干等承包方式开展保荐业务，或者以其他形式实施过度激励。

保荐机构应当明确保荐业务负责人、保荐业务部门负责人、保荐代表人等出现被采取与保荐业务执业相关的自律管理措施、纪律处分、行政监管措施、市场禁入措施、行政处罚、刑事处罚等情形的，保荐机构应当视情节严重程度，根据保荐机构内部制度和劳动合同的规定，经过内部审批程序，要求其退还违规行为发生当年除基本工资外的其他部分或全部薪酬。

9. 履职权利

根据《保荐办法》，保荐机构及其保荐代表人履行保荐职责，可以对发行人行使下列权利：

（1）要求发行人按照本办法规定和保荐协议约定的方式，及时通报信息；

（2）定期或者不定期对发行人进行回访，查阅保荐工作需要的发行人材料；

（3）列席发行人的股东大会、董事会和监事会；

（4）对发行人的信息披露文件及向中国证监会、证券交易所提交的其他文件进行事前审阅；

（5）对有关部门关注的发行人相关事项进行核查，必要时可聘请相关证券服务机构配合；

（6）按照中国证监会、证券交易所信息披露规定，对发行人违法违规的事项发表公开声明；

（7）中国证监会、证券交易所规定或者保荐协议约定的其他权利。

保荐机构及其保荐代表人履行保荐职责，不能减轻或者免除发行人及其控股股东、实际控制人、董事、监事、高级管理人员、证券服务机构及其签字人员的责任。发行人及其控股股东、实际控制人、董事、监事、高级管理人员未有效配合保荐机构及其保荐代表人开展尽职调查和其他相关工作的，中国证监会可以对相关单位和责任人员采取重点关注、出具警示函、责令公开说明、责令改正、监管谈话等监管措施。

情节严重的，对有关责任人采取证券市场禁入的措施。

（三）监管措施及自律管理

中国证监会依法对保荐机构及其保荐代表人、其他从事保荐业务的人员进行监督管理。证券交易所、中国证券业协会对保荐机构及其保荐代表人、其他从事保荐业务的人员进行自律管理。对违反相关自律管理规则的保荐机构和责任人员，证券交易所、中国证券业协会可以采取一定期限内不接受与证券发行相关的文件、认定不适合从事相关业务等自律管理措施或者纪律处分。

1. 监管措施

（1）保荐机构、保荐代表人出现下列情形之一的，中国证监会可以视情节轻重，采取出具警示函、责令改正、监管谈话等监管措施；情节严重的，中国证监会可以采取暂停保荐机构的保荐业务、依法认定保荐代表人为不适当人选3个月到12个月的监管措施：

①制作或者出具的文件不齐备或者不符合要求；

②擅自改动申请文件、信息披露资料或者其他已提交文件；

③申请文件或者信息披露资料存在相互矛盾或者同一事实表述不一致且有实质性差异；

④文件披露的内容表述不清，逻辑混乱，严重影响投资者理解；

⑤未及时报告或者未及时披露重大事项；

⑥指定不符合《保荐办法》第四条规定要求的人员具体负责保荐工作；

⑦未通过内核程序，以公司名义对外提交或披露保荐业务项目文件；

⑧采取业务包干等承包方式或其他形式进行过度激励；

⑨以显著低于行业定价水平等不正当竞争方式招揽业务，违反公平竞争、破坏市场秩序。

（2）保荐代表人出现下列情形之一的，中国证监会可以根据情节轻重，依法采取认定为不适当人选3个月到36个月的监管措施：

①尽职调查工作日志缺失或者遗漏、隐瞒重要问题；

②未完成或者未参加辅导工作；

③重大事项未报告、未披露；

④未参加持续督导工作，或者持续督导工作严重未勤勉尽责；

⑤因保荐业务或其具体负责保荐工作的发行人在保荐期间内受到证券交易所、中国证券业协会公开谴责；

⑥唆使、协助或者参与发行人干扰中国证监会、证券交易所及其上市委员会的审

核工作；

⑦伪造或者变造签字、盖章；

⑧严重违反诚实守信、勤勉尽责、廉洁从业义务的其他情形。

（3）保荐代表人出现下列情形之一的，中国证监会可以依法采取认定为不适当人选的监管措施；情节严重的，对其采取证券市场禁入的措施：

①在与保荐工作相关文件上签字推荐发行人证券发行上市，但未参加尽职调查工作，或者尽职调查工作不彻底、不充分，明显不符合业务规则和行业规范；

②通过从事保荐业务谋取不正当利益；

③本人及其配偶以任何名义或者方式持有发行人的股份；

④唆使、协助或者参与发行人及证券服务机构提供存在虚假记载、误导性陈述或者重大遗漏的文件；

⑤参与组织编制的与保荐工作相关文件存在虚假记载、误导性陈述或者重大遗漏。

（4）发行人出现下列情形之一的，中国证监会可以暂停保荐机构的保荐业务资格12个月到36个月，责令保荐机构更换相关负责人，对保荐代表人依法采取认定为不适当人选的监管措施；情节严重的，撤销保荐业务资格，对相关责任人采取证券市场禁入的措施：

①证券发行募集文件等申请文件人依法存在虚假记载、误导性陈述或者重大遗漏；

②持续督导期间信息披露文件存在虚假记载、误导性陈述或者重大遗漏。

（5）发行人在持续督导期间出现下列情形之一的，中国证监会可以根据情节轻重，对保荐机构及其相关责任人员采取出具警示函、责令改正、监管谈话、对保荐代表人依法认定为不适当人选、暂停保荐机构的保荐业务等监管措施：

①首次公开发行股票并在主板上市和主板上市公司向不特定对象公开发行证券并上市当年营业利润比上年下滑50%以上；

②首次公开发行股票并上市、股票向不特定合格投资者公开发行并在北交所上市和上市公司向不特定对象公开发行证券并上市当年即亏损且选取的上市标准含净利润标准；

③首次公开发行股票并上市和股票向不特定合格投资者公开发行并在北交所上市之日起12个月内控股股东或者实际控制人发生变更；

④证券上市当年累计50%以上募集资金的用途与承诺不符；

⑤首次公开发行股票并上市和股票向不特定合格投资者公开发行并在北交所上市之日起12个月内累计50%以上资产或者主营业务发生重组；

⑥上市公司向不特定对象公开发行证券并上市之日起12个月内累计50%以上资产或者主营业务发生重组，且未在证券发行募集文件中披露；

⑦实际盈利低于盈利预测达20%以上；

⑧关联交易显失公允或者程序违规，涉及金额较大；

⑨控股股东、实际控制人或其他关联方违规占用发行人资源，涉及金额较大；

⑩违规为他人提供担保，涉及金额较大；

⑪违规购买或出售资产、借款、委托资产管理等，涉及金额较大；

⑫董事、监事、高级管理人员侵占发行人利益受到行政处罚或者被追究刑事责任；

⑬违反上市公司规范运作和信息披露等有关法律法规，情节严重的；

⑭中国证监会规定的其他情形。

前述涉及的净利润以扣除非经常性损益前后孰低者为计算依据。

（6）保荐代表人被依法采取认定为不适当人选的监管措施的，对已受理的该保荐代表人具体负责推荐的项目，保荐机构应当更换保荐代表人，并指派与本项目无关的人员进行复核；对负有责任的保荐业务负责人、内核负责人、保荐业务部门负责人等人员，保荐机构应当根据内部管理规定进行问责惩戒，情节严重的，应当予以更换。

（7）对中国证监会拟采取的监管措施，保荐机构及其保荐代表人提出申辩的，如有充分证据证明下列事实且理由成立，中国证监会予以采纳：

①发行人或者其董事、监事、高级管理人员故意隐瞒重大事实，保荐机构和保荐代表人已履行勤勉尽责义务；

②发行人已在证券发行募集文件中作出特别提示，保荐机构和保荐代表人已履行勤勉尽责义务；

③发行人因不可抗力致使业绩、募集资金运用等出现异常或者未能履行承诺；

④发行人及其董事、监事、高级管理人员在持续督导期间故意违法违规，保荐机构和保荐代表人主动予以揭示，已履行勤勉尽责义务；

⑤保荐机构、保荐代表人已履行勤勉尽责义务的其他情形。

2. 自律管理

（1）中国证券业协会建立保荐代表人名单分类机制，对保荐代表人实施动态分类管理，根据执业情况、专业能力水平评价情况、诚信情况等，建立并公布下列分类名单：

①保荐代表人综合执业信息分类名单；

②按照本规则第八条规定应当公示其专业能力水平情况的保荐代表人名单；

③最近3年内受过证监会行政监管措施、行业自律组织纪律处分或自律管理措施的保荐代表人名单；

④最近3年内受过证监会行政处罚的，以及被证监会采取认定为不适当人选、被行业自律组织采取认定不适合从事相关业务或暂不接受签字的文件或暂不受理出具的

相关业务文件等纪律处分且在执行期的时任保荐代表人名单；

⑤协会认为有必要建立并公布的其他保荐代表人名单。

（2）中国证券业协会建立保荐业务违法违规项目公示机制，根据证监会以及证券交易所、协会等行业自律组织作出的处罚决定和监管措施，公示违法违规项目信息；建立示范实践推广机制，收集保荐业务创新、尽职调查、内部控制、工作底稿电子化建设等方面的示范实践，履行相应程序后向行业予以推广，引导行业对标提升。

（3）中国证券业协会建立证券行业执业声誉激励约束机制，对保荐机构及其保荐代表人、其他从事保荐业务的人员实施自律管理。中国证券业协会建立即时响应实施机制，对保荐机构及其保荐代表人、其他从事保荐业务的人员发表不当言论、恶意竞争、违反公序良俗等有损行业形象的情形，采取约谈、要求回应或声明、启动自律调查程序等方式予以处理。

（4）中国证券业协会对保荐机构及其保荐代表人、其他从事保荐业务的人员进行执业质量自律检查，并对保荐工作质量作出评价和建议，供证监会、证券交易所备查。检查内容包括：

①保荐业务内部控制等制度的制定与执行；

②从业人员的登记信息、执业情况、培训情况、廉洁从业情况及其证明材料；

③保荐机构和相关人员独立履职情况；

④保荐业务收费原则的制定与执行；

⑤薪酬考核机制和激励机制的制定与执行；

⑥工作底稿制度的制定以及工作底稿的编制、管理与保存；

⑦保荐业务尽职调查工作的执行情况；

⑧保荐机构辅导工作的完成情况；

⑨证券发行与承销制度、信息披露制度的建立与实施；

⑩中国证券业协会认为有必要的其他内容。

保荐机构及其保荐代表人、其他从事保荐业务的人员应当积极配合检查，如实提供有关资料，无正当理由不得拒绝、拖延提供有关资料，或者提供不真实、不准确、不完整的资料。

（5）保荐机构及其保荐代表人、其他从事保荐业务的人员出现以下情形的，协会按照《中国证券业协会自律措施实施办法》等有关规定，合理区分个人责任与机构责任，对保荐机构及相关责任人员采取自律管理措施；其中第一项至第八项违规情节严重的，可采取纪律处分：

①通过从事保荐业务谋取、输送任何不正当利益；

②直接或者间接向他人提供内幕信息，泄露未公开信息、商业秘密和客户信息；

③以不合理价格、不正当竞争方式招揽业务，违反公平竞争，破坏市场秩序；

④未勤勉尽责履行保荐相关职责；

⑤违反独立性原则违规开展保荐业务；

⑥采取业务包干等承包方式或其他形式进行过度激励；

⑦聘用不符合规定要求的人员从事保荐业务，执业登记存在弄虚作假等违规行为；

⑧不配合、阻挠或以其他变相方式妨碍协会检查，影响自律管理人员作出自律管理决定；

⑨无正当理由不按规定及时报送相关信息，经提醒后仍不按规定报送，报送的信息中存在虚假记载、误导性陈述或者重大遗漏；

⑩未按照相关规定参加培训；

⑪其他违反本规则规定的行为。

自律措施按照相关规定纳入证券行业执业声誉激励约束机制。保荐机构及其保荐代表人、其他从事保荐业务的人员违反法律法规、监管规定或有关主管部门规定的，协会依法移交证监会、证券交易所或其他有权机关处理。

八、财务顾问主办人

根据《上市公司并购重组财务顾问业务管理办法》，在财务顾问机构中负责并购重组项目的签名人员为财务顾问主办人。财务顾问主办人应当具备下列条件：

（1）具备中国证监会规定的投资银行业务经历；

（2）具备从事相关业务的专业能力；

（3）所任职机构同意推荐其担任本机构的财务顾问主办人；

（4）未负有数额较大到期未清偿的债务；

（5）最近24个月无违反诚信的不良记录；

（6）最近24个月未因执业行为违反行业规范而受到行业自律组织的纪律处分；

（7）最近36个月未因执业行为违法违规受到处罚；

（8）中国证监会规定的其他条件。

九、投资经理

（一）范围

根据《证券基金经营机构董事、监事、高级管理人员及从业人员监督管理办法》，投资经理是指证券基金经营机构从事自营业务、私募资产管理业务中负责投资的专业人员。

（二）投资经理应具备的条件

投资经理应当符合相应的从业条件，并按照规定在行业协会登记。

根据《证券期货经营机构私募资产管理业务管理办法》《证券期货经营机构投资管理人员注册登记规则》，私募资产管理业务投资经理应当依法取得基金从业资格，具有 3 年以上投资管理、投资研究、投资咨询等相关业务经验，具备良好的诚信记录和职业操守，且最近 3 年未被监管机构采取重大行政监管措施、行政处罚，符合法律法规规定的其他条件。

（三）执业行为管理的有关要求

1. 私募资产管理业务投资经理隔离要求

根据《证券期货经营机构私募资产管理业务管理办法》，证券期货经营机构应当采取有效措施，确保私募资产管理业务按规定与其他业务在场地、人员、账户、资金、信息等方面相分离；确保不同投资经理管理的资产管理计划的持仓和交易等重大非公开投资信息相隔离，控制敏感信息的不当流动和使用，切实防范内幕交易、利用未公开信息交易、利益冲突和利益输送。证券期货经营机构应当加强对私募资产管理业务从业人员的管理，加强关键岗位的监督与制衡，投资经理、交易执行、风险控制等岗位不得相互兼任，并建立从业人员投资申报、登记、审查、处置等管理制度，防范与投资者发生利益冲突。投资经理应当在证券期货经营机构授权范围内独立、客观地履行职责，重要投资应当有详细的研究报告和风险分析支持。

证券期货经营机构应当对不同资产管理计划之间发生的同向交易和反向交易进行监控，并明确异常情况类型及处置安排同一资产管理计划不得在同一交易日内进行反向交易。确因投资策略或流动性等需要发生同日反向交易的，应要求投资经理提供决策依据，并留存书面记录备查。

2. 离任审查及静默期要求

根据《证券基金经营机构董事、监事、高级管理人员及从业人员监督管理办法》，投资经理离任的，证券基金经营机构应当对其进行离任审查，并自离任之日起 2 个月内形成离任审查报告，以存档备查。证券基金经营机构不得聘用从其他证券基金经营机构离任未满 6 个月的投资经理，从事投资、研究、交易等相关业务。

根据《证券期货经营机构私募资产管理业务管理办法》，私募资产管理业务投资经理离任的，证券期货经营机构应当立即对其进行离任审查，并自离任之日起 30 个工作日内将审查报告报送中国证监会相关派出机构。

3. 薪酬递延机制

根据《证券公司建立稳健薪酬制度指引》，证券公司在制定薪酬制度时，应当对核心业务人员建立薪酬递延支付机制，明确适用条件、支付标准、年限和比例等内容，薪酬支付计划应当确保公司资本充足和可持续经营，递延支付年限应当与相关业务的风险持续期限相匹配，递延支付速度应当不快于等分比例。

（1）私募资产管理业务投资经理薪酬递延

根据《证券期货经营机构私募资产管理计划运作管理规定》，证券期货经营机构应当针对私募资产管理业务的主要业务人员和相关管理人员建立收入递延支付机制，合理确定收入递延支付标准、递延支付年限和比例。递延支付年限原则上不少于3年，递延支付的收入金额原则上不少于40%。

（2）自营业务投资经理薪酬递延

根据《证券基金经营机构债券投资交易业务内控指引》，参与债券投资交易的人员薪酬与激励合计超过100万元人民币的，超过部分应当按照等分原则递延发放，递延周期不少于2年。

十、证券资信评级业务人员

（一）证券评级业务的定义

根据《证券市场资信评级业务管理办法》，证券评级业务，是指对下列评级对象开展资信评级服务：

（1）经中国证监会依法注册发行的债券、资产支持证券；

（2）在证券交易所或者经中国证监会认可的其他证券交易场所上市交易或者挂牌转让的债券、资产支持证券，国债除外；

（3）上述两项规定的证券的发行人、发起机构、上市公司、非上市公众公司、证券期货经营机构；

（4）中国证监会规定的其他评级对象。

（二）证券资信评级机构从业人员的条件和管理

根据《证券市场资信评级业务管理办法》，证券评级机构的从业人员应当符合中国证监会及相关自律组织证券从业人员管理相关规定。证券评级机构开展证券评级业务，应当成立评级项目组。评级项目组成员应当具备从事相关项目的工作经历或者与评级项目相适应的知识结构，项目组组长应当完成证券从业人员登记且从事资信评级业务 3 年以上。

证券评级机构应当建立证券评级从业人员和管理人员的培训制度，开展培训活动，采取有效措施提高人员的职业道德和业务水平。证券评级机构的人员考核和薪酬制度，不得影响评级从业人员依据独立、客观、公正、审慎、一致性的原则开展业务。

（三）证券资信评级业务人员的回避及禁止行为

证券评级机构应当建立回避制度。证券评级机构评级委员会委员及评级从业人员在开展证券评级业务期间有下列情形之一的，应当回避：

（1）本人、直系亲属持有评级委托方、受评级机构或者受评级证券发行人的股份达到 5% 以上，或者是受评级机构、受评级证券发行人的实际控制人；

（2）本人、直系亲属担任评级委托方、受评级机构或者受评级证券发行人的董事、监事和高级管理人员；

（3）本人、直系亲属担任评级委托方、受评级机构或者受评级证券发行人聘任的会计师事务所、律师事务所、财务顾问等证券服务机构的负责人或者项目签字人；

（4）本人、直系亲属持有评级委托方、受评级证券或者受评级机构发行的证券金额超过 50 万元，或者与评级委托方、受评级机构、受评级证券发行人发生累计超过 50 万元的交易；

（5）中国证监会认定的足以影响独立、客观、公正、审慎性原则的其他情形。

证券评级机构及其人员在开展证券评级业务中，不得有违反公平竞争、进行利益输送、直接或者间接牟取不正当利益以及其他破坏市场秩序的行为。

证券评级机构及其评级从业人员应当在对评级对象相关风险进行充分分析的基础之上独立得出评级结果，防止评级结果受到其他商业行为等因素的不当影响。

证券评级机构的董事、监事和高级管理人员以及评级从业人员不得以任何方式在评级委托方、受评级机构或者受评级证券发行人兼职。证券评级机构的董事、监事和高级管理人员不得投资其他证券评级机构。证券评级机构的实际控制人、股东、董事、监事、高级管理人员应当遵纪守法，不得从事损害证券评级机构及其评级对象合法权益的活动。

（四）证券资信评级业务人员的法律责任

证券评级机构及从业人员违反《证券市场资信评级业务管理办法》规定的，中国证监会及其派出机构可采取责令改正、监管谈话、出具警示函、责令公开说明、责令定期报告等相关监管措施。对违反《证券市场资信评级业务管理办法》规定的机构和人员依法应予行政处罚的，中国证监会及其派出机构依照《证券法》《行政处罚法》《信用评级业管理暂行办法》等法律法规和中国证监会的有关规定进行处罚；涉嫌犯罪的，依法移送司法机关，追究其刑事责任。

十一、典型案例

（一）操作实例

1. 证券从业人员任职相关操作实例

王某于201×年通过国家法律职业资格考试，并参与股票投资，长期持有股票。

202×年×月，王某拟到甲证券公司任职，从事证券业务。根据《证券法》《证券基金经营机构董事、监事、高级管理人员及从业人员监督管理办法》，证券从业人员不得持有股票或者其他具有股权性质的证券，不得违反法律法规和中国证监会的规定从事证券投资，王某应在入职前处置所持有的全部股票。

王某拟任证券从业人员，需参加一般业务水平评价测试并达到基本要求，鉴于王某已通过国家法律职业资格考试，可不参加证券市场基本法律法规测试，但需参加金融市场基础知识测试。

2. 证券公司独立董事任职相关操作实例

张某为乙证券公司独立董事，工作勤勉尽责、廉洁从业、专业能力强，乙证券公司拟聘请张某分管公司某业务，丙证券公司、丁基金公司均欲邀请张某兼职独立董事。根据相关规则，任何人员最多可以在2家证券基金经营机构担任独立董事，独立董事不得在拟任职的证券基金经营机构担任董事会外的职务。因此，若张某继续担任乙证券公司独立董事，则其不得分管乙证券公司业务。张某仅能在丙证券公司、丁基金公司中择其一任职独立董事职务，且在丙证券公司或丁基金公司不得担任董事会以外的职务。

3. 证券公司经纪业务岗位设置相关操作实例

张某为甲证券公司营业部合规管理专员。因个人发展意愿，张某欲调任证券投资顾问岗位，从事营销业务。根据《证券经纪业务管理办法》，证券公司应确保营销、技术、合规风控、账户业务办理等岗位相分离，张某若担任证券投资顾问岗位，从事营销业务，需先调离合规管理岗位。

4. 证券公司保荐代表人任职相关操作实例

黄某202×年×月入职甲证券公司担任保荐代表人，202×年×月因被举报投诉并查证属实，黄某产生不良诚信信息，并从甲证券公司离职。202×年×月，乙证券公司招聘保荐代表人，黄某与李某同时参与应聘。根据相关规则，鉴于黄某存在效力期限内负面执业声誉信息，若聘任黄某，乙证券公司应当对黄某进行全面考察，并向中国证券业协会提供专项诚信情况说明，说明黄某符合品行良好的要求以及针对其不良诚信信息情况对其加强监督管理的具体举措。后续黄某在执业过程中若发生与专业能力相关的业务风险、违规违纪等问题，中国证券业协会将视情形对乙证券公司采取自律措施。鉴于上述情况，综合考虑后，乙证券公司最终选择了诚信良好的李某，未聘请黄某。

5. 证券公司投资经理静默期要求相关操作实例

201×年×月至202×年×月，张某担任甲证券公司私募资产管理业务投资经理。202×年×月×日，张某从甲证券公司离任，拟入职乙证券公司担任私募资产管理业务投资经理，从事投资业务。

根据《证券基金经营机构董事、监事、高级管理人员及从业人员监督管理办法》，张某应当保守甲证券公司的商业秘密等非公开信息，不得利用非公开信息为自己或者他人牟取利益。张某从甲证券公司离任满6个月，方可在乙证券公司担任私募资产管理业务投资经理。从甲证券公司离任6个月之内，张某可入职乙证券公司，但不得从事投资、研究、交易等相关业务。

（二）违法违规案例

1. 证券从业人员违法炒股相关案例

夏某作为甲证券公司高级管理人员，存在违法使用他人证券账户交易股票的情况，违法行为持续时间长、交易金额和获利金额均较大，情节特别严重，违反了《证券法》第四十条关于证券公司的从业人员，在任期或者法定限期内，不得直接或者以化名、借他人名义持有、买卖股票或者其他具有股权性质的证券，也不得收受他人赠送的股票或者其他具有股权性质的证券的规定。夏某前述行为构成《证券法》第一百八十七条所述违法行为。监管机构根据《证券法》《证券市场禁入规定》相关规定，对夏某采取了行政处罚、证券市场禁入措施。

2. 保荐机构及保荐代表人未勤勉尽责相关违规案例

甲证券公司及其保荐代表人陈某为乙生物科技公司首次公开发行股票并上市的保荐机构及保荐代表人。在工作中，陈某未勤勉尽责，对发行人收入确认政策、固定资产、关联交易和关联方资金占用等情况的核查不充分，违反了《证券发行上市保荐业务管理办法》第五条保荐机构及其保荐代表人应当遵守法律、行政法规和中国证监会、证券交易所、中国证券业协会的相关规定，恪守业务规则和行业规范，诚实守信，勤勉尽责，尽职推荐发行人证券发行上市，持续督导发行人履行规范运作、信守承诺、信息披露等义务，以及第三十一条保荐机构应当保证保荐代表人勤勉尽责，严格控制风险，提高保荐业务整体质量的相关规定。监管机构对甲证券公司及陈某采取了出具警示函的行政监督管理措施，并要求甲证券公司应引以为戒，认真查找和整改问题，建立健全和严格执行投行业务内控制度、工作流程和操作规范，诚实守信、勤勉尽责，切实提升投行业务质量，严格按照内部问责制度对相关责任人员进行内部问责。

3. 证券从业人员违规兼职、从事营利性经营活动相关案例

甲证券公司营业部负责人张某，在担任营业部负责人期间，私自在外兼任乙、丙、丁三家公司法定代表人、董事，并兼任乙公司总经理，实际控制并经营乙公司，从事证券投资等活动。同时，张某还违规向投资者推介不具有证券期货经营资质的平台，并向投资者承诺收益，牟取不当利益。张某的行为已构成违规从事营利性经营活动，违规兼任可能影响其独立性的职务，从事与所在机构或者投资者合法利益相冲突的活动，违反了《证券基金经营机构董事、监事、高级管理人员及从业人员监督管理办法》《证券公司董事、监事、高级管理人员及从业人员管理规则》《证券期货经营机构及其工作人员廉洁从业规定》相关规定，监管机构对张某采取了出具警示函的行政监管措施，并记入证券期货市场诚信档案。

4. 证券经纪业务营销活动相关违规案例

202×年×月至202×年×月期间，甲证券公司证券营业部负责人朱某策划“促销月”活动，通过微信向客户宣传开户送积分兑礼品，当月新开户客户通过活动获取的积分可以在积分商城兑换手机、视频网站会员卡、大米等实物礼品。上述情形属于直接或者变相向投资者返还佣金、赠送礼品礼券的行为，违反了《证券经纪业务管理办法》第八条的相关规定，朱某被监管机构出具警示函。

5. 证券分析师违规执业相关案例

刘某作为乙证券公司的证券分析师，发布的某研究报告存在内容表述不严谨、分析与结论逻辑一致性不足、未注明引用信息来源、底稿不完整等情况，违反了《发布证券研究报告暂行规定》第九条“制作证券研究报告应当合规、客观、专业、审慎。署名的证券分析师应当对证券研究报告的内容和观点负责，保证信息来源合法合规，研究方法专业审慎，分析结论具有合理依据。”的规定。监管机构对刘某采取了出具警示函的行政监管措施，要求刘某认真吸取教训，严格遵守相关法律法规，规范自身执业行为。

后记

《证券行业专业人员一般业务水平评价测试统编教材2024》由中国证券业协会组织编写。编写工作分为两个教材专家组进行，李康、赵慧文分别主持了《金融市场基础知识》和《证券市场基本法律法规》的编写、修订工作。参加《金融市场基础知识》修订的专家有刘莉亚、何青、吴文锋、许凌艳、刘功润、徐高、张银旗等。参加《证券市场基本法律法规》修订的专家有周陶、周佳兴、康静、郑城美、武向阳、张卫东、徐琦、桂瑜琪、甄士琦、曲寅秋、顾仪、张筱洁、孙昉、孙岩、付梦琪、符冰心、刘培灼、魏健、王苏楠、陈瑞、任真、付立新、戴玉婷、陆俊羽、于洋、张力、闫开颖、韩佳、戴欣意、王敏、杜奔、武玲玲、赵建辉、杨茂艳等。在本书审稿过程中，陈建伟、王魁、卢景琦、何碧欣、甘茂智、谢进慧、谷雨、张洁雅、伍晓丹、谢星、李有根、张建平、刘磊、徐蕾、周皓、潘明阳、张浩舵、郭雪晴、徐亚钊、魏建武和王伟、臧赢鹏、陈海楠、黄桂勇、张晛、刘琬璐、任天一等同志提出了宝贵的修改意见和建议。

教材修订工作得到了证券监管部门的指导，得到了上海财经大学、南开大学、上海交通大学安泰经济与管理学院、复旦大学、中欧陆家嘴国际金融研究院和湘财证券股份有限公司、中银国际证券股份有限公司、海通证券股份有限公司、上海东方证券资产管理有限公司、中国国际金融股份有限公司、太平洋证券股份有限公司、兴业证券股份有限公司的大力支持。

在教材的编辑出版过程中，中国财政经济出版社做了大量工作，在此一并表示感谢！

中国证券业协会

2024年10月

后　记